一目瞭然，給記憶一個重要的位置！

世界界

大歷史

王奕偉 著

中西年表對照，給你最有趣的世界史！

EVENTS
THAT FORMED
THE MODERN

WORLD

歷史是誰在推進？歷史是誰在更新？歷史如何被永久地傳遞下去？

世界真精彩

　　世界史不僅僅是世界各地區史的總和，若將其分割再分割，就會改變其
性質，正如水一旦分解成它的化學成分，便不再成為水，而成了氫和氧。

——英國歷史學家傑佛瑞・巴勒克拉夫

　　世界史若就其確切意義而言，並不是由所有各自獨立、彼此間缺乏普遍
聯繫或共同目的的民族史和國家史彙集而成的，也不是由大量時常以枯燥無
味的形式表現出來的事件堆積而成的。

　　……

　　儘管世界上諸民族或者為時間、事件所分隔，或者為高山、大海所分
隔，但世界史必須將所有民族的歷史集合為一體，將它們統一成一個協調勻
稱的整體，並將它們譜成一首壯麗的詩。

——俄國著名作家尼古拉・果戈理

　　瞭解世界歷史對人類的發展來說是尤為重要的。就如同歷史學家和政治
思想家，19世紀英國知識界和政治生活中最有影響的人物之一的阿克頓勳爵
所說的那樣：

　　「綜觀世界歷史，我認識到：世界史截然不同於由所有國家的歷史合併
而成的歷史。它不是一盤散沙，而是不斷發展的；它不會成為記憶的負擔，
相反地，將能夠照亮人們的靈魂。」

　　本書顯然是以最短的篇幅來論述人類進化過程中最漫長的時期，人類的
文明歷史可謂是源遠流長，輝煌燦爛之處數以萬計，絕非區區數十萬的文字
可以囊括其中的。

對於生活在當代社會的人們來說，自由的古希臘城邦、黑暗的中世紀教會、血腥的法國大革命、宏闊的世界大戰等一幕幕的歷史記憶似乎十分虛無縹緲、遙不可及。但是無論誰想要真正理解我們每天生活的這個現代世界，都需要閱讀它的歷史演進、瞭解它的歷史足跡。

想要知道中東為何烽煙迭起，怎麼能不瞭解猶太人和阿拉伯人的千年糾纏？

想要知道南、北韓為何兄弟鬩牆，怎麼能不瞭解朝鮮的歷史和二戰的冷酷分割？

想要看懂非洲的複雜形勢，怎麼能不瞭解漫長的殖民歷史？

聖經裡說，陽光之下無新事，「人生代代無窮已，江月年年只相似」，漫漫千年彈指而過，同樣的日月更替之下生活的是同樣的人類，而同樣的人類又做著相似而不相同的事情。

人類的歷史呈螺旋式前進，不同的歷史時期往往會呈現相似的時代特點，對於當代人來說，閱讀世界歷史的目的不僅僅是充實一些知識，更不僅是在工作之餘獲得一點消遣，而是修煉透過過去看現在，綜合現在看未來的睿智目光和宏闊胸懷。

英國的大哲學家培根曾經說過：「讀史使人明智。」古老的文明可以啟迪人們的智慧，悠久的文化可以拓展人們的視野，而閱讀歷史、理解歷史、分析歷史，則賦予人們更加清晰地看到世界未來發展的大勢所趨的能力。

當然，歷史並不是準確地預言未來的水晶球。相比之下，歷史更像是一條洶湧澎湃的大河，雖然遵循一定的河道流淌，卻隨時可能打破界限，改變河道，淹沒一段文明又或滋潤一段文明；歷史又像是永不枯竭的焰火，雖然時有黯淡的停歇，卻隨時可能爆發出難以想像的光輝，照亮遙不可及的未來之路，這就是歷史的魅力。

對於任何一個人來說，如果他不能夠瞭解自己國家和世界的歷史，那麼，無論他在其他方面再怎麼優秀，也是一件十分可悲的事情。

人們不能遺忘歷史，若只把目光放在眼下，那是一種欠缺。

現代生活為人們提供了更方便快捷的方式來瞭解歷史，現在你手上的這

本書就為你提供一個輕輕鬆鬆瞭解歷史的平臺。本書圍繞世界古代史、近代史、現代史三個階段，從人類起源開始講起，以時間順序為主軸，以各個國家重大事件為副線，詳略得當地為讀者編寫了一本世界歷史的百科全書。

同時本書描述世界歷史的筆觸是輕鬆幽默的，用通俗的手法化解歷史的莊嚴沉重，透過對重點人物和事件的描述，加上適當的點評，方便讀者興趣盎然地掌握歷史知識。

編者衷心地希望本書能夠使讀者輕鬆愉悅地暢遊在世界歷史的海洋中，進而獲得靈感，受到啟迪，並且經由學習歷史得到自我完善和發展，更加充滿自信地邁向未來。

目錄

第三篇：古典文明的興起與傳播

歐亞大陸的古典文明和古代文明還是有所區別的，雖然古典文明是繼承在古代文明之上，但是古典文明的範圍更加地擴大了。從兩河流域、印度半島和地中海區域一直延伸到周圍的大部分地區。

第四篇：中世紀文明的興衰

中世紀的歐亞大陸，依然是以諸多的侵略和戰爭為主，這些侵略波及到了歐亞大陸上的各個地區，但是和古典時期有所區別的是，中世紀時期的這些侵略活動都是相互影響，相互波及的。

第五篇：近代文明的曙光

近代的世界史從1500年開始算起，之前人類在地球上千百萬年的發展，都可歸結為古代史。古代史的漫長進程，對人類的後期發展史影響深遠。

第六篇：改革與革命中的近代

這段時期，西方國家的對世界的控制愈發加強，荷蘭、法國和英國齊頭並進，最終超過了西班牙和葡萄牙，世界格局有了新的變動。本篇分析這段時期內，世界統治地位的變更和各國之間的改革與發展。

第七篇：資本主義制度的確立

資本主義國家發展至今，已經走過了最初的原始階段，進入了一個成熟、穩定的平臺，開始了它們進一步的鞏固與確立。

第八篇：兩次世界大戰

人類的進程中總是少不了戰爭，每次戰爭的爆發都會令世界的局面產生一些變動，而在20世紀發生的這兩次全球範圍的大戰，更是對人類影響深遠。而且經過了兩次世界大戰，歐洲的力量也被削弱，世界出現新格局。

第九篇：全球新格局的到來

冷戰的開啟，造就了二戰後全球新的政治與經濟格局，隨著蘇聯的解體，冷戰的大幕也隨之落下，但是其所產生的影響仍舊存在。可以說，進入21世紀，在各個地區發生的各類衝突和人道主義災難，也是這種意識形態領域冷戰的延續。但也要看到進入新世紀的人類社會，正在竭盡全力創造一個全新的文明，伴隨而來的是新科技和新創造的層出不窮。

附錄：世界歷史年表

第一篇：文明興起之前的人類

（文明之前的400萬年～200萬年）

　　本篇論述人類在文明之前的400萬年～200萬年的歷史，人類在這階段的進化和發展史相當緩慢和艱難。在這幾百萬年前，人類從靈長類動物，從樹上下到地面上，直立行走，成為有智力的，能夠掌握自己命運的生物。透過採集食物、鑽木取火、製造工具等等行為，將自己與普通動物區分開來。人類祖先在距今約3萬5000年時終於完成了自己的整個進化過程，轉變為人類，隨後的逐步發展，逐步創造文明，進而邁入到了農業社會。

上古時期	BC
夏	BC2000 —
	BC1800 —
商	BC1600 —
	BC1400 —
	BC1200 —
周	BC1000 —
	BC800 —
	BC600 —
	BC400 —
秦漢	BC200 —
	0 —
三國晉	200 —
南北朝	400 —
隋朝唐朝	600 —
五代十國宋	800 —
	1000 —
元朝明朝	1200 —
	1400 —
清朝	1600 —
中華民國	1800 —
	2000 —

｜第一章｜ 人類的起源

開始直立行走

在大約350萬年到400萬年前，地球上又逐漸衍生出了一種新物種。

他們個子十分矮小，大約只有1公尺多一點，體重約30公斤。無論是對於一些肉食性或者是草食性動物來說，他們實在是太沒有攻擊性了。

這種物種和猿猴長得差不多，其實可以說，他們就是由古猿猴進化而來的。他們有著傾斜的前額、凸起的眼眶、扁平的鼻子、突出的大嘴。他們直立行走，可以用前蹄進行一些活動，而不是像其他的動物那樣，是用爬行的。

這就是人類最初的開始。

在探索人類最初起源的過程中，考古學家在非洲衣索比亞發掘出最初人類的化石，認為他們是屬於南方古猿的一種，並為他起了「露西」這個名字。

「露西」的橫空出世，讓人類看到了自己的老祖先原來是從非洲大陸上衍生發展的。說起人類最初的祖先，是一種充分發育的兩足動物。南方古猿雖然在外表上和黑猩猩很相像，但是他們之間還是有著本質的區別。

當黑猩猩在樹上啃香蕉、睡大覺的時候，南方古猿已經開始用兩條腿踱步，而且漸漸開始學會思考。南方古猿不像黑猩猩那樣，沒事就用大胳膊把自己吊在樹上晃來晃去；發脾氣的時候不知道如何表達，就只會做捶胸這樣一種單一的動作。

從樹上來到地面上的南方古猿，開始用頭腦為自己在這片廣袤的大地上，尋求生存的希望。在古猿不斷進化的過程中，地球的氣候也在逐漸發

生變化。冰河時期逐漸過去，四季開始變得分明，氣候乾燥了，雨林減少了，這使得古猿更加脫離了樹木，開始能夠在陸地上生活了。

開始直立行走的古猿，把雙手解放了出來，他們可以去從事其他的勞動生產。後來，這些古猿在不斷的進化中，活動區域不再只局限在非洲大陸，而是逐漸遷移到了歐亞大陸——人類的足跡開始慢慢地蔓延到了世界的各個角落。

到西元前230萬年前後，古猿已經進化到了一個新的階段，被稱之為「能人」。「能人」是一種既食草又食肉的生物，牠們的大腦容量比南方古猿大百分之五十。而且這個時候的「能人」，已經漸漸脫離了猿的體態特徵，牠們身上的毛髮變少了，也不再有猿那麼突出的前額了。

不但如此，「能人」還有了自己的謀生手段，例如刀耕火種、打漁狩獵；而且他們也有了自己的語言，彼此之間能交流。「能人」也走在向現代男人和現代女人進化的道路上了。之後人類不斷發展，主要的代表有「直立人」。「直立人」，出現在距今大約150萬年前，如印尼的「爪哇人」、中國的「北京人」、歐洲的「海德堡人」等等。

後來還有出現在大概十幾萬年前的「智人」，例如德國的「尼安德特人」、中國的「丁村人」等等。還有「晚期智人」，他們的代表是法國的「克羅馬農人」等等。

這些不斷的進化，能夠看出人類智慧的不斷昇華。他們捕捉獵物的手段越來越高明，他們自身的條件也越來越深厚。最主要的是，他們的智商和容貌，也正在不斷的發展和進步。

適者生存的進程

如果說地球上每一種生命都屬於一個群體，那麼人類則屬於靈長類這個動物群體。除了我們人類之外，靈長類動物中還有類人猿、狐猴等。而生命從最早的非生物進化到哺乳動物，則經歷了漫長的時期。在地球剛剛

BC

埃及第一王朝形成
古印度興起
— BC2000

— 巴比倫第一王朝

—

—

愛琴文明
亞述擊敗巴比倫

— BC1000

羅馬王政時代
第一屆奧林匹克

佛陀誕生
羅馬共和時代

蘇格拉底出生
柏拉圖出生
亞里士多德出生

— 0 耶穌基督出生

—

基督教為合法宗教
君士坦丁統一羅馬

— 回教建立

—

神聖羅馬帝國開始
— 1000
第一次十字軍東征

—

英法百年戰爭開始

—

哥倫布發現新大陸

—

美國南北戰爭開始
第一次世界大戰
— 2000

上古時期　BC

夏

BC2000 —

商

BC1800 —

BC1600 —

BC1400 —

BC1200 —

周

BC1000 —

BC800 —

BC600 —

BC400 —

秦
漢

BC200 —

0 —

200 —

三國
晉

400 —

南北朝

隋朝
唐朝

600 —

800 —

五代十國
宋

1000 —

1200 —

元朝
明朝

1400 —

1600 —

清朝

1800 —

中華民國

2000 —

形成的45億年前，任何生命的跡象都不存在；大約在15億年以後，地球上才有了最原始的生命，也就是單細胞生物。微生物、無脊椎動物、脊椎動物、爬行動物、哺乳動物，生命從低級向高級進化。這個過程，也是人類日後作為地球的統治者所演化的過程。

生命的進化史告訴我們一個鐵的真理：適者生存。地球曾經經歷過的幾次大的環境更新和變化，讓不少生命無法適應，進而走向了滅亡。而人類之所以能夠在地球上做統治者，正是因為人類適應了環境。更重要的是，人類能夠開發和利用環境，讓環境和其他生命為之有效地服務。而這一切，都源自於人類有一個可以思考的大腦。

據科學家們的探索和研究，靈長類動物早在兩三百萬年前就已經出現在非洲南部的熱帶草原上了。雖說靈長類動物早已滅絕，但是牠們卻是最早的猿人，是人類的祖先。我們的祖先的智力水準比我們低很多，他們的智力大約只是現代人的三分之一，就連類人猿也要比他們聰明。不過據現在科學的研究和假定，人類和類人猿的祖先都是猿人。

非洲的熱帶草原氣候是非常適合靈長類動物生存的，因為天氣溫暖，所以不用考慮身上的衣服是否穿得暖和的問題。當然，草原上有充足的水源，這也是保證生命生存下去的最最重要的一點原因。此外，草原上養育著很多其他生命，而靈長類動物又可以其他動物為食，這又為生命的延續提供了有利的條件。

雖說靈長類動物是人類的起源，但是與我們較為親近的祖先還不是它們，而是由它們進化而成的直立人。直立人大約在50萬年前形成，他們有著現代人三分之二的智力水準，他們的生活也因為智力的提高而得到了很大的改善。例如，直立人已經學會了製作工具，他們懂得把石頭做成斧子，然後再用斧子去獲取他們想要的食物。歷史的遺跡是他們智慧最好的證明，因為很多動物的化石已經被發現，而且已證明這些化石上被砍的痕跡，就是直立人用他們自己製作的石斧留下的。

智力的提高不僅改善了捕獵工具，而且讓直立人的交流也大為改觀。他們開始通過語言來商量如何捕獲更多的食物，然後集體採取行動，透過

合作來得到更好的收穫。不僅如此，直立人在滿足了基本的溫飽問題以後，他們還發明創造了一些飾品來佩戴，一些獸牙的化石就是很好的例證。

當然，以上我們列舉出來的有關直立人的功績，在發明用火這一事實面前顯得都是那麼得次要，因為火的使用影響了整個人類日後的發展。自從發明了火，過去一些生冷到不能吃的食物，在經過火烤熟以後就可以食用了，這在直立人食物緊缺的時候發揮了巨大的作用。另外，在寒冷的日子裡，火源還可以讓直立人的身體保持一定的溫度，而不至於在冰河世紀被凍死。

工具製造水準的提高，使人類在發展的過程中得到了很大的幫助。

製造鋒刃石器

技術只能前進而不能倒退，這是生命進化的規律。在舊石器時代的晚期，那時候的人類已經製作出了利刃很長的工具。這些利刃的長度從300公分到1200公分各不相等。然而當時光倒退到直立人時期時，他們手裡石器的利刃大概只有100公分左右。若是再往後退，靈長類動物所製作的石器，利刃也就是5公分的長度。然而從5公分到1200公分，隨著利刃長度的增加，現代人在一步一步地形成，人類的大腦和智慧也在不斷地增強。當然，石器利刃的材料也經歷過從單一到多源的變化，例如一些新型的石器，其利刃有的是用獸骨製成，有的則是用燧石，另外一些也會用木頭來作為材料。

雖然經歷了50萬年的變化，人類到了舊石器時代的晚期，對工具的把握已經到了新的程度，然而這樣的工具水準仍舊不能夠滿足人類的生存和發展，人類還處於忍飢挨餓的時代，經常吃了上頓沒下頓，生活朝不保夕。正是因為人類生存最基本的物質條件無法很好地得到滿足，所以人類很難形成大的集團或是集體，人類的文化發展也因此受到了極大的限制。

BC

埃及第一王朝形成
古印度興起
— BC2000

巴比倫第一王朝
—

—

—
愛琴文明
亞述擊敗巴比倫

— BC1000

羅馬王政時代
第一屆奧林匹克

佛陀誕生
羅馬共和時代

蘇格拉底出生
柏拉圖出生
亞里士多德出生

— 0 耶穌基督出生

基督教為合法宗教
君士坦丁統一羅馬

回教建立

神聖羅馬帝國開始
— 1000
第一次十字軍東征

英法百年戰爭開始

哥倫布發現新大陸

美國南北戰爭開始
第一次世界大戰
— 2000

上古時期　BC

夏

BC2000 —

BC1800 —

商

BC1600 —

BC1400 —

BC1200 —

周

BC1000 —

BC800 —

BC600 —

BC400 —

秦
漢

BC200 —

0 —

200 —

三國
晉

400 —

南北朝

隋朝
唐朝

600 —

800 —

五代十國
宋

1000 —

1200 —

元朝
明朝

1400 —

1600 —

清朝

1800 —

中華民國

2000 —

一般情況下，在舊石器時代的晚期，人們的生活資源大概也就只夠自己和親人使用。

假如沒有基本的物質保障，那麼諸如機構之類的組織就無法形成，因為機構不能保證人員的溫飽，沒有物力，也就談不上人力。事實正是如此，在那個時代，基本上沒有什麼正式的機構組織形成。不過倒是有一些打獵的集體活動，數十個人自發地集中在一起，形成一個小小的集體。當然，那個時期也出現過一些比較大的集體，不過也只限於物資豐富的地區，例如美洲西北部，那裡有著豐富的鮭魚，為人們的生活提供基本保障，因此那裡也曾經形成過有很多人的大集團。除了美洲西北部之外，法國南部也曾有規模較大的集團組織。

有集團和組織，那麼就必須有首領和領導者出現。在舊石器時代晚期，集團的領導人並非由大家選舉產生，而是極為自然的推選過程。例如，在打獵的群體中，若是哪一個人的打獵技術非常好，那麼他自然而然地就成了這個集體的領導者，大家都聽他的。同樣，在宗教祭祀的活動中，若是有人對活動的程序極為熟悉，那麼他也可能成為儀式的主持者。也就是說，此一時期的集團和組織首領沒有絕對的權力可言。

舊石器時代的組織大致可以分為兩種，一種是家庭性質的，另一種則是政治性質的。例如，家庭由丈夫、妻子和孩子組成，有些家庭的丈夫還可以擁有好幾個妻子。而族群則是由家庭與家庭之間的聯繫和交流形成的，其中以血緣關係來判斷和維持。家庭和族群中的人們都是幫助與被幫助的關係，亦或者說他們之間有一種合作的關係。女人有女人應該做的事情，例如收割和採集果物，還有照顧孩子和做飯；而男人則多數負責在外打獵和捕魚，提供家族所需要的主要食物。

在舊石器時代的晚期，由於男人地位的凸顯，因此之前婦女的統治地位被男人逐漸替代。有時候，族群之間也會發生一些爭鬥和獵殺，但這些都是小規模的，因為這個時期的物質生產水準還不夠維持長期的、大規模的戰爭。

來自非洲的人類祖先

人類是從猿進化為人，這幾乎是不容置疑的。但是，最初的人類祖先是從哪裡發源起來的，這卻還是一個不能確定的事情。在一些神話故事或是宗教教義裡面，人們會看到很多有關人類起源問題的解釋。它們通常告訴大家，人類是被神用泥土信手捏成的，所以，當人死的時候還要回歸泥土，從哪裡來回到哪裡去。

然而，隨著科學的發展，越來越多的人開始不那麼相信這些故事，大家立志要透過自己進化過的腦袋，經過科學的證據找出人類的祖先到底是何方神聖，亞當和夏娃生活的伊甸園又是何方聖地。終於，經過不懈的努力和證明，人們得出人類的祖先來自非洲，也不得不承認始祖亞當和夏娃原來是那種黑不溜秋的人物。可到底是在非洲的哪裡呢？有的人仍保持著強烈的好奇心，要打破沙鍋問到底。

有位美國人叫薩拉・提史科夫，他對這個問題尤其著迷，領著手下一幫學生在賓夕法尼亞大學裡整天研究，研究的對象是121個非洲群落裡共3000多個現代非洲人，以及4個非洲裔美國人的DNA樣本。終於在顯微鏡等各種先進儀器的幫助下，經歷10年的漫長歲月（這期間好多學生都支撐不下去，紛紛離開了癡迷於人類起源問題的老頭），老先生和他剩下的弟子們得出了一個結論：人類的祖先來自於南非的奈米比亞，是一群名叫San或者被稱為Bushman的人——這群人直到現在還光著腳狩獵和採集野果。這一研究結果公布後立刻轟動了世界。

為什麼老先生這樣肯定呢？人家是靠科學吃飯的，有的是科學依據和研究數據。他的研究顯示，大概5萬年前，有100多個非洲人首次離開了那塊極其炎熱的大陸，下定決心要浪跡天涯混飯吃，沒有人知道他們具體在何處落腳，大概就是分散在世界各地。然而，皇天不負苦心人，透過老科學家對蘇丹國人DNA的關注，終於讓他發現，蘇丹人的DNA和5萬年前從非洲出走的那一批人的DNA非常相像，蘇丹人就是他們的子孫！另外，經

BC

埃及第一王朝形成
古印度興起
— BC2000

巴比倫第一王朝

愛琴文明
亞述擊敗巴比倫
— BC1000

羅馬王政時代
第一屆奧林匹克

佛陀誕生
羅馬共和時代
蘇格拉底出生
柏拉圖出生
亞里士多德出生

— 0   耶穌基督出生

基督教為合法宗教
君士坦丁統一羅馬

回教建立

神聖羅馬帝國開始
— 1000
第一次十字軍東征

英法百年戰爭開始

哥倫布發現新大陸

美國南北戰爭開始
第一次世界大戰
— 2000

上古時期　BC

夏

BC2000 —

BC1800 —

商

BC1600 —

BC1400 —

BC1200 —

周

BC1000 —

BC800 —

BC600 —

BC400 —

秦
漢　BC200 —

0 —

三國　200 —
晉
400 —
南北朝

隋朝　600 —
唐朝

800 —
五代十國
宋
1000 —

1200 —
元朝
明朝
1400 —

清朝　1600 —

1800 —
中華民國

2000 —

過老先生的進一步努力，還發現，世界各地的人，比如有71％的非洲裔美國人、一些歐洲人和還有少許的亞洲人，他們的祖先也都來自於西非。

另一位叫作克里斯多夫・埃雷的老兄則不大同意這個說法，他一本正經地說，其實大部分非洲人都去了西印度群島，直接去美國的非洲人很少，大概只有20％。

兩位老兄都根據自己的實驗研究報告說話，到底誰對誰錯，一時很難評判，大概需要有志於從事該項事業的後輩們加以證明了。但是，不管怎麼說「人類的祖先來自於非洲的奈米比亞」這一結論，推進了人類起源問題的研究，算是科學界值得高興的事情。同時，也讓一般人對自己從哪裡來這個問題多了一些認識。

另外一些科學家也表示，這一研究結論對他們從事的工作也是很有幫助很有意義的：透過對相近基因的研究，他們可以找出哪些基因容易患上某些特定疾病，進而研究出抗病良方，可見科學還真是無邊界。

語言的發展

人類最先到底是從哪塊大陸發展起來的，這個可以先不過問，但不得不說到的就是，從猿猴逐步地進化成人類，可以說是勞動產生了決定性的作用。

在人類漫長的發展過程中，不斷的勞動，使得人類不斷地改善自己的生活，這樣才從一無所有的生活中走向了文明發展，創造了古代文明。

而在古文明的發展中，語言是必不可少的，它是在人類進化的過程中慢慢產生和發展起來的。

應該說語言並不是單屬於人類的，其他的動物們也有自己的語言體系，有自己交流的方式，只不過人類不瞭解罷了。

其實，人類最初也不是天生就會發出聲音的。在人類的語言產生之前，人體的發聲的重要器官——聲帶，都是處於一個幾乎沒什麼發育的狀

態。但是人類畢竟是社會動物，他們相互合作，總是需要互相配合，需要語言來使得同伴明白自己的意思。

如同動物在覓得食物或者遭受到攻擊時，會發出特殊的信號來使得自己的同伴知道自己的位置一樣。人類在最初的時候也會發出聲音，來使得同伴知道自己想要表達的意思。在最開始的時候，語言的產生應該是出於表達出感情的需要。

遠古的人類為了抒發自己高興、悲傷、危險等等情緒，他們就會使用語言。當然了，那個時候的語言還很不發達，最初的語言形式就是用力發出呼嚕呼嚕的聲音，很像現在人們從事某些體力勞動時所發出的那些聲音。其實那只不過是無意間由於用力從喉嚨裡發出來的聲音，最後才逐漸演變成為語言的。

和動物的語言不同的是，人類的語言多種多樣，形式多變。而且人類語言最大的特點在於，它是一個具有區分音節的聲音符號體系，其中本能相關的聲音很少，邏輯性的發音則更多。

這些都是其他動物語言所不能比擬的特性。雖然一些猴子和猩猩在經過長期訓練之後，也能夠發出一些簡單的類似人類語言的發聲，但那並不是出自本能，而是被後天訓練出的一種條件下的反射。

總而言之，人類就這麼慢慢地開口說話，有了自己的語言體系了。

能夠開口講話，自然也就慢慢擁有了自己的文化。古代文化有些是很輝煌燦爛的，雖然一些文化早已泯滅，但是還有少量，依託了文字得以留存了下來。

古代文明是人類最初創立的文明，在世界各地，人類的祖先都遺留下了眾多的文化歷史遺產。

這些古代文明中，最為著名的自然是五千年前古代文明的四大中心：尼羅河畔的古埃及、幼發拉底河和底格里斯河流域（今伊拉克一帶）的蘇美和巴比倫、印度河和恆河流域的古印度以及黃河和長江之濱的中國。

這些古文明在文字的流傳和保存之下，得以發展和被後人所認知。那麼，文字到底是從什麼時候才有的呢？這點一直是專家所致力研究的。

BC

埃及第一王朝形成
古印度興起
— BC2000

巴比倫第一王朝

—

愛琴文明
亞述擊敗巴比倫

— BC1000

羅馬王政時代
第一屆奧林匹克

佛陀誕生
羅馬共和時代

蘇格拉底出生
柏拉圖出生
— 亞里士多德出生

— 0 耶穌基督出生

基督教為合法宗教
君士坦丁統一羅馬

回教建立

神聖羅馬帝國開始
— 1000
第一次十字軍東征

英法百年戰爭開始

哥倫布發現新大陸

美國南北戰爭開始
第一次世界大戰
— 2000

文字產生

　　人類開始有了語言，能夠口頭交流，這是人類發展的一大進步，但僅僅如此，還是不夠的。

　　為了能夠記錄下歷史的進程，口頭語言顯然較為單薄，此時就需要一些具象的東西，也就是文字。

　　至於關於文字是什麼時候產生的，這個問題一直爭論不休。到底是西元前3500年，居住於兩河流域地區的蘇美人創造的，還是西元前116～前11世紀時商周時期的人類所創造的，這些問題都搞不清楚。

　　到底最開始的文字是楔形文字還是甲骨文，或者是埃及的象形文字，這些都還不是很清楚。但可以肯定的是，在語言出現以後，文字的出現僅僅花了很短的時間。因為有了思想，所以，人類的進步和發展就變得快了起來。

　　關於文字的產生，考古學家和一些歷史學家們展開了不同的爭論。有些考古學家認為，文字是從新石器時代開始的。

　　大約在西元前3000年前的時候，因為幼發拉底河和底格里斯河的水源充裕，這兩條大河周圍的村落的生產得到了發展，而且還不斷有外部的部落遷移到這裡，他們一起生活發展，利用河水灌溉農田。也就是在這不斷聚集的過程中，這裡生活的人們發明了世界上最早的文字，那是一種以楔形的尖棒在泥板上刻寫的字跡，後來被稱之為「楔形文字」。

　　這種文字代表了古蘇美文明。與此同時，世界上還有其他的古文明也在迅速發展著，例如埃及文明。

　　所以，一些科學家就認為，古埃及的象形文字才是人類最早的文字。

　　這個結論是依據考古學家們所發現的一些埃及的歷史文獻。這些文獻是來自於19世紀在古城遺址發現的奈米爾石板。西元前3100年，在埃及沙漠的一塊懸崖上，刻著一幅有5250年歷史的壁畫。這幅壁畫講述了一個君王的故事，具體情節不清楚，但大體可以知道是埃及人對這位壁畫上的君

王十分崇拜。在美國耶魯大學任教的達尼爾夫婦，一直在潛心研究埃及的古文明，他們發表過的一篇報告是關於他們在埃及開羅南邊沙漠地區的一處懸崖上發現的繪畫。他們認為這幅壁畫將埃及的文明史向前推進了，所以，埃及文字出現遠比蘇美文字出現得要早。

　　但並不是所有的考古學家都認同這樣的說法。有些考古學家認為，新石器時代陶器上的一些符號是文字的一種過渡形式，這種符號的出現，遠比埃及文字出現的要早，所以說，這種文字很可能是最早的文字。

　　而這種陶器在中國許多地方也有發現，諸如仰韶文化、大汶口文化、龍山文化等許多遺址都有出土。而人們認為，這種符號出現最早的地方，應當是在巴基斯坦的哈拉帕。因為在那裡出土的一些文字符號，時間要比在中國發現的這些還要早一些。據鑑定，這些文字符號是在大約西元前3500年左右刻上的。所以，考古學家們認為，這些文字要比埃及發現的文字還要早大約200至300年。這次在哈拉帕的發現，無疑會引起對人類文字起源的新爭論。

　　眾說紛紜，人類最早的文字到底是在哪裡出現的，至今還是沒有一個明確的答案。不過，至少有了三個備選的答案，即埃及、美索不達米亞平原和哈拉帕。至於答案到底是什麼，還有待於進一步的研究。

種族出現分散

　　作為靈長類動物，會因為自身條件和智力的限制，而無法走到比大草原更遠的地方去發展，因為草原給牠們帶來了較為穩定的氣候和生活條件。假如超出了這樣的條件，牠們就無法繼續生存。

　　與靈長類動物不同的是，人類具有極強的適應性；也就是說，能夠根據自然條件和環境的變化而採取相應的生存措施。事實證明，有著較強適應性的生命，其在地球上存在的時間都很長，而且活動範圍也會不斷地擴大，不只是限於一個地區。例如直立人，他們因為掌握了取火的技術而可

BC

埃及第一王朝形成
古印度興起
— BC2000

巴比倫第一王朝

—

愛琴文明
亞述擊敗巴比倫

— BC1000

羅馬王政時代
第一屆奧林匹克

—

佛陀誕生
羅馬共和時代

蘇格拉底出生
柏拉圖出生
— 亞里士多德出生

— 0　耶穌基督出生

—

基督教為合法宗教
君士坦丁統一羅馬
—

—　回教建立

—

神聖羅馬帝國開始
— 1000
第一次十字軍東征

—

英法百年戰爭開始

—

哥倫布發現新大陸

—

美國南北戰爭開始
第一次世界大戰
— 2000

上古時期　　BC

夏

　　　　BC2000 ―

　　　　BC1800 ―

商

　　　　BC1600 ―

　　　　BC1400 ―

　　　　BC1200 ―

周

　　　　BC1000 ―

　　　　BC800 ―

　　　　BC600 ―

　　　　BC400 ―

秦

漢　　　BC200 ―

　　　　　　0 ―

三國

晉　　　　200 ―

南北朝　　400 ―

隋朝

唐朝　　　600 ―

　　　　　800 ―

五代十國

宋　　　　1000 ―

　　　　　1200 ―

元朝

明朝　　　1400 ―

　　　　　1600 ―

清朝

　　　　　1800 ―

中華民國

　　　　　2000 ―

以四處遊蕩，吃得飽，穿得暖，在很多地方留下了足跡。

　　這也就開始了人類在地球各個地區的分散。技術的突破讓生產力得到很大的提高，直立人因為懂得如何取火，他們的數量飛速地增加。與每一次人口快速增長的原因相同，技術的有效改進是最主要的因素。拿舊石器時代為例，在最初的時候，人口還只有十幾萬，可是到了末期，農業革命剛剛開始的時候，人口竟然增長到了五百多萬，這著實令人不可思議。而往後每一次人口的大規模暴漲，也都是源於技術的革新。

　　當技術一次次地得到革新，人類對自然的適應性也就一次比一次增強。之前不能去的寒冷地帶，在有火的情況下就可以去了；之前不能去的熱帶雨林地區，在擁有生存技術的條件下也可以去嘗試了。這樣，人類在地球上的足跡開始擴大起來，人類的分佈也散開了。從歐洲、亞洲和非洲，到美洲和大洋洲，人類遷移的速度不容小覷。經過漫長的時間，人類最終戰勝其他生命，成為地球上分佈最廣的動物。

　　由於各大洲的氣候環境不同，因此，在不同地方生存的人類經過長時間的適應以後，自身的膚色和長相也就變得不同了。科學家們都認為，在人類廣泛分佈於地球上各個洲際之前，人類的外形沒有多大的不同，而伴隨著人類腳步的遷徙，人種的差別才開始顯現出來。也就是說，人種是在人類大規模遷徙之後，才顯現出來的變化。

　　再加上大洲和大洲之間相對隔絕，因為交通極為不便利，所以洲際之間人類的往來幾乎沒有，這也就是為什麼地球上會有如此明顯的種族分別。當然，智力這個問題則是幾乎不存在差異，因為在種族差別開始形成之前，不同地區的人們早已經擁有了大致相同的智力水準。

　　在大約一萬年前，地球上各個大洲上的人種分佈已經大致形成了。例如，在澳大利亞地區居住著澳大利亞人；在撒哈拉沙漠一帶居住著黑種人；在歐洲和北非一帶，則居住著歐洲人種；在東亞則有蒙古人居住等等。然而，之後大的技術革新又一次地改變了人種的分佈。大約西元一千多年前的時候，人種的分佈就曾發生過大規模的變化，其中很多的人種都因為跟不上技術革新的步伐而逐漸消亡，例如印第安人和澳大利亞人等。

今日人類分佈的格局因為地理位置和環境條件的不同，也因此有著發展上的快與慢。不過，讓多數科學家所承認的是，人類的智力水準沒有因為人種的不同，而產生高與低的分別，大致是相當的。

最古老的「歐洲人」

人類的鼻祖無法探究清楚，後來就有人提出了，最早來到歐洲的「先驅人」竟然是食人族！這一消息從學術界傳播到社會上，想必很多歐洲人吃驚地連嘴巴都閣不上：「你們胡說？我們的祖先怎麼會吃人？！」但這的確是有科學依據的。

這一結論是由考古人員經歷了千辛萬苦的發掘和實驗才得到的。這群具有旺盛好奇心的考古學家們，相約到西班牙北部的阿塔普埃卡考察，在那裡偶然發現了一個頗有時代感的山洞。於是，一群人冒著生命危險摸進去，結果就在洞裡找到了大概80萬年前的人類化石。而這些化石都是很小的塊狀，且是和其他能夠作為人類食物的動物的化石散落在一起。由此，考古學家們推測這些80萬年前的「先驅人」是把同時代的人當作和動物一樣，是食物的一種，而不像人們之前認為的那樣——「先驅人」殺人是為了祭祀。

聯合國教科文組織也非常重視這些化石，甚至組織了「阿塔普埃卡研究項目」對這些化石進行研究。

他們首先對「先驅人」的來源進行分析，發現這些「先驅人」並不是歐洲大陸的土著，而可能在是從其他地方，不遠千里地遷徙來到西班牙，並定居在阿塔普埃卡的山洞裡。因為這裡氣候溫暖，適宜人類生存，而且兩河交匯，物產豐富，可以滿足「先驅人」的胃口。想想也是，在那樣的年代裡，人類那麼少，總靠吃人怎麼活得下去，偶爾也得吃點其他的，比如抓個野豬或者野雞之類的吃吃。

BC

埃及第一王朝形成
古印度興起
— BC2000

巴比倫第一王朝

—

愛琴文明
亞述擊敗巴比倫
— BC1000

羅馬王政時代
第一屆奧林匹克

佛陀誕生
羅馬共和時代
蘇格拉底出生
柏拉圖出生
— 亞里士多德出生

— 0   耶穌基督出生

基督教為合法宗教
君士坦丁統一羅馬

回教建立

神聖羅馬帝國開始
— 1000
第一次十字軍東征

英法百年戰爭開始

哥倫布發現新大陸

美國南北戰爭開始
第一次世界大戰
— 2000

隨後，科學家們又發現在這些作為食物的人類化石中，兒童或青少年占大多數，難道是這些「先驅人」認為吃年輕人可以永保青春？還是說作為食物的其他族群裡，上年紀的人都已被吃光，他們已等不及這些年輕人長大，只好飢不擇食。由此可見，在這些「先驅人」生活過的地方可能會造成其他族群的滅亡，因為這些「先驅人」實在太強了。

然而，食物鏈存在於自然界的每個角落，這些沒有食物可吃的「先驅人」也慢慢體力不支，不得不轉移到其他地方，或者直接倒斃在歐洲大陸——用現在的話說，這就叫作「多行不義必自斃」。

同時，科學家們也指出這群「先驅人」已具有製造工具的能力。但是，鑑於他們惡劣的特徵，研究人員不敢把他們歸為人類親愛的祖先，只認為他們是在20萬至15萬年前活躍在非洲的一種被稱為「智人」的族群的祖先。而「智人」在遷徙和發展的過程中，逐漸改掉了他們祖先的壞毛病，終於和現代人類靠上關係。

夏

BC2000 —

BC1800 —

商

BC1600 —

BC1400 —

BC1200 —

周

BC1000 —

BC800 —

BC600 —

BC400 —

秦
漢　BC200 —

0 —

200 —

三國
晉

400 —

南北朝

隋朝
唐朝　600 —

800 —

五代十國
宋

1000 —

1200 —

元朝
明朝

1400 —

清朝

1600 —

1800 —

中華民國

2000 —

| 第二章 | 農業帶來的發展

農業進入應用中

基礎的條件都具備後，人類的發展正在一步一步的具象化。原始人類從最初的一無所知到慢慢地掌握一些生活技能，這期間著實是經歷了很長的歲月。

其實，最初的人類生活挺慘的，因為剛剛開始面對這個世界，對所有事情都還處於一無所知的情況中。而且，遠古時代的人類所生活的連續冰河時期，環境十分惡劣。他們沒有動物那樣厚實的皮毛，常有凍死情形。

更重要的是，他們還要跟動物搶食物。人類的體格沒有動物那麼強壯，自然是占不到什麼便宜。雖然後來人類不斷開發智慧，研製出了一些新式武器，諸如石器、弓箭等等，但也不能產生絕對性的作用。

所以，那個時候人類的生活十分惡劣，經常處於吃不飽的狀態。

後來，最後一次冰河期結束後，地球漸漸變暖，同時變得乾燥，人類開始將植物種子播撒在田裡。

舊石器時代的人們使用經過敲打而製成的工具，在獲得食物方面，他們則選擇了獵取。與舊石器時代人生存方式不同的是，當人類進入了新石器時代，一種全新的工具和獲取食物的管道出現了。新石器時代的人所使用的工具是經過磨製而成的，這種工具更加尖利。此外，新石器時代的人雖然也靠獵取來獲取食物，但是他們更多的是靠養殖來確保生存。也就是說，農業出現了。

當然，與舊石器時代的突破相比，新石器時代的進步顯得沒有那麼令人驚訝。因為這一時期的技術進步是自然發生的。例如，一個人生活在長

BC

埃及第一王朝形成
古印度興起
— BC2000

— 巴比倫第一王朝

愛琴文明
亞述擊敗巴比倫

— BC1000

羅馬王政時代
第一屆奧林匹克

佛陀誕生
羅馬共和時代
蘇格拉底出生
柏拉圖出生
亞里士多德出生

— 0 耶穌基督出生

基督教為合法宗教
君士坦丁統一羅馬

回教建立

神聖羅馬帝國開始
— 1000
第一次十字軍東征

英法百年戰爭開始

哥倫布發現新大陸

美國南北戰爭開始
第一次世界大戰
— 2000

上古時期　BC

夏

BC2000 —

BC1800 —

商

BC1600 —

BC1400 —

BC1200 —

周

BC1000 —

BC800 —

BC600 —

BC400 —

秦
漢

BC200 —

0 —

200 —

三國
晉

400 —

南北朝

隋朝
唐朝

600 —

800 —

五代十國
宋

1000 —

1200 —

元朝
明朝

1400 —

清朝

1600 —

1800 —

中華民國

2000 —

滿植物和果樹的地方，當他生活了一段時間後，就會發現果樹上長出了果子，就會發現植物上結出了麥穗。然後這個人經過嘗試，發現果樹上的果子和植物上的麥子都能夠食用，再到了後來，他就很自然地去主動瞭解和掌握它們的生長規律，再後來，他自己也就懂得種植的技術了。

事實上，關於植物生長的過程，在農業出現之前就已經為人類所知曉，但是農業的產生依舊推後了很長的時間，這其中也是有原因的。

我們知道，生活在舊石器時代的人類，他們已經能夠確保基本的生存資源，能夠吃飽穿暖，有足夠的條件來繁衍後代。有時，甚至後代繁衍的程度會超出他們想要的範圍，因此他們會將新生兒殺掉抑或是採取別的方式來抑制人口的增長。試著想像一下，假如那個時候他們掌握了農業技術，那麼人口就更會激增。打獵也一樣能夠滿足人類對食物的需求，因此他們就沒有動力來發展依靠自我種植的農業和畜牧業。

當然，讓農業推遲產生的原因還有另一個，那就是當時能夠種植和蓄養的動植物種類很少。例如，植物的生長需要適合的自然環境，動物的蓄養則需要牠們不再懼怕人類。這也就是生活在美洲的印第安人沒有發展起來的原因，因為他們所在的自然環境，沒能夠為他們提供適合動植物生長的條件。而生活在亞洲、非洲和歐洲的人們就不同了，溫和的自然條件讓植物很好地生長，也讓牛、羊等動物很好地繁殖。

假如在更新世的晚期，地球上的氣候依舊如此前一樣地適合生命的生存，那麼農業的產生就不知道要推後到哪個時間段去了。然而事實上，在更新世末期，地球上發生了劇烈的氣候變化，進而導致之前溫和的氣候突然變得惡劣了。也就是說，人類沒有了能夠直接獵取的動物可食用，植物自然的生長也逐漸停滯。由此，人類不得不尋求新的生存方式，以讓自己的族類繼續繁衍下去，農業也就自然而然地產生了。

為了生存，人類開始以不同的植物種子和不同的土地、氣候作為試驗品，一次又一次地嘗試種植，直到發現最適宜的氣候和植物種子，那時起便開始大規模地進行種植。對動物的馴化也同樣如此。由此，一種新的生活方式在人類中流傳開來了，人類也因此進入了一個高速發展的時代。

農業的傳播

從原始的獲取食物的時代到人類主動地發展農業技術，經歷了一段較為漫長的時期。大約在西元前1500多年前，農業開始興起；而農業有突飛猛進的發展，則從中東和中美地區開始，因為這兩個地區有著最適宜農作物生長的環境。同樣的，在這兩個地區還有大批種類的動物生存，畜牧業也因此得到了很好的發展。中東和中美洲有著極為豐富的動植物品種，再加上氣候合宜，使得這兩個地區自然而然地成為了農業革新的中心地帶。

在原始農業時代，由於對於某一塊土地的過度開墾，可能會導致這塊土地在一段時間後就不能夠再長出豐富的農作物，相對於人口又因為農業的發展而增長，導致人口的數量與土地的肥沃程度不成正比。於是，人類的唯一選擇就是更換農作物的生長地。

一次又一次地轉換生活地區，最終讓農業技術能夠更廣泛地在地球上傳播開來。當然，這並不是說農業的全球化完全是靠人類傳播的，相反，農業的發展在很大程度上，係依靠著不同地區的不同自然環境和土壤特質。例如，在非洲以及澳大利亞地區，由於大部分地方都被沙漠所覆蓋，因此沒能夠形成大規模的農業種植。而在自然條件較好的一些地區，農業卻相對發達。在有些地區，因為自然條件極為優良，所以根本不需要發展農業，因為透過農業種植出來的食物，還遠遠比不上自然條件下生長出來的東西。美國的西南部就是這麼一個好地方，那裡有著豐富的玉米和瓜類，還有人們喜愛的豆類食物，例如蠶豆。

大約在西元前7000多年的時候，在美洲的墨西哥地區已經有了玉米種植。經過幾千年的發展和傳播，中美洲一帶的農業技術已經相對發達，有了比較豐富的農作物來源。農業種植技術也從中美洲開始向外延伸，尤其是玉米種植，傳播到了世界上大部分地區。

經過長時間的探索和經驗的累積，玉米也有了不同的品種，一些適合在高原生長，另一些則適合在熱帶生長。這樣，不同地區的人們都能夠生

BC

埃及第一王朝形成
古印度興起
— BC2000

巴比倫第一王朝

愛琴文明
亞述擊敗巴比倫

— BC1000

羅馬王政時代
第一屆奧林匹克

佛陀誕生
羅馬共和時代
蘇格拉底出生
柏拉圖出生
— 亞里士多德出生

— 0　耶穌基督出生

基督教為合法宗教
君士坦丁統一羅馬

回教建立

神聖羅馬帝國開始
— 1000
第一次十字軍東征

英法百年戰爭開始

哥倫布發現新大陸

美國南北戰爭開始
第一次世界大戰
— 2000

產玉米，以滿足自我的需求。

最新的研究還讓我們知道，除了中東和中美洲之外，農業的另一個發祥地是中國的北部。不僅如此，中國還是最早的幾個農業發源地之一，甚至已有五千多年的種植歷史。而在非洲，農業興盛的地方之前只限於遼闊肥沃的草原，不過當鐵器和芭蕉屬植物出現之後，非洲的農業種植在熱帶雨林地區也繁榮起來。

因此，非洲人似乎應該感謝中東，因為鐵器正是從中東傳到非洲去的，而芭蕉屬植物則是由東南亞傳入的。在農業傳播到各大洲的歷史資料中，最清晰的是傳入歐洲的那些路線，尤其是從中東到歐洲的兩條路線，一條向北，另一條向西，最後覆蓋了整個歐洲大陸。

城邦開始形成

從西元前10000年到西元前4000年，農業開始在世界各地發展。而人類也從四處奔波的生活中解脫出來，開始過上了居家的安穩生活。

日子過得安穩了，溫飽問題解決了，自然就要開始發展文化文明了。所以，之前所說的語言，逐漸產生文字，這讓人類的發展向前躍進一大步。人類逐漸成為了世界上進化最完善的靈長類動物了。

這裡，語言和文字自然是不可或缺的因素，而農業的發展，也為人類的發展帶來了重要的作用。農業最初的起源地，根據考察，應該是起源於美索不達米亞至安納托利亞南部的敘利亞、巴勒斯坦一帶。

然後，世界各地農業都紛紛開始呈現出多元化的發展趨勢。各地人們紛紛種植小麥、玉米、馬鈴薯等作物。除了種植一些固定的農作物之外，人類還開始飼養動物。畢竟幹農活是一件很費體力的事情，而訓練那些體格健壯、性格又比較溫順的動物來作為自己的幫手，也是一件不錯的事情。所以，家畜的產生，也讓農業進一步地發展了，畜牧業得以進一步提升。之後，勞動工具也進步了。以前的石器工具很難切斷植物纖維，這樣

使用起來會比較費勁。為了更加省時省力，人們將石器製造的更為鋒利，這個時候，磨製石器的技術便產生了。而人們也慢慢開始學著吃熟的食物，學著將食物儲藏起來，因而製作陶器的技術也發展起來。

漸漸地，城市開始出現，人們和土地之間的聯繫越來越緊密。他們開始固定居住在一個地方，生兒育女。與此同時，血緣關係成為了那時候人類的主要定居依據。農業的發展令人類的生活穩定了下來，隨著人類對農業生產的不斷改進，效率的不斷提升，人口也相應地大幅度增加。當然了，人口的增長不是普遍的，而是有選擇性的。當農業生產逐漸取代了狩獵的時候，人們的大把時間就空閒了出來，他們可以去做各種有益於他們發展的事情了。所以，人類的繁衍生息就進行得很順利了，人們開始琢磨如何更加廣泛的應用農業技術，進而保障自己的生存和生活。

後來，在大約西元前4000年的時候，兩河流域的美索不達米亞平原南部出現了大規模的灌溉農業，糧食產量快速增加，並帶動了人口增長。這個時候，人們開始意識到了土地的重要性，而也正是這個時候，村落的聚集與發展，讓城市逐漸形成了規模。在大概西元前3000年的時候，城市出現了。這也就意味著，人類的發展進入了一個大跨步的發展狀態了。

私有制文明形成

隨著城市的逐步顯現，文明也正在嶄露頭角。當然了，人們生存和發展所處的環境不同，其各自所形成的文明也大不一樣。正如中國的文明與歐洲的文明不同，美洲的馬雅文明和其他地區的文明也有著很大的差異。

說到底，荒漠、山峰，抑或是浩瀚的海洋，這些自然的屏障是造成各個地區文明不同的最主要原因。

既然每一種文明都有自身的特點，那麼文明與文明之間又是怎樣界定的呢？事實上，通常我們所說的文明包括這樣一些關鍵字：高大建築、城市、稅收、等級、科學、藝術、文字……當然，並不是所有的文明都具備

BC

埃及第一王朝形成
古印度興起
— BC2000

巴比倫第一王朝

愛琴文明
亞述擊敗巴比倫

— BC1000

羅馬王政時代
第一屆奧林匹克

佛陀誕生
羅馬共和時代
蘇格拉底出生
柏拉圖出生
亞里士多德出生

— 0　耶穌基督出生

基督教為合法宗教
君士坦丁統一羅馬

回教建立

神聖羅馬帝國開始
— 1000
第一次十字軍東征

英法百年戰爭開始

哥倫布發現新大陸

美國南北戰爭開始
第一次世界大戰
— 2000

所有這些關鍵字，有的文明或許缺乏其中的幾樣，但是仍舊不失為文明。

夏

BC2000 ─

BC1800 ─

商

BC1600 ─

BC1400 ─

BC1200 ─

周

BC1000 ─

BC800 ─

BC600 ─

BC400 ─

秦
漢

BC200 ─

0 ─

三國
晉

200 ─

南北朝

400 ─

隋朝
唐朝

600 ─

800 ─

五代十國
宋

1000 ─

1200 ─

元朝
明朝

1400 ─

清朝

1600 ─

1800 ─

中華民國

2000 ─

　　在人類走入文明之前，也就是新石器時代，平均主義是一個很顯著的生存特點。或許對於現代人來說，平均分配倒也是不錯的生活方式，可是人類為什麼又會從新石器時代的平均分配，走向現代的有等級之分的文明社會呢？要解釋這一點，我們可以引用人類學家拉爾夫・林頓關於塔納拉人的研究。塔納拉人是馬達加斯加島上的一個族群，他們在長時間裡都過著平均主義的生活，直到最近，才走入了文明。這也是為什麼拉爾夫能夠較為完整地將這個族群研究下來。

　　在走入文明社會之前，塔納拉人過著刀耕火種的生活，他們依靠天然的耕地種植。這也就意味著耕種的產量會一年年地下降，因為土壤的肥沃程度將不如從前。直到土地完全喪失生長的能力之後，族群就不得不遷徙到其他地方去，尋找能夠讓人們生活下去的耕地。居住地的頻繁更換，讓塔納拉人無法實行土地私有制，而是透過首領把土地平均地分配給每個家庭，家庭再透過合作來生產。但是，這樣的局面終於還是被打破了，因為與塔納拉人相鄰而居的人們在種植水稻，當某些塔納拉人也試著去嘗試水稻種植之後，原來的平均主義就遭到了分裂。

　　因為並不是所有的塔納拉人都將勞動力轉移到水稻的種植上，僅是零散的幾個家庭。因為他們長年在稻田裡耕種，稻田不屬於集體，他們無需將土地交給集體，因此就有了自己的土地。當絕大多數塔納拉人還不願意種植水稻的時候，這些少數的家庭已經嘗到了種植水稻的甜頭，他們也因此比其他族人生活得富裕。因為種植了水稻，不再需要更換居住地，所以這些家庭就開始修築更加堅固的居所，以防止外來人的侵襲。假如真的遇上了戰爭，那麼那些來侵略且敗下陣來的人就變成了塔納拉人的奴僕，這些奴僕又被下放到水田裡耕種。隨著新的生存方式的形成，奴隸制也一步一步地走入塔納拉人的社會，把文明社會的私有制特徵帶入到族群中。

第二篇：世界古代文明

（約西元前3500年～西元前1000年）

　　農業發展起來之後的人類，開始有了自己穩定的居所，還有了自己固定的生活方式和方法。人類正逐步走向正規，城市的形成，文明的誕生，都是人類慢慢進步的標誌，是人類進步史上的里程碑。但也就如同柏拉圖所說的那樣：「每個城邦又分為兩個城邦：多數窮人的城邦和少數富人的城邦。這兩個城邦總是處於交戰狀態。」

　　城市的出現，人類的兩極分化，最終導致剝削與被剝削階級的產生，這就是古代文明中最主要的一個矛盾。這一篇中，我們主要為讀者介紹歐亞大陸上，那些存在過的輝煌文明時代。

上古時期　BC

夏

　BC2000 —

　BC1800 —

商

　BC1600 —

　BC1400 —

　BC1200 —

周

　BC1000 —

　BC800 —

　BC600 —

　BC400 —

秦

漢　BC200 —

　　0 —

　　200 —

三國
晉

　　400 —

南北朝

隋朝
唐朝　600 —

　　800 —

五代十國
宋　　1000 —

　　1200 —

元朝
明朝

　　1400 —

清朝　1600 —

　　1800 —

中華民國

　　2000 —

｜第三章｜人類初始的古代文明

四大文明的重要性

　　城市的出現，在人類發展史上占據並且扮演了一個很重要的角色，在城市裡居住的人大多是以祭拜豐收之神（大地之神）的神殿為中心，周圍築著城牆，裡面住著祭司、商人、戰士和工匠。這些人是不從事農業生產的，也就是說，他們已經脫離了低級的、純粹的體力勞動，而是從事一些主持宗教儀式或進行貿易，但和農業有著密不可分的關係。他們雖然不用親自下田工作，但他們依然能夠吃得飽，穿得暖。甚至比城外那些親自農活的人還要富有。也就是在這個時候，因為生產力的進一步發展，生產關係的變化，致使貧富差距出現了，階級也就此產生了。

　　在銅、青銅等金屬的使用更加頻繁之後，武器出現了。富人用武器和權力來控制窮人，為自己製造財富。階級產生，社會兩極分化嚴重，這也正是文明發展的一個象徵。這之後，因為物質文明越來越高，精神文明也就越來越豐富。

　　於是，出現了史上所說的四大文明。

　　可是，這個偌大的世界，當時真的就只有「四大文明」嗎？這一點，近幾年來越來越遭到質疑。

　　四大文明的發祥地與大河有著緊密的聯繫。可是隨著近些年科學技術的發達，和對於史料的完整掌握，考古學家們卻發現，有些古文明其實和河流並沒有關係，但它們依然是存在過的。

　　於是，一場關於改寫歷史的運動悄然開始進行了。

　　所謂的四大文明，就是指從西元前4000年到西元前2000年間，在歐

亞大陸及非洲的大河流域產生的四個文明。分別是兩河流域的古巴比倫文明、尼羅河流域的古埃及文明、印度河流域的古印度文明，以及黃河流域的中國古文明。

這四大文明都有一個共同的發展基因，那就是它們的發祥地都是溫暖且少雨的乾燥地區，而大河帶來的肥沃土壤及水源，使得農業蓬勃發展。

河流為古文明發展帶來了重要的契機。可是現在人們發現，古時候的人們並非都是依賴大河才能夠生存的。有一些古文明能夠獨立存在，且依然發展得很好。只不過後來它們湮沒了，讓人們一時之間無從考證它們的具體發展過程，但已足以證明，古代文明並不是僅僅只有四大文明而已。

而能夠讓人們發現除了四大古文明之外的文明，文字的功勞是功不可沒的。但話說回來，文字是依託於語言才產生的，沒有語言，文字便毫無意義。所以說，文字讓人類有了一個最有效的非語言符號，並且是比語言之繼承性好很多的符號，能夠讓後人清楚地知道前人許多的事情。

今天的人類欲解讀上千年，甚至上萬年之前的人類的發展歷史，有了文字，一切便都有了可能。對於人類而言，還有多少發明比創造語言更為影響深遠的呢？文字將人類的歷史清晰、具體化地保存了下來。而歷史的故事，也就從文字的深處開始講起，從那片沉沒的大陸開始說起。

沉沒的大西國

這不得不讓人聯想到12000年前瞬間消失的大西國。

對於這個國家的記載，最早見於古希臘柏拉圖的《克里齊》和《齊麥里》兩篇文章。在文章中，老先生記載到，神祕的大西國位於直布羅陀海峽中一個叫亞特蘭提斯的島嶼，那裡曾經物產豐富、文化發達、建築林立，好似人間天堂。據說這是老先生秉著實事求是的精神寫下的，他為此還請教過見多識廣的先輩梭倫，以及埃及的祭司和僧侶。

相傳大西國的締造者是海神波塞冬。遙想當年，與泰坦神的戰爭結束

BC

埃及第一王朝形成
古印度興起
— BC2000

巴比倫第一王朝
—

愛琴文明
亞述擊敗巴比倫
—

— BC1000

羅馬王政時代
第一屆奧林匹克
—

佛陀誕生
羅馬共和時代
—
蘇格拉底出生
柏拉圖出生
亞里士多德出生

— 0　耶穌基督出生

基督教為合法宗教
君士坦丁統一羅馬
—

回教建立
—

神聖羅馬帝國開始
— 1000
第一次十字軍東征
—

英法百年戰爭開始
—

哥倫布發現新大陸
—

美國南北戰爭開始
第一次世界大戰
— 2000

上古時期　　BC

夏

　　　　BC2000 —

　　　　BC1800 —

商　　　BC1600 —

　　　　BC1400 —

　　　　BC1200 —

周　　　BC1000 —

　　　　BC800 —

　　　　BC600 —

　　　　BC400 —

秦　　　BC200 —
漢
　　　　　0 —

三國　　　200 —
晉

南北朝　　400 —

隋朝　　　600 —
唐朝

　　　　　800 —
五代十國
宋　　　1000 —

　　　　1200 —
元朝
明朝
　　　　1400 —

清朝　　1600 —

　　　　1800 —
中華民國
　　　　2000 —

後，宙斯三兄弟藉由抽籤來劃分勢力範圍，結果波塞冬分到了海洋以及亞特蘭提斯島。失望的他垂頭喪氣地到達那裡，不想在那個島嶼卻有一位父母雙亡的美麗姑娘等待著他，她就是克萊托。這位多情的波塞冬想必十分愛克萊托，和她共生育了十個兒子，美滿的愛情也讓他意氣風發——帶領人民架橋修路、加固城池、從事農業生產，甚至為他們制定神聖律法——也算得上一代明君了。

許多年後，國王的兒子們都已長大成人，老國王波塞冬也決定要頤養天年。他在退位前將自己一手建立的國家劃分成十個區，分給十個愛子。十兄弟秉承著父親的教誨，來到自己的領地上各施所長，帶領國家繼續前進。據說這十個國家都享有獨立的主權，但為了加強聯繫，共同發展，每隔幾年十位領導人就會進行一次會晤，商議軍國大事，促進經濟共同繁榮。會後，十兄弟還要到波塞冬神廟裡用牡牛的血寫下會議共識，以示同盟之志。這樣，十個國家的人民在島上和睦相處，互通有無，生活得有滋有味。

可是，好景不長，隨著經濟的飛速發展和財富的累積，大西國的君主們變得荒淫無度，逐漸背棄了自己的保護神，昔日輝煌的波塞冬神廟也變得冷冷清清，無人打理。同時，國王們好大喜功的個性也逐漸暴露，開始擴充軍備，入侵別國，搞得鄰居們雞犬不寧，談之色變。

但是，無往不勝的大西國也有自己的剋星。

在入侵雅典的時候，面對惡貫滿盈的大西國，英勇的雅典人寧死不屈，百折不撓，終於打敗大西國。這次戰爭讓大西國元氣大傷，只好老老實實待在島上休養生息。出人意料的是，在這之後一場突如其來的地震和洪水席捲了大西國。一天一夜之內，曾經富饒，驕傲的帝國就消失得無影無蹤，過往的繁華、奢侈、強盛似乎只是夢幻……

大西國就這樣沉沒了，人們都說這是海神波塞冬對它的懲罰，對它的記憶也只停留在口頭上，直到柏拉圖老先生在書中寫到它。

名人效應果然厲害，老先生講過大西國之後，引起了越來越多人的關注，軼聞野史也開始對它有所記載。隨著世界交通的發達，各地的後輩們

也爭先趕去考察，整天用筆算啊、尺子量啊、鋤頭刨啊、鑱子挖啊，沒有休止。不過他們還真找到了一些東西。

其中，最有名的要數1900年英國考古大師艾凡斯在克里特島上發掘出的米諾斯文明遺址。這一新發現讓考古界人士欣喜若狂，大家紛紛猜測它和失蹤的大西國的關係。不過，考慮到地址、時間和面積的不符，最終人們無奈地放棄了這個想法。畢竟，大家還是傾向於相信導師柏拉圖的話，將大西國定位在大西洋上。

儘管考古界對大西國的故事癡迷不已，但12000年過去了，仍沒有人尋到它的蹤跡，看來大西國真要成為一個無解之謎了。

蘇美文明

大西國的高度文明讓後人所嘆服，但是除了大西國之外，其他的文明也同樣是讓人驚訝。雖然，可能在歷史的場合中，它們最終遺失了，可是探究起來，依然讓人心嚮往之。有史料可考證的最早出現的文明之光，應當數在有著烈日暴曬的底格里斯河和幼發拉底河附近的荒原之上。

也就是說，人類最早的文明中心是蘇美，也就是《舊約全書》中的「希納國」（LandofShinar），即是美索不達米亞平原上的南部地區。在大約西元前3500年時，人類將這塊土地開墾出來，進行創造，後來形成了美麗富饒的美索不達米亞平原，它也是古文明的發源地之一。

說起古文明的起源，我們不得不提到兩河流域，也就是今天的伊拉克一帶。其實，所謂的「美索不達米亞」，其含義就是「兩河之間的地方」，而這兩條河流正是我們所熟悉的底格里斯河及幼發拉底河。

西元前4000多年的時候，蘇美人曾經在兩河流域過著他們的幸福生活。蘇美人之所以生活得幸福，是因為他們用勤勞的雙手把家鄉建設成了大片的古文明。

在兩河流域的南面，由於河流的沖積，形成了平原和三角洲，這為人

BC

埃及第一王朝形成
古印度興起
— BC2000

巴比倫第一王朝

愛琴文明
亞述擊敗巴比倫

— BC1000

羅馬王政時代
第一屆奧林匹克

佛陀誕生
羅馬共和時代
蘇格拉底出生
柏拉圖出生
亞里士多德出生

— 0 耶穌基督出生

基督教為合法宗教
君士坦丁統一羅馬

回教建立

神聖羅馬帝國開始
— 1000
第一次十字軍東征

英法百年戰爭開始

哥倫布發現新大陸

美國南北戰爭開始
第一次世界大戰
— 2000

上古時期　BC

夏

BC2000 —

BC1800 —

商

BC1600 —

BC1400 —

BC1200 —

周

BC1000 —

BC800 —

BC600 —

BC400 —

秦

BC200 —

漢

0 —

三國
晉

200 —

400 —

南北朝

隋朝

600 —

唐朝

800 —

五代十國
宋

1000 —

1200 —

元朝
明朝

1400 —

1600 —

清朝

1800 —

中華民國

2000 —

類創造文明提供了良好的自然條件。雖然經常有洪水氾濫，但是蘇美人卻盡情地發揮著自己的聰明才智，修起了堤壩與洪水抗衡。不僅如此，他們還在富饒的土地上男耕女織，相對來說，生活過得還是不錯的。

有牛、有驢，還有大麥和大棗，蘇美人的日常飲食就是傳統的這些農作物。長期的耕種生活還讓他們總結出了一部叫《農人曆書》的經驗之談，教給了子孫後輩許多耕種的技巧。

除了吃飽之外，蘇美人還需要穿暖住好。由於那時候的兩河流域沒有充足的石料，所以他們的房子都是用黏土做的。除此之外，蘇美人還會製作陶器，他們的絕大多數生活用品也都是陶製品。而在金屬方面，蘇美人的手藝可謂是爐火純青，能夠製造出兩噸左右的青銅鑄像，很不簡單。

文明的發展總是一步一步來的，在解決了溫飽問題以後，蘇美人就有了很多空閒的時間。人一閒下來就想東想西，古老的蘇美人也不例外，他們吃飽了飯之後思維更加活躍，於是就有了較高的文化成就。

古代兩河流域最著名的文化遺產，莫過於楔形文字，這也是當代大多數人所熟悉的。可以說，在人類早期的文字當中，楔形文字是比較完整的一種。

說到文化當然少不了文學，而古代文學基本上就是神話和史詩，兩河流域的神話傳說，後來還成了《聖經》所借鑑的對象。此外，《吉爾伽美什》是最著名的英雄史詩，也是世界上最早的史詩。

科學是第一生產力，古老的蘇美人似乎也懂得這個道理。為了提高自己的生活水準，他們還研究著科學問題，其中主要的成就主要體現在數學和天文方面。十進位和六十進位都是他們所熟悉的，就連我們現在所使用的時間單位和圓周知識，也都是繼承了當時的成果。在天文曆法方面，蘇美人透過對月亮的觀察，計算出一年有十二個月共354天。

蘇美人還有著其他方面的許多成就，例如生物、地理、醫藥等。五千年前對我們來說是那麼遙遠，可是那麼遙遠的年代卻有了讓現代人讚歎的文化遺產，我們不得不佩服古老的蘇美人。

貝希斯頓銘文

古老的蘇美人有過許多文明的締造，他們的文字也是十分先進的。西元1835年的一天，一個叫羅林森的法國學者發現了一種新奇的東西，看起來像是文字，於是他就把這些看似文字的東西拓印了下來，打算做研究，說不定還有重大發現。

這是一塊大大的岩石板，上面留下的痕跡都不太一樣，大概是由三種文字組成，這就是著名的貝希斯頓銘文。

貝希斯頓銘文之所以有名，是因為這裡面有個故事。西元前522年，波斯皇帝岡比西斯想要把埃及納為自己的領土，於是就率著大軍進攻。而讓岡比西斯想不到的是，他這一去，家中卻出了叛徒。當時，一個叫高墨達的人，是個和尚，他假扮成已經被岡比西斯下令殺了的弟弟巴爾狄亞，趁著岡比西斯外出打仗的時候在國內發動了叛亂。這時候傳來了好消息，岡比西斯在回波斯老家的路上得病死了，這讓高墨達感到無比的驚喜，岡比西斯一死，自己當皇帝的機會就更大了。可是沒想到，半路卻殺出個大流士。

大流士把高墨達所發動的長達半年之久的叛亂搞定了，自己當上了皇帝。大流士是個十分自戀的人，為了讓自己的功績流傳千古，他下令把這次平定叛亂的經過都記錄下來，記錄的方式就是把文字刻在貝希斯頓村子的一塊大石板上，這就是貝希斯頓銘文。

法國的羅林森學者發現了這塊銘文之後，日思夜想地想要破解上面的文字。1843年，皇天不負有心人，他終於解開了上面的祕密。羅林森破解的結果是：貝希斯頓銘文上總共留有三種文字，一種是楔形文字，一種是新埃蘭文，另一種則是古波斯文。

最古老的楔形文字一般都是從右邊開始寫起，一直寫到左邊。大概是蘇美人認為這樣的寫法比較費勁，於是就改了方式，從左往右寫。楔形文字跟漢字有相同之處，早期也是象形表意的。比如說，蘇美人表達「下

BC

埃及第一王朝形成
古印度興起
— BC2000

巴比倫第一王朝

—

—
愛琴文明
亞述擊敗巴比倫
—

— BC1000

羅馬王政時代
第一屆奧林匹克

佛陀誕生
羅馬共和時代
蘇格拉底出生
柏拉圖出生
— 亞里士多德出生

— 0　耶穌基督出生

基督教為合法宗教
君士坦丁統一羅馬
—

回教建立

神聖羅馬帝國開始
— 1000
第一次十字軍東征

英法百年戰爭開始

哥倫布發現新大陸

美國南北戰爭開始
第一次世界大戰
— 2000

「雨」的方式，就是用一個「天」字加上一個「水」字；當然，後來又發展出偏旁部首更加容易表達的方式等。

夏

BC2000 —

商

BC1800 —

BC1600 —

BC1400 —

BC1200 —

周

BC1000 —

BC800 —

BC600 —

BC400 —

秦
漢　BC200 —

0 —

三國　200 —
晉

400 —
南北朝

隋朝　600 —
唐朝

800 —
五代十國
宋
1000 —

1200 —
元朝
明朝
1400 —

清朝　1600 —

1800 —
中華民國

2000 —

大流士要記錄自己的功績，除了要想好怎麼表達之外，還需要準備一些書寫的工具。那時候紙張還沒有被發明出來，於是大流士就讓人把文字刻在泥板上。要刻字當然還得有工具，也就是相當於筆的東西，古人選擇了用蘆葦桿或是木頭棒子。他們把這些桿子的一頭削尖，然後就開始在泥板上刻。

泥板是用黏土製成的，起初泥板是做成圓形或是錐形，後來蘇美人發現這樣的形狀不太好刻，於是就改良成了方形。這樣一來，果然刻起來更加方便了。他們把刻好文字的泥板放在火上烘烤，直到乾燥堅實，以便存放。

在兩河流域，像貝希斯頓銘文這樣的古代文化遺產已經發現了好幾十萬塊，看來古人想要展現自己風采的心情是十分強烈的。

美索不達米亞的進程

因為依傍河流，在美索不達米亞平原上生活的人類還算是起步不錯的，在底格里斯河和幼發拉底河的上游地區，那裡山川重疊，適合馴養動物，還適合開墾荒地，於是，人類就在那裡創造了偉大的兩河文明。

但是這個過程是十分艱辛困難的，為了適應田地的灌溉和耕種的方便，人類將農業地區從最初的山區，遷徙到了兩河流域。但是，從高地遷移到低地，讓這個處於新石器時代的人類面臨了種種難以克服的問題。比如降雨量不足、烈日蒸曬、河水定期氾濫、沒有建築用的石塊等等的在當時人類看來是無法解決的問題。所以，初遷徙到低處的人類生活是十分艱苦的，他們經歷了太多的困苦，才鑄造了蘇美文明。

所幸的是，經過河水的沖刷，那裡的土壤是極其的肥沃。人們將河裡的水引到田地，獲得了大豐收。這個時候，人類開始覺得自己的糧食儲備

變得是如此的豐富和富裕，根本就吃不完。而且在有了足夠食物之後，人類開始進行其他的工作，例如飼養牲畜和研製新的技術。

此時，新興的冶金術也被逐漸掌握。天然的金屬自然是比石製工具要鋒利耐用得多，於是，人類的發展再次得到了提升。而後，用來耕種田地的農具也隨之誕生，人類的日子變得越來越好過了。

不但如此，車輪的重大發明也是蘇美人的聰明之作，這樣的發明，大大減輕了人類的勞動量。這些影響深遠的技術進步與相應的影響，令古代文明日益進步。而且，當人口增長到一定程度之後，便出現了階級。

階級的出現導致了兩級的分化，這也是文明出現的一種特徵之一。技術的不斷進步，剩餘食物的不斷增多，兩級分化的情形越來越嚴重，令社會變得越來越具有多元性和複雜性。這個時候已經不單單是原始時單純打獵填飽肚子的時代了，這個時候的人們，有著更多的想法和更多實現想法的管道。

而當統治階級開始為了鞏固自己的統治創建軍隊的時候，人類社會才算是正式形成了一個體系。國家和軍隊的建立，非農業商品的產量大大增加，這就是一個早期國家的最初的形式。後來，階級分化隨政治權力的集中而日益加劇。

古代文明也就此走入成熟，各方面的發展都走入巔峰時期，成為了那個時候平原上璀璨的一道風景。

古巴比倫王國建立

人類最早的奴隸制國家出現在世界的東方，時間大概是西元前3500年，當時已經有了先進的鑄造技術。在西元前2250年左右，兩河流域就有了楔形文字，是居住在那裡的蘇美人創造了先進的文明，當時的文字寫在「泥板書」上，「泥板書」是當時楔形文字的書寫工具。這在上文已經提過了。

BC

埃及第一王朝形成
古印度興起
— BC2000

巴比倫第一王朝

愛琴文明
亞述擊敗巴比倫

— BC1000

羅馬王政時代
第一屆奧林匹克

佛陀誕生
羅馬共和時代
蘇格拉底出生
柏拉圖出生
亞里士多德出生

— 0　耶穌基督出生

基督教為合法宗教
君士坦丁統一羅馬

回教建立

神聖羅馬帝國開始
— 1000
第一次十字軍東征

英法百年戰爭開始

哥倫布發現新大陸

美國南北戰爭開始
第一次世界大戰
— 2000

上古時期	BC
夏	
	BC2000 —
商	BC1800 —
	BC1600 —
	BC1400 —
	BC1200 —
周	BC1000 —
	BC800 —
	BC600 —
	BC400 —
秦	BC200 —
漢	
	0 —
	200 —
三國	
晉	400 —
南北朝	
隋朝	600 —
唐朝	
	800 —
五代十國	
宋	1000 —
	1200 —
元朝	
明朝	1400 —
	1600 —
清朝	
	1800 —
中華民國	
	2000 —

西元前2006年，在兩河流域的阿摩利人建立了巴比倫王國，進而取代了烏爾迪王朝。在美索不達米亞平原，蘇美人建立了奴隸制城邦，這裡土壤肥沃，阿摩利人在這裡定居，吸收了這裡的高度文明。

後來，又建立了馬里、伊新、拉爾薩等城邦，這時，利益紛爭也在城邦之間展開了。長期的政權爭奪，讓國家始終處於混亂的狀態，混亂狀態自然不利於發展，蘇美也就很快衰落下去，這種局面一直持續到西元前1792年，漢摩拉比即位。

漢摩拉比自稱是「月神的繼承人」，以此為藉口發動了大規模的戰爭，最後統一了兩河流域。兩河流域統一後，該地區的文明也進入到鼎盛時期，史稱「巴比倫文明」。

700年後，亞述滅掉了漢摩拉比稱王的巴比倫王國。然後，休養生息了一個世紀，在西元前626年迦勒底人重新修建了巴比倫王國，即人們所說的新巴比倫。新巴比倫的繁華也是曇花一現，在西元前538年被納入波斯人的版圖。從此，巴比倫文明再也未成為一個獨立的城市興起了。

根據這些史料，我們發現發源於西元前4世紀的巴比倫文明，是由兩河流域的蘇美人、巴比倫人、亞述人和迦勒底人共同締造而成。它的發展階段大致可以分為四個時期。第一時期是大約西元前2250年，蘇美人創造了巴比倫文明。例如，楔形文字的創造讓那裡的人們有了文字記載的歷史，太陰曆的發現在一定程度上幫助應付兩河流域的澇災；在太陰曆中，蘇美人根據月亮圓缺的規律，將354天定為一年，一年裡又有12個月，12個小時為一晝夜，並首次使用了閏月。除此之外，蘇美人在數學領域開始運用了分數、加減乘除四則運算的方法，懂得了一元二次方程的原理及其解法。著名的十進位法及十六進位法也是蘇美人發明的，他們還推算出了 π 的近似值為3。

兩河流域文明的第二個階段是由阿摩利人開創的，那時大概是西元前9世紀。最具代表性的是頒佈了《漢摩拉比法典》。此時，巴比倫已經進入到鐵器時代，鑄造和冶金技術非常發達。這一時期是巴比倫文明的鼎盛時期。隨後，就迎來了亞述人創造的第三時期，這個時期的巴比倫文明比

較平淡。在平淡之後的西元前6世紀，巴比倫文明迎來了第二個高度繁榮時期，這一時期是由創造「空中花園」的迦勒底人開創的。

根據史料記載，世界上另外著名而古老的文明，例如尼羅河文明和印度河文明，在一定程度上都吸取過巴比倫文明的精粹。眾所周知，希臘人曾從巴比倫文明中的數學、物理學中吸取營養，阿拉伯人則學習過巴比倫文明的建築學。

阿卡德人、巴比倫人、亞述人以及迦勒底人，他們在往後的日子裡都繼承了蘇美人的成就，不過其中要數巴比倫人學得最好，所以兩河流域的文明也被稱作「巴比倫文明」。

BC

埃及第一王朝形成
古印度興起
— BC2000

巴比倫第一王朝

愛琴文明
亞述擊敗巴比倫

— BC1000

羅馬王政時代
第一屆奧林匹克

佛陀誕生
羅馬共和時代

蘇格拉底出生
柏拉圖出生
亞里士多德出生

— 0　耶穌基督出生

基督教為合法宗教
君士坦丁統一羅馬

回教建立

神聖羅馬帝國開始
— 1000
第一次十字軍東征

英法百年戰爭開始

哥倫布發現新大陸

美國南北戰爭開始
第一次世界大戰
— 2000

上古時期　BC

夏

BC2000 —

BC1800 —

商

BC1600 —

BC1400 —

BC1200 —

周

BC1000 —

BC800 —

BC600 —

BC400 —

秦
漢

BC200 —

0 —

三國
晉

200 —

400 —

南北朝

隋朝
唐朝

600 —

800 —

五代十國
宋

1000 —

1200 —

元朝
明朝

1400 —

清朝

1600 —

1800 —

中華民國

2000 —

| 第四章 | 印度河流域哈拉帕文明

古印度文明的起源和特點

　　1922年，對於印度，乃至於全世界都是至關重要的一年。人們在印度東北部的哈拉帕發現了南亞次大陸的古印度文明，古印度主要指包括今印度、巴基斯坦、孟加拉等整個南次亞大陸國家，根據發現的地點，又被稱為哈拉帕文化。哈拉帕文化的發現讓人們認識到印度河流域是世界文明的發祥地之一，進而糾正了世界歷史對印度文明始於西元前6世紀的錯誤認識。

　　印度文明之所以能在西元前400年時形成，主要得力於它的優越地理位置。古印度的氣候和環境適宜種植農作物，所以，大約在西元前8世紀時，農業和畜牧業傳入古印度後，得到了很好的發展，人們開始定居下來，因此，哈拉帕也就成了上古世界主要的農業中心。此外，紅銅冶煉技術的進步也有助於文明的形成。於是，在農業和紅銅冶煉的合力下，哈拉帕文明就形成了。

　　印度和其他所有的文明古國一樣，都是以農業為主。小麥、大麥、棉花、椰棗、瓜果、豌豆、芝麻等是古印度主要的農產品。值得注意的是，人類歷史上最早拿棉花來織布的國家也是古印度，並且，這一技術在西元前2500年左右已經高度發展。當時，狗、雞、貓、犛牛、水牛、豬、駱駝、馬、驢和綿羊已被馴養，成為家禽家畜。

　　農業的繁榮帶來了手工業經濟的發展，鍛、焊等技術也被發明並應用到青紅銅的加工上，運用這些技術，人們生產出了斧、錛、鐮、鋸、魚鉤、矛劍等生產工具。藝術品的造型也趨向精美，小雕像、骨刻、繪畫等

藝術氣息較重，作為藝術品開始陶冶人們的情操。除此之外，當時的鉛、金銀器和陶器的技術也非常發達，棉紡織業、造船業、象牙加工業、石料加工業也繁榮發展。

經濟的繁榮自然會促進古印度海外貿易的發展，出土的文物表明，當時的古印度與兩河流域、埃及、中國、緬甸等國的貿易往來是海路並行的，就是說單獨一種路徑無法滿足當時貿易的需要，古印度經由海上路徑和陸上路徑和這些國家貿易往來，可見古印度繁榮的海外貿易。

當然，每個文明都有自己的特點，古印度文明與其他文明區別的顯著標誌在於城市設計上。規模宏大，市區和衛城界限分明是古印度城市的一大特點。古印度的城市市區內秩序井然，街道寬廣，排水系統良好。房屋也是大小錯落，水井、浴室、廢物排放管道等基礎設施應有盡有。而衛城則有很高的城牆，以作防護，備戰的糧倉和相應的工作設施也一概不缺。最特殊的是，古印度城市建築已使用了在窯內燒的磚，窯內燒的磚要比古埃及的石頭和兩河流域自然曬乾的磚要高級很多。所以，與同時代相比，古印度文明更先進於以上兩種文明。

最重要的是，在出土的陶器、青銅器皿和印章上已經有了文字，還發現了很多宗教人像，可見，那時的古印度已經有了宗教信仰。

古印度文明衰落於西元前1800年，關於其衰落的原因，歷史學界的人們看法不一，有的說是外族入侵造成，有的說是自然形成的，不管是哪一種，印度文明在人類歷史上將與世長存。

釋迦牟尼的故事

佛祖釋迦牟尼，也就是喬達摩・悉達多，他在西元前6世紀創立了佛教，然而釋迦牟尼是怎麼當上佛祖的，這裡面還有個小故事。

釋迦牟尼的父親是個國王，叫淨飯王，管理著喜馬拉雅山脈與恆河之間的一個小國家。他的老婆生下釋迦牟尼後沒幾天就死了，所以釋迦牟尼

BC

埃及第一王朝形成
古印度興起
— BC2000

巴比倫第一王朝

—

—

愛琴文明
亞述擊敗巴比倫

— BC1000

羅馬王政時代
第一屆奧林匹克

佛陀誕生
羅馬共和時代

蘇格拉底出生
柏拉圖出生
— 亞里士多德出生

— 0　耶穌基督出生

基督教為合法宗教
君士坦丁統一羅馬

—

回教建立

—

神聖羅馬帝國開始
— 1000
第一次十字軍東征

—

英法百年戰爭開始

哥倫布發現新大陸

—

美國南北戰爭開始
第一次世界大戰
— 2000

是個沒母親的孩子，生下來就跟著自己的姨媽。

　　淨飯王雖然沒了老婆，可是這孩子倒也讓他省心，因為釋迦牟尼聰明的很，而且還好學，不僅學得快，學得也多。淨飯王對這個兒子非常的喜歡，心裡還琢磨著以後讓他接自己的班。

　　不過父親的想法總歸是父親的，兒子可不願意當什麼國王。釋迦牟尼從小就有慈悲心腸，他看到窮人過著苦日子卻想不明白他們為什麼要過苦日子，當然，他也想不通自己為什麼能過好日子。每次遇到這類摸不著頭腦的問題時，釋迦牟尼都喜歡去找父親探討，可是父親雖然身為國王，對於這些問題也不知道如何回答。

　　時間久了，淨飯王就覺得釋迦牟尼的腦子有點問題，心想著給他找個媳婦估計能讓他的腦子恢復正常。於是，在釋迦牟尼十九歲的時候，父親給他取了一房媳婦，她就是釋迦牟尼的表妹。別說，自從結了婚以後，小倆口的日子倒是過得有滋有味。

　　然而釋迦牟尼天馬行空的思想並沒有因此而終結，相反，他的「胡思亂想」比以前更變本加厲了。有一次，釋迦牟尼在外面閒逛，他看到在路上的爛泥裡躺著一個死人，死人的身上還有很多鳥在吃肉。釋迦牟尼問旁邊的人這個人為什麼會死，旁邊的人心想這問題問得莫名其妙，死了就死了，常有的事，有什麼好問的，就沒理會他。

　　釋迦牟尼的所見所聞讓他整天坐立不安，他覺得人活著很痛苦，要挨餓，還要受凍，到最後還得死。然後有一天，他看到一個出家人身上穿的破破爛爛的，可是臉上卻掛著笑容。釋迦牟尼想不明白，就問出家人為什麼這麼高興，出家人回答他說：「你出家以後就能解脫了！」

　　活了二十來年，釋迦牟尼第一次覺得自己有了出路，內心的苦可以得到解脫了。於是，他不顧所有人的反對和不理解，毅然決然地出家修道去了。釋迦牟尼離家出走之前，他的老婆已經為他生了一個胖兒子，不過釋迦牟尼最終還是狠心離開了她們母子。

　　就這樣，釋迦牟尼剃了個光頭，不再做他的王子，四處巡遊起來了。他不僅跟僧侶們學習修道，而且還想學著更加高深的哲學。後來，釋迦牟

夏

BC2000 ─

BC1800 ─

商

BC1600 ─

BC1400 ─

BC1200 ─

周

BC1000 ─

BC800 ─

BC600 ─

BC400 ─

秦

漢　BC200 ─

0 ─

200 ─

三國

晉

400 ─

南北朝

隋朝

唐朝　600 ─

800 ─

五代十國

宋

1000 ─

1200 ─

元朝

明朝

1400 ─

1600 ─

清朝

1800 ─

中華民國

2000 ─

尼覺得要想修煉得好，就有要很強的意志力，於是他坐在一棵菩提樹下一連修煉了六年的時間。

釋迦牟尼三十五歲的時候，他覺得自己已經修煉得可以了，於是就創立了佛教。他四處行走，想要讓更多的人瞭解這門宗教，讓更多的人得到身體和心靈上的解脫。釋迦牟尼的遊走和說服讓不少窮苦人為他的精神所感動，紛紛加入了佛教，就連一些富人也願意相信他所說的話。

釋迦牟尼所創立的佛教有一些「戒律」，例如佛門子弟都必須剃頭，要遵守很多規矩，不能殺生，不能喝酒等，要遵守很多規矩。釋迦牟尼還認為佛教其實就是「四諦」，即苦諦、集諦、滅諦、道諦。也就是說，人生來就是受苦的，而受苦的原因就是因為人們有很多欲望，只有擺脫了欲望的束縛，人才能得到解脫。

此外，佛教認為每個人生來都是平等的，不存在高低貴賤之分。做善事的人來生必有善報，而做壞事的人則會遭到不好的報應。釋迦牟尼於西元前485年2月15日離開了人世，他的遺體經過火化以後留下了很多色彩繽紛的石頭，被後人稱為「舍利子」。

偉大的阿育王

釋迦牟尼不僅創立了佛教，而且還辛苦地四處遊歷，為的就是讓更多人瞭解這門宗教，以便發揚光大，造福眾生。可是一個人所能做的是有限的，時辰到了以後，身為佛祖的釋迦牟尼也圓寂了。將佛教發揚光大的事就留給了後人，這裡面就有阿育王不少的功勞。

西元前325年，亞歷山大離開了印度河流域，不過他倒是把一支部隊留在旁遮普，還設了總督。趁著強人離開，當地一個叫旃陀羅笈多的人就造反，把難陀王朝搞掉以後建了一個新的國家。

旃陀羅笈多在沒造反前是養孔雀的，所以他給他的國家取了個好聽的名字，叫「孔雀王朝」。孔雀王朝的第二代領導人叫賓頭沙羅，這個國王

BC

埃及第一王朝形成
古印度興起
— BC2000

巴比倫第一王朝

愛琴文明
亞述擊敗巴比倫

— BC1000

羅馬王政時代
第一屆奧林匹克

佛陀誕生
羅馬共和時代
蘇格拉底出生
柏拉圖出生
亞里士多德出生

— 0　耶穌基督出生

基督教為合法宗教
君士坦丁統一羅馬

回教建立

神聖羅馬帝國開始
— 1000
第一次十字軍東征

英法百年戰爭開始

哥倫布發現新大陸

美國南北戰爭開始
第一次世界大戰
— 2000

上古時期　BC
夏
BC2000
BC1800
商
BC1600
BC1400
BC1200
周
BC1000
BC800
BC600
BC400
秦
漢
BC200
0
200
三國
晉
400
南北朝
隋朝
600
唐朝
800
五代十國
宋
1000
1200
元朝
明朝
1400
1600
清朝
1800
中華民國
2000

的生命力旺盛，兒子女兒生了一籮筐，這也造成了不小的麻煩，他死後誰來接班成了個大問題。

在爭奪王位的過程中，阿育王也在裡面湊熱鬧，因為新的國王就要在他和他大哥裡面二選一。比賽最終的結果是，阿育王大獲全勝，他成為孔雀王朝第三代領導人。相傳阿育王為了取得手中的至高權力，居然除掉了九十九個兄弟姐妹，相當凶猛。

剛剛走馬上任的阿育王有著宏大的志向和抱負，他要用武器和鐵蹄殺出一條血路，為自己的國家開疆辟土。阿育王先是征服了濕婆薩國，後來又進攻了難度更大的羯陵伽，最終都以成功告終。聽說征討羯陵伽的那次，阿育王共殺了十萬多人。

其實，阿育王小時候對釋迦牟尼的故事十分感興趣，而且他也覺得佛教是教化人們的好途徑，當個和尚也是不錯的選擇。這次打仗勝利以後，阿育王就跟一個叫優波毱的高僧聊天，而且一聊就沒完。最後，阿育王被說服成佛教徒了！

皈依佛祖的阿育王這才意識到自己以前幹了多少壞事，他後悔得要命，可這世上哪有後悔藥呢，無奈，阿育王就透過做善事來為自己贖罪，而且還大力支持佛教的發展。

阿育王不再熱愛刀槍了，他對佛法產生了濃厚的興趣，還派了高僧去周邊的國家為佛教宣傳。阿育王覺得，一個真正信仰佛教的人，無論他去不去寺廟，只要有一顆向善的心，而且將善心付諸了行動，那麼他就是一個虔誠的教徒。

阿育王對佛教的熱衷的確給人們帶來了好處和實惠，光是不再打仗這一點，就夠老百姓樂上一陣子。更何況阿育王還大發慈悲，廢除了跟殺生有關的一些活動，也不再用動物去祭祀祖宗了。後來，阿育王宣佈佛教為印度國的國教，佛教因此在印度興旺起來。

不僅是在本國，阿育王還要求僧侶們把佛教的教義傳播到鄰國，甚至是更遠的國家中去，讓更多的人能夠感受到佛法的力量，從苦海中解脫。他的努力也換來了回報，現今，佛教的足跡遍佈了世界各地。

阿育王當了四十多年的國家最高領導人，印度的孔雀王朝也在他的領導下發展得有模有樣、蒸蒸日上，是一個名副其實的帝國。

史詩《摩訶婆羅多》

《摩訶婆羅多》是世界上最長的史詩，在印度，它與《羅摩衍那》手拉著手一同成為了明星史詩。不過，作為老大的《摩訶婆羅多》單從篇幅上就是老弟《羅摩衍那》的四倍，也難怪它是大哥了。

《摩訶婆羅多》大約有五百萬字，傳說是大聖人毗耶娑寫的，裡面不僅有長篇的英雄史詩，而且還有很多神話傳說，更有宗教哲學，甚至是法律性質的文章。《摩訶婆羅多》經歷了漫長的成書時間，大概從西元前4世紀一直到西元4世紀，主要以口頭傳誦為主。

故事的內容大概是這樣的：相傳住在天上的八個神仙，一天，他們覺得天上的日子過得膩了，所以就帶著老婆孩子到人間遊玩。一夥人來到人世間以後就在草地上玩耍。

正在大家玩得帶勁的時候，一個婦女看見草地上有一頭漂亮的母牛，於是她就跟神仙說想把這牛帶回去。可是她老公跟她說，這牛可不是一般的牛，而是極裕仙人的母牛，所以不能偷。而這婦女卻不聽老公的勸，哭著喊著要把牛帶回去，眾人無奈，只好幫著她把牛偷走了。

極裕仙人聽說這事以後十分氣憤，他知道是那群下界玩耍的神仙偷了他的牛，於是就要懲罰這群做事不計後果的蠢神仙。本來他是要把八個神仙兄弟都趕到人世間受苦，可是後來兄弟們來求情，最終極裕仙人答應只讓主犯受重罰，而其他的七個人則要去人間待兩天。

其他七個兄弟聽了以後都很感謝極裕仙人，感謝完了就趕緊找到了恆河的女神，求她到人間當幾天媽媽，只要女神在生了七個孩子以後，把孩子一個個扔進恆河，讓他們洗清自身的罪孽，這樣，這七個兄弟就又可以回天上當快樂神仙了。恆河女神是個心軟的女人，看這七個兄弟哭的傷

BC

埃及第一王朝形成
古印度興起
— BC2000

巴比倫第一王朝

—

—

愛琴文明
亞述擊敗巴比倫

— BC1000

羅馬王政時代
第一屆奧林匹克

佛陀誕生
羅馬共和時代

蘇格拉底出生
柏拉圖出生
亞里士多德出生

— 0　耶穌基督出生

—

基督教為合法宗教
君士坦丁統一羅馬

回教建立

—

神聖羅馬帝國開始
— 1000
第一次十字軍東征

—

英法百年戰爭開始

哥倫布發現新大陸

—

美國南北戰爭開始
第一次世界大戰
— 2000

上古時期　BC

夏

BC2000 —

商

BC1800 —

BC1600 —

BC1400 —

BC1200 —

周

BC1000 —

BC800 —

BC600 —

BC400 —

秦
漢　BC200 —

0 —

200 —

三國
晉　400 —

南北朝

隋朝　600 —
唐朝

800 —

五代十國
宋

1000 —

1200 —

元朝
明朝

1400 —

1600 —

清朝

1800 —

中華民國

2000 —

心，就答應了。

　　女神照著兄弟們的說法嫁給了一個國王，叫福身王。這國王很愛自己的老婆，老婆說什麼就是什麼，而且結婚前他們兩個人還簽了一份合約，規定不管以後老婆做什麼，老公都不能插手，或者過問。福身王一切照辦。

　　果然，女神先後跟國王生了七個兒子，她都一個個地把他們扔到了河裡。等到生了第八個兒子以後，女神把事情的來龍去脈都告訴了幾乎瘋掉的國王。後來女神就帶著小兒子去了極裕仙人那裡，讓兒子跟著大仙學習，學成後，福身王就讓這小兒子當了太子。

　　後來，妻子回去天上繼續當女神了，國王痛苦極了，因為他對妻子感情太深了，以至於後來也沒再續弦。直到一個漁家女的出現，才打破了一切。國王要娶漁家女做新妻子，可是漁家女的父親說，要娶我女兒可以，可我女兒生的兒子必須當太子。

　　國王一聽，又鬱悶煩惱了，明明已經立了前妻的兒子為太子，怎麼能改呢。不過女神的兒子就是女神的兒子，他聽說這件事以後主動要求不做太子了，把這位置留給漁家女的兒子，還發誓一生不娶，不生後代，這樣漁家女的兒子就可以安心當大王了。

　　幾經周折之後，國王終於和第二任妻子過上幸福的日子，他們生了兩個兒子，其中一個死了，另一個叫奇武的又生了兩個兒子，一個叫般度，另一個叫持國。後來，王室的爭權奪利就在這兩個人以及他們的後代身上火熱地上演著。

　　史詩主要描繪的是王族內部的爭權奪利，歌頌的則是正義的力量，在歌頌正義的同時，還把正義的代名詞也頌揚了一遍，例如仁愛、謙遜等。史詩從頭到尾都在弘揚一個「法」字，認為只有行為合法的國家和人才能夠在社會上立足。

　　《摩訶婆羅多》被譽為是「集體無意識」以及「印度的靈魂」，內容包羅萬象，表現了古印度社會各個階層的生活狀況。

古城摩亨佐・達羅

西元前3000年到西元前1700多年之間，在今巴基斯坦信德省的拉爾卡納縣城南邊，有一座十分繁華的城市，它在印度河的右岸輝煌了很久，昭示著印度河的文明也不比蘇美文明差多少。這座城市就叫摩亨佐・達羅。

然而由於當時人們對自然環境不太瞭解，也沒有什麼環保意識，亂砍濫伐的行為很嚴重，導致沙漠化日益加重，原先茂密的樹林和肥沃的土地被沙漠侵襲。隨著時間的流逝，這座輝煌的古城也被沙漠埋了起來，被喻為「死人之丘」。

西元1922年，印度的一群考古學家來到這個地方。經過幾千年的風吹雨打，摩亨佐・達羅只剩下一座破爛不堪的佛塔，這佛塔就位於信德沙漠邊上，絲毫看不出往日的輝煌。考古隊員在這裡挖啊挖的，終於挖出了一些帶字的印章，都是石頭做的。接下來的幾十年中，又有不少人來這裡探尋，後來大家就把摩亨佐・達羅併入了「哈拉帕文化」。

在這裡發掘出來的石頭印章以及一些工藝品表明，這裡的人們很聰明，也很有藝術天賦，上面雕刻的花紋和圖案都算得上精美。另外，這些古文物的上面刻有文字，看上去跟楔形文字差不多，不過也有差別，可惜沒有人能夠讀懂。

經過多年的研究，考古學家們終於把古代摩亨佐・達羅城的概況認識的差不多了。這個城市也是由小村子發展起來的，發達的時候城裡面住了好幾萬人。城裡面的道路修建得很整齊，每條街道都十分寬敞，還有下水道。

摩亨佐・達羅城裡還有一個巨大的澡堂，長四十公尺，寬二十公尺，供城民們洗澡用，看起來這裡的人都挺愛乾淨的。當然，除了公共澡堂之外，城裡的家家戶戶基本上都有私人浴室。這座古城的排水系統建設得很好，這大概也是洗浴場所發達的原因吧。

城裡的有錢人住得都是大房子，有好多小套房，而窮人的房子則只有

夏

BC2000 —

商

BC1800 —

BC1600 —

BC1400 —

BC1200 —

周

BC1000 —

BC800 —

BC600 —

BC400 —

秦
漢　BC200 —

0 —

200 —

三國
晉

400 —

南北朝

隋朝　600 —
唐朝

800 —

五代十國
宋

1000 —

1200 —

元朝
明朝

1400 —

1600 —

清朝

1800 —

中華民國

2000 —

一、兩的房間。有錢人的住宅裡還帶有大庭院以及倉庫，這都是給當地的政府官員居住的。還有許多房屋是兩層建築，分工也不同，下面一般是用於洗澡和做飯的地方，而樓上則供睡覺。這裡的房屋都是用磚搭建的。

　　據專家們表示，摩亨佐・達羅應該是世界上最早種棉花，而且還用棉花織布的地方，這裡的城民們還有一個特有的名字，叫「達羅毗荼人」。

　　那時候摩亨佐・達羅的經濟非常發達，特別是跟外國人做生意，更是往來頻繁。

　　摩亨佐・達羅的城民們不但有自己的文字，而且還有精密的度量衡，生活過得十分愜意。再加上當時自然環境的優越，有樹、有水，想不發達也難。這裡的人民藉著自然條件的優勢，充分發揮了自己的聰明才智，創造了輝煌歷史。

| 第五章 | 古埃及文明

古埃及的古王國與新王國

古埃及位於北非東北部，起初在尼羅河流域，後來國力強盛時，遷徙到現在埃及的領土。埃及是世界四大文明古國之一，在西元前5世紀中葉以後，就與西亞的兩河流域一起逐漸進入了文明時代。母親河尼羅河縱貫埃及南北全境，每年7月至11月定期氾濫，氾濫之後留下大量的肥沃泥沙，為古埃及文明奠定了堅固的農業基礎。古埃及文明的創造者是由講哈姆語的北非土著，和來自西亞講塞姆語的人種融合而成的，語言屬於哈姆-塞姆語系。

古埃及統一之前由相互獨立的州組成，每個州有自己的名稱、都城、軍隊及政權，也有各自的方言和宗教信仰，彼此常為爭奪河水、土地而鬥爭。整個埃及處於分裂混戰的局面。天下大勢，分久必合。經過長期的兼併戰爭，到西元前4000年左右，埃及分為兩個獨立的王國。它們以尼羅河為分界線，一是上埃及，即孟斐斯以南的尼羅河河谷地帶；另一是下埃及，即尼羅河下游的三角洲地帶。上埃及國王以蘇特樹為標誌，戴一頂白色的王冠；下埃及國王以蜜蜂為標誌，頭戴一頂紅色的王冠。兩個王國為統一埃及進行了你爭我奪的攻伐，到大約西元前3200年，上埃及國王美尼斯親率大軍向下埃及發動總攻，終於滅掉下埃及，實現了統一大業。自古國家尚統一，統一利大於弊是歷史的必然。就古埃及而言，統一使尼羅河成為加強埃及上下游的樞紐，有利於集中力量更大規模的興修水利，發展灌溉農業，進而大大促進了古埃及的社會經濟發展。

從美尼斯開始到馬其頓亞歷山大征服埃及為止，埃及歷史分為以下幾

BC

埃及第一王朝形成
古印度興起
— BC2000

巴比倫第一王朝

愛琴文明
亞述擊敗巴比倫

— BC1000

羅馬王政時代
第一屆奧林匹克

佛陀誕生
羅馬共和時代

蘇格拉底出生
柏拉圖出生
亞里士多德出生

— 0　耶穌基督出生

基督教為合法宗教
君士坦丁統一羅馬

回教建立

神聖羅馬帝國開始
— 1000
第一次十字軍東征

英法百年戰爭開始

哥倫布發現新大陸

美國南北戰爭開始
第一次世界大戰
— 2000

上古時期　BC

夏

BC2000 ─

商

BC1800 ─

BC1600 ─

BC1400 ─

BC1200 ─

周

BC1000 ─

BC800 ─

BC600 ─

BC400 ─

秦
漢

BC200 ─

0 ─

三國
晉

200 ─

南北朝

400 ─

隋朝
唐朝

600 ─

800 ─

五代十國
宋

1000 ─

1200 ─

元朝
明朝

1400 ─

1600 ─

清朝

1800 ─

中華民國

2000 ─

個時期：前王朝時期（金石並用時期，約西元前4500—3100年）、早王朝時期（1—2王朝，約西元前3100—2680年）、古王國時期（3—6王朝，約西元前2686—2181年）、第一中間期（7—10王朝，約西元前2181—2040年）、中王國時期（11—12王朝，約西元前2040—1786年）、第二中間期（13—17王朝，約西元前1786—1567年）、新王國時期（18—20王朝，約西元前1567—1085年）、後王朝時期（21—31王朝，約西元前1085—332年）、馬其頓希臘人和羅馬人統治時期（西元前332—西元642年）。

提到埃及，我們就會想到著名的金字塔。金字塔修建於埃及的古王國時期，而且最大的金字塔胡夫金字塔也在這個時期修建，所以這個時期又被稱作金字塔時期。這個時期，埃及農業生產力得到前所未有的發展，這得力於完善的中央政府、健全的官吏和書吏階層。有了健全有力的政府機構，大型水利工程的興建、稅收的徵收才成為可能。農業的發展為手工業的發展創造了條件。此時，埃及的手工業門類已經不少，大約已進入青銅器時代。金字塔的建築，足以見證當時的建築業水準，而且說明了採礦業和運輸業的發展。這個時期的經濟，王室經濟、神廟經濟和官僚貴族的經濟占有很大比重。這些階層占有大量土地和勞動力，經濟實力雄厚，經濟種類齊全，可以說是一個基本自足自給的整體，因而很少與市場產生聯繫，不利於商品經濟的發展。

古王國時期的政治特色之一是統一的進一步鞏固，君主專制確立起來。最高統治者為國王，是國家的象徵，控制了國家的行政、經濟、軍事、司法和神權。國王之下的最高行政官員為維西爾，在中國則被稱為宰相，他們掌管經濟、司法和神廟等，但無軍權，軍隊由國王直接控制，所以大權旁落現象不多見。

埃及也是一個宗教信仰很濃的國家。在古王國時期，全國崇拜的主神是鷹神荷魯斯，這也是國王的主要保護神。後來對太陽神拉（拉，神祇之名）的崇拜逐漸盛行，從第五王朝起，太陽神成為國王的保護神，國王成了拉之子。

古王國時期結束後，埃及陷入混亂的第一中間期，後經過中王國時

期、第二中間期，埃及又進入一個輝煌時期——新王國時期。

新王國的法老們透過維護邊疆安全、加強與鄰國的外交迎來了一個空前繁榮的時代。圖特摩斯一世及其孫子圖特摩斯三世時的軍事征服，讓埃及的勢力擴張到敘利亞和努比亞。兩位法老之間上臺的是女法老哈特謝普蘇特，其統治特點是停止對外戰爭，派遣商業探險隊，開展與鄰國的貿易。

新王國時期最值得一說的是阿肯那頓改革。西元前1350年，阿蒙霍特普四世登上法老之位，開始進行一連串改革，主要領域在宗教改革上，把太陽神阿頓（阿頓，神祇之名，太陽神的一種）奉為埃及最高神祇，自己改名為阿肯那頓，並禁止崇拜其他神，遷都新城埃赫塔頓。這違背了埃及多神崇拜的傳統，又打擊了僧侶集團的勢力，改革進行得很不順利，在他死後，對阿頓神的崇拜被禁止，首都也遷回了底比斯。

新王國時期另一位值得一提的法老要算拉美西斯二世。拉美西斯二世於西元前1279年登上法老寶座，此時他才18歲。在軍事上很有膽略，親自率軍抵抗了赫梯的入侵。雙方在卡迭石戰役中大戰，死傷慘重，誰也沒占到便宜，最終在西元前1258年締結了有史以來第一份有所記載的和約。拉美西斯二世成功保衛了國家，但埃及十分富裕，讓心懷不軌的國家垂涎欲滴，尤其是利比亞人和海上民族。起初埃及軍隊還能抵禦這些侵略，但最終還是失去了敘利亞和巴勒斯坦。拉美西斯二世還被認為是埃及歷史上修建神廟、樹立方尖石塔、生育子女最多的法老。

埃及「羅塞塔碑」的破譯

古代許多文明的歷史雖然有些成為了一個未解之謎，但是另一個古文明之國埃及，卻是為後人留下了太多可以探究的線索了。

尼羅河的泥沙肥沃著埃及的土地，刺破太陽光芒的金字塔講述著古埃及的故事。作為世界上第一個洲際帝國，埃及迎來了一個金秋。

BC

埃及第一王朝形成
古印度興起
— BC2000

巴比倫第一王朝

愛琴文明
亞述擊敗巴比倫

— BC1000

羅馬王政時代
第一屆奧林匹克

佛陀誕生
羅馬共和時代
蘇格拉底出生
柏拉圖出生
亞里士多德出生

— 0　耶穌基督出生

基督教為合法宗教
君士坦丁統一羅馬

回教建立

神聖羅馬帝國開始
— 1000
第一次十字軍東征

英法百年戰爭開始

哥倫布發現新大陸

美國南北戰爭開始
第一次世界大戰
— 2000

埃及為世界文明古國之一，有文字記錄的歷史就超過5000年。埃及王朝時期，尼羅河畔，伴隨著第一道刺破青天的太陽光芒，世界上第一個具有真正意義的雄渾帝國應運而生。從努比亞高原到安納托利亞高原，從順流的尼羅河到逆流的幼發拉底河，從西方的利比亞沙漠到東方的阿拉伯沙漠，悉數臣服。

世界上有史可考的第一位紅顏君主，第一位可以媲美任何偉大征服者的不敗英雄，一本記錄了無限輝煌的史冊勾勒出第一個空前繁榮的洲際帝國。尼羅河孕育了燦爛的文明，從它中游的阿比多斯的磚砌金字塔代表的王朝時代的來臨，到更上游一些的著名的卡納克神廟象徵的建築奇蹟，都震撼著全世界。

這些文明的輝煌歷史，都證明了埃及是一個多麼古老，多麼優秀的民族。而能夠記錄這些文明的，則是埃及人留下的文字史料。

雖然，在千年的歲月長河裡，古埃及文字的讀法早已失傳，埃及人留下的一些文字史料，後人也是完全看不懂的。但是，在1799年，拿破崙卻改變了這一現狀。那一年，他率領著軍隊前往埃及征討，他手下一名叫作夏爾的軍官，率領了一小眾部隊在羅塞塔城修築防禦工程，修著修著他們就挖出了一塊黑色的玄武岩斷碑。

在這塊黑色的石碑上，用兩種文字三種字體刻著同一篇碑文。分別是古埃及的象形文字、古埃及的草書體象形文字，最下方的是希臘文字。這塊石碑引起了這群法國人的濃厚興趣，但當時忙於戰事，就沒有研究它。這塊石碑就是後來被稱之為「羅塞塔碑」的石碑。雖然有了石碑上的文字，可是這些字卻沒一個人能夠看懂，這讓大家苦惱了。這時，英雄出現了，一名年僅11歲的法國少年商博良，決心揭開「羅塞塔碑」上古埃及文字的祕密，讓石碑說話，告訴人們古埃及的祕密。

當然有決心是好的，但想讀懂埃及人的話可不是鬧著玩的，這位英雄日夜鑽研，終於在21年後，他發現古埃及人寫國王名字時都要加上方框，或者在名字下面劃上粗線。而在「羅塞塔碑」上也有用線條框起來的文字，那是不是就說明了這塊石碑上記載的是和國王有關的事情呢？

經過不斷的鑽研，商博良終於對照著希臘文，讀通了埃及國王托勒密和王后克里奧派特拉這兩個象形文字，這個石碑上記載的是一封歌功頌德的感謝信，是埃及的僧侶們寫給法老的感謝信。這塊石碑終於開口說話，解釋出了碑文的意義。也正是因為如此，石碑從此成了名石碑，被放進了博物館裡供大家欣賞。

埃及的象形文字其實是一直在發展變化的，石碑上的象形文字，只不過是代表了埃及文化發展的一小段歷程而已。

想要瞭解埃及古文明的全貌，還是要從各個方面來進行探究。

埃及金字塔的神祕修建過程

有句話說得好：「人們怕時間，時間卻怕金字塔。」一說起埃及，大家首先就想到金字塔，其實，金字塔原名叫「庇里穆斯」，有「高」的含義。現如今，古代世界七大奇蹟中的其他六大奇蹟都已毀損，只有埃及的金字塔還神氣地炫耀著自己的輝煌。

古埃及人對金字塔很是崇拜，這源於他們對太陽神的崇拜。要是站在通往尼羅河三角洲基澤的路上，沿著金字塔棱線的角度向西方看去，金字塔就彷彿是撒向大地的太陽光芒。《金字塔銘文》中這樣寫道：「天空把自己的光芒伸向你，讓你得以到達天際，猶如太陽神銳利的眼睛。」同樣，古埃及人對方尖塔的崇拜也源於此。

也許是金字塔的光芒太過亮麗，它讓世人都只看到了古埃及文明中最閃耀的部分，而把其餘的輝煌通通忽略。

在古代埃及所修建的金字塔中，最大、最恢弘的一座金字塔，應該是第四王朝的法老胡夫的金字塔了。

這座金字塔高146公尺左右，如果人們想要繞金字塔走一圈，要走一公里的路。除了體積很龐大之外，胡夫金字塔還以其高度的建築技巧而著名。塔身的石塊之間，沒有任何水泥之類的黏著物，而是一塊石頭疊在另

BC

埃及第一王朝形成
古印度興起
— BC2000

巴比倫第一王朝

愛琴文明
亞述擊敗巴比倫

— BC1000

羅馬王政時代
第一屆奧林匹克

佛陀誕生
羅馬共和時代
蘇格拉底出生
柏拉圖出生
— 亞里士多德出生

— 0　耶穌基督出生

基督教為合法宗教
君士坦丁統一羅馬

回教建立

神聖羅馬帝國開始
— 1000
第一次十字軍東征

英法百年戰爭開始

哥倫布發現新大陸

美國南北戰爭開始
第一次世界大戰
— 2000

上古時期　BC

夏

BC2000 —

商
BC1800 —

BC1600 —

BC1400 —

BC1200 —

周
BC1000 —

BC800 —

BC600 —

BC400 —

秦
漢　BC200 —

0 —

三國
晉　200 —

南北朝　400 —

隋朝
唐朝　600 —

800 —

五代十國
宋　1000 —

1200 —

元朝
明朝　1400 —

1600 —

清朝
1800 —

中華民國
2000 —

一塊石頭上面的。這可沒有運用現在的科技水準，那個時候，人們的文明雖然也很發達，但比現在要差遠了。當時的人們能夠將建築修整成這樣子，而且每塊石頭磨得都很平，石頭與石頭之間的縫隙都很小，曾有人想把堅韌的匕首插進縫隙中都辦不到。這樣的建築物，不得不說是埃及建築史上的一個奇蹟。

而在這座金字塔的北部，離地面13公尺高處的地方，有一個用4塊巨大石頭堆砌而成的三角形入口。這個入口設計的同樣十分巧妙，古代埃及人巧妙的利用了物體之間的力學關係，將金字塔與這個入口巧妙的搭配在一起。

在胡夫金字塔不遠處，還有一座巨大的金字塔，僅僅比胡夫的金字塔矮3公尺，是胡夫的兒子哈夫拉的金字塔。在這座金字塔的旁邊還修建了一座獅身人面像，看起來威嚴雄壯，很是莊嚴。這和埃及人的信仰有關，在古代埃及人的神話中，獅子是各種神祕地方的守護神，也是地下世界大門的守護者。法老需要這樣一個守護者來守護自己的陵墓。同樣，埃及人相信，獅子也能看守住陵墓，不讓那些盜墓者進去。

埃及金字塔實在是籠罩了太多的神祕感和無法破解的謎題了，屹立了4000多年的金字塔，仍將繼續屹立下去，這一大奇蹟讓人們對埃及人民的智慧感到驚訝。

甚至有人認為，金字塔並不是人類修建的，而是外星人所修建，到底金字塔還有多少祕密，還有待考究。

第十八王朝的更迭

其實，古埃及的文明遠不只金字塔這麼簡單，這裡還曾經誕生了一位世界上第一個真正意義上帝國的締造者，他就是圖特摩斯三世。

西元前4000年左右，在古埃及的地盤上上演著狼吃狼的惡戰，最終形成了上埃及和下埃及兩大霸國。西元前3100年，上埃及的王國美尼斯又滅

了下埃及，埃及從此實現了大一統，並建立了第一王朝。自此以後，埃及的歷史就披上了新的外衣，也就是王朝時期。在這個時期，埃及的國王都有個叫「法老」的名字。

古埃及的王朝總共更迭了31個，其中以第十八王朝最著名。第十八王朝也是存活時間最長、地盤最大，國力最強盛的一個朝代，而圖特摩斯三世正是這個王朝的領導人。正因為他的領導，古埃及才從一個地域性王國走向了國際化，成了享譽世界的帝國。

其實，在十八王朝建立之前，埃及還受到喜克索斯人的騷擾。喜克索斯人是古代亞洲西部的一個混合民族，他們在前17世紀進入埃及東部，還建立了第十五和第十六王朝。他們滅掉了埃及第十三王朝，統治了中埃及和下埃及100多年。作為外來者，喜克索斯人也吸收了埃及的全部文明，可是無論怎麼做，他們始終得不到當地人的認可。喜克索斯人在最後的統治中，國家四分五裂，人民不得安寧。

第十七王朝最後一個法老卡摩斯的弟弟雅赫摩斯看不慣喜克索斯人的作風，於是就起義造反，最終將這些外來人又趕了出去。在跟喜克索斯人作戰的過程中，埃及人也逐漸掌握了遊牧民族的打仗方式和武器。後來，埃及重新得到了統一，第十八王朝終於在久等之後登上了歷史的舞臺。在尚武精神的驅使下，王朝的野心也漸漸變大，原本的民族解放開始演變為大規模的對外擴張。

經過幾代領導人的努力，埃及帝國的版圖已經初具雛形。埃及的兵鋒南達尼羅河第四瀑布附近的加巴爾巴卡爾地區，北指敘利亞北部、幼發拉底河上游，東侵巴勒斯坦和敘利亞，一直推進到幼發拉底河畔。

古埃及王朝也是個迷信血統的國家，就像古代中國一樣，他們同樣相信純正的血統會給國家帶來好運。然而王朝的第二任領導人沒有生個兒子就死了，於是他的位子就由當時的軍事統帥，也是他的妹夫圖特摩斯來接任，他就是圖特摩斯一世。

圖特摩斯一世死後，由於皇后未生下兒子，由庶長子繼位，即圖特摩斯二世。圖特摩斯二世也知道自己的血統不純正，於是就跟異母妹妹哈特

BC

埃及第一王朝形成
古印度興起
BC2000

巴比倫第一王朝

愛琴文明
亞述擊敗巴比倫

BC1000

羅馬王政時代
第一屆奧林匹克

佛陀誕生
羅馬共和時代
蘇格拉底出生
柏拉圖出生
亞里士多德出生

0　耶穌基督出生

基督教為合法宗教
君士坦丁統一羅馬

回教建立

神聖羅馬帝國開始
1000
第一次十字軍東征

英法百年戰爭開始

哥倫布發現新大陸

美國南北戰爭開始
第一次世界大戰
2000

上古時期　BC

夏

　BC2000 —

　BC1800 —
商
　BC1600 —

　BC1400 —

　BC1200 —
周
　BC1000 —

　BC800 —

　BC600 —

　BC400 —
秦
漢　BC200 —

　　0 —

　　200 —
三國
晉
　　400 —
南北朝

隋朝
唐朝　600 —

　　800 —
五代十國
宋
　　1000 —

　　1200 —
元朝
明朝
　　1400 —

　　1600 —
清朝

　　1800 —
中華民國
　　2000 —

謝普蘇特結婚，以便理直氣壯地管理國家。可是圖特摩斯二世是個病人，他當領導人的時候並沒什麼大作為，倒是他的老婆，也就是皇后卻繼承了父親的野心和才幹。於是，世界上第一位有史可考的女皇帝登上了古埃及的政治舞臺。

歷史總有著驚人的相似，自埃及的哈特謝普蘇特開始，中國的武則天、俄國的葉卡捷琳娜二世也逐一走上君臨天下的聖壇，演繹女人統治國家的神話。

那時的圖特摩斯三世還躲在歷史的帷幕之後，冷眼旁觀嫡母在古埃及的大地上，留下處處標榜功勳的建築痕跡，等待著屬於自己的劇碼上演。

圖特摩斯三世是圖特摩斯二世同次妃伊西斯的結晶，他在對嫡母恐懼、敵視而又帶有幾分崇拜的複雜心境中漸漸成長。

女法老哈特謝普蘇特的統治

女強人哈特謝普蘇特不僅衣服穿得像個男人，而且還帶著假鬍子，手裡握著權杖。她像男人一樣地統治著古埃及，為十八王朝的黃金時代打下了基礎。

哈特謝普蘇特是圖特摩斯一世與大老婆唯一的女兒，她從小就聰明伶俐，而且比男孩子還要堅強，對權術十分感興趣，常常覺得自己身為父親唯一正統的繼承人是件很光榮的事情。哈特謝普蘇特小時候就幻想著，要是自己將來當上國王該有多好多好，後來有了老公圖特摩斯二世，而老公身體不好，根本就治理不了國家，這為哈特謝普蘇特的野心提供了很好的機會。

老公因病死了，不過哈特謝普蘇特在朝中的根基還沒有扎穩，她的雄心暫時還無法實現。於是，她安排老公與妃子所生的一個十歲孩子跟自己的女兒結了婚，這個孩子就是圖特摩斯三世。後來，哈特謝普蘇特以攝政王身分，全權管理王國事務。哈特謝普蘇特渴望的權力終於被她握在了

手裡,可是她這個「女皇帝」當得並不十分舒心,因為她漸漸地發現自己親手栽培的圖特摩斯三世可不是個讓她省心的傢伙。於是,她趕在圖特摩斯三世成年正式親政之前,將其廢黜,並軟禁在阿蒙神廟,做一名普通僧侶。

這個時候,哈特謝普蘇特離她的皇帝夢只有一步之搖了,那就是讓世人接受她是女人這個事實。哈特謝普蘇特是個聰明的女人,她為了讓自己的王位繼承的名正言順,就勾結僧侶替她編了一個身世,說自己是太陽神的女兒,好聽極了。

太陽神為了讓自己的後代統治埃及,化身圖特摩斯一世與王后產下一女,如今,這位女子已歷經磨難,可以成為統治埃及的法老了。哈特謝普蘇特還在神廟裡放置了些金盆,反射出太陽的光芒,以向世人證明她與太陽神的親密關係。接著,她開始女扮男裝,下令所有人用男性代名詞稱呼她。

終於,哈特謝普蘇特憑藉著自身的魅力,征服了埃及的人民,她把國家打理得有條不紊,經濟蒸蒸日上,百姓們都過上了幸福的日子。

為了獎賞神廟中的僧侶,她復修了許多古建築、祠廟,並贈送給神廟4座高達30餘公尺的石雕方尖碑,為太陽神吟詩作賦,並將自己「從神所生」的經歷雕刻於祭廟的牆壁上。這一點是古代君王的通病,波斯的居魯士和印度的阿育王也曾經這樣做過,因為這有利於標榜統治者的功績,也容易流傳後世,為萬代敬仰。

哈特謝普蘇特還停止了打仗,改與鄰國友好往來,互通貿易,這比打仗帶來的好處實惠多了。這樣,埃及的商貿業興盛起來了,國家的富足也能夠滿足宗教方面的開銷,更有利於哈特謝普蘇特的統治。所以她用大量財富建造神殿和陵墓,其中最著名的就是底比斯尼羅河西岸的停靈廟。

哈特謝普蘇特在埃及當了17年的女王,以和平和非軍事性的管理方式為主,讓人民過上太平安穩的日子。可是和諧的興盛也有它不利的一面,這使得埃及在敘利亞和巴勒斯坦的霸權受到了威脅,哈特謝普蘇特剛死沒多久,這兩個小國就趁亂宣佈獨立了。

BC

埃及第一王朝形成
古印度興起
— BC2000

巴比倫第一王朝

愛琴文明
亞述擊敗巴比倫

— BC1000

羅馬王政時代
第一屆奧林匹克

佛陀誕生
羅馬共和時代
蘇格拉底出生
柏拉圖出生
亞里士多德出生

— 0 耶穌基督出生

基督教為合法宗教
君士坦丁統一羅馬

回教建立

神聖羅馬帝國開始
— 1000
第一次十字軍東征

英法百年戰爭開始

哥倫布發現新大陸

美國南北戰爭開始
第一次世界大戰
— 2000

上古時期　BC

夏

BC2000 —

BC1800 —

商

BC1600 —

BC1400 —

BC1200 —

周

BC1000 —

BC800 —

BC600 —

BC400 —

秦
漢　　BC200 —

0 —

三國
晉　　　200 —

南北朝　400 —

隋朝　　600 —
唐朝

800 —

五代十國
宋　　 1000 —

1200 —

元朝
明朝　1400 —

清朝　1600 —

1800 —

中華民國

2000 —

哈特謝普蘇特的死給了圖特摩斯三世當老大的機會，他又重新回到了皇宮。奇怪的是，哈特謝普蘇特的屍體找不著了，同時失蹤的還有她的情人和女兒。

絕大多數有關她的記錄、神殿、圖像、雕像都被刻意銷毀了。

到現在為止，埃及的歷史學家們還搞不清當初這個女皇帝究竟是怎麼死的，在尼羅河西岸發現的皇家木乃伊中，也沒有找到哈特謝普蘇特的木乃伊。她的木乃伊去向成了一樁歷史懸案，墓穴很顯然已被一掃而空。

1903年，埃及考古學家在帝王谷一座並未完工的小墳墓中發現了兩具木乃伊，一具安放在棺材中，一具躺在地上。

多年來，考古學界猜測那具躺在地上的木乃伊，就是這位神祕莫測的女法老，因為她的手臂以皇后的傳統手勢交疊放在胸口，而棺材中的那具則是她的保姆。

墓穴內的其他文物大都很普通，只有一件例外，那就是轉世面具。面具中有個V形槽，由於她經常扮男裝，凹槽大概是用來放置法老王假鬍鬚的。

環視整個墓室，牆壁上有許多死者與圖特摩斯三世的圖像，但都被人刻意鑿毀了，甚至連顯示死者靈魂之處都未能倖免。

無論後人怎麼琢磨，也無法獲知當時的真實情形，但可以肯定的是，大約在西元前1480年，女法老神祕死亡了。從此以後，圖特摩斯三世變成了真正的帝國法老。

圖特摩斯三世篡位

哈特謝普蘇特是圖特摩斯三世的嫡母，也就是說，圖特摩斯三世是哈特謝普蘇特的老公與他的妃子生的兒子。對於這位嫡母，圖特摩斯三世的感情相當複雜。一方面，嫡母這種女強人讓他十分敬畏和崇拜；可是另一方面，他也恨嫡母，因為她的國王寶座本來應該是自己的。

埃及古史記載，圖特摩斯三世掌權後立即展開對嫡母的報復，開始大規模地毀壞哈特謝普蘇特的紀念碑，用圖特摩斯一世、二世以及他自己的名字，替換神廟中哈特謝普蘇特的名字，企圖將她留下的痕跡從埃及大地上抹去。

古埃及人認為，肖像在現世或來世都有莫大的力量，破壞哈特謝普蘇特的肖像與雕像，就是企圖讓她在史上湮沒無聞。而對圖特摩斯三世而言，這就是自己個人的殘酷報復，他要從長期的鬱鬱不得志中擺脫出來，享受掌握權柄的快感。

然而，歷史的痕跡無所不在，圖特摩斯三世心思費盡依然會留下蛛絲馬跡。如今，尼羅河西岸的盧克索地區依然矗立著一座巨大廟宇，裡面的方尖碑還有不少浮雕完好無損地保存下來，向世人述說著女法老哈特謝普蘇特美麗而神祕的傳奇人生。

圖特摩斯三世這樣做，自然也有他自己的道理，畢竟他現在是當權者，想做什麼都可以，沒有人可以攔著他。而且，他行使權力的這個時機來得太晚了，他本來是這個國家的主人，卻讓一個女人搶了先機，現在，他好不容易奪回了大權，自然要出出氣了。

圖特摩斯三世能夠重返權力場中，其實也和哈特謝普蘇特小看了圖特摩斯三世有關。

當年，為了讓自己手中的權力更加穩固，她把圖特摩斯三世弄到阿蒙神廟軟禁起來，後來他的表現也讓女王越來越放心。當然，圖特摩斯三世心中打著什麼樣的如意算盤，哈特謝普蘇特一概不知。

圖特摩斯三世雖然年紀輕輕，可他的想法卻很長遠，為了把自己失去的王位搶回來，他在阿蒙神廟裡安心地修煉著。圖特摩斯三世對政治表現出一點興趣都沒有的樣子，整天在廟裡練功學習，也不好女色，話也不多，看起來像個悶葫蘆。圖特摩斯三世精騎善射，在將士中頗有威望，女法老為進一步考驗他的忠心，力排眾議任命他為遠征南部努比亞的埃軍統帥。他勝利回朝時，戰爭中繳獲的各種奇珍異寶悉數上繳，並旋即交出帥印，自此，女法老漸漸消除了對他的戒心。

BC

埃及第一王朝形成
古印度興起
— BC2000

巴比倫第一王朝

愛琴文明
亞述擊敗巴比倫

— BC1000

羅馬王政時代
第一屆奧林匹克

佛陀誕生
羅馬共和時代
蘇格拉底出生
柏拉圖出生
亞里士多德出生

— 0　耶穌基督出生

基督教為合法宗教
君士坦丁統一羅馬

回教建立

神聖羅馬帝國開始
— 1000
第一次十字軍東征

英法百年戰爭開始

哥倫布發現新大陸

美國南北戰爭開始
第一次世界大戰
— 2000

上古時期　BC

夏

BC2000 —

商

BC1800 —

BC1600 —

BC1400 —

BC1200 —

周

BC1000 —

BC800 —

BC600 —

BC400 —

秦
漢

BC200 —

0 —

三國
晉

200 —

400 —

南北朝

隋朝
唐朝

600 —

800 —

五代十國
宋

1000 —

1200 —

元朝
明朝

1400 —

清朝

1600 —

1800 —

中華民國

2000 —

當圖特摩斯三世羽翼漸漸豐滿時，恰逢其屬地西亞地區發生了變亂。女法老調兵遣將，準備前往征討，此時，禍起蕭牆，王朝內也突發變故，過程究竟如何，歷史尚無定論，但結局十分明確，哈特謝普蘇特神祕失蹤，圖特摩斯三世以阿蒙神的名義重登大寶，執掌了埃及的最高權杖。

男子漢大丈夫能屈能伸，圖特摩斯三世深諳這個道理，他委曲求全，為的就是等待這一刻，現在他做到了。

埃及與迦南的米吉多之役

那時候國內的局面很是動盪，各地都有叛亂，圖特摩斯三世雖然把屬於自己的寶座搶了回來，可面臨的卻是一堆爛攤子。

然而，此時的圖特摩斯三世已不是當初任人擺佈的小孩了，想想在廟裡的那些年，頗有一番臥薪嚐膽的架勢，如今的圖特摩斯三世儼然已經成了堂堂的男子漢，是個勇猛帥氣的國王。圖特摩斯很快就把國內的叛亂給搞定了，接下來，他要做的是大事，也是他接班以後的第一場硬仗，那就是去跟敘利亞和巴勒斯坦討個說法。由於哈特謝普蘇特在位時採取的是抑制戰爭的政策，所以埃及的士兵們幾乎已經有二十多年沒見過戰爭長什麼樣了，圖特摩斯因此也十分擔心自己的軍隊究竟有多少戰力。

米吉多座落於卡麥爾山脈的北坡，是一座軍事重鎮，歷來是兵家必爭與通商貿易的必經之地，往北通向黎巴嫩的富庶之地，往東可達幼發拉底河。從圖特摩斯三世時代開始，米吉多正式出現在歷史記載中，一直到西元20世紀，它始終是世界上最主要的戰場之一，甚至被指為《聖經》中世界末日善惡決戰的戰場——哈米吉多頓。

圖特摩斯三世讓部隊輕裝急行，要打迦南叛亂王公們一個措手不及。圖特摩斯三世召開軍事會議，研究路線，將軍們一致主張走繞山而行的平坦大路。圖特摩斯三世認為此舉正中敵軍下懷，因此他作出大膽決策，翻越山巔的羊腸小徑，讓敵人嘗嘗「驚喜」是個什麼滋味。

這個決定是一個高風險、高回報的賭注，因為埃及軍隊單一縱列的身影在峽谷一覽無遺，一旦敵軍發現，毫無防衛能力；但如果敵軍以常情考慮，駐守大路，那麼埃及軍隊將大獲全勝。

就這樣，第二天，作為頭領的圖特摩斯三世在前面帶路，給後面的埃及士兵們莫大的勇氣和鼓舞。當天巴勒斯坦可謂是晴空萬里，米吉多要塞的聯軍士兵們估計還在欣賞美景，他們不知道，圖特摩斯三世已經給他們送來噩運了。雖然，埃及的敵人數量龐大，有的碑文上記載說，至少有330個迦南王公率領他們的軍隊來參戰。因此，埃及人站在了「漫山遍野的敵人」面前。

但是，埃及人的奇襲給敵人帶來了毀滅性的災難，天降奇兵的恐懼像浪潮一樣席捲迦南聯軍，士兵們倉促迎戰，轉瞬間潰不成軍。

一名埃及書吏這樣描寫當時的情景：「國王手持利劍親自領軍，他猶如燃燒的烈焰橫掃敵陣；國王單槍匹馬勇往直前，他將擋在他面前的野蠻人砍殺殆盡。國王俘獲了敵人的王子們，將他們變成了奴隸；國王奪得了敵人的黃金戰車，他飛身跳上敵人的戰馬，讓不羈的馬溫順地臣服於他手中的韁繩。」

埃及人首戰告捷，然而圖特摩斯三世發現這輕易得來的勝利，卻容易讓人衝昏頭腦，埃及士兵們忘記了攻打城池的使命，竟轉而搶奪那些散落在山谷的戰利品，軍隊失控使得迦南人在城中重振旗鼓。

埃及人也認識到了混亂的軍紀使他們的法老失去了一個快速勝利的機會。在這首場交鋒中，埃及人原本可以利用米吉多人的迅速潰退而提前贏得全面的勝利。古埃及的碑文是這樣說的：「如果不是國王的軍隊背棄了他們的心去搶劫敵人的財產，那個時候，埃及軍隊一定能夠占領整個米吉多⋯⋯」

整頓軍隊後，年輕氣盛的法老耐下性子，將米吉多要塞圍得如鐵桶一般，酷熱的天氣使城內的屍體開始腐爛，瘟疫開始在缺糧少水的守軍中大肆蔓延。

7個月後，要塞的聯軍士兵向圖特摩斯三世投降，被俘的卡疊什國王

BC

埃及第一王朝形成
古印度興起
— BC2000

巴比倫第一王朝

—

—

愛琴文明
亞述擊敗巴比倫
—

— BC1000

羅馬王政時代
第一屆奧林匹克

佛陀誕生
羅馬共和時代
蘇格拉底出生
柏拉圖出生
亞里士多德出生

— 0　耶穌基督出生

—

基督教為合法宗教
君士坦丁統一羅馬

回教建立

—

神聖羅馬帝國開始
— 1000
第一次十字軍東征

—

英法百年戰爭開始

哥倫布發現新大陸

—

美國南北戰爭開始
第一次世界大戰
— 2000

上古時期　BC

夏

BC2000 —

BC1800 —

商

BC1600 —

BC1400 —

BC1200 —

周

BC1000 —

BC800 —

BC600 —

BC400 —

秦
漢　　BC200 —

0 —

三國　200 —
晉
南北朝　400 —

隋朝　600 —
唐朝

800 —

五代十國
宋　1000 —

1200 —

元朝
明朝
1400 —

清朝　1600 —

1800 —

中華民國

2000 —

被帶回埃及神廟活祭。這個紙糊般的反埃及同盟也煙消雲散了。此役結束後，圖特摩斯三世威名遠播，為埃及重新樹立了權威。

圖特摩斯三世的南征北討

對於圖特摩斯三世來說，米吉多之役僅僅是一個開始。

雖然，一場米吉多大戰給圖特摩斯三世帶來了日後的清閒，似乎整個迦南都被這位新國王嚇唬住了，不敢再跟他玩什麼花樣，「捕獲這座城市就等於捕獲了上千座城市」。

此外，圖特摩斯三世還收穫了一大筆戰利品：2041匹馬，894輛戰車——其中有2輛是金子鑄就的，200副盔甲，其中2套是屬於米吉多和卡疊什的首領的，還有數量超過25000頭的牲畜。那些被打敗的城市都給法老送來了禮物，而且非常昂貴。圖特摩斯三世用打仗的方式給埃及贏來了富有，為了紀念這次大勝，圖特摩斯三世還下令在卡納克神廟的牆上刻上名為「植物園」的浮雕，浮雕上除了麥子，還有其他來自被占領地的植物的形象。

誰也不知道，圖特摩斯三世心裡面早就有了新的盤算，而米吉多大戰的勝利更是給了他陽光燦爛的機會。這位年輕的法老想要把心裡的帝國版圖實現，於是，他整了一支龐大的海軍部隊，埃及的影響力已經擴大到了整個遠東地區。

經過二十多年的反覆征討，敘利亞終於臣服於圖特摩斯三世。可是圖特摩斯三世並沒有因此而滿足，因為被他打敗的小國隨時都預備著要獨立，甚至反過來還會成為埃及北方的威脅。不過，圖特摩斯三世有顆聰明的腦袋，他想到了一個好辦法：鐵與血。

當時除了埃及是個大國以外，西亞的米坦尼也是個大國，埃及攻打敘利亞的舉動讓米坦尼王國很是不爽，可是這位老大哥眼睜睜地看著圖特摩斯三世為所欲為，卻也拿他沒什麼辦法。兩個國家打了幾次，都以埃及的

勝利告終。

　　周邊的國家都看到了圖特摩斯三世的厲害，再也不敢起什麼逆反之心，甘願當起了埃及的小弟。甚至連亞述王國和巴比倫都想跟埃及結交，巴比倫還把自己國家的一位公主送給圖特摩斯三世當小老婆，兩個歷史久遠的文明中心第一次以聯姻的形式相結合。

　　圖特摩斯三世出盡了風頭，成了國王中的大明星，越來越多的周邊屬國為他俯首稱臣。所向披靡的水上艦隊，使得東地中海成了埃及的勢力範圍，愛琴海諸島、克里特島、賽普勒斯島都在他的海上帝國之中。向北擴展是他的戰略重點，但圖特摩斯三世也沒有忘記埃及以南的熱土，儘管這些地區的文明程度稍遜一籌。

　　圖特摩斯三世每征服一個地方，他便將其王公的子弟帶到埃及，一方面作為人質，另一方面也讓他們接受埃及的教育，讓其成年後繼承父業，對自己更加效忠。此舉也是世界各地歷朝歷代征服者所慣用的統治手段，而圖特摩斯三世顯然為原創。這一政策十分成功，使得圖特摩斯三世的幾位繼任者不需要動用龐大的軍隊，就可以維護埃及帝國對鄰國的控制和影響。

　　圖特摩斯三世對戰爭的癡迷程度不可想像，後來他還是不肯放下手裡的武器，繼續跟那些不聽話的人打著。在他的打拼下，埃及的疆域空前拓展，成了橫跨歐亞大陸的極盛王朝。歷史學家們都把圖特摩斯三世視為古埃及的拿破崙，然而，拿破崙有滑鐵盧的慘敗，而圖特摩斯三世卻從未輸掉任何一次戰役。

　　圖特摩斯三世晚年逐漸傾心於安逸的生活與藝術的創作，他讓其子阿蒙霍特普二世成為他的繼任者。圖特摩斯三世當了54年的國王，西元前1425年，他把位子交給了兒子阿蒙霍特普二世，他則安心地去了。

　　他葬於埃及的「帝王谷」，為了防止有人盜墓，王陵的入口建在懸崖上。陵墓中的柱子上裝飾著精美的圖案，整座墓室彷彿一幅巨大的紙草畫卷軸。雖然懸崖峭壁未能阻止盜墓者貪婪的步伐，但法老的木乃伊由於第二十一王朝的祭司們的及時搶救而倖免於難。

BC

埃及第一王朝形成
古印度興起
— BC2000

巴比倫第一王朝

愛琴文明
亞述擊敗巴比倫

— BC1000

羅馬王政時代
第一屆奧林匹克

佛陀誕生
羅馬共和時代
蘇格拉底出生
柏拉圖出生
亞里士多德出生

— 0　耶穌基督出生

基督教為合法宗教
君士坦丁統一羅馬

回教建立

神聖羅馬帝國開始
— 1000
第一次十字軍東征

英法百年戰爭開始

哥倫布發現新大陸

美國南北戰爭開始
第一次世界大戰
— 2000

埃及人可能是最早有輪迴思想的，金字塔裡埋葬著埃及法老們的木乃伊，而屍體之所以要製成不腐爛的木乃伊，正是緣於埃及人神學中的「輪迴」觀念。法老們堅信有朝一日他們的靈魂會重新回到肉身當中，那時只要打開金字塔的大門，就可以重新呼吸空氣與享受陽光，並繼續統治這個帝國。

當然，圖特摩斯三世也是這樣認為的。

夏

BC2000 —

BC1800 —

商

BC1600 —

BC1400 —

BC1200 —

周

BC1000 —

BC800 —

BC600 —

BC400 —

秦
漢

BC200 —

0 —

200 —

三國
晉

400 —

南北朝

隋朝
唐朝

600 —

800 —

五代十國
宋

1000 —

1200 —

元朝
明朝

1400 —

清朝

1600 —

1800 —

中華民國

2000 —

| 第六章 | 埃及帝國的衰亡

法老也能多才多藝

　　圖特摩斯三世具備了一個偉大統治者應具備的所有特質：天才的軍事家，非凡的領導者，完美的騎手、弓箭手、運動家，極具鑑賞力的藝術庇護者。

　　史料上關於圖特摩斯三世有太多的記載，這其實並不奇怪，因為圖特摩斯三世是個文化人，他懂得文字的力量，也用手中的權力操控著歷史記錄，證明自己的偉大和功績。因此，除了古埃及神廟、塔碑上的壁畫雕刻之外，這位法老還給後人留下了許多戰地實錄。

　　例如在米吉多打仗的時候，圖特摩斯三世就帶著軍事書吏官塔加尼隨軍出征，是紀錄戰爭實況的皇家記者。這位隨行的戰地記者跟著埃及大軍打了17次戰役，詳細記錄了軍事行動的細節、法老王的戰術、敵我雙方的對峙等細節。

　　塔加尼的原版日誌就是埃及編年史的根據，這是跟在法老王戰車之後，閃躲弓箭的書吏官所留下的記載。戰爭結束後，其現場記錄便被刻到了古埃及首都底比斯卡納克神廟的牆壁上，供埃及臣民拜讀。此後，圖特摩斯三世又領導了幾場可以當成作戰範例的戰役。作為歷史上第一個利用海軍的力量戰勝敵人的指揮者，無論在戰略戰術、武器裝備，還是資訊系統方面，他都成為軍事界鑽研的對象。

　　圖特摩斯三世是個相當自信的人，甚至有些自戀，他經常在公眾面前展示他的魅力，例如騎射技術等，還吹噓沒有誰比得上自己的威猛。在小時候，圖特摩斯三世在廟裡生活著，有關圖特摩斯三世的浮雕顯示出在嫡

BC

埃及第一王朝形成
古印度興起
— BC2000

巴比倫第一王朝
—

—

愛琴文明
— 亞述擊敗巴比倫

— BC1000

羅馬王政時代
第一屆奧林匹克

佛陀誕生
羅馬共和時代

蘇格拉底出生
柏拉圖出生
— 亞里士多德出生

— 0　耶穌基督出生

—

基督教為合法宗教
君士坦丁統一羅馬
—

回教建立

神聖羅馬帝國開始
— 1000
第一次十字軍東征

—

英法百年戰爭開始

哥倫布發現新大陸

—

美國南北戰爭開始
第一次世界大戰
— 2000

夏

BC2000 —

BC1800 —

商

BC1600 —

BC1400 —

BC1200 —

周

BC1000 —

BC800 —

BC600 —

BC400 —

秦
漢　BC200 —

0 —

200 —

三國
晉

400 —

南北朝

隋朝
唐朝　600 —

800 —

五代十國
宋

1000 —

1200 —

元朝
明朝

1400 —

清朝

1600 —

1800 —

中華民國

2000 —

母壓制下的小法老是多麼得勤奮刻苦，他不但將騎射技藝練得爐火純青，還孜孜不倦地學習神學和政治學，從傳統文化到藝術，從軍事到領導技巧，他如飢似渴地吸收著一切知識。

老了的圖特摩斯三世也沒有放下好學的心態，相反，他還努力教授兒子們學習射箭、馬術等武士必備的技能，同時也不斷地督促他們學習治國的本領，想讓他們和自己一樣強勢。

圖特摩斯三世的文化水準和藝術鑑賞力的確不是一般人所能比得上的，考古學家就在他的陵墓發現了讓人驚歎的地方，從那裡的壁畫的精緻程度可以看出，圖特摩斯三世的藝術造詣相當深厚。

現在，埃及還保留著一尊圖特摩斯三世的雕像，雕像臉上的笑容不太爽朗，不過看上去也十分精神，讓人心生敬畏。史學家稱其抓住了圖特摩斯三世氣質的精髓，被後人稱為「圖特摩斯的微笑」。

圖特摩斯三世的政績太卓越了，看上去相當完美，可是這麼一個人卻也做了一件不太光彩的事。圖特摩斯三世試圖讓哈特謝普蘇特的名字從歷史上消失，這讓後人覺得圖特摩斯三世有點小心眼。不過除了這件事以外，圖特摩斯三世絕對稱得上是埃及一雄。

圖特摩斯三世打造的第十八王朝是古埃及的鼎盛時期。自他以後，埃及就走了下坡路，沒了昔日的雄風。

埃及與赫梯的戰與和

圖特摩斯三世去世之後，他的前三個繼承者繼續保持了埃及軍事上的強勢，但只限於鞏固祖先留下來的戰果，鮮有擴展。或許圖特摩斯三世所征服的地盤，在他那個時代的生產力和交通限制下已達到了一個王朝極限，歷史的奇蹟戛然而止。

最後，第十八王朝內部爭奪國家最高權力的鬥爭越來越激烈，隨著宗教影響力的日益增強，法老的地位和權力遭受到威脅。

西元前1308年，擔任政府官員和大祭司的拉美西斯一世繼承了王位，屬於法老的埃及第十八王朝被以宗教為主的第十九王朝取代，第十八王朝在歷史的回眸中黯然銷魂。拉美西斯二世（西元前1304－1237年）是古埃及第十九王朝的法老。這位老兄的能力比起圖特摩斯三世來，自然差了許多。在他統治期間，來自小亞細亞的赫梯人發展起來，成為埃及的眼中釘，肉中刺。赫梯人不斷向外擴張，攻占了敘利亞和巴勒斯坦，還攻陷了巴比倫帝國的首都巴比倫。

接著，還沒吃飽的赫梯人繼續爭奪地盤，終於惹火了埃及，在爭奪中東的時候，兩家打了起來。拉美西斯二世也不是個省油的燈，他積攢了足夠的兵力，就開始猛烈的向赫梯國發動攻擊。

俗話說：「瘦死的駱駝比馬大」，埃及雖然不如以前，但赫梯國畢竟是小國，幾番攻擊下來，很快就頂不住了。

為了退敵，赫梯國的國王發佈告示，說誰能退了埃及的兵，必有重賞。重賞之下必有勇夫，果然一個叫納丁的將軍站出來，獻上了一條計策。這個時候，死馬也得當活馬醫了，赫梯國王同意了他的提議。第二天，兩軍開戰的時候，埃及人發現兩個敵軍的間諜，透過拷問，間諜說赫梯軍隊已經撤出城池，逃跑了。

拉美西斯很高興的率領著軍隊進入城池，但就在第二天，埃及軍隊發現情況有變，跑了的赫梯軍隊居然又回來了，而且還團團包圍住了城池。這個時候，拉美西斯才意識到自己被騙了。但事已至此，那也沒辦法，只能硬拼了。作為整件事情的負責人和法老，拉美西斯決定以身作則，親自做個表率。他披掛上陣，和埃及軍一起突圍。看到如此英勇不要命的埃及軍隊，赫梯軍有點傻眼了。

雙方廝殺的不可開交，不分勝負。雖然後來拉美西斯帶著埃及軍成功撤離，但是經過這一場大戰，兩國間的積怨就更深了，雙方不斷的打仗。

就這樣，埃及和赫梯之間的拉鋸戰一打就是16年，誰也沒占到便宜，且雙方因為常年的征戰，內部虧空嚴重，損失慘重。

西元前1296年，赫梯國王去世，新國王繼承王位，不想繼續打仗了，

BC

埃及第一王朝形成
古印度興起
— BC2000

巴比倫第一王朝

愛琴文明
亞述擊敗巴比倫

— BC1000

羅馬王政時代
第一屆奧林匹克

佛陀誕生
羅馬共和時代

蘇格拉底出生
柏拉圖出生
亞里士多德出生

— 0　耶穌基督出生

基督教為合法宗教
君士坦丁統一羅馬

回教建立

神聖羅馬帝國開始
— 1000
第一次十字軍東征

英法百年戰爭開始

哥倫布發現新大陸

美國南北戰爭開始
第一次世界大戰
— 2000

上古時期　BC

夏

　　BC2000 ―

　　BC1800 ―

商

　　BC1600 ―

　　BC1400 ―

　　BC1200 ―

周

　　BC1000 ―

　　BC800 ―

　　BC600 ―

　　BC400 ―

秦
漢　　BC200 ―

　　　0 ―

三國　200 ―
晉

南北朝　400 ―

隋朝
唐朝　600 ―

　　　800 ―

五代十國
宋　　1000 ―

　　　1200 ―

元朝
明朝　1400 ―

　　　1600 ―
清朝

　　　1800 ―
中華民國

　　　2000 ―

就派人來埃及求和。正好拉美西斯也打不動了，他趕緊答應了。雙方在孟斐斯簽訂了和約。和約刻在一塊銀板之上，因此又叫「銀板文書」。

這塊銀版上面寫著：「偉大而勇敢的赫梯國王哈士西爾」和「偉大而勇敢的埃及法老拉美西斯」共同宣誓：「從此互相信任，永不交戰；而且，一國若受其它國家欺凌，另一國應該出兵支援⋯⋯」

這是流傳至今最早的一份和平條約。後來為了表達誠意，赫梯國王還將女兒嫁給了拉美西斯二世，兩家成了親家，關係更進一層，自然不能再打打殺殺了。於是，自此之後，兩個國家在數百年間都相安無事，成了好鄰居。

底比斯的興衰

埃及雖然還是繼續存在，可是經歷了發展和盛世，已經逐漸走向衰敗。就好像埃及那個時候的城池一樣，都會經歷從繁榮到破敗的過程。

最著名的要數被古希臘大詩人荷馬稱為「百門之都」的底比斯了。在西元前14世紀中葉，也就是古埃及新王國時期，於尼羅河中游，底比斯就盤踞在那裡。

這座古都十分有名，想到它，就好像能夠看到埃及的興衰一樣。在西元前2134年左右，埃及第十一朝法老孟蘇好代布興建底比斯作為都城，從此，底比斯就一直在埃及中發揮著重要作用。

作為都城，底比斯成為埃及的經濟文化中心自然就不用說了。更重要的是，法老們不但生前重點發展這個地方，死後還要埋在這裡。在底比斯的右岸，法老們死後就埋葬在那裡。因為傳說底比斯的興盛是跟阿蒙神有關的。

在法老孟蘇好代布把首都定在底比斯後，又將阿蒙神奉為「諸神之王」，成了全埃及最高的神，然後底比斯就成了十分神聖的地方。之後的諸位法老們開始在底比斯大肆修建廟宇，用來拜祭神明。而且，他們認為

自己死後葬在這裡，能夠和神在一起，也是十分榮幸的事情。後來一直到西元前1790年左右，王國遭到了外族喜克索斯人的入侵。喜克索斯人征服了大半個埃及，最後定都阿瓦利斯，建立了第十五王朝和第十六王朝。

這個時候，底比斯才開始沒有那麼興盛了。不過很快，在西元前1580年的時候，埃及人奮起反抗，趕走了入侵者，他們奪回了自己的地盤，還奪得了敵人許多的財富和珠寶。埃及人揚眉吐氣了，他們將這些財富都投入到底比斯的恢復修建上，底比斯再次重現輝煌，成為了聖地。

不過，盛衰興敗總有時，隨著埃及王朝的起起落落，底比斯也在發展與低谷中掙扎不休。一直到第二十一王朝以後，隨著底比斯統治集團內部矛盾的不斷加劇，加上愛琴海和小亞細亞一帶的「海上民族」不斷入侵。埃及開始衰落，底比斯也逃不過衰落的命運。在西元前663年前後，入侵者進入埃及，他們洗劫了底比斯，底比斯的輝煌就此一去不復返了。在之後的歲月裡，經過地震和風雨的洗劫，底比斯徹底成為了殘垣斷壁，成為了一座破敗的都城。

阿肯那頓的宗教改革

古代埃及的第十八朝國王叫作阿肯那頓（約西元前1397—1362在位），他的原名是阿蒙霍特普四世，是埃及國王阿蒙霍特普三世（約西元前1417—前1379在位）的小兒子。

這位老兄從小就很聰明，而且博覽群書，知識十分豐富，除了熱愛書本上的知識，他還喜歡運動，喜歡各種搏擊活動，總之是個可造之材。

阿肯那頓的是非觀十分強烈，在成為法老之前，他就對阿蒙神廟僧侶們互相抱團的作法不滿，而當他知道僧侶們欺上瞞下，在基層十分驕縱的事情後更是生氣。所以，他剛一登基，就開始處理僧侶的問題。

他處理掉了一大批原來相互包庇的老官員，開始啟用一些新的官員，包括許多平民。隨後他又下令以阿頓神取代阿蒙神為全國最高神，命令全

BC

埃及第一王朝形成
古印度興起
— BC2000

巴比倫第一王朝

愛琴文明
亞述擊敗巴比倫

— BC1000

羅馬王政時代
第一屆奧林匹克

佛陀誕生
羅馬共和時代
蘇格拉底出生
柏拉圖出生
亞里士多德出生

— 0　耶穌基督出生

基督教為合法宗教
君士坦丁統一羅馬

回教建立

神聖羅馬帝國開始
— 1000
第一次十字軍東征

英法百年戰爭開始

哥倫布發現新大陸

美國南北戰爭開始
第一次世界大戰
— 2000

上古時期　BC

夏
　　BC2000 —

　　BC1800 —
商
　　BC1600 —

　　BC1400 —

　　BC1200 —
周
　　BC1000 —

　　BC800 —

　　BC600 —

　　BC400 —

秦　BC200 —
漢

　　　0 —

　　　200 —
三國
晉
　　　400 —
南北朝

隋朝
唐朝　　600 —

　　　800 —
五代十國
宋
　　　1000 —

　　　1200 —
元朝
明朝
　　　1400 —

清朝　1600 —

　　　1800 —
中華民國
　　　2000 —

體子民一律供奉新神。他也將自己的名字改成了阿肯那頓，意即阿頓的光輝，自稱是阿頓神的兒子。

　　這種手法很常見，埃及許多法老都會說自己是神的兒子，這樣才有威儼力，才能讓自己的臣民臣服於自己。而阿肯那頓在全國推翻舊神的目的，一是為了自己，另一個則是為了整治和清除僧侶貴族們。這個他早就想剷除的團體，在這個時候可是嘗到了苦頭。阿肯那頓靠行政命令將千百年來古埃及人崇拜的其它神祇一掃而光，讓埃及上下的人都很不安，他們認為這是要大變革了，於是人人自危。

　　富人、貴族們忙著藏匿自己的財富，僧侶們則是想辦法要自保。可是大家的一切行動都無法讓阿肯那頓改變主意，他發佈命令：「由於阿頓神的感召和阿蒙神廟祭司拒不服從我的命令，自本日起關閉全國各地非阿頓神的神廟，將僧侶趕出廟門，還俗為民。一切公共建築物和紀念物上的阿蒙的名字必須徹底清除。在全國各個城市必須建起至少一座阿頓神廟，各級地方官員要帶頭向我的父親阿頓神獻祭、宣誓，永遠忠於英明、偉大的造物主阿頓。」

　　這之後，神廟的土地劃歸阿頓神廟，禁止僧侶參政，阿肯那頓的目的終於達到了。可是他這樣做也得罪了許多僧侶和貴族，他們開始對他心生不滿，打算暗中打擊報復。不過，阿肯那頓可不管那些，他繼續他的統治。待統治穩定後，阿肯那頓開始溫飽思淫，驕奢淫逸了。他把國家大事都交給大臣管理，自己開始享受人生。

　　那些之前被他打擊過的勢力開始有了奮起反抗的小火苗。一天，阿肯那頓外出購物，有刺客來刺殺他，雖然失敗了，但是這件事情對阿肯那頓是一個不小的打擊。後來他就鬱鬱寡歡，在西元前1326年時去世了。

　　他死後，剛滿9歲的圖坦卡門即位，埃及的混亂也開始慢慢走向高潮，圖坦卡門18歲就突然死了，這時大臣麻伊成為法老。沒有多久，赫倫希布又依仗軍隊奪取了王位。埃及開始陷入混亂之中。

古埃及的燦爛文明

埃及的興衰不過是歷史長河中的一滴水而已，但是埃及人所創造出的豐富物質精神文明，卻是後人不得不關注的。

而且，許多埃及人的創造，直到今日還在沿用，例如現在世界上通用的曆法——西曆，就是產生於古埃及。

古埃及常年氣候炎熱，雨水稀少。這樣一個國家居然還能夠創造出豐富的財富和物質來，就是因為埃及人懂得巧妙的利用天氣和時間。

埃及大部分的國土都是沙漠，只有尼羅河流域一帶有著肥沃的土地，所以，埃及95％以上的人口都居住在尼羅河沿岸。尼羅河每年6月漲潮，7月到10月氾濫，埃及人就是知道尼羅河這個週期的規律，他們才能夠很好的利用尼羅河帶給他們的財富。

當洪水來襲的時候，他們會退避到安全的地方，當洪水褪去的時候，會留下肥沃的土地，正好能夠讓埃及人利用。能夠算出河水何時漲，何時落的規律，得益於埃及人曆法的精準和發達。埃及人透過預測，就能夠知道大自然的規律。當然了，這也是他們在長期的生產實踐中所累積的許多經驗。

為了發展農業，看天吃飯的埃及人還研究出太陽曆，他們算出了尼羅河每次氾濫的間隔大約是365天，然後他們就將天狼星與太陽同時從地平線升起的那一天，定為一年的起點。一年分為12個月，每月30天，年終加5天作為節日，這就是埃及的太陽曆。

這個曆法一年只差四分之一天，已經是十分的精準了。

之後，埃及人不斷鑽研和考究，他們對天文曆法的認知也越來越清晰和明確，在不斷的修改之中，埃及人的曆法也越來越精確。

很難想像，在那個沒有精密科學儀器，沒有天文望遠鏡的時代，人們對宇宙深處的奧妙探究竟是如此深入。

埃及人不但有了曆法，而且還設置了平年和閏年，平年365天，閏年

BC

埃及第一王朝形成
古印度興起
— BC2000

巴比倫第一王朝

—

愛琴文明
亞述擊敗巴比倫

— BC1000

羅馬王政時代
第一屆奧林匹克

—

佛陀誕生
羅馬共和時代

蘇格拉底出生
柏拉圖出生
亞里士多德出生

— 0　耶穌基督出生

基督教為合法宗教
君士坦丁統一羅馬

回教建立

神聖羅馬帝國開始
— 1000
第一次十字軍東征

英法百年戰爭開始

哥倫布發現新大陸

—

美國南北戰爭開始
第一次世界大戰
— 2000

366天。而且每四年有一個閏年，每個單月是31天，雙月中的2月是29天，閏年30天，而且雙月是30天一個月。

這和我們現在的曆法大致上是符合的。

雖然有些誤差，但是幾千年前人們就可以做到這一點，已經很不容易了。可見，埃及人創造的文明是很發達的。

大飢荒導致埃及滅亡

眾所周知，古埃及是世界上四大文明古國之一，遙想當年，它一定是激起同時代人們無數遐想，同時也是他們嚮往的地方。然而，如此繁盛的埃及古王國為什麼會消失呢？通常人們認為是由於繼位之爭，引起了血腥的屠殺，結果導致了整個國家的滅亡。然而，現代的考古學家對此看法卻持保留意見，並對古國的滅亡進行了重新的不懈調查和研究。

1971年，幸運的考古學家們在埃及南部發現了一座古墓，而這座墓的主人恰好是距今4200年的埃及古王國時期一位總督之墓。在這座墓碑上明確記載著，在古王國時期埃及發生了嚴重的飢荒，沒有飯吃的人們常常易子而食。

這段象形文字的記述，讓所有考古學家大驚失色。如果它說的是真的，那麼同一時期的墳墓是不是也會有記載？然而，很長時間過去了，考古學家們卻未能發現什麼有力的證據。時間到了1996年，在尼羅河三角洲，考古人員又發現了一些埃及古王國的墳墓。在這些挖掘出來的墳墓裡，人們沒有發現任何陪葬物品，這與重視死後享受的埃及人觀念極其不符，可見這些人都是那個時代的窮人。那麼，為什麼那個時代會有如此多的人死亡，被草率安葬呢？是大飢荒的原因嗎？又是什麼造成了飢荒呢？

靠山吃山，靠水吃水。埃及最重要的河流便是尼羅河，尼羅河一年一度的洪水氾濫為兩岸人民帶來豐富的土壤，因此埃及人民的收成也與尼羅河密切相關。如果，尼羅河的水位下降會給古代埃及造成飢荒嗎？然而，

夏

BC2000

BC1800

商

BC1600

BC1400

BC1200

周

BC1000

BC800

BC600

BC400

秦
漢　BC200

0

三國
晉　200

400

南北朝

隋朝
唐朝　600

800

五代十國
宋

1000

1200

元朝
明朝

1400

1600

清朝

1800

中華民國

2000

找不到文字記錄的考古學家們不能憑空揣想，於是他們把目光放到埃及人生活過的沙漠，想透過對它的考察，得出古王國時期，尼羅河水位是否曾有過大變化。

可惜的是，考察結果證明，古埃及沙漠化的時期要比古王國滅亡時期早很多年，也就是說不能夠證明尼羅河乾枯是造成古埃及滅亡的原因。那麼，還有沒有別的證據可以加以證明？

事有湊巧，在埃及的鄰國以色列，考古人員透過一個山洞裡的能反映古代降雨量的鐘乳石成分研究，發現大約在4200年前，以色列曾發生過大乾旱。這一發現讓考古學家們興奮不已，這一證據雖然不能立刻用來說明古埃及發生乾旱造成國家滅亡，但是兩個國家如此之近，總是有證明意義的。

隨著研究範圍的擴大，越來越多的人參與到研究中來，有的科學家甚至提出冰島上的冰川4200年前曾經漂流到愛爾蘭外海，這不正說明了當時出現了全球性的天氣乾旱嗎？

研究還在進行中。1999年，考古學家們又在埃及南部挖掘出許多具古王國時期的人類骸骨。這些骸骨姿態千奇百怪，但是，細看之下，會發現這些人在死前表情十分痛苦，手裡甚至抓著像食物一樣的東西。難道這些就是當時飢荒下死去的人嗎？考古學家不敢確定，但卻肯定當時發生了慘烈的事情，導致令人們不忍目睹的死亡。

研究越來越接近古王國滅亡的真相。最後，考古人員把研究對象定為法克盧姆湖。法克盧姆湖是與尼羅河緊密相連的一個湖泊，尼羅河的水位情況會直接影響到該湖的水位。透過對湖中不同時代沉積物的研究，人們可以得出古王國時期湖面的水位，由此推斷出尼羅河的水位狀況。然而，考古學家們費盡心機卻怎麼也找不到古王國的沉積層，這到底是怎麼一回事呢？最後，考古人員才幡然醒悟：法克盧姆湖在古王國時期枯竭了！這一結果讓他們倍感鼓舞。如此一來就可以證明，古王國時期尼羅河的水位確實極低，已經不能和法克盧姆湖相互補充，而這也說明了當年確實是曾發生過飢荒，而飢荒引起了人們的死亡，也導致了埃及古國的滅亡。

BC

埃及第一王朝形成
古印度興起
— BC2000

巴比倫第一王朝

愛琴文明
亞述擊敗巴比倫

— BC1000

羅馬王政時代
第一屆奧林匹克

佛陀誕生
羅馬共和時代

蘇格拉底出生
柏拉圖出生
亞里士多德出生

— 0　耶穌基督出生

基督教為合法宗教
君士坦丁統一羅馬

回教建立

神聖羅馬帝國開始
— 1000
第一次十字軍東征

英法百年戰爭開始

哥倫布發現新大陸

美國南北戰爭開始
第一次世界大戰
— 2000

上古時期　BC

夏

BC2000 —

BC1800 —

商

BC1600 —

BC1400 —

BC1200 —

周

BC1000 —

BC800 —

BC600 —

BC400 —

秦
漢

BC200 —

0 —

三國
晉

200 —

南北朝

400 —

隋朝
唐朝

600 —

800 —

五代十國
宋

1000 —

1200 —

元朝
明朝

1400 —

清朝

1600 —

1800 —

中華民國

2000 —

｜第七章｜其他古代文明

猶太族的起源與「金約櫃」

　　猶太族是一個十分優秀的民族，然而直到二戰之前，他們依舊沒有自己的國家。關於猶太民族的故事十分久遠，事情還得從幾千年前說起。

　　大概4000多年以前，在阿拉伯地區的沙漠裡，生活著叫「閃族」的一群人，因為受自然環境的限制，他們不得不在沙漠中尋求綠洲，於是閃族人就過著遊牧的生活。一次，閃族人找到一片讓他們十分激動的地方，那裡看起來是自然條件很好的一片水土，形狀類似一彎新月，發展起來應該很有前景，於是閃族人就決定暫時住下來。

　　這彎新月地帶就是今天的巴勒斯坦，閃族人早就聽說這地方很不錯，可是當地人卻不肯讓閃族人居住，他們千方百計地要把這群外來人趕走，不過閃族人也不肯甘休，於是雙方大打出手，為的就是爭奪生存之地。群架開始了，打架的結局是閃族人勝利，他們順利地占領這片富饒之地。

　　當時閃族人中有一支叫希伯來人所組成的部落，他們決定跟已經把這地方占領的迦南人一較高低。於是，又一場曠日持久的戰爭開始了。在打仗的過程中，希伯來人發現迦南人並沒有想像中的好欺負，相反，他們太兇猛了。

　　因為打不過迦南人，希伯來人只好商量著去別的地方發展，放棄這塊讓人垂涎欲滴的寶地。那時候，希伯來人部落裡有一個老頭，他說在某處有一個更美的地方，而他所說的地方就是今天的埃及。於是，在西元前1700多年，希伯來人又踏上了往埃及的艱難旅程。希伯來人到了埃及，並且在那裡定居下來。他們一度過著幸福的日子，然而在西元前1300年的時

候，埃及的法老卻把希伯來人的好日子給奪走了。那時候法老拉美西二世為了建造奢侈豪華的大宮殿，便把希伯來人抓來當工人使用，希伯來人出力不討好，受盡了奴隸般的待遇。

幾十年以後，拉美西二世死了。希伯來人心想這回能過上幸福的生活了，然而別的民族卻又打了過來，想要占領埃及。在不得已之下，希伯來人又往其他地方去了。那時候他們的首領是一個叫摩西的人，由於旅途很是艱辛，摩西發現很多族人都喪失了意志，不想繼續尋找可以居住的地方，於是摩西就跟族人說他受到了神靈的指示，讓大家齊心協力，一起尋找美好的未來。這就是猶太教的起源，關於這段故事，還有一個「金約櫃」的典故。

當年希伯來人在摩西的帶領下到處尋找適合生存的地方，由於旅途太艱難了，部落裡的人都不願意再前進，後來摩西說自己在西奈山上得到了神諭以及法典，以鼓勵族人繼續前進。之後摩西就把這神諭放在一個用黃金打造的櫃子裡，也就是「金約櫃」。

這個「金約櫃」後來隨著希伯來人入住耶路撒冷，被藏在耶路撒冷的宮殿中。當時的所羅門下令在錫安山上修建一座專門存放金約櫃和金銀財寶的宮殿，也就是猶太教聖殿。每年，只有猶太教的最高領導人祭司長才能有一次機會進入聖殿裡去查看金約櫃和寶物，其他人等一概不得入內。

在聖殿裡靜悄悄地躺著的金約櫃和寶貝們一度生活的十分平靜。直到西元前586年，古巴比倫占領耶路撒冷以後，它們就下落不明了。因為金約櫃裡面放著上帝耶和華的神諭，再加上那價值連城的珍寶，後世人都想找到這些寶物，後來關於這些寶物的說法有好多種，其中主要的推測有三種。

第一種說法是關於「約亞暗道」。相傳西元1867年，一個英國軍官在耶路撒冷附近的清真寺附近發現一個洞，裡面還有石頭做的梯子。這軍官叫作沃林，他於是沃林沿著梯子就開始往下走，到了洞裡後他又發現一個洞中洞，還有一根繩子能夠攀爬，進了這洞中洞以後是一條暗道，再後來又是一個山洞。沃林在洞裡面所獲的最終結果讓他吃驚，因為他迷迷糊

埃及第一王朝形成
古印度興起
— BC2000

巴比倫第一王朝

—

愛琴文明
亞述擊敗巴比倫

— BC1000

羅馬王政時代
第一屆奧林匹克

佛陀誕生
羅馬共和時代

蘇格拉底出生
柏拉圖出生
亞里士多德出生

— 0　耶穌基督出生

基督教為合法宗教
君士坦丁統一羅馬

回教建立

—

神聖羅馬帝國開始
— 1000
第一次十字軍東征

—

英法百年戰爭開始

哥倫布發現新大陸

—

美國南北戰爭開始
第一次世界大戰
— 2000

糊地出洞以後，居然發現自己在耶路撒冷城裡面！沃林的這次傳奇經歷讓學者們感興趣了，他們認為那就是傳說中的「約亞暗道」，修建於西元前2000多年。

夏

BC2000 —

商
BC1800 —

BC1600 —

BC1400 —

BC1200 —

周
BC1000 —

BC800 —

BC600 —

BC400 —

秦
漢　BC200 —

0 —

三國
晉　200 —

400 —
南北朝

隋朝
唐朝　600 —

800 —
五代十國
宋
1000 —

1200 —
元朝
明朝
1400 —

清朝　1600 —

1800 —
中華民國
2000 —

傳說這條暗道是由大衛發現的，那時候他正在全力地攻打耶路撒冷，發現約亞暗道以後覺得這是個不錯的地方，特別隱蔽，於是就把金約櫃和寶貝全都藏了進去。

當然，除了「約亞暗道」以外，還有一個叫「亞伯拉罕巨石」的說法。「亞伯拉罕巨石」同樣是伊斯蘭教的聖物，離地面有一公尺多高，靠大理石做的圓柱支撐著，長17.7公尺，寬13.5公尺，是花崗岩石。傳說穆罕默德的腳當年還踩過這塊大石頭，所以穆斯林都把「亞伯拉罕巨石」當作「聖石」。

至於裡面藏有金約櫃的說法，是源自一個叫耶利來的以色列長老。那時候耶路撒冷被巴比倫人攻下了，耶利來幸運地躲過了被抓的命運。後來他去了存放金約櫃的聖殿，那裡已經破爛不堪。傳說耶利來見到了那塊「亞伯拉罕巨石」，而金約櫃就在這塊石頭上，可是這個傳說也就此中斷了。

此外，有的人還認為金約櫃已經被轉移了地方。當時，所羅門的兒子把真正的金約櫃帶走了，它被放在阿克蘇瑪的一座寺廟裡，那是衣索比亞的古老都城。而留在耶路撒冷城裡的則是一個假的金約櫃。

摩西認為他們應該重新返回巴勒斯坦跟迦南人決戰，搶回那個富饒之地才是最終的生存之道。可是族人已經見識過迦南人的厲害，不敢再回去，摩西也老了，無法說服族人，他便帶著遺憾死了。

摩西的接班人是一個叫約書亞的人，他在摩西死後繼續帶領著希伯來人奮鬥。約書亞完成了摩西的遺願，他打敗了迦南人，讓希伯來人再一次在巴勒斯坦生活下來。可是好景並沒有持續多久。約書亞是個好領導人，後來的參孫也不亞於他，希伯來人在這兩個領導人的帶領下都過上了好日子。可是參孫死了以後，他們的日子就不再美好了。

族人沒有了最高領導人，成為一片散沙，最終分成了幾個部落，其中

較大的有兩個，一個是猶太，另一個是以色列。後來這片散沙被地中海過來的強盜部落打敗了，那是一個叫腓力斯丁人的部落，他們還把希伯來人的「約櫃」搶走，那可是人家的神聖之物。

在較長的一段時間裡，希伯來人中一直沒有一個十分優秀的人出來當首領，直到掃羅和大衛的出現，希伯來人才又恢復了往日的威猛。這兩個領導人都是不錯的人才，大衛還帶領著族人把自己的「約櫃」搶了回來。

希伯來人跟迦南人始終勢不兩立，後來大衛又占領了耶路撒冷，那時候迦南人還在城裡面享受，沒想到被老對手給趕了出來。自此，希伯來人又有好日子過了。大衛的兒子所羅門是一個比他父親還猛、還有志氣的領導人，猶太人最輝煌的時期也是由所羅門創造的。

西元前586年，古巴比倫滅了猶太王國，耶路撒冷裡的猶太人一夜間又失去了自己的家園。猶太人從此以後又開始了流浪的生活，世界各地無不留下了他們的足跡。

腓尼基文明的貢獻

紫紅色的人不是說有一種人的皮膚是紫紅色，而是指他們身上穿的衣服的顏色，他們叫腓尼基人。腓尼基是個古老的國家，位於西亞海陸的交通樞紐，地理位置十分關鍵，因此這個小國家十分富裕。

腓尼基人有兩件讓自己特別自豪的事，一件是航海，另一件則是染料。一提起自己的航海水準，腓尼基人都覺得無比驕傲，因為他們曾經完成了人類歷史上第一次環非洲大陸的航行。

西元前2600年左右，埃及的法老尼科聽說腓尼基人對自己的航海技術很是自信，覺得他們有吹牛的嫌疑，於是就找來了幾個名氣比較大的腓尼基航海家。尼科為了讓他們證明自己的話不是吹牛，就下令要幾個人從埃及開始航行，途中不能後退，並且要沿著海岸航行，最後再回到埃及來。尼科心想，這回這些吹牛的所謂航海家要露出狐狸尾巴了，就等著看他們

BC

埃及第一王朝形成
古印度興起
— BC2000

巴比倫第一王朝

愛琴文明
亞述擊敗巴比倫

— BC1000

羅馬王政時代
第一屆奧林匹克

佛陀誕生
羅馬共和時代
蘇格拉底出生
柏拉圖出生
— 亞里士多德出生

— 0　耶穌基督出生

基督教為合法宗教
君士坦丁統一羅馬

回教建立

神聖羅馬帝國開始
— 1000
第一次十字軍東征

英法百年戰爭開始

哥倫布發現新大陸

美國南北戰爭開始
第一次世界大戰
— 2000

的好戲。

　　幾個腓尼基人上路了，他們一走就是三年。三年後的一天，有人突然跟尼科報告說幾個航海家回來了，原本尼科以為他們早死在海上了，沒想到他們還活著回來，就十分懷疑。可是尼科的疑慮很快就被事實打消了，因為這幾個腓尼基人帶來了他們航行時所收集的紀念品，這回埃及的法老是真的相信腓尼基人的航海水準了。

　　除了在海上能夠呼風喚雨之外，腓尼基人還有一樣本事，這本事不僅讓他們吃飽穿暖，而且還過上了小康日子。這裡面還有一個小故事。

　　相傳有一個腓尼基人，有一天他從海邊弄了一些海螺回家煮，煮好了以後就餵給自己家的狗吃。而當狗吃完以後，這個腓尼基人卻發現牠們的嘴都染成了紅色，腓尼基人以為是海螺殼把狗嘴割破了，就趕緊給牠們清洗。然而奇怪的是，他洗啊洗的，狗嘴上的紅色始終洗不掉，他這才回過神來，知道那紅色的東西並不是血跡。就這樣，這個腓尼基人發現了一種上好的染料，水洗不掉色的染料。因為那時候埃及等地方的人即便是有顏色鮮豔的衣服，可過幾天就會掉色，腓尼基人的這項發明讓他們很是羨慕。腓尼基人不僅發現了好染料的製作方法，而且還做起了生意，日子越過越美滿。

　　此外，腓尼基人對人類還有一個非常突出的貢獻，那就是發明了22個輔音字母。之所以有這樣的發明，也是跟他們做生意有關。那時候腓尼基人做生意需要大量地記帳。也正是這時候，他們發現楔形文字用起來很麻煩。

　　後來，一個腓尼基木匠把這個難題給解決了。一日，木匠到別人家做工，可是到了那裡以後才發現忘記帶一件工具，於是就叫夥計回去請自己老婆拿，而且還用刀在木板上劃了些什麼東西給了夥計。夥計把木板拿給木匠的老婆看，老婆立刻明白自己老公想要什麼東西，就把工具交給了夥計。這夥計十分吃驚，他覺得這小木匠真是個天才，居然用這麼奇怪的方式跟自己的老婆交流。後來這事傳出去以後，大家都紛紛請教木匠其中的奧秘，於是木匠就把自己的發明教給了大家，字母文字也就是這麼來的。

夏

BC2000

BC1800

商

BC1600

BC1400

BC1200

周

BC1000

BC800

BC600

BC400

秦
漢　BC200

0

200

三國
晉
400

南北朝

隋朝
唐朝　600

800

五代十國
宋
1000

1200

元朝
明朝
1400

1600

清朝

1800

中華民國

2000

克里特文明的地下迷宮

克里特島的米諾斯文明是用傳說中的國王米諾斯之名命名的。這一文明就如同大西國一樣神祕,讓後人一直研究鑽研,一直到了19世紀末的時候,人們才終於認定和相信了這一文明的存在。

在早先《荷馬史詩》中所講述到的英雄和諸神的故事,一開始一直被人們認為是神話和傳說,沒有歷史的依據。可是依然還是有人相信這故事背後真的是有真實歷史事件發生的,於是,他們就拼命的尋找。19世紀末,英國考古學家亞瑟‧伊文思在克里特島的克諾索斯發現了米諾斯文明的中心,也就是十五世紀的「克里特文化」。

這個發現是又一個人類文明的探索,這個發現是個漫長的過程,考古小隊大概經過了三年的風吹雨打,才在克里特島的克諾薩斯發現了大量的文物和宮殿遺址,而這些宮殿就是人們日夜都想要發掘的「地下迷宮」。

在大約西元前3000年左右,來自小亞細亞或敘利亞的外來移民帶著他們自己的文明來到了克里特島。這些人發現這個島上土壤肥沃,盛產農作物,十分有利於自己生活,於是便留了下來。這些外來的人覺得這座島位於地中海的東部中間位置,十分適宜做商業貿易。於是,他們就將這裡建設成為一個地中海區域有名的貿易中心。爾後,這座島上的文明便建了起來。不過後來到底為何消失在世界上,便不得而知了,有待於後人的考察。

但是,這地下迷宮的規模還真不小,大大小小的宮殿居然有一千五百多間,差不多有22000平方公尺。在這迷宮的遺址裡,考古學家還發掘了不少文物,如壁畫等。另外還有兩千多塊泥板,這些泥板上都刻有文字,記錄著王宮的財務。

關於這座地下迷宮,還得從古老的年代說起。那時候有個叫米諾斯的人,他在愛琴海的克里特島上當著小國王,日子過得還算不錯。可是有一天,米諾斯的兒子莫名其妙地被別人給殺了,身為國王,米諾斯感到自己

BC

埃及第一王朝形成
古印度興起
— BC2000

巴比倫第一王朝

愛琴文明
亞述擊敗巴比倫

— BC1000

羅馬王政時代
第一屆奧林匹克

佛陀誕生
羅馬共和時代

蘇格拉底出生
柏拉圖出生
亞里士多德出生

— 0   耶穌基督出生

基督教為合法宗教
君士坦丁統一羅馬

回教建立

神聖羅馬帝國開始
— 1000
第一次十字軍東征

英法百年戰爭開始

哥倫布發現新大陸

美國南北戰爭開始
第一次世界大戰
— 2000

上古時期　BC

夏
　　　BC2000 —

　　　BC1800 —
商
　　　BC1600 —

　　　BC1400 —

　　　BC1200 —
周
　　　BC1000 —

　　　BC800 —

　　　BC600 —

　　　BC400 —

秦　　BC200 —
漢
　　　　0 —

　　　200 —
三國
晉
南北朝　400 —
隋朝
唐朝　　600 —

　　　800 —
五代十國
宋　　1000 —

　　　1200 —
元朝
明朝
　　　1400 —

清朝　1600 —

　　　1800 —
中華民國
　　　2000 —

很無能，連兒子都保護不了。於是，他決定要報仇。

那時候的雅典城中也是一片愁雲慘霧，鬧著飢荒和瘟疫。米諾斯要復仇的對象正是雅典老百姓，可是雅典老百姓死的死，病的病，連口飯都吃不上，哪有力氣跟米諾斯鬥，無奈之下，他們只能跟米諾斯求饒。米諾斯答應了他們，不過有個條件，那就是雅典老百姓每過九年就得給他送點禮物，而這禮物是七對童男童女。

要說米諾斯為什麼要童男童女，這跟他養的一頭怪物不無關係。在克里特島上，米諾斯修了很多宮殿，數也數不清，走進去跟迷宮似的，摸不著東南西北，所以大家都管這些宮殿叫地下迷宮。米諾斯養的那頭怪物叫作米諾陶洛斯，是個長著牛頭人身的傢伙，它被米諾斯放在迷宮的隱蔽處，那七對童男童女就是給這傢伙吃的。

對雅典人來說，誰也不願意把自己的小孩送給這怪物吃，可是到了送禮物的年頭，不送也不行。正當雅典老百姓都為這事煩惱的時候，一個叫忒修斯的人站出來要主持公道。忒修斯是雅典國王愛琴的兒子，為了讓雅典人民往後都過上安穩的日子，他決定要跟童男童女們一同上路，去地下迷宮幹掉那吃孩子的怪物。

由於這次行動並不簡單，所以走之前忒修斯就跟父親有了約定。約定中如果忒修斯順利地除掉了米諾陶洛斯，他就會把船上的黑帆換成白帆，也就表示忒修斯平安歸來了。在船上晃蕩了很久，忒修斯一行人終於到了克里特島。讓忒修斯沒想到的是，前腳剛踏上島，他就遇到了一件美事。事情是這樣的，可惡的米諾斯居然有個漂亮的女兒，這女兒居然迷上了忒修斯。

就這樣，為了讓親愛的人順利殺掉米諾陶洛斯，米休斯的女兒給了忒修斯一把劍外帶一個線團。這線團還真的很管用，因為它能讓忒修斯不至於在迷宮裡真的找不到方向。剛進入迷宮，忒修斯就把線團的一頭繫在了入口的地方，一路上他們邊走就邊把線扯開，直到找到米諾陶洛斯的所在地。忒修斯看到米諾牛以後恨不得一腳把他踢死，於是他帥氣地抽出女朋友送他的寶劍捅死了這怪物。完成任務後，忒修斯帶著童男童女們沿著線

出了迷宮。

　　後來米諾斯的女兒又護送他上了船，他們終於順利地踏上了回國的路。忒修斯大概是過於高興了，他居然把之前跟父親的約定忘了，沒有把船上的黑帆換成白的。當國王愛琴遠遠地看到船上還是黑帆的時候，他以為自己的寶貝兒子真的犧牲了，傷心過度之下就跳了海，後來大家就把那片海稱作愛琴海。

神祕的馬雅文明

　　馬雅文明堪稱世界史上的一個奇葩。馬雅文明是印第安馬雅人在與亞非歐古代文明相對隔絕的情況下，獨立發展起來的人類文明。

　　馬雅文明產生於西元前10世紀，分為前古典期（西元前1500年～西元前300年）、古典期（西元前300年～西元900年）、後古典期（西元900年～16世紀）三個歷史時期，其中西元3～9世紀為其發展的鼎盛時期。

　　為什麼說馬雅文明是神祕的呢？因為它神奇地崛起，又神祕地衰亡。

　　該文明是世界上唯一一個誕生於熱帶叢林，而不是大河流域的古代文明。到8世紀左右，馬雅人放棄了高度發展的城市，大舉遷徙，該文明一夜之間消失於美洲的熱帶叢林中。到11世紀，文明雖得到部分復興，但往日繁華已不再，最後淹沒在西班牙殖民擴張的浪潮下，成為歷史的塵埃。

　　為了解開馬雅文明衰亡之謎，20世紀80年代，由45名專家學者組成的一支科學考察隊，冒著生命危險踏遍了猛虎毒獸經常出沒的美洲佩藤雨林，用了6年時間，考察了200多處馬雅文明遺址，得出了他們的結論：馬雅文明是因爭奪財富及權力的內戰而毀滅。馬雅人的戰爭是一種互相屠殺的殘忍之戰，他們把抓獲的俘虜交給自己的祭司，作為神靈的貢品，相當殘忍。

　　馬雅文明在建築、科學、農業、文化、藝術等領域取得的成就，是美洲阿茲特克文明和印加文明難以望其項背的。

BC

埃及第一王朝形成
古印度興起
— BC2000

巴比倫第一王朝

愛琴文明
亞述擊敗巴比倫

— BC1000

羅馬王政時代
第一屆奧林匹克

佛陀誕生
羅馬共和時代

蘇格拉底出生
柏拉圖出生
亞里士多德出生

— 0　耶穌基督出生

基督教為合法宗教
君士坦丁統一羅馬

回教建立

神聖羅馬帝國開始
— 1000
第一次十字軍東征

英法百年戰爭開始

哥倫布發現新大陸

美國南北戰爭開始
第一次世界大戰
— 2000

上古時期　BC

夏

BC2000 —

BC1800 —

商

BC1600 —

BC1400 —

BC1200 —

周

BC1000 —

BC800 —

BC600 —

BC400 —

秦
漢　BC200 —

0 —

200 —

三國
晉

400 —

南北朝

隋朝
唐朝　600 —

800 —

五代十國
宋

1000 —

1200 —

元朝
明朝

1400 —

1600 —

清朝

1800 —

中華民國

2000 —

　　不僅埃及人能建金字塔，馬雅人也有金字塔。除在造型上二者有不同之外，埃及人的金字塔乃是古代埃及法老們的陵墓，而科學家們推測馬雅人的金字塔則是舉行祭祀和慶典的祭壇。在南美的熱帶叢林中，曾經聳立著一座座規模令人咋舌的巨型建築。其中雄偉壯觀的提卡爾城，其電腦復原圖出現在人們面前時，令許多現代城市設計師也自歎弗如：建於7世紀的帕倫克宮，殿面長100公尺，寬80公尺。烏克斯瑪爾的總督府，由22500塊石雕拼成精心設計的圖案，分毫不差，蔚為壯觀。奇琴‧伊察的武士廟，屋頂雖已消失，但那些巍然聳立的1000根石柱，仍然令人想起當年的氣魄。這一切都使人感到，這是個神祕而不平凡的民族。

　　「地球並非人類所有，人類卻是屬於地球所有。」這是馬雅人的預言。根據馬雅預言，現在我們所生存的地球，已經是在所謂的第五太陽紀，到目前為止，地球已經過了四個太陽紀，而在每一紀結束時，都會上演一齣驚心動魄的毀滅劇情。根據預言所說，太陽紀只有五個循環，一旦太陽經歷過5次死亡，地球就要毀滅，而第五太陽紀始於紀元3113年，歷經馬雅大週期5125年後，迎向最終。而以現今西曆對照這個終結日子，就在西元2012年12月21日。但據現在地球的發展狀況，這種世界末日離我們還相距甚遠。

　　如同埃及一樣，馬雅人也是多神崇拜的民族，他們崇拜太陽神、雨神、五穀神、死神、戰神、風神、玉米神等。其中太陽神居於諸神之上，被尊為上帝的化身。馬雅人也奉行祖先崇拜，相信靈魂不滅。馬雅政教合一，首都即為宗教中心。統治階級是祭司和貴族，國王世襲，掌管宗教禮儀，規定農事日期。社會的下層成員為普通農業勞動者和工匠。最下層是奴隸，一般來自戰俘、罪犯和負債者，可以自由買賣。

　　馬雅人使用約有800個象形文字，語言學家只能解譯出其中的四分之一，詞彙量多達3萬個。考古學家研究馬雅人的數字系統時，發現他們的數字表達與算盤的算珠有異曲同工之妙。他們使用三個符號：一點、一橫、一個代表零的貝形符號——就可以表示任何數字。類似的原理今天被應用在電腦的「二進位制」上。這種計數方法，可以使用於天文學的數

字。

　　馬雅的曆法非常複雜，有以260日為週期的卓金曆，6個月為週期的太陰曆，29日及30日為週期的太陰月曆，365日為週期的太陽曆等。我們用現代天文觀測知道，一年是365.2422天，而馬雅人已測出一年是365.2420天，誤差僅0.0002天。馬雅人測算的金星年為584天，而現代人的測算為583.92天。這是個多麼令人難以置信的數字！幾千年前的馬雅人怎麼能有這麼精確的計算！

　　他們還保持著一種特殊的宗教紀年法，一年分為13個月，每月20天，稱為「卓金年」。這種曆法從何而來，實在令人不解，因為這種紀年法不是以地球上所觀察到的任何一種天體的運行為依據，而是依據另一個至今我們尚不知道的星球所制訂的。馬雅人至少在西元前4世紀就掌握了「０」這個數字概念，比中國人和歐洲人都早了800～1000年。他們還創造了二十進位計數法。

　　「神祕」總會讓人聯想到外星人。1952年6月5日，人們在墨西哥高原的馬雅古城帕倫克一處神殿的廢墟裡，發掘出一塊刻有人物和花紋的石板。當時人們僅僅把這當作是馬雅古代神話的雕刻。但到了1960年代，人們乘坐太空船進入太空後，那些參與過研究的美國科學家們才恍然大悟：帕倫克那塊石板上雕刻的，原來是一幅太空人駕駛著宇宙飛行器的圖畫！雖然經過了圖案化的變形，但太空船的進氣口、排氣管、操縱桿、腳踏板、方向舵、天線、軟管及各種儀表仍清晰可見。這幅圖畫的照片被送往美國航太中心時，那些宇航專家們無不驚歎，一致認為它就是古代的宇航器。關於馬雅與外星人的說法，又給馬雅文明增添了一層神祕面紗。

夏商周時代的中國

　　中國是世界四大文明古國之一，是在埃及、兩河流域、印度河流域等地區之外較早進入到階級社會的文明，也是世界上唯一沒有斷裂、延續至

BC

埃及第一王朝形成
古印度興起
— BC2000

巴比倫第一王朝

愛琴文明
亞述擊敗巴比倫

— BC1000

羅馬王政時代
第一屆奧林匹克

佛陀誕生
羅馬共和時代
蘇格拉底出生
柏拉圖出生
亞里士多德出生

— 0　耶穌基督出生

基督教為合法宗教
君士坦丁統一羅馬

回教建立

神聖羅馬帝國開始
— 1000
第一次十字軍東征

英法百年戰爭開始

哥倫布發現新大陸

美國南北戰爭開始
第一次世界大戰
— 2000

今的文明。夏、商、西周時期大約從西元前21世紀至西元前776年，這個時期生產力發展，國家建立，文字出現等，說明了中國歷史跨入了文明時代。

　　夏朝是中國歷史上第一個奴隸制國家，它的建立標誌著中國歷史正式進入了文明時代。有關夏朝的史料記載相當少，目前有關夏文化的學術探索仍在深化之中。夏族，姒姓，是生活於中原地區的古老部落，活動範圍西起河南西部、山西南部，東至河南、河北、山東交界地區，南接湖南，北鄰河北，中心則在今伊、洛兩水流域。

商

BC1800 —

BC1600 —

BC1400 —

BC1200 —

周

BC1000 —

BC800 —

BC600 —

BC400 —

　　耳熟能詳的大禹是夏王朝的奠基者，因治水有功受到擁戴，稱為夏后氏，成為諸夏諸族最高的首領，初步確立了王權，夏族日益強盛起來。為鞏固王權，禹舉行「塗山之會」，大會其他部落首領，這成為夏朝正式建立的重要標誌。禹死後，其子啟殺死益自立，王位世襲制從此代替了禪讓制，開始了中國歷史上「家天下」的局面。

　　後來夏啟又召集天下諸侯，舉行「鈞臺之享」的宴會，正式確立了夏的統治地位。啟死後，兒子太康即位，不久太康幾個兄弟內訌。太康打敗政敵後卻沉湎享樂，引起眾叛親離，東夷後羿乘機造反，趕走太康，取得王位。我們知道后羿善射，但他卻不擅於做王，整天騎馬射箭打獵，把政事交給寒浞去辦。誰知養虎遺患，后羿死於寒浞之手。太康失國後不久死去，弟弟仲康雖有些實力，但無力復國也死了，仲康的兒子相又為寒浞攻殺。不過，相的兒子少康倒很爭氣，暗地積聚力量，積極招納夏的餘眾，後在夏臣伯靡的協助下攻殺寒浞，恢復了夏的統治。

三國
晉

200 —

南北朝

400 —

隋朝
唐朝

600 —

800 —

五代十國
宋

1000 —

　　即位後的少康關心生產，整治農業，得到貴族和平民的擁護與支持，史稱「少康中興」。從少康到胤甲是夏朝的發展階段。少康死後，兒子季杼即位，先後遷都於原（今河南濟源），又遷都於老邱（今河南開封陳留鎮），在此肅清了寒浞殘餘，又征伐東夷各部，勢力大增。

元朝
明朝

1200 —

1400 —

清朝

1600 —

1800 —

中華民國

2000 —

　　在夏朝走向鼎盛之時，後來滅夏的商人也在逐漸走向強大。商人的先祖是高辛氏的後裔，是諸夏之族中有悠久歷史的部落之一，早期活動於商丘附近。始祖是契，相傳為簡狄吃了燕子（玄鳥）蛋而生，所以，契又

稱玄王，商族以玄鳥作為自己的圖騰。契和禹是同時代的人，曾協助禹治水有功，被舜封於商，賜姓子氏，從此商逐漸成為族名。到了湯時，商已經歷數百年的發展，成為一個強大的方國。而夏發展到胤甲末年出現了衰敗跡象，夏朝開始轉入後期。胤甲四傳至桀。桀才智勇力兼備，這樣一個人難免剛愎自用，恃才傲物，蔑視群雄，所以殘暴好鬥，荒淫好色，激起諸侯反叛。西元前1600年，商湯率眾攻夏，在鳴條之戰中打敗夏桀，商代夏，建都於亳。

一般王朝建立初期都會實行休養生息的惠民政策。商湯也是一樣，實行以寬治民政策，注重農業生產，得到民心。湯的長子太丁不幸先湯而死，湯死後，太丁的弟弟外丙、仲壬相繼即位，在位時間都不長，但均有伊尹輔政。仲壬死後，伊尹立太甲為王。太甲上臺後不好好處理政務，伊尹就把他放逐到桐宮思過，自己治理了一段時間。三年後，太甲想明白了，伊尹又把他接了回來讓他重新執政，政績顯著，大得人心。伊尹和太甲的這段故事，在中國歷史上僅此一例，成為君臣關係的典範，備受歷代臣僚推崇。

商自仲丁到陽甲，內部發生了長期的爭奪王位鬥爭，消耗了國力。又由於洪水為患，政治中心經常遷移，前後已遷都五次。盤庚即位後，於西元前1300年遷都於殷（今河南安陽）。遷殷後，他行湯之政，百姓安寧，諸侯來朝，結束了動盪的歲月，迎來了全面發展的新時期。商朝最強盛時期是武丁統治的59年，史稱「武丁中興」。武丁是盤庚的侄子，十分重視人才選拔，任用工匠出身的傅說為相，發展經濟，緩和衝突，安定人民，對外用兵也不斷取得勝利。這時候出現了中國歷史上第一位女將軍，她就是武丁的妻子婦好，曾率軍南征北戰，戰功赫赫。鼎盛時期的商朝幅員遼闊，東至大海，西達陝西西部，東北至遼寧，南至長江流域，統治中心區域在河南和山東西部。

在商鼎盛期後，以後滅商的周族也在涇渭一帶走向強大。周的始祖也有一個神話故事。其始祖名棄，是其母姜嫄在田野裡走過一個巨人留下的腳印而生。棄擅長農耕，所以堯讓他做了農師。後來舜封棄於邰（今陝

BC

埃及第一王朝形成
古印度興起
— BC2000

巴比倫第一王朝

愛琴文明
亞述擊敗巴比倫

— BC1000

羅馬王政時代
第一屆奧林匹克

佛陀誕生
羅馬共和時代
蘇格拉底出生
柏拉圖出生
亞里士多德出生

— 0　耶穌基督出生

基督教為合法宗教
君士坦丁統一羅馬

回教建立

神聖羅馬帝國開始
— 1000
第一次十字軍東征

英法百年戰爭開始

哥倫布發現新大陸

美國南北戰爭開始
第一次世界大戰
— 2000

上古時期　BC

夏

BC2000 —

商
BC1800 —

BC1600 —

BC1400 —

BC1200 —

周
BC1000 —

BC800 —

BC600 —

BC400 —

秦
漢　BC200 —

0 —

三國
晉　200 —

南北朝　400 —

隋朝
唐朝　600 —

800 —

五代十國
宋
1000 —

1200 —

元朝
明朝
1400 —

1600 —

清朝

1800 —

中華民國

2000 —

西武功），號后稷，被尊為農業神。到了古公亶父這一代，周族遷到周原
（今陝西岐山），自此稱為「周人」，勢力大增。古父亶公死後，幼子
季曆即位。商朝看著周不斷發展壯大，豈能坐視不管？於是商藉故殺死季
曆。周下定決心要報此仇，君子報仇十年未晚，季曆的兒子姬昌即位後，
集中力量打敗西部各部的進攻，掃清了後院，然後全力向東方發展，占
據關中平原，號稱「西伯」。遺憾的是，姬昌沒來得及滅商就帶著遺憾死
去。

　　商朝鼎盛之後就是繁華落盡，統治者商紂王殘暴貪婪，眾叛親離。
姬昌之子周武王在姜太公、周公旦的輔佐下，於西元前1046年興兵伐紂，
在牧野之戰中消滅商軍，滅了商朝。武王滅商後定都鎬京（今陝西西安
西南），建立周朝，史稱「西周」。西周王朝經過文、武二王的創建，到
成、康時期趨於穩定。這是西周發展的強盛時期。從昭、穆兩代開始，國
內各種衝突日益尖銳，國家從此走向衰落。到了周厲王時期，壟斷山林川
澤，禁止國人樵採漁獵，霸占新興貴族的私田收歸國有。民怨沸騰時，又
想堵住悠悠之口，百姓終於忍無可忍，被逼發動暴動，趕走周厲王。國
不可一日無主，於是召公、周公臨時主持政事，留下了「共和行政」的佳
話，時為西元前841年，這是現存史料中有確切紀年的開始。西周最後一
個王是周幽王，他也是一個昏暴之君，寵愛褒姒，朝政亂於女人，諸侯叛
離，於西元前771年成為西周的亡國之君。

第三篇：古典文明的興起與傳播
（西元前1000年～西元500年）

　　歐亞大陸的古典文明和古代文明還是有所區別的，雖然古典文明是繼承在古代文明之上，但是古典文明的範圍更加地擴大了。從兩河流域、印度半島和地中海區域一直延伸到周圍的大部分地區。這些文明相互連接，最終形成了一條歐亞大陸的上文明地帶，而且每個古典文明都有自己的社會特色，這是我們這一篇所要講述的主要內容。

上古時期　BC

夏

BC2000 —

商

BC1800 —

BC1600 —

BC1400 —

BC1200 —

周

BC1000 —

BC800 —

BC600 —

BC400 —

秦

BC200 —

漢

0 —

三國
晉

200 —

400 —

南北朝

隋朝
唐朝

600 —

800 —

五代十國
宋

1000 —

1200 —

元朝
明朝

1400 —

1600 —

清朝

1800 —

中華民國

2000 —

｜第八章｜亞述王國和新巴比倫王國

百年亞述王國覆滅

兩河流域是個好地方，也是一些國家的發家地，當年強大的亞述王國就是在兩河流域北部起家。亞述人大約在西元前3000年就有了自己的部落，直到西元前700多年，這個小小的部落已經成長為一個十分強大的國家。

關於亞述王國的記載，史書上提到的並不多，只是對首都尼尼微有一些說法。西元1842年，一位法國的考古學家博塔透過《聖經‧約拿書》的描述判斷，認為亞述王國的遺址就在伊拉克的摩蘇爾市，他認為尼尼微就曾經在那裡輝煌過。

西元前700多年的時候，亞述王國的國王叫提格拉特帕拉沙爾三世，雖然名字叫起來拗口，可人家是個有才的國家領導人，最大的愛好就是打仗。提格拉特帕拉沙爾三世眼看著自己的國家日益強大，老想著欺負周邊的小國家，他先後滅了小亞細亞東部、敘利亞、腓尼基、巴勒斯坦、巴比倫尼亞和埃及等國，當起了那地方的老大。

要說提格拉特帕拉沙爾三世對打仗這事十分有興致，一點不假，為了自己的這項愛好，他還跟手下的人一起發明了不少新奇的作戰方式和戰鬥武器，其中比較有名的就是投石機和攻城錘。此外，提格拉特帕拉沙爾三世還把自己的軍隊武裝得十分透徹，要什麼有什麼，誰見了誰害怕。

提格拉特帕拉沙爾三世雖然在打仗上很有能耐，可是他也是的壞脾氣，殘忍無比，這從他對待俘虜的方式就可以看出來。提格拉特帕拉沙爾三世把那些不肯投降的人通通殺掉，而且殺的方式還不尋常，總要把他們

折磨一番後才讓他們死。

後來一個叫辛赫那里布的人當了國王，他把都城從薩爾貢遷到了尼尼微，當時人們就把尼尼微稱作「血腥的獅穴」。尼尼微位於底格里斯河的左岸，其實這地方在西元前2500百多年就已經有所發展了，只不過在亞述王國遷都以後才鼎盛起來。

與提格拉特帕拉沙爾三世的火爆脾氣不同的是，辛赫那里布是個愛好和平的男人，他十分討厭打仗，喜歡過安穩的日子。根據自己的喜好，辛赫那里布不再四處打仗殺人，而是一心建設起尼尼微。尼尼微經過一段時間的大力發展，到下一個國王阿薩爾哈東當權的時候，城裡已經能住得下十幾萬人了。

如果說前面提到的幾個亞述國王都不是太著名的話，那麼接下來接班的人就是大家眼中的明星了，他就是巴尼拔王。巴尼拔王之所以出名，是因為他做了兩件能夠出名的事，一是修建了亞述巴尼拔王宮，另一件則是蒐集了大量的泥板文書。

巴尼拔王的圖書館裡有太多的泥板，大小不一，最大的居然有3公尺多長、2公尺多寬，最小的連1寸都不到。泥板上燒錄著亞述人的文化遺產，都是西元前兩2500多年的時候留下來的珍貴文物。

亞述王國興旺了一段時間後，當然也逃不過淪落的命運，西元前750多年，這個國家已經由盛轉衰了。埃及是第一個把這個玩弄了自己多年的國家甩開的兄弟，接下來又有許多小國擺脫了亞述的統治，獲得了自由。

西元前626年，米底人和迦勒底人準備合夥將沒落的亞述王國除掉，西元前612年，尼尼微被攻陷，亞述王國就此終結。

尼布甲尼撒與「巴比倫之囚」

巴比倫南部地帶的迦勒底人看到了亞述王國已經由一個肌肉男變成了不堪一擊的老爺爺，巴比倫的領導者那波帕拉沙爾迅速對此作出了反應，

BC

埃及第一王朝形成
古印度興起
— BC2000

巴比倫第一王朝

愛琴文明
亞述擊敗巴比倫

— BC1000

羅馬王政時代
第一屆奧林匹克

佛陀誕生
羅馬共和時代

蘇格拉底出生
柏拉圖出生
亞里士多德出生

— 0 耶穌基督出生

基督教為合法宗教
君士坦丁統一羅馬

回教建立

神聖羅馬帝國開始
— 1000
第一次十字軍東征

英法百年戰爭開始

哥倫布發現新大陸

美國南北戰爭開始
第一次世界大戰
— 2000

上古時期　BC

夏

BC2000 —

BC1800 —

商

BC1600 —

BC1400 —

BC1200 —

周

BC1000 —

BC800 —

BC600 —

BC400 —

秦

漢　BC200 —

0 —

三國　200 —
晉

400 —

南北朝

隋朝　600 —
唐朝

800 —

五代十國

宋　1000 —

1200 —

元朝
明朝

1400 —

清朝　1600 —

1800 —

中華民國

2000 —

準備攻打尼尼微。西元前612年，尼尼微這座曾經輝煌的亞述都城被那波帕拉沙爾拿下，並且建立了新巴比倫王國，他自己也當上第一任國王。

作為開國皇帝，那波帕拉沙爾是個不簡單的人，可他的兒子比他還要不簡單。那波帕拉沙爾的兒子叫尼布甲尼撒，他年少的時候就一直跟著父親南征北戰，練就了一身好武藝，再加上天生有顆聰明腦袋，尼布甲尼撒可謂是父親最大的驕傲。

為了讓父親在家裡安心當國王，兒子還在西元前605年這兩年的時間裡，親自率軍把搗亂的埃及人殺了個底朝天。藉由這次戰役，這少年的勇猛更讓國人所佩服。原本是想打個勝仗讓父親高興，可是尼布甲尼撒卻在征戰途中聽說自己的父親死在家中，這讓他悲憤不已。尼布甲尼撒打了勝仗以後，快馬加鞭地就回到了巴比倫，並且順利地接下父親的位子，繼續建設國家。

這個尼布甲尼撒也是個好戰的國王，他之後又把周邊的幾個小國打趴，這些國家還求著尼布甲尼撒，說是要給他當小弟。尼布甲尼撒對於當大哥這件事十分有興趣，可是在眾多的小弟中，唯獨有一個不聽話，那就是猶太國。

西元前601年，尼布甲尼撒正忙著打埃及，此時已經是他小弟的猶太國卻不老實，想趁著這個時候換一個大哥，也就是想投奔埃及。尼布甲尼撒聽說這事以後氣得不得了。

西元前598年，尼布甲尼撒決定把不聽話的猶太人幹掉，於是他帶著大兵就攻進了耶路撒冷。由於猶太朝廷裡很多大臣都傾向於跟巴比倫求和，再加上猶太也實在不是巴比倫的對手，於是猶太國王就向尼布甲尼撒投降了。

那時候的猶太國王叫約雅斤，尼布甲尼撒覺得這人是個不聽話的傢伙，就讓他下臺，新立了一個叫西底家的人為猶太國王。西底家是約雅斤的叔叔，他向尼布甲尼撒發誓，自己會永遠效忠他。

尼布甲尼撒當時信了西底家的誓言，可事實證明，這個西底家也不是一盞省油的燈。沒過多久，他就決定跟自己的侄子學習，也想換個大哥。

尼布甲尼撒怒了，這一次他是真的怒了，二話不說，帶著大軍又殺進了耶路撒冷。在這座被三個宗教視為「聖城」的耶路撒冷，尼布甲尼撒做出了史上著名的「巴比倫之囚」事件。

耶路撒冷這座昔日輝煌的聖城，在一夜之間就成了垃圾場，所有的寶物都被尼布甲尼撒洗劫一空，不僅無辜的百姓遭了殃，且國王的所有親戚都被殺掉了。西元前586年，耶路撒冷被徹底毀滅。

後來的日子裡，尼布甲尼撒繼續發展著他的興趣愛好，又攻打了不少的小國家。而在巴比倫國內，尼布甲尼撒持續進行經濟建設。那時候尼布甲尼撒娶了一個叫米底的公主，為了討她歡心，他下令修建了一座氣派非凡的「空中花園」。

新巴比倫王國的巴別塔

西元1899年，德國的考古學家到巴格達尋找巴比倫王國的遺址。就在巴格達南面五十多公里的幼發拉底河旁，經過十年的風吹雨打，這批執著的考古學家終於發掘出新巴比倫王國的遺址。這時候，這個古老的國家已經在地球上消失了2000多年。

巴比倫王國是在西元前1830年左右由阿摩利人所建造，曾經聞名的國王就是大家所熟知的漢摩拉比。經歷過輝煌的巴比倫此後經受了幾百年的戰亂，到了西元前7世紀晚期，尼布甲尼撒才重建了新巴比倫王國，此後這個國家又興旺了不到百年，最終被波斯王國滅掉，徹底消失。

尼布甲尼撒是個有雄心大略的國王，他一心想展現自己的能力和風采，為了能夠展示自己的領導才能，於是他就在城中修建出不少驚人的東西。除了已經提到過的「空中花園」，這位有才的尼布甲尼撒還重修了一座通天塔，就是巴別塔。

傳說尼布甲尼撒是個不信教的傢伙，他修建通天塔的時候也沒考慮過這樣做是否會對教徒們有影響。之後，通天塔建成了，共七層，90公尺

BC

埃及第一王朝形成
古印度興起
— BC2000

巴比倫第一王朝

— BC1000

愛琴文明
亞述擊敗巴比倫

— BC1000

羅馬王政時代
第一屆奧林匹克

佛陀誕生
羅馬共和時代
蘇格拉底出生
柏拉圖出生
亞里士多德出生

— 0 耶穌基督出生

基督教為合法宗教
君士坦丁統一羅馬

回教建立

神聖羅馬帝國開始
— 1000
第一次十字軍東征

英法百年戰爭開始

哥倫布發現新大陸

美國南北戰爭開始
第一次世界大戰
— 2000

高，從下往上看真的是高聳入雲，對於古代沒見過世面的人來說，那真的就是通往天上的路了。

尼布甲尼撒將這個建築看作是自己的偉業之一。他雖然是個不信教的人，但是國家裡有許多虔誠的教徒，他們認為尼布甲尼撒這樣做是對他們的信仰不尊重。於是，漸漸的，他們便對尼布甲尼撒有了不滿的情緒。

或許，尼布甲尼撒所統領的國家日漸衰敗，也和這一方面有著千絲萬縷的關係吧。他的人民都認為他們的國王對自己的信仰不尊重，所以，他們也無需再去尊重他們的國王。就這樣，因為尼布甲尼撒冒犯了人民的信仰，因而威脅到了自己在國家的地位。

因為巴別塔激怒了上帝，所以人們都把塔的所在地巴比倫叫作「冒犯上帝的城市」。其實《聖經‧舊約》裡這個故事是有來源的，當時「巴別」的讀音有點像古希伯來語中的「混亂」，而且巴比倫的老百姓也說著不同的話，這可能讓寫《聖經‧舊約》的人誤會了，於是就把「語言混亂」與巴別塔聯繫起來，這才有了上帝耶和華被冒犯而不高興的傳說。

巴別塔跟「空中花園」一樣，早就在地球上消失了，留下來的只是一塊地基，供後人站在上面感歎。聽說日後的亞歷山大大帝也想重修這座通天塔，不過最終還是因為工程的難度不得不放棄了。

其實，巴比倫這座敢於「冒犯上帝的城市」也是一座堅固的城市，它的城牆厚得不得了，而且修建得十分高，讓想要攻打此城的人望而卻步。這座城市還有一百座高大的城門，而且每一扇門都是用銅做成的，也就是荷馬筆下的「百門之都」。後來由於波斯人的進攻，城門都遭到了破壞，只留下了一扇，上面還能夠看到精美的圖案。

巴比倫是個神祕又發達的古國，現在的考古學家依舊鍾情於對這座古城的發掘，而且樂此不疲。

作為曾經輝煌鼎盛的古文明國家，巴比倫和波斯比起來，不過是歷史長河中的曇花一現罷了。

波斯王國雖然登場的時間比不上亞述等這些國家早，但是波斯國家厚積薄發，在日後的歷史中，演繹出光輝的故事。

夏

BC2000 —

BC1800 —

商

BC1600 —

BC1400 —

BC1200 —

周

BC1000 —

BC800 —

BC600 —

BC400 —

秦
漢　BC200 —

0 —

200 —

三國
晉
400 —

南北朝

隋朝
唐朝　600 —

800 —

五代十國
宋　1000 —

1200 —

元朝
明朝
1400 —

清朝　1600 —

1800 —

中華民國
2000 —

| 第九章 | 波斯帝國的崛起

居魯士大帝的離奇身世

波斯帝國的歷史頗有異域風情的浪漫，神祕的葡萄藤傳說，隱晦的騾子神諭，還有那馬鳴得天下的心計，究竟是勝者狡黠，還是敗者天真？

波斯帝國跨越歐、亞、非，席捲四方城，西達歐洲的色雷斯、非洲的利比亞，東至印度河流域，北抵高加索山脈和鹹海，南臨波斯灣和阿拉伯沙漠，遼闊的疆域寫就一首征服的史詩。

依靠兩位偉大的君主，波斯帝國傲然於世，波斯文明散佈於亞細亞。然而，征服的循環一旦開始便難以結束，今天的勝利者，明天便成了失敗者，輝煌不再。

如果說埃及第十八王朝打造的古埃及帝國是歷史上橫跨亞非的第一個洲際帝國的話，那麼居魯士二世締造的波斯帝國，則是世界歷史上第一個橫跨亞非歐三大洲的世界性大帝國。

波斯人屬印歐語系的一支，約西元前2000年時，從中亞一帶遷至伊朗高原西南部（法爾斯地區），有十個部落（六個農耕，四個畜牧）。

西元前7世紀的伊朗地區，一南一北分佈著兩個部落，波斯在南，米底在北。西元前612年，米底和巴比倫一起摧毀了亞述帝國，米底從此稱雄，成為西亞最強大的國家之一，波斯人則淪為臣屬。

當初米底人是和波斯人共同生活在伊朗高原的，那是在西元前10世紀的時候。不過西元前7世紀，隨著亞述王國的逐漸衰弱，受它統治的米底人也獨立了，米底人有了自己的國家，首都是埃克巴坦那。

米底人有了自由，國家也日益強大，自信心蓬勃發展，於是把波斯給

BC

埃及第一王朝形成
古印度興起
— BC2000

— 巴比倫第一王朝

—

—

愛琴文明
亞述擊敗巴比倫

— BC1000

羅馬王政時代
第一屆奧林匹克

佛陀誕生
羅馬共和時代
蘇格拉底出生
柏拉圖出生
亞里士多德出生

— 0 耶穌基督出生

—

基督教為合法宗教
君士坦丁統一羅馬

回教建立

—

神聖羅馬帝國開始
— 1000
第一次十字軍東征

—

英法百年戰爭開始

哥倫布發現新大陸

—

美國南北戰爭開始
第一次世界大戰
— 2000

幹掉了。趁著氣勢正旺的時候，米底人又滅掉了曾經的老大哥亞述王國，伊朗高原從此有了新的領導者。

夏

BC2000 —

BC1800 —

商

BC1600 —

BC1400 —

BC1200 —

周

BC1000 —

BC800 —

BC600 —

BC400 —

秦

漢 BC200 —

0 —

三國

晉 200 —

南北朝 400 —

隋朝

唐朝 600 —

800 —

五代十國

宋 1000 —

1200 —

元朝

明朝 1400 —

1600 —

清朝

1800 —

中華民國

2000 —

居魯士二世就是波斯人與米底人通婚的後代，他出身波斯阿契美尼德族，該族以其西元前7世紀初的先祖阿契美尼德而得名，世代稱臣於西亞的米底帝國。其祖父居魯士一世和父親岡比西斯一世都是安善地區波斯人部落的首領，稱安善王。

阿斯提亞格斯是米底王國的第四代領導人，他當國王的日子一向安好，然而某天夜裡的一個噩夢，卻給他的日子帶來了不安。阿斯提亞格斯夢到女兒曼丹妮的小便沟湧得像洪水一般，居然把自己的國家給淹沒了。國王醒來後十分擔心，就找來了個算卦的占卜，結果算卦的告訴他，曼丹妮是個掃把星。這以後阿斯提亞格斯就對曼丹妮另眼相看，心裡十分鄙視這個女兒，為了儘早把這個掃把星趕走，他把曼丹妮嫁給了波斯貴族岡比西斯。

岡比西斯是個老實的男人，他跟曼丹妮日子過得還挺幸福，不久，曼丹妮懷了他的孩子。可是就在這個時候，阿斯提亞格斯又做夢了，他夢到曼丹妮肚裡面冒出一根葡萄藤，甚至把亞洲都給遮擋住了。國王又煩惱了，他再把算卦的找來問怎麼回事，算卦的說都是曼丹妮肚子裡的孩子在搞鬼，一定要除掉這個孩子，以杜絕後患。過了些日子，曼丹妮就生了個胖小子，取名叫居魯士，阿斯提亞格斯聽說後趕緊派了一個叫哈爾帕格斯的人去把那孩子給殺了。但哈爾帕格斯他自己不想動手，於是就把小居魯士交給了一個奴隸。

這奴隸是個放牧者，他沒有立刻下毒手，而是把居魯士抱回去給老婆瞧，因為他們自己的孩子也是剛剛出生，而且還死了，所以老婆捨不得殺了居魯士。於是奴隸的老婆就和這個奴隸商量，自己偷偷地撫養這個可愛的孩子，拿自己已經死掉的孩子去交差，這樣既能交了差，自己還可以有個活蹦亂跳的孩子。

這個主意奴隸覺得不錯，便同意了。果然，王宮裡的人都認為哈爾帕格斯抱回去下葬的孩子就是居魯士。小居魯士就這樣在奴隸夫婦的照料下

活了下來。雖然他童年的日子比不上在王宮裡過的錦衣玉食舒服，但好歹是快快樂樂的活了下來。

也幸虧是這樣，不然，後面的歷史就要改寫了。

居魯士與波斯帝國的建立

或許和血緣、基因有關，居魯士作為王室的後代，就是和其他普通的孩子表現出的氣質不一樣。他從小表現出的就是個不一般的人，小時候他就在村裡當起了「小國王」，周邊的孩子都是他的手下。

有一次，小居魯士和村子裡的孩子們一起遊戲，氣勢十足的他被孩子們推舉為國王，小居魯士也儼然一副國王的派頭，發號施令，下達任務。孩子們中有一位是米底沒落貴族的孩子，他十分不服氣，說：「奴隸的兒子怎麼能做國王呢？」小居魯士聽到他說的話後，命令自己的「侍衛官」狠狠鞭笞了這個違抗自己命令的傢伙。

貴族雖然沒落，但階級之間的等級是無法逾越的。米特拉達坦斯是國王的奴隸，那個孩子的父親十分氣憤，這件事情越鬧越大，竟傳到了國王的耳朵裡。

阿斯提亞格斯把居魯士叫過來問話，他一見居魯士就起了疑心，因為眼前這孩子居然跟他本人長得是那麼像。

後來阿斯提亞格斯又打聽了這孩子的一些情況，果然不出他所料，原來居魯士並沒有被殺死，他還活得好好的！國王怒了，他覺得哈爾帕格斯是個蠢貨，這麼一點小事都辦不好，一氣之下就把他兒子給殺了，哈爾帕格斯為這事恨死了國王，可卻沒地方出氣。

面對與自己有著濃濃血緣的外孫，冷酷無情的阿斯提亞格斯竟也有了些許不忍，他再次叫來當年為他占夢的僧侶，詢問意見。

或許是聽到風聲的公主曼達妮買通了僧侶，或許是僧侶看透了國王內心些許的猶豫，總之，僧侶的一句話救了小居魯士一命。

BC

埃及第一王朝形成
古印度興起
— BC2000

巴比倫第一王朝

愛琴文明
亞述擊敗巴比倫

— BC1000

羅馬王政時代
第一屆奧林匹克

佛陀誕生
羅馬共和時代
蘇格拉底出生
柏拉圖出生
亞里士多德出生

— 0   耶穌基督出生

基督教為合法宗教
君士坦丁統一羅馬

回教建立

神聖羅馬帝國開始
— 1000
第一次十字軍東征

英法百年戰爭開始

哥倫布發現新大陸

美國南北戰爭開始
第一次世界大戰
— 2000

夏

BC2000 —

BC1800 —

商

BC1600 —

BC1400 —

BC1200 —

周

BC1000 —

BC800 —

BC600 —

BC400 —

秦

漢　BC200 —

0 —

200 —

三國

晉

南北朝　400 —

隋朝

唐朝　600 —

800 —

五代十國

宋　1000 —

1200 —

元朝

明朝

1400 —

清朝　1600 —

1800 —

中華民國

2000 —

　　這個僧侶的解釋倒也是符合邏輯，按照之前的說法，居魯士會當國王，可是他已經在和村子裡的小朋友玩遊戲的時候當過一次國王，那麼，他就不會再當國王了。因為他只能當一次國王。

　　阿斯提亞格斯聽了十分安心，他想了想覺得也是這個道理，更何況小居魯士是他的親外孫，既然沒有了殺他的理由，他也就虎毒不食子了。他就將小居魯士送回曼達妮身邊，小居魯士也恢復了自己波斯王子的身分。

　　漸漸地，小居魯士長大了，他能說善道，又會做事，再加上自己是波斯貴族，於是就召集了一些貴族青年。居魯士利用種種方式鼓動手下的人，讓他們跟著自己造反，手下的人也都十分擁護。

　　與軟弱的父親不同，他強勢而堅定，才能卓越，西元前559年，他一舉統一波斯各部，被十個部落的青壯年貴族推為波斯人的首領。

　　此時，當初曾奉命處死居魯士的大臣哈爾帕格斯也開始與他聯絡，承諾如果他起兵攻打米底，自己將作為內應全力支持。

　　因為當初國王阿斯提亞格斯遷怒他不聽自己的命令處死居魯士，便處死了他年僅13歲的獨子，並將其烹為菜肴，命哈爾帕格斯當面吃下。希羅多德描述，哈爾帕格斯「沒有被嚇住，也沒有失去自制力」，刻骨銘心的仇恨讓他鎮定地等待著報仇的時機。

　　西元前553年的一天，居魯士命令全體波斯人帶著鐮刀，一天之內在一大片荊棘密佈的荒原上開墾出一方超過3公里的土地。在完成這項艱難的任務之後，眾人疲憊不堪，居魯士又下達了第二道命令，讓他們在次日沐浴更衣在草地上聚集。居魯士宰殺了父親岡比西斯所有的牛羊，準備了美酒和各種美食，眾人盡情飲宴狂歡。

　　此時，居魯士問眾人是喜歡第一天的勞苦還是第二天的享樂，毫無疑問，大家都選擇了後者。居魯士慷慨陳詞：「如果你們遵從我的命令，就能夠享受無數今日這樣的幸福；如果你們不肯遵從，那就要永遠遭受昨天那樣的苦役。波斯人在任何方面都不遜於米底人，憑什麼要受到他們的壓迫？」居魯士的豪言壯語正好契合了波斯青年們的野心，反叛之火熊熊燃起。居魯士將他的第一個攻擊目標對準了他的外祖父之國。

經過三年的戰爭，並在米底大臣哈爾帕格斯的策應下，波斯人於西元前550年攻下了米底的都城，波斯帝國正式建立。

居魯士沒有哈爾帕格斯那麼小心眼，他當了波斯國王以後並沒有把老國王殺掉，依舊讓他活著，畢竟他是自己的親外公。

波斯帝國征服西亞三強國

這也許就是天意，居魯士還是當上了國王，成為了一個國家的最高領導者。後來在居魯士的領導下，波斯王國又打敗了利底亞王國，以及周圍的一些小國家，最後又把巴比倫給滅了，居魯士還把自己的都城遷到了巴比倫。

居魯士從小就玩當國王的遊戲，他長大後事實也證明了他的確是個野心家，他不斷地想要拓展自己的疆土，還自稱是「宇宙四方之王」。於是，他的眼睛朝著埃及那方向望了過去。很快，行動開始了。

「我，居魯士，世界之王，偉大的王，強大的王，巴比倫王，蘇美阿卡德王，天下四方之王！」這是居魯士二世自我感覺良好的真情流露，還叫人刻在了圓柱上，讓後人五體投地去膜拜他，很是自戀。不過，這位偉大的四方之王究竟與騾子有什麼關係？這要從一個古老的神諭說起。

當居魯士領導波斯人滅掉了米底帝國之後，西方強鄰利底亞也感受到了無形的威脅，國王克洛伊索斯想趁波斯立國未穩，先發制人。克洛伊索斯是個神神叨叨的人，出征之前，他就派人前往著名的希臘德爾斐阿波羅神廟祈求神諭。

第一次得到的神諭是，如果他出兵進攻波斯，一個大帝國就會被消滅；第二次求得的神諭是，如果米底國王變成一匹健壯的騾子，那麼利底亞人就必須沿著多石的海爾謨斯河逃亡。得到了神諭的解答，克洛伊索斯的自信心極度膨脹，他覺得自己一定會贏，因為米底國王永遠不可能是一匹騾子，於是他悍然出兵。

BC

埃及第一王朝形成
古印度興起
— BC2000

巴比倫第一王朝

愛琴文明
亞述擊敗巴比倫

— BC1000

羅馬王政時代
第一屆奧林匹克

佛陀誕生
羅馬共和時代
蘇格拉底出生
柏拉圖出生
亞里士多德出生

— 0 耶穌基督出生

基督教為合法宗教
君士坦丁統一羅馬

回教建立

神聖羅馬帝國開始
— 1000
第一次十字軍東征

英法百年戰爭開始

哥倫布發現新大陸

美國南北戰爭開始
第一次世界大戰
— 2000

利底亞大軍焚毀了途中遇到的第一座波斯城市普特里亞（今土耳其中部），居魯士聽說以後急了，趕緊前來應戰。配備長矛的利底亞騎兵在技術上占了上風，人多勢眾的波斯軍隊在數量上占了優勢，雙方互有傷亡，勝負難分，克洛伊索斯決定暫時退兵。

可居魯士不喜歡這樣的打仗方式，想要趕緊把這事解決了，於是他主動出擊，攻入利底亞本土，防止利底亞援軍的集結。利底亞首都薩迪斯（今土耳其西部）郊外的辛布拉平原成了雙方血戰的戰場，利底亞人仍舊想依靠長矛騎兵取勝，但居魯士卻想出了克敵妙計。

他派出了一隊特殊的先鋒軍，即配備了騎手的隨軍駱駝，步兵和騎兵緊隨其後。利底亞的騎兵與駝兵相遇後，馬兒們立刻轉身逃竄。希羅多德在其著作中這樣解釋：馬害怕駱駝，當看到駱駝或聞到駱駝氣味時就會恐懼。最終利底亞人只好跳下馬來與波斯軍隊肉搏，但他們怎麼可能敵得過極為擅長陸地戰的波斯軍隊。最終，利底亞人紛紛潰敗，逃回薩迪斯城。

居魯士的奇兵打了利底亞人一個滿地找牙，波斯軍隊攀爬絕壁，攻入薩迪斯，利底亞王國徹底玩完。直到亡國厄運到來的那一刻，克洛伊索斯才明白德爾斐神諭的真正含義：他出兵攻打波斯後被摧毀的正是自己的帝國，而騾子則隱喻居魯士，因為他是波斯人與米底人的混血兒。

至此，西亞三大強國已去其二，只剩下美索不達米亞的巴比倫王國。當時的巴比倫由一個名叫尼托克里斯的女王統治。女王漂亮能幹，又挺聰明，懂得深謀遠慮，她決心把巴比倫城修築成「鐵堡」，以防波斯的強大軍隊。

城牆被一圈圈加厚了，城外還有一個作為壕溝的巨大人工湖。可以說，當時的巴比倫城是中東最堅固的城市。這座城中有大量黃金、白銀、青銅雕像，數不清的手工藝品和工匠，當地一個金像就有上噸重，城中儲備了數年的糧食。像如此美妙的城池，居魯士怎麼可能放過，而女王也低估了前者的能耐。

夏
BC2000
BC1800
商
BC1600
BC1400
BC1200
周
BC1000
BC800
BC600
BC400
秦
漢　BC200
0
三國
晉　200
南北朝
400
隋朝
唐朝　600
800
五代十國
宋　1000
1200
元朝
明朝　1400
1600
清朝
1800
中華民國
2000

施行寬容政策

居魯士雖然野心勃勃，可他也是個沉得住氣的人，不到合適的時機是不會著急進攻的，他用了6年多的時間征服了東伊朗和中亞地區。

居魯士不同於亞述和巴比倫諸王，他沒有實行大規模的破壞、殺戮或強制遷移，這位古代君主總是以寬容的姿態對待被自己征服的領土和宗教。他嚴令軍隊燒殺搶掠，明令維護社會安定，維持生產、生活秩序。希羅多德稱他為「慈祥的父親」。

西元前539年，居魯士趁著巴比倫內部分歧，利用宗教的力量，採用了巨大的人工工程方法，挖掘運河迫使幼發拉底河改道。當運河挖好，一個夜晚河水突然分流變淺時，居魯士的精兵順河道偷襲入城，兵不血刃地征服了巴比倫的祭司集團，占領了這座以堅固聞名的城池，3000年之久的美索不達米亞自治就這樣結束了。

巴比倫成了居魯士帝國最大的財源，光亞述地區就占帝國全部收入的三分之一，而巴比倫一城繳納的稅金就占整個帝國稅金的四分之一。不過，居魯士並沒有把巴比倫作為純正的掠奪對象，反而對它格外寬容。他向來尊重被征服地區的宗教和傳統，並藉由宗教的力量鞏固自己的統治，他允許被征服者供奉自己本族的神祇。

此前，巴比倫人曾經兩次進攻耶路撒冷，焚毀了猶太教的聖殿，將猶太權貴和工匠擄回巴比倫，史稱「巴比倫之囚」。當猶太人哀歎何時才能結束流亡生活的時候，卻得到居魯士的詔令，允許他們返回耶路撒冷並重建聖殿。猶太人欣喜若狂，回到了那塊「流著奶和蜜的寶地」——迦南。在《聖經》中，他們將居魯士稱作「上帝的工具」，上帝應許他「使列國降伏在他面前」，「使城門在他面前敞開」。

如果沒有居魯士，多災多難的猶太民族恐怕在西元前5世紀就滅絕了。居魯士的寬容決策或許是以政治目的為出發點，但畢竟拯救了萬千無辜的生命與古老的文明。居魯士政治上的遠見和開明的宗教政策，果然效

果顯著，原來臣服於巴比倫的腓尼基、敘利亞和巴勒斯坦等城邦，都紛紛納貢稱降。希臘人一直認為波斯帝國是對自己獨立的主要威脅，即便如此，他們也覺得居魯士是一位令人佩服的君主。

歷史舞臺之所以熱鬧非凡，就是因為有人唱歌跳舞的時候，有人卻在哭天喊地，可謂是幾家歡喜幾家愁。然而，居魯士二世征服了那麼多的國家，卻保存了多元化的文明，使得諸多本已銷聲匿跡的文明得以重生。

曾經被亞述帝國和巴比倫征服者害慘了的敘利亞各民族，因為居魯士和他的後人對宗教和政府的寬容，異常而主動地波斯帝國親近。甚至在腓尼基人、撒馬利亞人和猶太人眼中，波斯人簡直就是大救星。特別是居魯士釋放了被巴比倫囚禁的猶太人，幫助他們重建耶路撒冷。後來的大流士一世和阿爾塔薛西斯都曾為在他們授權下猶太人重建耶路撒冷公共工程而批准過預算和建材。

敘利亞的幾個主要民族因此而滿足於做波斯人的臣民，但與波斯人有血緣關係的米底人卻感到並不幸福。他們只知道波斯曾經是自己的臣民，而現在身分卻調過來了。不過，儘管米底人很厲害，波斯人還是再次允許他們做米底－波斯帝國的夥伴。

居魯士二世騎著大馬在戰場上輝煌了一輩子，最後也戰死疆場。200年後，滅掉波斯帝國的亞歷山大大帝從希臘東征到達居魯士的陵墓，非但沒有毀壞陵墓的一草一木，反而下令修整，可見這位四方之王在歷史上的聲望之高。

居魯士之死與波斯帝國的壯大

勤勞的居魯士東征西討，終於建立成一個強大的波斯帝國，也許是野心大過頭了，居魯士最終也死在戰場上。

在居魯士意氣風發的同時，不幸也就此發生。西元前529年，在攻打埃及的時候，居魯士被馬薩革泰人幹掉了。

至於原因，還得從一個女人說起。活著的居魯士估計怎麼也想不到，讓自己的帝國玩完的居然是一個女人。這個女人也非普通人，她是草原民族馬薩格特部落聯盟的首領托米麗斯女王。

　　波斯的東邊和西邊都不平靜，這讓波斯帝國也過不好安穩日子，最糟糕的是，自己也沒能力在兩邊同時打仗。在西線穩定之後，居魯士才得以抽出精力對付來自東北方的遊牧民族。西元前530年，居魯士率軍遠征里海東岸廣闊草原上的遊牧部落馬薩格特人，他先派人送給馬薩格特女王托米麗斯一封特別的戰書——求婚。

　　醉翁之意不在酒，居魯士想「娶」的不過是女王統領的土地和子民。在女王一口回絕居魯士之後，戰火燃起。居魯士二世的確是個天才軍事家，他率軍進入馬薩格特地區後，發現女王的軍隊正在主動後撤，企圖用持久戰拖垮長途跋涉的波斯大軍。於是，他布下疑兵陣，令軍隊節節後退，只留少數兵士在前線，藉此誘敵深入。

　　馬薩格特軍隊果然中計，前鋒部隊剛殺過去，居魯士主力突然殺回，使他們措手不及，傷亡慘重，多半士兵被俘，托米麗斯女王的兒子也在其中。馬薩格特王子被俘後覺得很沒面子，怎麼也不願意屈服，為了避免成為居魯士手中要脅母親的籌碼，他趁波斯士兵不注意時，自殺了。

　　女王聽說這個不幸消息後，氣得眼淚不停地流，並派使者告訴居魯士：「我向馬薩格特人的主人太陽神發誓，不管你多麼嗜血如渴，我也會教你喝夠。」一個是為了奪土地，一個是為了給兒子報仇，當欲望與鮮血交戰時便落了下風。托米麗斯女王火速召集部眾，籌劃迎擊居魯士軍隊的大計。她佈置了弔喪假象，令軍隊假意撤退，居魯士不知是計，僅率少數親兵追擊，結果在錫爾河畔被女王軍隊包圍，這場血戰是居魯士一生經歷過的最殘酷戰鬥。

　　在雙方弓箭手射完所有的箭之後，兩軍展開肉搏廝殺，最終的勝利屬於一心想報仇雪恨的馬薩格特人，波斯軍隊幾乎全軍覆沒，居魯士慘死沙場。托米麗斯找到居魯士的屍體，割下他的頭顱，放進盛滿血的革囊中，以此實踐自己的誓言，讓居魯士「飽飲鮮血」。

埃及第一王朝形成
古印度興起
— BC2000

巴比倫第一王朝

愛琴文明
亞述擊敗巴比倫

— BC1000

羅馬王政時代
第一屆奧林匹克

佛陀誕生
羅馬共和時代
蘇格拉底出生
柏拉圖出生
亞里士多德出生

— 0　耶穌基督出生

基督教為合法宗教
君士坦丁統一羅馬

回教建立

神聖羅馬帝國開始
— 1000
第一次十字軍東征

英法百年戰爭開始

哥倫布發現新大陸

美國南北戰爭開始
第一次世界大戰
— 2000

上古時期　BC

夏

　　BC2000 —

　　BC1800 —

商

　　BC1600 —

　　BC1400 —

　　BC1200 —

周

　　BC1000 —

　　BC800 —

　　BC600 —

　　BC400 —

秦
漢　　BC200 —

　　　0 —

三國　　200 —
晉

南北朝　400 —

隋朝
唐朝　　600 —

　　　800 —

五代十國
宋　　1000 —

　　　1200 —

元朝
明朝　　1400 —

　　　1600 —
清朝

　　　1800 —

中華民國
　　　2000 —

托米麗斯女王這一戰可是出名了，在史冊上也留下大名，馬薩格特成為歷史上的傳奇民族。然而，帝國雛形已備的波斯沒有那麼容易土崩瓦解，波斯帝國在居魯士二世死後還在繼續擴張。以中國傳統的觀點，居魯士算是「不得善終」，但對於一個一生不知疲倦的戰士來說，馬革裹屍是對他的一生的最高獎賞。

波斯帝國的壯大已經成為不可阻擋的歷史趨勢，帝國版圖在居魯士的接班人手中繼續擴大並達到頂峰。在西元前3世紀以前，中東地區一直是世界文明發展的中心，從巴比倫到波斯，從地區性的城邦王國，再到洲際大帝國，波斯帝國無疑是上古中東諸文明的集大成者。作為歷史上第一個地跨亞非歐三大洲的帝國，它的出現可以說是世界史上一個篇章的總結。

在居魯士出生前30年中，大概沒有人會預料到整個古代世界將處於一個來自伊朗西南地區，此前默默無聞的部落統治之下百年有餘。居魯士二世的統治生涯是世界史上的主要轉捩點之一。

西元前3000年左右，人類文明最初發源於蘇美，此後的2500多年間，蘇美人及其後繼者沙米特各族人，如阿卡德人、巴比倫人和亞述人等就一直生活在文明的中心，那時，美索不達米亞平原是世界上最富饒、文化最先進的地區，或許能與之相媲美的只有尼羅河畔的埃及了。

然而，居魯士卻恰巧在有史記錄的中間點上將世界史的那一頁掀過，自那時起，美索不達米亞平原地區和埃及無論在政治還是文化上，都失去了文明世界的中心地位。居魯士的重要性不僅僅在於他贏得了許多次戰爭的勝利，占領了廣袤的領土，更重要的是他所建立的帝國改變了古代世界的政治體系。

居魯士是個文化人，他不是文明的毀滅者，而是締造者。

｜第十章｜波斯帝國後繼無人

岡比西斯的暴政

居魯士雖然死了，可是他有個兒子叫岡比西斯。父親死後，岡比西斯順利地接班，當上了新一任國王。

同樣在欲望與仇恨的驅動下，岡比西斯二世在一次復仇戰中打敗了馬薩格特人，尋回了先父的屍首，安葬在伊朗故都帕薩爾加德。岡比西斯此後又征服了埃及，統一了整個中東，建立起一個橫跨西亞、北非的大帝國。

這個岡比西斯雖然跟爺爺岡比西斯同名，可是卻沒有爺爺的老實個性，相反地，他是個脾氣暴躁的人。

其實，岡比西斯是個有病的男人，他有羊癲瘋，也就是癲癇，犯起病來像個精神病患者，瘋瘋癲癲的。再加上岡比西斯的壞脾氣，受他的統治，國民們都遭了大殃，連連叫苦。

西元前525年，岡比西斯完成了父親的願望，占領了埃及的首都孟菲斯。岡比西斯是個愛顯擺的人，為了向戰敗的埃及王室展示他國王的風采，就讓埃及法老和大臣的兒女們都穿上奴隸的衣服當苦力。岡比西斯看著這場面越來越覺得好笑，一旁的埃及法老和大臣都痛哭失聲。

後來，岡比西斯又去打衣索比亞，沒想到反被人家打了個滿地找牙。這次失敗讓岡比西斯變得更加暴躁了，羊癲瘋經常發作，跟瘋人院裡的人沒什麼兩樣。

岡比西斯有個親兄弟叫巴爾迪亞，住在波斯。岡比西斯害怕這兄弟造反，於是就讓人去波斯把他給殺掉。這時候岡比西斯的老婆急了，勸岡比

BC

埃及第一王朝形成
古印度興起
— BC2000

— 巴比倫第一王朝

—

—

愛琴文明
— 亞述擊敗巴比倫

— BC1000

— 羅馬王政時代
第一屆奧林匹克

—

佛陀誕生
羅馬共和時代

蘇格拉底出生
柏拉圖出生
亞里士多德出生

— 0 耶穌基督出生

—

基督教為合法宗教
君士坦丁統一羅馬

—

回教建立

—

神聖羅馬帝國開始
— 1000
第一次十字軍東征

—

英法百年戰爭開始

—

哥倫布發現新大陸

—

美國南北戰爭開始
第一次世界大戰
— 2000

上古時期　BC

夏

BC2000 ―

BC1800 ―

商

BC1600 ―

BC1400 ―

BC1200 ―

周

BC1000 ―

BC800 ―

BC600 ―

BC400 ―

秦

BC200 ―

漢

0 ―

三國
晉

200 ―

南北朝

400 ―

隋朝
唐朝

600 ―

800 ―

五代十國
宋

1000 ―

1200 ―

元朝
明朝

1400 ―

清朝

1600 ―

1800 ―

中華民國

2000 ―

西斯不能殺親兄弟，岡比西斯來了氣，一刀就把老婆砍死了。

　　岡比西斯是個心理扭曲的男人，本來自己沒什麼本事，可是那暴躁個性卻讓他極度地想要表現出強大的一面。其實這男人內心裡是很空虛的，再加上弱智，常幹出一些讓人瞠目結舌的事情也就不在話下了。

　　在岡比西斯手底下做事的大臣們也都被主子搞得神經兮兮，生怕哪一天主子犯病把自己殺了，一個叫普列克撒斯佩斯的大臣就遭了殃。那天，岡比西斯把普列克撒斯佩斯叫到跟前問話，說：「你覺得我這人怎麼樣啊？大家都覺得我是個怎樣的國王？」

　　普列克撒斯佩斯在一旁直冒冷汗，生怕自己說錯了話，他趕緊從肚裡挖出一堆讚美的詞說給岡比西斯聽。可是普列克撒斯佩斯犯了個錯，他不知道對於這樣一個神經錯亂的岡比西斯，就算他再小心也沒有用。

　　果然，岡比西斯說：「這樣吧，我也不知道那些誇我的人心裡到底是怎麼想的，我倒要試驗試驗。你把你兒子叫來，要是我一箭射中了他的心臟，那就證明大家是真心誇我，要是沒有射中，那就說明他們欺騙我！」

　　沒辦法，普列克撒斯佩斯只好把自己的兒子帶來。岡比西斯一箭射中了他兒子的心臟，這回岡比西斯滿意了。

　　大家對岡比西斯這個神經錯亂的國王越來越不滿，憤怒的情緒燃燒著。於是，國內產生了叛亂。

高墨達暴動

　　在大家都對岡比西斯越來越不滿意的時候，一個叫高墨達的人，假扮成被岡比西斯殺掉的王子巴爾迪亞發動了叛亂。

　　西元前522年，岡比西斯終於下了臺，波斯王國從此有了新皇帝高墨達。高墨達比岡比西斯強多了，他深知「得民心者得天下」的道理，給了人民很多優撫政策，大家對這個新國王十分稱讚。

　　被撤了王位的岡比西斯很是煩惱，他想著要重新把寶座搶回來。岡比

西斯急忙返回波斯平息事變，但在半路上神祕死去。

關於暴君岡比西斯的死因，歷史上流傳著諸多版本，有人認為他是得知政變後絕望自殺，有人認為是自然死亡，有人認為是因果報應的懲罰，有人認為是被人謀殺。

總之，關於岡比西斯的死亡原因各有說法，莫衷一是。對這位建樹不多卻十分殘暴的君主，死亡對他來說，未必是一件壞事。

岡比西斯死了，高墨達的優撫政策又讓民眾很是舒心，這樣，高墨達心情愉快地當著國王，臉上樂得跟開花似的。

高墨達在西元前522年稱王，稱王後宣佈免除3年的賦稅和兵役，透過緩和階級與民族衝突的辦法，取得平民大眾和各被征服民族的支持來鞏固自己的統治，這一舉措大得民心，整個帝國，包括波斯、米底、巴比倫，乃至其他各地人民都背離了岡比西斯，擁護高墨達。只有奴隸主貴族們感到自身利益受到侵犯才反對他，因為高墨達剝奪了他們的「牧場、畜群、奴隸和邸宅」。

雖然高墨達很認真的履行著當皇帝的職責，可是這高墨達國王很是奇怪，他都當了8個多月的國王了，卻從來沒有跟大臣們開過會，這在以往還沒出現過。

大臣們心裡都尋思著這事，也不知道是怎麼回事。後來也不知道是誰說的，就把高墨達不是巴爾迪亞的消息傳了出去。一開始，大家都還十分懷疑這消息的準確程度，後來真的相信了，還是因為岡比西斯的一個小老婆。

其實，關於這段歷史，關於那位叛亂僧侶的真實身分，歷史上也沒有定論。正史中說這位以變亂上臺的新君主並非居魯士的兒子巴爾迪亞，而只是一位容貌與巴爾迪亞相似，受過居魯士懲罰的僧侶。

據傳，新君上臺後的某一天，岡比西斯過去的一個王妃發現新皇帝沒有耳朵，她把這件事透露給了她的父親大臣歐塔涅斯。

那女人看到高墨達是個沒耳朵的人，她把這事跟她父親——歐塔涅斯說了，歐塔涅斯是當朝的大臣，於是開始回憶。

BC

埃及第一王朝形成
古印度興起
— BC2000

巴比倫第一王朝

—

愛琴文明
亞述擊敗巴比倫

— BC1000

羅馬王政時代
第一屆奧林匹克

佛陀誕生
羅馬共和時代

蘇格拉底出生
柏拉圖出生
亞里士多德出生

— 0 耶穌基督出生

—

基督教為合法宗教
君士坦丁統一羅馬

回教建立

—

神聖羅馬帝國開始
— 1000
第一次十字軍東征

英法百年戰爭開始

哥倫布發現新大陸

美國南北戰爭開始
第一次世界大戰
— 2000

上古時期　BC

夏

　　BC2000 —

商

　　BC1800 —

　　BC1600 —

　　BC1400 —

　　BC1200 —

周

　　BC1000 —

　　BC800 —

　　BC600 —

　　BC400 —

秦

　　BC200 —

漢

　　0 —

　　200 —

三國

晉

　　400 —

南北朝

隋朝

　　600 —

唐朝

　　800 —

五代十國

宋

　　1000 —

　　1200 —

元朝

明朝

　　1400 —

　　1600 —

清朝

　　1800 —

中華民國

　　2000 —

他記得岡比西斯的父親居魯士曾經把一個叫高墨達的僧侶割了耳朵，難道就是這傢伙？一番調查之後，歐塔涅斯斷定新皇帝就是僧侶高墨達，歐塔涅斯遂將真相告訴了另外六名波斯貴族，後來經過大家的一致商量，他們認定高墨達是假冒的，於是就決定把他除掉。

他們決定發動一次政變，處死高墨達，奪回屬於他們的政權。

大流士馬鳴得天下

這「志同道合」的七人集團，先是派人在都城四處散播新皇帝的身分謎團，於是，假巴爾迪亞的消息便一傳十，十傳百，傳遍整個帝國。

在這夥人的折騰下，高墨達的好日子終於到了頭，他得知自己的身分敗露以後趕緊躲了起來。可是，命運終究是沒有放過他，他在躲的地方被幾個波斯貴族逮了正著。

同年9月，「七人集團」在奴隸主貴族的支持下，在米底的西迦耶胡瓦提堡殺死了高墨達，並殺盡支持高墨達的所有追隨者。

此時，波斯已是群龍無首，國內分崩離析。世界歷史上總有著驚人的相似，像中國的亂世一樣，自封為王者不計其數，居魯士二世拼搏一生打下的江山，處於解體的風口浪尖。

高墨達死了，接下來誰當國王卻是個大問題。那幾個把高墨達殺死的波斯貴族個個都想當國王，可是國王的寶座只有一個，怎麼辦呢？

希羅多德在《歷史》中記述，當七位起義的貴族平定局勢之後，在討論波斯的統治權時，歐塔涅斯認為應該停止一個人的獨裁統治，基於暴君岡比西斯的所作所為，他認為面對可以隨心所欲地無上權力，任何一個人即便是世界上最優秀的人，也會脫離平常心，國家的權力應該交給臣民。此時，另一個核心人物則提出了相反的看法，他堅決主張獨裁，認為如果權力掌握在一個最優秀的人手中，那麼帝國便可以穩如泰山。無論是民主或是寡頭，派系之間的相互爭鬥最終還是會把權力集中到一個人手中。

持有這一觀點的人，便是後來的「鐵血大帝」大流士。

或許是出於對至高權力的渴望，大流士的觀點得到了多數人的支持，每個人都希望能夠踏上帝國的寶座。

爭奪權力是需要智慧博弈的，一旦決定了主宰者只有一個人，那麼其他人必須面對競爭失敗後的種種變數。

當奪權勝負後的利益分配做好了備案，七人便開始了不流血的權力角逐。

因此，七人「約法三章」：第一，歐塔涅斯明確表示未來的國王不能支配他及他的後代，相反，每年都要給予其獎賞；第二，七人均可不經通報進入皇宮，當然，國王正在和他的女人溫存時除外；第三，國王必須在七人集團的家族裡挑選妻子。

他們約定，第二天日出之時，七人騎馬在市郊相會，耀眼的陽光下誰的馬最先嘶鳴，誰就是上天註定的國王。

成事在天，謀事在人，回到府第的大流士首先想到的，便是手下一個聰明的馬夫歐伊巴雷斯，當他把難題告訴歐伊巴雷斯之後，歐伊巴雷斯表現的胸有成竹，他是養馬的人，自然十分熟悉馬的習性。當天夜裡，歐伊巴雷斯從馬廄中牽了一頭大流士的坐騎———一匹母馬，拴在次日比賽的地方，天明之際又將馬牽回。清晨，大流士騎馬趕赴郊外，日出的那一刻，大流士用手輕輕撫弄馬鼻，馬兒仰天嘶鳴，原來大流士臨行前曾將手放在母馬的陰部沾染了母馬的氣味，使得自己的坐騎興奮不已。

馬鳴得天下，其他六人不知就裡，還以為真的是上天的旨意，於是俯身跪拜，大流士憑藉一個小小的手腕登上了王位，成了新一任國王。

大流士改革與《貝希斯敦銘文》

雖然當上了國王，可是大流士的國家並不太平，因為高墨達死了以後就有很多人起來造反。大流士憑著自己的本事，一個個地滅掉了要造反的

BC

埃及第一王朝形成
古印度興起
— BC2000

巴比倫第一王朝

愛琴文明
亞述擊敗巴比倫

— BC1000

羅馬王政時代
第一屆奧林匹克

佛陀誕生
羅馬共和時代

蘇格拉底出生
柏拉圖出生
亞里士多德出生

— 0　耶穌基督出生

基督教為合法宗教
君士坦丁統一羅馬

回教建立

神聖羅馬帝國開始
— 1000
第一次十字軍東征

英法百年戰爭開始

哥倫布發現新大陸

美國南北戰爭開始
第一次世界大戰
— 2000

上古時期　　BC

夏

　　　BC2000 ―

　　　BC1800 ―

商

　　　BC1600 ―

　　　BC1400 ―

　　　BC1200 ―

周

　　　BC1000 ―

　　　BC800 ―

　　　BC600 ―

　　　BC400 ―

秦
漢　　　BC200 ―

　　　　0 ―

三國　　200 ―
晉

　　　　400 ―
南北朝

隋朝　　600 ―
唐朝

　　　　800 ―
五代十國
宋　　　1000 ―

　　　　1200 ―
元朝
明朝
　　　　1400 ―

清朝　　1600 ―

　　　　1800 ―
中華民國

　　　　2000 ―

集團，最後，他的權力最終穩定了下來。

為了避免以後再出現造反的情況，大流士就把全國分成了幾個軍區，每個軍區都有一個負責人，這個負責人都必須聽大流士的話，而且每個軍區的負責人都不能相互交流。

這樣一來，大流士的皇權就高度集中了，他也開始高枕無憂地過起國王的奢華生活。大流士很享受這種生活，經常讓人四處為自己宣揚。

除了給自己宣揚，大流士這個國王在生活上還很講究。就拿喝水來說，本來有什麼水你就喝什麼，可他偏偏要喝自己老家的水，還要人每天替他送水。除了喝水講究以外，大流士吃魚也有特別要求。他人住在巴比倫，可是卻愛吃愛琴海的魚，於是就專門開闢出一條送魚的快道。原先十天才能送來的魚，有了這「高速路」以後，三天就能送到。大流士嘴裡的魚也越來越新鮮。不過大流士開闢的這條快道也讓當地的交通發達了起來，也不是沒有好處。

後來，大流士又下令開發了一條大運河，也就是後來的蘇伊士運河。波斯王國隨著水陸交通的發達也變得越來越富有，特別是國際貿易，更是蒸蒸日上。此外，大流士還統一了度量衡。

大流士制訂了很多規矩出來，上面所提到的也是他的大作為，後來大家都管這些叫「大流士改革」。

大流士覺得自己挺厲害的，確實，比起之前的岡比西斯他是厲害多了，於是他決定要把自己的功績吹捧一番。

他經常巡行各地，一天，在從巴比倫到哈馬丹的途中，經過貝希斯敦，見懸崖高陡峭，絕難攀登，決定在此處刻銘記功。於是，《貝希斯敦銘文》流芳百世。

銘文中所說「俘九王」中的八個王，長索魚貫繫頸，背縛雙手，面向大流士；叛亂僧侶高墨達則被大流士踐踏於腳下。然而，現代學者普遍認為，《貝希斯敦銘文》中關於偽巴爾迪亞（即高墨達）的記載，完全是精心編造的謊言，目的是為大流士一世弒君篡位辯護。

與摩崖石刻相反的版本是：岡比西斯二世繼位後力圖加強王權，引

起了貴族們的嫉恨，欲除之而後快。在一場陰謀政變中，岡比西斯二世身亡，其弟巴爾迪亞奪取王位，繼承先兄未竟之業，繼續走上加強王權之路，但結局同樣悲慘。最後，以大流士一世為首的陰謀集團發動政變，弒君篡位。

歷史的真相已無法還原，但有一點是不會改變的，成王敗寇。無論石刻是真實的記錄，還是虛偽的裝飾，它始終是後人瞭解波斯帝國的一個神祕窗口。

作為阿契美尼德家族的旁支，原波斯安息省省長的兒子大流士，終於將帝國的權杖牢牢抓在手中。

不管大流士是用何種手段奪得的權位，但如果沒有大流士的話，波斯帝國的歷史或許就是另外一番景象了。

波斯帝國走向巔峰

波斯王國在大流士的領導下發展得十分迅猛，大流士一世統治波斯期間，對內鎮壓了米底、埃及、巴比倫和亞述等地的叛亂；對外將印度河流域、黑海海峽、歐洲色雷斯地區納入波斯版圖，劍鋒直指希臘諸城邦。

他也成為第一個向歐洲擴張的東方君主，當時，波斯帝國的疆域西至埃及，東至印度，南達波斯灣和阿拉伯半島，北到裡海及黑海一帶。

這個歷史上第一個地跨亞非歐三大洲的大帝國，征服了世界五大文明發源地的其中三個，逼近了第四個，面積達500餘萬平方公里，成為當時世界上最大的國家。

如果將西方的諸希臘小邦合在一起論，同時也將其東方的諸華夏小邦合在一起論，與波斯帝國相比，也都要小得多。

當時，東方的東周王朝，其較強的諸侯國鄭國，也不過1萬餘平方公里，其他小邦就更小了。強大的波斯帝國，在它東西兩側的兩群小邦中間，實在是太龐大了。

BC

埃及第一王朝形成
古印度興起
— BC2000

巴比倫第一王朝

愛琴文明
亞述擊敗巴比倫

— BC1000

羅馬王政時代
第一屆奧林匹克

佛陀誕生
羅馬共和時代
蘇格拉底出生
柏拉圖出生
亞里士多德出生

— 0   耶穌基督出生

基督教為合法宗教
君士坦丁統一羅馬

回教建立

神聖羅馬帝國開始
— 1000
第一次十字軍東征

英法百年戰爭開始

哥倫布發現新大陸

美國南北戰爭開始
第一次世界大戰
— 2000

夏

BC2000

BC1800

商

BC1600

BC1400

BC1200

周

BC1000

BC800

BC600

BC400

秦
漢 BC200

0

三國
晉 200

南北朝 400

隋朝
唐朝 600

800
五代十國
宋 1000

1200
元朝
明朝 1400

清朝 1600

1800
中華民國
2000

當風格迥異的文明火石共同碰撞於一個君主的統治之下，擦出的火花耀眼而帶著火星，波斯原本簡單的統治制度也面臨著諸多挑戰。

拜火教也迎來了它歷史上第一個黃金時期。

拜火教的神話中，善神（光明之神）阿胡拉·瑪茲達和惡神（黑暗之神）安哥拉·曼紐長期對立和鬥爭，最終善良戰勝了邪惡。

所以，火是善神的標誌，是光明和生命的象徵，因此信徒必須堅持對火的崇拜，且要堅持「三善原則」，即善思、善言和善行，死後靈魂才能獲得拯救升入天堂。大流士時代之前，拜火教已在波斯和米底得到廣泛的傳播。

作為一個堅定的拜火教信徒，大流士對教義的宣導使得光明之神隨著波斯疆域的擴大，而不斷向更遠的地區傳播。但是大流士的教法並沒有排斥異教徒，在波斯廣袤的土地上，各地區所信奉的神依然安詳地在各自的領域傳播福音。

比起血色亞述來，波斯人的征服戰爭顯然文明得多。波斯人在征服地行使主權時，就算得不到當地人的信服，也要使人們感到他們的存在。

他們給現存地方政權以行政自由權，而波斯省督只是監督地方政權工作。不僅如此，波斯人還尊重當地的宗教信仰。

不過，就算波斯帝國的所有臣民都像腓尼基人和猶太人一樣對它忠心耿耿，對波斯帝國政府而言，它遼闊的領土仍使交通、通訊成為一個很大的問題。

大流士還修建了貫通全國主要地區的「御道」，據說最初是大流士為滿足其儘快吃到愛琴海鮮魚的願望而設立的。西方的希臘人不無羨慕地說：「安坐都城中，愛琴鮮魚入宮廷。」

其實是為更加方便地管理他的國土。不管是出於一己私欲，還是政治遠見，大流士利用四通八達的驛道網，把國內最重要的經濟、文化中心連接起來。通了御道之後，從小亞細亞海岸到首都只需要3天時間。在張騫通西域之後，這條大道便成了絲綢之路的西段。

在修築驛道的同時，大流士為了探索富源和到埃及的海路，派艦隊由

印度河順流而下，入印度洋，過波斯灣，環繞阿拉伯半島，抵達埃及的蘇伊士港，還開通了從尼羅河到蘇伊士的運河，成為第一個將印度洋和大西洋兩大水系聯為一體的君主。

在大流士的統治下，波斯帝國的光榮達到了極致。在政治版圖風雲多變的中東地區，大流士留下了難以磨滅的歷史印記，他的波斯帝國對世界歷史的影響更多地在於它的制度而非疆域。那些摸索中制定的前無古人的制度，為後來者如羅馬帝國、阿拉伯帝國、鄂圖曼帝國等大帝國提供了寶貴的治國經驗。

不過，大流士不肯好好地過日子，他一直在擴張地盤。西元前500年，大流士又開始攻打希臘。不過希臘也不是那麼好欺負的，打了二十年，波斯還是敗了，國力也越來越不如從前，走起了下坡路。

波斯帝國成為世界性帝國

作為一個文治武功都十分卓越的帝王，大流士不是歷史上第一位所向無敵的征服者，但他是第一位具有世界眼光的統治者。在原始工具文明往奴隸制文明的演進過程中，大流士的大規模擴張擴大了各古代文明區域的交往範圍，對各被征服文明的同化是漸進而有力的，而其全部政策的著力點也是為了將廣大土地上風采各異的廣博文化，納入一個有效運轉的系統統治下。

埃及的糧食、印度的象牙、利底亞的黃金、巴比倫的白銀、亞美尼亞的駿馬、阿拉伯的香料、外高加索的美女，人世間能想像到的一切東西，都從四面八方湧入國庫。波斯帝國的財富，超過了以往任何帝王的想像。

波斯帝國的地大物博一直是大流士引以為豪的。在文學藝術上，帝國也成就斐然，《貝希斯敦銘文》和《納克希魯斯坦銘文》等，都是用具有節奏性的詩歌語言寫成的文書，結構嚴謹，風格典雅，為古波斯文學和後世文學樹立了典範。

BC

埃及第一王朝形成
古印度興起
— BC2000

巴比倫第一王朝

—

—

愛琴文明
亞述擊敗巴比倫

— BC1000

羅馬王政時代
第一屆奧林匹克

佛陀誕生
羅馬共和時代
蘇格拉底出生
柏拉圖出生
亞里士多德出生

— 0 耶穌基督出生

—

基督教為合法宗教
君士坦丁統一羅馬

回教建立

—

神聖羅馬帝國開始
— 1000
第一次十字軍東征

英法百年戰爭開始

哥倫布發現新大陸

—

美國南北戰爭開始
第一次世界大戰
— 2000

上古時期　BC

夏

BC2000 —

商
BC1800 —

BC1600 —

BC1400 —

BC1200 —

周
BC1000 —

BC800 —

BC600 —

BC400 —

秦
漢　BC200 —

0 —

三國　200 —
晉

南北朝　400 —

隋朝　600 —
唐朝

800 —

五代十國
宋　1000 —

1200 —

元朝
明朝
1400 —

1600 —
清朝

1800 —
中華民國

2000 —

　　波斯人建立了這個世界性的大帝國之後，又建造了三座宏偉的都城——帕薩加第、波斯波利斯和蘇薩。波斯的建築融合埃及、巴比倫、希臘各民族的藝術成就，構成自己獨特且雄偉壯麗的風格。

　　這些都城被建造得富麗堂皇，其建築技術和建築材料來自帝國各地。例如，蘇薩的王宮是由巴比倫和米提亞建築師設計的，其建築材料來自印度和黎巴嫩，黃金來自利底亞和巴索特利亞，象牙來自非洲，而白銀、綠松石和寶石則來自更遙遠的國度。

　　波斯波利斯豪華宮殿的建造前後共花費了60年時間，歷經大流士等三個朝代才得以完成。根據波斯波利斯王宮正門上的銘文，大流士一世時代只完成了都城的宮殿、寶庫、觀見大殿、三宮門等建築。

　　這座象徵著阿契美尼德帝國輝煌文明的偉大城邦，不僅是波斯帝國的心臟，而且成為存儲波斯帝國財富的巨大倉庫，以高傲的姿態莊嚴地聳立在波斯平原上。

　　亞歷山大大帝征服波斯後，士兵們在城中住了三個月之久。一日，酒醉的亞歷山大瘋狂衝進王宮縱火。當宮廷燃起熊熊烈火之時，亞歷山大突然清醒，下令士兵救火，但為時已晚，一代名都的結局就是毀於火海。

　　歷史就是一部征服與被征服的史詩，充滿著血與火、文明的膠著與發展、文化的衝突與融合，能夠輝煌一時，卻無法長久。帝國的維繫如同人生，如果征服陷入欲望的深壑中，便會永無休止，最終陷入被征服的輪迴之中。

　　擁有如此廣袤的國土，波斯帝國的擴張欲望越發強烈，而他們的附近就只剩下海邊的希臘，只要得到那裡，波斯就與大海相接，真正實現「宇宙大國」的願望。

　　大流士統治波斯帝國37年，晚年依舊執著於對希臘的征討。當波斯控制黑海通道後，希臘人黑海北岸的糧食補給線不再通暢，而臣服於波斯的腓尼基人開始肆無忌憚地與希臘城邦爭奪海上商業控制權。

　　隨著大流士步步向歐洲挺進，為了自身的生存和海上貿易的利益，希臘城邦被迫反戈一擊，一場利益之爭在所難免。

希波戰爭與波斯帝國的衰落

西元前500年，以米利都為首的小亞細亞希臘城邦爆發了反對波斯統治的大起義，雅典、埃雷特里亞作為歐洲的希臘母邦派戰船助戰，成為這場前後延續數十年之久的希波戰爭的導火線。

大流士的女婿，希波戰爭的主角之一，年輕氣盛的瑪爾多紐斯率領一支龐大的海陸軍來到沿海地帶，渡過海峽向希臘城邦進攻，他們征服了以前未被他們征服的民族。

當大軍征服了馬其頓人後，幸運再也不眷念波斯人了。波斯海軍航行到阿托斯山附近的時候，突然遭遇強烈的北風，但就這次偶然的原因竟左右了波希此戰的局面。

波斯艦隊損失了300餘艘戰船，失蹤2萬多人，基本上失去了戰鬥力。然而災難還遠不止於此。駐紮在馬其頓的波斯陸軍同樣遭受了色雷斯的布律戈依人偷襲，軍隊死傷慘重，最高統帥瑪爾多紐斯也負了傷。

瑪爾多紐斯本欲重整旗鼓，卻再次被布律戈依人擊垮。考慮到陸軍和海軍的情況，征討希臘顯然成了泡影，瑪爾多紐斯只好率領殘部，灰頭土臉地回到亞細亞。

第一次遠征失敗後，波斯人在短短幾年內就再次重整旗鼓，集結了大軍準備向希臘進攻。西元前490年，大流士一世又派老將達提斯和阿塔非尼斯率軍2萬餘人橫渡愛琴海，攻占並破壞埃雷特里亞城。

波斯大軍休整了幾天，便上船向雅典進攻，在雅典政治家庇西特拉圖之子希庇亞斯的指引下，全軍在距雅典城東北30公里的馬拉松平原登陸。馬拉松其名源自腓尼基語「多茴香」，因此地生長眾多茴香樹而得名。

馬拉松一役，雅典將軍米太亞德率軍一舉擊潰了兵力占優勢的波斯軍隊。為了把勝利的消息迅速告訴雅典人，他派遣長跑優勝者斐迪庇第斯從馬拉松跑至雅典中央廣場，在極速完成362公里的路程並傳達勝利的消息後，斐迪庇第斯因體力透支倒地而亡，這一奇蹟的舉措使其成為希臘的民

BC

埃及第一王朝形成
古印度興起
— BC2000

巴比倫第一王朝

—

愛琴文明
亞述擊敗巴比倫

— BC1000

羅馬王政時代
第一屆奧林匹克

佛陀誕生
羅馬共和時代
蘇格拉底出生
柏拉圖出生
亞里士多德出生

— 0　耶穌基督出生

—

基督教為合法宗教
君士坦丁統一羅馬

回教建立

神聖羅馬帝國開始
— 1000
第一次十字軍東征

英法百年戰爭開始

哥倫布發現新大陸

美國南北戰爭開始
第一次世界大戰
— 2000

夏

BC2000 —

BC1800 —

商

BC1600 —

BC1400 —

BC1200 —

周

BC1000 —

BC800 —

BC600 —

BC400 —

秦
漢　BC200 —

0 —

三國
晉　200 —

南北朝　400 —

隋朝
唐朝　600 —

800 —

五代十國
宋　1000 —

1200 —

元朝
明朝　1400 —

1600 —

清朝

1800 —

中華民國

2000 —

族英雄。

　　馬拉松之戰後，波斯與希臘雙方積極擴軍備戰。西元前486年，正當大流士策劃再度出兵希臘時，埃及爆發大規模起義，大流士親自前往鎮壓，未等到完成就身染絕症，命赴黃泉。繼任君主阿爾塔‧薛西斯繼續了對希臘城邦的戰爭，但同樣無功而返，徒然損耗了波斯的國力，此後，帝國再無力西侵。

　　大流士一生近乎完美的霸業，因其晚年的兩次失利留下了一點瑕疵。不過，希波戰爭使得希臘各城邦進入了戰爭狀態，備戰從此成為各城邦的主要職能，在沒有波斯人入侵的時候，希臘城邦之間也難免混戰，最終導致了古希臘文明的衰落。

　　侵希戰爭的失敗是波斯帝國歷史的轉捩點，此後波斯國勢漸趨衰落，大流士的子孫阿爾塔‧薛西斯一世、薛西斯二世、大流士二世在位期間，宮廷陰謀和各地叛亂紛至遝來。喪失了軍事優勢的帝國，只好利用希臘內部雅典與斯巴達爭霸的矛盾，以金錢和外交手段保持對小亞細亞的控制。

　　波斯帝國末代帝王大流士三世雖非庸懦君王，但此時馬其頓已以狂飆之勢崛起。西元前333年秋，馬其頓國王亞歷山大率領以馬其頓人為骨幹的希臘聯軍遠征亞洲，經過伊蘇斯和高加米拉兩場戰役，亞歷山大擊敗大流士三世，並很快占領了波斯全境。

　　西元前330年，帝國都城波斯波利斯被攻陷，大流士三世在逃亡中被巴克特里亞總督拜蘇斯殺害，維持了200多年的波斯帝國遂告崩潰，從此古代文明進入希臘化時代。

　　亞歷山大的勝利並不表示波斯帝國從此消失。他死後，他的一位將軍塞琉古控制了敘利亞、美索不達米亞和伊朗，建立了塞琉古帝國。

　　但是他對伊朗高原的控制沒有持續很久，在西元前2世紀中期，當地發生了反塞琉古的起義。領導者阿薩息斯自稱居魯士王朝的後裔，他在阿薩息斯創建了帕提亞帝國（即安息），最終取代塞琉古控制了伊朗和美索不達米亞。

　　然而阿薩息斯的帝國夢也很快破滅了，西元前224年，安息帝國的統

治者們被一個新王朝薩珊王朝取而代之，薩珊的統治者們竟也自稱為居魯士王朝的後裔，統治了這片土地長達4個世紀之久。在這期間和以後的幾百年，伊朗再也沒有出現像居魯士和大流士一樣偉大的人物。

有人說，波斯文明幾乎是依靠著兩個偉大的君主，即居魯士二世與大流士一世的個人魅力才巍然立世，然而，就因為這是天才們的私人霸業，因此很難繼承和延續。此說或許有些偏頗，但也有一定道理，當才能卓絕的天才君主離世，後繼者便難逃歷史的輪迴，帝國輝煌也被雨打風吹去。

BC

埃及第一王朝形成
古印度興起
— BC2000

巴比倫第一王朝

愛琴文明
亞述擊敗巴比倫

— BC1000

羅馬王政時代
第一屆奧林匹克

佛陀誕生
羅馬共和時代
蘇格拉底出生
柏拉圖出生
亞里士多德出生

— 0 耶穌基督出生

基督教為合法宗教
君士坦丁統一羅馬

回教建立

神聖羅馬帝國開始
— 1000
第一次十字軍東征

英法百年戰爭開始

哥倫布發現新大陸

美國南北戰爭開始
第一次世界大戰
— 2000

上古時期　BC

夏

BC2000 ―

商
BC1800 ―

BC1600 ―

BC1400 ―

BC1200 ―

周
BC1000 ―

BC800 ―

BC600 ―

BC400 ―

秦
BC200 ―
漢

0 ―

三國
晉　　200 ―

南北朝
400 ―

隋朝
唐朝　600 ―

800 ―

五代十國
宋　　1000 ―

1200 ―

元朝
明朝　1400 ―

1600 ―

清朝
1800 ―

中華民國
2000 ―

| 第十一章 | 希臘的崛起

邁錫尼文明和荷馬時代

　　邁錫尼位於阿爾戈斯地區的東北部，處在海拔278公尺的山丘之上。山的南北面都是深谷，它控制著從阿爾戈斯灣通向科林斯灣的道路。邁錫尼文明由大陸上的希臘人創造，是繼克里特文明之後興起於希臘本土的青銅文明的總稱，興起於西元前1500年左右。最強盛時期為西元前1600～1200年。當邁錫尼文明強大時，希臘大陸處於它的影響之下。

　　邁錫尼文明以規模宏大的宮殿、防守堅固的城堡、巨大的墓葬和富有貴金屬著名。邁錫尼時期的宮殿都建在山丘的頂端，並配有由巨石建築的城牆，這種石塊長達3公尺，厚1公尺。在這些宮殿中，以梯林斯宮最為完好。建於西元前15世紀的梯林斯宮有一個長12公尺、寬10公尺的長方形大廳。廳的中央有一個圓形的聖灶，周圍有4根大柱子，旁邊設有國王寶座。大廳向南，通向圍有柱子的內院，院內有祭壇。大廳的牆壁上裝飾著美麗的壁畫。邁錫尼的墓葬是一種圓頂墓。這是一種石墓，規模宏大，結構複雜，墓頂呈圓錐形。其中以阿特列呂斯寶庫的圓頂墓最為著名，它的墓門高5.4公尺、寬2.7公尺。墓室為圓形，直徑14.5公尺，拱頂用33排石塊砌成。墓主人是西元前14世紀下半葉的邁錫尼國王。邁錫尼的金屬冶煉、金銀手工藝品、陶器製造很快就超過了克里特的水準，陶器遠銷埃及、腓尼基、賽普勒斯和特洛伊等地。

　　邁錫尼人使用線形文字，1952年成功解讀。政體屬於君主制度，其最高首腦稱為瓦納克斯。王之下的重要官員是將軍，還有一幫貴族們共同幫助國王統治國家，他們平時是高級行政官員，戰時則是軍隊的骨幹。地方

實行行省制，在省以下，可能還有進一步的行政區劃，那裡有巴塞列斯之類的官員進行統治。

　　公社是社會的基層組織，從屬於國王和宮廷，擁有起碼的內部自治，由長老領導，任務是為國王和政府徵稅、招募勞役。這個時代的經濟處於宮廷控制之下。社會的主要財富無疑是土地，而國王則是最大的地主。行省總督、巴塞列斯等也都占有自己的土地。這些土地一類是公有地，一類是私有地。宮廷對所有的土地都有徵稅權，手工業和商業處於宮廷控制之下。在邁錫尼文明諸國，既有公家的奴隸，也有私有奴隸，他們大多從事手工業勞動或家庭僕役。婦女們從事紡織、磨穀或生活侍應。男奴從事重體力勞動，如冶煉金屬、打造工具，部分從事農業、畜牧業。公家奴隸屬於宮廷，由宮廷提供食物和住所。處於統治階級和奴隸之間的則是平民百姓，包括農民、手工業勞動者、商人等，他們對國家都有納稅和服兵役的義務。

　　西元前13世紀左右，邁錫尼諸國發動了傳說中的特洛伊遠征。特洛伊位於小亞細亞的西北海岸，處於赫勒斯滂海峽和愛琴海的連接處，扼愛琴海乃至整個地中海通向黑海的通道，地理位置十分重要。這裡有廣闊的平原，土壤肥沃，氣候溫潤，農牧業十分發達，再加上盛產金銀、良馬和美酒，工商業繁榮，自古以來就以富裕而著稱。

　　特洛伊人是較早來到愛琴海地區的希臘人的一支，語言上接近於阿卡亞方言和愛奧尼亞方言，在邁錫尼興起後，與希臘本土各邦保持著密切的聯繫，是邁錫尼文明中一個著名的成員。只要是好地方，就會有人眼饞，為了掠奪特洛伊的財富，希臘各邦不惜發動遠征也要占領這裡。不過，戰爭的起因卻有一段古希臘式的神話傳說。傳說特洛伊的王子帕里斯是一位超級帥哥，他誘拐了斯巴達王門涅勞斯的妻子海倫。門涅勞斯不以為意，但其兄弟邁錫尼王阿伽門農卻嚥不下這口氣，於是組織起一支希臘聯軍興師問罪，遠征特洛伊。經10年的圍攻，最終攻陷特洛伊，但希臘各國也元氣大傷，國力一時難以恢復，為北方多利亞人的南侵提供了可乘之機，最終搬起石頭砸向了自己的腳。

BC

埃及第一王朝形成
古印度興起
— BC2000

巴比倫第一王朝

—

愛琴文明
亞述擊敗巴比倫

— BC1000

羅馬王政時代
第一屆奧林匹克

佛陀誕生
羅馬共和時代

蘇格拉底出生
柏拉圖出生
亞里士多德出生

— 0　耶穌基督出生

基督教為合法宗教
君士坦丁統一羅馬

回教建立

神聖羅馬帝國開始
— 1000
第一次十字軍東征

英法百年戰爭開始

哥倫布發現新大陸

美國南北戰爭開始
第一次世界大戰
— 2000

上古時期　BC

夏
　　　BC2000 —

　　　BC1800 —
商
　　　BC1600 —

　　　BC1400 —

周　　BC1200 —

　　　BC1000 —

　　　BC800 —

　　　BC600 —

　　　BC400 —

秦　　BC200 —
漢
　　　　0 —

　　　　200 —
三國
晉
　　　　400 —
南北朝

隋朝　　600 —
唐朝

　　　　800 —
五代十國
宋
　　　　1000 —

元朝　　1200 —
明朝
　　　　1400 —

清朝　　1600 —

　　　　1800 —
中華民國
　　　　2000 —

從西元前1100年到前800年間，邁錫尼各國被多利亞人滅亡後並未復國，希臘社會經濟和文明傳統斷絕了兩、三百年，陷入一片黑暗之中。代表了國家形成和較高文明程度的繁榮城市、雄偉的宮殿、發達的工商業、金銀的流通以及文字的使用一概絕跡；希臘的人口下降，居民稀疏；與東方的貿易完全中斷。反映這段時期歷史狀況的文獻，主要是《荷馬史詩》，所以這個時代又被稱為荷馬時代。《荷馬史詩》相傳為盲人荷馬所寫，包括《伊利亞特》和《奧德賽》兩部分，題材和特洛伊戰爭有關。《伊利亞特》記述的是特洛伊戰爭第10年最後攻克特洛伊之前的幾十天裡發生的事情。《奧德賽》則講述了希臘英雄奧德修斯戰後回國時漂泊十年，歷經艱險，最終返回故鄉與妻兒團圓的故事。

《荷馬史詩》雖然是文學作品，但也可以作為歷史文獻來解讀荷馬時代的社會狀況。這一時期雖然是文明的倒退，但這一時期在生產中出現了一個劃時代的全新因素，那就是新工具——鐵器的製造和廣泛應用，為生產力的飛躍創造了條件。在農耕文明社會，鐵器的作用尤為明顯。鐵器為從事手工業、農業者提供了一種其堅固和銳利非石頭或當時所知道的其他金屬所能抵擋的工具，在希臘那種山地眾多、土壤貧瘠的地理條件下，鐵器更有利於開墾大面積的土地。在這個意義上，荷馬時代是一個「既有落後倒退又孕育著巨大可能性」的時代。

血戰溫泉關

大流士一世帶著夢斷希臘的遺憾一命嗚呼，不過讓他欣慰的是，自己有個優秀的兒子，就是阿爾塔‧薛西斯一世。阿爾塔‧薛西斯一世決心為父親和國家找回夢想與尊嚴，於是在西元前480年，薛西斯一世統率50萬水路大軍和千餘艘戰艦，號稱「百萬雄師」，大舉進攻希臘。

比起波斯帝國來，希臘算是很小了，最多算得上波斯帝國的一個省的規模，可是它卻分裂為上百個城邦，每個城邦都是一個獨立的國家，彼此

之間也打鬧不停。和波斯帝國比起來，這些城邦小得簡直太可笑了。

面對波斯規模空前的入侵，一向喜歡內部爭鬥的希臘各城邦被迫團結起來，30多個城邦組成了反波斯軍事同盟，並推舉最大城邦的勇武的斯巴達國王列奧尼達斯為聯軍最高統帥。

波斯大軍藉助戰船連接的海上浮橋，順利渡過了赫勒斯龐海峽，開進希臘半島，大軍氣勢很是了不得，很快就攻下了許多城邦，攻占了北希臘的狄薩利亞，直入希臘腹地。不可一世的薛西斯一世向希臘各城邦發出勸降書，勸說各個城邦放棄抵抗，臣服於波斯帝國。波斯的使者甚至無恥地聲稱：「我們只需要你們的水和土地。」

水和土象徵著國土和主權，面對薛西斯的挑釁，希臘城邦都沒有屈服，雅典直接把波斯使者扔進了深坑，而斯巴達則把前來的使者扔進了一口大井，說井裡有的是水和土，並且嘲諷地建議井底的波斯使者嘗試自力更生，挖條通道解救自己。

薛西斯大怒，繼續向南逼近，在希臘半島中部的溫泉關安營紮寨。也正是溫泉關這個地方，讓後人銘記了斯巴達人的血性與英勇。

溫泉關是一處地勢險峻的隘口，是陡峭的山崖和泥濘的沼澤之間一條狹窄的甬道，也是北希臘通往中希臘和南希臘的必經之路。通常，這種「一夫當關，萬夫莫敵」的戰略要塞在戰爭中都會成為神來之筆，波斯人與希臘人都意識到了這一點。

為了抵擋薛西斯，勇猛的斯巴達國王列奧尼達斯親率由各處集結而來的希臘聯軍約7000人，率先趕到溫泉關，修整了原來的防禦工事。根據溫泉關地勢險要、山道狹窄，部隊不能展開行動，騎兵和戰車都派不上用場的特點，薛西斯採取了派重裝步兵輪番攻擊的強攻戰法，打算以人數的優勢打垮斯巴達人。

已在激烈的海戰中傷亡很大的波斯軍隊，在最初兩天的攻堅戰中沒有占到任何便宜，薛西斯無奈，只好派出最精銳的1萬名御林軍（號稱「不死軍」）投入戰鬥，但除了拋下大片屍體外，還是攻不下。

而到了第三天，就在波斯陷入進退兩難的困境之時，變數出現了。對

BC

埃及第一王朝形成
古印度興起
— BC2000

巴比倫第一王朝

愛琴文明
亞述擊敗巴比倫

— BC1000

羅馬王政時代
第一屆奧林匹克

佛陀誕生
羅馬共和時代
蘇格拉底出生
柏拉圖出生
亞里士多德出生

— 0　耶穌基督出生

基督教為合法宗教
君士坦丁統一羅馬

回教建立

神聖羅馬帝國開始
— 1000
第一次十字軍東征

英法百年戰爭開始

哥倫布發現新大陸

美國南北戰爭開始
第一次世界大戰
— 2000

上古時期　BC

夏

BC2000 —

商

BC1800 —

BC1600 —

BC1400 —

BC1200 —

周

BC1000 —

BC800 —

BC600 —

BC400 —

秦
漢

BC200 —

0 —

三國
晉

200 —

400 —

南北朝

隋朝
唐朝

600 —

800 —

五代十國
宋

1000 —

1200 —

元朝
明朝

1400 —

1600 —

清朝

1800 —

中華民國

2000 —

波斯來說，是轉機；對希臘來說，是災星。堅不可摧的堡壘，一旦內部出現了罅隙，便會給敵人可乘之機。在一個希臘奸細的指引下，波斯軍隊兵分兩路，星夜兼程，抄小路直撲溫泉關南口。

第二天早上，波斯大軍正面強攻，背後包抄，南北夾擊，希臘守軍猝不及防。列奧尼達斯為保存實力，在腹背受敵的情況下，命令聯軍主力迅速撤退，以保存實力，自己則親率300名斯巴達勇士與700名底比斯志願軍殿後。

斯巴達人的尚武傳統

希臘勇士們與洶湧而至的數萬波斯軍就這樣廝殺起來，列奧尼達斯雖然拼命地打殺，可還是戰死了。為了奪回列奧尼達斯的屍體，斯巴達士兵奮不顧身，連續幾次打退敵人的進攻。然而，畢竟寡不敵眾，斯巴達勇士最終全部戰死，也讓波斯軍隊付出了2萬人死傷的慘痛代價。

現在，那段讓人血脈賁張的歷史已經被埋入了墳墓，在北希臘和中希臘的交界處，古老荒塚前屹立著一塊石獅形狀的紀念碑，上刻銘文：「途中過客，請轉告斯巴達人，我們履行了自己的諾言，為了國家，盡忠死守，長眠於此。」

溫泉關血戰將斯巴達的尚武精神揮灑得淋漓盡致，對於斯巴達人來說，勇敢是一種傳統，更是一種高貴的象徵。

《荷馬史詩》中記載：當斯巴達的母親給出征的兒子送行時，沒有眼淚，沒有擔憂，沒有祈禱，只是給兒子一個盾牌，告訴他：「要嘛拿著，要嘛躺在上面。」意思是要嘛拿著盾牌勝利歸來，要嘛光榮戰死，被別人用盾牌抬回來。

斯巴達是一個公民意志非常強烈的城邦。它尊重每一個斯巴達人的尊嚴，同時要求他們必須將全身心奉獻給自己的家園。每個人都是為國家而生，為國家而死，沒有什麼比國家更為重要，比愛國更高貴。

斯巴達的尚武精神源於傳統，也源於國情。斯巴達自城邦建立以來，從來就未曾離開過戰爭，從西元前12世紀末到西元前9世紀這幾百年的時間裡，斯巴達在戰爭中得到財富和奴隸，在戰爭中發展壯大。隨著征服的土地的廣袤與戰俘的日益狂增，斯巴達面臨嚴重的統治危機。在斯巴達人口中，部分被征服地區的居民被稱為庇里阿西人，即「住在邊緣的人」；大部分則連同戰俘淪為奴隸——希洛人，即「什麼都不是的人」。

高壓之下必有暴亂，凝聚力與數量異常強大的奴隸是斯巴達最不穩定的因素，隨著城邦的日益混亂，傳說中的來庫古制法應運而生。在來庫古這位斯巴達貴族的智慧引導下，斯巴達找到了自己的解決辦法——全軍事化。

出於對軍事的極端重視，斯巴達人的尚武精神是從襁褓中開始的。剛剛出生不久的斯巴達嬰兒，首先會由母親放在烈酒中洗澡，如果孩子出現痙攣等痛苦的表現，就會被認為是不健康、不強壯的，無論男女，都將被父母或議會拋棄。

能夠存活的男孩長到7歲就必須離開家庭，統一接受國家安排的軍事教育，直到20歲步入成年人的行列。此後，依舊是集體的軍營生活，他接受10年正規的軍事訓練，30歲至60歲服常備兵役。

斯巴達的女孩雖然不直接參與軍事戰爭，但也被要求進行標槍、跑步、摔跤、跳遠等訓練，甚至赤身裸體和男孩子們一起參加體育活動。這是為了保證女孩子長大後身體強壯，能夠生育健康的孩子。總而言之，斯巴達人的整個生活都被國家以軍事化的方式組織起來。

這種軍事化訓練殘酷得近乎無情，一切為了軍事而生，一切為了軍事而死。正是這樣的教育，使得「勇敢」成為最高的獎勵，戰功成為至高無上的榮譽。在「勇敢者高貴，懦弱者卑賤」的思想影響下，斯巴達人在戰爭中所表現出的視死如歸精神便不足為怪了。

跟雅典比起來，斯巴達人對藝術品似乎沒多大興趣，除了打仗還是打仗。但也正是因為這樣的偏重，使得斯巴達城裡幾乎看不到一座宏偉的建築物，和一件能流傳後世的藝術珍品。斯巴達用自己的方式存在著，在希

BC

埃及第一王朝形成
古印度興起
— BC2000

巴比倫第一王朝
—

愛琴文明
亞述擊敗巴比倫
—

— BC1000

羅馬王政時代
第一屆奧林匹克

佛陀誕生
羅馬共和時代
蘇格拉底出生
柏拉圖出生
— 亞里士多德出生

— 0　耶穌基督出生
—

基督教為合法宗教
君士坦丁統一羅馬
—

回教建立
—

神聖羅馬帝國開始
— 1000
第一次十字軍東征

英法百年戰爭開始
—

哥倫布發現新大陸
—

美國南北戰爭開始
第一次世界大戰
— 2000

上古時期　BC

夏

BC2000 —

BC1800 —

商

BC1600 —

BC1400 —

BC1200 —

周

BC1000 —

BC800 —

BC600 —

BC400 —

秦
漢

BC200 —

0 —

200 —

三國
晉

400 —

南北朝

隋朝
唐朝

600 —

800 —

五代十國
宋

1000 —

1200 —

元朝
明朝

1400 —

1600 —

清朝

1800 —

中華民國

2000 —

臘的霸權爭奪戰中一次次證明著勇敢與強悍。

薩拉米海戰

　　溫泉關血戰，雖然斯巴達人的血性著實嚇了薛西斯一跳，但是隘口失守也讓希臘人心驚。聯盟統帥斯巴達國王列奧尼達斯已經人死不能復生，希臘人還沒見到波斯大軍的影子就已經害怕起來。不過慶幸的是，這時候一個領袖式的大人物出來了，他就是雅典名將迪米斯托克利。

　　其實，早在馬拉松一役之後，當雅典人因為一時的勝利而飄飄然之際，具有遠見卓識的迪米斯托克利就建議雅典將軍事力量由傳統的長矛和盾牌，轉移到艦艇與木槳上來，建造行動靈活的新式戰艦，以對抗波斯的老式戰船，運用希臘人特有的海上優勢與波斯抗衡。

　　然而，迪米斯托克利的遠見在當時卻非主流。他對什麼權貴根本不屑一顧，堅持自己的觀點，也因此受到了打壓和排擠。直到雅典人聽說了薛西斯攻取溫泉關的消息，權貴才開始抓住迪米斯托克利這根救命稻草。亡羊補牢，為時未晚，當波斯大軍橫掃北希臘時，雅典最後一批三層新式戰船下水試航。

　　西元前980年，波斯大軍迅速南下，一路燒殺搶掠，占領所有未向他們屈服的城邦，直至雅典。依據傳統，希臘人在作出重大決定之前都要去德爾斐神殿聆聽神諭，這一次雅典人得到的預言是：「逃離家園吧，逃到宇宙的盡頭！只有木牆不會被洗劫，希臘的命運要靠木牆才能拯救！」

　　神諭在雅典四處傳開了，人心惶惶，許多人都主張把居民撤到山上去，棄城投降。這時候，迪米斯托克利再度力排眾議，用自己的方式解讀了神諭。他解釋說希臘的未來在海上，太陽神所說的不會被洗劫的木牆就是指戰船。他建議所有婦孺都坐船到亞哥斯的特洛辛和本國的薩拉米島上去躲避，所有的男人都乘著戰船前往薩拉米波斯灣集結。

　　希臘人接受了迪米斯托克利的建議，放棄了固守城池，而捨卒保車的

代價，就是希臘最大、最富庶的城市在熊熊大火中徹底沒了。

薩拉米島夾在希臘半島和伯羅奔尼薩斯半島之間，東面和希臘半島僅僅相隔一個海峽。整個海峽曲折狹窄，最寬闊的地方不過2公里。集結在薩拉米海峽的戰艦除去少量五十槳戰艦外，共有三列槳戰艦378艘，其中最多、最好的戰艦都是雅典人提供的，一共有180艘。

迪米斯托克利說，雖然波斯的戰艦很多，但是船體都笨重，而且波斯水手對希臘水情和航路並不熟悉；希臘戰船體積小，機動靈活，適合在狹窄的淺水灣作戰，再加上水兵熟悉海域，不打則已，一打肯定是勝仗。所以，迪米斯托克利斷言，在港窄水淺的薩拉米波斯灣決戰，希臘定能以少勝多；如果撤出薩拉米波斯灣，逃往開闊的海域，希臘就必死無疑了。

這個建議的確讓人心動，而聯盟統帥斯巴達也已經決定在薩拉米斯決戰，但是仍然有很多人不贊同與波斯決一死戰。眼看戰機就要延誤，迪米斯托克利害怕伯羅奔尼薩斯諸國的將領壓倒他的意見，急得直跺腳。

正當火燒眉毛的時候，他又想了一計，他偷偷地從會議當中抽身，叫來一個貼身衛士，讓他帶著一封密信去向波斯王「告密」，說希臘海軍人心浮動，不敢交戰，都想逃出波斯灣，其實是誘騙薛西斯不顧一切把艦隊駛入港灣。

薛西斯早就聽說希臘人內部亂得一團糟，因此就傻乎乎地相信了這條消息。他趁著晚上祕密部署了艦隊，9月23日凌晨，波斯艦隊已經對希臘艦隊進行全面包圍。在波斯灣西口有200艘戰艦堵住希臘艦隊的退路；而在波斯灣東口，800多艘波斯戰艦排成三列，將海面封鎖得嚴嚴實實。

薛西斯把指揮權交給海軍將領阿拉米西亞，自己在薩拉米波斯灣附近的一個山丘上搭起帳篷觀戰。而此時希臘領袖們還在會議上爭論不休。就在這時，一位曾堅決反對迪米斯托克利的將領突然從門外闖入：「停止辯論，準備戰鬥吧！波斯人已經完全把我們包圍了。」到這個時候，希臘人才下決心要背水一戰。

海戰爆發了，一切正如迪米斯托克利預料的一樣。本來希臘海軍只有戰船358艘，而波斯龐大的海軍擁有1207艘戰船。但在戰役開始前，受天

BC

埃及第一王朝形成
古印度興起
— BC2000

巴比倫第一王朝

愛琴文明
亞述擊敗巴比倫

— BC1000

羅馬王政時代
第一屆奧林匹克

佛陀誕生
羅馬共和時代

蘇格拉底出生
柏拉圖出生
亞里士多德出生

— 0　耶穌基督出生

基督教為合法宗教
君士坦丁統一羅馬

回教建立

神聖羅馬帝國開始
— 1000
第一次十字軍東征

英法百年戰爭開始

哥倫布發現新大陸

美國南北戰爭開始
第一次世界大戰
— 2000

氣和航情的影響，波斯海軍有一部分戰鬥力損失在颶風中。戰鬥開始後，雙方戰艦在性能上的優劣也很快顯示出來。

夏

BC2000 —

BC1800 —

商

BC1600 —

BC1400 —

BC1200 —

周

BC1000 —

BC800 —

BC600 —

BC400 —

秦
漢　BC200 —

0 —

迪米斯托克利充分發揮希臘戰船小巧快速的優勢，機智地指揮雅典新式三層戰艦不停衝擊波斯老式掛帆戰船。波斯戰船前後碰撞，進退兩難，在高山上觀戰的薛西斯眼看著自己的戰艦沉沒，束手無策，薩拉米海戰最終以波斯慘敗告終。

薩拉米海戰是希波戰爭中，繼馬拉松戰役、溫泉關戰役之後具有決定性的一戰。從此之後，希臘人揚眉吐氣，開始由防守轉為進攻，終於把波斯軍隊趕出了希臘本土。西元前449年，希臘軍隊在賽普勒斯島徹底打敗波斯，雙方訂立和約，結束了持續約半個世紀的希波戰爭。

不過迪米斯托克利的命就沒那麼好了，打了勝仗以後，希臘的權貴們都把他當作眼中釘，於是就放逐他去流浪了。更具戲劇性的是，被放逐的迪米斯托克利最終流落波斯，反而在波斯的宮廷度過了餘生。

傳說，迪米斯托克利是這樣欺騙波斯皇帝的。他說：「我曾給波斯帝國帶來了最大的傷害，但我也能為波斯創造更大的利益。如果你殺了我，就是殺掉了一個希臘人的敵人。」真是說的比唱的好聽啊。

雅典、斯巴達爭霸與希臘衰落

三國
晉　200 —

400 —

南北朝

隋朝
唐朝　600 —

800 —

五代十國
宋　1000 —

1200 —

元朝
明朝
1400 —

清朝　1600 —

1800 —

中華民國

2000 —

古希臘有幾個挺厲害的城邦，斯巴達當老大，雅典是老二。其中斯巴達老大哥以能打能殺著稱，雅典則以民主政治出名。希波戰爭中，雅典與斯巴達成為希臘諸城邦當仁不讓的領導者，而戰場的勝負也成為日後雙方爭霸的暗礁，正所謂沒有永遠的朋友，也沒有永遠的敵人。

波斯入侵那時，雅典拼了老命也要保住自己的面子，幾乎獨力贏得了馬拉松戰役和薩拉米海戰的勝利，被讚譽為「希臘的救星」。隨著雅典在希臘各城邦中地位的提升，雅典欺騙愛琴海各島及小亞細亞的一些城邦，建立了一個由雅典領導的海上同盟，即提洛同盟，與西元前6世紀後期成

立的以斯巴達為首的伯羅奔尼薩斯同盟相持不下。當波斯入侵的危機過去，雅典與斯巴達的暗鬥便成了明爭。

希波戰爭以後，雅典海軍晉升到希臘各城邦老大的位置，雅典靠著提洛同盟企圖問鼎希臘霸主之位，愛較勁的斯巴達心裡恨得牙癢癢，雙方摩擦升級。西元前431年，斯巴達的同盟底比斯進攻雅典的同盟普拉提亞，正式引發了伯羅奔尼薩斯戰爭。

斯巴達立即命令同盟者派出其國三分之二的兵力到地峽集合，準備跟雅典大戰。斯巴達國王阿基達馬斯在各國將軍和政要的議會上發表演說。他激勵伯羅奔尼薩斯人和各同盟者，為了對得起自己的祖先和自身的尊嚴，一定要堅持戰鬥到底。

同時，他也強調在面對敵人時一定要謹慎小心，步步為營。阿基達馬斯先派一名使者去雅典探聽虛實，但被攔在了城外。使者走到邊境時斷言：「今天是希臘大難臨頭之始。」斯巴達人一看雅典人不肯讓步，便把軍隊開向阿提卡。

斯巴達攻入雅典，雅典首席將軍伯里克利瞭解斯巴達陸軍的強悍，於是將郊區居民撤入雅典城和通向出海口的長垣夾道中間，派海軍封鎖、襲擊伯羅奔尼薩斯沿岸，從後方給斯巴達施加壓力。豈料，人算不如天算，戰爭中最嚴重的變故發生了，雅典城內瘟疫流行，主帥伯里克利也沒能逃脫死神之手。

伯里克利一死，使得雅典國內群龍無首，派系鬥爭重新抬頭，雅典軍隊的實力也受到了很大的影響。與此同時，瘟疫的蔓延也讓圍城的斯巴達士兵惶惶不安，雅典城也一直未能攻陷。

伯羅奔尼薩斯戰爭，雅典與斯巴達雙方互有勝負，但都未能取得決定性勝利，兩方都不願繼續作戰，想著如何訂立和約。在斯巴達國王普雷斯托安那克斯與雅典將軍尼西阿斯的促進下，和談從冬談到春。雙方同意將戰爭中取得的對方土地歸還原主，並交換戰俘。在此基礎上達成一致，簽訂了保持50年和平的條約，史稱《尼西阿斯和約》。對於雙方來說，合約只是緩兵之計，在簽約後的幾年中雖然沒有進行大的戰役，但違犯條約的

BC

埃及第一王朝形成
古印度興起
— BC2000

巴比倫第一王朝

愛琴文明
亞述擊敗巴比倫

— BC1000

羅馬王政時代
第一屆奧林匹克

佛陀誕生
羅馬共和時代
蘇格拉底出生
柏拉圖出生
亞里士多德出生

— 0 耶穌基督出生

基督教為合法宗教
君士坦丁統一羅馬

回教建立

神聖羅馬帝國開始
— 1000
第一次十字軍東征

英法百年戰爭開始

哥倫布發現新大陸

美國南北戰爭開始
第一次世界大戰
— 2000

上古時期　BC

夏

BC2000 —

BC1800 —

商

BC1600 —

BC1400 —

BC1200 —

周

BC1000 —

BC800 —

BC600 —

BC400 —

秦
漢　BC200 —

0 —

三國
晉　200 —

南北朝　400 —

隋朝
唐朝　600 —

800 —

五代十國
宋　1000 —

1200 —

元朝
明朝　1400 —

清朝　1600 —

1800 —

中華民國

2000 —

事時有發生。數年之後，戰火又重新燃燒起來。

西元前415年，雅典對西西里島斯巴達的盟邦敘拉古發動大規模遠征，不但沒能攻破敘拉古，反而陷入敘拉古人、科林斯人和斯巴達人的重重包圍之中。西西里慘敗使雅典元氣大傷，無力抵禦斯巴達的攻勢。斯巴達還以承認波斯對小亞細亞希臘各城邦的統治為交換條件，與波斯結盟，得到波斯的經濟援助，進而建造艦隊，打算徹底消滅雅典的海軍。西元前405年，斯巴達和雅典的艦隊在赫勒斯龐海峽展開決戰，雅典海軍主力被斯巴達全殲。次年，雅典向斯巴達投降。

長達27年的伯羅奔尼薩斯戰爭，以雅典的慘敗而告終。雅典一敗塗地，斯巴達也國力大損，希臘城邦又陷入了混戰之中，希臘由繁榮漸漸走向衰落。與此同時，馬其頓王國卻在北方悄然崛起，鷸蚌相爭，最終得利的卻是身後的漁翁。

雖然希臘在雙子星爭霸的過程中日漸衰落，但希臘的文明一直燦若繁星。如果說斯巴達是軍事的代名詞，那雅典則是文化的象徵。相傳，雅典城的命名源於戰爭和智慧的女神雅典娜。雅典娜還在母親腹中之時，就被預測會奪取父親宙斯之位，因此宙斯便將妻女吞進了肚裡。

誰知，胎兒一直在宙斯的頭顱裡繼續生長，直到火神奉命用斧頭將宙斯的頭顱劈開，身著甲冑的雅典娜一躍而出。後來，雅典娜在與海神波塞冬的競賽中，用一株橄欖樹贏了海神的銅馬，也贏得了雅典城居民的喜愛，於是她成為這座海濱城市的主神，雅典城的名字也由此而來。從那以後，雅典到處都種植了橄欖樹。

雅典在伯里克利時期，是古希臘民主和法治實踐最好的時期，不但國強民富，而且造就了燦爛輝煌的希臘古典文化。不僅雅典城邦在伯里克利時代達到了鼎盛時期，整個古希臘的極盛時期也是在伯里克利時代。當時雅典城邦日益強盛和繁榮，無論在經濟、政治，還是科學、文化等方面，雅典都是當之無愧的希臘世界的中心。柏拉圖曾在《申辯篇》中說過：「雅典是最偉大的城邦，是以智慧和強盛聞名於世的。」

奧林匹斯山雄偉壯麗，地中海柔美多情，悲劇家歐里庇德斯，喜劇

家阿里斯托芬，哲學家蘇格拉底、柏拉圖、亞里斯多德，歷史學家希羅多德，這些不朽的大師都在這裡誕生或居住過，這些光輝的名字照耀著西方文化的黎明。

作為歐洲文明的發祥地，希臘是西方文化的源泉，在音樂、數學、哲學、文學、建築、雕刻、法律、科學等方面的巨大成就，都讓世人深深銘刻。雖然其後慘痛的淪落令人痛心和遺憾，但散佈在地中海畔這片古老的土地上的斷壁殘垣，卻依舊恢弘雄偉。

特洛伊戰爭與荷馬史詩

西元前12世紀的時候，希臘覺得自己實力不俗，於是就向特洛伊發起了挑戰，想要把特洛伊城也納為己有。特洛伊人怎麼會願意呢，於是他們也跟希臘人打了起來。

希臘人果然有兩把刷子，跟特洛伊人打了好幾個回合都是希臘勝，可是這座特洛伊城卻遲遲攻不下來，這可把希臘人給急壞了。然而乾著急也不是辦法，就這樣，希臘人跟特洛伊人一打就是九年。到了雙方開戰第十個年頭的時候，情況終於有了些變化。

其實，希臘軍隊之所以厲害，是因為他們有個叫阿喀琉斯的大帥。這人打起仗來十分勇猛，立功都不知道多少回，也正因為勝仗打得多了，特洛伊人一聽到阿喀琉斯的名字就嚇得魂飛魄散。

可以說阿喀琉斯是個大大的英雄，也是個正派的人。然而好人總是要受到小人的糾纏，而阿喀琉斯也遇上了小人。這小人名叫阿伽門農，他把阿喀琉斯最愛的女奴給搶走了。這事可把大英雄給惹火了，阿喀琉斯憤怒到不想再打仗，後來就天天吃喝玩樂，對戰事不聞不問。

特洛伊人見希臘人沒了大帥，氣勢就旺了起來，希臘軍隊也面臨著全軍覆沒的悲慘下場。其實阿喀琉斯內心是十分著急的，他想要重回戰場，可是面子上總是拉不下來，於是他就讓自己的老兄兒派特洛克穿上自己的

BC

埃及第一王朝形成
古印度興起
— BC2000

巴比倫第一王朝

愛琴文明
亞述擊敗巴比倫
— BC1000

羅馬王政時代
第一屆奧林匹克

佛陀誕生
羅馬共和時代
蘇格拉底出生
柏拉圖出生
亞里士多德出生

— 0 耶穌基督出生

基督教為合法宗教
君士坦丁統一羅馬

回教建立

神聖羅馬帝國開始
— 1000
第一次十字軍東征

英法百年戰爭開始

哥倫布發現新大陸

美國南北戰爭開始
第一次世界大戰
— 2000

上古時期　BC

夏

　　　　BC2000 —

　　　　BC1800 —

商

　　　　BC1600 —

　　　　BC1400 —

　　　　BC1200 —

周

　　　　BC1000 —

　　　　BC800 —

　　　　BC600 —

　　　　BC400 —

秦

漢　　　BC200 —

　　　　　0 —

三國
晉　　　200 —

南北朝　400 —

隋朝
唐朝　　600 —

　　　　800 —

五代十國
宋　　　1000 —

　　　　1200 —

元朝
明朝
　　　　1400 —

清朝　　1600 —

　　　　1800 —
中華民國
　　　　2000 —

盔甲上陣。阿喀琉斯的詭計果然讓特洛伊人上當，他們都以為在沙場上拼死拼活的是阿喀琉斯本人，仗還沒打就一敗塗地。

　　可是希臘人高興的太早了，因為他們不知道，特洛伊人裡面也有聰明的。這個人就是赫克托爾，他是特洛伊的王子，聰明能幹，也算得上是英雄了。赫克托爾很快就識破了阿喀琉斯的詭計，他告訴特洛伊士兵，說戰場上那傢伙根本就不是阿喀琉斯，讓大家放心大膽地往前衝。就這樣，派特洛克在戰場上喪命了。

　　為了給兄弟報仇，也為了希臘軍隊的榮譽，阿喀琉斯終於放下面子又一次親自上陣，跟特洛伊人打了起來。猛人就是猛人，阿喀琉斯一上場就把殺害自己兄弟的赫克托爾幹掉了，還用戰車拖著屍體在特洛伊城轉悠了好幾圈，以此洩恨。

　　赫克托爾的父親傷心極了，為了讓自己的兒子在地下長眠，他半夜裡跑到阿喀琉斯的帳篷裡求情。這老頭還抓著阿喀琉斯的雙手不放，為的就是讓阿喀琉斯網開一面，讓他把兒子的屍體帶回去。阿喀琉斯也不是內心狠毒的人，他見老頭兒哭的一把鼻涕一把淚，就答應了他。後來，阿喀琉斯宣佈要停戰十來天，還分別厚葬了派特羅克和赫克托爾。

　　停戰期限一過，雙方又開火了，阿喀琉斯也是這個時候倒楣的。俗話說「明槍易擋，暗箭難防」，一個叫帕里斯的特洛伊公子也不知道用什麼方法，結果阿喀琉斯就活生生地被帕里斯的暗箭給害死了。

　　本來阿喀琉斯是死不了的，因為小時候他母親抓著他的腳後跟把他放在神奇的水裡面泡了泡，這樣阿喀琉斯成為名副其實的鐵人，什麼刀槍都傷不了他。可偏偏帕里斯就知道這個祕密，帕里斯的暗箭剛好就射中了阿喀琉斯的腳後跟，因為那地方沒有被神水泡過，也就沒什麼功效。

　　阿喀琉斯就這麼死了，不過希臘人裡還是有能人的，奧德修斯就是一個。阿喀琉斯死後，奧德修斯就想出了一個絕妙的計謀。他讓人做了一匹大大的木馬，還讓希臘的猛將鑽到了裡面。這個時候，他命令軍隊撤退，把木馬放在特洛伊城外。特洛伊人就算再聰明，也想不到他們居然中計了。到了晚上，木馬裡的希臘猛將都爬了出來，迅速地打開城門，讓假裝

退去的希臘軍隊進了城，特洛伊城就此被希臘拿下。

希臘軍隊勝利了，將士們終於可以回國了，可不幸的是，他們在回家的途中居然又惹惱天神。神怒了可不得了，希臘的船通通翻在海裡，多數士兵都因此喪命，連個慶功會都沒開上。奧德修斯無奈，只好帶著剩下的人繼續往回趕。

就這樣，可憐的奧德修斯在海上漂泊了十年，希臘人以為他死了，城裡的惡霸們也都欺負到他家裡，把他老婆給霸占了，還想把他家的財產也吞了。奧德修斯的兒子氣不過，趕緊上路去找父親。後來奧德修斯和兒子一起殺了那些惡霸，一家人又過上了幸福美好的日子。

上面所講的故事就是《荷馬史詩》，由〈伊利亞特〉和〈奧德修斯〉組成，大約成書於西元前9世紀，是一個叫荷馬的盲人傳下來的。

這部史詩也正是希臘所經歷過的重要事件。

奧林匹克的源頭

在希臘城邦混戰的日子裡，有些時間是必須停止一切軍事行動的，即奧林匹亞競技期間的「神聖休戰」。在「神聖休戰」的日子裡，各城邦之間的戰爭必須停止，休戰時間起初為一個月，後來改為三個月。此間希臘境內道路要保持暢通無阻，任何人都不允許攜帶武器進入奧林匹亞地區。凡違背此原則的城邦和個人，都會被剝奪參加競技會的權利，這對希臘人來說有辱尊嚴，是最嚴厲的懲罰。

如今，現代四年一度的奧林匹克運動會，就是源於當初的奧林匹亞競技會，運動會上自開幕到閉幕一直燃燒的火炬，便是取自希臘奧林匹亞的聖火，燃燒了千年的火種已經不僅僅是一種形式，而是一種文化與歷史的積澱。

為了崇敬神靈，古希臘人要定期舉行祭神大典，祭祀過程中體育競技和文藝展示必不能少，而一向渴望自由和平的希臘人對體育競技更出奇的

BC

埃及第一王朝形成
古印度興起
— BC2000

巴比倫第一王朝

—

愛琴文明
— 亞述擊敗巴比倫

— BC1000

羅馬王政時代
第一屆奧林匹克

—

佛陀誕生
羅馬共和時代
蘇格拉底出生
柏拉圖出生
— 亞里士多德出生

— 0　耶穌基督出生

基督教為合法宗教
君士坦丁統一羅馬
—

回教建立

—

神聖羅馬帝國開始
— 1000
第一次十字軍東征

—

英法百年戰爭開始

哥倫布發現新大陸

—

美國南北戰爭開始
第一次世界大戰
— 2000

癡迷。說到奧林匹亞競技的起源，還要從希臘的眾神家族說起。

相傳，在特洛伊戰爭中，希臘勇猛無比、健步如飛的傳奇人物阿喀琉斯，被特洛伊王國的王子帕里斯用銀箭射穿了腳後跟，命喪戰場。

阿喀琉斯的母親是海洋女神忒提斯，當阿喀琉斯被特洛伊人射死之後，他的母親特地專程從海裡趕來為兒子舉行葬禮競技。她把兒子的許多貴重遺物拿出來當獎品，獎勵給在角力、拳術、鐵餅、射箭、跑步、跳遠以及戰車等比賽中獲勝的英雄。

就這樣，從最初神廟附近簡單的競技會，逐漸發展為希臘所有城邦紀念宙斯的宗教節日。成千上萬的人從希臘四方聚集一堂，競技比賽是主要項目。除此之外，城邦使節相互拜訪，藝術家展出創作，雄辯家發表演說，學者交流思想，詩人朗誦詩歌，商人推銷商品……

西元前776年，希臘人第一次將競技會寫入歷史，同時將這一年作為紀元元年。此後，賽會每四年舉行一次，競賽項目也在最初單一賽跑的基礎上，逐步增加了摔跤、跳遠、投擲、拳擊、戰車、賽馬、角鬥等項目。

奧林匹克運動會的傳承

競技會的頒獎儀式異常隆重，競技勝利是一種至高無上的榮譽。在奧林匹亞競技會的歷史上，斯巴達城邦曾連續100多年保持優勝，奪走了競技會的大部分錦標，斯巴達人對於榮譽的追求由此可見一斑。

堪稱希臘盛會的競技比賽早期有一條不成文的規定，即女子不得參加。據說，女子參加競技會褻瀆神靈，因此，參賽者和觀眾全是男子。這一風俗最終被一位母親打破。一位名叫費列尼卡的希臘婦女，出身體育世家，父親、丈夫、兄弟和兒子都先後獲得過競技會的優勝。她強健勇敢，喜愛競技，還是兒子的角力教練。

西元前396年的競技會，當她得知兒子要參加角力決賽時，抑制不住內心的激動，便女扮男裝，假扮教練，混入了體育場。當兒子擊敗對手取

夏

BC2000 —

BC1800 —

商

BC1600 —

BC1400 —

BC1200 —

周

BC1000 —

BC800 —

BC600 —

BC400 —

秦
漢

BC200 —

0 —

200 —

三國
晉

400 —

南北朝

隋朝
唐朝

600 —

800 —

五代十國
宋

1000 —

1200 —

元朝
明朝

1400 —

1600 —

清朝

1800 —

中華民國

2000 —

勝的那一刻，她難抑心中喜悅，大聲歡呼，暴露了自己的身分。

依據法令，她要被丟下萬丈深淵，但由於其家族世代對競技會的貢獻，費列尼卡得以免於處罰。從此，古代奧運會又產生了一個新規定：教練員也必須像運動員一樣裸體進入比賽場。

當希臘逐漸沒落，當馬其頓人從北方殺來，古老的奧林匹亞競技會也開始走向衰落。西元394年，統治了希臘半島的羅馬皇帝狄奧多西下令禁止舉辦奧林匹亞競技會。此後，延續了1170年，舉辦了293屆的競技會一度中斷了1500年。而奧林匹亞的競技場也在後來的一次大地震中被埋入了地下。

在文藝復興的風潮影響下，19世紀後期，當奧林匹亞競技場的遺址和文物重見天日時，那古老的競技會又勾起了人們的遐思，獨立後的希臘，先後舉行了四次只有本國運動員參加的競技會。1894年，在法國教育家顧拜旦的不斷努力和倡議下，國際體育會議決定恢復奧林匹亞競技會，繼續沿用古希臘競技會的名稱，即奧林匹克運動會。2年後，第一屆奧林匹克運動會在希臘的雅典舉行。此後，按古希臘的傳統，每4年一屆，輪流在各成員國舉行，即現代奧林匹克運動會的由來。

尋到了奧林匹亞競技的源頭，那些「神聖休戰」的日子依然讓人追念，古老盛會的熱烈場面彷彿就在眼前。

古希臘文明在征戰中得以擴大，也在征戰中被逐漸摧毀。普通老百姓因為連年的征戰負重不堪，難以生活。所以，統治者為了維持自己的統治，也開始開動腦筋想辦法了。這就有了種種的改革施行。而雅典作為希臘的主要城邦，首當其衝的從它開始了。

BC

埃及第一王朝形成
古印度興起
— BC2000

— 巴比倫第一王朝

—

— 愛琴文明
— 亞述擊敗巴比倫

— BC1000

— 羅馬王政時代
第一屆奧林匹克

— 佛陀誕生
羅馬共和時代

— 蘇格拉底出生
柏拉圖出生
— 亞里士多德出生

— 0 耶穌基督出生

—

基督教為合法宗教
君士坦丁統一羅馬

— 回教建立

—

神聖羅馬帝國開始
— 1000
第一次十字軍東征

—

英法百年戰爭開始

— 哥倫布發現新大陸

—

美國南北戰爭開始
第一次世界大戰
— 2000

上古時期	BC
夏	
	BC2000 —
商	BC1800 —
	BC1600 —
	BC1400 —
	BC1200 —
周	BC1000 —
	BC800 —
	BC600 —
	BC400 —
秦	BC200 —
漢	
	0 —
三國	200 —
晉	
南北朝	400 —
隋朝	600 —
唐朝	
	800 —
五代十國	
宋	1000 —
	1200 —
元朝	
明朝	1400 —
清朝	1600 —
	1800 —
中華民國	
	2000 —

|第十二章| 雅典的梭倫改革

雅典的危機

雅典為古希臘第二大城邦，境內多山，土地貧瘠，耕地面積僅占阿提卡半島總面積的15％，發展農業的空間有限。幸虧雅典境內的山上有豐富的大理石、陶土、銀礦可供開採使用，溫暖的地中海之風催熟了一串串葡萄、一顆顆橄欖。不僅如此，雅典人還擁有優良的庇第猶斯港灣，這足以讓他們把生命寄託給藍色的海洋。

這片土地留下太多激揚的回憶：從精美的藝術雕刻到規整的城市佈局，從激情洋溢的《荷馬史詩》到冷靜睿智的《理想國》。如果說古希臘是一首華美動人的音樂，那麼雅典就是這段旋律裡最昂揚奔放的高音。

但是，任何美好的事物都不是憑空產生的。雅典，這個包容著輝煌的名字，2000多年前還在風雨迷茫的夜裡惆悵、漂泊；農民的呼聲強烈地震撼著那堵圍困他們的貴族之牆，雅典走到了歷史的拐點。

西元前8世紀到西元前6世紀，雅典正處在從以部落或氏族為基礎的荷馬文明，邁向奴隸制城邦文明的過渡時期。

荷馬時代後期就已經形成的以農業為本、氏族貴族掌權的經濟政治體制，還在發揮著不多的餘熱：城邦建立後，雅典在荷馬時代留下來的鐵制工具的敲打聲中得到了發展；葡萄和橄欖延續著固有的豐收場景，穀物糧食產量也大幅上升；此外，製陶、造船、冶金業異軍突起。

但是，和經濟的高歌猛進不同，這種體制逐漸走進了死胡同，和經濟發展格格不入。廣大氏族成員的口袋裡並沒有沾染葡萄橄欖的濃香，窮人還是擺脫不了窘境；氏族貴族則大肆把土地攬入懷中，利用高利貸等剝削

手段，不斷強取農民的「命根子」。

相比於那些紙醉金迷不知天日的貴族們來說，占雅典絕大多數人的還是平民。貴族們滿身銅臭，以錢生錢，剝削平民。平民們生活青黃不接之際，他們發放高利貸，如果到期還不了，他們就強迫平民把自己的土地抵押，沒有了土地，平民的生活更沒有保障。

但是生活總得繼續過下去，為了贖回那代表生命希望的土地，平民賣身還債。如果所借債務還不清，債主就會在借債者的土地上豎起一塊象徵債務的碑石。

他們為債主沒日沒夜地工作，收成的六分之五卻都給債主，自己留下可憐的六分之一。於是借債者就有了一個特殊的名字——「六一農」。如果收成實在很難繳納利息，債主便有權在一年後把欠債人一家老小變賣為奴隸，賣到異邦。

經濟上不獨立，平民們在政治上也沒有發言權。他們雖然是雅典名義上的公民，可以參政議政，但現實情況卻是連滿足自身飽暖都有問題，根本沒有能力和時間去關心國家大事。這恰恰暗合了貴族們的意思，平民不來參政，他們在政治上就擁有了更大的權力。更要命的是，不但沒錢的平民沒有發言權，那些出身平民卻已躍居有錢人階層的商業奴隸主，儘管已脫貧，有條件參加議事了，卻還是因其出身而難有機會表達政治訴求。

貴族們公開歧視出身低下的平民，此時雅典的全部政權都屬於貴族的後裔。他們「預定」了執政官以及元老院成員的各個位置。國家大事、法庭爭訟、指揮對外征戰等對平民來說都是奢望。所以有錢也沒有用，出身決定一切的論調就能把人否定。

所以，脫貧的商業奴隸主也站在了貴族的對面。這樣，工商業奴隸主與平民在政治上逐漸站在一起，並在陣容上居於絕對壓倒性的優勢地位。

這時的雅典已經處在風口浪尖，暗流已經在湧動，但表面上一切還是稍顯平靜，這是暴風雨到來之前的徵兆。

BC

埃及第一王朝形成
古印度興起
— BC2000

— 巴比倫第一王朝

—

愛琴文明
— 亞述擊敗巴比倫

— BC1000

羅馬王政時代
第一屆奧林匹克

佛陀誕生
羅馬共和時代
蘇格拉底出生
柏拉圖出生
— 亞里士多德出生

— 0 耶穌基督出生

基督教為合法宗教
君士坦丁統一羅馬

回教建立

神聖羅馬帝國開始
— 1000
第一次十字軍東征

英法百年戰爭開始

哥倫布發現新大陸

美國南北戰爭開始
第一次世界大戰
— 2000

貴族詩人梭倫走上政治舞臺

上古時期　BC

夏

BC2000 ─

商

BC1800 ─

BC1600 ─

BC1400 ─

BC1200 ─

周

BC1000 ─

BC800 ─

BC600 ─

BC400 ─

秦
漢

BC200 ─

0 ─

200 ─

三國
晉

400 ─

南北朝

隋朝
唐朝

600 ─

800 ─

五代十國
宋

1000 ─

1200 ─

元朝
明朝

1400 ─

清朝

1600 ─

1800 ─

中華民國

2000 ─

對於雅典，它需要一條導火線———一個領路人，需要一場暴風驟雨來沖刷黎明前的黑暗。這個導火線就是一場戰爭，而它的先行者不是平民，也非有錢的工商業奴隸主，而是一個貴族，他叫梭倫，後來號稱「雅典第一個詩人」。

梭倫出身於貴族家庭，由於他的父親埃克塞凱斯提德斯樂善好施。梭倫年輕的時候，家庭經濟已不寬裕。為了維持家用，他開始出外經商。他曾對人講：「我想有財富，但用不正當的方法取得它，我不願意，正當的方法雖然慢，可是穩當。」

他不僅不貪財，而且還是一個好學的人。隨著商隊的行進，梭倫遊歷了希臘和小亞細亞的許多地方，詳細考察各國的政治制度、風俗習慣，並在這個過程中結識了古希臘著名的哲學家、科學家泰勒斯等人。通曉希臘史的人都知道，當時的希臘有一群和中國魏晉時期「竹林七賢」一樣稱呼的團體，即古希臘的「七賢」，這裡面就有梭倫和泰勒斯。這個漫長的遊歷過程，也讓他看到老百姓艱苦的生活現狀。這些使得貴族出身的梭倫，逐漸厭倦了貴族們那高高在上、不可一世的嘴臉，他打破貴族和平民之間的障礙，真正和群眾打成一片。

當然，梭倫嶄露頭角不是因為他和群眾的特殊關係，也不是因為他的詩才，而是實實在在的軍功。

當時雅典正與鄰邦墨加拉為爭奪薩拉密斯島多次擦槍走火。雅典出師不利，屢嘗敗績，但是當權者卻不思進取，而是立下法規，作出反戰決議，對凡敢以書面或口頭方式提議本邦去爭奪薩拉密斯者，處以死刑。愛國卻被處以極刑的荒謬事情激起了人們的不滿，但對於喪權辱國的反戰法令，誰都不敢站出來，除了梭倫。

在這個關鍵的時候，梭倫以一種特殊且近乎瘋狂的方式表達了民眾的意志。為了打破這種沉悶的局面，激發雅典人的愛國熱情，他頭戴花冠，

佯裝瘋癲，跑到市場中心，站在傳令石上，向聚集在他周圍的人群，朗誦他那富有愛國激情的詩篇，號召人們到薩拉密斯去，為那個可愛的島嶼而戰鬥，洗雪那令人難堪的恥辱。他對前來聽他演講的雅典青年說，如果連這點勇氣都沒有，那就會受人嘲笑，不配做一個雅典人。梭倫的舉動冒了被處死的危險，代表了重壓下民意的強力反彈，他喚醒了民眾的忠肝血膽。

為了說明奪取薩拉密斯是正義之舉，梭倫還翻閱有關文獻資料，實地考察，從歷史傳統和風俗習慣上論證了薩拉密斯是雅典的領土。在這場引發連鎖效應的事件面前，雅典當局廢除了那條喪失民族尊嚴的反戰法令，與墨加拉重啟戰端。

梭倫被任命為前線指揮官。智勇雙全的梭倫不負眾望，親帥雅典士兵，出奇制勝，一舉奪回了薩拉密斯島。這時，梭倫剛步入而立之年，他嶄露頭角，聲威大震，贏得了雅典平民的信任，並於西元前594年被推舉為首席執政官。

從梭倫傳奇的一生來看，這只是一個小插曲，他在雅典贏得了舞臺，他就像一朵怒放的花，不分晝夜地散發生命的力量。從那時起，他已經是雅典的焦點。雅典的貴族們沒料到的是，梭倫站在了他們的對立面。

梭倫的經濟改革措施

古城雅典的中心廣場上聚集了成千上萬的農民、手工業者和新興的工商業奴隸主。興致勃勃的人們正急切地等待著一個重要時刻的到來：新上任的首席執政官梭倫將在此宣佈一項重要的法律。

群眾已經迫不及待了。這時候，一個穿著樸素、體型魁梧的中年男子大步走向廣場的中央，人們開始熱烈的鼓掌和呼喊，這個男子就是梭倫。他雙手往下按了一下，人們馬上很自覺地恢復了平靜。梭倫徑直走到一個大木框前，用手一撥，將架在木框中的木板翻轉過來，木板上密密麻麻地

BC

埃及第一王朝形成
古印度興起
— BC2000

巴比倫第一王朝

—

愛琴文明
亞述擊敗巴比倫

— BC1000

羅馬王政時代
第一屆奧林匹克

佛陀誕生
羅馬共和時代

蘇格拉底出生
柏拉圖出生
亞里士多德出生

— 0　耶穌基督出生

基督教為合法宗教
君士坦丁統一羅馬

回教建立

神聖羅馬帝國開始
— 1000
第一次十字軍東征

英法百年戰爭開始

哥倫布發現新大陸

美國南北戰爭開始
第一次世界大戰
— 2000

上古時期　BC

夏

BC2000 —

BC1800 —

商

BC1600 —

BC1400 —

BC1200 —

周

BC1000 —

BC800 —

BC600 —

BC400 —

秦
漢

BC200 —

0 —

200 —

三國
晉

400 —

南北朝

隋朝
唐朝

600 —

800 —

五代十國
宋

1000 —

1200 —

元朝
明朝

1400 —

1600 —

清朝

1800 —

中華民國

2000 —

刻著希臘文字——這就是梭倫改革所頒佈的新法。梭倫用他那鏗鏘有力的語調，高聲宣讀著各項改革法令，並以洪亮的聲音莊嚴聲明：「此法律的有效期為100年。」頃刻間，掌聲雷動，歡聲四起，那些無力還債的農民更是起勁地歡呼，整個雅典城被一種異常熱烈的氣氛所籠罩。

梭倫執政後，面臨的急迫問題是如何改革債務法，使廣大小土地所有者擺脫艱難困苦的境地。針對時弊，梭倫採取的第一項改革措施就是頒佈「解負令」，禁止在放債時以債戶人身當作抵押物品，拔除豎立在田地中的債奴碑，取消「六一農」制，甚至不惜由國家出資，贖回已被賣到國外為奴的老百姓。

正如梭倫自己在詩中所言：「黑土，將是最好的證人，因為正是我，為她拔掉了樹立著的許多界標：以前她曾是一個奴隸，而現在已經自由。許多被出賣的人們，我已使他們回到神所建立的雅典，其中有的無辜被售，也有的因故出賣；有的為可怕的貧窮所迫，逃亡異地，不能說他們自己的阿提卡言語，遠方飄蕩；也有的慘遭奴隸的卑賤境遇，甚至就在家鄉，面臨著主人的怪脾氣發抖，我都使他們解放。」

儘管世人對「解負令」的具體內容有不同的看法，有人說解負令廢除了農民所有的債務，有人說受益的只是最窮的債務人，或者說取消的僅涉及部分債務，但有一點則是一致的，即梭倫確實推行過這麼一條法令，爭論只在他取消債務到什麼程度而已。由此看來，這種旨在「損害債權人的財產，以保護債務人財產」的法律，在當時得以通過和執行，必定遭到債權人特別是氏族貴族的堅決反對，經歷過一番激烈的反覆鬥爭。

梭倫的家境正如上述，雖非豪富，但也不是貧困借債人家，其實他犯不著和貴族過不去，也不用四處為窮苦人奔波。正是特殊的身分使得身為執政官的他立法後能否不分親疏貴賤，依法論處，直接關係到他的種種改革措施能否貫徹執行的大局。據載，梭倫在宣佈「解負令」後，帶頭首先放棄了人家欠他父親的七個塔蘭特的債，以作榜樣。

改革者面臨的壓力是巨大的，對手隨時都在捕捉各種機會，哪怕是一丁點的過失，都可能成為他們攻擊的口實。因此，梭倫在樹立榜樣的同

時，也很重視改革團隊的建設。作為他的手下必須時刻保持清醒。他曾立法限制執政官過量喝酒，一旦發現誰喝醉了就將處以死刑。量刑雖嫌過重，但用心可謂良苦。如此等等，無一不說明梭倫既立法又注意執法的問題。孔子有句名言：「其身正，不令而行，其身不正，雖令不從。」梭倫這種以「身正」來影響他人執法的品德，對其改革措施的順利執行，無疑產生了示範作用。

只是減賦還不行，要想真正卸下民眾的負擔，就必須讓他們的生活富裕起來。梭倫執政後，作為工商業奴隸主的代表，非常注意發揮這種優勢，大力開展海外貿易，他除發佈著名的「解負令」外，還改革幣制、度量衡制度，鼓勵出口橄欖油，限制穀物輸出等。尤其是他以授予雅典公民權的優厚條件，為雅典吸引來一大批精英，同時明文立法要求人人都要有一技之長等措施。在他的鼓勵下，有錢人把財富投於工商業，失去土地的民眾謀求到了一份非農業工作。在他眼裡，一切行業都很高貴。他要元老會議檢查每一個人的謀生之道，懲罰沒有職業的人，甚至制定法律，規定「如果一個人沒有讓他兒子學會一種職業，他就不能強迫兒子贍養他」。

雅典的經濟在梭倫的一連串新動作下得到了長足的發展，廣大平民在經濟上翻了身。溫飽問題的解決也意味著政治生活提上了日程。

前面談到，即使一個擺脫了窘境的平民，在貴族看來他們都沒有權利去說一句表達聲音的話，政治權力是可望而不可及的禁區。如果梭倫到此為止，也只不過讓民眾們有了張口吃飽的能力，但沒有張口說話的權利。

梭倫的國家體制改革

雅典的景象已經有所改觀，尤其是工商業者集聚了大量的財產，隊伍也越來越壯大。這些新興的工商業貴族和廣大平民要求獲得權利，構成了民主派的基本力量，呼喚民主的呼聲越來越高。

民主即「democracy」，意思是「人民統治」。現在人們講這個詞的

BC

埃及第一王朝形成
古印度興起
— BC2000

巴比倫第一王朝

—

愛琴文明
亞述擊敗巴比倫

— BC1000

羅馬王政時代
第一屆奧林匹克

—

佛陀誕生
羅馬共和時代

蘇格拉底出生
柏拉圖出生
— 亞里士多德出生

— 0 耶穌基督出生

基督教為合法宗教
君士坦丁統一羅馬
—

回教建立

—

神聖羅馬帝國開始
— 1000
第一次十字軍東征

英法百年戰爭開始

哥倫布發現新大陸

美國南北戰爭開始
第一次世界大戰
— 2000

夏

BC2000 ─

BC1800 ─
商
BC1600 ─

BC1400 ─

BC1200 ─
周
BC1000 ─

BC800 ─

BC600 ─

BC400 ─

秦
漢　BC200 ─

0 ─

三國　200 ─
晉
南北朝　400 ─

隋朝
唐朝　600 ─

800 ─
五代十國
宋　1000 ─

1200 ─
元朝
明朝　1400 ─

清朝　1600 ─

1800 ─
中華民國
2000 ─

時候，都喜歡用拆詞根的方法來說明。比如「democracy」中，demos的意思是「村社」，就是指長年住在一個村社的平民。在希臘文中，「demo」是「人民決定」的意思。由於公民中普通平民占多數，所以它又指平民、多數人。因此，民主的可操作性原則是「多數決定」，也就是「少數服從多數」。一句簡單的話，卻是千百年來民主政府制度的構建基礎。民主社會的權力不是屬於某一個人或某一部分人，而是屬於人民中每一個人的，每個公民有均等的參政權利和參政機會，這條原則也是民主政治的靈魂，也是梭倫時代雅典人的心聲。

雅典商人因其身上無法改變的平民血液，在政治上受貴族歧視，便和農民聯合起來與貴族進行鬥爭。西元前632年發生了基倫暴動，當政貴族徵人圍攻暴動者，平民卻反抗不夠積極。西元前621年，在平民的壓力下，貴族會議被迫委託司法執政官德拉古編定成文法典。但德拉古的立法有利於放高利貸的貴族，平民難以接受。平民以醞釀起義迫使貴族讓步，達成選出一位各方都滿意的立法官來改革。毫無疑問，他就是梭倫。

梭倫將雅典的全體公民按財產的多少劃分為四個等級：五百麥斗級、騎士級、雙牛級和日傭級。它們對應的財產標準分別是500麥斗穀物、500～300麥斗之間、300～200麥斗之間以及不足200麥斗。不同等級的公民享有不同的政治權利。誰的財產多，誰的等級就高，誰就享有更大的政治權利。第一、二等公民可擔任包括執政官在內的最高官職，第三等只能擔任低級官職，第四等級不能擔任任何官職。這一制度雖然並未實現公民之間的真正平等，但它意味著即使身為貴族，如果財產少，也享受不到過去那麼多的政治權利；而新興的工商業奴隸主可憑藉自己的私有財產，躋身於城邦政權。

梭倫調整了奴隸主階級各階層在國家政權中的地位，改造了雅典國家的國體，這也意味著貴族們獨自享用的特權流失了。國家公民的權利和義務、官吏的選拔，都不再以貴族出身而改以財產資格來定，血緣世襲權宣告結束。這就為那些平民出身的工商業奴隸主從參政到掌權敞開了大門。隨著新興的有錢人日益獲得勢力，舊的血緣親屬團體也就日益遭到排斥，

氏族制度面臨新的失敗。

公民大會與陪審員制度

平民不分上層、下層，都獲得了公民權，但要如何保證平民權利的落實，梭倫需要拿出切實可行的方案。

在他改革之前，公民大會只是國家名義上的最高權力機關，實際上國家的最高權力掌握在國王手中，後來又為貴族所控制。在貴族政治下，貴族會議掌握了公民大會的提案權，會議的召開、議程也由貴族決定，公民只能就貴族的提議進行投票表決。

梭倫要做的是不斷擴大公民大會的權力。在他頒佈的政策裡規定：決定城邦大事，選舉行政官，一切公民不管是窮、是富，都有權參加公民大會。

國家的官職應先由各部落分別投票預選候選人，再就這些候選人中抽籤選舉。以九位執政官為例，每一部落先行預選十人，然後就這些人中抽籤選舉。公民用抽籤法選舉絕大多數官員，是當時「民主」的標誌之一。因為抽籤法可以防止世襲名門貴族操縱選舉，新興的工商業奴隸主有機會進入國家統治集團。第三級公民也有當選官職的機會，第四級公民當選為陪審員後，有權審理涉及貴族富人和軍政人員利益的被控案件。顯然，貴族長老會議的權力有很大一部分移到了普通公民身上。

所有這些都是公民大會新增加的權力。為保障大多數人都能分享這個權力，公民大會由雅典的四個部落各選100人組成，除第四等級外，其他各級公民都可當選。會議成員當選後可任職10年，其主要職責是為公民大會擬定議程、預審提案、準備決議、貫徹公民大會決議，實際上執掌最高的統治權。

為了監督公民大會，梭倫還完善了陪審員制度。民眾法庭實行陪審員制度，陪審員不分等級，一律經由抽籤產生。四個等級的公民均有權藉

上古時期　BC

夏

BC2000 —

BC1800 —

商

BC1600 —

BC1400 —

BC1200 —

周

BC1000 —

BC800 —

BC600 —

BC400 —

秦
漢

BC200 —

0 —

三國
晉

200 —

南北朝

400 —

隋朝
唐朝

600 —

800 —

五代十國
宋

1000 —

1200 —

元朝
明朝

1400 —

清朝

1600 —

1800 —

中華民國

2000 —

由抽籤方式當選陪審員。貴族法庭的大多數職權轉歸民眾法庭，貴族法庭主要負責宗教和重大刑事案件的審理。公民陪審法庭有監督國家司法的權利，法官處理的任何訴訟案都須經陪審員審查，然後判決；對於法官已經判決的案件，陪審員仍可起訴。陪審法庭還對瀆職的執政官在其卸任後有權審訊。審案時採用投票表決的方式，所有公民都有控告和上訴的權利。這樣，貴族對司法審判的壟斷，繼行政壟斷之後也被打破。

此外，梭倫還制定了一些法律，透過法律的手段，鼓勵人們投身於國家的政治生活，參與國家管理。公民大會向來是貴族說話的工具，貴族說一是一，沒有商量的餘地；改革後，這個機構增添了新鮮血液，老百姓多了一個傾訴心聲的管道。

梭倫的中庸思想

中國人為人處世，一向以中庸著稱，這門高深的藝術往往被指責為「毫無原則」，其實大謬。中庸之道的根本要義在於陰陽調和，損有餘而補不足，不要把什麼事都辦死了，要給自己留下點餘地。其實梭倫就是遵循了中庸之道，大獲成功。

古希臘著名哲學家亞里斯多德在論及梭倫改革時，曾有過這樣的評語，他認為梭倫採取的措施，是最優良的立法，是拯救國家的創舉。梭倫的「優良立法」，簡言之，就是抑制最富有的階層，扶持最貧困的階層，強化中等階層，目的在於防止極富、極貧，實行防止過猶不及的中庸之道，來求得當時奴隸主階級統治的鞏固。

梭倫的抑富是有原則、有限度的。用他自己的話來講，就是「我所給予人民的適可而止，他們的榮譽不減損，也不增多；即使是那些有勢有財之人」，「我拿著一個大盾，保護兩方，不讓任何一方不公正地占據優勢」，他還認為「自由不可太多，強迫也不應過分」。

梭倫不僅是這樣說，也這樣做。據古代著名傳記作家普魯塔克的記

載，梭倫為抑制因擺脫債務而大膽起來的人民行動過火，在「元老會議」之外又設立了一個四百人會議，並規定在人民討論公共事務之前，該會議先行討論，不經過這種事先討論，任何一件事情都不得提交公民大會。梭倫認為，「城邦有了這兩個會議，它就好像下了兩個錨，就不會受到巨浪的震撼，民眾也會大大地安靜下來」。這充分地說明，他的「允執其中」是有原則、有限度的，這個限度就是以「不讓任何一方不公正地占據優勢」，超過這個限度，就是「不公正」，過分地失去了平衡。若非如此，就當時歷史條件來看，梭倫的改革措施就很難順利地推行，就有可能遭到無法解決的激烈反抗，「解負令」也就難以貫徹執行，當然就談不上社會的相對穩定，鞏固奴隸主階級的統治。

梭倫從不做過頭的事情。他沒有完全滿足那些「欲望無止境」的人的要求，分割土地。他十分坦率地說，他「應允之事，得天之助，都已完成，至於其餘，不能作無謂冒進」。事實也是如此，當下層平民要求他用暴力處置貴族，並分割其土地時，他沒有言聽計從，而是以分裂反貴族派的策略，抵制這種要求。

改革的局限性

改革就像治病，醫生本身也有自己的難處，不是每一個醫生都能迅速地治理病人的頑疾。雖然梭倫對雅典的一連串改革使廣大平民獲得了巨大的經濟和政治權利，但是梭倫的貴族出身和中庸溫和的處世哲學，使他不可能完全站在廣大下層平民這邊，滿足平民特別是農民的要求。梭倫改革在摧毀貴族勢力與氏族制度的殘餘方面還不是很徹底，他制定的按財產資格確定政治權利的制度，也只是把那些有錢沒權的人扶上臺，廣大公民還是生活在國家權力的底層。在氏族貴族和廣大農民輿論的攻擊壓力下，梭倫藉口到國外考察，乘船出國避風去了。

梭倫結束遊歷生活回到祖國的時候，雅典正發生激烈的內部鬥爭。據

BC

埃及第一王朝形成
古印度興起
— BC2000

— 巴比倫第一王朝

愛琴文明
亞述擊敗巴比倫

— BC1000

羅馬王政時代
第一屆奧林匹克

佛陀誕生
羅馬共和時代
蘇格拉底出生
柏拉圖出生
亞里士多德出生

— 0　耶穌基督出生

基督教為合法宗教
君士坦丁統一羅馬

回教建立

神聖羅馬帝國開始
— 1000
第一次十字軍東征

英法百年戰爭開始

哥倫布發現新大陸

美國南北戰爭開始
第一次世界大戰

— 2000

上古時期　BC
夏
　　　　BC2000 —
　　　　BC1800 —
商
　　　　BC1600 —
　　　　BC1400 —
　　　　BC1200 —
周
　　　　BC1000 —
　　　　BC800 —
　　　　BC600 —
　　　　BC400 —
秦
漢　　　BC200 —
　　　　0 —
三國　　200 —
晉
　　　　400 —
南北朝
隋朝　　600 —
唐朝
　　　　800 —
五代十國
宋　　　1000 —
　　　　1200 —
元朝
明朝
　　　　1400 —
　　　　1600 —
清朝
　　　　1800 —
中華民國
　　　　2000 —

說他對庇西特拉圖想當僭主早有覺察，對他進行過規勸和鬥爭。梭倫晚年退隱在家，從事研究和著述；但是，梭倫沒有來得及完成這些計畫之中的著作。西元前560年左右，這位對雅典的歷史發展作出重大貢獻的人，古代民主政治的奠基者去世了。他的遺體被焚化，骨灰撒在他曾為之戰鬥過的薩拉米斯島上。

天下的好事不能讓一個人全占了，這句話贈送給長眠在薩拉米斯島的梭倫毫不為過。

梭倫的能力有目共睹，他把雅典城打理得風生水起，讓它走上了繁榮富強的道路，還讓每個公民都可以參政，好一派民主氣象。但是，這裡面也蘊藏著一個巨大的危機，因為改革出現了副產品——多數人的暴政。

最明顯的例子就是梭倫改革創立的陪審法庭。梭倫規定，當時的重大審判活動都要在雅典人趕集的日子裡，放到那個大廣場上進行審理，採取「貝殼放逐法」來做最後的判決。也就是說，那天所有有空的公民都可以去聽公審，然後憑藉自己的經驗作出自己的判斷。出席公審的公民每人自帶一個貝殼，只要覺得對被審判的人不滿意，就可以把貝殼放到他面前。如果這個人得票數超過6000，那麼結果就出來了：那個人不管是否被冤枉，都要馬上離開雅典，在外面流放超過10年才能重返故鄉。惡人逃不過人民雪亮的眼睛，被放逐了，這自然是好事一樁；但有時候，一些為雅典作出傑出貢獻的人也會被民眾放逐。每一個貝殼都是一個責任，但並不是每個人都能對國家大事作出準確的判斷，它需要一定的知識基礎。在當時，如果真的讓每個人都來參與國家大事的討論，其後果將很嚴重。

梭倫的用意是好的，他想讓每個公民都保留自己說話的權利。但是，他對公民們抱持過於樂觀的態度。人往往並不是一個理性的可以考慮到所有方面的生物，有時會感情用事。如果在這些場合再用民主，那就和原來的出發點相違背了。

從另外一個方面來講，即使人們都是理性的，民主也不是可以在所有的領域都所向披靡。越來越多的人開始注意到所謂「多數的暴政」這個問題。舉個例子：有3個人去旅遊，2個人想游泳，1個人想打球，那麼民主

的決策還是去游泳，但要加上個限制條件，就是想去打球的那個人，有說
「不」的權利，而且那2個去游泳的人，必須學會尊重這個「不」。

　　近代自由主義大師約翰‧斯圖亞特‧密爾的看法也許會給梭倫以啟
示：在國家與個人之間劃一條界線，界定好群己關係。凡是牽涉到個人生
活問題的領域，我們絕對不能用民主來解決；而對於國家問題，我們則能
依靠民主。

　　雖然改革者是竭盡全力想要挽救希臘的，但是歷史的進程卻是不肯停
下腳步，它需要新的文明來替代舊的文明，希臘已經不可挽救的要退出歷
史的舞臺了。

BC

埃及第一王朝形成
古印度興起
— BC2000

巴比倫第一王朝

—

愛琴文明
亞述擊敗巴比倫

— BC1000

羅馬王政時代
第一屆奧林匹克

佛陀誕生
羅馬共和時代

蘇格拉底出生
柏拉圖出生
亞里士多德出生

— 0　耶穌基督出生

基督教為合法宗教
君士坦丁統一羅馬

回教建立

神聖羅馬帝國開始
— 1000
第一次十字軍東征

英法百年戰爭開始

哥倫布發現新大陸

美國南北戰爭開始
第一次世界大戰
— 2000

上古時期　BC

夏

BC2000 —

商

BC1800 —

BC1600 —

BC1400 —

BC1200 —

周

BC1000 —

BC800 —

BC600 —

BC400 —

秦
漢　BC200 —

0 —

200 —

三國
晉

400 —

南北朝

隋朝
唐朝　600 —

800 —

五代十國
宋　1000 —

1200 —

元朝
明朝

1400 —

1600 —

清朝

1800 —

中華民國

2000 —

| 第十三章 | 羅馬帝國的悄然興起

亞歷山大遠征與希臘化時代

「把戰爭帶給亞洲，把財富帶回希臘。」亞歷山大曾經放過這樣的狂妄話語，當希臘已經快不行的時候，馬其頓卻悄悄地強大起來。

這個位於希臘北部的貧瘠無聞的城邦處於希臘文明的邊緣，曾被希臘人視為蠻族，但從西元前4世紀起，它逐漸發展為巴爾幹地區首屈一指的軍事強國。

西元前338年，馬其頓國王腓力二世擊敗以雅典為首的反馬其頓同盟，真正確立了馬其頓在希臘的霸主地位。2年後，腓力二世在女兒的婚禮上被波斯派來的刺客殺死。希臘被征服的城邦認為，這是擺脫馬其頓帝國控制與奴役的大好時機，於是暴動四起，然而他們忽略了腓力二世的繼承者——亞歷山大。

傳奇人物亞歷山大年少時師從希臘「最博學的人」亞里斯多德，他文武兼備，涉獵廣泛，12歲時就曾馴服桀驁不馴的烈馬，崇拜《伊利亞特》中的英雄阿喀琉斯，渴望建立不朽功勳。

自己的父親被殺以後，國家亂得一團糟，年僅20歲的亞歷山大只用1年時間，就完成了以前雅典、斯巴達、底比斯幾百年都沒有做到的事情，成為整個希臘世界的霸主。為了維持龐大的軍隊以鎮壓希臘各城邦反馬其頓的運動，也為了實現自己征服世界的野心，亞歷山大把目光投向了地大物博的洲際大帝國波斯。

西元前334年春，亞歷山大率領3萬大軍和百餘艘戰艦，開始了對東方波斯的遠征，拉開了他征服世界的序幕。行前，他把自己的所有財產分

給部屬，一位大將頗為費解：「請問陛下，您把財產分光，給自己留下什麼？」「希望，」亞歷山大說，「我把希望留給自己，它將帶給我無窮的財富！」將士們被亞歷山大的雄心所激勵，個個雄心萬丈。

遠征軍浩浩蕩蕩地渡過赫勒斯龐海峽，踏上了小亞細亞。波斯皇帝大流士三世雖然早已失去了祖先當年橫掃千軍的霸氣，但身為帝國君主的他，依然沒有把亞歷山大3萬餘人的軍隊放在眼裡。不可一世的他認為，在小亞細亞沿岸一帶的波斯駐防軍和希臘僱傭兵足以打敗這個不知天高地厚的人。

於是，他下令小亞細亞總督門農在格拉尼卡斯河對岸一線集結，迎擊亞歷山大。豈料戰事發展讓大流士三世心驚，馬其頓軍隊勢如破竹，格拉尼卡斯河戰役成為亞歷山大踏上亞洲後取得的第一場勝利。初戰告捷後，亞歷山大更是戰無不勝，不出一年就完全控制了整個小亞細亞。

攻占小亞細亞後，有人請亞歷山大觀賞一輛神話中皇帝的戰車，車上有一個皮帶纏攏的繩結。據說該皇帝曾預言，誰能解開繩結，誰就會得到亞洲。苦思冥想，一無所獲的亞歷山大索性舉起手中的寶劍，劍落結斷，亞歷山大高傲地說：「管它什麼繩結，讓亞洲在我的寶劍下臣服吧！」

之後的戰爭同樣依照亞歷山大的意願進行著。西元前333年的伊薩斯之戰，大流士三世親自上馬，卻倉皇潰逃，他的母親、老婆孩子都被關進了監獄。正當亞歷山大準備把戰爭矛頭指向波斯海軍的大本營——腓尼基時，大流士三世派出使者乞和，求和信提出以1萬塔崙特金幣、割讓幼發拉底河以西直到愛琴海的土地，和將自己的一個女兒送給亞歷山大為妻作條件，請求與亞歷山大結盟，並贖回自己的母親、老婆和孩子。

亞歷山大的麾下主將帕曼紐心滿意足地說：「如果我是您，我就接受這個條件。」亞歷山大則毫不動心地回答：「將軍，假如我是你，我也會這樣做的，但我不是你，我是亞歷山大。」

亞歷山大用自己的語言給大流士三世回了一封信：「我不要你的那份金銀，也不要你給我的那塊國土，因為你的全部財產和整個國家都已經是我的了。至於你的女兒，已經在我手裡了，要娶就娶，不需要你同意！」

上古時期　BC

夏

　BC2000 —

　BC1800 —

商

　BC1600 —

　BC1400 —

　BC1200 —

周

　BC1000 —

　BC800 —

　BC600 —

　BC400 —

秦
漢　BC200 —

　0 —

三國
晉　200 —

南北朝　400 —

隋朝
唐朝　600 —

　800 —

五代十國
宋　1000 —

　1200 —

元朝
明朝　1400 —

清朝　1600 —

　1800 —

中華民國

　2000 —

西元前331年，亞歷山大和大流士三世真正地打了起來，高加米拉戰役是他們之間誰當大哥的決定性一戰。此戰，大流士三世動用了40萬兵力，其中騎兵有4萬，還有200輛輪軸上帶長刀的戰車隊伍，以及15頭大象；而亞歷山大的兵力不過4萬步兵加7000騎兵，雙方實力相差懸殊。但大流士三世的軍隊不但沒能包圍亞歷山大的軍隊，反而被馬其頓方陣的長矛兵殺得血流成河，屍橫遍地。

而亞歷山大身先士卒，帶頭向波斯軍隊的核心陣地衝鋒，直撲大流士三世的座駕。大流士三世被如此陣勢嚇得掉頭就逃。波斯瞬間沒了精神支柱，兵敗如山倒。此戰結束之後，亞歷山大部隊僅有百餘人戰死，而波斯大軍全軍覆沒，號稱「萬王之王」的大流士三世也在逃亡中命喪部下手裡。

這一戰成了歷史上著名的以少勝多戰役，被後世許多軍事家引為經典。西元前330年，亞歷山大完敗大流士三世的繼位人，叱吒風雲2個多世紀、橫跨歐、亞、非的波斯大帝國就這樣轟然倒塌。

當亞歷山大如願成為「波斯之王」後，他又將目光投向了更遠也更古老的地方——印度。那是一片被認為是世界盡頭的土地，無論從軍事還是經濟的角度來看，亞歷山大都沒有必要在這裡虛耗兵力，但亞歷山大依然執著地跟隨希臘傳說中的酒神狄俄尼索斯和大力士赫拉克勒斯的足跡，踏上了這片土地。此次的萬里遠征更是人類歷史上傳奇的一頁，那時中國還是戰國時代，距秦始皇統一中國還有一百年，中國不知道在山的另一邊，發生了許多驚天動地的大事。

西元前327年，亞歷山大在印度河谷建立了兩座亞歷山大城，並迅速占領了西北印度的廣大地區。當他想進一步向恆河流域進攻時，士兵的厭戰，印度的反擊，環境的惡劣，使得亞歷山大不得不放棄了自己的野心。將近10年的亞歷山大遠征，終於結束了。亞歷山大以巴比倫作為首都，建立了一個西起巴爾幹半島，南達尼羅河流域，東抵中亞細亞、印度河流域，北依多瑙河和黑海的前所未有的龐大帝國。

相傳，亞歷山大曾到達過一條河邊，前面是一堵堅固綿延的城牆，城

牆上有一位老人，他警告亞歷山大，必須放棄這最後一塊土地。他送給亞歷山大一塊黃金，比世界上任何黃金都要大，但上面沾滿洗不淨的泥土。亞歷山大頓悟：一旦遇到死神的召喚，任何豐功偉績都會變得輕如鴻毛，於是他回到了巴比倫。

的確，征服了這麼多土地又有什麼用呢？最後能占領的不過是埋葬自己的那塊方寸之地而已。西元前323年，亞歷山大在返回馬其頓的途中突患惡性瘧疾，於短短10天內匆匆離世，年僅33歲。如果不是意外染病死亡，他可能還會根據已經在生前制訂好的計畫繼續他的征程：向北直達波羅的海，向南征服阿拉伯半島，向西入侵羅馬。這是一個宏偉博大的計畫。

亞歷山大一死，後繼無人，帝國也隨之分裂，擁兵自重的將領們紛紛自立為王，橫跨歐、亞、非三洲的馬其頓王國從此分裂為若干個希臘化的國家，古希臘歷史結束，希臘化時代開始。此後，希臘本土地區幾易其主，最終為安提柯王朝所統治，西元前2世紀中葉為羅馬所滅。

僅存在13年的亞歷山大帝國，可謂名副其實的一人帝國，可憐亞歷山大英雄一世，到頭來卻是為他人作嫁衣裳。

但無論如何，亞歷山大是希臘這個小國寡民傳統的城邦世界中，第一個具有「四海一家」帝國思想的君主，而且他的這一思想直接影響了後世的羅馬帝國。

凱撒大帝的背景與功勳

關於凱撒，人們肯定知道不少他的事蹟，比如他出身貴族，受過良好教育，在內戰中擊敗龐培，成為終身獨裁官。正鑑於他的優秀事蹟，因此後人也用他的名字「凱撒」來稱呼皇帝。

西元前44年，羅馬曆3月15日凌晨，凱撒的妻子卡珀里納從噩夢中驚醒。夢裡不是丈夫有了多少外遇，也不是什麼身陷地獄一類可怕的場景，

BC

埃及第一王朝形成
古印度興起
— BC2000

巴比倫第一王朝
—

愛琴文明
亞述擊敗巴比倫

— BC1000

羅馬王政時代
第一屆奧林匹克

佛陀誕生
羅馬共和時代
蘇格拉底出生
柏拉圖出生
亞里士多德出生

— 0　耶穌基督出生

基督教為合法宗教
君士坦丁統一羅馬

回教建立

神聖羅馬帝國開始
— 1000
第一次十字軍東征

英法百年戰爭開始

哥倫布發現新大陸

美國南北戰爭開始
第一次世界大戰
— 2000

上古時期　BC

夏

BC2000 —

BC1800 —

商

BC1600 —

BC1400 —

BC1200 —

周

BC1000 —

BC800 —

BC600 —

BC400 —

秦
漢　BC200 —

0 —

三國
晉　200 —

400 —

南北朝

隋朝
唐朝　600 —

800 —

五代十國
宋
1000 —

1200 —

元朝
明朝
1400 —

1600 —

清朝

1800 —

中華民國

2000 —

而是夢到自己家中的護牆坍塌，而她抱著丈夫沾滿鮮血的屍體在痛哭。不管怎樣，卡珀里納還是推醒了身邊的凱撒，並且告訴了他自己的噩夢。但是凱撒又怎麼能相信夢的預兆性呢。

常言道，亂世出英雄，尤利烏斯・凱撒出生在一個政治大動亂的時代。西元前2世紀，羅馬人在第二次戰勝迦太基之後，由一個小小的城邦逐漸擴張。迦太基位於非洲北部，是腓尼基人建立的城邦，他們的統治隨後擴展到北非的大部分地區，他們還控制了從西部利比亞到直布羅陀海峽沿岸和西班牙南部的大部以及科西嘉島、薩丁島。很多民族屈從隸屬於它，羅馬與迦太基間為了爭奪勢力範圍發生過幾次戰爭。

戰爭的勝利伴隨著財富的擄掠，羅馬無論從體系還是疆域來說，都進入了發展的時代。與此同時，國家的膨脹也帶來了諸多問題，連綿不斷的戰爭擾亂了羅馬的社會體制和經濟體制，被征服地區的君主專制潛移默化地影響著羅馬。

最初的羅馬元老院只不過是個小城市的領導機構，種種跡象表明它已經無法適應這個日漸龐大的國家。從西元前133年起，羅馬便出現了一場長期的動亂。政治家、軍事將領和民眾領袖勾心鬥角、爭權奪利。社會動盪不安，政治腐化墮落，整個地中海地區都因羅馬人的昏庸統治而陷入水深火熱之中。

羅馬自西元前509年專制王朝塔克文被趕走以後，一直對王權忌諱甚深，因此，雖然元老院的統治昏庸無能，但大多數的羅馬人仍然希望繼續維持共和制政體，正如在一個穩定的環境中生活太久的人，對於未知的變化總是充滿了恐懼。羅馬人仇視帝王，反對恢復帝王的職位，羅馬政治的潛規則，就是阻止某一個人的聲望、權力遠高於其他貴族。然而，人的意願無法阻止歷史的車輪，這個奴隸主貴族們權衡力量的所謂民主政體，此刻已經走到了失落的邊緣，這時，凱撒出現了。

凱撒出生於一個有悠久歷史的沒落奴隸主貴族家庭，受過良好的教育，年輕時就步入政壇。西元前58年，42歲的凱撒被任命為羅馬所轄的三個行省阿爾卑斯山南側的高盧（位於義大利北部）、伊利里可姆（在今南

斯拉夫沿海地區）和納博尼茲高盧（法國南部沿海地區）的總督，統帥四個羅馬軍團，麾下將士2萬餘人，大權在握。

　　凱撒最卓越的功勳便是在西元前58年到前51年間征服了高盧的周邊地區，其中包括了今天的法國、比利時以及瑞士、德國、荷蘭的部分地區，羅馬的版圖擴至萊茵河畔。歷史學家們如此形容凱撒征戰時的威猛：「像一陣旋風攻下800個城鎮，征服300個部族，與300萬人發生多次激戰，屠殺100萬人，將100萬人擄為奴隸。」此後高盧及周邊國家領土被羅馬統治達5個世紀之久，羅馬文明藉由法律、風俗、語言以及羅馬基督教滲透了其中的各個角落。

凱撒走上獨裁之路

　　在那段動亂歲月中，羅馬政治舞臺上共有三位顯赫的人物，三足鼎立，互為犄角，形成了「前三頭同盟」。為了與凱撒更好地勾結和利用，龐培娶了凱撒的女兒尤里婭。龐培和克拉蘇，都是蘇拉獨裁時期就知名的高級將領。龐培資歷更深，曾在北非、西西里等地立下赫赫戰功；克拉蘇則憑藉自己鎮壓斯巴達克起義的頭號功臣身分，與龐培平起平坐。當凱撒在高盧戰場上風光無限的時候，克拉蘇出兵東方，在與帕提亞人的戰爭中喪命。此時，穩固的三角失去了一個支點，三雄同盟變為兩雄並立。凱撒憑著征服高盧的功績，成為羅馬人心中的英雄，在贏得了人們尊崇的同時，也招來了龐培的嫉恨。適逢尤里婭去世，龐培和凱撒的關係徹底破裂。兩人之間爭奪獨裁權力的內戰一觸即發。

　　西元前49年，龐培慫恿元老院解除凱撒的兵權，命令他立即從高盧返回羅馬。戰亂時代，兵權便是一切，凱撒識破了龐培的陰謀，深思熟慮後決定依靠手中的兵權奪得政權。他帶領著自己的軍隊返回羅馬，當行至盧比孔河時，大軍停了下來。因為羅馬法律規定：任何將軍沒有接到命令，不得帶領軍隊越過這條小河；否則，就要以謀反治罪。凱撒當機立斷，對

BC

埃及第一王朝形成
古印度興起
— BC2000

巴比倫第一王朝

愛琴文明
亞述擊敗巴比倫

— BC1000

羅馬王政時代
第一屆奧林匹克

佛陀誕生
羅馬共和時代
蘇格拉底出生
柏拉圖出生
亞里士多德出生

— 0　耶穌基督出生

基督教為合法宗教
君士坦丁統一羅馬

回教建立

神聖羅馬帝國開始
— 1000
第一次十字軍東征

英法百年戰爭開始

哥倫布發現新大陸

美國南北戰爭開始
第一次世界大戰
— 2000

上古時期　BC

夏

　　BC2000 —

　　BC1800 —
商
　　BC1600 —

　　BC1400 —

　　BC1200 —
周
　　BC1000 —

　　BC800 —

　　BC600 —

　　BC400 —

秦　　BC200 —
漢
　　　　0 —

　　　200 —
三國
晉　　400 —
南北朝
隋朝　600 —
唐朝
　　　800 —
五代十國
宋　　1000 —

　　　1200 —
元朝
明朝　1400 —

清朝　1600 —

　　　1800 —
中華民國
　　　2000 —

著將士朗聲喊道：「骰子已經擲下去了！」他翻身跨上戰馬，躍進溪流，大軍緊隨其後。此刻的盧比孔河彷彿一道羅馬歷史命運的隘口，進或退，便是兩種迥然不同的結局。

　　隆冬季節，凱撒率大軍以迅雷不及掩耳之勢出現在羅馬城下，龐培倉促應戰，結局可想而知。龐培此後敗走希臘，逃亡埃及，埃及國王為了討好凱撒，派人刺殺了龐培，把血淋淋的人頭送到追擊政敵的凱撒面前。誰知凱撒卻把臉一沉，轉過頭去，究竟是敵我雙方的惺惺相惜，還是未能手刃政敵的遺憾，後人不得而知，但那位殺害了龐培的獻媚者卻因此被凱撒奪去了性命。在埃及，凱撒還得到了一個女人——埃及豔后克里奧派特拉。凱撒將她扶上了埃及王位，並與她生有一子。在肅清了小亞細亞的龐培殘部勢力之後，凱撒帶著豔后和兒子凱旋而歸。

　　其實，凱撒與大多數野心勃勃的政治家不同，他既不虔誠也不虛偽，他用自己的力量奪取想要的權位，毫不掩飾；戰爭中，他兇暴殘忍，但是對被打敗的對手卻寬宏大量。他寬恕了龐培手下的將領，把他們收為自己的部下，其中最被重用的就是布魯圖，但凱撒沒有想到，他的寬宏竟為他自己敲響了喪鐘。

　　凱旋後的凱撒憑藉自己的力量在羅馬專制與共和的博弈中，占了上風。西元前44年，凱撒被推舉為終身獨裁官。雖然沒有加冕稱帝，但他已擁有了尊貴如帝王的稱號和權力。法律規定他坐在黃金象牙寶座上處理公務，其畫像與天神放在一起，無限期的獨裁，元老院、公民大會和各種職官完全聽命於他。他制訂了生機勃勃的改革計畫，在為帝國注入了活力的同時，也觸動了部分元老貴族的利益，因此，凱撒的獨裁和改革遭到一部分元老貴族的堅決反對。

　　凱撒的反對者中最德高望重的人是西塞羅。60歲的西塞羅是羅馬當時最好的學者和雄辯家。早在高盧戰爭之前，西塞羅就曾經擔任羅馬的最高職務執政官，是保守貴族中的溫和派。雖然在內戰中他站在了龐培的一邊，其一生都和凱撒保持著一種亦敵亦友的奇妙關係。凱撒放任這個老朋友批評自己，也放任那些激進派否定自己，他只是冷眼旁觀元老院互相擠

兌，但是凱撒沒有想到，西塞羅與他一起走進龐培劇院開會的時候，竟然被激進派利用了這個時機，將自己置於死地。

凱撒之死

西元前44年3月15日，元老院舉行會議，在布魯圖的竭力勸說下，凱撒不顧妻子卡珀里納噩夢的不利占卜，單身赴會。早在一年前凱撒就解散了自己的私人衛士。「我寧可死一次，也不要千萬次的為陰謀而恐懼。」他坦然地說。

真正的原因是，他從來不相信他的反對者會刺殺他。在會議上，陰謀者們身藏短劍，眾星捧月般圍繞在他身邊。突然，一人跑到他面前，抓住他的紫袍，彷彿有什麼事要請求他似的，這就是動手的暗號。陰謀者一擁而上，凱撒身中數劍，其中一劍正是他最信任的布魯圖刺的，凱撒不由驚呼：「啊，還有你，布魯圖！」最終，他放棄了抵抗，用紫袍蒙面，頹然倒下，恰恰倒在了龐培雕像的腳下。

當初，凱撒打敗龐培時，羅馬曾流傳出「凱撒笑，龐培哭」的說法，如今，宿命輪迴，凱撒倒在了敵人的腳下。在出席元老會的前一天，凱撒和侍衛官雷必達一起用餐時，突然提出一個問題：「怎樣死去是最好的？」眾說紛紜，莫衷一是，凱撒最後表示，他願意突然而死。沒想到，第二天他的願望便達成了。凱撒在羅馬帝國專制與共和的博弈中，最終還是敗在了利益的衝突之下。大概西塞羅也沒有想到，這個比自己年輕4歲的「敵友」，會淪落如此下場。

歷史學家認為，凱撒是一個理智的人，於是相信即使是他的反對者也應該是理智的，在審時度勢之後，他認為羅馬需要他，如果他死了，權力的真空將再一次引起內戰，在斷斷續續長達90年的內戰血腥之後，沒有人再想要內戰了。

凱撒被殺死以後，布魯圖說：「我愛凱撒，但我更愛羅馬！」明眼人

BC

埃及第一王朝形成
古印度興起
— BC2000

— 巴比倫第一王朝

愛琴文明
亞述擊敗巴比倫

— BC1000

羅馬王政時代
第一屆奧林匹克

佛陀誕生
羅馬共和時代
蘇格拉底出生
柏拉圖出生
— 亞里士多德出生

— 0 耶穌基督出生

基督教為合法宗教
君士坦丁統一羅馬

回教建立

神聖羅馬帝國開始
— 1000
第一次十字軍東征

英法百年戰爭開始

哥倫布發現新大陸

美國南北戰爭開始
第一次世界大戰
— 2000

上古時期　BC

夏
BC2000 —

BC1800 —

商
BC1600 —

BC1400 —

BC1200 —

周
BC1000 —

BC800 —

BC600 —

BC400 —

秦
BC200 —
漢

0 —

200 —

三國
晉
400 —

南北朝

隋朝
600 —
唐朝

800 —

五代十國
宋
1000 —

1200 —

元朝
明朝
1400 —

1600 —

清朝

1800 —

中華民國
2000 —

都知道，這句冠冕堂皇的口號，只是掩藏其利益得失的辯解。羅馬的平民沒有一個人對凱撒之死表示欣喜，歡呼的只是元老院的利益既得者。

那些陰謀者以為消除了王權的所有可能性，卻不料他們恰恰親手毀掉了共和制的最後一絲希望。凱撒死後羅馬重被內戰的陰影籠罩，一片動盪之中絕對的強權獨裁呼之欲出。

布魯圖比凱撒小15歲，他出身在一個沒落貴族家中，後來做生意發了點小財，開始投身政界。他的母親奧薇莉亞曾是凱撒的情人，所以，身居要職的凱撒對他照顧有加。但布魯圖性格倔強，他不願沾凱撒的光，甚至當凱撒與龐培打仗時，他還去當龐培手下，幫忙對付凱撒。值得一提的是，龐培還是害死他父親的兇手，不知道這布魯圖是怎麼想的。

最後，當然是凱撒勝利了。那邊布魯圖終於醒悟，來到凱撒這裡哭訴，說以前都是自己糊塗聽信了龐培的讒言，才會對您不敬。從今以後，我一定會洗心革面，再世為人，跟著您好好幹的！凱撒被布魯圖的一番話感動了。

於是，凱撒赦免了布魯圖；不但赦免了他，還封他大官，人前人後都稱他為自己的兒子，以父親的姿態庇護他。可就是這位布魯圖策劃了刺殺凱撒的陰謀，並最終送他去了西天。所以，才有了凱撒臨終前傷心的疑問：「啊，還有你，布魯圖！」可能當時，布魯圖聽到這句話後，直接舞著刀子用行動作出了回答。

那麼布魯圖為什麼要實行刺殺？原來他天真的以為，解決了凱撒就可以使羅馬實現共和。然而，歷史絕沒有他想得那麼簡單。凱撒死後，國民高呼要為領導人報仇，要求謀殺者償命，布魯圖等人被嚇得逃到了國外。而羅馬也因為失去凱撒的統治，一時陷入內戰。所以，義大利著名詩人但丁在他的《神曲》中將布魯圖關在了地獄的第九層，可見並不怎麼喜愛這個「解放者」！

屋大維奪權

「我接受的是一座磚做的城市,留下的是一座大理石的城市;在這場被稱為『人生』的戲劇中,我的表演還不錯吧。戲劇落幕了,請鼓掌送我回家吧。」77歲高齡的屋大維在彌留之際借用古羅馬戲劇演員的謝幕詞,給自己的人生寫下了注腳。

當統治者凱撒遇刺的消息傳遍了整個羅馬時,凱撒的外甥女阿提娜提筆給遠在阿波羅尼亞學習的兒子屋大維寫了封信。原來,屋大維不僅是凱撒的甥孫,還是凱撒的養子與法定繼承人。屋大維出生於一個尊貴但不出名的騎士家庭,其父曾為馬其頓總督,也是元老院的成員。屋大維4歲時父親去世了,但他很快就得到了另一個父親——外舅祖父凱撒。

西元前48年,凱撒被推舉為終身獨裁官,成了集軍、政、司法、宗教諸權力於一身的無冕之王,這一年屋大維15歲。由於身分的特殊,他被選入僅有16名成員的羅馬國家宗教的重要機構大祭司團。此後,屋大維就經常陪伴在凱撒左右,無論是祭祀儀式、凱旋儀式,還是平常的看戲娛樂,凱撒對這位養子的青睞,人盡皆知。為了培養屋大維的軍事才幹,凱撒讓他擔任自己的騎兵長官,並在西元前45年秋,把他送到伊利里亞的阿波羅尼亞去學習軍事。

當得知了養父被害的消息,這位年僅18歲的青年,毅然決然地從小亞細亞前往危險與機遇並存的羅馬城。年輕氣盛的他對母親說:「我有長矛和盾牌,那就是義父凱撒的名字。」權力、野心、仇恨以及親情的驅使,讓他投身於艱險莫測的羅馬權力競技場中。

初到羅馬,屋大維面對的是凱撒心腹大將安東尼輕蔑的臉,他要求安東尼把凱撒的遺產還給他,他要按照義父的遺願,把金錢發給平民。同時,他還指責安東尼不為凱撒報仇,包庇殺害凱撒的主要兇手布魯圖。

面對這位膽敢指責自己的瘦削青年,安東尼有些吃驚,他以居高臨下的口氣對屋大維說:「假如我允許表決給予兇手們以殺戮暴君的榮譽,那

BC

埃及第一王朝形成
古印度興起
— BC2000

巴比倫第一王朝

愛琴文明
亞述擊敗巴比倫

— BC1000

羅馬王政時代
第一屆奧林匹克

佛陀誕生
羅馬共和時代
蘇格拉底出生
柏拉圖出生
亞里士多德出生

— 0　耶穌基督出生

基督教為合法宗教
君士坦丁統一羅馬

回教建立

神聖羅馬帝國開始
— 1000
第一次十字軍東征

英法百年戰爭開始

哥倫布發現新大陸

美國南北戰爭開始
第一次世界大戰
— 2000

麼凱撒就會被宣佈為暴君，他就不能有合法的兒子，也不能有財產，他的財產會被沒收。全靠我冒著危險與元老院鬥爭，你才能夠享受你目前的顯赫地位。你，年輕人，在和長輩說話時，最好為了這些事向我表示感激。除了凱撒的名字，你還想得到什麼呢？錢，你的父親早已使國庫空虛了，難道你還要凱撒的權力嗎？」

面對老謀深算的安東尼，屋大維很快就顯示出了凱撒繼承人的風範，他利用元老院和安東尼的矛盾，拜會了元老院貴族的首領西塞羅，利用元老院的力量，對安東尼宣戰，在穆提那和波倫西亞戰役中打敗了安東尼。此戰不僅使屋大維得到了羅馬執政官的地位，還使他贏得了安東尼的重視。

屋大維毅然變賣了凱撒的地產，用所得的錢和凱撒養子的身分招募和吸引凱撒過去的部下，很快就組成了一支有幾千人的裝備精良的軍隊，組成了兩個軍團。一定的軍事實力，使得屋大維對羅馬有了一定的發言權。

後三頭同盟的覆滅

西元前43年春，安東尼在出任高盧總督的要求遭元老院拒絕後，馬上向元老院訴諸武力，兵圍高盧總督所在的穆提那城。元老院即和屋大維一起出兵解圍，安東尼戰敗退出北高盧，和凱撒派另一重要將領雷必達聯合。屋大維得勝後受到元老院排擠，多次要求擔任執政官皆遭拒絕，只好兵臨羅馬強行當上執政官。在這種情況下，屋大維、安東尼和雷必達終於在秋天時候結成「後三頭同盟」。三方協議分治天下5年：安東尼統治高盧；屋大維控制非洲、西西里和薩丁尼亞；雷必達得西班牙，義大利和羅馬則由3人共治；東方處於殺害凱撒後逃亡的共和派布魯圖手中，歸安東尼和屋大維處置。

這一分治協議由羅馬公民大會予以批准，並獲得「建設國家的三頭」之銜，在5年內有處理國務的全權。歷史總在不斷重演，同樣的三足鼎

夏

BC2000 —

商

BC1800 —

BC1600 —

BC1400 —

BC1200 —

周

BC1000 —

BC800 —

BC600 —

BC400 —

秦
漢　BC200 —

0 —

三國　200 —
晉
400 —
南北朝
隋朝
唐朝　600 —

800 —
五代十國
宋
1000 —

1200 —
元朝
明朝
1400 —

1600 —
清朝
1800 —
中華民國
2000 —

立，彷彿讓屋大維看到了當年養父掃平敵寇的英姿。「後三頭同盟」和「前三頭同盟」一樣，由三個渴望獨裁但力量暫時不足的野心家組成，它的形成必然導致元老院力量的削弱，而它的結局必然是在三個野心家之間的火拼中解體，直到產生一位最後的勝利者。

藉著追查刺殺凱撒兇手的幌子，三巨頭攜手清剿了羅馬共和派中的強硬分子，以元老院領袖西塞羅為首的300餘名元老，為他們的共和制信仰付出了鮮血的代價。接著，屋大維和安東尼聯手，率28個軍團攻入希臘，在腓力比一戰中擊潰共和派主力，刺殺凱撒的主要策劃者布魯圖和凱西烏斯被迫自殺。正如當年布魯圖以羅馬為口號一樣，3年後，屋大維等人的復仇也不過是打著凱撒的幌子追逐自己的利益。

共和派全軍覆沒後，羅馬走向獨裁政體已不可避免，唯一的懸念是誰將成為帝國的獨裁者。與當年的三巨頭一樣，先有一人退出了歷史舞臺，那就是在一次對龐培餘部的戰爭中，被屋大維架空軍權的雷必達。兩強相遇勇者勝，當愛江山更更愛美人的安東尼，正流連於凱撒曾經的寵妃埃及豔后克里奧派特拉的溫柔鄉時，屋大維則在元老院公示了安東尼準備將羅馬的土地贈送給埃及豔后及其子的遺囑，在羅馬引起了軒然大波。

終於，羅馬元老院對屋大維口中這個「越來越像個埃及人而非羅馬人」的安東尼和埃及宣戰了。

西元前31年9月，屋大維與安東尼大戰於希臘的亞克興海角。此役雙方旗鼓相當，交戰初期勝負難分，但督戰的克里奧派特拉卻在戰鬥最激烈時率埃及艦隊撤退回國，安東尼跟隨而去，全軍遂告瓦解。屋大維大獲全勝，進軍埃及本土。西元前30年，安東尼和克里奧派特拉先後自殺身亡，埃及正式被納入羅馬領土。

如果將屋大維之前的奪權之爭，視作是為養父凱撒的復仇之戰的話，那在埃及的所作所為，便暴露出他的真實意圖。

凱撒與埃及豔后之子小凱撒被屋大維無情地殺死，以免其影響屋大維為凱撒唯一繼承人的身分，血脈親情、養育之恩在權位面前，都變得是那麼不堪一擊。

BC

埃及第一王朝形成
古印度興起
— BC2000

— 巴比倫第一王朝

—

—

愛琴文明
— 亞述擊敗巴比倫

— BC1000

— 羅馬王政時代
第一屆奧林匹克

—

佛陀誕生
羅馬共和時代

蘇格拉底出生
柏拉圖出生
— 亞里士多德出生

— 0 耶穌基督出生

—

基督教為合法宗教
君士坦丁統一羅馬
—

— 回教建立

—

神聖羅馬帝國開始
— 1000
第一次十字軍東征

—

英法百年戰爭開始

— 哥倫布發現新大陸

—

美國南北戰爭開始
第一次世界大戰
— 2000

上古時期　BC

夏

　　BC2000 —

　　BC1800 —
商
　　BC1600 —

　　BC1400 —

　　BC1200 —

周
　　BC1000 —

　　BC800 —

　　BC600 —

　　BC400 —

秦
漢　　BC200 —

　　　 0 —

　　　200 —
三國
晉
南北朝 400 —

隋朝
唐朝　600 —

　　　800 —
五代十國
宋　　1000 —

　　　1200 —
元朝
明朝　1400 —

　　　1600 —
清朝
　　　1800 —
中華民國
　　　2000 —

屋大維的盛世

　　屋大維終於獲得了凱撒曾經擁有的所有權力，只是在形式上沒有作任何關於共和國制度的改變。他確定自己成為絕對的統治者，最初他自稱為「元首」。西元前27年時，屋大維接受了羅馬元老院贈予的「奧古斯都」（意為「至尊者」）稱號，這一年被視為羅馬帝國建立之年。經過15年的奮鬥，屋大維終於登上了羅馬權力金字塔的頂端，與他的養父凱撒不同的是，他還有40年的時間來經營他的帝國。

　　在歷史學家眼中，屋大維是最偉大的羅馬皇帝之一。因為屋大維曾意味深長地說過一句話：「我要讓羅馬人從戰爭中解放出來，永遠過著和平的生活。」確實，他也這樣做到了。

　　古代的西方國家如果要發跡，必然得經過一連串的戰爭去掠奪財富、奴隸，讓被征服國納貢，以滋養自身的發展。但屋大維卻以和平理念治理國家，無疑是創建性的決定。結束了持續一個世紀的內戰之後，屋大維謹慎地統治著羅馬，使帝國保持了相當長的一段和平繁榮期，他統治了羅馬43年，是古羅馬經濟上最富庶的時代，史稱「羅馬和平」。

　　帝國疆土如果擴張至一定程度，從前隱藏在帝國結構中的缺點便會逐漸顯現，日薄西山的時刻也就不遠了。所幸，屋大維沒有陷入征服的欲望中。西元9年，條頓堡森林伏擊戰中羅馬失利，自此羅馬向西部日爾曼的擴張停止，屋大維接受了萊茵河為帝國的最終邊界。在東方，羅馬吞併了亞美尼亞和高加索，其擴張中止於帕提亞帝國的邊境。對於一個謀求發展的國家來說，疆域開拓的適可而止有著極其重要的意義。

　　對內，屋大維使用帝國征討聚斂來的巨大財富，提供給軍隊優厚的待遇。他建設首都，大興娛樂活動以愉悅羅馬市民，誇耀一座磚城在其手中變成了大理石的城市。他建造了新的元老院會所，建造了阿波羅神廟與尤利烏斯神廟，建造了大劇院與大浴池，在競技場附近修建神龕。羅馬人建造了世上罕見的輸水管道，高大的水渠將山間的水引到城市供人們飲用洗

浴，這種建築和衛生成就，是當時的許多國家望塵莫及的。

　　和東方的自給自足的農業經濟相比，羅馬統治者在經濟方面顯得被動而無知，他們通常用征服地區貢獻的重稅和財富裝點軍隊、廟宇和娛樂。一旦帝國不再擴張，沒有戰利品，經濟就開始停滯並最終衰退。這一點上，屋大維比其他皇帝看得稍微遠一點，他改革了羅馬的財政與稅收制度，也曾試圖安置老兵務農以復興農業，但收效甚微，首都仍依賴從埃及進口的糧食。不管怎樣，奧古斯都之治依舊是帝國權力與繁榮的最高點。

　　屋大維創立了羅馬第一支職業常備軍，包括海軍在內，並把軍團駐紮在邊境，以防止其干預內政；創立禁衛軍衛戍京畿並保衛皇帝本人，這也是他對羅馬體制的一大貢獻。

　　此外，屋大維還建立了交通部，完成了一個龐大的交通網，促進了羅馬帝國的通訊、貿易及郵政的發展。羅馬的交通四通八達，你只需持一本護照，就能從埃及到達法國。他還建立了世界上第一支消防隊，並在羅馬建立了一支常規警力部隊。

　　這使得羅馬一度興盛到了極點，誰也不敢去招惹羅馬，人家的軍隊那麼強大，就在那等著，誰去挑釁就揍誰。

BC

埃及第一王朝形成
古印度興起
— BC2000

巴比倫第一王朝

愛琴文明
亞述擊敗巴比倫

— BC1000

羅馬王政時代
第一屆奧林匹克

佛陀誕生
羅馬共和時代
蘇格拉底出生
柏拉圖出生
亞里士多德出生

— 0　耶穌基督出生

基督教為合法宗教
君士坦丁統一羅馬

回教建立

神聖羅馬帝國開始
— 1000
第一次十字軍東征

英法百年戰爭開始

哥倫布發現新大陸

美國南北戰爭開始
第一次世界大戰
— 2000

上古時期　BC

夏

BC2000 —

BC1800 —

商

BC1600 —

BC1400 —

BC1200 —

周

BC1000 —

BC800 —

BC600 —

BC400 —

秦
漢

BC200 —

0 —

200 —

三國
晉

400 —

南北朝

隋朝
唐朝

600 —

800 —

五代十國
宋

1000 —

1200 —

元朝
明朝

1400 —

清朝

1600 —

1800 —

中華民國

2000 —

| 第十四章 | 羅馬逐漸衰敗的過程

羅馬人的另類致富方式

屋大維統治下的羅馬進入到兵強馬壯的最佳時期。因為生活的富裕，羅馬人的頭腦變得精明起來，他們開始琢磨各種各樣的致富方法，希望得到更多的財富。

要說到致富的方法，羅馬人的確是有些別出心裁。

從古到今什麼人都可以缺，就是不缺愛拍別人馬屁的人。如果要問他們為什麼喜歡拍馬屁，回答當然是拍馬屁有好處了。

拍馬屁的方式有很多種，有人喜歡說好話，有人喜歡送禮，但無論如何，拍馬屁的目的只有一個，那就是得到好處。羅馬人深知拍馬屁的作用，因此，很多會拍富人馬屁的貧民都從中獲取不少的好處。

當然，馬屁拍得成功與否還有至關重要的一點，那就是被拍的一方喜歡聽恭維的話。羅馬的富人們就喜歡這一套，本來不愁吃來不愁穿，閒著也是閒著，有人稱讚總是高興的。再說了，富人們的財產一大堆，他們在活得好好的時候也時常想：「我死了以後我的財產該給誰呢？」而作為富人的朋友，也正是抓住了他們這個心態，在他們還健康的時候，不時地給一些讚揚或者是違心的話，那麼等到富人快要死的時候，立遺囑時就會想到把自己的財產分給「喜歡」他的朋友們。

此外，普通百姓喜歡拍富人馬屁還有另外一個原因。由於當時的羅馬帝國治安非常混亂，大街上燒殺搶掠到處都是，沒權沒勢的底層人民為此非常沒有安全感。為了給自己找個靠山，也為了從中獲取點利益，他們才去拍富人的馬屁。

把自己的財產饋贈給朋友們，這真的是羅馬富人的一種傳統，所以富人們的周圍總是圍繞著許多拍馬屁的人。況且富人們對此場面也是樂在其中的，一點也不覺得煩，大概是虛榮心太強吧。

如果說讚揚有錢人或者拍富人馬屁，是羅馬普通民眾獲取財富的一種方式的話，那麼用盡心機騙取老婆或者老公的錢，也是羅馬人賺錢的另一種途徑。在羅馬就有這樣的例子：一對夫婦感情並不好，老婆有錢老公窮，他們也有孩子。老婆每天都看自己的老公不順眼，心想著這傢伙整天覦覬著我的財產，我才不要給他！老公整天也在琢磨著，這女人這麼有錢，她怎麼還不死呢，好讓她那些錢財都落進我的口袋啊！可是老婆還沒有傻到把自己的財產留給一個她看都看不下去的丈夫，於是她立了遺囑，要求在她死後，把全部財產都歸孩子。老公看到這份遺囑以後暗自得意，以為錢到了孩子手裡自然就是他的了。可是他不知道老婆的遺囑裡還規定說：孩子要想繼承遺產，必須在他們不受父親掌控之後。這下老公煩惱了，於是他開始努力討好孩子，終於，孩子們主動把錢送到了他的手裡。

不管怎麼說，羅馬人的致富方式有千種萬種，但沒幾個方法是正當的，全都是靠著勾心鬥角、非法手段來獵取錢財。這也在某種程度上向世人證明著，當時的羅馬社會風氣是多麼得敗壞，治安是多麼混亂。

羅馬的放蕩風氣

在當時的羅馬，比起瘋狂的斂財行為來說，放蕩的生活風氣更是不得不提。

古希臘與古羅馬就好像親兄弟一樣，人們在提及這兩個古代兄弟的時候，或多或少也感覺到幾分神祕與不可捉摸，尤其是幻想到當年這兩個國家對性欲放縱的程度，更是浮想聯篇。

其實，性欲是自然本性，也是再平常不過的事，人們之所以談論這件事，是因為性帶給大家的快樂超乎尋常。也因為如此，很多人把健康拋到

BC

埃及第一王朝形成
古印度興起
— BC2000

巴比倫第一王朝

愛琴文明
亞述擊敗巴比倫

— BC1000

羅馬王政時代
第一屆奧林匹克

佛陀誕生
羅馬共和時代

蘇格拉底出生
柏拉圖出生
亞里士多德出生

— 0　耶穌基督出生

基督教為合法宗教
君士坦丁統一羅馬

回教建立

神聖羅馬帝國開始
— 1000
第一次十字軍東征

英法百年戰爭開始

哥倫布發現新大陸

美國南北戰爭開始
第一次世界大戰
— 2000

上古時期　BC

夏

BC2000 —

BC1800 —

商

BC1600 —

BC1400 —

BC1200 —

周

BC1000 —

BC800 —

BC600 —

BC400 —

秦

漢　BC200 —

0 —

200 —

三國
晉

南北朝　400 —

隋朝

唐朝　600 —

800 —

五代十國

宋

1000 —

1200 —

元朝

明朝

1400 —

1600 —

清朝

1800 —

中華民國

2000 —

了一邊，縱欲是他們唯一樂道的事情。古希臘和古羅馬帝國那時候的風氣就是這樣。

　　古希臘人對自由有著其他民族難以想像的渴望和追求，這種自由涉及到各個層面，當然也包括性。他們覺得人活著就是為了高興，所以平時生活中怎麼高興怎麼來，而做愛又是最能讓人高興的，所以性放縱也就成了希臘人的家常便飯。

　　古羅馬是古希臘的老弟，當然要繼承大哥的傳統，性放縱也不在話下，甚至是「青出於藍而勝於藍」。沒錯，淫蕩之風在古羅馬盛行的很，以至於很多後人都認為是性放縱讓古羅馬一命嗚呼。

　　單拿澡堂這件事來說，在古羅馬快要衰敗的那些年，全國就有大大小小將近一千個洗浴場所，而且有很多澡堂的規模是巨無霸型的，可供幾千人同時洗澡。本來，在羅馬帝國早期的時候，為了讓自己的國家蒸蒸日上，被後人所誇讚，帝國國王是不允許淫亂之風太過分的，因此那時候的男人跟女人需要分開洗澡。可是到了帝國的頹廢時期，男人跟女人卻可以在同一個浴池裡洗澡！

　　除了洗浴場所數不勝數以外，古羅馬帝國的「放蕩」節日也多得很，這些節日大都跟性有關，例如羅馬花節、牧神節以及酒神節等。想當初這些節日的建立，不過是源於人們對性的崇拜，可是後來卻漸漸地淪落為古羅馬帝國的社會淫亂之風。

　　歐洲文化的源頭便是古希臘和古羅馬文化，所以，這兄弟倆的淫亂之風也跟瘟疫一般地傳染給了歐洲各國。無論是普通民眾還是大學生，當時社會的淫亂風氣讓歐洲老百姓放縱在聲色之中。

　　此外，歐洲文化名人們也不願意被淫亂的社會風氣所拋棄，他們不僅是文化的接收者，而且也是文化的傳播者，甚至有很多文學家本身在性方面就是所謂的變態。

羅馬帝國的巔峰

拿破崙說：「羅馬的故事就是全世界的故事。」當然，拿破崙的全世界不包括東方，他的視角圍繞著西方的歷史，圍繞著羅馬帝國轉動。

作為古代最負盛名的帝國，羅馬帝國既是古代西方文明的發祥地，亦是古代世界各民族的思想和文化成果輸入西方的主要管道。正如孟德斯鳩說：「我們總離不開羅馬人，今天我們依舊要在他們的首都去尋找廢墟頹垣，就像騁目於萬紫千紅的草原的雙眼，總愛看看岩石和山陵。」這是一種文明的積澱，由時間成就。

在人類歷史與世界文明中，「羅馬」這個名詞所涵蓋的文化意義，恐怕只有「中國」一詞可以與之媲美。早在2000多年前，當大漢王朝第一次接觸到有關羅馬的資訊時，先人們憑藉著直覺，而肯定了它與中華帝國的相通之處，並給它取了一個中國化的名字——「大秦」，因為「其人民皆長大平正，有類中國，故謂之大秦」。這個「有類中國」的讚譽，確實蘊涵著中西兩大文明互為呼應且意味深長的歷史感受。

對於西方人來說，千百年間，羅馬已經演化成一個標誌，既指一座名城、一個帝國，也代表著一個文明、一個時代。從人類文明發展的全域來看，羅馬文明在取得自身偉大成就的同時，也在西方文明的形成上產生承先啟後、繼往開來的關鍵作用，它把極具開創、進步意義的希臘文明繼承下來，並在地連歐、亞、非三大洲的帝國範圍內發揚光大，成為歐洲的「古典文明」。

在「羅馬和平」的那段歲月中，從都城羅馬到歐、亞、非三大洲的各個行省，數以千百計的城市，猶如璀璨明珠般閃爍在這片廣袤的土地上。南起撒哈拉沙漠中的綠洲和金字塔的國度，北達多瑙河和萊茵河畔，西至大西洋，東臨波斯灣，無論名都大邑還是邊陲小鎮，都按著統一的政法體制、市政規劃、公共設施和文化風格建設起來，會堂、神廟、廣場、劇院、商肆、浴池、公路和水道形成了羅馬獨特的帝國風景。

BC

埃及第一王朝形成
古印度興起
— BC2000

巴比倫第一王朝

愛琴文明
亞述擊敗巴比倫

— BC1000

羅馬王政時代
第一屆奧林匹克

佛陀誕生
羅馬共和時代

蘇格拉底出生
柏拉圖出生
亞里士多德出生

— 0　耶穌基督出生

基督教為合法宗教
君士坦丁統一羅馬

回教建立

神聖羅馬帝國開始
— 1000
第一次十字軍東征

英法百年戰爭開始

哥倫布發現新大陸

美國南北戰爭開始
第一次世界大戰
— 2000

上古時期　BC

夏

BC2000 ―

BC1800 ―

商

BC1600 ―

BC1400 ―

BC1200 ―

周

BC1000 ―

BC800 ―

BC600 ―

BC400 ―

秦
漢　BC200 ―

0 ―

三國
晉　200 ―

南北朝　400 ―

隋朝
唐朝　600 ―

800 ―

五代十國
宋　1000 ―

1200 ―

元朝
明朝

1400 ―

清朝　1600 ―

1800 ―

中華民國

2000 ―

中世紀的哲學家們都異口同聲地讚美羅馬文明頂峰之世，是最適於人類生活的時代，的確，如果你不是奴隸就是自由民，羅馬的確是個天堂。在古代社會，無論處於如何盛世，無論是在東方還是西方，總是幾家歡樂幾家愁，所謂幸福指數只是針對於中上層而言，生活在社會底層的人依舊體味著生存的艱難。

在帝國初期，羅馬達到了古代西方世界生產力的最高水準，囊括古代地中海文明區域的全部，希臘、埃及、西亞等古代文明持續近3000多年的生產力與科技，統統彙集到羅馬手中。當絲綢之路由大漢打通，遠東的中國和極西的羅馬便開始了東西文化的碰觸，羅馬這種古代最高生產力的促成，也受惠於歐、亞洲際間的中西交流。

羅馬帝國通常被歷史學家分為前期帝國（前27年～192年）和後期帝國（193年～476年）兩個階段。前期帝國經朱里亞·克勞狄王朝、弗拉維王朝，至安敦尼王朝即五賢帝時代達到鼎盛，屋大維無疑是朱里亞·克勞狄黃金時代的巨星。後期帝國則從3世紀危機起，經伊利里亞諸帝、戴克里先的四帝共治，來到了君士坦丁大帝的手中。

君士坦丁大帝治世之前，羅馬帝國的社會經濟形勢絕對不容樂觀：城市破敗，商業凋敝，農村赤貧化，土地荒蕪，人口銳減，以至政治動盪，內亂不斷，人人自危，國家處在朝不保夕的狀態中。

西元3世紀左右，雄才大略的君士坦丁大帝結束了羅馬王朝的動亂紛擾，恢復了國家的安定統一。之後，他致力於加強皇帝本人的獨裁權力：將原本的近衛軍改成帝王直屬的宮廷親衛隊，把土地分封給同姓子侄，同時易改軍制，減弱駐邊軍隊的實力，以防止地方擁兵自重。

此外，從屋大維時代開始就不斷強化和神化的皇權，到了君士坦丁時代也達到頂峰。

君士坦丁還做了兩件意義深遠的事情，第一件事是西元330年，將羅馬王朝的首都從羅馬遷到歐、亞兩洲相交的拜占庭城，即君士坦丁堡，企圖在東方為帝國尋找生路。第二件事是作為第一個信奉基督教的羅馬皇帝，給予基督教合法地位，以挽回因搖搖欲墜的傳統多神教走向沒落而帶

來的宗教信仰危機。君士坦丁的推波助瀾，使得基督教歷經血與火的淬煉，終於獲得新生。

君士坦丁大帝統治時期，組織了同業行會，鼓勵貿易，統一工資，合理房租，囤小麥，補歉年，視察學校，創立典範。王子婚禮上，第一次製造餐叉進食，此習慣沿流至今；在建築學上，發明四角形建築物，架起圓形屋頂，成為現今中東建築的代表；當時西方仍是以物換物，拜占庭已有貨幣交易，其金幣市值保持7年不變，在800多年間，拜占庭金幣一直是通行地中海的標準貨幣；王室定下商業借貸利息，規定不同的風險利率。數世紀以來，拜占庭擁有歐洲最繁榮的經濟。因為君士坦丁堡位於亞洲、歐洲、黑海和愛琴海之間的貿易路線上，地理位置絕佳，那是絲綢之路上一個重要目的地，君士坦丁堡得以傲然屹立。金角灣是它的脊樑，瑪律馬拉海是它通往東西的坦途。它的富庶世人皆知，在整個中世紀，它彷彿就是世界的中心，還受到各地的膜拜。

屋大維的黃金時代是羅馬帝國的巔峰，自奧古斯都之後，帝國便逐漸被落寞餘暉所籠罩，雖然不乏君士坦丁、查士丁尼等有為君主的勵精圖治，但物質生活上的窮奢極欲，統治階級的日漸腐化，世風日下的社會常態，從根本上摧毀了羅馬帝國賴以前進攻展的精神。

帝國的後花園，一榮俱榮，一損俱損，又有誰想得到羅馬的最終覆滅，也與佇立東方的大漢有著蛛絲馬跡的關聯呢？冥冥之中，漢朝竟與兩個大秦（秦朝與羅馬）都有著如此重要的聯繫。

匈奴西遷對羅馬帝國的影響

氣象學家洛倫茲於1963年提出一個理論：一隻蝴蝶在巴西搧動翅膀，傳到德克薩斯州就引起了龍捲風暴，這就是混沌學中的蝴蝶效應。對於個人來說，當年不經意的細枝末節，或許會讓你走上不同的人生岔路；歷史也是如此，大漢與羅馬的瓜葛，便從一件看似毫不相關的突發事件開始。

BC

埃及第一王朝形成
古印度興起
— BC2000

巴比倫第一王朝

愛琴文明
亞述擊敗巴比倫

— BC1000

羅馬王政時代
第一屆奧林匹克

佛陀誕生
羅馬共和時代
蘇格拉底出生
柏拉圖出生
亞里士多德出生

— 0   耶穌基督出生

基督教為合法宗教
君士坦丁統一羅馬

回教建立

神聖羅馬帝國開始
— 1000
第一次十字軍東征

英法百年戰爭開始

哥倫布發現新大陸

美國南北戰爭開始
第一次世界大戰
— 2000

夏

BC2000 —

商

BC1800 —

BC1600 —

BC1400 —

BC1200 —

周

BC1000 —

BC800 —

BC600 —

BC400 —

秦
漢

BC200 —

0 —

200 —

三國
晉

400 —

南北朝

隋朝
唐朝

600 —

800 —

五代十國
宋

1000 —

1200 —

元朝
明朝

1400 —

1600 —

清朝

1800 —

中華民國

2000 —

　　畫面轉至東漢年間，西元88年，東漢章和二年，是個多事之秋。漢章帝駕崩，年方10歲的太子劉肇繼位，是為和帝，其母竇太后垂簾聽政，主少母壯，政局可想而知。竇太后的幾個兄弟，侍中竇憲、虎賁中郎將竇篤等人控制朝中大權。

　　此時，洛陽出了件不大不小的事，章帝大喪未完，來京弔唁、剛獲太后寵信的皇室疏宗都鄉侯劉暢遇刺身亡。竇太后大怒之下，嚴令徹查此事，中間卻遇到了很不正常的阻力。幾名漢室的忠誠臣子在壓力之下徹查的結果是：罪魁禍首是大權在握的太后之兄竇憲。動機是懼怕劉暢得到太后的寵信，會和自己分享權力。

　　雖說王子犯法與庶民同罪，但畢竟手足情深，加之竇氏一族榮損相關的利害關係，竇太后不得不想方設法保全竇憲。當朝野間議論紛紛，竇太后騎虎難下之際，事情忽然有了轉機。南匈奴使者前來朝見，請求朝廷出兵討伐北匈奴。

　　匈奴曾經是漢朝最可怕的勁敵，但在幾百年的反覆打擊下，東漢初年已經衰落並分裂成南北兩部。南匈奴向漢朝稱臣，關係良好，北匈奴地處漠北，對漢朝的威脅也不大。近年來，北匈奴飢荒慘重，人民流亡，所以南匈奴請朝廷出兵征討。竇憲及時抓住了這個機會，上書請求帶兵征討北匈奴以將功贖罪。

　　這件戰事對於大漢來說意義不大，隔秦伐楚之事只會讓南匈奴坐大，但特殊時刻，竇太后顯然顧不了太多，她力排眾議命竇憲為車騎將軍出兵征討。挾著當年西漢大破匈奴的餘威，東漢軍隊再次演繹了「胡無人，漢道昌」的壯舉。此戰於竇憲來說無疑是柳暗花明，此後幾年，竇憲率兵繼續清剿北匈奴殘部。永元三年，漢軍在阿爾泰山腳下徹底擊潰了北匈奴，單于率數萬部眾遠遁西域，逃離了大漢的視野。

　　竇憲在極北的燕然山（今蒙古杭愛山）上勒銘紀念，但他並不知道自己引發了怎樣的歷史：此時的歐洲卻因北匈奴的西遷產生了一連串的連鎖反應，將西方世界攪得天翻地覆，最終導致了羅馬帝國的土崩瓦解。竇憲彷彿是推動第一張多米諾骨牌的那隻手，之後一連串的倒塌一直延續到近

300年後的歐洲。

　　君士坦丁大帝的崛起延緩了羅馬的分裂，再造了帝國的強盛，但輝煌的時光十分短暫。337年，君士坦丁駕崩，數子爭位，帝國又陷入新一輪的分裂與混戰。歷經幾次權位更迭，幾番爭戰、分裂、統一之後，君士坦丁一系的皇室終結，軍權在握的軍官登上了羅馬的王座，將領瓦倫提尼安坐鎮羅馬，其弟瓦倫斯成為「共治者」。兄弟同心，其利斷金，羅馬開始了與夙敵波斯的爭戰，對於東北方漸漸逼來的匈奴威脅卻渾然不知。

　　對西方世界來說，匈奴人的到來毫無預兆。

哥德人的起義

　　北匈奴離開蒙古草原之後，逐漸分成了兩個部落。其中一部居住在裡海東部，被稱為白匈奴人，後來一度侵入印度。另一部幾經遷徙，於260年左右在黑海東北的欽察草原上定居下來。雖然已經一腳踏入了西方世界的門檻，但匈奴人以為西方是無邊的荒漠，因此沒有渡過頓河西遷。近100年後，一場嚴峻的飢荒，迫使一些匈奴人沿著黑海北岸西進，去尋找賴以生存的水草地，結果無意中發現了西方的豐美草原。西元350年以後，匈奴人舉族西遷。

　　這個茹毛飲血的遊牧民族，終生遷徙，馬術嫻熟，箭法精準，正如900年後的蒙古騎兵一樣，沒有任何一支歐洲軍隊能夠與之抗衡。他們征服了遊牧民族阿蘭人，侵入了日爾曼哥德人的領土。同樣是蠻族出身，當年曾讓羅馬帝國萬分困擾的哥德人終於明白了「人外有人，天外有天，強中自有強中手」。東哥德幾乎在一夜之間就被匈奴所征服，東西兩部的哥德殘部只得蜂擁至多瑙河畔，向羅馬守軍求救，請求帝國允許他們渡河，逃避即將到來的浩劫，他們以永遠效忠帝國作為報答。

　　正陷入與波斯苦戰的瓦倫斯出於增加兵力的考慮，答應了蠻族進城的請求。雖然羅馬提出了許多苛刻且謹慎的條件，但哥德人的湧入依舊帶來

BC

埃及第一王朝形成
古印度興起
— BC2000

巴比倫第一王朝

愛琴文明
亞述擊敗巴比倫

— BC1000

羅馬王政時代
第一屆奧林匹克

佛陀誕生
羅馬共和時代
蘇格拉底出生
柏拉圖出生
亞里士多德出生

— 0　耶穌基督出生

基督教為合法宗教
君士坦丁統一羅馬

回教建立

神聖羅馬帝國開始
— 1000
第一次十字軍東征

英法百年戰爭開始

哥倫布發現新大陸

美國南北戰爭開始
第一次世界大戰
— 2000

上古時期	BC
夏	
	BC2000 —
	BC1800 —
商	
	BC1600 —
	BC1400 —
	BC1200 —
周	
	BC1000 —
	BC800 —
	BC600 —
	BC400 —
秦	BC200 —
漢	
	0 —
三國	200 —
晉	
南北朝	400 —
隋朝	600 —
唐朝	
	800 —
五代十國	
宋	1000 —
	1200 —
元朝	
明朝	1400 —
清朝	1600 —
	1800 —
中華民國	
	2000 —

了無邊的後患。匈奴之患雖解，但養活哥德人也是個大問題。羅馬當然認為自己沒有義務養活這些人，所以他們只提供了很少的糧食補助，以至很多哥德人賣兒賣女，又或餓死街頭。許多哥德人還要忍受羅馬統治者的殘酷剝削。遭到非人虐待的哥德人再也不堪忍受，終於起來反抗，起義情況愈演愈烈。

原本已被羅馬文明影響的哥德人，在匈奴人的騎殺刺激下重返蠻族的劫掠生涯，羅馬帝國已不再是恩主，匈奴騎兵也不再是敵人。面對富庶的羅馬，匈奴人、哥德人、阿蘭人、色雷斯人等等，人人都想分一杯羹，就連萊茵河上的日爾曼人也開始入侵高盧。陷於波斯戰爭泥潭的瓦倫斯自顧不暇，瓦倫提尼安之子西部皇帝格拉提安率軍北上迎擊，一時天下大亂，羅馬帝國再度變得岌岌可危。

最初，格拉提安將哥德人重新趕回多瑙河畔，但沒想到哥德人和匈奴聯合起來，情況一發不可收拾。羅馬人習慣了大軍團正面決戰的作戰方式，而遊牧民族的軍隊依靠的是騎兵機動性強的優勢。後者總是以游擊戰方式進攻羅馬軍隊，致使後者常常措手不及，大吃敗仗。不久，羅馬軍退守城池，哥德人攻打不下。格拉提安一見情況有所緩和，遂轉戰萊茵河上，打敗日爾曼人。

格拉提安勝利的消息傳到瓦倫斯那裡，後者對侄子的軍功妒嫉不已，決定也效仿一下，御駕親征，但瓦倫斯不是很好的軍事家。西元411年，瓦倫斯親率一支6萬人的大軍向亞德里亞堡挺進平叛，結果卻是瓦倫斯以生命為自己的名利心付出了慘重的代價。戰鬥變成了一場可怕的大屠殺，千千萬萬的羅馬人不分身分貴賤，落入死神的手中，而羅馬從共和國到帝國的千秋霸業，也在此大劫後走向衰敗。

哥德人的勝利，僅僅限於亞德里亞堡，對於堅不可摧的羅馬城市，遊牧的蠻族依舊束手無策。因此，當格拉提安任命狄奧多西為東部皇帝，主持戰局時，哥德人再度求和。當然，羅馬也無心力戀戰，雙方達成妥協，色雷斯由皇帝賞給哥德人居住，而哥德人繼續「效忠」羅馬，受重創的羅馬軍不得不大量吸收並仰仗先前的「敵軍」作為主力。已故的瓦倫斯皇帝

當年的算盤，竟然以這樣荒誕的方式達成了，不得不說是歷史的玩笑。

羅馬帝國憑藉其虛華的外表，維持著表面的統治。395年，狄奧多西一死，哥德人再度反叛，羅馬兵敗如山，因為軍隊主力全是哥德人，帝國東部一夜淪陷。411年，西哥德人攻破羅馬，「永恆之城」萬劫不復，化作了歷史的塵埃。476年，西羅馬帝國分崩離析，羅馬的輝煌以民族大遷徙的結局而告終。

一個東方貴族的死，導致了一個西方皇帝的死；兩個東方民族間的戰爭，導致兩個西方民族的兵戎相見，東漢的崛起導致了羅馬帝國的崩潰，東邊日出西邊雨，歷史的翻雲覆雨手果真變幻莫測。

羅馬帝國的衰落

西元395年，羅馬帝國輝煌不再，東西分裂，曾經以地中海作內湖的豪邁已沒了信心。自此之後，西羅馬帝國又出現過八個皇帝，但都是傀儡，實權掌控在蠻族出身的軍事首領中。當西羅馬在痛苦的與蠻族爭鬥中走向滅亡深淵之時，東羅馬則在漫長的狄奧多西二世時代安樂徘徊。

再之後，當西羅馬帝國徹底崩潰於戰亂之中，羅馬文明的唯一承載便是拜占庭帝國了，即東羅馬帝國。拜占庭所體現出的風格類似於中國的南宋，柔麗秀美，偏安一隅，彷彿夕陽晚照，留給後人的是淡淡的落寞和動人心魄的美。

羅馬帝國日薄西山，但也曾有過片刻的迴光返照讓羅馬人內心澎湃，那就是拜占庭帝國查士丁尼統治的時代。當時的拜占庭帝國處於黃金時代，與大唐東西而立，是當時東西方世界的兩極，是兩個政治、文化迥異的經濟中心。

平民出身的帝王總是留給後人很多話題，查士丁尼出生於南斯拉夫一個農民家庭，後來隨著他的叔父查士丁走上羅馬的仕途。查士丁機敏且強壯，很快便入選了利奧一世的宮廷禁衛軍，在戰場上轉戰四方，接受鐵血

BC

埃及第一王朝形成
古印度興起
— BC2000

巴比倫第一王朝

愛琴文明
亞述擊敗巴比倫

— BC1000

羅馬王政時代
第一屆奧林匹克

佛陀誕生
羅馬共和時代
蘇格拉底出生
柏拉圖出生
亞里士多德出生

— 0　耶穌基督出生

基督教為合法宗教
君士坦丁統一羅馬

回教建立

神聖羅馬帝國開始
— 1000
第一次十字軍東征

英法百年戰爭開始

哥倫布發現新大陸

美國南北戰爭開始
第一次世界大戰
— 2000

的淬煉，先後參與了對伊蘇利亞人、對波斯人以及對企圖篡位者維塔里安的戰爭。

在戰爭中查士丁屢立戰功，受到皇帝嘉獎，從一個默默無名的士兵一舉升為禁衛軍的首領，並且獲得了元老的身分。後來，查士丁靠卓越的戰功被擁立為羅馬皇帝，由於沒有後嗣，就將查士丁尼培養為繼承人。羅馬君主對於繼承人的選擇，遠不像中國的皇帝一樣緊緊抓住血統不放，或許是長久以來的共和情結，淡化了帝國「家天下」的意味。527年，查士丁尼正式成為拜占庭帝國的皇帝。

與當年的君士坦丁一樣，查士丁尼也是個虔誠的基督教徒，他渴望恢復昔日羅馬帝國的全盛局面，並將正統的基督教義傳播到這個帝國的每一寸土地。初登大位，他勤政不倦，被世人稱為一個與黑夜為伴的人。當年玄宗李隆基登位，也曾日日理政、批閱奏策到深夜，勵精圖治的皇帝贏得了身後的聲名，也付出了許多不為凡人所知的辛苦。

提及查士丁尼，還有兩人不得不提，一是拜占庭的戰將貝利薩留，一是查士丁尼的皇后狄奧朵拉。

羅馬與波斯的宿怨在拜占庭帝國時期依舊存在，在東羅馬與波斯的戰爭中，貝利薩留脫穎而出，升任禁衛軍長官，受到了皇帝的重用。

530年，貝利薩留任德拉總督，擊敗4萬波斯阿拉伯聯軍，名聲大振，2年後，戰爭以有利於拜占庭的和約而告終。

之後的歲月，貝利薩留鎮壓國內叛亂，剿滅阿蘭人，出征東哥德，立下赫赫戰功。他的才幹如同破鞘的長劍，只有強有力的帝王才能駕馭自如，去斬斷前途的荊棘，掃蕩敵人。貝利薩留用有限的人力與財力，贏得了一場又一場的勝利，也因功高蓋主而引起了查士丁尼的猜忌。

幾度罷黜，幾度起用，貝利薩留用一生譜寫了一闋豪邁的辭章。他所創建的裝備精良、集數族兵器於一身的「鐵甲軍」，在他死後數百年間，一直是捍衛拜占庭帝國的堅強支柱。戎馬一生，最後卻被指控參與謀反，遭到罷黜，痛苦離世。「兔死狗烹，鳥盡弓藏」的歷史劇目，各朝各代、各國各地都會重複上演。

夏

BC2000

BC1800

商

BC1600

BC1400

BC1200

周

BC1000

BC800

BC600

BC400

秦

漢　BC200

0

200

三國

晉　400

南北朝

隋朝　600

唐朝

800

五代十國

宋　1000

1200

元朝

明朝　1400

1600

清朝

1800

中華民國

2000

查士丁尼與拜占庭帝國的擴張

皇后狄奧朵拉是查士丁尼身邊不可或缺的政治夥伴與情感寄託，這個曾為煙花女子和戲子的女人，在一個偶然的機會下邂逅了查士丁尼，最終成為他的另一半。

查士丁尼雖成長於軍旅中，但其性格中軟弱的一面仍時而顯露出來，狄奧朵拉以其豐富閱歷和人生磨難中成就的智慧和果決，彌補了查士丁尼時而出現的優柔寡斷。查士丁尼追求威嚴，要建造富麗堂皇的索菲亞大教堂，帝國需要大量的金錢，不免橫徵暴斂，肆行劫掠。等教堂盡立起來時，人民不滿的憤恨也積聚成山。

在532年君士坦丁堡的歷年盛事賽車會中，臣民對賽車的狂熱，突然演變成對專制、貪污和苛稅的強烈不滿，人潮洶湧，皇宮遭困，查士丁尼慌亂不已。

狄奧朵拉以一個政治家的遠見和妻子的鼓勵，使得垂頭喪氣的查士丁尼重新鼓起了勇氣，依靠貝利薩留的傭傭軍血腥鎮壓了起義，屠殺了3萬多人，查處背後支持的元老。拜占庭帝國的黃金時代無法脫離狄奧朵拉的情影，正如查士丁尼無法離開對妻子的依賴一樣。

從533年開始，查士丁尼終於開始實踐他恢復舊日羅馬帝國的夢想了，並在這條路上走了22年之久。先是曇花一現的汪達爾王國在拜占庭的劍鋒中覆滅，跟著在西西里島登陸後攻克了羅馬。西元540年，查士丁尼攻克東哥德首都拉文那。14年後，拜占庭帝國終於將東哥德王國收歸己有。

西元554年，查士丁尼又利用西哥德王國的內訌，出兵占領了今西班牙的沿海地區。世界上沒有永遠的敵人，也沒有永遠的朋友，查士丁尼把這種思想發揮得淋漓盡致。連年征戰使拜占庭帝國的版圖空前擴大，原羅馬帝國的疆域大半被重新併入，查士丁尼大有恢復羅馬雄風的架勢。然而，征服與統治是兩個不同的概念，帝國的短暫輝煌，實際是以廣大被征

BC

埃及第一王朝形成
古印度興起
— BC2000

巴比倫第一王朝

愛琴文明
亞述擊敗巴比倫

— BC1000

羅馬王政時代
第一屆奧林匹克

佛陀誕生
羅馬共和時代
蘇格拉底出生
柏拉圖出生
亞里士多德出生

— 0 耶穌基督出生

基督教為合法宗教
君士坦丁統一羅馬

回教建立

神聖羅馬帝國開始
— 1000
第一次十字軍東征

英法百年戰爭開始

哥倫布發現新大陸

美國南北戰爭開始
第一次世界大戰
— 2000

服土地的衰弱來換取中心區域的繁華，危機依舊存在。雖然查士丁尼恢復
昔日羅馬帝國全盛的宏願依舊未能成功，但他為拜占庭帝國打下了穩固的
基礎，使得羅馬帝國的半壁江山在歷史的風吹雨打中延續了近千年之久，
後來一度成為亞歐大陸西部文明世界的唯一火種。

　　如今，青史留名的查士丁尼還有一個尊稱，即「法律之父」。因為查
士丁尼在西方文明史上留下的最大貢獻，莫過於《查士丁尼法典》，此即
《羅馬民法大全》。查士丁尼即位第二年，就成立了羅馬法編撰委員會，
由著名法學家特里波尼亞領導，透過對400多年來羅馬歷代元老院的決議
和皇帝的詔令進行編輯，終成《查士丁尼法典》。雖然該法典在拜占庭帝
國衰亡後一度失去影響力，但在歐洲文藝復興運動的推動下，《查士丁尼
法典》重新煥發出它的活力，成為超越時空限制的法律大全。

　　「我過去是凱撒，我現在是查士丁尼，我因為感覺到上帝的意志而筆
削諸於法律……在我和教會和諧之後，我蒙受上帝的感應，立即把我的全
部精神，用在那件大工作上面。」查士丁尼為何會對編撰法典有如此高的
熱情，這已無從考證，但可以想到的是，一切與他的宏圖大志相關。

　　著名史家普羅科厄斯寫了《戰爭》和《建築》兩部書，為查士丁尼歌
功頌德，卻又留下了一部《秘史》揭露查士丁尼宮廷的黑暗，使得這位復
國大帝成為西方歷史上形象最為豐滿的帝王之一。

　　晚年的查士丁尼，作為神學家的一面慢慢地顯露出來，逐漸厭倦政
事，沉迷於宗教。565年，曾經叱吒風雲，鐵馬金戈，橫掃西歐，以復興
往昔羅馬帝國大業為己任的鐵腕強人查士丁尼一世去世，羅馬帝國終於回
天乏術。雄才大略的謀劃，高瞻遠矚的運籌，百戰百勝的軍隊，卷帙浩繁
的法典，一切皆成過眼雲煙。據說，查士丁尼離世後，君士坦丁堡的百姓
一片歡騰，但拉長了歷史的座標，查士丁尼依舊是位傑出的帝王。

　　7世紀中葉，由於阿拉伯人的武力擴張，拜占庭帝國日趨衰落。第四
次十字軍東侵期間，西歐封建主占領了拜占庭帝國大部分領土及其首都君
士坦丁堡，建立拉丁帝國。拜占庭的殘餘勢力退縮至小亞細亞。西風殘
照，羅馬宮闕，朝代興衰，文明失落，歷史總是充滿了無奈，拜占庭攜著

夏

BC2000

BC1800
商
BC1600

BC1400

BC1200
周
BC1000

BC800

BC600

BC400

秦　BC200
漢

0

三國
晉　200

南北朝　400

隋朝
唐朝　600

800
五代十國
宋　1000

1200
元朝
明朝
1400

清朝　1600

1800
中華民國
2000

羅馬的餘暉，涅滅在歷史的沙塵中。

查士丁尼的暴政

西元476年，西羅馬帝國面臨著內外交困，如待宰的羔羊，在日爾曼人的屠刀之下，終於壽終正寢。

西羅馬帝國滅亡，東羅馬帝國發展得很好，這是地利的緣故。東羅馬的首都君士坦丁堡地跨歐亞，占據黑海的出海口。海上的生意發展很快，在6世紀查士丁尼在位時，最為強盛。

西羅馬帝國的消失，使他很吃驚。不過，查士丁尼是聰明人，他開始對內鎮壓，對外掠奪，穩固自己的統治。

查士丁尼是老查士丁尼的侄子，從小接受奴隸主的教育。在青年時，他是個有心的人，對東羅馬帝國從動盪到消失的歷史，全看在眼裡。他從叔父那裡學到了動物的烈性和狡獪，他的骨子裡隱匿著一個可怕的計畫。他知道怎麼擺弄自己的國家和手下的刁民，那就是攘外和安內。

查士丁尼登上自己的寶座後，就找人編撰了一部法典《民法大權》，這對歐洲法律制定的影響是前所未見的。這部法典要求你當順民，認可自己的地位，甘願做個小弟。階級差別不再隱藏，全部呈現。法典的實施，使他可以放心的把眼光投向外面。

西元533年，查士丁尼的軍隊開始對北非的汪達爾王國展開進攻。查士丁尼的兄弟貝利撒，只用半年的時間就把汪達爾王國搞定，查士丁尼的野心更為膨脹。西元535年，貝利薩在義大利與東哥德王國展開對戰。東哥德的軍隊一擊即潰，貝利薩的軍隊占領西西里和南部。不過，貝利薩不得民心，用「三光政策」對付人民，不料人民奮起反抗，結果直接導致自己在羅馬城內糾結了一年多。

查士丁尼是個變態的魔鬼，用盡自己的力量在西元555年摧毀了東哥德王國。同時，他還對西班牙的西哥德王國興兵，也激起同樣的反抗。軍

BC

埃及第一王朝形成
古印度興起
— BC2000

— 巴比倫第一王朝

—

—

愛琴文明
— 亞述擊敗巴比倫

— BC1000

— 羅馬王政時代
第一屆奧林匹克

佛陀誕生
羅馬共和時代
蘇格拉底出生
柏拉圖出生
— 亞里士多德出生

— 0　耶穌基督出生

—

基督教為合法宗教
— 君士坦丁統一羅馬

— 回教建立

神聖羅馬帝國開始
— 1000
第一次十字軍東征

— 英法百年戰爭開始

— 哥倫布發現新大陸

—

美國南北戰爭開始
第一次世界大戰
— 2000

上古時期　BC

夏

　BC2000 —

　BC1800 —

商

　BC1600 —

　BC1400 —

　BC1200 —

周

　BC1000 —

　BC800 —

　BC600 —

　BC400 —

秦　BC200 —
漢

　　0 —

　　200 —

三國
晉

　　400 —

南北朝

隋朝　600 —
唐朝

　　800 —

五代十國
宋

　　1000 —

　　1200 —

元朝
明朝

　　1400 —

　　1600 —

清朝

　　1800 —

中華民國

　　2000 —

隊很快占領了西班牙的東南部，還有科西嘉島、薩丁島及巴利亞利群島。不過，多年的打仗使奴隸們的生活在生死之間掙扎，過著低賤的生活。

　　查士丁尼建設了很多美輪美奐的宮殿。君士坦丁堡的聖索菲亞大教堂就花費了5年的時間和大量的錢財以及大量的民工。可以說這教堂是用民工的骸骨構建而成。查士丁尼用盡自己的聰明徵收稅賦和徭役，供自己和貴族們享用、揮霍。這激起人民的反抗，人民的忍耐是有限度的。西元532年，君士坦丁堡釀造了一場宏大的「尼卡」起義。

　　這事情還得從查士丁尼繼位說起，當時君士坦丁堡的流行遊戲就是馬車競賽，所有人都愛這種運動。賽馬分隊進行，觀看的人以顏色為派別，後來就成了派別的標誌。綠黨和藍黨不斷交戰。查士丁尼就殺掉了兩黨中的幾個人，激起了平民的反抗。他們劫牢反獄，放走所有人，這就是起義的開始。

　　西元532年1月11日，羅馬帝國都城內被大火包圍，聖索菲亞大教堂也不例外。人民要求懲戒約翰和特里波尼安。皇帝這時很怕暗地裡有人在窺視他的寶座，懷疑他的外甥希伯第，就把他放逐。人民卻以希伯第為皇帝，進行反皇權的起義。這不是很可笑嗎，他們倆是一家人。

　　皇帝下令召集軍隊進行殘酷鎮壓。可憐，這些起義的人們被逮捕，血染賽馬場。起義像以前一樣又一次失敗。不過各地的起義風起雲湧。查士丁尼處在水深火熱之中。

　　西元555年，他停止戰爭。10年之後，他骯髒的一生就此結束。

西羅馬帝國的覆滅

　　西元1至2世紀是羅馬帝國的壯年，它是地中海邊名副其實的強國。可是，到西元3世紀時帝國已成衰竭之勢，有奴隸制的崩潰以及附帶的副產品所致。

　　當時奴隸主的奢華和居住宮殿的富麗堂皇，令現代人見了也欣羨。皇

帝和大臣們也許為了排遣自己的寂寞，舉辦各種活動。西元106年，圖拉莫皇帝因達西亞的勝利，舉辦了123天的活動。

而兄弟們的內訌也十分厲害，帝位的更迭更是家常便飯。其中曾50年間換了10個皇帝。

西元284年深秋的一個午後，一支羅馬軍隊行色匆匆，從波斯帶回大量的財物。不幸的是皇帝死在歸途，兒子也沒福氣，得了重病，被抬著回國。

近衛軍長官阿培爾在擔架旁徘徊，不停的催促士兵們，而且還不時的揭開被子來看看。士兵們從擔架上能聞到一股腐朽味，大為懷疑。到了尼科美地區，士兵們才知皇帝已被害死。

激動的士兵發出怒吼聲，他們要找出兇手，為國王報仇。

阿培爾怒斥士兵們，讓他們不要大聲喧囂，以免影響宮廷的威嚴形象。

此刻，又一憤怒聲音響起，責罵阿培爾怎麼還在這裡訓斥別人，該死的人是他，因為就是他殺掉了兩個皇帝，他才是國家的敵人。此人就是戴克里先。兩人砍殺一陣，阿培爾斃命，戴克里先被推舉為帝國的領袖。

他繼承了奢華之風。戴克里先被視為神明，皇權再加強，改為「君主」。君主制成為羅馬帝國後期的一種承襲形式。

戴克里先有些自卑，先派好友馬西米克治理西部，後來又弄了兩個副職凱撒。歷史上稱「四帝共治制」。接替戴克里先的是君士坦丁。330年首都遷到拜占庭，定名為君士坦丁堡，是為新羅馬，為東西分治打下基礎。

西元395年，羅馬帝國分為東西兩邊，首都東為君士坦丁堡、西為羅馬城。衰落帝國，奴隸起義各地而起，以高盧人的「巴高達」運動為甚。西元408年，羅馬統帥撒拉率領一支軍隊回義大利，途徑阿爾皮斯山口，被高盧人打敗。

羅馬帝國屋漏偏逢連夜雨，哥德人進入義大利。這支隊伍的領袖是勇士阿拉里克。他對妻子許諾說：我會打進羅馬城，要貴婦給你做婢，拿財

BC

埃及第一王朝形成
古印度興起
— BC2000

巴比倫第一王朝

愛琴文明
亞述擊敗巴比倫

— BC1000

羅馬王政時代
第一屆奧林匹克

佛陀誕生
羅馬共和時代
蘇格拉底出生
柏拉圖出生
亞里士多德出生

— 0   耶穌基督出生

基督教為合法宗教
君士坦丁統一羅馬

回教建立

神聖羅馬帝國開始
— 1000
第一次十字軍東征

英法百年戰爭開始

哥倫布發現新大陸

美國南北戰爭開始
第一次世界大戰
— 2000

寶給你作禮物。

可是他失敗了，羅馬司令官斯底里哥讓羅馬城恢復原貌，這是帝國末日的迴光反照，也是角鬥士煉獄的終結。

務實的斯底里哥，與阿拉里克結為兄弟，對付匈奴人的來犯。但斯底里哥卻被污衊想造反，於是霍諾下令處死了斯底里哥。

西元408年，阿拉里克率眾來犯，拿下羅馬的港口，斷絕城內的供應。帝國的廢物們驚恐萬狀，派人乞和。但是阿拉克裡卻不吃這一套，他對求和的人們說，求和也可以，但得付出代價。經過協商，最後雙方達成協議，就是用財寶來交換。

最後，羅馬城答應了這苛刻的條件。西元410年，阿拉里克給兄弟們許諾：打進羅馬，搶劫3日。

可憐這個血雨腥風的夏夜，哥德人把羅馬變成一堆廢墟，財物洗劫一空。做了這事之後，他們棄城向南部挺進。阿拉里克也撒手人寰。據說，阿拉里克和財物一起葬入一條河底。

西元476年，西羅馬六歲的皇帝被趕了下來。就這樣，這長達12世紀的帝國，在內外交困的情況下轟然倒塌。這也代表著西歐新時代的開啟。

夏

BC2000

BC1800

商

BC1600

BC1400

BC1200

周

BC1000

BC800

BC600

BC400

秦
漢　BC200

0

三國
晉　200

400

南北朝

隋朝　600
唐朝

800

五代十國
宋　1000

1200

元朝
明朝　1400

1600

清朝

1800

中華民國

2000

第四篇：中世紀文明的興衰

（500年～1500年）

　　中世紀的歐亞大陸，依然是以諸多的侵略和戰爭為主，這些侵略波及到了歐亞大陸上的各個地區，但是和古典時期有所區別的是，中世紀時期的這些侵略活動都是相互影響，相互波及的。

　　侵略的戰爭將歐亞大陸上西方的古典文明拔起，為新文明的誕生掃清了障礙。也正是因為如此，西方的發展變得迅捷起來，開始向海外擴張，形成了控制世界的力量。也正是如此，中世紀文明到那時便告一段落了。

上古時期　BC

漢

　0

100 —

三國
晉　　200 —

300 —

南北朝　400 —

500 —

隋朝　600 —
唐朝
700 —

800 —

五代十國　900 —

宋　　1000 —

1100 —

1200 —

元朝
1300 —

明朝
1400 —

1500 —

1600 —
清朝
1700 —

1800 —

1900 —
中華民國
2000 —

｜第十五章｜查理大帝的擴張

奧古斯丁的宗教活動

奧古斯丁的神學在中世紀的西歐是首屈一指的，他被教會奉為「聖人」。

西元386年的一天，義大利米蘭的大道上，一個人瘋狂地衝進各種花園，神經質的做著各種動作。稍後，在一棵無花果樹下躺下，作夢似的囈語，一把鼻涕一把淚的流著。

周圍的群眾有人認出了這個看似瘋癲的人就是奧古斯丁教授，人們不知道到底發生了什麼事情，讓奧古斯丁如此難過，於是愛熱鬧的人們圍了上來。幸虧有奧古斯丁的朋友相助，人群才散開，在更遠的地方遠觀。

夜黑了下來，朋友擁著他回家。朋友困惑地問他到底是怎麼了，為什麼如此的難過，在大庭廣眾之下痛哭。

「在我祈禱的時候，主現了身，牽引著我，」奧古斯丁嚴肅地說著，「一個小男孩，我敢肯定是天使，催我讀使徒保羅的書。一團聖光籠罩著我，我心一片光明。」

奧古斯丁扭過頭對朋友說：「我想歸於主門下，辭去教職，把我的生命給我主。」

第二年春，奧古斯丁接受米蘭大主教為他主持的洗禮，委身於主的門下。

不久，他就回了老家北非塔加斯特（今阿爾及利亞東北部蘇克阿赫拉斯城），在當地修道院隱居三年。

在那三年裡，他掛羊頭買狗肉，以這為隱身衣，進行活動，向基督教

會暗送秋波。剛開始他和朋友先是以小規模活動，慢慢壯大，不久就向自己的老主顧摩尼教開炮。他用自己的拿手好戲寫了幾本書，組織了幾個公開的辯論會，當然這是玩弄摩尼教。

奧古斯丁的地位提高了一大截。392年，他的修行結束，希波城的主教瓦勒里與之會晤，招他為自己的小弟，很賞識他。295年，老闆死去，小弟開始上臺，自己的宏圖大業鋪展開來。

奧古斯丁繼任時，基督教已經是羅馬的正教，利用各種機會打擊所謂的異端教派。這些教派中，朵拉圖斯派是大哥級的教派，於4世紀誕生，與基督教同宗，其中教會財產共有、反對政教合一等特點都有。奧古斯丁當然是衝在前頭。

393年，朵拉圖斯派發生內訌，有人想主張革命，有人反對。最後，一部分發動了所謂的小規模起義。奧古斯丁與羅馬當局聯絡，打壓朵拉圖斯派。405年2月12日，西羅馬皇帝撤了朵拉圖斯派的執照，對其進行施虐，不少朵拉圖斯派的兄弟殉難。這種行為，一石激起千層浪，更多的起義爆發。411年在迦太基總督舉辦的宗教會議上，朵拉圖斯教派的兄弟們與奧古斯丁展開舌戰。

無奈，風向標卻在奧古斯丁手裡，他先發制人，說朵拉圖斯的種種不是。412年1月30日，羅馬當局判後者違法，要求他們該信正教，否則就沒收財產、絞刑等。在打壓中，許多兄弟死去、教堂沒收等。更多的兄弟奮起，正派教堂，殺敵對的兄弟們……

在這項打壓活動中，奧古斯丁是以各種面目積極投身於打擊對手的活動之中。其中有兩條原則臭名昭著：一是「恐怖有益」，對異端邪說施以恐嚇；二是「逼良為娼」，逼迫敵對兄弟改信正派。這些原則被西歐、北非和羅馬當局利用，迫害敵對的兄弟們。另外，為了打壓「異端邪說」，他還著書立說，以《懺悔錄》和《上帝之城》最為著名。

奧古斯丁寫《懺悔錄》就是包藏邪惡之心，粉碎自己，給自己臉上貼金，激起宗教狂熱，匡扶基督教。《上帝之城》也是很厚的專著，奧古斯丁系統性的描述自己的理論和思想。

BC

— 0　耶穌基督出生

— 100

— 200

— 300
君士坦丁統一羅馬

羅馬帝國分成兩部
— 400

— 500　波斯帝國

— 600　回教建立

— 700

— 800
凡爾登條約

— 900
神聖羅馬帝國建立
— 1000

— 1100　十字軍東征

— 1200
蒙古第一次西征

— 1300
英法百年戰爭開始

— 1400

哥倫布發現新大陸
— 1500

英國大破無敵艦隊
— 1600

發明蒸汽機
— 1700

美國獨立
— 1800

美國南北戰爭開始

— 1900
第一次世界大戰
第二次世界大戰

— 2000

上古時期　BC

漢

　─ 0

100 ─

三國

晉　200 ─

300 ─

南北朝　400 ─

500 ─

隋朝　600 ─
唐朝

700 ─

800 ─

五代十國　900 ─

宋

1000 ─

1100 ─

1200 ─

元朝

1300 ─

明朝

1400 ─

1500 ─

清朝　1600 ─

1700 ─

1800 ─

1900 ─

中華民國

2000 ─

這麼龐大的思想體系的根基就是上帝的至高無上。上帝創造和主宰了一切。上帝的訓示是人類精神的源泉。他給你以恩賜，讓你升天堂。

奧古斯丁是正派理論的泰斗。在中世紀的5至11世紀，他的理論是最高權威。他就是人們心中的神，他的名字為婦女和兒童所熟知。

西元430年5月，日爾曼人包圍希波城。同年8月28日，76歲的奧古斯丁在被圍中死去。

浪漫的中世紀騎士制度

一個年輕人接受了教堂的洗禮，去掉身上的污穢之物，在神壇前述說自己的職責。

第二天早晨，他回到了城堡裡的父母和朋友身邊。一位騎士走到他的身邊，給他穿上騎士該有的服飾。他跪在地上接受城堡領主的宣誓，他已經是一名騎士。他興奮異常，人們給了他應有的榮耀。

在中世紀時有一個特殊階層，就是透過參軍來獲取生存的物質。國王或領主利用這些人來辦自己的事情，他們都是馬上的騎兵。這裡說的就是騎士階層。

騎士必須是貴族出身，從小習文練武，還得接受主人的禮節教化，21歲才能成為騎士。

儀式非常複雜，別忘了這是以騎士家庭的錢支付的。爵位和地位等如不能擁有，那你這個騎士就只能當小弟了。騎士都是透過馬上比武來贏得榮譽。

馬上比武是實戰的推演，不用鋒利的武器，而且旁邊有自己的同僚觀看。一般不會發生傷害，雙方都是為了訓練。教會想砍掉這種遊戲，而其他人認為有必要，這是為戰場上的傑出表現所做的一種預演。在那個時代，騎士這一職業這麼流行，當然會出幾個英雄來讓人崇拜，亞瑟王就是其中的一位。

騎士的優勢就是自己的騎術和手中的武器。有名的騎士有自己的城堡和附近鄉村的管理權。中世紀前期，騎士的權力很大，國王和中央政府只是個虛殼。這是一幫狂徒，他們敢自己去發動戰爭。

騎士的坐騎分為三種：一種是戰馬，另一種是供其家人騎的乘馬，最後是拖自己武器的馭馬。騎士的戰馬都有專職有名號。騎士身體外面的披掛有著不同的特點。上身從皮革或布料到盔甲；頭盔一直是金屬構成；臉從金屬罩到面甲都須包裝。騎士自身的裝備還有盾牌、長矛和劍等。盾牌都有自己的紋章，像徽章、大熊、飛龍等。在戰鬥時，騎士都是全速前進，用矛刺向對方。矛斷了才使用手中的佩劍。

騎士的戰鬥有還是很文雅、藝術的。許多戰鬥參加的人數和的時間很少。這些兄弟對活捉對方最為高興，這樣他們在戰後可以得到一筆錢，當然這以對方的家產和地位來定。一般人可不想這樣，因為這對他並無多少好處。騎士的戰鬥是很紳士的。戰鬥前，要等雙方都準備好，鄙視突然襲擊；不對手裡沒有兵刃的人進行攻擊；俘虜之後，還把對方以上賓看待。其實，說白了，就是想著人家的錢才這樣做的。

這幫人並不只是幹那些殺人的勾當，還有點人道主義。他們信奉基督教，幫助窮人，保護一方平安。隨著時間的推移，他們的素質也提高很多，文明很多。騎士還是躲不過女人的殺手鐧——冷酷的溫柔。

騎士制度在11世紀到14世紀非常時髦。這樣浪漫英雄主義的行為，免不了用文學語言來進行歌頌。抒情詩和敘事詩最為恰當，為愛情、榮譽、功業。這對後來的詩歌和小說下了很大的猛藥，效果持久。

到15世紀，騎士制度因火器的出現也隨即消失。騎士精神和騎士制度卻留存下來，特別是某些觀念仍然存在——彬彬有禮，禮貌文明。

加洛林王朝與「丕平獻土」

隨著羅馬帝國的日漸衰落，日爾曼人最強大的一支蠻族部落悄然崛

BC

— 0　　耶穌基督出生

— 100

— 200

— 300
　　　君士坦丁統一羅馬

　　　羅馬帝國分成兩部
— 400

— 500　　波斯帝國

— 600　　回教建立

— 700

— 800

　　　凡爾登條約
— 900

　　　神聖羅馬帝國建立
— 1000

— 1100　十字軍東征

— 1200
　　　蒙古第一次西征

— 1300
　　　英法百年戰爭開始

— 1400

　　　哥倫布發現新大陸
— 1500

　　　英國大破無敵艦隊
— 1600

— 1700　發明蒸汽機

　　　美國獨立
— 1800

　　　美國南北戰爭開始
— 1900
　　　第一次世界大戰
　　　第二次世界大戰

— 2000

上古時期　BC

漢

－0

100－

三國
晉　　200－

300－

南北朝　400－

500－

隋朝
唐朝　600－

700－

800－

五代十國　900－

宋　　1000－

1100－

1200－

元朝　1300－

明朝　1400－

1500－

清朝　1600－

1700－

1800－

1900－

中華民國
2000－

起，即能戰善戰的法蘭克人。法蘭克人所建立的法蘭克王國以加洛林王朝最為著名，在王朝的鼎盛時期，其王國被稱之為「羅馬帝國復辟」，即後世所謂的神聖羅馬帝國。要走進法蘭克王國的盛世王朝，還得從加洛林的前朝說起。

　　法蘭克人早期居住在萊茵河右岸。5世紀初，法蘭克人開始從故居的南方，沿著萊茵河逐漸向羅馬控制的高盧地區滲入。法蘭克人生性強悍，能征善戰，是天生的戰士。他們的愛好就是打仗，只有死亡才能使他們倒下，要他們恐懼是辦不到的。

　　西元486年，掃清其餘部落的薩利克部落酋長克洛維擊潰西羅馬在高盧的殘餘勢力，以如今的法國巴黎為首都，建立了墨洛溫王朝。

　　西元496年，克洛維率三千親兵在蘭斯接受洗禮，皈依天主教。這一舉動使得教會和高盧羅馬貴族拍手稱好。羅馬帝國滅亡後，羅馬基督教會和羅馬貴族失去了靠山，急於再培養一個政治支柱，可是帝國境內的日爾曼各族都信奉阿里烏派。克洛維皈依天主教，無疑是件天大的喜事。

　　在此後的百年間，墨洛溫王朝不失時機地將教會和羅馬貴族的支持變為自己征服擴張的工具，把自己扮作天主教會的保護人，羅馬帝國的繼承人。其南征北戰，征服西哥德，占領阿奎丹，跨越易北河，合併普羅旺斯和加斯科尼，成為西歐最強大的國家。

　　此後，又一個家族開始在歷史上嶄露頭角。在歐洲，權位的爭奪有時需要幾代人的沉澱。如果說查理大帝是法蘭克王國的集大成者，那麼他的父親、祖父甚至曾祖父都曾為他植蔭。

　　首先，從查理的曾祖父赫斯塔爾·丕平開始說起。墨洛溫王朝的歷代國王都以土地作為賞賜，拉攏封建貴族，長此以往，貴族勢力漸漸龐大，加之王室成員勾心鬥角，各植朋黨，互相傾軋，王權逐漸削弱。歷任國主或童稚登基，或愚昧無能，多半無法主持朝政，每日乘輿服輦，奔走領地之間，置身聲色之中，淪為傀儡。

　　赫斯塔爾就是在墨洛溫王朝的權力紛爭中，擊敗了諸多陰險狡詐的對手，成為宮廷中大權在握的宮相。宮相原是王室的財產總管，後來獨攬軍

政大權。714年，斯塔爾・丕平去世。因為他的幾個兒子都死在他之前，他的遺孀試圖監國攝政，但是被紐斯特利亞人的反抗擊敗。經歷了短暫的混亂之後，一個非正式婚生子——查理，即日後的查理曼的祖父查理・馬特，繼承了他的事業。

查理・馬特同樣也繼承了父親的權位與謀略，將王朝的「懶王」玩弄於股掌之上，挾天子以令諸侯。他曾於西元732年率十字軍擊潰了企圖越過庇里牛斯山進入歐洲腹地的阿拉伯軍隊，戰爭中查理手中那隻宛若神兵的鐵錘，也為他贏來了「鐵錘查理」的稱號。

作為當時整個基督世界的英雄，「鐵錘查理」如果從傀儡國王手中奪過王位，也是無可厚非的，但查理沒有這樣做，而是將這一重任交付到兒子丕平三世的肩上，此舉與三國時期的曹操有著異曲同工之妙。

丕平三世即後世口中的「矮子」丕平，和建魏代漢的曹丕一樣，藉著父親的餘威，他完成了父親想做而未能做的事情。當曹丕逼漢獻帝禪位之時，曾有句話脫口而出：「舜禹受禪，我今方知。」好一個坦率的建國者，一語道破權力交接的本質。

曹丕曾以「七步詩」相難，欲將弟弟曹植置於絕地，說穿了也是內心對權力的隱憂在作祟，矮子丕平也有著同樣的作為。

法蘭克王國的傳統歷來是國王死後其子平分領地，查理・馬特死後，丕平便與兄長卡洛曼世襲，並平分了父親的權力與領地。在利益相關的驅使下，兄弟同心合力擁立了墨洛溫家族的後裔希爾德里克為末代「懶王」，並一同清除了忠於墨洛溫王朝的大貴族。

當加洛林家族的異己被排除殆盡，禍起蕭牆的兄弟之爭便一發不可收拾，在西元746年的決鬥中，弟弟丕平大獲全勝，卡洛曼被迫遁入修道院。

「司馬昭之心，路人皆知。」此刻，丕平心中所想只怕也是人盡皆知了。在歐洲謀權篡位說不上什麼大逆不道，但必須獲得羅馬教皇的首肯，而羅馬教皇當時面臨的困境，恰恰幫了丕平的忙。教皇當時正在日爾曼人的另一支倫巴德人的侵擾中不知所措，丕平正是一位強悍的庇護者。

BC

— 0　　耶穌基督出生

— 100

— 200

— 300
　　君士坦丁統一羅馬
　　羅馬帝國分成兩部
— 400

— 500　　波斯帝國

— 600　　回教建立

— 700

— 800
　　凡爾登條約
— 900
　　神聖羅馬帝國建立
— 1000

— 1100　十字軍東征

— 1200
　　蒙古第一次西征
— 1300
　　英法百年戰爭開始
— 1400

　　哥倫布發現新大陸
— 1500
　　英國大破無敵艦隊
— 1600

　　發明蒸汽機
— 1700

　　美國獨立
— 1800
　　美國南北戰爭開始
— 1900
　　第一次世界大戰
　　第二次世界大戰
— 2000

上古時期　BC

漢

－ 0

100 －

三國
晉

200 －

300 －

南北朝

400 －

500 －

隋朝
唐朝

600 －

700 －

800 －

五代十國
宋

900 －

1000 －

1100 －

1200 －

元朝

1300 －

明朝

1400 －

1500 －

清朝

1600 －

1700 －

1800 －

1900 －

中華民國

2000 －

　　西元751年，矮子丕平遣使晉見教皇箚哈里亞斯，一語雙關地詢問教皇：「法蘭克國王除了在公文上簽字外什麼都無法決定，宮相請問教皇應該怎麼辦？」一方要名，一方需力，雙方一拍即合。心領神會的教皇順勢答道：「握有實權的人稱王，比徒有虛名的人稱王更好。」教皇指示將丕平升為國王。

　　於是，丕平在蘇瓦松召開大會，隆重宣佈了教皇的「決定」，正式稱王，開創了加洛林王朝。被高舉在貴族們盾牌上的矮子丕平頗有趙匡胤黃袍加身的意味，紅衣大主教波尼法斯為丕平塗聖油、戴王冠，將墨洛溫王朝末代國王希爾德里克三世削髮為僧，囚禁在修道院。

　　依據傳統，國王只需要由紅衣大主教加冕就可以了，然而，當西元753年倫巴德人再次威脅羅馬時，新教皇斯蒂芬二世頂風冒雪翻越險峻的阿爾卑斯山脈，親往基爾西向丕平求援，並親自為丕平塗聖油、加冕，給足了這位篡位者面子與威信。宗教與武力的聯姻承諾很快兌現：在此後的兩年間，丕平先後兩次出兵義大利擊敗倫巴德人，將奪得的拉文那到羅馬之間的「五城區」贈給教皇，即被基督教世界稱頌了千餘年的「丕平獻土」，從此在義大利的中部，一個政教合一的教皇國存在了1100多年。

　　總之，這是一筆彼此滿意的交易。此後丕平利用自己的威望，和西班牙在750年阿巴斯革命以後的混亂，先後占領了庇里牛斯山以南的塞普提曼尼亞和納爾榜。760年，丕平發動對阿奎丹的戰爭，在768年收服阿奎丹。

　　加洛林家族終於在丕平的手中登上了權力的最高臺階，為其子查理之後的宏圖大業奠定了基礎。西元768年，丕平在征服阿基坦人後的返國途中，因水腫病去世，將自己辛苦打下的江山交給兒子查理和卡洛曼。卡洛曼早逝之後，查理繼承了全部領土，即後來的一代雄主查理曼。

加洛林國王查理的征戰

查理大帝，薩克森的征服者，中世紀神聖羅馬帝國的締造者，歐洲歷史上最早的君主之一。他是個典型的中世紀騎士，身材魁梧，精力過人，從不知疲勞和疾病，後世流傳的歌謠中把他形容為一個神話般的人物。當他還是王子的時候，就跟隨父親丕平出入宮廷，巡遊各地，騎馬狩獵，隨軍作戰，軍事才幹充分展現。當父親和兄弟相繼過世，查理成了加洛林王國的唯一君主，他緊追父親的後塵，開始了一次次的南征北戰。查理即位之初，首先遇到阿基坦人的再次反叛，他發動3次戰爭，平息叛亂，後來立其三子路易為阿基坦國王。

查理當政後的第一次出征，是在西元774年進攻義大利北部的倫巴德王國。早先，查理的父親丕平便為了維護教皇而與倫巴德人短兵相接，如今子承父業，戰火再次點燃。除了歷史的夙怨外，查理對倫巴德還有著另一個心結。父親死後，查理與卡洛曼像當年的父親與伯父一樣平分了國土。分治期間，雙方的黨羽不斷挑起爭端。卡洛曼早逝後，查理併吞了他的國土。卡洛曼的妻子對此深感不滿，於是，協同兒子和一些貴族首腦逃往義大利，向倫巴德國王德西德里烏斯尋求「保護」，此舉在查理心中埋下了憤怒的種子。

因此，當倫巴德人再度進犯羅馬時，查理應教皇請求，立即派軍鎮壓。倫巴德人戰敗，查理強索德西德里烏斯的女兒為妻，不是因為愛情，而是出於政治上的報復。不到一年，查理就拋棄了妻子，另結新歡。德西德里烏斯惱羞成怒，而查理乾脆先下手為強，率先發兵。

查理率大軍翻越阿爾卑斯山，有一首詩這樣描述：「他（查理）頭戴鐵盔，手罩鐵套，將胸膛和肩膀裹於鐵甲。他左手高擎一支鐵矛，右手緊握一柄鐵劍，座下是一匹鐵黑的戰馬。他的將士都仿效著國王的穿戴，田野和大道被鐵器佈滿，連太陽的光芒都被鐵光反射回去……」查理採取分兵奇襲和圍困迫降的戰術，經過5次重大戰鬥，征服了倫巴德人，俘其國

— 0 　耶穌基督出生

— 100

— 200

— 300
君士坦丁統一羅馬
羅馬帝國分成兩部
— 400

— 500 　波斯帝國

— 600 　回教建立

— 700

— 800
凡爾登條約
— 900
神聖羅馬帝國建立
— 1000

— 1100 　十字軍東征

— 1200
蒙古第一次西征
— 1300
英法百年戰爭開始

— 1400
哥倫布發現新大陸
— 1500
英國大破無敵艦隊
— 1600
發明蒸汽機
— 1700
美國獨立
— 1800
美國南北戰爭開始
— 1900
第一次世界大戰
第二次世界大戰
— 2000

上古時期　BC

漢

— 0

100 —

三國
晉

200 —

300 —

南北朝

400 —

500 —

隋朝
唐朝

600 —

700 —

800 —

五代十國

900 —

宋

1000 —

1100 —

1200 —

元朝

1300 —

明朝

1400 —

1500 —

1600 —

清朝

1700 —

1800 —

1900 —

中華民國

2000 —

王，併其領土，將其兒子丕平立為義大利國王，把義大利北部併入了加洛林王國的版圖。

西元778年，查理越過庇里牛斯山，率軍進攻一支從北非來的阿拉伯人建立的哥爾多瓦王國。據說，在查理大帝遠征伊斯蘭教徒之時，東線突然傳來了撒克遜人蠢蠢欲動的戰報，查理決定暫時休戰，班師回朝。

返回途中，大軍為了抄近路，借道位於海拔1500多公尺的朗塞瓦爾峽谷，在經過山石崢嶸的峽谷時，意外遭到當地加斯科涅人的伏擊。山區的加斯科涅武裝人員從山坡直衝而下，朝著他們猛撲過去。

長途跋涉、裝備沉重的法蘭克人行動遲緩，難以招架。加斯科涅人掠奪了大量財物後，呼嘯而去。在這次襲擊中，查理的部將布列塔尼邊區總督羅蘭英勇奮戰，不幸陣亡。

後來，羅蘭的事蹟被口耳相傳，查理成為了英雄的代表。

查理加冕稱帝

西元800年的耶誕夜，羅馬聖彼得大教堂燈火輝煌，裝飾一新，教皇召集了附近地區所有願意參加彌撒的人們前來，一切顯得格外隆重。在悠揚的音樂聲中，彌撒儀式開始了，一位高大魁梧、儀態威嚴的國王開始在聖壇前作祈禱。他虔誠地望著基督神像，全心沉浸在儀式的莊嚴之中。

突然，教皇利奧三世大踏步地走到他面前，將一頂西羅馬皇帝的皇冠戴到他頭上，並高聲宣佈：「上帝為查理加冕，這位偉大的帶來和平的羅馬皇帝，敬祝他萬壽無疆，永遠勝利！」參加儀式的教徒也齊聲高呼：「上帝以西羅馬皇帝的金冠授予查理，查理就是偉大、和平的羅馬皇帝和羅馬教皇的保護者！」

這位被加冕的皇帝正是法蘭克國王查理，從此，法蘭克王國成為「查理帝國」，「查理國王」變成「查理曼」，「曼」就是大帝的意思。利奧三世為何對查理的加冕如此熱心呢？這要從查理的父親矮子丕平開始說

起，丕平當年曾同教皇簡哈里亞斯達成了默契，雙方互相支持，各取所需。當西元795年羅馬教皇哈德良逝世，查理支持利奧三世當選為新的教皇，利奧三世為了答謝查理，在羅馬為他大唱讚歌，因而引起了羅馬貴族的不滿。

西元799年，利奧三世與羅馬貴族的衝突進一步激化，教皇的反對者以利奧三世私生活糜爛為藉口，準備將他送進修道院受刑，揚言要刺瞎他的雙眼，割掉他的舌頭。查理生活的年代正是西歐封建化過程急劇進行的時候，查理所實行的政策措施客觀上加速了這一進程，得到新興封建地主階層的擁護。反對者衝進教皇官邸，逮捕了利奧三世。利奧首先向拜占庭國王求救，卻遭到了無情的拒絕，當他設法逃出監獄後便向查理求援，查理親自帶兵護送利奧三世回羅馬，用武力平息了這場糾紛。利奧三世對查理感激涕零，不惜抓住一切機會來報答他，加冕為帝就是一個很好的機會。

關於查理加冕稱帝的問題，歷史上眾說紛紜，有人認為這是查理的迫切願望，有人認為查理根本無意被加冕，那只是教皇一廂情願的報恩行為。聖高爾修道院僧侶艾因哈德所著的《查理大帝傳》中是這樣描述的：教皇利奧三世本想用這樣的方式給查理一個意外驚喜，但他的做法並沒有得到預期的效果，反而使查理感到突然和無所適從。在查理看來，比起這些所謂的榮譽，加冕背後的隱患更讓人擔心，「皇帝」的稱號太沉重了，拜占庭的羅馬人對此肯定充滿憤恨，甚至會對法蘭克王國產生不可估量的後果。查理事後後悔地說：「如果知道教皇的計畫，就不會在那天去教堂，儘管那是一個偉大的節日。」

艾因哈德從20歲起便被查理聘請到宮中參與機要，此後一直追隨查理左右，這位深得查理寵信的機要秘書的記載應該說出了查理當時的心聲。從利益關係的角度來看，除了對拜占庭有所顧忌，對教皇利奧三世，查理也頗有隱憂。主動加冕名義上是報恩，但複雜的政治告訴查理，付出總要得到回報才能皆大歡喜，利奧肯定會趁機奪回一些權力。為此，他曾刻意保持了「法蘭克及倫巴德國家」的稱號，當立他的兒子為王時，查理親自

BC

— 0　耶穌基督出生

— 100

— 200

— 300
　　君士坦丁統一羅馬

　　羅馬帝國分成兩部
— 400

— 500　波斯帝國

— 600　回教建立

— 700

— 800
　　凡爾登條約
— 900

　　神聖羅馬帝國建立
— 1000

— 1100　十字軍東征

— 1200
　　蒙古第一次西征
— 1300
　　英法百年戰爭開始

— 1400

　　哥倫布發現新大陸
— 1500

　　英國大破無敵艦隊
— 1600

　　發明蒸汽機
— 1700

　　美國獨立
— 1800

　　美國南北戰爭開始
— 1900
　　第一次世界大戰
　　第二次世界大戰
— 2000

主持了這一神聖的儀式。

　　查理對於加冕的態度又讓人想到了三國時的曹操，法蘭克王國與曹魏的共通之處，再一次證明了歷史的相似理論。當年，孫權進表請曹操稱帝，在眾人的勸進聲中，曹操一語雙關：「是兒欲踞吾著爐火上邪。」一旦稱帝，素以「周文王」自詡的曹操便成了眾矢之的，孫權、劉備也有了名正言順的口號，對內可以封賞安撫功臣，對外可以正名劃界治民。曹操正是窺透了這一點，才不邁出這一步。雖然國情不同，但查理與曹操的某些思慮或許相似。

　　事實上，當事人的意願已經不再重要，對於歷史來說，這是需要濃墨重彩記錄的一頁，這次中世紀教皇為皇帝加冕的先例，象徵著皇帝的權力來自於上帝，受之於教皇，暗含著教皇權力依然高於皇帝的意思，為日後的教權與王權之爭埋下了禍根，利奧三世的報恩果真是一箭雙雕。

　　然而，凡事皆有正反兩個方面，查理內心也未必沒有稱帝的欲望，畢竟這象徵著無上的榮譽。一方面，這意味著在3個多世紀前被毀滅的西羅馬帝國正在復辟，查理曼現在成了奧古斯都‧凱撒的合法繼承人；另一方面，意味著查理已不再單純是征服者日爾曼蠻族國家的國王，而是日爾曼—羅馬人的皇帝，查理曼的使命已不再單純是管理日爾曼國家，而是管理包括宗教事務在內的整個西歐基督教世界。

　　教皇加冕，對於查理來說，究竟是置於爐火之上，還是平步青雲之端，恐怕只有當事人才能明瞭。

加洛林文藝復興

　　西元5世紀，當法蘭克人大規模遷徙到羅馬帝國的核心地區，蠻族的入侵摧毀了羅馬高度發達但已逐漸衰敗的奴隸制度，確立了封建制度在歐洲的地位，蠻族的文化也為靡麗的羅馬注入了清新的氣息與勃勃的生機。

　　當年的蠻族已成為橫行歐洲大陸的封建領主，法蘭克國王查理成為

西羅馬覆滅300餘年後西歐的第一個皇帝。西元8世紀時古希臘、古羅馬的文化傳統隨著許多城市的沒落殘存無幾，古羅馬時代的公私藏書也日漸消失。所以，查理帝國的臣民幾乎是文盲，就是查理大帝本人以及宮廷裡的許多顯貴大臣也大都目不識丁。小說《大染坊》中有一句評價主人公的話，「不識字，不等於沒有文化」，放在查理身上同樣適用，他的見地證明他的確是一代雄主。他以恢復昔日羅馬的繁盛作為自己的宏圖大志，無論是在領土上，還是在文化上。

查理崇尚古羅馬藝術，抱著將輝煌的文化傳統注入半野蠻民族血液中的夙願，他親自領導了一次文藝復興。查理要在法蘭克建立一個新雅典，超過以往，締造新的輝煌。他希望透過對基督教思想的提倡和宗教教育的發展來統一民心，使基督教的傳統與日爾曼民族的活力融為一體，使帝國同拜占庭、阿拉伯、印度、中國等文明古國一樣比肩而立。

查理召集了一批文人學者在首都亞琛收集整理古籍，派人蒐集和抄寫許多拉丁文和希臘文手稿。雖然他對手抄本內容一無所知，但也為後代保留了許多古典作家的著作。抄寫的文字是用所謂加洛林小草書體，這是一種清秀優美的拉丁文，後來稍加修改，一直使用至今。他還讓藝術家仿照古典樣式進行創作，禮聘四方學者到法蘭克宮廷傳授學問，其中最著名的人士是來自英格蘭的阿爾昆。

他以宮廷為中心，以教會和修道院作為傳播文化、教育後人的基地，形成了復興古典文化的潮流，歷史上稱之為「加洛林文藝復興」，在漫長黑暗的中世紀裡為一時之盛。這次復興的最大意義在於，將北歐的日爾曼精神與地中海文明成功地融合在一起。

在宮廷學院裡，查理特意挑選了三種人家的子弟就學，即名門巨第、中等之家和寒門小戶出身的子弟。每過一段時間，查理便把學生們召集起來，親自檢查他們的課業。出身中等和寒微門第的子弟的文字和詩句常常贏得他的讚譽，出身高貴的子弟常常不務正業，習文笨拙而庸俗。

查理將優秀者集中於自己的右方，對他們說：「我的孩子們，你們要繼續學下去，我將賜給你們主教的管區和華麗的修道院，你們永遠是光榮

BC

— 0　　耶穌基督出生

— 100

— 200

— 300
　　　君士坦丁統一羅馬
　　　羅馬帝國分成兩部
— 400

— 500　　波斯帝國

— 600　　回教建立

— 700

— 800
　　　　凡爾登條約
— 900
　　　神聖羅馬帝國建立
— 1000

— 1100　十字軍東征

— 1200
　　　蒙古第一次西征
— 1300
　　　英法百年戰爭開始
— 1400
　　　哥倫布發現新大陸
— 1500
　　　英國大破無敵艦隊
— 1600
　　　發明蒸汽機
— 1700
　　　美國獨立
— 1800
　　　美國南北戰爭開始
— 1900
　　　第一次世界大戰
　　　第二次世界大戰
— 2000

上古時期　BC

漢

－ 0

100 －

三國

晉

200 －

300 －

南北朝

400 －

500 －

隋朝
唐朝

600 －

700 －

800 －

五代十國

900 －

宋

1000 －

1100 －

1200 －

元朝

1300 －

明朝

1400 －

1500 －

清朝

1600 －

1700 －

1800 －

1900 －

中華民國

2000 －

的。」對於左方的拙劣者，他則憤怒地斥責道：「你們對於我的命令置若罔聞，恣縱於奢侈遊戲，沉溺於吃喝玩樂，不思進取，我鄙視你們高貴的出身和漂亮的衣飾！我發誓，除非你們發奮讀書，彌補過去的怠惰，否則你們永遠不會得到我的任何恩寵。」他說到做到，時常把學得最好的窮孩子提拔上來，授以較高職位。在當時粗野、愚昧和混亂的歐洲，一國之主查理的作為，使得法蘭克的文化教育在其執政的40幾年中有了比過去幾個世紀還要顯著的發展。

查理對基督教極為熱誠和虔敬，定都亞琛後，他邀請歐洲最好的建築師大興土木，為帝國修建了許多金碧輝煌的教堂、宮殿和修道院。所有的大理石柱，都是從遙遠的羅馬等地拆除古代建築運來的，或許這也體現了他內心對於古羅馬的嚮往。隨著建築的興盛，這一時期繪畫、雕刻等藝術也有所發展。

查理本人雖然不是藝術家，卻成了藝術史上最重要的人物。他支持人們努力發揮才智和想像力，創造出更好的作品。這種舉動一度使文化暗淡的西歐又重現曙光。

自古以來，歐洲帝王被冠以「大帝」稱號者無非兩種：一種是開疆拓土、武功赫赫，另一種則是文治武功均成就不凡，查理顯然屬於後一種。在那個尚武而略顯野蠻的日爾曼騎士文化的時代，在那個已沒落的羅馬古典文化仍被人追念和嚮往的時代，查理盡一己之力讓歐洲有了第一次覺醒，也告訴世人，他不僅僅是個窮兵黷武的武夫。查理為歐洲開創了君主宣導學問的良好風尚，對後來的歐洲君主產生了很大影響。

「凡爾登條約」與查理帝國的瓦解

在西羅馬帝國滅亡300多年後，當查理成為查理曼，法蘭克王國成為查理帝國，查理也成了羅馬帝國正統的合法繼承人。查理大帝與蘇格蘭、阿斯圖里亞和阿巴斯王朝等都建立了友好關係，後來連拜占庭皇帝也不得

不承認其皇帝地位。

中世紀歐洲最著名的傳記家艾因哈德在《查理大帝傳》中，以崇拜的筆觸記載了查理大帝與其他王朝和皇帝的逸事，推崇之心溢於言表。查理饋贈蘇格蘭和阿斯圖里亞大量珍貴的禮品，換來了蘇格蘭國王的俯首稱臣與歌功頌德。當派遣使者帶著祭獻禮品前往阿巴斯王朝拜謁救世主的聖墓和復活地點時，受到了哈里發哈倫的盛情款待。哈倫甚至將那塊聖地送給查理，隨後哈倫也派遣使節跟隨查理帝國的使臣回去，給查理帶去了珍貴的香料、絲綢，哈倫還曾將自己僅有的一頭大象送給查理。

君士坦丁堡的皇帝正像加冕時查理預料的一樣，起初對他充滿了猜忌，但隨著雙方條約的締結，倒也沒有發生什麼爭端。不過羅馬人和希臘人對於法蘭克的強盛始終有所疑慮，一句著名的希臘諺語也由此產生：「法蘭克人是好朋友，但不是好鄰居。」

然而，查理帝國的輝煌並沒有延續太久，查理在大半生的戎馬生涯中統一了西歐這一廣大的地區，本想死後把帝國平分給他的三個兒子，以避免戰爭。不料，白髮人送黑髮人，兩個兒子均先他而去，只剩下優柔寡斷的三子路易。在查理行將就木之時，他也感到軟弱的兒子難以支撐起這個龐大的帝國，於是他強撐著病體，召回在阿奎丹的路易，召集全國的法蘭克貴族，宣佈父子同治帝國，並由兒子繼承羅馬皇帝的稱號。西元814年，查理曼在亞琛死去時，帝國順利完成了權位的交接，然而，這位在歷史上被稱為「虔誠者」或「軟弱者」的路易，遠沒有父親的才能和氣魄。加洛林王朝在查理手中達到了頂峰，而由路易開始慢慢衰落。

路易勉強支撐著龐大的帝國，迫於才能所限，西元817年他將帝國分給了三個兒子治理：長子洛泰爾得到義大利，次子丕平分得阿奎丹，幼子日爾曼人路易分到巴伐利亞，這就是著名的「路易分土」。這次分封立即引起義大利和奧爾良封建主的反抗。823年，幼子禿頭查理出生，路易想讓這幼子也分一塊土地，此舉引發了內戰，三個兒子聯合起來反對他們的父親，路易一度被囚禁。

西元838和840年，路易次子丕平和虔誠者路易先後逝世，洛泰爾奪取

BC

— 0　耶穌基督出生

— 100

— 200

— 300
君士坦丁統一羅馬

羅馬帝國分成兩部
— 400

— 500　波斯帝國

— 600　回教建立

— 700

— 800
凡爾登條約
— 900
神聖羅馬帝國建立
— 1000

— 1100　十字軍東征

— 1200
蒙古第一次西征

— 1300
英法百年戰爭開始

— 1400

哥倫布發現新大陸
— 1500

英國大破無敵艦隊
— 1600

發明蒸汽機
— 1700

美國獨立
— 1800
美國南北戰爭開始
— 1900
第一次世界大戰
第二次世界大戰
— 2000

上古時期　BC

漢

　　— 0

100 —

三國　　200 —
晉

300 —

南北朝　400 —

500 —

隋朝　600 —
唐朝

700 —

800 —

五代十國　900 —

宋

1000 —

1100 —

1200 —

元朝　1300 —

明朝

1400 —

1500 —

清朝　1600 —

1700 —

1800 —

1900 —

中華民國

2000 —

帝位，卻遭到了弟弟日爾曼人路易和禿頭查理的聯合反對。西元841年方特奈萊斯一仗，洛泰爾敗北。西元842年2月，日爾曼人路易和禿頭查理在斯特拉斯堡會晤，發誓密切聯合，是為「斯特拉斯堡誓約」。由於雙方部下聽不懂對方的語言，誓約用兩種語言（即羅曼語和條頓語）分別宣讀，它們後來分別演化為法語和德語。

　　西元843年8月，三兄弟達成和解並簽訂「凡爾登條約」，正式瓜分帝國，分成的三部分即後來法國、德國和義大利的雛形。這一段歷史可以看作是歐洲歷史的開端，它奠定了歐洲的基本格局。所以馬克思說：「查理帝國是近代法蘭西、德意志和義大利奠基的先導。」

　　歐洲的歷史與中國截然相反，在1000多年的歲月裡，統一的時間極為短暫且危機四伏，往往是在達到統一之後便迅速崩潰；相反，分裂的狀態卻更容易保持穩定。或許因為追求「統一」是人類的天性，或許是受到查理大帝豐功偉績的引導，在查理帝國分裂之後1000多年來，歐洲人似乎從來就沒有放棄過「統一」的念頭，在查理締造的偉大理想的驅使下，整個歐洲歷史充滿了敵對爭奪、流血犧牲、背信棄義、壓迫奴役，兩次世界大戰更是將這種復仇與殺戮、鮮血與統一的歷史演繹得淋漓盡致。

　　畢竟，查理曼的壯舉是歷史中必然性與偶然性的契合，那個曇花一現的查理帝國不僅延續了古羅馬的輝煌，也讓後人充滿了遐想。

| 第十六章 | 短暫的阿拉伯帝國

伊斯蘭教的興起

前伊斯蘭時代，在世界最大的半島上，一群逐水草而棲的人在一片自然與文化的荒漠中渾渾噩噩地生活著。征戰、殺戮、搶奪、放牧，貝都因人那時最大的特點就是——渙散，猶如一盤散沙，在沒有歷史的空白帶中，磨礪著粗糙的文明。

改變歷史的英雄人物總是出現在歷史之必然與偶然的交匯處，當東方的中國處於南北朝之際，阿拉伯半島上一位創造歷史的英雄出生了。

在阿拉伯半島南端的麥加城，一個夜晚，古萊什部落的雜湊姆家族誕生了一個男孩，即後來伊斯蘭教的創始人穆罕默德。後人對於偉人的降生總是有著諸多的附會。相傳，當晚，光芒直衝天際，薩瓦湖乾涸，大地震撼，波斯的推事夢到阿拉伯馬與波斯駱駝在廝鬥。第二天推事將夢境描述給祭司聽時，祭司說，此夢預示著波斯將受到來自阿拉伯國家的巨大威脅。若干年後，神奇的夢境果真成了現實。

穆罕默德是個遺腹子，在他六歲那年，母親也因病辭世，家族的親人將他撫養長大。童年時他替人放牧。麥加當時是一個城市國家，中心是卡亞巴，傳說是阿拉伯人和猶太人的共同祖先亞伯拉罕親自建造的。青年時代的穆罕默德是個熱於助人的人，他的叔叔建立了一個幫助窮人的組織，穆罕默德經常去幫忙。但讓穆罕默德聞名的，應當是神石歸位事件。

卡亞巴曾經發過一場大洪水，在重建之後，麥加各部落的首領爭著要做將當地的一塊神聖大黑石放回原處的人。穆罕默德成為解決這個爭執的公證人。他讓大家在地上鋪一塊大白布，將這塊石頭放在白布中央，然後

BC

— 0　　耶穌基督出生

— 100

— 200

— 300
　　　君士坦丁統一羅馬
　　　羅馬帝國分成兩部
— 400

— 500　波斯帝國

— 600　回教建立

— 700

— 800
　　　　　凡爾登條約
— 900
　　　神聖羅馬帝國建立
— 1000

— 1100　十字軍東征

— 1200
　　　蒙古第一次西征
— 1300
　　　英法百年戰爭開始

— 1400

　　　哥倫布發現新大陸
— 1500

　　　英國大破無敵艦隊
— 1600

— 1700　發明蒸汽機

　　　　　美國獨立
— 1800
　　　美國南北戰爭開始
— 1900
　　　第一次世界大戰
　　　第二次世界大戰
— 2000

上古時期　BC

漢

－ 0

100 —

三國　200 —

晉　300 —

南北朝　400 —

500 —

隋朝　600 —
唐朝

700 —

800 —

五代十國　900 —

宋　1000 —

1100 —

1200 —

元朝　1300 —

明朝　1400 —

1500 —

1600 —
清朝

1700 —

1800 —

1900 —
中華民國

2000 —

讓城內部落的首領一起將這塊白布抬到卡亞巴的中央，而由穆罕默德自己將這塊石頭安置了下來。圓滿地解決了紛爭之後，眾人均覺得穆罕默德睿智異常。

　　不久，穆罕默德追隨伯父到敘利亞、巴勒斯坦等地經商遊歷，豐富的閱歷開闊了他的眼界，使其對當時阿拉伯半島的社會狀況及宗教有了一定的瞭解。25歲時他受僱於麥加城一位富商的遺孀赫蒂徹，不久兩人結為連理。婚後，穆罕默德的經濟生活寬裕起來，這使他有閒暇時間去研究他感興趣的問題。那時他常到麥加城郊外的希拉山上，隱居在一個小山洞裡，晝夜沉思冥想。他審視現實，思慕真理，苦苦思索著宇宙的奧秘與人生的價值。

　　西元610年，已過不惑之年的穆罕默德在希拉山洞內獨自深思時，隱約聽到了真主阿拉透過天使傳達的啟示，命他作為人間的使者，傳播伊斯蘭教。據傳，穆罕默德最初心存敬畏，躲在家中，以被遮面，卻不斷聽到阿拉的聲音。《古蘭經》第七十四章中「蓋被之人」的經文中這樣寫道：「奉至仁至慈的真主之名，蓋被的人啊！你應當起來，你應當警告，你應當頌揚你的主宰，你應當洗滌你的衣服，你應當遠離污穢，你不要施恩而求厚報，你應當為你的主而堅忍……」

　　西元622年，經過一次深思熟慮之後的周密行動，穆罕默德讓自己的兩百餘名教徒抓住古萊什人疏於防範的時機，暗暗地溜到他母親的故鄉麥迪那去；他自己也和摯友阿布・伯克爾一起成功躲過了麥加部落貴族的追捕，於9月24日到達麥迪那。但凡宗教的創始人，在自己的家鄉或許能夠形成一支骨幹力量，但要想獲得進一步的發展，都必須離開自己熟悉同時也熟悉自己的土地。這次著名的「遷徙」，成為穆罕默德和伊斯蘭教的一個轉捩點，他以一個被輕視的先知的身分，離開他誕生的地方，卻以一個受敬仰的領袖的身分，進入他寄居的城市。

　　到麥迪那後，穆罕默德成功地調解了該城原有部落間的爭端，建立了威望。他開始將自己的主張付諸社會實踐，以麥加的穆斯林遷士和麥迪那輔士為基本力量，組建起穆斯林公社烏馬，並制定憲章，即《古蘭經》，

作為處理內部和外部事物的準則。在麥迪那，穆罕默德繼續為《古蘭經》增添新的內容，其中涉及了許多戒律和宗教儀式。他根據啟示，陸續建立了以《古蘭經》為準則的各種典章法規制度，並制定了一項與各氏族集團共同遵守的公約，藉以鞏固各氏族的團結；接著就建立了一個以伊斯蘭教信仰為共同基礎的政教合一的穆斯林政權，即第一個阿拉伯人的國家。

阿拉伯半島的統一和擴張

當先知的身分退居幕後，一個富有經驗的政治家出場了。穆罕默德既是宗教的創建人，又以政治家的才能創建了一個「政教合一」的帝國，這一點與釋迦牟尼和耶穌基督不一樣，反倒與摩西和中國的洪秀全極為相似。

從西元622年（伊斯蘭教曆元年）開始，穆罕默德帶領著穆斯林在伊斯蘭旗幟的指引下，通過11年的征戰，第一次統一了阿拉伯半島。穆罕默德以宗教之名，憑著一部《古蘭經》，在23年之中把一盤散沙似的阿拉伯人鑄造成一個堅強的民族，由此開始了本民族的崛起和征服亞非歐的征程。穆罕默德的事業也達到了最高峰。穆罕默德甚至還率領大軍討伐東羅馬帝國，攻克了東羅馬邊界的幾個據點。

自穆罕默德之後，阿拉伯經歷了四大哈里發、倭馬亞王朝、阿巴斯王朝三個時期。哈里發是阿拉伯國家的首腦，意指真主使者的繼承人，最初的四大哈里發由穆斯林公社選舉產生。歷史上將這4位哈里發統治時期稱為神權共和時期。阿拉伯史學家把神權共和時期的4位哈里發叫作「拉什頓」。這一時期，帝國版圖迅速擴張，為阿拉伯帝國奠定了基礎。

第一任哈里發阿布·伯克爾恢復了阿拉伯半島的統一。

第二任哈里發歐麥爾發動了阿拉伯歷史上空前的大征服運動，先後征服了拜占庭帝國統治下的敘利亞、巴勒斯坦和埃及。面對阿拉伯人猛烈的攻擊，拜占庭帝國的皇帝悲哀地說道：「如此美好的錦繡河山，還是歸

BC

— 0　耶穌基督出生

— 100

— 200

— 300　君士坦丁統一羅馬

　　　羅馬帝國分成兩部
— 400

— 500　波斯帝國

— 600　回教建立

— 700

— 800

　　　凡爾登條約
— 900

　　　神聖羅馬帝國建立
— 1000

— 1100　十字軍東征

— 1200
　　　蒙古第一次西征

— 1300
　　　英法百年戰爭開始

— 1400

　　　哥倫布發現新大陸
— 1500

　　　英國大破無敵艦隊
— 1600

— 1700　發明蒸汽機

　　　美國獨立
— 1800

　　　美國南北戰爭開始
— 1900
　　　第一次世界大戰
　　　第二次世界大戰

— 2000

上古時期　BC

漢

　　　― 0

　　100 ―

三國

晉　　200 ―

　　300 ―

南北朝　400 ―

　　500 ―

隋朝　600 ―
唐朝

　　700 ―

　　800 ―

五代十國　900 ―

宋　　1000 ―

　　1100 ―

　　1200 ―

元朝　1300 ―

明朝

　　1400 ―

　　1500 ―

　　1600 ―

清朝

　　1700 ―

　　1800 ―

　　1900 ―

中華民國

　　2000 ―

於敵人了！」占領埃及後，阿拉伯人乘勝揮師東進。637年，哈里發的軍隊占領了伊拉克，並向波斯腹地不斷推進，最終於642年徹底擊敗波斯軍隊，征服了具有1000多年歷史的波斯帝國。這一年，哈里發成為亞歷山大的主人。歐麥爾則為阿拉伯帝國的版圖勾勒了輪廓。

　　第三任哈里發鄂圖曼・伊本・阿凡繼續進行擴張戰爭，他在統治時期，東滅薩珊王朝，西達北非昔蘭尼加。為了進一步控制地中海，鄂圖曼徵召小亞細亞（AsiaMinor）沿岸居民，建立了一支強大的海軍，後因統治階級內部的爭權奪利和愈演愈烈的教派分歧而被殺，其繼承人也隨即被害。

　　西元661年，敘利亞總督穆阿維亞即位哈里發，以大馬士革為首都，建立了倭馬亞王朝。哈里發改為世襲，成為阿拉伯帝國的君主。政權鞏固後的倭馬亞王朝開始了四方的征討，東線征服了布哈拉、撒馬爾罕、信德及部分旁遮普地區，西線攻占了埃及以西的北非地區，於西元711年越過直布羅陀海峽，占領了安達盧西亞，後在入侵法蘭克王國的普瓦提埃戰役中戰敗，退回西班牙。至8世紀中葉倭馬亞王朝後期，阿拉伯帝國的版圖西臨大西洋，東至中亞河外地區，成為地跨亞、非、歐三大洲的龐大封建軍事帝國。

　　當疆域逐漸遼闊，內部衝突開始激化，深受壓迫的非阿拉伯穆斯林紛紛揭竿而起，其中一支力量異軍突起，他們為自稱是穆罕默德叔父阿巴斯後裔的阿布・阿巴斯。他利用波斯籍釋奴阿布・穆斯利姆在呼羅珊地區的力量，聯合什葉派，於西元750年推翻了倭馬亞家族的統治，屠殺所有倭馬亞家族成員，建立了阿巴斯王朝。

　　阿拉伯帝國最為輝煌燦爛的一幕開始上演。

阿拉伯帝國與唐朝的幾次爭鋒

　　西元7世紀，世界上有兩大帝國幾乎同時崛起，即大唐帝國和阿拉伯

帝國。唐代以來的中國史書，如《舊唐書》、《新唐書》、《經行記》、《宋史》、《遼史》等，均稱阿拉伯帝國為大食國（波斯語Tazi或Taziks的譯音）。

阿巴斯王朝的人喜歡穿黑衣服，旗幟尚黑，中國人很形象地在史書中稱呼這個王朝為「黑衣大食」。

西元7世紀初，中亞的廣大地域被西突厥汗國控制。西元630年，唐滅東突厥，控制了伊吾七城，打開了通往西域的門戶；隨後又平定高昌，設立安西都護府；此時西突厥內部紛爭，唐軍趁機向西進軍，迫使西突厥葉護阿史那賀魯歸降。649年唐太宗死後，阿史那賀魯即行叛亂，威脅唐朝在西域的統治，唐軍四次出征，終於在657年平定了賀魯，控制了蔥嶺以西的西突厥故地。

西元642年，古老的波斯帝國覆滅於穆斯林的戰火中，阿拉伯帝國向外擴張的觸角，也漸漸延伸至剛剛崛起的大唐帝國的勢力範圍——西域。據傳，穆罕默德曾經告誡他的弟子們說：「知識即使遠在中國，亦當往求之。」據《舊唐書・西域傳》記載，唐高宗永徽二年（651年），阿拉伯帝國第三任正統哈里發鄂圖曼曾派遣使節抵達長安與唐通好，唐高宗即為穆斯林使節赦建清真寺，此後雙方來往頻繁。

雙方第一次的碰撞是在西元674年，阿拉伯征服了呼羅珊地區，越過烏滸水侵入布哈拉，而布哈拉正屬於大唐安西都護府的管轄範圍。當時的大唐正全力應對北面的突厥、回紇以及南面的吐蕃，無暇顧及遠敵的入侵。所幸，阿拉伯人也僅僅是略作試探，雙方未進一步交手。

8世紀初，雙方有過第二次交鋒，阿拉伯未能討到什麼便宜，安西四鎮仍為唐朝所有。此後的30餘年間，雙方分別拓展勢力範圍，阿拉伯繼續經營先前占有的河中地區，並向周邊延伸，而大唐則將其在西域的勢力發展到了極致。當大唐名將高仙芝的兩次遠征使得西域72國皆降附大唐，大食與大唐的利益衝突漸漸升級，中亞霸權之爭點燃了世人共知的怛羅斯之戰。

西元751年，高仙芝藉口石國（今烏茲別克斯坦塔什干一帶）「無藩

BC

— 0　耶穌基督出生

— 100

— 200

— 300
　　君士坦丁統一羅馬
　　羅馬帝國分成兩部
— 400

— 500　波斯帝國

— 600　回教建立

— 700

— 800
　　凡爾登條約
— 900
　　神聖羅馬帝國建立
— 1000

— 1100　十字軍東征

— 1200
　　蒙古第一次西征
— 1300
　　英法百年戰爭開始
— 1400

　　哥倫布發現新大陸
— 1500

　　英國大破無敵艦隊
— 1600

　　發明蒸汽機
— 1700

　　美國獨立
— 1800
　　美國南北戰爭開始
— 1900
　　第一次世界大戰
　　第二次世界大戰
— 2000

上古時期　BC

漢

— 0

100 —

三國
晉

200 —

300 —

南北朝

400 —

500 —

隋朝
唐朝

600 —

700 —

800 —

五代十國

900 —

宋

1000 —

1100 —

1200 —

元朝

1300 —

明朝

1400 —

1500 —

清朝

1600 —

1700 —

1800 —

1900 —

中華民國

2000 —

臣禮」，出兵將其全國覆滅，隨後進攻怛羅斯。西域小國於阿拉伯、吐蕃、大唐三大勢力的夾縫當中艱難生存，以靈活的投機外交左右逢源。石國之禍使得西域諸國心驚肉跳，首鼠兩端的小國之心暗暗向阿拉伯一方傾斜。面對石國王子的求助，阿拉伯帝國也有了師出有名的藉口，早已蓄謀東進的阿拉伯名將阿布·穆斯林，派其手下大將吉雅德率軍數萬向怛羅斯方向攻來。雙方力量相持不下，激戰五日，最終的結果是，稍占上風的大唐軍隊由於盟友三姓葛邏祿的臨陣倒戈而功虧一簣。高仙芝戰敗，士卒大部死亡，只有數千人逃脫。

　　阿拉伯與大唐的這次短兵相接，可謂幾家歡喜幾家愁。大國的相持，小國的博弈，使得歷史變數叢生，葛邏祿成為最大的受益者。

和中國的貿易文化往來

　　此役過後，大唐依舊是大唐，大食依舊是大食，雙方在中亞的力量對比沒有發生質變，西域依舊在大唐的控制之中，而阿拉伯成功限制了大唐的東進，阿巴斯與唐帝國隔蔥嶺相對。這場帝國間的碰撞所產生的軍事影響，遠不如其對於文化的附加效應。

　　阿拉伯軍隊取勝後，俘虜了大量唐朝士兵，其中不乏織匠、金銀匠、畫匠等能工巧匠，中國多種工藝技術因而西傳。俘虜中的杜環旅居西域12年，涉足阿拉伯地區，足跡遠至北非馬格里布地區的摩洛哥，並且將其所見所聞寫成一本書——《經行記》，為中國和阿拉伯文明的交往留下珍貴的記錄。

　　西元8世紀，中國之外的第一個造紙作坊出現在阿拉伯境內的撒馬爾罕。《旅程和王國》一書有這樣一句話：「紙是由俘虜自中國引入撒馬爾罕的。」幾乎與此同時，巴格達也出現了造紙作坊，戰俘將中國的造紙技術傳到了西方，使得這場兩國交兵具有世界性的意義，使東西方文化交流呈現出一派繁榮的景象。

在阿拉伯帝國的戰略規劃中，遠隔著吐蕃、回紇的大唐並非心腹大患，近敵拜占庭才是當務之急。遠交近攻一向是明智的戰略決策，因此，怛羅斯一役後不久，安史之亂爆發，大唐抽調邊鎮兵力平定叛亂，致使邊防空虛。在中亞，唐朝的各屬國此後也相繼臣服大食，並開始了伊斯蘭化歷程。不過阿拉伯人不但沒有乘虛而入謀取中原，反而應大唐皇帝之請派兵協助大唐平定叛亂，這些阿拉伯士兵後來大多留在中國，成為中國回人們的先人之一，此舉顯示出阿拉伯帝國的戰略眼光。

其後的歲月中，阿巴斯王朝和唐王朝間的貿易和文化往來十分頻繁，巴格達和長安有水陸交通相連，水路經波斯灣穿過印度洋和麻六甲海峽抵廣州，即著名的香料之路；陸路取道波斯和中亞，即聞名於世的絲綢之路。繼造紙術之後，中國一些其他的發明創造也透過絲綢之路傳入了阿拉伯帝國，後來經過帝國的西班牙、西西里和法國部分地區傳遍歐洲，對西方的文明產生了巨大的影響。

面對著對西域虎視眈眈的吐蕃和回紇，阿拉伯與大唐形成了戰略的合作，默契自在心中。黑衣大食、煌煌大唐，兩個帝國間的兵戎與默契換來了一個文明交融的時代。

阿拉伯帝國的文學貢獻

許多年以前，有個島國在中國和印度之間，國王叫山魯亞爾。某一天，國王看見王后在和別人玩遊戲。他就心懷嫉恨，認為他的妻子不守婦道，就殺了她。這個十足的變態狂，對所有女人開始報復。他想每天娶一個女人，第二天就殺死她。

這位國王的想法實施了三年多，城裡的女子不是死就是逃。這座城，快聽不到女人說話的聲音了。這個傢伙命宰相繼續為他找女人。老宰相沒有找到，就準備在家等死。他的女兒山魯佐德為了扭轉這個局面，就嫁給了國王。

BC

— 0　　耶穌基督出生

— 100

— 200

— 300
　　君士坦丁統一羅馬
　　羅馬帝國分成兩部
— 400

— 500　　波斯帝國

— 600　　回教建立

— 700

— 800
　　　　凡爾登條約
— 900
　　神聖羅馬帝國建立
— 1000

— 1100　十字軍東征

— 1200
　　　蒙古第一次西征
— 1300
　　英法百年戰爭開始
— 1400
　　哥倫布發現新大陸
— 1500
　　英國大破無敵艦隊
— 1600
　　　發明蒸汽機
— 1700
　　　美國獨立
— 1800
　　美國南北戰爭開始
— 1900
　　　第一次世界大戰
　　　第二次世界大戰
— 2000

上古時期　BC

漢

— 0

100 —

三國
晉　200 —

300 —

南北朝　400 —

500 —

隋朝
唐朝　600 —

700 —

800 —

五代十國　900 —

宋　1000 —

1100 —

1200 —

元朝　1300 —

明朝　1400 —

1500 —

清朝　1600 —

1700 —

1800 —

1900 —

中華民國

2000 —

　　山魯佐德一進宮就要求國王讓他見妹妹一面，為了給妹妹講個故事。國王很好奇就同意了。他就和山魯佐德的妹妹一起聽故事。她講了個阿拉丁和神燈的故事。

　　阿拉丁是中國一個裁縫的兒子（與現實中的中國沒有關係），因自己的胡鬧，氣死了父親。阿拉丁和母親過著很貧困的日子。在他15歲的時候，一個不認識的叔叔見了他，便帶著他隨著自己找寶物去。但這傢伙是假冒的，真正身分是非洲魔法師。他從自己的算卦中推算到，中國有個萬能的寶物，不過，必須由一個聰慧的男孩去取。他於是想借用一下阿拉丁。

　　他們到了無人的地方，魔法師口念咒語，大地裂開了口子。他讓阿拉丁帶上一枚戒子，告訴他怎麼樣去取燈。當阿拉丁取到燈後，魔法師不讓他出來，只想自己一人擁有那盞燈。阿拉丁就在黑暗裡行走，誰知他碰到了法師的戒指，一個精靈忽然出現在他眼前，他要求精靈送他回家。等他回到家，把珠寶和神燈交給了母親。母親就習慣地想擦乾淨那盞燈。不料，燈神出現了，問他需要什麼。阿拉丁說，給我點吃的吧，我餓死了。燈神就送上可口的飯菜。

　　阿拉丁神燈使母子倆過上了小康生活。不過，神燈沒有被亂用。阿拉丁也開始學會經營生意，過著務實的日子。後來，阿拉丁認識並愛上了公主。他用神燈建座宮殿，與公主結了婚，過著溫馨的生活。

　　某一天，阿拉丁出去打獵。那個法師來到阿拉丁的家，說能用舊燈換新燈。公主不懂神燈的效用，就用神燈換了新燈。後來，法師用神燈把公主和宮殿都送到非洲。等阿拉丁回來，瞭解整個事情之後，他讓戒指精靈送他到非洲。然後公主用計麻醉了法師，由阿拉丁殺死了法師，把神燈帶回中國。後來，老國王死了，阿拉丁就登上寶座，成了人們尊敬的國王。

　　故事結束的時候，國王愉快地說，不殺你了，明天再講一個故事。接著就是阿里巴巴和四十大盜的故事。

　　有一名叫阿里巴巴的人在砍柴的時候，聽到強盜開啟隱藏財物洞穴的咒語，他就偷拿了些財寶回家，誰知道這件事被兄長卡西姆知道了。他也

去跑去偷財寶，由於太貪心忘了咒語，就被強盜打死了。卡西姆的女僕瑪律基娜只好把屍體運回家。強盜知道一定還有人知道這個藏寶的洞。強盜們就循著線索找到阿里巴巴的家，兩次想暗害阿里巴巴，都被好心的瑪律基娜看穿並設計除掉了強盜們。阿里巴巴看到瑪律基娜心腸是這麼好，就讓自己的侄子與她成親。

我們很容易會想到，山魯佐德以自己的極高的智慧，慢慢把國王的那種變態的作法改掉。他很愛聽山魯佐德的故事，也漸漸喜歡上山魯佐德了。他們就成為了像童話裡的恩愛夫妻。書記官也記下了皇后講的故事，取名《一千零一夜》。

這本書紀錄了西亞和北非的許多民間傳說，經阿拉伯人的加工而成為目前的樣子。它提倡向善、勤勞、樸素、不貪等美好的品德，處罰那些惡人、惡行。《一千零一夜》也為世界人民，特別是為兒童所喜愛。

征服拜占庭帝國

一個王朝的盛世不僅體現在繁榮的經濟和燦爛的文化上，還需要軍事的佐證。以中國宋朝為例，偏安一隅的南宋雖然盡享江南的物美風華，但總讓人感到半壁江山的怯懦。鐵蹄雄兵不是衡量王朝盛世的唯一指標，卻是一個重要的政治參數，武力強大，自然就有信心。

如果說阿巴斯王朝與大唐的摩擦碰撞，造就的僅僅是文化的交流與雙方戰略協防的默契的話，那麼與拜占庭的交戰，則使得阿拉伯帝國的勢力達到鼎盛。不像其他帝國統治者一樣窮兵黷武，熱衷於疆域的開拓。哈里發哈倫在執政期間僅僅發動了一場戰爭，便對挑釁帝國威嚴者以毫不留情的反擊。

提及這場戰爭，還要從愛琳娜女皇說起。為了鞏固自己的統治，愛琳娜與兒子君士坦丁六世之間的母子親情變成了虛偽的政治籌碼。西元792年，這位經歷了一次流放的野心女子，運用心計與主教和朝臣共同謀劃了

BC

— 0　耶穌基督出生

— 100

— 200

— 300
　　君士坦丁統一羅馬
　　羅馬帝國分成兩部
— 400

— 500　波斯帝國

— 600　回教建立

— 700

— 800
　　凡爾登條約
— 900
　　神聖羅馬帝國建立
— 1000

— 1100　十字軍東征

— 1200
　　蒙古第一次西征
— 1300
　　英法百年戰爭開始
— 1400
　　哥倫布發現新大陸
— 1500
　　英國大破無敵艦隊
— 1600
　　發明蒸汽機
— 1700
　　美國獨立
— 1800
　　美國南北戰爭開始
　　第一次世界大戰
　　第二次世界大戰
— 2000

上古時期　　BC

漢

— 0

100 —

三國

晉　　　200 —

300 —

南北朝　　400 —

500 —

隋朝
唐朝　　　600 —

700 —

800 —

五代十國　900 —

宋　　　1000 —

1100 —

1200 —

元朝　　1300 —

明朝

1400 —

1500 —

1600 —

清朝

1700 —

1800 —

1900 —

中華民國

2000 —

一場影響巨大的宮廷政變。年輕的皇帝求助無援，最終在赫勒斯龐海峽的亞洲海岸（在今土耳其小亞細亞地區，隔岸即首都君士坦丁堡）被侍從出賣並押回皇宮。西元797年8月15日，根據愛琳娜女皇的命令，君士坦丁六世在其27年前出生的紫色寢宮中被挖去了雙眼，拘禁於修道院中。歷史總是相通的，君士坦丁六世的慘遇，不由讓人想起武則天之子章懷太子李賢悲吟的《黃臺瓜詞》：「種瓜黃臺下，瓜熟子離離。一摘使瓜好，再摘使瓜稀。三摘猶自可，摘絕抱蔓歸。」

　　和各國歷朝歷代曾出現的女主一樣，女人想要登上權力的最高峰，總要付出更多的代價——愛情、親情甚至是國情。除了兒子的雙目，愛琳娜也讓自己的帝國付出了代價，而阿拉伯的阿巴斯王朝就是女皇權力捍衛戰中最大的受益者。抱著「攘外必先安內」的原則，女皇在面臨國內的反對和宗教的摩擦之時，顧得了法蘭克王國，便顧不了阿巴斯王朝，索性以一時的妥協換來一側的安寧，於是在西元782年和西元798年，女皇先後接受了與哈里發馬赫狄和哈倫・拉希德父子簽訂的和約。

　　從西元797年到802年，愛琳娜以「（男）皇帝」之名獨攬大權5年，讓人想起了女扮男裝的古埃及女法老哈特謝普蘇特。然而，當又一場政變風雲席捲而來，曾經君臨天下的女皇一下從雲端墜入了地獄，帝國的財政大臣尼基弗魯斯被拜占庭貴族們推舉為王，是為尼基弗魯斯一世。原本威風凜凜的女皇被流放到海島，淪落到靠紡紗維持生活。

　　至此，戰爭的另一個主人公登上歷史舞臺，就是這個歐洲歷史上第一位公認女帝王的繼任者尼基弗魯斯一世。尼基弗魯斯一世上臺後，斷然廢除了愛琳娜與阿巴斯締結的和約，並派信使要求哈里發哈倫退還女皇進獻的貢賦。當權威受到挑戰，哈倫勃然大怒，他當即回覆了信函，與其說這是一封鋒芒畢露的回信，不如說是一紙威嚴含蓄的兵書。

　　「奉仁慈的阿拉之名，哈里發致羅馬人的狗——尼基弗魯斯，不通道的母親所生的逆子，我已收到了你的信函。至於我的回答，你無須聽到，我將讓你親眼目睹！平安。」

　　哈倫是說到做到的，他隨即展開了對拜占庭帝國的軍事遠征，穿過小

亞細亞，攻占了拜占庭的幾座重鎮，劫掠了位於地中海的幾座海島。在鐵血的教訓下，不可一世的尼基弗魯斯終於低下了高貴的頭顱，被迫與阿巴斯王朝重新議和，簽訂了比當初愛琳娜在位時更為苛刻的條約，除了原本的貢賦外，皇帝本人及其皇室成員還被迫繳納一份屈辱性的個人貢賦。一場硬仗下來，拜占庭的低頭乞和使得阿巴斯王朝登上了頂峰。

與拜占庭的此次交戰成就了哈倫的威名，這位偉大的哈里發或許沒有料到，自己征服了外敵，最終卻死於平復內部叛亂的征途。王朝內部矛盾重重，鬥爭激烈。全國各地教派和部落反對阿巴斯王朝統治的起義此起彼伏。805年，波斯呼羅珊地區人民不滿王朝統治，揭竿而起，許多阿拉伯人加入起義行列，並占領撒馬爾罕等地。西元809年，哈倫御駕親征叛亂的撒馬爾罕總督，病死戰途。

又一位死在馬背上的帝國君主，之後哈倫三子的蕭牆之爭，再次重演了自己當年的手足悲劇，恐怕這是哈倫最不願看到的一幕。

阿拉伯帝國的社會和文化

當年，哈倫登上皇位便是踏著兄弟的屍身；如今，歷史再度輪迴，兄弟相殘奪權的劇碼再次上演，可憐生於帝王家。

哈倫生有三子，生前他任命長子阿明為敘利亞總督，次子麥蒙為東方行省總督，三子凱西姆為美索不達米亞總督；長子為帝國繼承人，次子為第二繼承人。他希望兒子們齊心合力，繼續經營繁榮昌盛的阿巴斯王朝。但事與願違，哈倫一死，繼位的阿明首先解除了凱西姆的總督一職，隨後又將自己的兒子與弟弟麥蒙一起列為繼承人。縱觀政治風雲，阿明的舉措也是可以理解的，臥榻之上，豈容他人酣睡？縱然是親兄弟又如何？然而，阿明小看了弟弟的實力，麥蒙和父親當年一樣，不甘屈居人下，為他人作嫁衣，當兄長引發了權位紛爭的導火線，他索性孤注一擲，賭個輸贏。

BC

— 0　耶穌基督出生

— 100

— 200

— 300
君士坦丁統一羅馬

羅馬帝國分成兩部
— 400

— 500　波斯帝國

— 600　回教建立

— 700

— 800

凡爾登條約
— 900

神聖羅馬帝國建立
— 1000

— 1100　十字軍東征

— 1200
蒙古第一次西征

— 1300
英法百年戰爭開始

— 1400

哥倫布發現新大陸
— 1500

英國大破無敵艦隊
— 1600

發明蒸汽機
— 1700

美國獨立
— 1800

美國南北戰爭開始
— 1900
第一次世界大戰
第二次世界大戰

— 2000

上古時期　BC

漢

－ 0

100 —

三國

晉

200 —

300 —

南北朝

400 —

500 —

隋朝

600 —

唐朝

700 —

800 —

五代十國

900 —

宋

1000 —

1100 —

1200 —

元朝

1300 —

明朝

1400 —

1500 —

1600 —

清朝

1700 —

1800 —

1900 —

中華民國

2000 —

　　在這場政治博弈中，阿拉伯人站在阿明的陣營，波斯人則支持麥蒙，內戰打了4年。813年，麥蒙軍攻陷首都巴格達，麥蒙贏了天下，阿明輸了性命。權位之爭難說對錯，自古以來成王敗寇是唯一的準則，登位後的麥蒙重複著父親的老路，努力成為一個偉大的帝王。

　　作為阿巴斯王朝的第七任哈里發，他成長在阿巴斯王朝國勢如日中天的時代，最終也成為開明君主中最優秀的典範之一。在其執政期間，以伊斯蘭教和阿拉伯語這兩個不同民族融合在一起的樞紐為基礎的阿拉伯文化達到了巔峰，地中海真正成為穆斯林的一個內湖。

　　那時，耕地面積和產量由於灌溉工程的發展而得以大幅增加，富饒的兩河流域為帝國提供了小麥、大麥、稻米、椰棗和橄欖等豐裕的農產品。各省還提供了豐富的礦產資源：來自努比亞的黃金、興都庫什山脈的白銀、伊斯法罕的銅以及中亞和西西里島的鐵，還有帝國境內豐富的寶石蘊藏，阿拉伯帝國盡享地大物博的豐饒富庶。

　　和中國古代重農抑商的政策不同，商業在阿拉伯帝國中占有舉足輕重的地位。早在伊斯蘭教創立時期，穆罕默德就認為，「商人是世界的信使和阿拉在大地上的忠實奴僕」，並斷定忠實的穆斯林商人在復生日將「居於阿拉寶座的陰影之下」。隨著帝國的形成，商業貴族也成為上層統治階級的重要成員。文化傳統、地理位置、商人的社會地位和商業的巨大收益，使阿拉伯帝國出現了與當時東西方封建文明不盡相同的工商業繁榮局面。

　　穆斯林商人活躍於亞非歐三大洲，中國的絲綢、瓷器，印度和馬來群島的香料、礦物、染料、蔗糖，中亞的寶石，東非的象牙、金砂，北歐和羅斯的蜂蜜、黃蠟、毛皮和木材等，都是阿拉伯商人經營的商品。除了首都巴格達之外，巴士拉、安條克、開羅、亞歷山大、凱魯萬、撒馬爾罕等城市也都是東西方仲介貿易的重要商埠。

　　大規模的阿拉伯商業貿易，促進了洲際各個封建文明區域間的經濟文化交流，使得中世紀印度洋和地中海區域的海上貿易異常繁榮。海上貿易的發展，也使得阿拉伯人的航海業、造船業和帆船駕駛技術獨步世界，古

代阿拉伯的地理書籍中也記載了大量的海洋地理資料。帝國商人對航海的要求，也催生了與之緊密相關的天文學的發展，阿拉伯人在巴格達、大馬士革、開羅、科爾多瓦等地建有當時世界一流的天文臺，並研製了相當精密的天文觀測儀器。以花剌子模、白塔尼和馬吉里等為代表的阿拉伯天文學家們所取得的成就，代表著當時人類天文學的最高水準。

麥蒙對學術文化的追求達到了狂熱的地步，他所派遣的搜求知識典籍和學者的使者，奔馳在帝國四通八達的驛道上，足跡遍及拜占庭、波斯、印度等地。他讓學者把希臘典籍翻譯成阿拉伯語，並付給譯者同譯稿相同重量的黃金。在世界史上最昂貴的稿費的利益驅使下，翻譯科學和哲學著作的運動步入高潮，許多珍貴而湮沒已久的古希臘典籍得以重見天日。他將幾代哈里發搜求到的學術瑰寶集中存放在一所規模宏偉的學術中心，將之命名為「智慧之城」。智慧之城集圖書管理、科研、翻譯和教育的功能於一體，成為世界上最早的大學的雛形。

歐洲文藝復興時期，經歷了漫長黑暗的神權統治的中世紀，古希臘的著作在歐洲大都已經失傳，歐洲人正是依靠這些阿拉伯文的譯本才得以瞭解先人的思想，繼而開始文藝復興的。

全盛時期的阿巴斯王朝勢力範圍輻射東歐、北非、中亞，甚至更遠的地區，將兩河流域、波斯、埃及、敘利亞、印度等各個迥然不同的發達文明，糅合成全新的阿拉伯文明，霸占世界商路的中樞，商人和學者的腳步到達了亞非歐三洲的各個角落。

麥蒙在位期間銳意經營，史稱麥蒙盛世。麥蒙統治期間的阿巴斯王朝達到了帝國的頂峰，此後阿拉伯由強漸衰。從政治方面來看，被伊斯蘭普遍接受的長者繼承制，即由皇族中現存的最年長者繼承大統，加重了政治鬥爭的殘酷性。一個新皇位的繼承者往往要將所有的兄弟姐妹全部殺掉，或將其關禁數十年不見天日；當帝國後繼無人時，王位潛在繼承者心智扭曲、知識匱乏，又無力、無能承擔重任。窺一斑而知全豹，盛極而衰的宿命實難避免。1055年，塞爾柱突厥人攻陷巴格達，哈里發失去了一切世俗權力，只保留了宗教領袖的地位。1258年成吉思汗之孫旭烈兀率領蒙古軍

BC

— 0　耶穌基督出生

— 100

— 200

— 300
君士坦丁統一羅馬

羅馬帝國分成兩部
— 400

— 500　波斯帝國

— 600　回教建立

— 700

— 800

凡爾登條約
— 900

神聖羅馬帝國建立
— 1000

— 1100　十字軍東征

— 1200
蒙古第一次西征

— 1300
英法百年戰爭開始

— 1400

哥倫布發現新大陸
— 1500

英國大破無敵艦隊
— 1600

發明蒸汽機
— 1700

美國獨立
— 1800

美國南北戰爭開始
— 1900
第一次世界大戰
第二次世界大戰

— 2000

上古時期　BC

漢

—0

100—

三國
晉

200—

300—

南北朝

400—

500—

隋朝
唐朝

600—

700—

800—

五代十國

900—

宋

1000—

1100—

1200—

元朝

1300—

明朝

1400—

1500—

清朝

1600—

1700—

1800—

1900—

中華民國

2000—

隊攻陷巴格達，殺死哈里發，阿拉伯帝國滅亡。

　　如今，世界各地仍不乏以高高的宣禮尖塔、大圓屋頂、半圓凹壁和馬蹄形拱門為顯著特點的清真寺廟，經歷了歲月洗禮的建築，默默見證著阿拉伯帝國的成敗興衰。

針對穆斯林國家的十字軍東征

　　1095年初冬時分，法國克萊蒙城郊外的空地上，集合起了大批教士、封建主、騎士，還有附近的老百姓。他們聚集在一起，人頭鑽動，萬聲嘈雜，仰臉看向立在巨大十字架前的教皇。

　　教皇這時挺了挺身，舉起手中的《聖經》，開始說話，極力鼓勵人們去進攻伊斯蘭教。聽眾這時都神情盎然，他們狂熱的宗教情緒被煽動起來。

　　教皇在十字架那裡看到了他滿意的結果，然後接著說道：「教民們，那東方的國家，遍地是黃金寶石。誰到那裡不會成為富翁呢？去吧，把十字架染紅，作為你們的徽號，你們就是『十字軍』，主會保佑你們戰無不勝！」教皇繼續用各種保證的話語挑起更多的人參戰。

　　到1097年時候，一支包含朝聖者和教派信徒的三萬大軍，由君士坦丁堡橫越到小亞細亞。儘管領袖之間一直爭鬥不休，而十字軍與拜占庭支持者間的承諾也告破裂，這支東征的隊伍依舊跟蹌前進。

　　於是一次次十字軍東征，轟轟烈烈地上演著，摧殘著戰爭地的人民。

　　在現今的以色列和巴勒斯坦的土地上，還不時發生著以宗教為名義的戰爭、恐怖襲擊、暗殺等暴行，摧殘著當地的人們。我們把時間倒退1000年，大概是西元1000年到1300年之間，驚奇的發現當時如同現今一樣，高舉著宗教的名義，在數百年間發生了多次的戰爭、屠殺、掠奪等暴行，成為歷史上最為悲壯的一幕。這，就是歷史上著名的十字軍東征。

　　大背景是聖地耶路撒冷受到的凌辱，信仰基督的人們危在旦夕，同為

基督教信徒的兄弟，理應向受難的同胞伸出援手。人們無不為異教徒的暴行而激憤，為兄弟的苦難處境而涕零。教皇登上高臺，下面激動的人們大聲喊叫：「這是神的旨意！這是神的旨意！」

教皇回答道：「實實在在這是神的旨意，讓我們把這句值得紀念的話，聖靈所啟示的言辭，帶到戰場上去吶喊，鼓勵基督的武士發揮獻身的精神和奮鬥的勇氣。他的十字架是你們獲得救贖的象徵，戴著這個像血一樣鮮紅的十字架，在你們的胸膛或肩膀當作永恆的標誌，當作無法撤回的承諾和最神聖的誓言。」

各地的本堂神父大聲重複的呼喚上帝的恩典，不僅讓教士貴族這些社會上層人士激動，還讓強盜、小偷、縱火犯、負債者，以及被領主壓迫而生活難以維持的種種社會下層的人，也躁動不已，熱烈渴望拯救自己靈魂的時刻快點到來；而遠方如夢如幻的財富和美女，又讓他們羨慕不已。為此，他們打著神聖的旗號，渴望奔向遠方，名正言順地免去了自己的債務和在家鄉犯下的罪刑。

大家都接受了神的旨意，人們在衣服繡上十字架的標誌，甚至有人在胸前用烙鐵燙上十字架，作為神聖的標記。與會的教士貴族，他們返鄉邀請親戚朋友共襄盛舉，在會議上約定時間作為出發前往聖地的日子。

華盛頓美國大學伊斯蘭研究中心主任阿克巴‧阿赫邁德說：「十字軍東征給我們創造了一個至今揮之不去的歷史記憶，一個歐洲長期進攻的記憶。」它的影響深刻：對當時可能是全球最強大、最具活力的穆斯林文明來說，東征及其造成的破壞打擊了伊斯蘭世界，動搖了穆斯林的信心；而對歐洲來說，十字軍東征是一個起點，它推動著歐洲從一個黑暗的孤立時代，走向開放的現代世界。

BC

— 0　耶穌基督出生

— 100

— 200

— 300
君士坦丁統一羅馬

羅馬帝國分成兩部
— 400

— 500　波斯帝國

— 600　回教建立

— 700

— 800

凡爾登條約
— 900

神聖羅馬帝國建立
— 1000

— 1100　十字軍東征

— 1200
蒙古第一次西征

— 1300　英法百年戰爭開始

— 1400

哥倫布發現新大陸
— 1500

英國大破無敵艦隊
— 1600

— 1700　發明蒸汽機

美國獨立
— 1800

美國南北戰爭開始
— 1900
第一次世界大戰
第二次世界大戰

— 2000

上古時期　BC

漢

— 0

100 —

三國
200 —
晉
300 —

400 —
南北朝

500 —

隋朝
600 —
唐朝

700 —

800 —

五代十國
900 —

宋
1000 —

1100 —

1200 —

元朝
1300 —

明朝
1400 —

1500 —

清朝
1600 —

1700 —

1800 —

1900 —
中華民國

2000 —

| 第十七章 | 日本向封建社會過渡

大和民族的興起

日本是由幾個大島和若干小島組成的國家。

在古代，大海是人們與外界交往的最大障礙，因此這種島國的特點，就是內部問題必須自己來解決，外部勢力很難加以干涉。

日本各列島建立了很多個獨立的地方政權，在西元3世紀以後，日本本州地區出現了一個較大的政權——大和國。

在古代，島國就是真正的桃花源，基本與世隔絕，自生自滅，只有靠自己來改變自己，日本這個彈丸之地，也不例外。西元3世紀之後，本州的大和發展地很快，進行無限制的擴張，來擴大自己的地盤。5世紀時大和已經擁有大片的領土，他們的首領就是天皇。

大和國原來局限於本州中部的大和地區。在不斷的擴張中，大和國逐漸占領鄰近地區，領土越來越大。

隨著大和國的擴張，大和把自己掠奪來的土地和人民，分給皇室成員和大貴族。土地也相應地分為屯倉和田莊。勞動人民則分為奴隸和部民，一在室內，一在室外生產。部民大部分都是其它國家的人民，戰敗就沒有自由。在原來的土地居住，保持自己的血緣關係，從事生產；當然，自己國家也有專門從事這項業務的人民。

按照分類，農業分為米部、田部，手工業以及其它行業稱品部。部民以主人的姓氏命名，可擁有一點點可憐的財產。部民和奴隸沒有多少區別，可以隨意轉換和送人，就像地上的球被人踢來踢去。還有平民，不過其抗禦自然和人為風險的能力很低，也許你一閉上眼，就變為奴隸了。

部民們定期前往皇室和貴族的家庭中、工房中從事生產和服務工作，擁有少量的財產，可以有自己的家庭和生產工具。主人雖然可以像對待奴隸一樣把他們作為禮物送給他人，但是不能夠隨便殺害或買賣部民。所以部民與我們所熟知的奴隸的概念還是有一些區別的。

在西元3～6世紀的時候，部民的人數大約占了大和國總人口的一半以上，除了部民和少數的貴族、奴隸，大和國其他的人口則是大批的平民。平民隨時有淪為部民的危險，因為他們的地位在貴族和部民之間，處在一種不穩定的狀態，隨著財產的改變而變化。部民制構成了大和國最基本的政治經濟制度。

到了4世紀初期，大和國覺得自己發展的很順利，已經很強大了，於是就開始向各地的獨立勢力發動討伐，將他們置於一個統一的領導之下。大和朝廷很快就統一了從畿內到九州的西部土地，甚至將領土擴展到了朝鮮半島南部的地區。

到了5世紀的時候，這個國家已經統一了現在日本的大部分地區。為了阻止高句麗的勢力擴展，大和開始向中國朝貢，以獲取領土地位的承認。西元413年，大和國王開始向當時的東晉朝廷朝貢。

西元421年，大和國王贊向宋朝皇帝派遣過使者，此後大和國王贊、珍、濟、興、武等人持續向中國朝貢，並獲得中國皇帝授予的征東將軍或是安東將軍的封號，這五任大和國王自稱為仁德、反正、允恭、安康、雄略天皇。這個時候也確立了天皇的世襲制度，大和國的最高統治者是天皇，今天的日本就是在此基礎上發展起來的。

仿效中國的姓氏制度

隨著部民制的確立，大和朝廷的統治也日益穩固，大和國國內的經濟有了長足的發展。這大和國經濟一發展，立刻成了方圓幾百里地之內的強大明星國家，很多人心嚮往之。

BC

— 0　耶穌基督出生

— 100

— 200

— 300　君士坦丁統一羅馬

羅馬帝國分成兩部
— 400

— 500　波斯帝國

— 600　回教建立

— 700

— 800

凡爾登條約
— 900

神聖羅馬帝國建立
— 1000

— 1100　十字軍東征

— 1200

蒙古第一次西征
— 1300　英法百年戰爭開始

— 1400

哥倫布發現新大陸
— 1500

英國大破無敵艦隊
— 1600

— 1700　發明蒸汽機

美國獨立
— 1800

美國南北戰爭開始
— 1900
第一次世界大戰
第二次世界大戰

— 2000

上古時期　BC

漢

－0

100－

三國
晉　　200－

300－

南北朝　400－

500－

隋朝　600－
唐朝
700－

800－

五代十國　900－

宋
1000－

1100－

1200－

元朝
1300－

明朝
1400－

1500－

清朝　1600－

1700－

1800－

1900－

中華民國
2000－

再加上四周鄰國處於分裂割據的戰亂之中，於是有很多中國人和朝鮮人為了躲避戰亂，就跑到了大和國。

在大量移民進入的背景下，大和國的勞動力大為增加，新式技術得以高速發展。移民給大和國帶來了很多先進的科學技術和生產方式，既使大和國的部民制社會進一步完善，又為大和國帶來了氏姓制度。

那麼，部民制的完善與日本的姓氏起源有什麼關聯呢？正是因為來自中國和朝鮮的移民到了大和國，才帶來了生產力的大發展。經濟發展起來後，那些皇族和貴族們也講究起來了，看到這些為他們工作的移民都有名有姓的，覺得叫起來很方便。

於是便為自己也起了姓氏。而那些生活在田莊和屯倉上，為皇室和貴族的私有產業服務的大和國原部民們，也跟著有了姓氏，是按照他們主人的姓氏命名的。

所以，我們看日本歷史經常出現諸如信長家、武藏家這樣的說法，這就是圍繞著這個姓氏建立起來的私人集團了。

實際上，如果仔細區分，就會發現，雖然大和國的氏姓制度是仿照中國而逐漸建立起來的，但是它與中國的姓氏制度原理卻並不相同。

中國古代是以姓代表血緣，以氏代表身分，大和國的氏姓制度卻完全相反，氏指的是由血緣為中心而組成的氏族公社。原始社會解體，出現貧富和貴賤的兩極分化後，氏族公社的首領即被稱為氏長，對內主持對圖騰的祭祀和裁決氏族內部的紛爭，對外則代表本氏族與其他氏族或者大和國的朝廷接觸。而姓就是對氏長的尊稱了，後來逐漸發展成為大和王朝賞賜給氏長，以表示區別這個尊卑高下身分的一種榮譽稱號。

如果是天皇的後裔，則往往會賜姓臣、君這樣的姓；如果是那些傳統氏族的氏長則會賜姓連；而如果是中國或朝鮮的移民，則會賜姓主、史；至於其他的姓，還會有諸如別、公、直、造之類。

所以，對於當時的大和國氏姓制度來說，氏是氏，姓是姓，氏代表大和國人的血源，也就是他原來屬於哪一個部落；姓代表的是大和國人的身分。很顯然，最尊貴的姓是臣和連，因為如果在朝廷中有人被賜姓為大臣

或大連，那就表示他是天皇或者是大氏族氏長的後裔，地位之高就可想而知了。

這裡講的姓氏指的是古代的大和國，而現在日本人的姓，其實是明治維新後才新造的「苗字」。因為隨著日本人口規模的發展，那些遠古傳下來的姓氏也開始出現了分支，也就是說出現了同姓異流的現象，原先的幾個姓已經完全不夠用了，所以要新造字命名以示區分。明治維新後的日本人現代的姓，和古代的氏姓制度的姓，已經完全沒有關係了。

大和國在6世紀初的時候，最有權力的兩個家族的姓氏，要數大臣蘇我氏和大連物部氏了。

大和統一各地之後，沒事可做，就你方唱罷我登場，輪流統治坐莊。利益就是這麼多，我只能從你的嘴裡搶肉吃。6世紀，物部氏控制天皇。後來就有蘇我氏換班。不過，這傢伙很猖狂，他的小弟更狗仗人勢。大量的平民失去自己的東西，就淪為奴隸或部民。社會衝突這個火藥桶也變得嗆人起來。

蘇我馬子獨攬朝政

一山容不下二虎，日本地盤本來就不大，僅是個小小的島國，大和國軍事戰爭取得了突破里程碑的勝利後，他們就沒地方再去擴張了。

怎麼擴張？再打就打出國界，打向世界了，倒不是說大和國沒有這樣的野心，而是他們那個時候如果要跨海出征的話，經濟和軍事難度太大了，所以大和國在失去了繼續擴張的環境後，就打起了內戰，內部開始了爭奪。

具體說來，就是皇室搶貴族的地盤，將貴族的田莊變為自己的屯倉；反過來，大貴族們也不甘就這麼被政府給掠奪了，他們也極想控制中央的政權，以便獲得更大的好處，而且，最好是「獨自」控制。這就意味著，不僅是皇室和貴族之間不斷在火拼，貴族之間也在進行著激烈的內鬥，當

BC

— 0　耶穌基督出生

— 100

— 200

— 300
君士坦丁統一羅馬

羅馬帝國分成兩部
— 400

— 500　波斯帝國

— 600　回教建立

— 700

— 800

凡爾登條約
— 900

神聖羅馬帝國建立
— 1000

— 1100　十字軍東征

— 1200
蒙古第一次西征

— 1300
英法百年戰爭開始

— 1400

哥倫布發現新大陸
— 1500

英國大破無敵艦隊
— 1600

— 1700　發明蒸汽機

美國獨立
— 1800

美國南北戰爭開始
— 1900
第一次世界大戰
第二次世界大戰

— 2000

時的大和國由於這些內訌，顯得一片混亂。

　　而之前提過的6世紀初時最有權力的家族，是大臣蘇我氏和大連物部氏，則是這場內訌中的勝利者。

　　原來，在他們之前，朝中最有權力的是大伴氏，物部氏和蘇我氏非常不爽，就決定聯合起來奪權。

　　有一次，大伴氏主張把朝鮮的任那地區的四個縣歸還給百濟國，以換取和平，物部氏和蘇我氏乘此機會展開大肆攻擊，奪取了大伴氏的權力。

　　物部氏和蘇我氏掌權後，其中物部氏掌握軍事大權，而蘇我氏掌管財政大權；物部氏代表本土部民利益，力圖維護原來的統治方式；而蘇我氏則代表大陸移民的利益，是一個新興的勢力，力圖顛覆舊有的政治權力格局。

　　西元6世紀，這幫領導者開始改革敗壞的部民制，於是開始向中國學習。蘇我稻目是這幫人的老闆，他很會與人交往，不放棄一切學習的機會，亞洲較為先進的文化和技術就傳到了日本。

　　蘇我稻目先設立屯倉，因為不易實行，他又開始建立戶籍制度，取得很好的效果，部民不再開溜。這卻遭到物部氏的攻擊，物部氏的物部尾興就是一位。導火線則是佛教信仰問題。西元522年百濟送來佛教和佛經，欽民天皇問大家是否可參拜，稻目認為可以，尾興卻強烈反對，說出佛教還不如部氏神。

　　這下原本結盟的兩夥人，由於他們所代表的勢力不同，漸漸對立了，互相瞧對方不順眼了。

　　一開始勢力較強的物部氏控制了主要的朝政，後來隨著移民人數的增多，他們的影響逐漸擴大，蘇我氏也強大起來，二者之間的決戰已不可避免了。蘇我氏還算比較冷靜，他們在靜靜地等待著機會。

　　機會終於來臨了，西元587年，當用明天皇死去時，天皇的繼承問題成為契機，為了爭奪扶植新天皇的權力，進而獲得對中央的控制權，蘇我氏的蘇我馬子和物部氏族的物部守屋各自帶領軍隊展開了一場大戰。最終，蘇我馬子率軍攻入物部守屋的地盤，取得大勝，物部氏滅亡，奪占了

物部氏的田莊和大量部民。

在滅亡了物部氏之後，蘇我馬子立泊漱部皇子為天皇，即崇峻天皇。但是，崇峻天皇比較有理想、有目標，他不甘心成為蘇我馬子的傀儡，任蘇我氏擺佈，於是他經常長籲短歎。

有一次吃飯時，他指著獻上來的野豬頭發出感慨：「什麼時候能像砍這個豬頭一樣，砍下我討厭人的頭啊？」

這話說的很是有攻擊意味，很快就傳到了蘇我馬子的耳朵裡，他一聽這還了得，敢說我是豬頭，於是就產生了除掉這個天皇的念頭。

到了592年，在蘇我馬子的唆使下，一位叫東漢直駒的刺客刺殺了崇峻天皇。蘇我馬子為了獨攬朝政，覺得男天皇容易有野心，不聽話，於是便在同年的12月，讓他的外甥女飲屋姬繼位天皇，這樣，大和國歷史上出現了第一位女天皇——推古女皇。

第二年，推古女皇又立了用明天皇的遺子廄戶皇子為皇太子，並任命他統率政務。後來因為這個廄戶皇子很聰明，治理國家也非常英明，於是大家都把他稱作聖德太子。

蘇我馬子一個人說了算，這種感覺簡直太好了，他獨攬朝政，掌握了朝廷的全部大權。但是他不好好為朝廷辦事，反而放縱下面的中小貴族瘋狂兼併土地，殘酷剝削部民。朝內朝外的腐朽統治，使大和國的社會淪為黑暗，許多平民的土地被剝奪，淪落為部民，隨著破產農民人數的不斷增多，土地和財富則不斷地集中到了上層，大和國社會的衝突空前尖銳。

這個時候的部民制，已經不再適應生產力的發展水準，部民制度開始瓦解，部民們開始紛紛逃亡，走投無路的奴隸、部民和平民的起義不斷出現，大和國已處於混亂狀態。這個時候，面對一塌糊塗的社會現象，許多有頭腦的人士開始站出來呼籲進行改革。

BC

— 0　耶穌基督出生

— 100

— 200

— 300
君士坦丁統一羅馬

羅馬帝國分成兩部
— 400

— 500　波斯帝國

— 600　回教建立

— 700

— 800

凡爾登條約
— 900

神聖羅馬帝國建立
— 1000

— 1100　十字軍東征

— 1200
蒙古第一次西征

— 1300
英法百年戰爭開始

— 1400

哥倫布發現新大陸
— 1500

英國大破無敵艦隊
— 1600

發明蒸汽機
— 1700

美國獨立
— 1800

美國南北戰爭開始
— 1900
第一次世界大戰
第二次世界大戰

— 2000

聖德太子的改革

　　想要改革是好事，但是改革是不容易的。雖說推古女皇是蘇我氏的傀儡，但並不代表她所立的那位聖德太子也可以任人擺佈。聖德太子就是想挑戰這個難度。他本事挺大，這主要是因為他受的教育很好。

　　作為用明天皇的嫡子，從小就受到中華文化的薰陶——幼時他曾經跟隨高麗國的名僧惠慈學習過佛教，師從百濟國的博士覺哿學習過儒學，中央集權的思想意識很濃厚。

　　在推古女皇讓聖德太子執政時，那個時候的大和朝廷正處在內憂外患之間。外患指的是隋朝、新羅的強大。中國在589年，由北周重臣楊堅建立了隋朝，在滅亡南朝陳後，結束了南北朝長期分裂的局面，實現全中國的統一，建立了統一而強大的中央集權國家；而在朝鮮半島上，雖然仍然處在新羅、百濟和高句麗三足鼎立的局面，但是日益強大的新羅已經占據了廣大的地域，並且隨即吞併了大和國在朝鮮半島的據點任那地區，這是大和國很不願放棄的地區。因此大和國與新羅的外交關係在急劇惡化，隨時都有爆發戰爭的可能。

　　至於內患，那是指部民制度弊端重重，不再適合大和國的發展，而以蘇我氏為代表的大貴族又在朝中獨斷專行，他們的勢力尾大不掉，皇室的力量單薄。聖德太子受到中國的尊王攘夷的大一統思想影響，決定改變這種局面，建立一個以天皇為中心的中央集權制國家，以此挽救社會危機，消除大和國的內憂外患。

　　解決外患的關鍵，在於調整外交政策，聖德太子深知不可與強大的中國為敵，於是在外交上宣佈恢復曾斷絕的中日邦交。

　　因此，以聖德太子為首的推古王朝決定派遣隋使，恢復與中國斷絕一個多世紀的交往，並積極吸取大陸文化。這樣，既充實了大和的國力，又緩和了國際局勢，與中國外交關係的改善，也間接改善了與受中國支持的新羅的關係。

外患好緩和，可是家務事就難處理了，所以，聖德太子想透過改革，給大和國進行一次大手術。

但是蘇我氏家族的人鐵定不同意，於是強勢的聖德太子也不跟他們商量，就自己在604年先行動手了，施行了改革。

改革範圍廣，政治、經濟、宗教、文化、軍事無所不包。這些改革中最重要的舉措是，聖德太子於604年制定冠位12階法，並於次年開始實施。冠位是授予貴族的榮爵，只按才幹和功績授予個人，不能世襲。

冠位制度的實行在一定程度上發揮了抑制氏姓門閥勢力和選拔人才的作用。它推進了貴族的官僚化，和以天皇為首的官僚體制的形成。

這還沒完，聖德太子同時還宣佈制定了憲法17條，力圖從思想理論上規定人與人之間不同的社會地位和權利義務，同時透過吏治達到民治，規定了君權的崇高性。

不管怎麼說，這位太子還是有點能耐的，他對中國文化極為熟悉，想把中國的那一套體制在日本實行。他的目的就是為鞏固天皇的地位，並開始準備改革。

603年到604年進行推古改革，其中冠位12階和憲法17條的作用還是很大的。

前者是想自己任免官位，天皇的勢力增強，國家官僚體制也有了最初形式。後者極力宣揚中國「三綱五常」的那一套制度，同時和周邊國家以和為貴和睦相處，減少摩擦。

聖德太子宣佈的《憲法》的內容，多出自中國儒、法、道諸子百家及佛教思想，特別是儒家思想。儒家的「三綱」、「五常」是《憲法》的核心思想，其用意在於提高皇權，壓制氏姓貴族的勢力，建立中國式的君主專制王朝。《憲法》提出要給百姓以必要的生產和生活條件，如「勿斂百姓」、「農桑之節，不可使民」等，以消弭人民的反抗。

聖德太子的這些改革措施，壓制了氏姓貴族的勢力，提高皇室的地位，為後來建立中央集權制奠定了思想基礎。

聖德太子的改革是大化革新的必要準備和先聲。

BC

— 0　耶穌基督出生

— 100

— 200

— 300
君士坦丁統一羅馬

羅馬帝國分成兩部
— 400

— 500　波斯帝國

— 600　回教建立

— 700

— 800

凡爾登條約

— 900

神聖羅馬帝國建立
— 1000

— 1100　十字軍東征

— 1200
蒙古第一次西征

— 1300
英法百年戰爭開始

— 1400

哥倫布發現新大陸
— 1500

英國大破無敵艦隊
— 1600

發明蒸汽機
— 1700

美國獨立
— 1800

美國南北戰爭開始
— 1900
第一次世界大戰
第二次世界大戰

— 2000

蘇我氏政權的覆滅

上古時期　BC

漢

0

100

三國

晉

200

300

南北朝

400

500

隋朝

600

唐朝

700

800

五代十國

900

宋

1000

1100

1200

元朝

1300

明朝

1400

1500

清朝

1600

1700

1800

1900

中華民國

2000

　　真是天有不測風雲，聖德太子正忙著改革之際，卻於622年得病而逝。歷史上有太多這樣的意外。太子的病逝使得這場如火如荼的改革進入了冷卻期。推古女皇收拾心情，打算立自己的兒子山背大兄皇子為太子，但立太子的事情不是她一人說了算。

　　當年曾經呼風喚雨的蘇我馬子，由於聖德太子的英明和強勢的執政，氣焰被暫時壓了下去，可是聖德太子死後，蘇我氏的勢力重新復燃。626年，蘇我馬子死了，兒子蘇我蝦夷繼承了他的位置，開始暗中擴充自己勢力，他所等待的只是時機罷了。

　　628年，推古天皇也死了。時不我待，蘇我蝦夷便矯詔，宣佈推古天皇要將帝位傳予皇孫田村皇子。雖然遭到朝內朝外多人的反對，但蘇我蝦夷勢力很大，威嚇利誘，想盡辦法，擺平了反對勢力，終於在629年擁立田村皇子為舒明天皇。此時距推古天皇死去已經有10個月，這10個月也是大和國在沒有天皇的狀態運行的10個月。這位舒明天皇即位後不久，就封自己的親兄弟茅淳王的女兒即自己的親侄女寶皇女為皇后。

　　舒明天皇沒有讓蘇我蝦夷失望，成為傀儡。蘇我氏大權在握，但蘇我蝦夷人心不足，考慮非常周到。他想到了舒明天皇死後的繼承問題。此時合法的皇位繼承人有兩個：一個是聖德太子的長子山代大兄皇子，一個是舒明天皇和自己的侄女所生的古人大兄皇子。這兩個人被蘇我蝦夷視為眼中釘，肉中刺，必先除之而後快。

　　641年，舒明天皇去世。蘇我蝦夷採用蘇我馬子的做法，不立天皇之子，而立皇后寶皇女為天皇。642年，寶皇女即位，這就是皇極天皇，她也是大和國歷史上的第二個女皇帝。當然，皇極天皇也只是蘇我蝦夷的傀儡。

　　蘇我蝦夷為使蘇我氏的權勢代代顯赫下去，開始不擇手段地迫害異己，大肆安插自己的親信為官。做了兩件讓反對者不能忍受的事。

一是蘇我蝦夷未經朝廷允許，把象徵最高官階的紫冠「大德」授予了自己的兒子蘇我入鹿，使其能夠掌控朝政。蘇我氏的出入儀仗等同於天皇，蘇我氏的子女都稱王子，儼然不是大臣，而是大和國真正的統治者。二是派兵襲擊了反對派的精神領袖山背大兄皇子，這一舉動，使得皇子們人人自危，被逼上死路。先下手為強，大和國的上層貴族和皇室內部人員開始結成了一個反蘇我氏的聯盟。蘇我蝦夷父子的囂張為其後的覆滅埋下了種子。

自從聖德太子執政後，制定了友好的對華政策，這個政策也被繼承了下來。到了蘇我入鹿時期，中國已經是大唐王朝了，大量的大和學生前往唐朝，學習當時世界上最先進的文化和政治。這時正當大和國的社會危機最嚴重的時期，推古時期派到中國的留學生陸續回國。其中最著名的有僧旻、南淵請安和高向玄理，他們於640年紛紛回到大和國。他們就是因聖德太子改革而得以參與朝政，又因為蘇我氏重新上臺而失勢的很多中小貴族。他們的首腦是物部氏的殘存後裔中臣鐮足，而推古女皇之子山背大兄皇子則是他們的精神領袖。這兩人一個是蘇我氏的世仇，另一個是因為蘇我氏的阻撓才沒能當上天皇的人，可想而知，他們對蘇我氏的仇恨有多大了。

有了共同的敵人，中臣鐮足勢力和中大兄勢力開始聯合起來。在具體行動上，中臣鐮足是軍師，而中大兄是主將。中臣鐮足是個厲害角色，首先爭取了朝中一個叫蘇我石川麻呂的很有權力的大夫，進而分化了蘇我氏的勢力。蘇我石川麻呂是蘇我入鹿的堂弟，怎麼爭取他呢？這好辦，政治聯姻。於是，中臣鐮足作了一個媒，讓中大兄娶了蘇我石川麻呂的女兒遠智娘。「槍桿子裡出政權」，這個道理不僅適用於中國，在日本照樣適用。於是中臣鐮足又爭取了擁有兵權的阿倍內麻呂和佐伯連子麻呂等人加入反蘇我聯盟。

蘇我入鹿也對反蘇我勢力有所察覺和警惕，加強了自己府邸的守備，中臣鐮足等人沒有辦法，只能等待時機降臨。

645年6月12日，時機終於來了。這天是高句麗、百濟、新羅三國使

BC

— 0　耶穌基督出生

— 100

— 200

— 300
君士坦丁統一羅馬
羅馬帝國分成兩部
— 400

— 500　波斯帝國

— 600　回教建立

— 700

— 800
凡爾登條約
— 900
神聖羅馬帝國建立
— 1000

— 1100　十字軍東征

— 1200
蒙古第一次西征
— 1300
英法百年戰爭開始
— 1400
哥倫布發現新大陸
— 1500
英國大破無敵艦隊
— 1600
發明蒸汽機
— 1700
美國獨立
— 1800
美國南北戰爭開始
— 1900
第一次世界大戰
第二次世界大戰
— 2000

上古時期　BC

漢

－0

100 —

三國
晉　　200 —

300 —

南北朝　400 —

500 —

隋朝
唐朝　600 —

700 —

800 —

五代十國　900 —

宋　　1000 —

1100 —

1200 —

元朝　1300 —

明朝　1400 —

1500 —

清朝　1600 —

1700 —

1800 —

1900 —

中華民國

2000 —

臣向天皇進獻禮品的日子。蘇我蝦夷老奸巨猾，他在朝中沒有見到中大兄皇子，心裡有些狐疑。今天滿朝文武大臣都集中在這裡，唯獨他不來，此中必有蹊蹺。於是，他乾咳了兩下，說了聲「我身體不適」，便讓人抬走了。臨走前，他向蘇我入鹿丟了個眼色，意思要兒子注意，但蘇我入鹿沒有看到這個動作，站在那裡不動。

　　中大兄皇子與中臣鎌足早已計議停當，準備藉機下手。大殿兩側的帷幕後邊，藏著手執利劍、長矛的中大兄、中臣鎌足，宮廷侍衛連子麻呂等人，氣氛極為緊張。按照事先約定，在朝官讀完貢品報表之時，乘蘇我入鹿不備，由連子麻呂衝出將其刺殺。但連子麻呂懼怕蘇我入鹿威嚴，眼見禮品報表快讀完了，還遲遲不敢動手。正在唱讀的朝官也很緊張，聲音發顫，兩手發抖，蘇我入鹿不覺起了疑心，喝道：「為何渾身顫抖？不成體統！」說時遲，那時快，中大兄皇子從帷幕後躍出，舉矛刺入蘇我入鹿右肩。蘇我入鹿大吃一驚，正想反抗，這時中臣鎌足也從旁邊衝出，揮劍砍斷蘇我入鹿的一隻腳。蘇我入鹿一看大勢已去，仰天長歎：「天亡我也！」連子麻呂一劍刺入他的心臟，蘇我入鹿頓時喪命。

　　蘇我蝦夷得到兒子被殺的消息，立即調兵遣將，準備反撲。無奈蘇我父子平日作惡多端，家臣、衛兵早有不滿，此時紛紛出逃。蘇我蝦夷見眾叛親離，走投無路，政變第二天，不待中大兄皇子率軍隊圍攻，便在自己的「皇宮」裡自殺了。

大化革新

　　西元645年6月12日，日本朝廷在飛鳥板蓋宮太極殿與「三韓使者會晤，舉行儀式。此時，宮門卻突然關閉，有點邪門，看見中大兄皇子刺死了蘇我入鹿，許多人都嚇壞了。這就是中大兄皇子改革的序曲。

　　刺殺蘇我入鹿後的第三天，中大兄皇子就廢黜了皇極天皇，轉而擁立他的叔叔登基，稱為孝德天皇，仿照中國唐朝建立年號「大化」（意思是

「偉大的變化」），遷都難波（今大阪市）。

「一朝天子一朝臣」，這位新天皇登基後，立刻就開始論功行賞。中大兄皇子功勞最大，被立為皇太子，給予了輔助政事的權力；中臣鐮足被任命為內大臣；蘇我石川麻呂為右大臣，阿倍內麻呂為左大臣；留學生僧旻和高向玄理為國博士（高級顧問）。大賞功臣之後，孝德天皇率群臣在一棵大樹下鄭重宣誓：「皇天借我等之手誅蘇我逆賊。今後君臣一心，勵精圖治，共創皇國偉業！」

646年正月初一，孝德天皇發佈《改新之詔》，展開了一連串的改革，按照中國盛唐封建制國家的形式，建設新的大和王朝，開始全面向大唐學習。

後人仔細研究大化改革的內容發現，這份改革方案完全是以大唐為藍本，比如：大化改革宣佈廢除部民制，無論是皇室的屯倉還是貴族的田莊都一律廢除，在上面工作的部民都收歸國有，成為「公地、公民」。

也就是說無論土地還是農民都不再私有，而都變成國家的了，學名叫作實行班田收授法與租庸調制。這些很明顯都是參照大唐的均田制和租庸調制而制定的，性質完全一致，都是封建國家土地所有制下的土地分配制度和租稅制度。

具體說來，大化革新後國家對農民的關係，變成了土地所有者和使用者之間的關係，其中，國家占有生產資源——土地，並以租庸調的形式向公民徵收國稅和徭役；公民被束縛在自己的口分田上，以臣屬關係依附於國家。這種生產者對土地所有者的依附關係是封建生產關係的重要特徵，是有別於奴隸制的關鍵所在。

班田制下的公民除了有終身使用權的口分田外，還擁有對山林池沼的使用權。每年除了繳納固定的租稅和徭役外，交租後剩餘的產品可以占為己有。他們在生產關係中所處的地位發生了根本的變化，當時社會生產的主要擔當者，就是班田制下的公民。

而在政治制度的改革方面，大和朝廷力圖建立起中央集權制。新政權建立不久，為了樹立中央集權的指導思想，西元649年，孝德天皇下詔

BC

— 0　耶穌基督出生

— 100

— 200

— 300　君士坦丁統一羅馬
　　　羅馬帝國分成兩部
— 400

— 500　波斯帝國

— 600　回教建立

— 700

— 800
　　　凡爾登條約
— 900
　　　神聖羅馬帝國建立
— 1000

— 1100　十字軍東征

— 1200　蒙古第一次西征

— 1300　英法百年戰爭開始

— 1400

　　　哥倫布發現新大陸
— 1500
　　　英國大破無敵艦隊
— 1600

— 1700　發明蒸汽機

　　　美國獨立
— 1800
　　　美國南北戰爭開始
— 1900　第一次世界大戰
　　　第二次世界大戰
— 2000

上古時期　BC

漢

－0

100 —

三國

200 —

晉

300 —

南北朝

400 —

500 —

隋朝

600 —

唐朝

700 —

800 —

五代十國

900 —

宋

1000 —

1100 —

1200 —

元朝

1300 —

明朝

1400 —

1500 —

1600 —

清朝

1700 —

1800 —

1900 —

中華民國

2000 —

令博士高向玄理與僧旻「置八省百官」，建立中央機構。地方設國、郡、里，分別由國司、郡司、里長治理。這個八省百官制和國郡里制，不過是大唐的三省六部制和州縣制換個名字罷了，它們都是中央集權的行政體制。

革新後帶來的危機

日本在短短的幾個世紀裡，發生了好幾次重大變化，先是大和國建立，原始社會結束；然後是蘇我氏上臺確立部民制；再往後又有聖德太子改革；現在又要廢除部民制確立中央集權制。由此可知，日本在很短的時間裡由原始社會進入了奴隸社會，這次的大化革新又要進入封建社會，然而發展太快了就難免會保留很多歷史殘餘。

日本在進入奴隸社會的時候，保留了很多原始社會的殘餘，這麼短的時間又要轉向封建社會，就又把奴隸和原始社會的殘餘都帶著了。這樣，大化革新後的大和國，就形成了一個以封建制為外皮、奴隸制為核心，還夾著原始制的獨特形態的國家。

所以，大化革新的過程註定不是一帆風順的，甚至可以說危機重重，因為政治鬥爭是無時不在的，在革新過程中也是如此，新舊勢力之間的鬥爭依然永無寧日。革新派對於守舊勢力進行了堅決的鎮壓，西元645年9月，古人大兄皇子謀反，以出家為名逃往吉野，勾結蘇我入鹿的親族和舊臣策劃叛亂。

因為消息洩露，中大兄立即派兵鎮壓，古人大兄皇子被殺。到了649年，蘇我馬子的孫子蘇我日向誣告蘇我石川麻呂意圖謀逆，中大兄皇子沒經過縝密調查，就迫使他的老丈人、誅殺蘇我入鹿的功臣蘇我石川麻呂自盡。

因為蘇我石川麻呂雖然反對蘇我蝦夷父子，可是本人並不贊成改革，在冠制改變後仍然堅持戴古冠上朝，中大兄皇子早就對其不滿，所以就借

這個機會將他剷除了。這些鎮壓手段很殘忍，簡直到了殺紅眼的地步，讓人看起來好像不是為了維護改革，倒像是為維護自己的權力地位，改革改成了這樣，就變了味兒。

果然，隨著中大兄皇子權勢熏天，越來越不把孝德天皇放在眼裡，對於各種改革措施也是獨斷專行，兩人間的心結日益激化。653年，為控制守舊勢力，中大兄皇子奏請將都城遷回飛鳥地區，遭到孝德天皇拒絕後，中大兄不顧天皇的反對，率領皇族和群臣離開難波，自行回歸飛鳥。孝德天皇受此打擊，於次年飲恨而病死。

孝德天皇去世後，中大兄皇子沒有登基稱帝，也沒有立孝德天皇的兒子為帝，而是讓前皇極天皇，也就是他的母親在飛鳥的板蓋宮再度即位，改稱齊明天皇（西元655～661在位）。

齊明天皇在位期間，朝廷大興土木，修建宮殿樓閣，給人民帶來沉重的徭役負擔，引起民怨。朝廷的作為，給守舊勢力提供了反對的口實。

西元658年11月，齊明天皇和中大兄皇子去紀伊的牟婁溫泉療養，首都留守官、守舊勢力的代表人物蘇我赤兄乘機鼓動有間皇子叛亂。赤兄列舉女皇有三大失政，即大修倉庫，積聚民財；穿鑿水渠，耗費公糧；以舟運石，累積為丘。在赤兄的鼓動下，有間皇子開始策劃謀反。可是當有間皇子準備舉兵時，蘇我赤兄卻見事難成功，轉而派人逮捕有間皇子，並派人將有間皇子謀反之事報告中大兄。中大兄將有間皇子處以絞刑。

自大化革新後，大和國內的問題不僅沒有消除，反而愈顯激烈，內部危機越來越嚴重。

唐朝與日本的白江之戰

日本的政策從古到今都是一致的，一旦國內出現危機，首先想到的就是發動對外侵略戰爭。所以當大化革新出現危機的時候，為了轉移守舊勢力的鋒芒和人民的不滿情緒，大和朝廷大舉征伐北方少數民族並出兵朝

BC

— 0　耶穌基督出生

— 100

— 200

— 300
君士坦丁統一羅馬

羅馬帝國分成兩部
— 400

— 500　波斯帝國

— 600　回教建立

— 700

— 800
凡爾登條約
— 900
神聖羅馬帝國建立
— 1000

— 1100　十字軍東征

— 1200
蒙古第一次西征
— 1300
英法百年戰爭開始

— 1400

哥倫布發現新大陸
— 1500
英國大破無敵艦隊
— 1600

— 1700　發明蒸汽機

美國獨立
— 1800
美國南北戰爭開始
— 1900
第一次世界大戰
第二次世界大戰

— 2000

上古時期　BC

漢

—0

100—

三國
晉　200—

300—

南北朝　400—

500—

隋朝　600—
唐朝
700—

800—

五代十國　900—

宋　1000—

1100—

1200—

元朝　1300—

明朝　1400—

1500—

清朝　1600—

1700—

1800—

中華民國　1900—

2000—

鮮。

　　這個時期的朝鮮半島，正處於高句麗、百濟、新羅三足鼎立的局面。三家都想統一半島，但又力量不夠，於是向鄰國尋求援助，分別與唐朝和大和國結成軍事同盟。平時大家相安無事，可真要打起仗來，就得完全站到盟國這一邊了。結盟的結果是高句麗、百濟、大和國一方，新羅、唐朝為另一方。

　　660年，百濟主動向新羅進攻。新羅向大唐告急，乞求唐朝出兵救援。唐高宗讓蘇定方率領水陸大軍十萬餘人，從遼東陸路進軍和山東榮成渡海一起擊百濟，在唐軍南北夾擊之下，百濟軍隊不堪一擊，不到十日便滅亡了百濟。大唐在百濟的故地設立都督府，大將軍劉仁願率兵留守。

　　百濟滅亡後，那些遺老遺少們總想著復國，於是就給他們的同盟大和國送信，原百濟將領福信遣使至日本乞求援師。為了保住在朝鮮半島上的勢力，大和國打算干涉，但想先看看局勢再說。此前，因駐守百濟的唐軍劉仁願部被福信的百濟軍圍困在熊津府城內，所以唐高宗急調劉仁軌率軍渡海增援，府城之圍遂解。

　　乘著調來的大軍還在，同年4月，唐軍就以四萬四千人之眾，順勢以水陸兩路向高句麗發動進攻，但是因為平壤久攻不下，唐朝於次年2月撤軍。而這時，復國的百濟發生了內訌，福信被殺，百濟力量因此嚴重削弱。大和國覺得時機到了，天皇命令大將毛野稚子率兩萬七千餘人的大軍，在西元663年6月向新羅主動發起了進攻，切斷唐軍與新羅的聯繫。這樣，一向以唐為師的大和國便開始公然向老師挑戰。

　　這時，大唐的援軍也到了，由孫仁師率領的七千名唐朝大軍渡海到達熊津府，與劉仁軌會師。唐軍士氣大振，便與新羅組成聯軍，從陸路三面圍攻百濟的周留城，百濟和大和國援軍相繼投降。大和國於是又派大將盧原君臣率領新的援軍一萬餘人越海而來，準備自白江口登陸。周留城是一個建築在白江河口上游不遠處的左岸山地上的城市，三面環山，一面臨水，山峻溪隘，易守難攻。雖然唐新聯軍已經從陸地上三面包圍了周留城，但只要百濟能夠確保周留至白江一線的水路安全暢通，就能得到大和

國從海上的支援，進而據險固守。因此，白江成為維繫周留城存亡的生命線，兩軍都誓在必爭。

決定戰爭勝負的白江之戰打響了，唐朝的水軍率先到達白江江口，不久，大和國水軍也從海上抵達白江，兩軍相遇，水戰爆發。當時，唐朝水軍七千餘人，一百七十艘戰船；大和國水兵一萬餘人，一千多艘戰船。大和國雖然在人數和船隻數量上有優勢，但是由於技術落後，都是小船，水上作戰無法拉開戰線，人數優勢也發揮不出來。而唐朝水軍船堅器利，武器裝備遠遠優於大和國。首戰中，唐軍以逸待勞，率戰船列陣於白江，輕而易舉地就使大和國水軍「不利而退」。

次日水戰再次打響，唐軍利用戰船高大堅固的優勢，將大和國的船隻左右夾住，使其不得迴旋，居高臨下施以火攻的戰術，將大和國四百多艘戰船燒毀，取得決定性的勝利。水軍打敗，大和國陸軍也就進無可進，退無可退，全部投降唐新聯軍。大和國勢力徹底退出了朝鮮半島，中國歷史上的第一次抗日戰爭也至此結束。

這次學生與老師之間的對戰雖然以老師勝利而告終，但這是發生在大唐盛世。說起中日之間的戰爭，一般人均會想起中華民族死傷三千多萬人的抗日戰爭，令人切齒嗟歎、盡喪北洋水師的甲午海戰，十六世紀慘烈的抗倭援朝戰爭，以及忽必烈功虧一簣的元朝跨海征日大戰。數次戰爭，代價巨大，敗多勝少。

自大化革新開始，日本人全面向大唐學習，剛起步便開始打老師；西方勢力興起強盛後，又全盤學習西方，一旦學成，首先就將魔爪伸向鄰居，甲午戰爭、日俄戰爭、吞併朝鮮，一次次嘗到好處後更變本加厲，又悍然發動世界大戰。如果沒有美國扔下兩顆原子彈，狂妄叫囂「一億玉碎」的日本軍國主義，不知道還要塗炭多少生靈。

白江戰敗之後，日本終於服氣了，數百年間不斷派使臣（遣唐使等）向天朝偷師學藝，逐漸形成其一整套政治、經濟、文化制度。乍一看，日本國數百年間就是唐朝的一個「具體而微」的翻版模型。直到1592年，豐臣秀吉侵略朝鮮，近一千年間日本未敢向和中華挑釁叫板。所以，白江口

BC

— 0　耶穌基督出生

— 100

— 200

— 300
君士坦丁統一羅馬

羅馬帝國分成兩部
— 400

— 500　波斯帝國

— 600　回教建立

— 700

— 800

凡爾登條約
— 900

神聖羅馬帝國建立
— 1000

— 1100　十字軍東征

— 1200
蒙古第一次西征

— 1300
英法百年戰爭開始

— 1400

哥倫布發現新大陸
— 1500

英國大破無敵艦隊
— 1600

— 1700　發明蒸汽機

美國獨立
— 1800

美國南北戰爭開始
— 1900
第一次世界大戰
第二次世界大戰
— 2000

上古時期　BC

漢

— 0

100 —

三國

晉　200 —

300 —

南北朝　400 —

500 —

隋朝
唐朝　600 —

700 —

800 —

五代十國

宋　900 —

1000 —

1100 —

1200 —

元朝　1300 —

明朝

1400 —

1500 —

清朝　1600 —

1700 —

1800 —

中華民國　1900 —

2000 —

之役，擊悶同時又擊醒了倭人，「福兮禍兮」，一言難盡。

日本遣唐使

　　難波港（今日本大阪）內一派買賣吆喝熱鬧的景象，又一支準備渡海前往中國貿易淘寶的團購船隊要出發了。四隻木船像巨人一樣站成一排，身上背著彩旗，每艘船能夠容納上百人。

　　巨大的木船背著採購團隊駛向了遠方。

　　這時的中國處在是很輝煌厲害的唐朝。日本在646年大化革新後，以中國為學習的榜樣。日本全國上下都非常的喜歡效仿中國，不斷派出留學生到中國學習，這些人就稱作「遣唐使」。這些大使都是日本天皇的心腹和兄弟。

　　1200多年前，要在海洋中遠航那是想都不敢想的事。無情的風暴經常連人帶船全部淹沒，或者把它們吹到臺灣甚至越南等很遠的地方。但是，大海並沒有阻擋日本學習中國的熱情，不斷地派留學生去學習。

　　遣唐使的船隊離開難波港後，先沿著日本海岸線航行，最後在九洲北部開始橫穿大海。早期的路線是向北到朝鮮半島附近，經渤海在中國山東北部上岸。後來直穿東海，繞道大陸的揚州和明州（今寧波）上岸。

　　遣唐使一到中國，當地人民當然是熱情款待，政府也給他們開了方便之門。唐朝的皇帝熱情且高標準地招待他們。隨使團前來的留學生，大多到唐朝的國子監學習，然後又到中國的基層去累積經驗。遣唐使回國時，唐朝政府也經常命人陪同前往，進行國事訪問，禮尚往來。

　　西元717年間，一位16歲的年輕留學生阿倍仲麻呂非常認真學習，並參加了考試。雖然題目很難，但是考試成績還不錯。唐玄宗就讓人事部門給他安排個官職，還賜給他一個名字：晁衡。

　　晁衡和當時流行詩壇的李白、王維、儲光羲等人關係很好。但在中國的時間長了，他就想回家探探親，就向皇上告假。唐玄宗准了他，並答應

給予路費。朋友們知道他要回家了，籌辦了一個送別宴，廣邀名流。

他感慨道：出門朋友多了就是好啊！

這年10月，晁衡等人乘船，從蘇州黃泗浦啟航，駛往日本。此處要說的是，晁衡在船上碰到了和尚鑑真。鑑真，在小時候就到中國留學，很早便想回國探親了，總是因為天氣不好而作罷，相當鬱悶。這次天氣總算好轉，所以就準備回國。

可惜的是天氣狀況被誤報了，他們的船隊在中途遇到了大風暴，最後不知道被沖到哪了。鑑真還算幸運，最後坐另一艘船回去了，而晁衡卻慘了，下落不明。直到第二年3月，仍然杳無音信。

晁衡的消息很快傳回到唐朝，他的朋友們都十分傷心，特別是李白，他為此非常難過，寫下了悼念晁衡的《哭晁卿行》：「日本晁卿辭帝都，征帆一片繞蓬壺。明月不歸沉碧海，白雲愁色滿蒼梧。」

其實，晁衡這小子運氣還不錯，他的船並沒有沉沒，而是飄泊到了安南（今越南）沿岸。西元755年，他和十幾個探險家一起回到了長安，再次得到重用，並擔任很多要職。西元770年1月，73歲的晁衡在長安逝世了。鑑真和尚就不一樣了，到最後都沒有回到中國，他也把自己學來的知識拿去教化日本人，受到日本人民的熱烈追捧。鑑真的蠟像被珍藏在他曾經休息、辦公的地方，到現在還有他的蠟像在裡面，該地方被日本政府評定為國家級保護單位。

阿倍仲麻呂（晁衡）和鑑真，是8世紀時中日人民友好往來的友誼象徵。

日本封建制度的形成

中央集權式的統治模式，曾一度讓日本統治階級著迷並且仿效採用，然而，日本宮廷內部的糜爛生活，讓他們無法將真正的權力握在手中。雖然從西元7世紀開始，日本就已經學習了中國的集權統治方式，但是到了

BC

— 0　耶穌基督出生

— 100

— 200

— 300　君士坦丁統一羅馬
　　　羅馬帝國分成兩部
— 400

— 500　波斯帝國

— 600　回教建立

— 700

— 800
　　　凡爾登條約
— 900
　　　神聖羅馬帝國建立
— 1000

— 1100　十字軍東征

— 1200
　　　蒙古第一次西征
— 1300
　　　英法百年戰爭開始

— 1400

　　　哥倫布發現新大陸
— 1500

　　　英國大破無敵艦隊
— 1600

— 1700　發明蒸汽機

　　　美國獨立
— 1800
　　　美國南北戰爭開始
— 1900
　　　第一次世界大戰
　　　第二次世界大戰

— 2000

上古時期
漢

三國
晉

南北朝

隋朝
唐朝

五代十國
宋

元朝
明朝

清朝

中華民國

BC

— 0

100 —

200 —

300 —

400 —

500 —

600 —

700 —

800 —

900 —

1000 —

1100 —

1200 —

1300 —

1400 —

1500 —

1600 —

1700 —

1800 —

1900 —

2000 —

12世紀，這種方式卻再也執行不下去。天皇所在的日本宮廷為了自身的享樂，通常把管理國家事務的權力，都交付給了地方官員。同時，地方的貴族對權力的極大渴望，讓他們很好地抓住了機會，一步一步地擴大自身的力量，對土地的掌控更是不遺餘力。

地方貴族為了從土地上獲得更大的利益，他們不停地將賦稅增長，這一舉動讓農民不堪負荷。為了躲避賦稅，一部分農民離開了土生土長的環境，逃往較為偏遠的地區，在那裡重新生活。還有另一部分人，他們為了不交稅而不得不把自己和土地一起交給地主們，農民自身也因此淪為了農奴。這種狀況持續到12世紀末的時候，日本全國大部分的土地和農民都已經落到了貴族的手裡，而需要農民獨自承擔賦稅的土地則大大地減少，甚至連百分之十都不到。

宮廷的腐敗直接導致了政府軍隊力量的瓦解，漸漸地，農村貴族成為領導軍隊的新興力量，攻打蝦夷人的任務也隨之由農村貴族接替。隨著實戰能力的增強，貴族的勢力和實力都遠遠地超出了正規軍，農村貴族也逐漸地培養了一批自己的手下，就是後來的武士階層。正規軍中的士兵不僅需要納稅，而且還要自己承擔伙食費和購買兵器的費用；而武士則不同於正規軍，他們完全由農村貴族來供養，當然，前提條件是武士階層必須無條件地服從貴族階層。

12世紀的時候，地方貴族的勢力已經足夠強大，貴族與貴族之間的爭奪也愈演愈烈。天皇試圖要制止封建貴族之間的爭鬥，在一段時間內，藤原氏也的確讓貴族之間的激烈競爭稍稍平穩，但是仍舊沒有發揮關鍵的作用。後來，地方貴族源賴率軍結束了封建領主之間的爭鬥，並且獲得了天皇的讚譽。日本政府給予源賴大將軍的稱號，這相當於讓源賴獲得了日本軍事統帥的地位。此後，日本的軍事任務和國家安危通通由他掌控。

此時，天皇雖然名義上還是日本的最高首領，但是掌控日本的實權卻落在了源賴手中。在賴朝幕府統治的那段時日，日本也曾兩次遭到來自蒙古人的侵襲，不過蒙古侵略者均因為海浪的襲擊而最終敗退。14世紀上半葉，賴朝幕府終因為內部的腐敗而被推翻，接替它的則是足利家族。不過

足利幕府並沒有在日本獲得至高的權力，在其統治期間，日本國土上出現了鼎立的幾個大貴族，各方都勢均力敵。

這種狀態一直持續到16世紀末期，大貴族之間都在爭奪著日本的統治權，後來，織田信長結束了鼎立的局面，獨自掌控了大權。

再後來的掌權者叫豐臣秀吉，他曾兩次率軍出征大陸，試圖占領中國。豐臣秀吉是底層出身的人，卻在日本的歷史上擁有至高無上的地位。16世紀末，豐臣秀吉死後由德川家康繼承他的位子，開始了德川幕府統治日本的時代。

中國對日本的影響

日本是一個多民族混合而成的國家，除了日本本土的蝦夷人之外，東南亞及南洋群島的居民也有流入，當然，最多的是來自於東北亞的蒙古族人。西元1世紀末時，一個叫邪馬臺部族的人將日本其他部族統一，並逐步建立起統治整個日本的霸權。

中國對日本的影響是巨大的，也是其他任何國家都無法比擬的。西元6世紀的時候，日本的部族組織因為中國文化的流入而被打散，其中影響最大的就是佛教文化。佛教不僅為日本人帶去了新的宗教信仰，它帶給日本人更多的是一種生活方式的改變。此外，中國的統治方式也為日本人所敬仰，他們也開始逐步建立起一套中央集權的統治模式。天皇在名義上就是國家的最高首腦。

不過與中國皇帝高度集中的權力有所不同的是，日本的貴族曾想方設法地保留自己的權力，他們不僅保住了大批的地產，而且在日本社會中有著較高的地位。因此，日本天皇並不像中國皇帝那樣掌握著實權。事實上，日本的貴族才是日本社會真正的統治者。在貴族的引導下，天皇只是名義上的最高領導人。

日本人在政治上對中國的仿效是明顯的，不僅如此，在文化上日本人

BC

— 0　　耶穌基督出生

— 100

— 200

— 300
　　君士坦丁統一羅馬

　　羅馬帝國分成兩部
— 400

— 500　　波斯帝國

— 600　　回教建立

— 700

— 800

　　凡爾登條約
— 900

　　神聖羅馬帝國建立
— 1000

— 1100　十字軍東征

— 1200
　　蒙古第一次西征

— 1300
　　英法百年戰爭開始

— 1400

　　哥倫布發現新大陸
— 1500

　　英國大破無敵艦隊
— 1600

— 1700　發明蒸汽機

　　美國獨立
— 1800

　　美國南北戰爭開始
— 1900
　　第一次世界大戰
　　第二次世界大戰

— 2000

上古時期　BC

漢

－ 0

100 －

三國

晉 200 －

300 －

南北朝 400 －

500 －

隋朝 600 －
唐朝
700 －

800 －

五代十國 900 －

宋 1000 －

1100 －

1200 －

元朝 1300 －

明朝 1400 －

1500 －

1600 －
清朝
1700 －

1800 －

1900 －
中華民國
2000 －

也選擇了大量地接收中國文化。儒家學說在日本有著深厚的根基，再加上佛教的因素，日本人也建立了一套屬於自己的大和文化。此外，日本人還把中國的漢字引入，並且加以改造，最終形成了屬於日本自己的文字。

　　16世紀之前，在西方人的眼裡，日本是一個極為遙遠且模糊的國家，相較於中國，歐洲人對日本幾乎沒有什麼概念。造成這種文化隔絕的原因，其中地理位置有著很大的影響。日本島處於太平洋上，與歐亞大陸相隔絕，而且連接大陸與海峽之間的距離也相對較遠，這造成了日本與西方之間交流巨大的天然屏障。就連馬可·波羅在提及日本的時候，也都不知道該如何形容，因為他對日本的映象也僅僅來自於一些傳言而已。

　　16世紀以後，歐洲人敲開了日本的大門，基督教也隨之傳入日本。與中國政府接收基督教義的情形一樣，日本人也從最開始的新奇與接受態度，慢慢地轉變為對基督教的拒絕。其中的原因有很多，當然，歐洲人對東方人的粗魯行為，是讓日本人最終拒絕基督教的最主要原因。

　　然而，與中國政府閉關鎖國的態度不同的是，雖然日本人在最初的時候也採取了鎖國的政策，不過他們很快就意識到西方文明的先進性，並且隨之大量地吸收和接納西方文化技術，從此走上了富國強民的道路。而中國，卻只能在閉關自守的政策中毀滅自身。不過，雖然日本在他國的眼中，早就已經是一個喜歡借鑑別國文化、技術的國家，但是日本人在接收外界文化的時候，卻也是小心謹慎的，從中國文化到西方文明，無一例外。這或許也是日本人成功的原因之一吧。

| 第十八章 | 其他國家的發展

法國的札克雷起義

1358年5月，法國北部的農民正在田間幸福地做著農活，而政府卻不知趣地在農忙時期發出徵兵通知，要農民們造反去圍攻自己的首都，並積極募款購買武器。農民都在心裡嘀咕：這真是閒的沒事幹了？

原來，法國國王約翰二世在與英國的一次交戰中被綁架了，英國就向法國訛錢贖人。王太子為了花錢了事，大量地從市民的錢包中挖錢。市民們很不滿，就發起暴動並推翻了政府。為了鎮壓動亂，王太子就發出了這個命令。誰知命令在農村一傳開，農民們的火氣更大了。一個名叫吉約姆・卡爾的農二代早就憋了一肚子氣，向農民發出號召：「王太子和那些做官子弟都不是好東西！完全不顧我們的死活，我們要把他們統統除掉！兄弟們，我們反了吧！」。

參加起義的人數很快飆升到十幾萬。卡爾將他們組織成幾支部隊，指揮他們四處打土豪、除劣紳，讓農民翻身做主人。貴族、領主個個嚇得魂飛魄散。

領導巴黎市民起義的大隊長艾田・馬賽知道農民勢力很大，就像農民軍發了會盟邀請函，這樣農民軍和正規軍終於會師了，聲勢更壯大了。

但封建貴族、領主也不是好惹的，這時也迅速聯合起來。其中有一個綽號「惡人」的大貴族查理，他早惦記著當國王了，便首先帶頭起來鎮壓起義軍。他糾集了他一些狐朋狗友組成的軍隊，向起義軍惡狠狠地撲了過去。

一次，起義軍臥底彙報說300多名貴族婦女偷渡到了摩城，其中有王

BC

— 0　耶穌基督出生

— 100

— 200

— 300　君士坦丁統一羅馬

羅馬帝國分成兩部
— 400

— 500　波斯帝國

— 600　回教建立

— 700

— 800

凡爾登條約
— 900

神聖羅馬帝國建立
— 1000

— 1100　十字軍東征

— 1200
蒙古第一次西征

— 1300
英法百年戰爭開始

— 1400

哥倫布發現新大陸
— 1500

英國大破無敵艦隊
— 1600

發明蒸汽機
— 1700

美國獨立
— 1800

美國南北戰爭開始
— 1900
第一次世界大戰
第二次世界大戰

— 2000

上古時期　BC

漢

― 0

100 ―

三國
晉　　200 ―

300 ―

400 ―

南北朝

500 ―

隋朝　600 ―
唐朝

700 ―

800 ―

五代十國　900 ―

宋

1000 ―

1100 ―

1200 ―

元朝　1300 ―

明朝

1400 ―

1500 ―

1600 ―

清朝

1700 ―

1800 ―

1900 ―
中華民國

2000 ―

太子的妻子。起義軍知道後像狼一樣嗷嗷地衝向那裡，想活抓她們。當他們兵臨城下時，卻中了埋伏，那些貴族的騎士們瘋狂地砍殺農民軍，並且對城裡的農民實施了類似日軍的「燒光、殺光、搶光」的政策，把農民軍打敗了。

6月10日，卡爾在博韋附近的麥羅集中了起義軍的主力，準備與「惡人」查理的軍

隊拼命。不料艾田‧馬賽在關鍵的時候當了叛徒，他動了心思，把起義軍的大批糧食運進城以後，就宣佈脫離起義軍了。但是，農民們才不怕他們，都已經抱著必死的決心，準備與查理拼命了。

狡猾的查理當時只有1000多人，他看到起義軍決心要跟自己玩命了，於是便玩了一個手段，邀請卡爾進行談判。而善良的卡爾輕信了他的花言巧語，親自到查理軍中談判。

不料歹毒的查理竟將他扣留起來，並用殘忍的手段將他害死了。查理做到了擒賊擒王，趁機趕緊打散並殺害了很多起義軍。

札克雷起義是法國歷史上規模最大的一次農民跟貴族拼命的活動，在英、法封建貴族的聯合鎮壓下結束了該活動，但此次已沉重地打擊了封建統治者，震撼了交戰中的法、英兩國。不久，這場風暴就刮到了英國，使英國貴族也遭受了血腥的洗禮。札克雷起義在歷史上給農民們如何取得革命勝利總結了經驗，同時它也給後世的農民輕易相信小人的話而付出了血的代價的經驗教訓。

鄂圖曼帝國的壯大

鄂圖曼帝國旗下的土地分佈在阿拉伯和拜占庭帝國的大部分地區，包括地中海東岸和紅海要道，地跨歐、亞、非。它的創立者是裡海東南部的一支突厥人。13世紀，他們先是跟著令一支突厥人羅姆蘇丹國混飯吃。1242年，老大瓦解，這支突厥人抓住機會，迅速擴大自己的力量。1300

年，鄂圖曼稱自己為蘇丹，獨立的阿拉伯國家。1326年，鄂圖曼奪取拜占庭的軍事重地布魯薩，控制了瑪律馬拉海峽，遷都布魯薩，起名鄂圖曼帝國。鄂圖曼帝國已經靠近歐洲，它的矛頭直指歐洲。

鄂圖曼的兒子烏爾汗（1326～1359）把從父親手裡接下的土地進一步擴張。他擁有了自己的常備軍，一種是封建主提供的軍隊，另一種是新軍，這支軍隊裝備精良，訓練有素，有很多特權，是鄂圖曼帝國的王牌走狗。新軍開始是1萬人，到17世紀時增為9萬人。1331年鄂圖曼軍隊打敗拜占庭帝國軍隊，進入尼西亞城。1337年，又進入克米底亞。1354年，烏爾汗渡過達達尼爾海峽，獲取加里波利半島，當作一個窺視巴爾幹半島的瞭望臺。

當烏爾汗的兒子穆拉德一世（1359～1389）在位時，腳下的土地覆蓋整個色雷斯東部。1362年，鄂圖曼帝國進駐亞得力亞堡，遷都於此。1389年，歐盟聯軍與鄂圖曼軍隊在科索沃激戰，歐盟聯軍失敗，參戰國成了鄂圖曼帝國的行省。1396年，鄂圖曼帝國在多瑙河畔打敗了匈牙利、法蘭西、德意志等國的聯軍。歐洲人只好忍受這種侮辱，讓他們幹自己的事。鄂圖曼帝國的腳也踏上了巴爾幹半島的全部。拜占庭帝國就是一隻黑夜裡呼喊的羔羊。

1402年，在安卡拉，中亞帖木兒軍與鄂圖曼軍隊激戰，鄂圖曼軍隊失敗，蘇丹巴耶塞特死亡。國內一片混亂：四個王子爭奪王位；割據勢力抬頭；被占領的人民不斷起義。鄂圖曼兄弟不得不暫時撤銷對歐洲的揉捏。

蘇拉德二世（1421～1451）在位的時候，又把進攻歐洲列入計畫之列。到穆罕默德二世統治時期（1451～1481），率領軍隊進攻君士坦丁堡。1453年，在拜占庭城內的軍民掙扎了53天之後，城池還是被打破。1453年5月29日，千年帝國如腐朽的城牆般瞬間倒塌，成為路人的記憶。鄂圖曼兄弟把這座城的名字改為伊斯坦布爾，聖索菲亞大教堂改為清真寺。

東歐由於失去了拜占庭帝國的遮擋，鄂圖曼帝國慢慢把東歐的國家一個一個解決掉。土耳其人還把熱那亞人的殖民地權收了去。稍後，鄂圖曼

BC

— 0　耶穌基督出生

— 100

— 200

— 300
君士坦丁統一羅馬
羅馬帝國分成兩部
— 400

— 500　波斯帝國

— 600　回教建立

— 700

— 800
凡爾登條約
— 900
神聖羅馬帝國建立
— 1000

— 1100　十字軍東征

— 1200
蒙古第一次西征
— 1300
英法百年戰爭開始
— 1400

哥倫布發現新大陸
— 1500

英國大破無敵艦隊
— 1600

— 1700　發明蒸汽機

美國獨立
— 1800

美國南北戰爭開始
— 1900
第一次世界大戰
第二次世界大戰
— 2000

上古時期　BC

漢

— 0

100 —

三國

晉　200 —

300 —

南北朝　400 —

500 —

隋朝　600 —

唐朝

700 —

800 —

五代十國　900 —

宋　1000 —

1100 —

1200 —

元朝　1300 —

明朝

1400 —

1500 —

清朝　1600 —

1700 —

1800 —

中華民國　1900 —

2000 —

帝國進軍東方和南部。鄂圖曼占領的地方有查爾蘭高地、蘇丹、敘利亞、巴勒斯坦、埃及、麥加和麥迪那。

蘇里曼一世（1520～1560）時期，帝國達到應有的輝煌。蘇里曼是個不錯的老大，把進攻的矛頭定向歐洲，攻陷了匈牙利的貝爾格勒，也順便把奧地利滅掉。鄂圖曼軍隊因受到德意志神聖羅馬帝國的阻擋，雙腳才開始在原地踏步。

後來，他開始進軍阿拉伯半島和北非；隨後占領巴格達，控制兩河流域，滅掉格魯吉亞、亞美尼亞，又進入的黎波里和阿爾及利亞。1574年，後代占據突尼斯。16世紀中期，鄂圖曼就成了開始描述的那個場景。

1571年，鄂圖曼海軍被西班牙和威尼斯聯合艦隊打敗，失去地中海的控制權。以後，鄂圖曼帝國開始沒落。

蒙古的大規模擴張

在中國金朝和南宋對峙的時候，北方一個彪悍的民族悄然崛起。蒙古族是中國北方一個古老的遊牧民族，10世紀開始，蒙古各部先後受到遼、金的統治。12世紀時，蒙古各部與鄰近的漢族、契丹、女真等各族的經濟聯繫加強。

這時蒙古諸部經常發生戰爭。蒙古乞顏氏貴族組成了貴族聯盟，推舉合不勒汗為第一位汗，統轄了全部蒙古。合不勒汗及其繼任者俺巴孩汗、忽圖剌汗都曾與東面的塔塔兒部、北面的篾兒乞部以及金朝進行過多年的戰爭。忽圖剌汗死後，蒙古部落聯盟分裂為泰赤烏、乞顏兩大部落。乞顏氏的孛兒只斤氏貴族首領也速該，被塔塔兒人用毒藥害死。其子鐵木真在克烈部首領汪罕和箚只剌惕部首領箚木合的援助下，打敗了前來襲擊的篾兒乞人，奪回了眾多部眾，力量逐漸壯大。

西元1189年，28歲的鐵木真被乞顏氏貴族推舉為可汗，成為蒙古乞顏部的首領。鐵木真從屬民及奴僕中選拔自己的親信組成「那可兒」（蒙古

語，即護衛軍），這支以「那可兒」為核心的隊伍，成為鐵木真統一蒙古軍事力量的基礎。鐵木真部族的強大，危及箚木合的霸主地位，於是箚木合聯合泰赤烏等部，合兵3萬人，以箚木合部人劫掠鐵木真馬群被射死為導火線，向鐵木真發起進攻。

鐵木真率部眾3萬人組成十三翼應戰。鐵木真不幸戰敗，為保存實力，率軍退至斡難河的哲列揑山峽（今蒙古鄂嫩河上游一帶），扼險而守，兩軍對峙。箚木合雖然取得暫時勝利，但箚木合脾氣不好，對其部落首領非常苛刻。而鐵木真對部眾多施仁義，關懷籠絡，故歸心於鐵木真。於是尤赤臺、畏答兒、晃豁壇、赤老溫等族人紛紛來附，使得鐵木真力量進一步壯大。

1196年，從屬於金王朝的塔塔兒部叛金，金遣丞相完顏襄率軍征討。鐵木真乘機聯合克烈部汪罕，率軍擊潰了塔塔兒部，使塔塔兒部從此一蹶不振。此後鐵木真與汪罕會師，大敗泰赤烏與蔑兒乞聯軍。1201年，鐵木真又擊敗以箚木合為首的塔塔兒、弘吉剌、合答斤等十一部聯軍，史稱「帖尼河之戰」。

1206年，鐵木真在斡難河源舉行大聚會，被推舉為大汗，尊稱為成吉思汗，蒙古國建立了。

這時候的蒙古國是一個汗國，建國後成吉思汗發動了更大規模的擴張戰爭。1219年至1260年的四十餘年時間，成吉思汗先後進行了三次大規模的西征，建立起龐大的帝國，對世界歷史的影響既深且遠。

第一次西征時間是1219～1225年。1219年，成吉思汗為了肅清乃蠻部的殘餘勢力，消滅西域的強國花剌子模，便藉口花剌子模殺蒙古商隊及使者，親率20萬大軍西征。他的四個兒子尤赤、察合臺、窩闊臺、拖雷，以及大將速不臺、哲別隨行。蒙軍長驅直入中亞後，於1220年攻占了花剌子模的都城撒瑪律干，其國王西逃，成吉思汗令速不臺、哲別等追之。因此蒙軍便西越裡海、黑海間的高加索，深入俄羅斯，於1223年大敗欽察和俄羅斯的聯軍。成吉思汗又揮軍追擊花剌子模的太子箚闌丁，在印度河流域打敗箚闌丁。1225年，成吉思汗凱旋東歸，將本土及新征服所得的西域土

BC

— 0　耶穌基督出生

— 100

— 200

— 300　君士坦丁統一羅馬

羅馬帝國分成兩部
— 400

— 500　波斯帝國

— 600　回教建立

— 700

— 800

凡爾登條約
— 900

神聖羅馬帝國建立
— 1000

— 1100　十字軍東征

— 1200　蒙古第一次西征

— 1300　英法百年戰爭開始

— 1400

哥倫布發現新大陸
— 1500

英國大破無敵艦隊
— 1600

發明蒸汽機
— 1700

美國獨立
— 1800

美國南北戰爭開始
— 1900　第一次世界大戰
第二次世界大戰

— 2000

上古時期　BC

漢

－ 0

100 －

三國

晉　　200 －

300 －

南北朝　400 －

500 －

隋朝　600 －
唐朝

700 －

800 －

五代十國　900 －

宋　　1000 －

1100 －

1200 －

元朝　1300 －

明朝　1400 －

1500 －

1600 －
清朝

1700 －

1800 －

1900 －
中華民國

2000 －

地分封給四個兒子，後來發展為四大汗國。

　　第二次西征時間是1235～1244年。1227年，成吉思汗在攻打西夏時死去。窩闊臺繼任汗位。窩闊臺繼承父親遺志，於1235年派其兄尤赤的次子拔都，率50萬大軍再度西征。西征軍很快就徹底滅了花剌子模，殺掉箚闌丁。不久又攻陷莫斯科、基輔諸城，並分兵數路向歐洲腹心挺進。1241年，西征蒙軍北路軍在波蘭西南部的利格尼茲，大破波蘭與日爾曼聯軍。拔都親率蒙軍主力由中路進入匈牙利，大獲全勝，其前鋒直趨義大利的威尼斯，全歐震驚，稱為「黃禍」。正當西方各國惶惶不可終日之際，拔都忽接窩闊臺駕崩的噩耗，於是急速班師。第二次西征結束。

　　第三次西征時間是1253～1260年。窩闊臺死後，兒子們為爭奪皇位發生內訌，最後蒙哥於1251年即大汗位。即位後，蒙哥令弟旭烈兀率兵西征。這次西征主要方向是西南亞地區，頭等目標是消滅木剌夷國。1257年，蒙軍蕩平木剌夷之地，並揮師繼續西進，攻陷報達（今巴格達），屠殺80萬人，滅了歷時500餘年的黑衣大食。此後旭烈兀又率兵攻陷阿拉伯的聖地麥加，攻占大馬士革。其前鋒曾渡海收富浪（即今地中海東部的賽普勒斯島），下一步就該攻打埃及了，誰知天不遂人願，蒙哥伐宋陣亡，旭烈兀便率主力班師。

　　至此，蒙古汗國的三次西征結束。在此階段，蒙古也對中國金、南宋王朝大舉用兵。1234年，蒙古和南宋的軍隊聯合攻金，攻破蔡州，金朝滅亡。1235年，蒙古軍開始進攻南宋。1271年，元世祖忽必烈正式定國號為大元，次年定都大都（今北京）。1276年，元軍占領杭州，南宋滅亡，元最終統一了全國。元朝疆域遼闊，這裡所講的疆域是指元朝直轄地區，不包括後來走上獨立發展道路的欽察汗國、察合臺汗國、窩闊臺汗國、伊利汗國。史載元朝疆域「北逾陰山，西極流沙，東盡遼左，南越海表」，幅員之廣遠遠大於漢唐盛世。

印加文明的鼎盛時代

印加文明與馬雅文明、阿茲特克文明並稱為印第安三大古老文明。印加部族是南美安地斯山區克丘亞族的一個重要分支。

西元前4000年，產生了原始農業，為世界上最古老的農耕發源地之一。12世紀時，印加崛起於肥沃的庫斯科谷底，並建成作為都城。15世紀中葉，印加人已建立強大國家。1470年，印加第十代國王圖派克滅掉北部的奇姆國，征服了安地斯山區大部分部落，最終形成了印加帝國。其版圖以今秘魯和玻利維亞為中心，西起太平洋岸，東抵亞馬遜河熱帶森林，南北縱貫安地斯山區近5000公里，面積80萬平方公尺。

「印加」的意思是太陽之子。印加族的起源有一個傳說，在庫斯科以東35公里有一個叫帕卡里普的地方，太陽神創造了一個男人和一個一女人，讓他們結為夫妻。他們就是印加第一個國王曼科‧卡派克和王后。卡派克根據神的旨意率部落到達庫斯科，征服了其他部落，教那裡的居民學會了農耕和手工，建立了印加王國。從曼科‧卡派克起，到1532年印加人的末代首領阿塔瓦爾帕被西班牙征服者皮薩羅殺害，印加國大約經歷了整整3個世紀的發展過程，其間共傳12世、13王。

印加帝國有「美洲的羅馬」之稱，以一套完整的行政組織體系著稱。它是一個奴隸制國家，奴隸主階級包括印加王、王室貴族、高級官吏和祭司，他們不從事生產勞動，過著奢侈的生活。印加王被稱為太陽神的化身，號稱太陽之子，獨攬國家一切政治、軍事和宗教大權，實行政教合一的統治。

為了維護自己的統治，印加帝國實行以中央集權為中心的政治制度。帝國以庫斯科為中心，分為四大行政區，每個大行政區下面又分為若干省，省下面分為若干公社，形成大行政區——省——公社三級地方行政區劃。帝國透過各級官吏，牢牢地控制著國家。

帝國還擁有一支20萬人左右訓練有素的常備部隊作為自己統治的堅強

— 0	耶穌基督出生
— 100	
— 200	
— 300	君士坦丁統一羅馬
— 400	羅馬帝國分成兩部
— 500	波斯帝國
— 600	回教建立
— 700	
— 800	
— 900	凡爾登條約
— 1000	神聖羅馬帝國建立
— 1100	十字軍東征
— 1200	蒙古第一次西征
— 1300	英法百年戰爭開始
— 1400	
— 1500	哥倫布發現新大陸
— 1600	英國大破無敵艦隊
— 1700	發明蒸汽機
— 1800	美國獨立
— 1900	美國南北戰爭開始
	第一次世界大戰
	第二次世界大戰
— 2000	

上古時期　BC

漢

— 0

100 —

三國
晉　200 —

300 —

南北朝　400 —

500 —

隋朝　600 —
唐朝

700 —

800 —

五代十國　900 —

宋　1000 —

1100 —

1200 —

元朝　1300 —

明朝

1400 —

1500 —

清朝　1600 —

1700 —

1800 —

1900 —

中華民國

2000 —

後盾。帝國的基層組織為「艾盧」（公社），是農村公社，政治、經濟和宗教三者合一，由村長管理，監督生產，督繳貢賦，舉行祭祀活動。

印加帝國的農業很發達，灌溉工程也發達，建有遠程石砌灌溉管道和石級梯田，最長的水渠長達113公里。這些水渠和梯田非常堅固，有些至今還在使用。主要農作物是玉米和馬鈴薯，還培育了40餘種農作物。此外也飼養駱馬和羊駝，成為美洲印第安人種唯一飼養大牲畜的人民。

印加帝國有四通八達的交通網絡，不僅有利於政權對全國的統治，而且有利於經濟發展和文化交流。其中有兩條主幹道南北縱貫全國：一條沿安地斯山而行，從哥倫比亞南部起，穿越厄瓜多爾和秘魯，進入玻利維亞後通向阿根廷，全長達3200公里；另一條沿太平洋岸而行，起自秘魯西北的通貝斯，全長達2300公里，路面寬達3.5～4.5公尺。根據地形，道路有時盤旋曲折，有時需要開鑿階梯和隧道，有時又要架設橋樑。印加人還不知道拱頂知識，所以橋樑主要是吊橋。橋兩端立上石柱，用5根粗達40公分的藤條相連，三根輔成橋面。兩邊各有一根作欄桿。有的吊橋達長60多公尺。

印加人的建築藝術水準也很高。首都庫斯科保存有大量巨石建築，有的石塊重達200噸。如此巨大的石塊，搬動不是容易的事，何況建築呢。他們的石砌技術高明，根據形面，緊相勾合，不施灰泥，縫隙嚴密，刀片也插不進去，堪比埃及金字塔的石砌。庫斯科廣場的太陽神廟雄偉壯麗，牆壁屋頂皆以金板覆蓋，中央大殿用黃金寶石裝飾而成。殿內兩側各有一排黃金做的椅子，供奉著歷代國王的木乃伊。庫斯科城內還有一座「黃金園林」的神廟花園，其中的草木鳥獸都是用金銀珠寶做成，工藝高超，栩栩如生。這說明他們的金屬加工業也是很發達的。他們不僅懂得金、銀、銅、鉛、錫、汞的冶煉，還會冶煉各種合金，並知道利用汞來提純黃金。金、銀主要用來製作裝飾品和藝術品，銅及其合金主要用來製造武器、日用器皿和利刃工具。但是，如同美洲其他印第安人一樣，印加人一直不知道鐵。

這些成就離不開豐富的科學知識。庫斯科的天文臺，以觀測太陽的位置來確定祭祀時間和農業節序。他們採用陰陽合曆，太陽年以冬至為歲首，太陰月以滿月新月一個週期為一個月；以365日為一年，每年12個月，每月30天，10天為一長週，剩下的5天為一短週。

印加人還掌握了高超的醫術，初步掌握了外科技術，能製作木乃伊，會做開顱術。使用從古柯葉中提取的古柯鹼作為麻醉劑。印加人結繩記事，用結子的形狀和位置記錄數字，用顏色表示物品。

由於沒有文字，文學多是口頭傳說和戲劇，其中最著名的有《奧揚泰》，在西班牙人到來前已廣泛流傳於中安地斯山區，在殖民時代初又被用克丘亞文字（西班牙傳教士創製）寫成劇本，在世界古典文學名著中占有重要地位。

印加人主要崇拜太陽，月亮、土地及其他星宿也被崇拜，但地位較低，屬於多神崇拜。此外，還保存著圖騰崇拜和祖先崇拜，各氏族公社以動物命名，視祖先為公社保護神。每逢農事週期的各個節日，都要舉行祭典，祭典上的祭品主要是動物；但當印加王出征或發生巨大自然災害時，則以活人為祭品。

印加人的婚姻制度與其他印第安人不同，一切都由政府代辦。規定男子滿24歲、女子滿18歲必須結婚，公社社員沒有選擇婚姻對象的自由。青年男子婚後，可以得到一定數量的土地。印加國王和官員們實行多妻制，一般居民則實行一夫一妻制。

神祕的阿茲特克文明

阿茲特克文明的起源有一個傳說：阿茲特克人的祖先們從一個叫阿茲特蘭的地方來，根據太陽神的指示來到阿納瓦克谷的特斯科科湖，當他們行進到湖中央的島嶼時，突然看到一隻叼著蛇的鷹停歇在一大珠仙人掌上，於是他們便在這裡建造了城市。1325年，阿茲特克人在這個地方建立

BC

— 0　　耶穌基督出生

— 100

— 200

— 300
　　　君士坦丁統一羅馬
　　羅馬帝國分成兩部
— 400

— 500　　波斯帝國

— 600　　回教建立

— 700

— 800
　　　　　凡爾登條約
— 900
　　神聖羅馬帝國建立
— 1000

— 1100　十字軍東征

— 1200
　　　蒙古第一次西征
— 1300
　　英法百年戰爭開始

— 1400

　　哥倫布發現新大陸
— 1500

　　英國大破無敵艦隊
— 1600

— 1700　發明蒸汽機

　　　　　美國獨立
— 1800
　　美國南北戰爭開始
— 1900
　　　第一次世界大戰
　　　第二次世界大戰

— 2000

上古時期　BC

漢

－0

100 －

三國
晉　　200 －

300 －

南北朝　400 －

500 －

隋朝　600 －
唐朝

700 －

800 －

五代十國　900 －

宋　　1000 －

1100 －

1200 －

元朝　1300 －

明朝　1400 －

1500 －

清朝　1600 －

1700 －

1800 －

1900 －
中華民國

2000 －

了特諾奇提特蘭。這是一座巨大的人工島，即現在墨西哥城的中心。

　　阿茲特克人原屬納瓦語系發展水準較低的一個部落，後來因吸收其他印第安優秀文化傳統而崛起。1426年，阿茲特克與特斯科科人、特拉科潘人結成了部落聯盟——阿茲特克聯盟，由阿茲特克國王伊茲科亞特爾任首領，在谷地建立了霸主地位。繼承人孟特祖瑪一世不斷對外用兵，將勢力擴展到墨西哥谷地以外。後任國王也不斷開疆擴土，至16世紀初，其疆域東西兩面已抵墨西哥灣和太平洋沿岸，東南延伸至瓜地馬拉，人口約600萬，發展到極盛。

　　阿茲特克國王是部落聯盟的最高軍事行政首腦，地方由各個軍事酋長帶兵駐防，有審判權和祭祀職責以及督繳貢賦。實行集權統治，最高首領國王和貴族高居於民眾之上，擁有一支強大的常備軍。阿茲特克的國王由部落會議從特定的家族中推舉，國王並非世襲，可被部落會議罷黜。

　　阿茲特克人和與之結盟的部落形成統一的政治、文化共同體。聯盟所征服的部落對聯盟有割讓土地和納貢的義務，但也有保持自己的部族神和習俗的權利，並由自己的酋長管理。都城內的四個大街區分屬四大胞族，下面共分為20個氏族，各氏族有自己的氏族神、祭司和寺廟，享有處理內部事務的權利。各氏族選出代表出席酋長會議。

　　阿茲特克人的社會組織以氏族為基礎，實行公社土地所有制，但已開始出現階級劃分，貴族、祭司、武士和商人構成社會的統治階級。貴族擁有土地和自己的姓氏，子女可受到特殊教育。平民接受農、工和戰技等專業教育，是軍隊的主體。最下層是奴隸，主要來自阿茲特克內部，少數來自外族的戰俘。

　　阿茲特克人在首都建有40多間神廟，神廟經常舉行盛大祭祀活動。他們信仰萬物有靈的多神崇拜，主要是部落保護神、戰爭和狩獵之神，以及管風雨雷電的山神。他們以十字架作為宗教象徵，把國王當作神的化身。但有以人祭祀的惡習，每次出征前和戰爭勝利歸來，都會把人當祭品押上祭壇。但武士們都以獻身祭壇為榮。

阿茲特克人務農為主，主要農作物是玉米、豆類、蔬菜、棉花、菸草等，其中龍舌蘭是特產。他們在湖面上打上木樁，再紮上木筏，鋪上湖泥，便可以在上面種植，這就是著名的浮園耕作法。此外，飼養火雞、鴨、狗等禽畜。阿茲特克人還利用特斯科科等湖泊發展人工灌溉系統，據估計，在特諾奇蒂特蘭城南的索奇米爾科有1.5萬條人工水道，至今仍存900條。阿茲特克的土地分為王田、祭司田、軍田，由公社成員集體耕種，以供國王、貴族、祭司和武士所需。社會組織以被稱作「卡爾普里」的氏族公社為基礎，土地為氏族公有，分配給各家庭耕種。

手工業相當發達，已能製造銅器。能製作金、銀、銅、寶石、皮革、紡織、羽毛、陶器等各種工藝品。他們還有較高的織布和刺繡技術，尤其以羽毛鑲嵌最為著名，它以鳥的羽毛綴貼、編織成各種色彩繽紛、工藝精美的裝飾品，成為美洲特有的工藝品之一。他們的商品經濟有一定發展，在首都有一個巨大的交易市場。

阿茲特克人為了發展交通，大力修築運河，使各湖泊相連。陸路交通也很發達，在主要大道上設有驛站，由專職信使負責傳遞信件。

他們的建築水準也很高。都城建在湖的中心小島上，有三條寬達10多公尺的石砌堤道與湖外陸地相連，每條堤道留有多處缺口，架設吊橋，可以自由收放，能有效禦敵。城西建有兩條巨大的送水道，城東有一條14公里的防波堤，設有水閘。到西班牙殖民者占領此城時，全城面積13平方公里，有6萬棟房屋，居民8萬人左右。城內分為四大街區，每區5條街道。

阿茲特克文化是在托爾特克文化基礎上，吸收墨西哥其他部落文化成就而發展起來的。其文字屬於圖畫文字，但已有象形文字的跡象。他們使用太陽曆，一年定為365天又6小時，分為18個月，每月20天，每週5天。以每50年為一輪，每一輪末就要舉行盛大的慶祝活動。他們還知道利用草藥治病，並已使用土法麻醉。

1519年，西班牙殖民者埃爾南·科爾特斯利用印第安人的內部衝突，進攻阿茲特克國。蒙特蘇馬二世在入侵者面前動搖不定，最後成為西班牙

BC
— 0　耶穌基督出生
— 100
— 200
— 300
　　君士坦丁統一羅馬
　　羅馬帝國分成兩部
— 400
— 500　波斯帝國
— 600　回教建立
— 700
— 800
　　凡爾登條約
— 900
　　神聖羅馬帝國建立
— 1000
— 1100　十字軍東征
— 1200
　　蒙古第一次西征
— 1300
　　英法百年戰爭開始
— 1400
　　哥倫布發現新大陸
— 1500
　　英國大破無敵艦隊
— 1600
— 1700　發明蒸汽機
　　美國獨立
— 1800
　　美國南北戰爭開始
— 1900
　　第一次世界大戰
　　第二次世界大戰
— 2000

上古時期　BC

漢

　　— 0

　100 —

三國
晉　　200 —

　300 —

南北朝　400 —

　500 —

隋朝　600 —
唐朝

　700 —

　800 —

五代十國　900 —

宋　1000 —

　1100 —

　1200 —

元朝　1300 —

明朝　1400 —

　1500 —

　1600 —
清朝
　1700 —

　1800 —

　1900 —
中華民國
　2000 —

殖民者的傀儡，1520年6月向人民勸降時被群眾擊傷而死。科爾特斯在所謂「悲慘之夜」僥倖逃命後，於1521年又捲土重來。阿茲特克人在新國王夸烏特莫克率領下，與圍城的西班牙殖民者展開殊死搏鬥，最後由於糧食和水源斷絕，加之天花肆虐而失敗。1521年8月，西班牙人占領特諾奇提特蘭，在城中大肆屠殺，並將該城徹底毀壞，後在其廢墟上建立墨西哥城。

第五篇：近代文明的曙光

（1500年～1700年）

　　近代的世界史從1500年開始算起，之前人類在地球上千百萬年的發展，都可歸結為古代史。古代史的漫長進程，對人類的後期發展史影響深遠。而近代史中，人類逐步打破因為地域造成的孤立，打破了因為地域造成的束縛，這一進步是由哥倫布、達·伽馬和麥哲倫的航海探險開始的。

　　從此，人類開始了相互知曉、互相瞭解的局面，而也正是航海者的地理大發現，使得西方人進入了航海殖民擴張時期。

上古時期	BC
漢	
	—0
	100 —
	200 —
三國	
晉	300 —
	400 —
南北朝	
	500 —
隋朝	600 —
唐朝	700 —
	800 —
五代十國	900 —
宋	1000 —
	1100 —
	1200 —
元朝	1300 —
明朝	1400 —
	1500 —
	1600 —
清朝	1700 —
	1800 —
	1900 —
中華民國	2000 —

｜第十九章｜義大利的文藝復興

文藝復興運動的興起

有人說：「黎明前的那一段天真黑，什麼都看不見。」這話一點也不假，西歐的中世紀就是什麼都看不見的黑暗時代。

當時基督教是統治人們的武器，它不允許其他第二、第三產業的發展，甚至發展文學、藝術、哲學也不行。人們想做什麼事得先看《聖經》，如果聖經上沒有指示，就只好罷手，甚至連想也不能想。

這到底是為什麼呢？為什麼《聖經》對人看管這麼嚴呢？原來當初上帝造了人類的祖先亞當和夏娃，並把他們兩個放在伊甸園裡，而他們兩個不爭氣，偷吃了園裡的禁果。上帝很生氣，人類從此被認為是惡的，被罰世世代代受苦贖罪。就這樣教會一直管制著中世紀的一切，弄得文學、藝術死氣沉沉，科學、技術也沒有生氣。

然而，那時希臘和羅馬的文學、藝術成就很高。在14世紀末，由於戰亂，一些東羅馬的學者帶著大批的書和藝術品等好東西逃到西歐避難。從此西歐人開始覺醒了，發現了中世紀的一切都是這樣醜陋，而古希臘的一切是多麼美好。許多西歐的學者開始鬧起來了，他們要求恢復文學和藝術，這樣漸漸地形成一股「希臘熱」風，歷史上給這陣風取名叫「文藝復興」。

文藝復興在義大利首先興起。義大利有個叫彼特拉克的詩人，他在文藝復興時跑在最前面，被稱為「人文主義之父」。他提出了著名的人文思想，主張要關心人、尊重人、一切以人為中心，反對宗教對人的束縛。和彼特拉克一起的還有但丁和薄伽丘，他們都對基督教會給予了深深的打

擊，否認基督教的美好性，只有人的智慧和精神才是值得歌頌的。

那時教皇說，他所有的土地全賴一份《君士坦丁獻土》的法案，有膽大的人懷疑這份法案是假的。而在15世紀的時候，義大利的天才人物瓦拉終於發現了這份法案是個贗品。教皇嚇得驚慌失措。人文主義思想打了一個大大的勝仗。

自此，人們從基督教的壓迫中走出來，可以充分發揮自己的聰明才智，藝術和科學在此時得到了很大的發展。此時也誕生了一個全世界都有名的人，他就是達文西。達文西畫的《蒙娜麗莎》很迷人，聽說無論你站在哪個角度，畫裡的這個女子都在看你，還有一幅名畫《最後的晚餐》，被稱為「人類繪畫的極品」。除此之外，達文西還是一個科學家，恩格斯就說，就是有了他才有了許多重要的發明。

和達文西同個時代的米開朗基羅，也是有非凡成就的人。他很會蓋房子，設計了羅馬聖彼得大教堂的圓頂。他也有雕刻和繪畫的手藝，他雕刻的「大衛」是每個女人見到都會喜歡的。在文藝復興時期還出現了一大群傑出的思想家，如康帕內拉，他在那時就想找到沒有私有制的世界，讓人人都平等。

這一場轟轟烈烈的文藝復興運動之風刮遍了全歐洲，它吹跑了基督教的沙塵，使有才的人露出了頭。從此以後，人們不再害怕吃伊甸園裡的果子，也不用事事都向上帝報告了。

「人文主義之父」的貢獻

文藝復興前期，也就是14世紀初，法國南部的阿維農城有一個小夥子，他就是文藝復興的先驅詩人彼特拉克，我們的人文主義之父。然而，彼特拉克卻不是在書香世家出身的，他父親是佛羅倫斯的律師，因為一些事得罪了城中的有錢人被趕了出來，幾次搬家後才到了現在的阿維農。

彼特拉克小時候就很愛好文學，特別對古典作家的作品有感覺。只要

BC

— 0　耶穌基督出生

— 100

— 200

— 300
　　君士坦丁統一羅馬
　　羅馬帝國分成兩部
— 400

— 500　波斯帝國

— 600
　　　回教建立
— 700

— 800
　　　凡爾登條約
— 900
　　神聖羅馬帝國建立
— 1000

— 1100　十字軍東征

— 1200
　　蒙古第一次西征
— 1300
　　英法百年戰爭開始
— 1400

　　哥倫布發現新大陸
— 1500
　　英國大破無敵艦隊
— 1600
　　　發明蒸汽機
— 1700
　　　　美國獨立
— 1800
　　美國南北戰爭開始
— 1900
　　　第一次世界大戰
　　　第二次世界大戰
— 2000

上古時期　BC

漢

— 0

100 —

三國　200 —

晉

300 —

南北朝　400 —

500 —

隋朝　600 —

唐朝

700 —

800 —

五代十國　900 —

宋

1000 —

1100 —

1200 —

元朝　1300 —

明朝

1400 —

1500 —

清朝　1600 —

1700 —

1800 —

1900 —

中華民國

2000 —

是有書在面前，他就可以不吃不喝也不睡，甚至連廁所都不去。可是他這樣認真並沒有得到父親的認可，在他父親看來，他就是一個不務正業的閒人。

1316年，他父親勸導他認真學習，更把他送到法國的蒙特波利和義大利的波倫亞學習法律。然而，在1326年彼特拉克的父親去世了，這真是一個又好又壞的消息，壞是因為不再有人讓自己學法律了，好是因為自己可以做主不學法律了。

於是彼特拉克就放棄了法學，回到阿維農繼續看他的風景。遠離了大城市的喧嘩，彼特拉克詩性大發，描寫了很多關於風土人文和純真愛情的詩，表達了對祖國義大利的熱愛和讚美。彼物拉克很快成名了，許多大城市都邀請他去拜訪，他最後去了羅馬城。1341年在羅馬獲得「桂冠詩人」的稱號。

彼特拉克是個多產的作家，創作的都是水準很高的詩歌。其中《歌集》是他用母語寫成的抒情詩，在此彼特拉克繼承了傳統十四行詩的形式，又把這種形式發展到完美的田地。《阿非利加》則是對一場戰爭的描述，裡面傳達他痛恨暴力的外族入侵。而在《義大利頌》中，他表達了想要義大利統一的想法。他說：「義大利啊，掙開你身上栓的繩子吧。」不僅如此，他還作詩幫義大利人民打氣，他寫道：

「美德，面對狂暴，拿起武器站了起來。

戰爭立刻就要結束，

因為在義大利民眾的心中，

古代的勇氣尚未泯滅。」

彼特拉克天生就有詩人的稟賦。他一生愛到處遊玩，只要哪裡有好風景，他就非要到那裡去走走不可，幾乎西歐所有著名的城市都去過。他很會花錢，且他的錢從來不存銀行。他有重要的用處，那就是買書和去各地做研究。不可否認，彼特拉克對古文化有很大的貢獻。

老年的彼特拉克又回到了農村，不過不是阿維農，而是阿克瓦。有一次天快亮了他屋裡的燈還亮著，村裡的人就進去看他是不是忘了熄燈，進

屋後才發現彼特拉克死在他的書桌上。

但丁與《神曲》

　　偉大的詩人但丁的出現結束了一個時代，並開啟了一個新時代，可以說他是兩個時代縫隙中蹦出來的英雄。

　　但丁很小的時候就瘋狂迷上了詩歌，在他的成長過程中，有許多刺激他寫詩的因素。在一次飯局上，他碰到了美若天仙的姑娘阿德麗采，從此但丁就為阿德麗采深深著迷。但丁經常找機會接近她，兩個人相處的時間長了，阿德麗采也成了但丁心中的天使。就在這時，但丁的腦子裡抒情詩開始蔓生如草，從此沒有消停過。未料，阿德麗采和一個銀行家結婚了，婚後不久就死去。但丁此時悲傷得想自殺，就用淚珠子穿成了悼念，抒發抑鬱的情緒。

　　詩人的專業是生活，不是寫詩。但丁長大後積極參加政治運動，他反對教皇干涉城邦內政，因此教皇胡亂給他定了個罪名，把他流放到城外了。出了城的但丁舉目無親，不知道要怎麼過活，就在這最痛苦的時候，他想到了他的詩，於是他開始寫《神曲》。他說，人的生活太苦了，我要給人類找個幸福的地方。

　　有些人認為寫詩很容易，不必上刀山下火海。確實，但丁只坐在書桌前寫就把《神曲》搞定了。《神曲》全長一萬四千多行，分為《地獄》、《煉獄》、《天堂》三部分。每部分三十三歌，加上序曲共一百歌。

　　《神曲》是但丁做的一個夢，不過這個夢與黃粱美夢有些不同。在夢中，但丁在黑暗中迷了路，面前站的全是豺狼虎豹。當但丁不知道怎麼辦的時候，他年輕時傾心的姑娘阿德麗采命古羅馬詩人維吉爾來給他領路。就這樣，但丁在嚮導維吉爾的帶領下遊遍了三界，也就是地獄、煉獄和天堂。

　　地獄共分九層，也可以說是罪人的專屬建築。凡是生前做過壞事的靈

BC

— 0　耶穌基督出生

— 100

— 200

— 300　君士坦丁統一羅馬
　　　羅馬帝國分成兩部
— 400

— 500　波斯帝國

— 600　回教建立

— 700

— 800
　　　凡爾登條約
— 900
　　　神聖羅馬帝國建立
— 1000

— 1100　十字軍東征

— 1200
　　　蒙古第一次西征
— 1300　英法百年戰爭開始

— 1400
　　　哥倫布發現新大陸
— 1500
　　　英國大破無敵艦隊
— 1600
　　　發明蒸汽機
— 1700

　　　美國獨立
— 1800
　　　美國南北戰爭開始
— 1900　第一次世界大戰
　　　第二次世界大戰
— 2000

上古時期　BC

漢

－ 0

100 －

三國
晉　　200 －

300 －

南北朝　400 －

500 －

隋朝　600 －
唐朝
700 －

800 －

五代十國　900 －

宋　1000 －

1100 －

1200 －

元朝　1300 －

明朝　1400 －

1500 －

清朝　1600 －

1700 －

1800 －

1900 －
中華民國
2000 －

魂，都被安排在這裡，根據罪過的輕重分房住，罪過越大的住得越下層，受的刑也就越重。在這裡，時時能聽到受刑的靈魂在哭叫，但丁在這裡看到了一些罪大惡極的教皇，他們正在那裡掙扎。但丁一邊朝他們走去，一邊大笑著。接著他們來到了煉獄，這裡只有七層，周圍還有山水，可見待遇比地獄裡好多了。這裡住著有犯過驕、妒、怒、情、貪、食、七種罪孽的亡魂，他們罪過比較輕，讓烈火燒斷孽根後是可以上天堂的。

等到從煉獄出來時，但丁心中的聖女阿德麗采出現了，她陪著但丁到天堂參觀。天堂裡真是其樂融融，這裡遍地都是幸福，人們不用掙來搶去的就很幸福。但丁在這裡也見到了天上的聖人，他覺得在這裡每個人都能好好生活，並且做很多很多有意義的事。

這就是但丁的《神曲》，在這首長詩裡，那些先前活著做罪多端的人都下了地獄，他們要為自己的行為負責。這深刻反映了義大利當時的現實生活，也談到了當時的黨派鬥爭以及人們受到的重重壓迫。在詩中不僅可以看到偉大詩人的愛國主義情感，而且還能感受到詩人敢愛敢恨的強烈感情。

但丁在《神曲》中對世人說，要認識到自己所犯的罪過，每日三次反省自身，去追逐美而真的世界，只有這樣才是幸福的人。「路漫漫其修遠兮，人將上下而求索」，讓人們在偉人但丁的指引下從地獄爬上天堂。

薄伽丘與《十日談》

義大利的佛羅倫斯是一個非常繁華的城市，世界各地的商品都在這裡彙集，來這裡遊玩的人也很多。然而，1348年時這裡卻發生了一場可怕的瘟疫，整個城市每天都有成批的人死去。看著成車的屍體不停地往外運，那情景真是讓人淚流不止啊。這場瘟疫使往日繁華的佛羅倫斯變成了墳墓，那時候佛羅倫斯的人真是生不容易，活也不容易。

雖然不幸的事天天都在發生，所幸沒有發生在薄伽丘身上。這個時

候，薄伽丘也在佛羅倫斯，他看到遍地的死人靜靜地躺在那裡，再也不能動彈。聽到小孩哭著喊媽媽，而媽媽再也不會回來了。他也見到白髮人送黑髮人的，可在瘟疫中死去的小孩子再無法答應了。這所有的事情都像陰霾一樣，蓋在薄伽丘的頭上，壓得他無法喘氣。於是他有感而發，把那口壓在胸口的氣化作了名著《十日談》。

那麼，薄伽丘的《十日談》裡都寫了些什麼呢？為什麼取名叫《十日談》呢？帶著問題來看看這本書中的故事吧。

佛羅倫斯瘟疫發生期間，在一個平常的早晨，有七個年輕而有教養的美麗小姐，她們來到教堂裡祈禱，請求上帝趕緊來照顧在災難中的人們。而在這個時候，有三個年輕有為的英俊小夥子也來到這個教堂，不知道他們是來做祈禱的，還是看到這七位小姐才過來的，反正他們和她們在這裡相遇了。

這十個人中有三對情侶。他們說，現在這裡的情況太壞了，便決定另尋去處，到一個沒有瘟疫的地方過日子。於是他們就相約一起走出佛羅倫斯這個可怕的地方。

幾天後，他們來到一座小山上，山頭有一所古老的別墅，他們就在這裡待著。這裡條件還不錯以，可算是人間勝地，重要的是沒有瘟疫，而且有美女和俊男相伴，彼此都不覺得寂寞。這十個年輕人還帶來了樂器，每天不是彈琴唱歌，就是跳舞散步，從外表上怎麼也看不出他們是來避難的，倒像是來度假的。

山上夏天也很熱，他們就來大樹底下納涼。這些年輕人覺得很無聊，於是，他們每人每天講一個故事，總共講了十天，每天每人講一個，加在一起共講了一百個故事，薄伽丘把這些故事編成一個集子，取名叫《十日談》。

薄伽丘《十日談》裡的故事，都是來自真實的故事。在作品中他描寫了如歌的現世生活，對愛情大加讚美，說它是一切靈感的泉源，有了它人生就不會乾涸。他還肯定人的聰明才智，認為人是很有智商的動物。同時，薄伽丘也揭露了一些讓人生厭的東西，比如封建帝王的殘暴，基督教

BC

— 0　耶穌基督出生

— 100

— 200

— 300
君士坦丁統一羅馬

羅馬帝國分成兩部
— 400

— 500　波斯帝國

— 600　回教建立

— 700

— 800

凡爾登條約
— 900

神聖羅馬帝國建立
— 1000

— 1100　十字軍東征

— 1200
蒙古第一次西征

— 1300
英法百年戰爭開始

— 1400

哥倫布發現新大陸
— 1500

英國大破無敵艦隊
— 1600

發明蒸汽機
— 1700

美國獨立
— 1800

美國南北戰爭開始
— 1900
第一次世界大戰
第二次世界大戰

— 2000

會是披著羊皮的狼，穿著虛偽外衣的教士、修女等等。薄伽丘從小就對教會等封建勢力反感，長大後也多次參加反對封建專制的鬥爭，後來又在《十日談》裡表露了這種思想。於是他受到了迫害，教會經常叫人到他家門前斥罵。這讓薄伽丘很煩惱，有一次他衝動地想把《十日談》燒掉，幸好他的朋友彼特拉克發現了，才沒有讓這部名著燒成灰。

拯救《十日談》的彼特拉克是薄伽丘最好的知心朋友，就在彼特拉克離開人世不久，薄伽丘很快就去找他了，現在他們兩個也許正邊喝邊聊《十日談》呢。

拉伯雷與《巨人傳》

拉伯雷小時就天天在他爸爸的莊園裡玩，有著幸福快樂的童年時光。雖然爸爸是法官，可是他從不仗勢欺人。在他十多歲的時候，爸爸把他送去接受正宗的宗教教育，讓他成了修道院的修士，好有個鐵飯碗。

在修道院裡，拉伯雷從此過上水深火熱的生活。在一個偶然的機會下，拉伯雷發現了希臘文化，他很自然地對希臘和羅馬的古文化產生了興趣。可是當時的修道院不准學習古代文化，說希臘文化是腐朽的東西，容易讓人墮落。很快地，修道院院長領著一班人去搜查拉伯雷的屋子，帶走了他所有的書。這可惹怒了拉伯雷，他拂袖而去。

拉伯雷來到一家新修道院，這裡和其他的地方一樣。不過他很幸運，在這裡碰到了一個喜歡古文化的院長。他和院長一拍即合，兩個人稱兄道弟。拉伯雷在這裡如魚得水，看了很多的書籍。同時，院裡的主教去羅馬的時候也都帶上拉伯雷。這時期拉伯雷去過很多地方，學習了很多知識。可以說是行了萬里路，也讀了幾車書。他成了一個滿肚子學問的人。

1530年，拉伯雷已經36歲了，在別人看來，他放著好好的工作不幹，竟要去大學考醫師資格證。他花了兩個月時間就拿下了學士學位，順利地實現了他的醫師夢。五年後他又到巴黎學習，很快又取得了碩士和博士學

－0

100 －

三國

晉

200 －

300 －

400 －

南北朝

500 －

隋朝

唐朝

600 －

700 －

800 －

五代十國

900 －

宋

1000 －

1100 －

1200 －

元朝

1300 －

明朝

1400 －

1500 －

清朝

1600 －

1700 －

1800 －

1900 －

中華民國

2000 －

位。更令人驚歎的是，拉伯雷敢冒天主教的大不韙，解剖屍體，追求科學。然而，很少有人知道拉伯雷是醫生，因為他的長篇小說《巨人傳》太出名了，人們以為他是個文學家。

《巨人傳》出版後他就成名了。教會開始特別關注拉伯雷，因為他現在竟然寫出資產階級和下層人民喜歡的書。於是教會就宣佈《巨人傳》為禁書，把出版商活活燒死。拉伯雷看這形式是待不下去了，就偷渡到國外，過著遠離父母的生活。

直到1550年，拉伯雷才接到准許回國的通知。

拉伯雷回國後，為了混口飯吃，他先在修道院擔任了宗教職務。他看到窮人看病難又貴，就用業餘時間為窮人治病。後來又去學校教書，在這期間他完成了《巨人傳》的後兩部。這樣，歷時二十多年，《巨人傳》終於完成了，得到人們強烈的喜愛。兩個月內銷售的成績比《聖經》九年賣得還要多。人們都說，寧可不吃飯，也要看《巨人傳》。

《巨人傳》揭露了中世紀的黑暗和腐朽，反映了文藝復興時期的人文主義精神，符合資產階級和下層人民的口味。這兒是拉伯雷為大家構建的理想社會，人人純樸善良，每個人都能做自己想做的事，可以笑，可以哭，一切不用再向上帝請示。

1553年4月9日，拉伯雷走了，巨人在走時調皮地說：「我的戲完了，不懂的地方請聯繫我。」

戲劇大師莎士比亞的天才創作

莎士比亞家在英國中部埃文河畔的斯特拉福鎮，他爸爸剛開始靠做生意養家糊口，在莎士比亞4歲時當選為鎮長。在他住的小鎮上，經常有劇團過來演出，莎士比亞總是在戲臺邊出神地看，從這時起他就深深地迷戀上了戲劇。

莎士比亞還沒有展露才華的時候就遇到了一場變故。他的父親做生意

BC

— 0　耶穌基督出生

— 100

— 200

— 300
君士坦丁統一羅馬

羅馬帝國分成兩部
— 400

— 500　波斯帝國

— 600　回教建立

— 700

— 800

凡爾登條約
— 900

神聖羅馬帝國建立
— 1000

— 1100　十字軍東征

— 1200
蒙古第一次西征

— 1300
英法百年戰爭開始

— 1400

哥倫布發現新大陸
— 1500

英國大破無敵艦隊
— 1600

發明蒸汽機
— 1700

美國獨立
— 1800

美國南北戰爭開始
— 1900
第一次世界大戰
第二次世界大戰

— 2000

上古時期　BC

漢

— 0

100 —

三國

晉　200 —

300 —

南北朝　400 —

500 —

隋朝　600 —

唐朝

700 —

800 —

五代十國　900 —

宋

1000 —

1100 —

1200 —

元朝

1300 —

明朝　1400 —

1500 —

1600 —

清朝

1700 —

1800 —

1900 —

中華民國

2000 —

失敗了，14歲的莎士比亞於是輟學回家幫父親。又過了4年，莎士比亞和比他大八歲的女人結婚了，到21歲時他已經有了三個孩子。別看莎士比亞年紀較小，他也知道要疼老婆，他把錢都交給老婆掌管，還抽時間幫老婆做家務，是個實實在在的好男人。

除了老婆、孩子，莎士比亞心裡還裝著他的戲劇。為了接近戲劇，他在1586年步行來到倫敦，做起了為戲院看馬的苦差使。就這樣，他一邊看馬一邊自學文學、歷史、哲學等課程。

俗話說，好馬不怕伯樂找。戲院的老闆看到莎士比亞的才華，就把他喊過來當配角，不久他就轉成了正式員工。不管是做什麼生意，顧客永遠是上帝。戲劇也是一樣，觀眾喜歡才算成功。27歲時，莎士比亞憑歷史劇《亨利六世》贏得了很高的票房收入，在戲劇界占得了一席之地。

1519年對莎士比亞來說是有重要意義的，這一年他寫的悲劇《羅密歐與茱麗葉》上演了，當時的觀眾都看得痛哭流涕，莎士比亞一躍成為戲劇界的明星。

《羅密歐與茱麗葉》講的是兩個年輕人瘋狂戀愛的經過。在義大利的一個城市裡，有兩家世仇的貴族，羅密歐與茱麗葉就分別出身在這兩家，他們倆可以說是天生的對頭。而在一個偶然的舞會上，羅密歐與茱麗葉相見了，他們兩個一對眼就彼此愛上了對方。於是他們偷偷跑到神父那裡，說他們自願結為夫妻，求神父為他們見證婚禮。神父看到這兩個年輕人都在愛河裡掙扎，就為他們舉行了婚禮。

可是不久，他們兩家打了起來。在決鬥中羅密歐殺了人，並因此被趕出了城。而茱麗葉的父親正安排她的婚姻，要她嫁給一個有錢的青年。茱麗葉抵死不從，在神父的幫助下假裝死去，等羅密歐回來和他一起私奔。可是由於神父的計畫出了意外，羅密歐和茱麗葉真的雙雙自殺，化蝶飛去了。

隨後莎士比亞又創作了舉世聞名的《哈姆雷特》，講述了哈姆雷特王子復仇的感人故事，全世界的觀眾都被莎士比亞偉大的藝術感染了，他們也像哈姆雷特一樣問自己，「是活著好，還是死了好呢？」

莎士比亞的一生創作了藝術含量很高的作品。1616年4月26日，這一天全世界的人都懷著悲痛的心情，在他的墓碑上寫下：「上帝叫我去了，大家就給上帝個面子，不要打擾我為祂作戲，否則，就是跟上帝過不去。」

康帕內拉與《太陽城》

康帕內拉出生在義大利南部，當他還是個小孩的時候，就對學問產生了興趣。他喜歡唯物主義，公開宣傳唯物主義思想，說教會不應該當老大，每個人都是國家的主人。因此他兩次在宗教裁判所受審。

後來西班牙入侵，31歲的康帕內拉正當壯年，怎麼能讓西班牙在自己的國家作威作福，他把義大利南部的人召集在一起，準備和西班牙打一仗。可事情不知道怎麼洩露了出去，起義還沒有行動就夭折了，康帕內拉被關進了監獄。他這一進去就在裡面待了30年。

在那裡他進行了很深的思考。康帕內拉看到了一切罪惡的根源，就是私有制。他認識到只有讓私有制滾得遠遠的，才能建設一個平等的和諧社會。他於是開始寫關於未來新社會的書，這就是著名的《太陽城》。

《太陽城》藉遊歷者之口，用對話的形式，構建了一個沒有私有制的大同世界。遊歷者聽到太陽城的兩個青年說家鄉的情況，嚮往不已。

「那裡的陽光照著大地，照亮了每個人的心。真是一個好的地方。」

「有這麼好的地方，帶我去看看吧？」

太陽城裡的兩個青年領著遊歷者來到太陽城。在這裡，人們在讀書、看報、聊天、遊戲。沒有窮人和富人，所有財產都是共有的，你的也是我的，我的也是你的。

「這裡是我們共同居住的場所，是由公社修建的，然後分配給大家。」太陽城裡的青年介紹說。

「啊！那些壁畫真好看，真美！」

BC

— 0　耶穌基督出生

— 100

— 200

— 300　君士坦丁統一羅馬
　　　　羅馬帝國分成兩部
— 400

— 500　波斯帝國

— 600　回教建立

— 700

— 800

　　　　凡爾登條約
— 900

　　　　神聖羅馬帝國建立
— 1000

— 1100　十字軍東征

— 1200　蒙古第一次西征

— 1300　英法百年戰爭開始

— 1400

　　　　哥倫布發現新大陸
— 1500

　　　　英國大破無敵艦隊
— 1600

— 1700　發明蒸汽機

　　　　美國獨立
— 1800

　　　　美國南北戰爭開始
— 1900
　　　　第一次世界大戰
　　　　第二次世界大戰

— 2000

上古時期　BC

漢

—0

100 —

三國
晉　200 —

300 —

南北朝　400 —

500 —

隋朝　600 —
唐朝

700 —

800 —

五代十國　900 —

宋

1000 —

1100 —

1200 —

元朝　1300 —

明朝
1400 —

1500 —

清朝　1600 —

1700 —

1800 —

1900 —
中華民國

2000 —

「是的，這是孩子們學習的教材。」

「他們從小就能讀書嗎？」

「是的，他們是公社的希望，10歲起不僅要學習文化知識，還要做一些農活。」

「這裡的人都有宗教信仰嗎？」

「我們是上帝的門徒，祂使我們善良純真。」

「你們這裡有政府嗎？」

「有。政府在這裡是全心全意為人民謀福利的。」

青年人邊回答著遊歷者的話，一邊指著政府辦公大樓。

「這麼高的樓，裡面辦公的官員肯定不少吧？」

「當然不是，這裡是群眾活動的場所，人民有選舉權。」

「你們也用暴力嗎？」

「不！上帝會用教義來教育犯錯的人，上帝讓他們的心靈變得純潔。」

遊歷者越聽越興奮：「太陽城的確令人讚歎！」

這就是康帕內拉在監獄裡寫的《太陽城》，1626年他出獄的時候，這本書開始在全世界發行，成為文藝復興時期極有影響力的作品。

米開朗基羅的創作

學美術的人都知道米開朗基羅，他是個多才多藝的人，會畫畫，懂雕刻，同時又搞過建築。在這幾方面，到現在為止還沒有人能夠比得上他。直到今天，他的作品《大衛》還是每個學畫者必須臨摹的經典。可以說米開朗基羅是一直被摹仿，還未被超越。

1475年，米開朗基羅在義大利的佛羅倫斯出生了。他從小就熱衷於藝術圈的事，希望有一天能成為藝術明星。可是他父親說藝術沒什麼用，天天坐在那胡思亂想，還不如正經地做生意。米開朗基羅不管父親怎麼說，

堅持要走自己的路。

日復一日，年復一年，米開朗基羅成功了，他成了文藝復興時義大利最偉大的畫家、雕塑家和建築師。

有一天，米開朗基羅正看《舊約》，裡面有個講以色列大衛王的神話故事。大衛小時候是個困苦的孩子，靠為人放牧為生。有一次大衛的哥哥在前線打仗，大衛叫他哥哥回家吃飯。半路上他遇到敵方的人在逗兒凶，大衛急中生智，拿起一塊石頭扔過去，石頭正好打中敵人。大衛挽救了民族，成了民族的英雄。

米開朗基羅被這個神話故事吸引了，他決心為大衛做個雕像。他花了3年的時間進行雕刻，把大衛塑成一個壯男，表情冷靜剛毅，目光神采奕奕，把頭低在一邊，斜視前方，左手正準備把石頭甩出去，似乎時時都準備擊中敵人的要害。《大衛》一出爐，米開朗基羅很快走紅，成為最搶眼的雕刻明星。

米開朗基羅雕刻的時候很認真，一個作品往往要花幾年的時間。《摩西》就是他用4年的時間才完成的。摩西也是一個傳說中的人物，他帶領以色列人從埃及出走，尋找「先知」建立自己的國家。目標是美好的，道路是漫長的。路上有人因惡人勾引而叛變了，摩西聽說後跟吃了炸藥似的發起火來，簡直失去了理智，竟然把法服弄壞了。這幅作品雕的正是摩西生氣時的樣子，米開朗基羅在其中表達了對人民的熱愛，同時表現了對叛國者的憤怒。

在繪畫上，米開朗基羅也有一流的水準。他在18公尺高的架子上作畫，一般人別說作畫，就只是站到那麼高的架子上也會嚇得腳發軟。最後畫了4年5個月，終於完成了巨畫——《創世紀》，用畫講述了基督祖先的故事。畫這幅畫時米開朗基羅已經37歲，由於長期都在仰視，以致脖子回不到原位了，看什麼東西都得仰著頭。

雖然每個作品都要花幾年時間，米開朗基羅還是留下了許多作品。除了《大衛》、《摩西》、《創世紀》，還有《最後的審判》、《朝》、《夕》、《晝》、《夜》、《和被綁的奴隸》以及《垂死的奴隸》等，

BC

— 0　耶穌基督出生

— 100

— 200

— 300
　　君士坦丁統一羅馬
　　羅馬帝國分成兩部
— 400

— 500　　波斯帝國

— 600　　回教建立

— 700

— 800

　　凡爾登條約
— 900
　　神聖羅馬帝國建立
— 1000

— 1100　十字軍東征

— 1200
　　蒙古第一次西征
— 1300
　　英法百年戰爭開始

— 1400

　　哥倫布發現新大陸
— 1500

　　英國大破無敵艦隊
— 1600

　　發明蒸汽機
— 1700

　　美國獨立
— 1800
　　美國南北戰爭開始
— 1900
　　第一次世界大戰
　　第二次世界大戰
— 2000

上古時期　BC

漢

— 0

100 —

三國　200 —
晉

300 —

南北朝　400 —

500 —

隋朝　600 —
唐朝

700 —

800 —

五代十國　900 —

宋

1000 —

1100 —

1200 —

元朝　1300 —

明朝

1400 —

1500 —

1600 —

清朝

1700 —

1800 —

1900 —

中華民國

2000 —

可以想像一下，米開朗基羅每天要加班到什麼時候，才能創作這麼多的作品。

　　藝術家的熱情是用不完的，米開朗基羅還是一個熱情燃燒的愛國戰士，他痛恨外敵的入侵，積極參加保衛祖國的戰鬥。雖然他也曾成為敵人的階下囚，但是他知道，他不是一個人在戰鬥。

　　1564年，米開朗基羅在自己的工作室裡去世了。而在他生命的最後幾年，他又從事建築，擔任聖彼得大教堂的工程總監。看看聖彼得大教堂就知道了，米開朗基羅不僅是個畫家、雕刻家，更是一個建築師。

畫家和科學家達文西的貢獻

　　有一個小傢伙，他出生在義大利佛羅倫斯城附近的芬奇小鎮上，他家庭富裕，父親是當地的一個公務員。這個小傢伙從小喜歡畫一些小動物自娛自樂，他的父親看到他這方面的天賦，就給他報名繪畫培訓班。

　　這傢伙以為來到繪畫班能學到很多本事，可是老師拿來一個雞蛋放在他面前，讓他天天畫雞蛋。雞蛋有什麼好畫的，不就是個橢圓形的一個圈嗎。他一邊不耐煩地畫著，一邊問老師。天天畫雞蛋有什麼用？難道畫雞蛋能夠提高畫畫的水準嗎？為什麼不教自己畫點別的，每天畫這個好無趣啊。

　　老師心裡明白他的想法，就笑著對他說，世界上雞蛋各有各的長像，你找不出同樣的兩個蛋來。就算是同個蛋，你在不同的地方看，它的形狀也是會變化的。連個雞蛋都畫不好，你以後就別想畫其他的事物啦。

　　這個畫雞蛋的小孩就是著名的畫家達文西，聽老師這樣說後，他明白老師是在培養他的觀察和對形象的掌握能力。從這以後，他就用心地畫雞蛋，練好了繪畫的基本功。同時，他還學習其他學科的知識，以便從不同的角度觀察事物、想問題。

　　在達文西那個時候，不是什麼都能畫的，封建教會不充許有傷風化的

東西入畫。但是達文西不買教會的帳，他嚮往解放和自由。有一次他擔任老師的助手，在畫《基督受洗》的時候，他見老師畫得呆板，沒有生氣。他就拿起畫筆，在基督的旁邊畫上了一個美麗的天使。再一看畫面，美女和英雄，一下子有了人的靈性。他的老師看了後拍手叫好，就叫達文西接他的班，自己回鄉去做雕刻了。

提到達文西，就會使人想到一個美女和一個叛徒，那就是蒙娜麗莎和猶大。

有一天，達文西到朋友家裡玩，看到朋友的妻子笑得很迷人，就對朋友說能否讓他為這美麗的女子畫一幅畫像。他的朋友也不好意思拒絕，達文西就開始畫了。蒙娜麗莎笑的表情很多，為了能夠找到最好看的笑容，達文西就坐在她對面看了幾天。真是皇天不負有心人，達文西把握住了蒙娜麗莎最美的笑，於是他拿起畫筆，一點一點地把這笑抹在了畫紙上，這張畫就是全世界都聞名的《蒙娜麗莎》。

猶大則是達文西的名畫《最後的晚餐》裡的一個人，就是他出賣了耶穌。這一天，耶穌要請門徒吃飯，就叫廚娘做了一桌子佳餚。飯菜都已擺放上桌，耶穌在中央坐下，十二個門徒依次圍著他坐了下來。這時候耶穌說：「你們中間有一個出賣我的人。」門徒們聽了，都在內心裡猜測到底是誰出賣了主人。達文西透過畫的明暗對比，和畫面中人物的表情，準確地告訴了人們，嫌疑人就是猶大。

不過達文西不只是一個畫家，他還是個多才多藝的科學家。他懂得用仿生學，能根據動物的模樣製造各種有用的東西。他還細緻地觀察人體的結構，正確地總結出了人體骨骼、肌肉的分佈規律。

與此同時，他敢和封建宗教勢力對抗，也正因此，封建勢力對他進行了瘋狂地報復。在他65歲的時候，他被迫移民到法國，不久便離開了人世。

BC

— 0　耶穌基督出生

— 100

— 200

— 300
君士坦丁統一羅馬

羅馬帝國分成兩部
— 400

— 500　波斯帝國

— 600

回教建立

— 700

— 800

凡爾登條約

— 900

神聖羅馬帝國建立
— 1000

— 1100　十字軍東征

— 1200
蒙古第一次西征

— 1300
英法百年戰爭開始

— 1400

哥倫布發現新大陸
— 1500

英國大破無敵艦隊
— 1600

發明蒸汽機
— 1700

美國獨立
— 1800

美國南北戰爭開始
— 1900
第一次世界大戰
第二次世界大戰

— 2000

上古時期　BC

漢

— 0

100 —

三國

晉　200 —

300 —

南北朝　400 —

500 —

隋朝　600 —
唐朝

700 —

800 —

五代十國　900 —

宋

1000 —

1100 —

1200 —

元朝　1300 —

明朝

1400 —

1500 —

清朝　1600 —

1700 —

1800 —

中華民國　1900 —

2000 —

｜第二十章｜地理大發現的起源與過程

走出中世紀的西歐由弱轉強

在西歐向全球進攻之前，這裡的發展程度幾乎無法與其他大陸上的一些國家相提並論。這裡的文化十分落後，很多東西都要從亞洲和中東引進。例如，他們會從中國引進絲綢，從南亞獲得香料。總之，在中世紀或這之前，西歐的文明遠遠落後於亞洲。然而，事情的發展卻在後來有了急轉，之前侵入西方的東方開始變得羸弱起來，西歐開始了他進軍全球的步伐。

拿中國來說，在封建社會的末期，由於閉關鎖國的危害，整個國家都處於危亡的狀態之中，清朝統治者的腐敗，讓輝煌了幾千年的大東亞帝國走了下坡路。另一邊的伊斯蘭教國家，情況也好不到哪裡去，文明的僵化讓這些昔日輝煌的帝國落後了。然而，就在東方國家由盛轉衰的時候，西歐國家卻悄悄地具備了某種可以翻身的武器，他們正在準備一場瘋狂的侵略和占領，最終成為世界的主宰者。

那麼，西歐國家究竟擁有了怎樣的技術，和足以侵略亞、非、美洲的能力呢？有人說，新大陸的發現是西歐人獲得力量的源泉，但是我們又該如何解釋如下的事件和結果呢：11世紀的時候，北美洲已經被維金人率先發現，這些人不斷地嘗試著在北美定居和開拓，但最終還是沒能留下來。然而到了15世紀哥倫布發現新大陸之後，卻有大批的西歐人從此進駐到了美洲，在那裡生存和發展，開闢了一片新的土地。

也就是說，我們無法從單一的事件，來列舉讓西歐人強大的原因，從上面的例子已經十分清楚，新大陸的發現並不能說明事情的來龍去脈，因

為這個因素太過單一。相反，從維金人和哥倫布的發現相比較來看，在11世紀到15世紀這段時間內，西歐人一定還具備了外侵的其他能力，而這些能力最終改變了全球以往的格局。

對外擴張之後，西歐人幾乎掌控了海上所有的航線，無論是到澳洲還是美洲，只要是能去到的地方，西歐人皆無所不在。西歐人攜家帶眷地四處移居，尋找更富有的土地，他們去到黃種人生活的亞洲，去到黑人生活的非洲，再把黑人帶往美洲……這樣一來，之前全球幾乎隔絕的種族分佈就被打亂了，往後，在世界的各地我們都可以看到不同膚色的人。例如，黑人會出現在美洲和歐洲，白人也會出現在亞洲和非洲。

到了19世紀，西歐人已經十分強大，他們透過侵略擁有了巨大的財富，並且掌控了東亞、南亞以及中東這些古老的文明之地。這樣的格局巨變多麼讓人不可思議，一個小小的西歐居然幾乎將整個世界拿捏在手中，任其擺佈。世界似乎得到了統一，在西歐人的手裡得到統一，全世界的人民受著西歐人的指揮，無論是經濟還是政治，抑或是思想。世界文明的中心從此發生改變。

伊比利亞人的擴張

在伊比利亞半島，宗教作為一個促進歐洲海外擴張的因素，就顯得尤為重要。西班牙人和葡萄牙人始終受聖戰的記憶激勵著，永遠記得為反抗穆斯林進行的戰爭。對於歐洲的其他民族來說，伊斯蘭教是一個不可忽視的威脅，但對於伊比利亞人來說，它更是一個根深蒂固的勁敵。直到15世紀時，穆斯林仍占據著南部的格拉納達，之前，半島的大部分都在穆斯林的權杖之下。另外，土耳其的海上力量在不斷壯大，穆斯林控制了周邊的北非海岸。如果說，歐洲人參加十字遠征軍是意氣用事的話，而伊比利亞人則在進行著堅決的反伊斯蘭教鬥爭，是一種虔誠的義務和愛國。

勇敢的亨利王子，曾在1415年攻占了直布羅陀海峽西岸的城市和兵

BC

— 0　耶穌基督出生

— 100

— 200

— 300
君士坦丁統一羅馬

羅馬帝國分成兩部
— 400

— 500　波斯帝國

— 600　回教建立

— 700

— 800

凡爾登條約

— 900

神聖羅馬帝國建立
— 1000

— 1100　十字軍東征

— 1200
蒙古第一次西征

— 1300
英法百年戰爭開始

— 1400

哥倫布發現新大陸
— 1500

英國大破無敵艦隊
— 1600

— 1700　發明蒸汽機

美國獨立
— 1800

美國南北戰爭開始
— 1900
第一次世界大戰
第二次世界大戰

— 2000

上古時期　BC
漢
　　　－ 0
　　　100 －
三國
晉　　200 －
　　　300 －
南北朝　400 －
　　　500 －
隋朝　600 －
唐朝
　　　700 －
　　　800 －
五代十國　900 －
宋
　　　1000 －
　　　1100 －
　　　1200 －
元朝
　　　1300 －
明朝
　　　1400 －
　　　1500 －
清朝　1600 －
　　　1700 －
　　　1800 －
　　　1900 －
中華民國
　　　2000 －

家必爭的仲達。像亨利王子一樣，伊莎貝拉女王也因著強烈的宗教信念，決意占據格拉納達的穆斯林，並像葡萄牙人那樣將戰場拉入北非的領土。1482年，伊莎貝拉開始著手討伐格拉納達，地毯式向前推進，一個村莊也不放過，直到1492年，終於取得了勝利。隨後，西班牙人立即占領了梅利利亞城。同年，伊莎貝拉女王還頒佈一條法令，命令不接受天主教的猶太人離開西班牙。10年後，同樣的法令又頒佈了一條。

當地理大發現發覺有很多的穆斯林存在，很多的異教徒還在盲目崇拜時，伊比利亞人的討伐運動更是如火如荼，一直打到大西洋彼岸。在圍攻麻六甲時，葡萄牙的印度殖民地總督阿方索‧德‧亞伯奎給士兵們作動員時說：「我們為我們的主賣力，要清理出這裡的摩爾人，永遠熄滅穆罕默德的宗教之火。」另外一位，和科爾特斯一起去征服墨西哥的貝爾納‧迪亞斯也曾回憶說：「我們打破了印第安人的盲目膜拜和其他讓人討厭的傳統。上帝給了我們饋贈，我們給所有征服的人進行了洗禮，不論大人還是孩子，不然，他們的靈魂可能已在地獄了。」

吸引伊比利亞人駛向海外的還有馬德拉群島、加那利群島、佛德角群島和穿越大西洋的亞速爾群島。這四個群島沿著非洲海岸依次向南，它們富足豐饒，更是優越的戰略基地和停船港口。於是，1420年，葡萄牙人開始在馬德拉群島取得高品質的木材，接著生產暴利的蔗糖。巴西人開始降低糖價與之競爭，他們便從克里特引進白葡萄。一直到今天，人們飲用的馬德拉葡萄酒都是用白葡萄釀的。

葡萄牙人獨自占有了馬德拉群島，這是一目瞭然的。但是，加那利群島就不同了，西班牙人也對它產生了興趣，就上訴羅馬教皇，並承認其他三個群島歸於葡萄牙，葡萄牙人不得不放棄了加那利群島。這種解決問題的方式，迫使葡萄牙人在南下時必須駛到很遠的大西洋，以免船隻被占據加那利群島的西班牙奪去。因此，亞速爾群島成了他們第一個勘探的群島。

到15世紀中期，已經勘探到最西面的島嶼。到達那裡，其實已橫越了大西洋的百分之二十五。

《馬可‧波羅遊記》激起對東方的渴望

　　歐洲人發現了通向東方之路，這裡面，馬可‧波羅發揮的作用至關重要，他可以說是探索東方道路的先驅。

　　馬可‧波羅是世界各地人們所熟知的旅行家，1254年生於義大利水城威尼斯一個做小買賣的家庭。早在17歲，他跟隨父親和叔叔花了4年時間到達中國，並在中國遊玩了17年。回國後出了一本《馬可‧波羅遊記》，講述自己在中國遊玩時所見的有趣事物。這本書強烈地吸引了歐洲人，他們制定了去中國行程路線圖。

　　馬可‧波羅很小的時候，他的爸爸和叔叔就到中國淘金了，並幸運地見到了當時元朝的皇帝忽必烈大汗，還給大汗帶去他們羅馬教皇的親筆信件，希望能夠和大汗結為兄弟。忽必烈大汗高興地答應了，畢竟是多一個朋友，多一條國家發展之路！他的爸爸回家後，小馬可‧波羅天天纏著他講講在中國見到的事情，又纏著爸爸非要帶他去不可。最後他的願望實現了。

　　1275年，馬可‧波羅17歲時，他的爸爸和叔叔帶著教皇給大汗的郵件和一些特產，還帶上了淘氣的馬可‧波羅，與十幾位旅遊愛好者出發了。他們租了一艘船走海路，按設計好的路線快樂的行駛著。而他們帶的旅行裝備好多都是昂貴的東西，這就引起了一些不懷好意的人的注意。這些人趁著他們睡覺時把他們抓了起來。小馬可‧波羅想了個巧妙辦法，把自己、父親、叔叔救了出來。

　　馬可‧波羅和父親、叔叔來到霍爾術茲，一直想搭個順風船去中國，但是沒有等到船，他們只好改走陸路。但陸路上的環境並沒有他們想像得那麼好。他們吃盡了苦頭，最後到了中國的新疆。

　　一到這裡，馬可‧波羅簡直不敢相信自己的眼睛，被中國的魅力吸引住了。最後他們終於到達了上都。

　　馬可‧波羅的父親和叔叔向忽必烈大汗獻上了教皇的信件和禮物，並

— 0　耶穌基督出生

— 100

— 200

— 300
君士坦丁統一羅馬

羅馬帝國分成兩部
— 400

— 500　波斯帝國

— 600　回教建立

— 700

— 800

凡爾登條約
— 900

神聖羅馬帝國建立
— 1000

— 1100　十字軍東征

— 1200
蒙古第一次西征

— 1300
英法百年戰爭開始

— 1400

哥倫布發現新大陸
— 1500

英國大破無敵艦隊
— 1600

— 1700　發明蒸汽機

美國獨立
— 1800

美國南北戰爭開始
— 1900
第一次世界大戰
第二次世界大戰

— 2000

上古時期　BC

漢

　　— 0

　　100 —

三國

晉　　200 —

　　300 —

南北朝　400 —

　　500 —

隋朝　600 —
唐朝

　　700 —

　　800 —

五代十國
　　900 —
宋

　　1000 —

　　1100 —

　　1200 —

元朝　1300 —

明朝
　　1400 —

　　1500 —

清朝　1600 —

　　1700 —

　　1800 —

　　1900 —
中華民國

　　2000 —

向大汗介紹了馬可‧波羅。大汗非常喜歡這個小傢伙，將他留在身邊，並讓他擔任一個重要的職務，他則趁此好好地遊覽了中國。

在《馬可‧波羅遊記》中，他詳細說明了中國繁榮的經濟，豐富的生活，寬闊的道路，規劃很好的居住區等，以及那安居樂業的人民。

17年很快就過去了，馬可‧波羅想回家。1292年春天，馬可‧波羅和父親、叔叔受忽必烈大汗委託送公主結婚，他們趁機向大汗請求回國。1295年末，他們三人終於回到了離開24年的家鄉。他們的見聞引起了人們極大興趣。

1298年，馬可‧波羅參加了威尼斯與熱那亞的戰爭，被敵國抓住了。在獄中他遇到了作家露絲梯謙。露絲梯謙就把這些事記錄下來，成了後來的《馬可‧波羅遊記》。

這本書在歐洲立刻備受人們關注，它激起了人們對東方的渴望。所以，東方的劫難也就此開始了。

開闢通往東方新航路

鄂圖曼帝國的衰敗，並未讓其他的國家停止對海洋另一端世界的探索和發現。尤其是馬可‧波羅來到東方後寫了一本《馬可‧波羅遊記》，書中說東方遍地是黃金和香料，造廁所用的都是黃金。

看過這本書的人對東方世界有了嚮往，想找到一條能到那裡的海路。正所謂人為財死，鳥為食亡，很多人都在這條路上有去無回，死在海裡做了魚食。

當時從歐洲到東方的路可不是那麼好走，已知的重要商路上危機四伏，不是由仇敵看守就是被戰火切斷，而經由阿拉伯商人轉運過來的商品又價錢太高。歐洲人不得不想辦法開闢出一條新航路，使他們能夠到達東方，圓了黃金美夢。就在這時候，哥倫布長大成人了，他讀了馬可‧波羅的《東方見聞錄》，天天都夢到這遍地黃金的地方，同時他還相信地球是

圓的，認為只要沿著歐洲海岸一直向西走就可到達印度，再者他所處的時代也有條件讓他航行。於是哥倫布決定要去尋找黃金，並在夢中不斷重複說：「有了黃金，我就可以買一條上天堂的路。」

那時候好多人已經做了環球航行的犧牲品，而且基督教也在傳說大海四周充滿著嚇人的魔鬼，誰要路過那裡都要花點買路錢。可是這些都沒有嚇退哥倫布，他不斷地跑著去尋求贊助，他對西班牙國王說他能找到黃金王國，西班牙國王聽後滿心歡喜，衝動之下就和哥倫布簽了一個約定，由王室提供贊助，但找到的財富和土地多數要歸王室所有。

1492年8月3日，哥倫布從西班牙出發了。他率領三艘大船一路往西，他和水手們走了一天又一天，每天都爬到桅桿上向遠處眺望，他不會放過任何黃金國的線索，可是一天天過去了，他看到只有海水和浪花。走了兩個多月後的一天，他正和一個水手在船頭上觀看，突然看到了陸地，他興奮得手舞足蹈。

哥倫布他們以為到了印度，匆忙地爬上了岸。可是這裡並不是印度，而是美洲。哥倫布沒有在這裡找到黃金和香料，然而哥倫布是在美洲的第一個殖民者，他把歐洲人領到了上這裡的道路，從此他們開始對當地的人民進行治理和掠奪，他們把當地值錢的都搶走，最後實在沒有什麼可拿的了就開始搶人。可見馬可・波羅罪過不小，要是他不寫《東方見聞錄》的話，就不會給人帶來惡夢。而由於哥倫布到達的不是東方，沒有給西班牙帶來更多黃金，西班牙貴族開始罵他是騙子，他於是生病了，到死說了句掏心挖肺的話：「不要迷戀黃金，它只是個傳說。」

這個時期，葡萄牙人看到西班牙人在行動，很害怕這些黃金被西班牙獨吞了，也命人向西航行。先是1487年葡萄牙人迪亞士到達非洲好望角，接著是達・伽馬到達了莫三比克，又有葡萄牙人麥哲倫繞地球跑了一圈。

新航路終於發現了，東方的大門被他們打開了。他們並沒有開啟東方大門的鑰匙，但他們有大炮，他們不走正門用不著鑰匙。從此，歐洲人騎在了東方人的頭上，東方人處在水深火熱中，他們還進行罪惡的奴隸貿易，讓你做牛做馬都做不成。

BC
— 0　耶穌基督出生
— 100
— 200
— 300
君士坦丁統一羅馬
羅馬帝國分成兩部
— 400
— 500　波斯帝國
— 600　回教建立
— 700
— 800
凡爾登條約
— 900
神聖羅馬帝國建立
— 1000
— 1100　十字軍東征
— 1200
蒙古第一次西征
— 1300
英法百年戰爭開始
— 1400
哥倫布發現新大陸
— 1500
英國大破無敵艦隊
— 1600
發明蒸汽機
— 1700
美國獨立
— 1800
美國南北戰爭開始
— 1900
第一次世界大戰
第二次世界大戰
— 2000

葡萄牙的遠洋事業

　　15世紀，大洋中的島嶼不斷地被遠洋者發現。由此，他們覺得一定還有更多的島嶼沒有被開發。為了到達東方，他們在大西洋航海圖上設想了旌旗密佈的島嶼。1492年，伊莎貝拉支持哥倫布去尋找汪洋水域中的島嶼。

　　但是，在整個15世紀的海外冒險事業中，西班牙並不是領軍人物。當時的領軍人物是葡萄牙，西班牙把目光轉向海外也是受到葡萄牙的影響。葡萄牙之所以為當時航海事業的先鋒是有兩個原因的。首先，是葡萄牙的地理位置，它較小的疆土位於大西洋沿岸，三面都是西班牙的領土，它沒有捲入戰爭，無需浪費自己的財力。其次，亨利王子指導著他的子民，專心於航海事業的探索上。此外，由於里斯本位於直布羅陀海峽的海上交通線上，葡萄牙聘僱義大利船長和領航員，並從他們那裡獲得了較先進的航海知識。後來，亨利王子集合了一批由義大利人、加泰隆人、丹麥人組成的頂尖海員。在王子去世後，「國王接過王子的工作，使葡萄牙人在航海術和相關知識方面遙遙領先。」

　　1415年，葡萄牙占領了休達，從此對海上探險事業的興趣更加濃厚。由於當時的歐洲，特別是西班牙，非常渴望黃金，亨利王子想尋找黃金貿易的管道。根據他的副手描述，「亨利聽到商人們發現了從突尼斯波斯灣到延巴克圖和岡比亞的通道」，於是亨利開始策劃經由海路到達這些地方的路徑。其實，當時亨利的目標僅限於非洲，並沒涉及到東方。

　　1445年，亨利王子的船長們通過了沙漠，途中還發現了一片鬱鬱蔥蔥的新領地，讓葡萄牙早期的探險事業邁出了一大步。直至亨利王子去世時，葡萄牙人沿著海岸已勘探到塞拉里昂，並沿海建立了據點，能吸引一部分商隊進行貿易。後來，在1487年的時候，葡萄牙人為了獲得大批南北向的商隊貿易，在內地的沃丹建立了一個商行駐外代理，沃丹是內陸貨物集散地，商行駐外代理的建立給葡萄牙人帶去了很大的財富。

上古時期　BC

漢

— 0

100 —

三國
晉　　200 —

300 —

南北朝　400 —

500 —

隋朝　600 —
唐朝

700 —

800 —

五代十國　900 —
宋

1000 —

1100 —

1200 —

元朝
1300 —
明朝

1400 —

1500 —

清朝　1600 —

1700 —

1800 —

1900 —
中華民國

2000 —

這時，葡萄牙人的視線已不單單停留在非洲，已經擴大到印度。亨利王子的視線不是一開始就看到香料產地印度群島，而是由於前往東方的道路被穆斯林控制，歐洲人被地中海困住。所以，歐洲人渴望尋找到達東方的路徑，並隨著船隊的行駛，把視線擴大了。於是，尋找和控制香料的路線，成了葡萄人的第一目標。這一點，亞伯奎也看到了，當初他激勵士兵圍攻麻六甲，要撲滅穆罕默德的教派之火時，就對士兵們說：「我敢保證，如果我們奪取了麻六甲的貿易，把摩爾人趕出去，開羅和麥加就再無崛起之日，那時，就只有葡萄牙能提供香料。」

西班牙與葡萄牙的大航海時代

由於體質的相似和情感的接近，哥倫布和達‧伽馬探險發現的新版圖問題，並沒有困擾中世紀的歐洲。歐洲各國不謀而合，他們在擴張時內部不存在對新發現地區的異議。其實，他們遵循一條潛在的規則，就是基督教國家把野蠻人和異教徒的土地占為己有是非常自然的事情，對於他們目的明確的行徑，是不需要考慮到原住民族的意見的。至少，對於西班牙和葡萄牙而言，羅馬教皇是具有分配不為基督教統治的世俗專權的。早在1454年，教皇尼古拉五世就下達過命令，授權葡萄牙可以占有他們沿非洲海岸向印度行駛時所發現的新地盤。從這篇文件的用語和內容中，我們能看出當時關於新地區許可權的問題：

經過反覆的審議，我們發佈教皇許可證，授權阿豐索國王擁有入侵、征服和統領那些敵視基督的薩拉森人或異教徒統治下的國家的權利，這種權利是絕對的、是不容置疑的。我們頒發教皇許可證的目的，是讓阿索豐國王放心地占有那些島嶼、港口等。所以，阿豐索國王不允許的話，所有的基督教徒都不能侵犯他的權利。征服地包括巴賈多角、幾內亞海岸的諾恩已經屬於阿豐索國王獨有。

西班牙朝廷擔心葡萄牙要求哥倫布所確信的東印度群島的專權，於

BC

— 0　　耶穌基督出生

— 100

— 200

— 300
　　　君士坦丁統一羅馬
　　　羅馬帝國分成兩部
— 400

— 500　　波斯帝國

— 600　　回教建立

— 700

— 800
　　　凡爾登條約
— 900
　　　神聖羅馬帝國建立
— 1000

— 1100　十字軍東征

— 1200
　　　蒙古第一次西征
— 1300
　　　英法百年戰爭開始
— 1400
　　　哥倫布發現新大陸
— 1500
　　　英國大破無敵艦隊
— 1600
　　　發明蒸汽機
— 1700
　　　美國獨立
— 1800
　　　美國南北戰爭開始
— 1900
　　　第一次世界大戰
　　　第二次世界大戰
— 2000

是趕緊爭取教皇亞歷山大六世的承認。1493年5月4日，亞歷山大教皇給西班牙和葡萄牙劃分權利界限，他在亞速爾群島和佛德角群島以西100里格（陸地及海洋的古老測量單位，1里格等於3.18海里）畫了一條線，線東面歸於葡萄牙，線西面歸於西班牙。

　　1494年6月7日，西班牙和葡萄牙簽訂了托爾德西里亞斯條約，條約規定將線往西挪動270里格。這樣葡萄牙就獲得了對美洲巴西的所有權，因為西班牙那時確信東印度群島是在西面，所以很慶幸自己占了便宜。實際上，這次線的移動，反將唯一一個通往印度的路線拱手讓給了葡萄牙。

　　葡萄牙在達·伽馬帶回一船香料而獲得暴利後，歐洲其他國家掀起了尋找東印度群島的熱潮。這股熱潮沒有受到哥倫布一次次失敗的影響，反而因西班牙冒險家瓦斯科·努涅斯·德·巴爾博亞在一次偶然的勘探黃金時看到了太平洋的事情，又點燃了探險的希望，探險者們繼續尋找通往東方的航路。

　　16世紀，出現了一類新的職業探險家，他們大多是義大利人和葡萄牙人，憑藉著當時較優越的探險經驗和豐富的知識，他們一心去探險，只要有哪個國家願意提供資金，他們就會為該國的君主去探險。義大利人約翰·韋紮拉諾為法國探險、阿美利哥·韋斯普奪為葡萄牙和西班牙出航、卡波特父子為英國航海；葡萄牙的胡安·迪亞斯·德索利斯、胡安·費爾南德斯和斐迪南·麥哲倫等都在為西班牙航海。

　　在這些人中，只有麥哲倫找到了通往亞洲的路徑。看著香料源源不斷地運往里斯本，西班牙這時已經認識到自己在香料的競爭中已處於弱勢。派遣麥哲倫出征的目的是尋找位於分界線附近的有香料的島嶼，當然只能在托爾德西里亞斯條約規定的西班牙的界限內尋找。

　　話說麥哲倫的遠洋航行也是具有傳奇色彩的。1519年9月10日，麥哲倫率領一支由五艘均為100噸位的船，從塞維利亞出發，3個月後，到達巴塔哥尼亞，迎來了葡萄牙人的激烈對戰。麥哲倫處死了首領，平息了叛亂。後來，前進到今天的麥哲倫海峽。這段旅程是異常兇險的，途中船隻失事一艘，遺棄一艘，他只好帶著剩下的三艘船勇往直前，沿著智利海岸

—0

100—

三國
晉　　200—

　　300—

南北朝　400—

　　500—

隋朝　600—
唐朝

　　700—

　　800—

五代十國
　　900—
宋

　　1000—

　　1100—

　　1200—

元朝
　　1300—

明朝
　　1400—

　　1500—

　　1600—
清朝

　　1700—

　　1800—

　　1900—
中華民國

　　2000—

北上，在南緯15度處折向西北。

之後，麥哲倫這支隊伍迎來了異常艱難的80天。

其中，「壞血病」是最令人恐懼的，「壞血病」特別可怕，患者的牙床腫的把牙齒都裹了起來，讓人無法咀嚼食物。這種病帶走了19個船員的命。此外，大概25到30個船員患了其他的病，他們的身體都變了形，苦不堪言。

3月6號，他們到達了關島，在那裡終於可以緩解飢餓。10天後，到達菲律賓，在這裡，麥哲倫和他手下的40名船員在與當地人戰鬥中喪命，還丟了一艘船，剩下的西班牙人在當地領港員的幫助下去了婆羅洲，又從婆羅洲去了摩鹿加群島，這是他們的目的地，到達這裡的時間是1520年11月。在摩鹿加群島遭到了已經在那裡的葡萄牙人的攻擊，歷經挫折，西班牙人還是獲得了丁香等貨物，然後返航回國。這時只剩兩艘船了，一艘船又遇到逆風，不得不折回，折回時又被葡萄牙人捕獲。另一艘穿過望加錫海峽、渡過印度洋後，繞過好望角，然後沿非洲西海岸往北航行。這艘歷經磨難的「維多利亞號」，終於在1522年9月3號駛進塞維利亞港。不過，這船香料賣出了能支付這次航行的高價。

1524年，西班牙又派一支遠航隊，到達香料群島。因為，這時葡萄牙已在那裡的貿易領域一手遮天，西班牙已無力抗衡，所以這次出航損失慘重。

這時，西班牙正和法國開戰，軍費匱乏。於是，西班牙不得不於1529年與葡萄牙簽訂了薩拉戈薩條約。根據薩拉戈薩條約，西班牙放棄了香料群島，並以在香料群島東面劃分了界線換回35萬個達卡金幣。薩拉戈薩條約簽訂後，葡萄牙人控制了香料群島，一直到1605年被荷蘭人奪去。不過西班牙人沒有放棄菲律賓，雖然按照薩拉戈薩條約，菲律賓屬於分界線以東，但是西班牙仍在1571年征服了它。其實，很早的時候，西班牙已經將注意力由亞洲轉向了美洲，因為他們在那裡發現了不亞於香料的大批財富。

BC

— 0　耶穌基督出生

— 100

— 200

— 300
君士坦丁統一羅馬
羅馬帝國分成兩部
— 400

— 500　波斯帝國

— 600　回教建立

— 700

— 800

凡爾登條約
— 900

神聖羅馬帝國建立
— 1000

— 1100　十字軍東征

— 1200
蒙古第一次西征

— 1300
英法百年戰爭開始

— 1400

哥倫布發現新大陸
— 1500

英國大破無敵艦隊
— 1600

發明蒸汽機
— 1700

美國獨立
— 1800

美國南北戰爭開始
— 1900
第一次世界大戰
第二次世界大戰

— 2000

哥倫布發現美洲

葡萄牙在遠洋航海方面的理論知識和實際經驗在當時是遙遙領先的，但是讓人無法理解的是，第一個偉大的發現，即美洲大陸的發現，卻是在西班牙政府的支持下達到的。更離奇的是，美洲大陸之所以發現，是因為葡萄牙人正確地推算出哥倫布的計算結果是錯的。

15世紀，人們已經認識到地球是圓的，這不是問題的關鍵。關鍵是地球的大小以及大陸和海洋的關係。探險家哥倫布根據馬可‧波羅對亞洲緯度的跨度的預測，以及馬可‧波羅對日本和亞洲大陸有1500里的報告，和托勒斯對地球周長的估計，推算出歐洲和日本之間的海洋寬度不到3000里。於是，他認為到達亞洲最短的路徑就是橫渡大西洋，接著便上報了各國政府。

葡萄牙由於亨利王子的支持，累積了很多海洋航行的實戰經驗，整理出較先進的航海知識。於是，斷定地球比哥倫布預想的要大，海洋的寬度也更大，到達亞洲的最短路徑不是橫渡大西洋，而是繞過非洲。所以，1484年，哥倫布前來求取資金上的幫助時，葡萄牙拒絕了。等到1486年哥倫布向西班牙求助時，一開始也被拒之門外，不過，最終伊莎貝拉女王決定一試。

1492年的8月8日，哥倫布率隊從帕羅斯角揚帆，開始遠征。9月初時，他們已經穿過了加那利群島，進入了浩瀚無邊的海域。航行比較順利，一直豔陽高照，海面上風平浪靜，三艘船順風行駛。日復一日，他們一直沒有收穫，船員們開始焦慮起來，為了穩定軍心，哥倫布只好發佈假消息安撫他們。但是到了10月7日時還沒發現陸地，哥倫布自己也感到了茫然。按照他的計算，這時本應見到了日本。10月9日，他終於按奈不住了，說如果3天內再看不到陸地就收兵回去。幸運的是，恰好在3天將至時，巴哈馬群島的一個小島進入了眼簾，哥倫布興奮之極，為它取名叫「聖薩瓦爾多」。

上古時期　BC

漢

— 0

100 —

三國　200 —
晉

300 —

南北朝　400 —

500 —

隋朝　600 —
唐朝

700 —

800 —

五代十國　900 —

宋

1000 —

1100 —

1200 —

元朝　1300 —

明朝　1400 —

1500 —

清朝　1600 —

1700 —

1800 —

1900 —

中華民國

2000 —

為此，哥倫布堅信自己已到達了亞洲，他覺得聖薩爾瓦多離日本很近，到達日本也是指日可待了。所以，當他抵達南美大陸時，他確信那裡是麻六甲海峽附近的某個地方。哥倫布的錯覺讓他熱情似火，也激勵了人們進一步探索南美的興趣。終於，在墨西哥和秘魯淘得大筆財富。如果，西班牙人當時認識到他們發現的不是亞洲，而是離亞洲很遠的大陸的話，他們真有可能不去勘探它，再加上葡萄牙的達·伽馬在此期間已經發現了好望角，找到了到達印度的最佳捷徑，如此的話，美洲大陸被人發現的時間將會被推遲十多年。

西班牙政府又花了重金為哥倫布打造了另外三支遠征隊伍。不過，1518年，西班牙人才在墨西哥發現了阿茲特帝國。這時，離哥倫布首次遠洋航行已經20多年了。在此期間，西班牙人的希望一次次破滅。

第一次出航時，哥倫布只是在返航前勘探了古巴和海地。1493年，哥倫布第二次出航，17艘帆船浩浩蕩蕩離開西班牙，目的是去海地建立殖民地，準備再由殖民地出發去日本和印度。但是，他們沒有找到描述中的東方諸國。更沒想到的是，哥倫布雖是一位久經風雨的航海家，但卻不是合格的行政人員，作為海地的都督也非常失敗。海地的土著居民經常反抗，殖民地時常處於騷亂的狀態。

1495年，哥倫布第三次遠洋航行，收穫了特立尼達島和奧里諾科河河口，但是，海地騷亂，使他丟了總督的職務，被遣送回國。幸運的是，西班牙君主仍然相信他，支持他，又給了他第四次航行的機會。1502年，哥倫布最後一次航行，這次，他搜遍了洪都拉斯和哥斯大黎加的沿海領域，仍舊沒找到中國。這時，西班牙停止了對他的支持。後來，他窮困潦倒的過了4年後，懷恨而逝。

哥倫布的探險歷程，從結果沒有找到亞洲來看，也許是非常失敗的。每一次都是乘興而出，敗興而歸，耗費了大量的人力、物力，帶回的只是少量的黃金。不過，美洲大陸的發現卻引起了葡萄牙的思考，促使他們尋找到了由海路直接抵達印度的路徑。

BC

— 0　耶穌基督出生

— 100

— 200

— 300
　君士坦丁統一羅馬

　羅馬帝國分成兩部
— 400

— 500　波斯帝國

— 600
　回教建立

— 700

— 800
　凡爾登條約

— 900
　神聖羅馬帝國建立
— 1000

— 1100　十字軍東征

— 1200
　蒙古第一次西征
— 1300
　英法百年戰爭開始

— 1400

　哥倫布發現新大陸
— 1500

　英國大破無敵艦隊
— 1600

　發明蒸汽機
— 1700

　美國獨立
— 1800

　美國南北戰爭開始
— 1900
　第一次世界大戰
　第二次世界大戰

— 2000

達‧伽馬開闢印度新航線

上古時期　BC

漢

－ 0

100 —

三國　200 —

晉

300 —

南北朝　400 —

500 —

隋朝　600 —

唐朝

700 —

800 —

五代十國　900 —

宋

1000 —

1100 —

1200 —

元朝　1300 —

明朝

1400 —

1500 —

清朝　1600 —

1700 —

1800 —

1900 —

中華民國

2000 —

　　著名人物從出生就和平常人不一樣，偉大的葡萄牙航海家瓦斯科‧達‧伽馬就是如此。在1460年的一個深夜，達‧伽馬出生在海邊的一個小屋。聽說他和魚兒一樣，生下來就會游泳。這好像是他後來開闢出西歐到印度的新航路的預示。

　　達‧伽馬從小就愛看書。有一天他閱讀了《馬可‧波羅遊記》，書中講述的有黃金的東方，引起了他強烈的興趣。可是原有的東西方貿易路線被阿拉伯人霸占著。俗語說，有志不在年高，他決定冒著喪命的危險，在大西洋上找到一條黃金路。

　　1497年夏天，葡萄牙國王資助達‧伽馬，讓他帶領船隊往西行駛。船隊由迪亞士領航，花了4個月抵達好望角。而好望角浪急風大，他們經過了千難萬險，才繞過好望角，進入了印度洋。

　　經過1年的艱苦旅行，他們來到了印度重鎮科澤科德。那裡璀璨的寶石，名貴的香料，還有那些美麗的絲綢，都令他們大開眼界。這時達‧伽馬帶的人少，不敢強奪硬要，他們就拿東西和當地人交換商品。為了下次能在這個地方掠奪更多東西，在離開之前，他們在這裡豎起了一根象徵葡萄牙權力的柱子，準備再來。

　　達‧伽馬帶著從印度交換來的物品起程了，回家的路更險惡，他帶的人死了大半。所幸他還是活著回到了家，他拿出的東西別人都沒見過，人們紛紛搶購，他就高價賣給他們。

　　達‧伽馬的行動引起了資產階級的野心，他們強烈要求到東方去取黃金。在這種形勢下，達‧伽馬奉命不得不再次到東方去執行任務。船隊帶著火炮出發了，他們一路上掠奪黃金，就這樣一路直達印度，接著就攻占了重鎮科澤科德和權欽，葡萄牙開始了在印度的殖民統治。

航海家主導的歐亞貿易

亨利王子去世後，新的領導人繼續在西非海岸的開發。1487年，巴托米烏‧迪亞斯沿海探險時，大風驟起，持續了13天，將他的船隻狠狠地刮向了南方，在此期間一直沒看到陸地的蹤影。等到風力變小時，迪亞斯發現他們不知什麼時候繞過了海角。於是，他在印度洋的莫賽爾貝登陸，並做好進一步探險的準備。但是，受驚嚇的手下和船員們都不願意，要求他返航。返航時，迪亞斯見到了他們無意中繞過的大海角，並將其命名為風濤角。回到葡萄牙後，國王重新給這個大海角取名為好望角。

1487年，集語言學家、士兵、間諜和外交家於一身的佩羅‧達‧科維利亞，受葡萄牙國王的派遣出使印度，去蒐集情報。佩羅‧達‧科維利亞會說阿拉伯語，他沿著傳統經商的路徑來到開羅和亞丁，又乘船去卡里庫特，在那裡沿著印度洋西海岸偵探了馬拉巴爾海岸的諸多港口，而後又回到東非。在東非，他造訪了阿拉伯的許多城鎮，後轉戰開羅，最後是阿比西尼亞。佩羅‧達‧科維利亞一生的最後13年都留在了那裡，他在回開羅之前，將自己的旅程總結付諸了文字，寄回了里斯本。

佩羅‧達‧科維利亞的總結和幾次探險的經歷，極大地豐富了葡萄牙人在航海方面的理論知識和實踐經驗，特別是對地理學的商路研究，遠遠超出了歐洲各國。然而，由於經濟和政治的原因，葡萄牙的探險止步於了對好望角的發現。可想而知，哥倫布成為發現美洲的第一人，雖然他自己始終認為那是東方。葡萄牙人對此質疑才努力探險，發現了好望角。1497年7月8日，達‧伽馬率隊從葡萄牙出發，於第二年5月進入卡里庫特港，雖說在發現上不及哥倫布震驚世人，但他在中途，停靠在葡萄牙的貿易據點，透過不同的方式瞭解東非沿海的阿拉伯城市。並且，在途中結識了艾哈邁德‧伊本‧馬德吉德，他是阿拉伯優秀的領港員，後來指導達‧伽馬度過了印度洋。達‧伽馬度過印度洋後，艾哈邁德‧伊本‧馬德吉德成了千古罪人，被同教派的人所不恥。

BC

— 0   耶穌基督出生

— 100

— 200

— 300
       君士坦丁統一羅馬

       羅馬帝國分成兩部
— 400

— 500   波斯帝國

— 600   回教建立

— 700

— 800

         凡爾登條約
— 900

         神聖羅馬帝國建立
— 1000

— 1100   十字軍東征

— 1200
         蒙古第一次西征

— 1300
         英法百年戰爭開始

— 1400

         哥倫布發現新大陸
— 1500

         英國大破無敵艦隊
— 1600

         發明蒸汽機
— 1700

         美國獨立
— 1800

         美國南北戰爭開始
— 1900
         第一次世界大戰
         第二次世界大戰

— 2000

上古時期　BC

漢

　　— 0

　100 —

三國　200 —
晉　300 —

南北朝　400 —

　500 —

隋朝　600 —
唐朝　700 —

　800 —

五代十國　900 —
宋

　1000 —

　1100 —

　1200 —
元朝　1300 —

明朝
　1400 —

　1500 —

清朝　1600 —

　1700 —

　1800 —

　1900 —
中華民國
　2000 —

達‧伽馬並未受到卡里庫特人的歡迎，他們害怕自己的壟斷受到威脅，阻止達‧伽馬等歐洲人的進入。

不過，葡萄牙人帶去的貨物也不適合印度的市場，他們低估了印度文明，帶去的多是零碎的小東西和羊毛織品。達‧伽馬拜見卡里庫特的首領時，帶的也只是羊毛織物、帽子、珊瑚珠子、以及蜂蜜等，這讓卡里庫特人很不高興。

歐亞海上通商困難的原因

達‧伽馬到達卡里庫特後之所以通商困難，不單單是因為阿拉伯人的抗拒，更重要的是，葡萄牙乃至整個歐洲當時都生產不出能引起東方民族感興趣的商品，況且價格高昂。達‧伽馬的一位隨從說：「我們未能按照預想的出售這些物品，因為，在葡萄牙能賣到300里爾的漂亮襯衫，在這裡僅能賣到30里爾，而30里爾對於這個國家的居民來說，是一筆巨大的開支。」

最後，達‧伽馬費盡周折蒐集了一船的胡椒和肉桂，帶回了葡萄牙。1499年，達‧伽馬回到葡萄牙，令人震驚的是這船貨賺到了一大筆資金，相當於整個遠征隊費用的60倍。葡萄牙人看到這些新鮮的東西不禁歡欣鼓舞，曼努埃爾國王被授予「衣索比亞、阿拉伯半島、波斯和印度的征服、航海和貿易之主」的稱號。於是，葡萄牙人決定壟斷排擠出歐洲人和阿拉伯人在新航路的貿易，自己獨享其惠。為了達到這一目的，葡萄牙人不惜採取了恐怖措施，特別是遇到他們憎恨的穆斯林時更是如此。有這樣一個實例，達‧伽馬在一次航行中遇到幾艘從麥加返航的船隻，他們便捕掠奪獲了這些船隻，並且「在搜空船上的物品，和把摩爾人關在船上，一把火把船燒了」。

當時，一個葡萄牙人宣稱：雖說海上的權利是每個人都可享有的，在歐洲，我們也承認其他人有這樣的權利，但這一權利只能在歐洲執行。

所以，作為海洋主人的葡萄牙人，有權沒收任何未經許可在海上航行的貨物。

阻隔了數千年的歐亞大陸，首次交會的情況大致就是如此。歐洲人生性好鬥，喜歡占據主動權去入侵別人，直至成為霸主。這種對世界的統治，看來是不可思議的，為什麼那麼小的葡萄牙，憑著不足200萬的人口，就能把自己的意志強加給文明高度發達的亞洲呢？

首先，這是和葡萄牙的好運氣分不開的，他們充分利用了從美洲大陸源源而來的巨大財富。來自阿茲特克帝國和印加帝國的金礦，以及來自墨西哥和秘魯的銀礦，為葡萄牙與東方通商提供了資金。倘若沒有這筆鉅資，資源匱乏的葡萄牙人的行動就會受到很多的限制。因為，從葡萄牙製造的價格高昂的襯衫來看，他們是無法提供讓東方人提起興趣的東西。

當初，達・伽馬離開印度時，卡里庫特國王曾讓他轉交一封信給葡萄牙國王，大致內容是「貴國的達・伽馬先生來我國，我們很歡迎。我國盛產肉桂、丁香、生薑、胡椒和寶石。但是，我希望您拿黃金、白銀等來交換。」，而美洲的銀礦彌補了這一不足。所以，有人說：「哥倫布的航海，是對達・伽馬航海的必要補充。」

葡萄牙成功的另外一個原因是，當時的印度次大陸不夠統一。葡萄牙人初來乍到時，印度北部也有莫臥兒人，但他們的目的是征服而不是貿易。印度南岸則處於小封建主的控制下，彼此隔絕。歐洲人也因政治和宗教進行鬥爭，但是他們卻有一點是一致的，那就是擴張。所以，當時的葡萄牙人目的是單一而明確的，這種擴張的決心堅不可摧。在整個15世紀，葡萄牙人都不惜花費鉅資來完成這一件事，不停地被派出遠征隊，特別是達・伽馬的功績，刺激了朝廷擴張的決心和速度。於是，有組織的貿易制定出詳細的計畫來，這其中就包括了在馬拉巴爾諸港口設立商行駐外代理，以及每年由皇家派出艦隊。

BC

— 0　耶穌基督出生

— 100

— 200

— 300
君士坦丁統一羅馬

羅馬帝國分成兩部
— 400

— 500　波斯帝國

— 600　回教建立

— 700

— 800
凡爾登條約

— 900
神聖羅馬帝國建立
— 1000

— 1100　十字軍東征

— 1200
蒙古第一次西征

— 1300
英法百年戰爭開始

— 1400

哥倫布發現新大陸
— 1500

英國大破無敵艦隊
— 1600

發明蒸汽機
— 1700

美國獨立

— 1800

美國南北戰爭開始
— 1900
第一次世界大戰
第二次世界大戰

— 2000

麥哲倫環球航行

地理大發現時期，真的是航海人才輩出時期，有人是為了財富，有人是為了探險的精神，不管怎麼說，繼達‧伽馬之後，麥哲倫成為了又一個航海大家。

麥哲倫出生在葡萄牙一個破落的騎士家。他深得王后的喜歡，10歲時就當了王后的侍從，在他16歲的時候又被調到國家航海廳工作。

他見識到哥倫布發現美洲新大陸和達‧伽馬從印度帶回成箱黃金的豐功偉績，於是，他也投身於探險和黃金事業中去。他參加了遠征軍，先後到過不少地方。麥哲倫憑著一肚子熱情和在一次海難中英雄的表現，被提拔為了船長。

當時地圓說很流行，麥哲倫經過思索和考察，決定要做一次環球航行來證實這個說法。然而，葡萄牙國王卻不願意資助麥哲倫。西班牙塞維利亞城的要塞司令向國王推薦他，而且還把女兒嫁給他。他最終得到了西班牙國王的投資。麥哲倫擁有了一支大船隊，他們越過大西洋，沿著海岸一直往南走，有幾次看到一個海峽，讓他們以為要到目的地了，可是後來才明白，這兒不是他們要找的地方。由於失敗的次數多了，有些人就想放棄，可是麥哲倫說：「如果現在放棄，成功就和你隔著世界上最遠的距離。」他們又往前走了60多天，在南緯52度的地方，他們發現有一個海口，麥哲倫就派一艘船去看看是否能通過，沒想到這艘船只看到前面浪大風大就轉頭逃回了西班牙。麥哲倫只好摸索著往前走，他花了1個月的時間終於走了出來。這海峽就被命名為「麥哲倫海峽」。

而出了海峽後進入的那片海洋因為不見一絲風，那片海洋就被命名為「太平洋」。1521年3月裡，船隊到了馬里亞那群島。後來他們又過了麻六甲到了菲律賓，完成了使命。麥哲倫終於親身證明了地球是圓形的。

麥哲倫在東方這裡產生了野心，想利用當地部族間的矛盾，達到他統治這片土地的目的，不料他在一次衝突中被殺死了。

上古時期　BC
漢
－ 0
100 －
三國
晉　200 －
300 －
南北朝　400 －
500 －
隋朝　600 －
唐朝
700 －
800 －
五代十國　900 －
宋
1000 －
1100 －
1200 －
元朝　1300 －
明朝　1400 －
1500 －
1600 －
清朝
1700 －
1800 －
1900 －
中華民國
2000 －

| 第二十一章 | 地理大發現的影響

地理大發現引起的圈地運動

15世紀的英國發生了圈地運動。因為前些年那些出海尋找新航道的人，找到了新的海上貿易路線，加大了世界之間的貿易聯繫。英國的毛紡業此時迅猛發展起來，羊毛的需求量逐漸增加，價錢也往上飆長。羊毛出在羊身上，為了多弄些羊毛，一些有錢人開始花錢買小羊羔，準備大量養殖。

養羊也不是容易的事，需要有充足的草地，得給羊圈個家，這就需要大片土地。然而，當時土地都有人種植，沒有多餘的土地可供養羊用。那時貴族把租種他們土地的農民趕跑走，拆除他們的房屋，把空出的地用柵欄圍起來，把羊放進去。農民自己只能過著流浪的生活。有人看到這情景，把羊比作吃人的惡狼。

當然，圈地運動剛開始的時候只是占領公共用地。有權有勢的貴族先把這些沒有主人的草地、荒灘用柵欄圍起來，把羊趕進去吃草。當這些空地都變成了牧場時，為了再擴大生產，他們又想出辦法來。他們看中了農民的院落和土地，就找機會下手，把農民都從自己的家園裡趕走。於是從前租種土地的約定都被貴族們撕毀了，他們只想著他們的羊要有草吃、有地方住，從來不管農民的死活。

英國王室看到這種情況也非常害怕，要是土地全都變成了牧場，那他們以後只能光吃羊肉穿羊皮了，甚至害怕這些羊有天把國家吃掉。於是英國就頒佈一些限制圈地的法令，可是這些法令卻反而使得圈地運動合法化。因此這些趕出家園的農民紛紛到城市找工作，靠出賣自己的勞力來賺

BC

— 0　耶穌基督出生

— 100

— 200

— 300　君士坦丁統一羅馬
　　　羅馬帝國分成兩部
— 400

— 500　波斯帝國

— 600　回教建立

— 700

— 800

　　　凡爾登條約
— 900

　　　神聖羅馬帝國建立
— 1000

— 1100　十字軍東征

— 1200
　　　蒙古第一次西征

— 1300
　　　英法百年戰爭開始

— 1400

　　　哥倫布發現新大陸
— 1500

　　　英國大破無敵艦隊
— 1600

— 1700　發明蒸汽機

　　　美國獨立
— 1800
　　　美國南北戰爭開始
— 1900
　　　第一次世界大戰
　　　第二次世界大戰
— 2000

上古時期 BC
漢
　─ 0
100 ─
三國
晉
200 ─
300 ─
南北朝
400 ─
500 ─
隋朝
600 ─
唐朝
700 ─
800 ─
五代十國
900 ─
宋
1000 ─
1100 ─
1200 ─
元朝
1300 ─
明朝
1400 ─
1500 ─
清朝
1600 ─
1700 ─
1800 ─
1900 ─
中華民國
2000 ─

錢。英國王室不滿這種情況，於是就發佈了一條命令，說在一定時間裡每個人都必須找到工作，否則輕則重打割耳，重則處死賣為奴隸。

可以說，英國王室對極力鼓勵流浪農民再就業產生了很大作用。流浪的農民找到了工作，但生活卻不是那麼好過，許多工廠壓低工資，增加工作時間。可是就連這樣的工作也有很大競爭力，流浪的農民紛紛進入常超時工作而待遇很低的工廠。當然，沒找到工作的流浪者也大有人在，不過他們都沒有在大街上亂跑影響形象，卻都被亨利八世和伊莉莎白處死了。

到了18世紀後，圈地運動徹底合法了，貴族的利益得到了保障。從此圈地運動推動了英國資本主義的發展。

葡萄牙的海上擴張

葡萄牙人的迅速崛起，倚賴於他們強有力的海軍力量。這不但表現出葡萄牙人擅長給艦隊編隊佈陣，依靠集體的力量，更重要的是，葡萄牙人的海軍火炮和射擊技術非常厲害。當時，歐洲人正在研發海軍火炮，這樣他們的艦船就不僅僅用來提供膳宿，還可以當作流動炮臺使用。於是，這種以攻擊敵艦而非敵人船員為目的的火炮，就代替了步兵成為主要的海戰主要工具。靠著這些技術，葡萄牙人輕而易舉地摧毀了穆斯林的海軍力量，控制了香料的貿易。

當然，我們不能由此就武斷認定，葡萄牙人能將自己的意志強加給其他民族和地區。其實，印度人也以最快的速度聘請了義大利人和其他歐洲人來壯大自己的大炮火力。十幾年後，一個葡萄牙指揮官說：「與我們作戰的民族有了新的變化，他們也開始使用大炮、槍枝和要塞，這些都是學習我們的。」這也說明了葡萄牙由於人力的限制，不可能征服其他帝國，他們自己也認識到這一點，並因此調整了自己的戰略，還修改了自己的目標。

他們的目標轉變為壟斷香料貿易，擊敗有可能威脅到自己的穆斯林，

並推廣自己的宗教信仰。

　　要達到這一目標，首先得剔除掉將香料從產地運輸到地中海的中間人，他們大多是阿拉伯人。完成這一點也非易事，因為阿拉伯人做中間人從中牟利已不是一天、兩天的事了，他們從亞歷山大到麻六甲建立了很多殖民地，勢力已是根深蒂固。另外，愛好和平的阿拉伯人也為當地人提供了有價值的服務，只要當地統治者維護他們，葡萄牙就不便奪權。1442年，一位波斯旅行者訪問卡里庫特後，確認了那種理想的、放任自主的統治方式：公正原則在這裡已經確立，商人們都有種安全感，他們無論把貨物運到哪裡，都用不著照看貨物，也用不著檢查帳目，即可卸下商品運到市場。並且，無論來自哪裡的船，都不會受到歧視，全部一視同仁。

　　在這種情況下，葡萄牙想成為海洋主人，一定會被看作野蠻的狂妄之徒，那些王公因此也都敵視葡萄牙人。因此，葡萄牙人不僅得和阿拉伯人作戰，還不得不與當地的社會形勢鬥爭。儘管困難重重，葡萄牙人還是建立一個帝國，並持續了十多年，為葡萄牙賺取了大量的財富。

　　帝國的締造者是在1509到1515年間任葡萄牙在印度殖民地總督的方索・德・亞伯奎。他首先奪取了對印度洋海道的控制權，打亂了阿拉伯人的貿易體制，進而攻占了通向紅海的索科特拉島和通向波斯灣的霍姆爾茲島。後來，他試圖占領卡里庫特，但沒有成功，於是又轉向馬拉巴爾海岸中部的果阿城，從此，一直到1961年，果阿城都被葡萄牙占領。他攻克麻六甲，自此與遠東通商的必經之路麻六甲海峽也被控制，於是，第一艘葡萄牙的船艦經廣州港進入中國。這是，馬可・波羅以來，第一次有文字記載的歐洲人到達中國的事件。這讓麻六甲的統治者憤憤不平，他們跑到北京控告歐洲人的野蠻。但是，葡萄牙人還是獲得了在澳門設立貨棧和居留地的權利，並在那裡和遠東地區進行貿易往來。

BC

— 0　耶穌基督出生

— 100

— 200

— 300
　　君士坦丁統一羅馬

　　羅馬帝國分成兩部
— 400

— 500　波斯帝國

— 600
　　回教建立

— 700

— 800

　　凡爾登條約
— 900
　　神聖羅馬帝國建立
— 1000

— 1100　十字軍東征

— 1200
　　蒙古第一次西征

— 1300
英法百年戰爭開始

— 1400

　　哥倫布發現新大陸
— 1500

英國大破無敵艦隊
— 1600

　　發明蒸汽機
— 1700

　　美國獨立
— 1800

美國南北戰爭開始
— 1900
　　第一次世界大戰
　　第二次世界大戰

— 2000

葡萄牙的亞非貿易網

　　葡萄牙帝國在亞洲的權利範圍是極小的，只不過是少數的島嶼和沿海據點。但是，它占據的位置都是至關重要的，使葡萄牙藉此控制了半個地球的商船航線。每年，葡萄牙沿著西非海岸往南繞過好望角，在途中裝滿貨物，進入葡萄牙屬地東非的莫三比克港。然後，趁著季風去柯欽裝香料，再經麻六甲進入亞洲，充當貿易中間人和運輸業者。這樣一來，葡萄牙不僅在歐洲和東方的貿易中獲取利潤，還從單純的亞洲貿易裡獲利。

　　憑藉著這個貿易網，亞伯奎實現了他在攻占麻六甲時提出的目標。擾亂了阿拉伯人對印度洋的壟斷，奪取了威尼斯商人在地中海港口獲得的「香料」。亞伯奎的成功，可以由下列事實證明：1502年到1505年間，威尼斯人從亞歷山大獲得的香料每年有100萬英鎊；在15世紀最後幾年裡，獲得的香料平均為350萬英鎊。而葡萄牙人的香料進口則直線上升，在1501年時是22萬4000英鎊，1503年～1506年間達到230萬英鎊。

　　於是，1508年時埃及人在威尼斯人的支持下，派遠征隊去幫助印度驅趕葡萄牙人也就不難理解了。雖然失敗了，但土耳其人繼續這一舉動，派艦隊爭奪葡萄牙的權利。最後，土耳其也沒有成功，香料貿易還是得繞過好望角才能到達歐洲。但是，那些老路也非完全廢除不用，在混亂過後，失去的那些貿易又大部分收回。

　　由此可以看出，外洋航線並沒有壟斷所有的優勢。葡萄牙的船確實比往返於紅海、波斯灣與地中海諸港口的船隊容量要大很多。關鍵是，如若取道好望角則無需裝貨、卸貨的中轉，只需一次的長途運輸，使得整個成本節省很多。

　　但是，繞道好望角的遠端運輸經常會有船隻失事事件，葡萄牙人本身沒有資源進行交換，只有靠從美洲大陸運輸去買香料。所以，香料的價格要抵得過支付出入國境的航行費用才行。這樣下來，從葡萄牙人進口的香料和從中東進口的香料相比，也不具有價格優勢。再加上長途運輸會使

上古時期　　BC

漢

　　　　　　— 0

　　　　　100 —

三國　　　　200 —
晉
　　　　　300 —

　　　　　400 —
南北朝

　　　　　500 —

隋朝　　　600 —
唐朝

　　　　　700 —

　　　　　800 —

五代十國　　900 —

宋
　　　　　1000 —

　　　　　1100 —

　　　　　1200 —

元朝
　　　　　1300 —

明朝
　　　　　1400 —

　　　　　1500 —

清朝
　　　　　1600 —

　　　　　1700 —

　　　　　1800 —

　　　　　1900 —
中華民國

　　　　　2000 —

香料的味道失去很多，所以有些威尼斯人就說葡萄牙人的貨物是裝進袋子裡，由漏水的船運輸的，還得經過氣候變遷的考驗，所以，品質很難保證。

當然，葡萄牙人未能完全壟斷外洋航線，還和葡萄牙的貪官污吏收了阿拉伯人的賄賂，讓他們的船隻駛進紅海和波斯灣有關。在達‧伽馬之後，阿拉伯人和波斯人就一直在貿易領域內活動，並在16世紀擊敗了葡萄牙人。一直到荷蘭人和英國人取得了海上霸權，義大利人和阿拉伯人才被徹底驅逐出貿易圈，傳統的中東商隊才徹底失去作用。

美洲成為西班牙殖民地

隨著文藝復興運動在歐洲的發展，歐洲資本主義興起，出現了對商業資本和財富的渴望。當時歐洲的主要貿易對象是東方，但當時與東方的貿易被威尼斯等壟斷，西歐國家決定自己探索通往東方的航路。首先對東方航線展開探索的是葡萄牙和西班牙。1498年，達‧伽馬經過好望角抵達印度。為了確保與印度的貿易不受莫臥兒帝國、阿曼以及印度洋沿岸各土邦國的干擾，葡萄牙於1510年在果阿建立了第一處殖民地，修築要塞，配備軍隊，保護葡萄牙商人的安全，同時在非洲沿海占據了一些島嶼和濱海據點，作為前往印度的中途補給站。

由於經好望角前往東方的航路被葡萄牙壟斷，西班牙不得不向西尋找通往東方的新航線。1492年哥倫布發現美洲大陸後，西班牙展開了對美洲的征服和殖民運動，在極短的時間內消滅了印第安人所建立的各個帝國，建立起極其廣大的殖民地。其中有兩支探險隊在史上留下了重要一筆。

1519年，是麥哲倫開始環球航行的一年，與此同時，埃爾南多‧科爾特斯離開古巴，駛向了南美洲的阿茲特克帝國，由此揭開了征服者時期的帷幕。

埃爾南多‧科爾特斯出身貴族，學過法律。1504年，他抵達達伊斯帕

BC

— 0　耶穌基督出生

— 100

— 200

— 300
　　君士坦丁統一羅馬

　　羅馬帝國分成兩部
— 400

— 500　波斯帝國

— 600　回教建立

— 700

— 800
　　　凡爾登條約
— 900
　　神聖羅馬帝國建立
— 1000

— 1100　十字軍東征

— 1200
　　蒙古第一次西征

— 1300
　英法百年戰爭開始

— 1400

　　哥倫布發現新大陸
— 1500

　英國大破無敵艦隊
— 1600

　　發明蒸汽機
— 1700

　　美國獨立
— 1800

　美國南北戰爭開始
— 1900
　　第一次世界大戰
　　第二次世界大戰

— 2000

上古時期　　BC

漢

　　　　　　— 0

　　　　100 —

三國　　　200 —
晉
　　　　300 —

　　　　400 —
南北朝
　　　　500 —

隋朝　　600 —
唐朝
　　　　700 —

　　　　800 —

五代十國　900 —
宋
　　　　1000 —

　　　　1100 —

　　　　1200 —

元朝　　1300 —

明朝
　　　　1400 —

　　　　1500 —

　　　　1600 —
清朝
　　　　1700 —

　　　　1800 —

　　　　1900 —
中華民國
　　　　2000 —

依奧拉島；1509年，參加征服古巴的戰爭，立下汗馬功勞，遂被任命為派往尤卡坦的一支探險隊總指揮，負責南美洲的偵察工作。這位幸運兒，於1519年3月帶領著600名手下、幾門火炮、13枝滑膛槍和16匹馬，就從維拉克魯斯附近登陸。

埃爾南多‧科爾特斯在成功登陸後，隨即摧毀了帶來的船隻，決定背水一戰。在後來的幾次戰鬥中，他又聯絡了仇視阿茲特克霸主的各部落，與他們達成協議。這些部落後來提供給他取得勝利的必要條件，如食物、搬運夫和戰鬥人員等。

科爾特斯利用阿茲特克人的首領蒙特蘇馬二世的迷信，長驅直入首都特諾奇提特蘭。這時，孟提祖瑪對他們以禮相待，卻沒想到被扣押作為人質。但是，西班牙人的欺騙沒有多久就被識破，西班牙人搗毀了當地的神廟激起了眾怒，印第安人被祭司鼓動起來反抗。不料，蒙特蘇馬二世在此過程中被殺。科爾特斯不得不連夜出逃，出逃時損失了200名手下和大半輜重。這時，古巴的增援趕到了，印第安的盟友對他一如既往。經過幾個月的修整，科爾特斯帶著一支由800名西班牙士兵和2500百名以上的印第安人部隊又前來圍城。1521年8月攻破此城，進行了慘絕人寰的大屠殺。

西班牙人中由法蘭西斯科‧皮薩羅領導的遠征隊更為兇殘。這支隊伍由180人、27匹馬和8門火炮組成。法蘭西斯科‧皮薩羅是一個軍官的私生子，當過流浪漢，養成了不怕死的探險精神。1531年他們越過安地斯山脈，次年到達卡哈馬卡城。

印加帝國皇帝接見了皮薩羅。皮薩羅效法科爾斯塔把印加帝國皇帝關了起來，勒索了一大筆贖金。據說，當時皮薩爾勒索皇帝的贖金，是占地長22尺、寬17尺的金銀物品。

但是，得到這筆贖金後，背信棄義的皮薩羅並沒有釋放皇帝，而是要他選擇是作為異教徒被燒死在火刑柱上，或是受洗禮做基督教徒，然後再實施死刑。印加皇帝選擇了後者。隨後，皮薩羅對印加人進行了大屠殺。1535年，他去了沿海，建立了至今仍是秘魯首都的利馬城。

科爾特斯和皮薩羅探險成功，鼓舞了其他征服者也進入南、北美洲去

尋找財富。

　　1550年，征服時期基本上宣告結束。這時，西班牙發展期海外屬地已是暢通無阻。雖然這些征服者在征服過程中飛揚跋扈得很，但是等到坐江山進行管理時，卻顯得捉襟見肘了。他們的統治集團內部開始分幫派，相互鬥爭和殘殺。例如，當初費勁腦汁征服秘魯的皮薩羅兄弟，完成征服計畫時就死傷慘重，皮薩羅也在監獄中度過餘生。如果他們有機會建立自己的封建王國，以剝削土著勞動力為生，那麼他們或許能成就一些事。但是，西班牙王室是不允許這樣的海外王國的存在，因為海外的封建王國，有可能會抑制西班牙國內的封建傾向。最後，標榜王權和王室公正原則的官僚，取代了征服者們。

　　對於這些殖民地，西班牙國王任命總督直接統治，把本土的封建授地制度移植到殖民地，將土地和土地上的印第安人授予西班牙貴族，逐漸演變為盛行於南美的大地產制度。墨西哥和利馬的總督掌握著美洲的最高權力。在墨西哥的總督負責北美洲的西班牙殖民地、西印度群島、委內瑞拉和菲律賓群島。利馬的總督負責西班牙在南美的其他殖民地。在經濟上，殖民者在美洲實行了種植園奴隸制，種植園大量使用印第安人和黑人勞動。礦區則實行米達制，規定印第安人每年輪流到礦場做苦工。這裡的黑奴大都是殖民者從非洲販賣而來。這裡主要種植歐洲大量需要的甘蔗、棉花、菸草等單一作物，對於西班牙本土的傳統經濟作物、本土能夠輸出的商品，則禁止在殖民地種植或生產。此外，禁止殖民地與宗主國以外的任何國家直接貿易，各殖民地之間的貿易也被宗主國獨占。宗教方面，天主教會是殖民統治的精神支柱，同時也是最大的土地所有者，占有殖民地三分之一以上土地。

　　美洲成為西班牙的殖民地不僅影響了西班牙，乃至世界，而且對印第安人造成了巨大影響。世界各地區間的聯繫日益加強，世界市場越發擴大。美洲的特產流通到世界，豐富了全球食品的供應，促進了人口的增長。世界貿易中心也從地中海逐漸轉移到大西洋沿岸。西班牙從殖民地攫取大量金銀，導致歐洲貴重金屬供應大幅度增加，進而有利於資本主義的

BC

— 0　耶穌基督出生

— 100

— 200

— 300
　　君士坦丁統一羅馬

　　羅馬帝國分成兩部
— 400

— 500　波斯帝國

— 600　回教建立

— 700

— 800
　　凡爾登條約

— 900
　　神聖羅馬帝國建立
— 1000

— 1100　十字軍東征

— 1200
　　蒙古第一次西征

— 1300
　　英法百年戰爭開始

— 1400

　　哥倫布發現新大陸
— 1500

　　英國大破無敵艦隊
— 1600

　　發明蒸汽機
— 1700

　　美國獨立
— 1800

　　美國南北戰爭開始
— 1900
　　第一次世界大戰
　　第二次世界大戰

— 2000

上古時期　BC

漢

－0

100 —

三國
晉　　200 —

300 —

南北朝　400 —

500 —

隋朝　600 —
唐朝

700 —

800 —

五代十國　900 —

宋　　1000 —

1100 —

1200 —

元朝
1300 —

明朝
1400 —

1500 —

清朝　1600 —

1700 —

1800 —

1900 —

中華民國

2000 —

發展，不利於封建地主利益。然而此舉對於印第安人卻是一大災害，殖民者草菅人命，使印第安人口大幅減少，造成的經濟和精神損失難以想像。

西班牙海上霸權的沒落

這片寬廣的大西洋海面，風平浪靜。此時，西班牙船隊正路過這裡，他們船上裝的全是從美洲搶劫的金銀財寶。突然，遠處有幾個小黑點在波浪裡閃現。

桅桿上的哨兵們仔細辨認之後，認出那是海盜的船，他們有點擔心，害怕遭受襲擊。西班牙的長官拿起望遠鏡，對著遠處看了看，並不擔心，他認為幾艘小船不會對他們造成威脅。因為西班牙的船都很堅固，並配有許多火炮，一般的海盜對他們來說是沒有威脅性的。於是，他還是下令繼續航行。

小船靠近了，這時，無數枝火槍同時對準了西班牙船尾的司令艙，官員們嚇得直發抖，乖乖地舉起了雙手。海盜把所有財寶都掠奪走了。原來，搶劫的是尼德蘭人。西班牙國王遂命西班牙駐尼德蘭的總督前去鎮壓。

這時期，尼德蘭正處在西班牙統治下，西班牙派去的人在這裡胡作非為，使百姓生活得十分悲慘。西班牙在這裡強制宣傳天主教，凡是有信其他教派者，不是殺死，就是活埋。尼德蘭人被逼得組織起來反抗。

西班牙貴族很生氣，大罵反抗的人。於是，起義者打出口號要建立一個獨立的王國，以擺脫西班牙的魔爪。

就這樣，起義者和西班牙打了起來。南方的工人、手工業者和農民聯合起來，在密林地區進行游擊戰爭，襲擊西班牙軍隊的運輸線和城鎮。

在海上，他們有一支由24艘大船組成的船隊。他們得到群眾的支持，向尼德蘭北部西蘭省的港口城市布里爾發起攻擊，很快拿下全城，並在這裡建了根據地，以便有計劃地展開戰爭。從那時起到1572年7月，幾乎整

個北方都獲得了解放。

　　起義軍召集北方各省結成聯盟，在1581年正式宣佈脫離西班牙統治，為了能夠被國際上承認，他們成立聯省共和國，當時稱荷蘭共和國。

　　西班牙人又找來一個新總督，讓他攻擊起義軍新成立的共和國。只是，西班牙往日的實力已經不再了。因為在1588年7月，西班牙「無敵艦隊」被英國打垮了，西班牙從此一蹶不振。這對荷蘭共和國來說是個好機會，他們趁機奪取了南方部分地區，西班牙再也不能控制尼德蘭了。

　　1609年，西班牙國王和荷蘭締結了12年的停戰協定，事實上承認了荷蘭獨立，尼德蘭革命在北方取得了勝利。從此，荷蘭發展起來，很快也開始了對外擴張。

海上馬車夫的崛起

　　17世紀時，憑著天然的地理優勢，荷蘭的實力突飛猛進。西面由斯海爾德河、馬斯河和萊茵河直接和英國及大西洋連接，背後靠著德國，又面對著從貝根到直布羅陀以及從芬蘭灣到英國的兩條航線。這兩條航線貿易發達，比斯開的鯡魚和鹽，英國和弗蘭德的布料，瑞典的銅和鐵，以及地中海地區的酒和波羅的海的穀物、大麻、亞麻，木製品等。

　　荷蘭人看到了商品運輸的利潤，開始興起了征程。荷蘭商船隊的發展全靠沿海漁業以及鯡魚水產業。鯡魚水產業的發展，是由成群結隊的鯡魚從波羅的海游回北海時興起的。荷蘭人充分利用了這一資源，摸索出保存和醃漬的方法，然後和歐洲各地進行交換，換取穀物、木材和食鹽。

　　西班牙和葡萄牙帝國建立後，荷蘭人開始運銷塞維利亞和里斯本等殖民地的貨物，運到歐洲各地。當然，這些利潤是拿穀物和海軍補給品與伊比利亞國家交換。

　　1566年，尼德蘭發起反抗西班牙的戰爭，給荷蘭人有利可圖的機會。當時，安特衛普是歐洲的金融中心，由於受到西班牙人的掠奪，大量的手

BC

— 0　耶穌基督出生

— 100

— 200

— 300
君士坦丁統一羅馬
羅馬帝國分成兩部
— 400

— 500　波斯帝國

— 600　回教建立

— 700

— 800
凡爾登條約
— 900
神聖羅馬帝國建立
— 1000

— 1100　十字軍東征

— 1200
蒙古第一次西征
— 1300
英法百年戰爭開始

— 1400

哥倫布發現新大陸
— 1500

英國大破無敵艦隊
— 1600

發明蒸汽機
— 1700

美國獨立
— 1800

美國南北戰爭開始
— 1900
第一次世界大戰
第二次世界大戰

— 2000

工業者、商人和銀行家都逃去北方，特別是阿姆斯特丹，造成了當地人口在1585年到1622年間，從30000人增到106000人，為荷蘭人提供了技術和金錢。

　　荷蘭人自家建造一種普通的船，除去了以往裝設火炮的設計，變得十分寬敞，成本又很低。憑著他們造價便宜且容積巨大的商船，荷蘭開始控制了世界海洋。

　　16世紀末，已經成長起來的荷蘭在各種因素的刺激下，開始爭奪葡萄牙在東方的霸權。一件事情更鞏固了荷蘭人的決心：1677～1580年間，法蘭西斯·德雷克爵士進行了著名的環球航行，航行中發現，葡萄牙在東印度群島樹立很多敵人，根本就沒控制東方。此外，1580年，西班牙、葡萄牙兩國的聯合，也讓許多新教國家仇恨和恐懼葡萄牙。這樣，葡萄牙無論在歐洲還是海外，都是被防備和攻擊的對象。這時，尼德蘭的運動擾亂了伊比利亞港口的貨物流通，阻礙了荷蘭的商品運輸。英國一度在地中海東部港口進行東方商品的貿易，也被西、葡的聯合給阻斷。於是，荷蘭人和英國人決定，到東印度群島去取香料去。

｜第二十二章｜英國資產階級革命

英國的擴張和重重矛盾

　　16世紀至20世紀初葉，英國殖民主義者對外進行的侵略擴張變本加厲。其殖民地曾遍佈全球，號稱「日不落帝國」。

　　第一個階段原始累積時期的擴張，即16世紀迄18世紀後期工業革命的興起。在這一時期，商業資本家成為殖民擴張的主要推動者。殖民掠奪通常由政府授予享有特權的貿易公司進行。當葡萄牙、西班牙這兩個老牌殖民國家稱霸海上時，人跡罕見的北美東岸成為英國最早的殖民活動地區。到1733年，英國在北美東岸共建立13個殖民地。這13個殖民地後來成為美國的起家資本。17世紀20～30年代，英國相繼占領了西印度群島的聖克里斯多福等地，把這些島嶼變成種植園、販奴基地和海盜出沒之所。

　　在殖民擴張過程中，英國難免與老牌殖民者產生衝突。在西班牙的無敵艦隊被英國消滅，及荷蘭3次對英商業戰爭均遭敗北後，海外擴張的優勢已為英國取代。接著英國開始與法國爭奪殖民霸權。1689～1763年間，兩國有過4次戰爭，每次都以英國勝利告終。英國的殖民地大為增加，特別是由於七年戰爭的勝利，英國不僅奪得加拿大和密西西比河以東的全部領土，還奪得格林伍德、聖文森特、多明尼加、多巴哥和非洲的塞內加爾。西班牙的佛羅里達也給了英國。

　　1783年，北美13個殖民地的獨立給英國沉重的打擊。此後，英國殖民的重點遂轉向東方，1600年成立的英國東印度公司是英國在東方的殖民機構，1612年，該公司擊敗在印度的葡萄牙人，從印度莫臥兒王朝獲得貿易特權。1757年英國取得在印度斯坦的統治地位。1767～1799年4次進攻並

BC
— 0　耶穌基督出生
— 100
— 200
— 300
　　君士坦丁統一羅馬
　　羅馬帝國分成兩部
— 400
— 500　波斯帝國
— 600　回教建立
— 700
— 800
　　凡爾登條約
— 900
　　神聖羅馬帝國建立
— 1000
— 1100　十字軍東征
— 1200
　　蒙古第一次西征
— 1300
　　英法百年戰爭開始
— 1400
　　哥倫布發現新大陸
— 1500
　　英國大破無敵艦隊
— 1600
— 1700　發明蒸汽機
　　美國獨立
— 1800
　　美國南北戰爭開始
— 1900
　　第一次世界大戰
　　第二次世界大戰
— 2000

上古時期　BC

漢

－0

100 －

三國

晉

200 －

300 －

南北朝

400 －

500 －

隋朝

唐朝

600 －

700 －

800 －

五代十國

900 －

宋

1000 －

1100 －

1200 －

元朝

1300 －

明朝

1400 －

1500 －

1600 －

清朝

1700 －

1800 －

1900 －

中華民國

2000 －

最後占領邁索爾土邦。1803～1804年打敗馬拉特人的反抗，囊括了克塔克以及恆河與亞穆納河之間的大片沃土。英國還從荷蘭手中奪得蘇門答臘和麻六甲。1668～1711年英國人庫克考察了澳大利亞東岸和紐西蘭，英國隨即向該地移民。在反拿破崙戰爭中，英國趁火打劫，搶占了法國、荷蘭、西班牙的許多海外屬地。

　　第二階段是工業資本時期的殖民擴張。英國工業革命興起後，代表工業資產階級利益的政府奉行自由貿易政策，開始了工業資本掠奪殖民地的時期。1843～1849年英國完成了對印度的征服，進而向印度周邊擴張。1814～1815年割去尼泊爾南部土地。1824、1852年兩次侵略緬甸，將阿薩姆、若開、丹那沙林併入英屬印度。1864～1865年又將不丹的達吉嶺和噶倫堡併入英屬印度。1824年，荷蘭被迫將新加坡劃歸英國，馬來西亞劃歸英國勢力範圍。1841、1842年汶萊先後將砂拉越和北婆羅割給英國。1839年，英國占領土耳其統轄下的亞丁港。1857年又占丕林島。在非洲，1843年兼併納塔爾。1808、1861、1874年，塞拉里昂、尼日利亞和黃金海岸相繼淪為英國殖民地。自1764年起，瀕臨南美東岸的馬爾維納斯群島，經法、英、西、阿根廷等國易手後，1833年終為英國所得，始稱福克蘭群島。

　　英國不滿足於對中國的經濟侵略，在兩次鴉片戰爭後，不僅要中國賠款、開闢通商口岸，還割去了香港和九龍半島界限以南的土地。1857年印度民族大起義後，英國為了加強統治，撤銷東印度公司的行政大權，將印度改為直轄領地。對加拿大、澳大利亞和紐西蘭，英國採取移民拓殖政策，使其成為自己工業的附庸。

　　第三階段是金融資本時期的殖民擴張。19世紀70年代以後，由於資本主義國家政治、經濟發展的不平衡，英國逐步喪失其工業世界的壟斷地位，但資本輸出和殖民擴張仍然領先。1876年，英國將印度命名為印度帝國，繼續向其周圍擴張。1876年，占俾路支。1878～1879年阿富汗淪為英國的附屬國。1886年占曼德勒，完成將緬甸併入印度的計畫。1887年宣佈哲孟雄（錫金）受其保護。同年，荷屬馬爾地夫群島改受英國保護。英國

以印度為基地窺伺中國的新疆、雲南和西藏。

掠奪新疆的陰謀最後為清軍粉碎。雲南在1876年被迫開放，增闢商埠，擴大領事裁判權；西藏在遭到1888年和1904年的兩次入侵後，亦被迫開放，承認英國的領事裁判權。英國還趁中國在甲午戰爭中失敗之機，於1898年強租威海衛。同年又強租九龍半島北部及其附近島嶼。

在馬來半島，經不斷蠶食，馬來半島南部均落入英國之手。1907年英、俄兩國在伊朗劃分了勢力範圍。在大洋洲，1874年英國占斐濟，1884年宣佈巴布亞為保護地。1893～1904年又先後占有所羅門、湯加、吉伯特、庫克、艾理斯和費尼克斯群島。1906年，與法國共管新赫布里底群島。在地中海，1878年從土耳其手中奪得賽普勒斯島。

非洲是帝國主義瓜分的最後一塊大陸。英國奪得其中最有價值的部分，1868年和1885年，先後將巴蘇陀蘭和貝專納納入保護領地。1887年占祖魯蘭。在19世紀末，東非的索科特拉島、索馬利亞、烏干達、肯亞、桑吉巴島等地先後淪為英國的保護地。1882年，埃及實際上變成英國的殖民地。19世紀80年代埃及統治下的蘇丹，爆發馬赫迪起義，曾趕走英埃侵略軍，建立自己的國家。1899年，這個國家被英軍扼殺，實際上淪為英國殖民地。英國占領了布林人的兩個共和國——德蘭士瓦和奧倫治。1910年，德蘭士瓦、奧倫治和開普、納塔爾組成新的自治領——南非聯邦。

到20世紀初，世界領土被瓜分完畢，英國所占額度最大。1876年時它已擁有2250萬平方公里的領地和25190萬人口，到1914年增加到3350萬平方公里的領地和39350萬人口，相當於英國本土的137倍和人口的8倍多。在第一次世界大戰中，英國奪取了德國大部分的海外殖民地，並在戰後以委任統治的名義納入帝國領域，其中西南非洲分給南非聯邦、坦干伊加由英直接統治，多哥與喀麥隆與法國共管，德屬新幾內亞和瑙魯分給澳大利亞。西薩摩亞交給紐西蘭。此外，原屬鄂圖曼帝國的巴勒斯坦（包括外約旦）和美索不達米亞也劃歸英國。

殖民主義的歷史是一部充滿著卑鄙貪欲、野蠻暴行的歷史，其罪惡是罄竹難書的。

BC

— 0　耶穌基督出生

— 100

— 200

— 300
　　君士坦丁統一羅馬

　　羅馬帝國分成兩部
— 400

— 500　　波斯帝國

— 600　　回教建立

— 700

— 800

　　凡爾登條約
— 900

　　神聖羅馬帝國建立
— 1000

— 1100　十字軍東征

— 1200
　　蒙古第一次西征

— 1300
　　英法百年戰爭開始

— 1400

　　哥倫布發現新大陸
— 1500

　　英國大破無敵艦隊
— 1600

— 1700　發明蒸汽機

　　美國獨立
— 1800

　　美國南北戰爭開始
— 1900
　　第一次世界大戰
　　第二次世界大戰

— 2000

上古時期　BC

漢

－ 0

100 —

三國　　200 —

晉　　　300 —

南北朝　400 —

500 —

隋朝　　600 —
唐朝

700 —

800 —

五代十國　900 —

宋　　　1000 —

1100 —

1200 —

元朝　　1300 —

明朝

1400 —

1500 —

清朝　　1600 —

1700 —

1800 —

1900 —
中華民國

2000 —

處死查理一世

　　1649年1月30日，倫敦雖然很冷，可是大街上人很多。市民們不顧寒，成群結隊地跑到廣場上看熱鬧。原來，他們要殺死國王查理一世，這麼好的戲，誰都不願意錯過。

　　下午一點左右，廣場上靜下來，大家在用心地聽一個人講話。

　　「今天，我們要把英國人民的敵人，就是查理一世處死！」

　　廣場上響起一片歡呼。這時，一個人拿著大刀對準查理一世的脖子砍去。查理一世的頭落地，有人把他的頭撿起來扔到垃圾桶裡去了。這時候廣場又是一片歡呼，人們相互道喜，慶賀查理一世被處死。

　　自己的國王死了，人們為什麼這麼高興。原來，這個查理一世對人民太殘忍了。他實行各種政策明搶人民的錢財，阻礙新興資產階級做生意。同時，他不關心農業問題，還嚴重剝削農民。百姓無路可走，紛紛起來反抗他的統治。

　　1640年，為了弄點軍餉，查理一世召開已經解散11年的議會，內容是如何增加稅收。可是老百姓都十分窮困，於是有不少議員都奮起反抗，其中一個叫皮姆的人就是代表。他要求國王不得徵稅，而且也不能將議會解散。

　　在一片贊成聲中，大家一致通過皮姆的提議。他們擴大宣傳，讓倫敦的市民都支持議會。

　　1641年，議會逮捕斯特拉福和洛德大主教，準備治治他們。第二天，查理一世就來說情，然而皮姆卻毫無退卻之意。

　　查理一世看來了成千上萬的人，一聲不響地回家了。當天晚上，他就叫人出城去請軍隊，要用武力解決問題。可是送信的人還沒走出倫敦就被捉住了。人們對查理一世失去了耐心，他們拿著死亡書並包圍了王宮，讓查理一世在上面簽了字。

　　查理一世悄悄離開了王宮，到北方找人幫忙。1642年，查理一世打出

國王軍大旗，向議會宣戰。查理一世也算是個能人，戰爭一開始他取得了勝利。就在查理一世要拿下倫敦時，他和議會首領克倫威爾相遇了。克倫威爾勇敢善戰，他組織了一支不怕死的「鐵騎軍」，在納斯比村附近大敗了查理一世。

戰敗後，查理一世喬裝逃到了蘇格蘭。

議會軍取得了全面勝利，他們忘不了查理一世這個昏君，幾經曲折後終於捉住了他。緊接著，議會組織了法庭，打算審判查理一世，好讓他死得心服口服。最後，查理一世敗訴，法庭判定他為「暴君、叛徒、殺人犯和人民公敵」，被處以死刑。

這天，要處死查理一世，人們都歡喜地走出家門來看，英國資產階級革命達到了高潮。

克倫威爾獨裁

1653年12月16日，倫敦市政廳裡坐滿了英國當時很有名望的大人物。倫敦市長威嚴地、紳士地坐在椅子上：「我們舉行這個儀式就是要推舉奧列弗・克倫威爾大哥就任大不列顛的護國主。英國憲法《統治檔》還要說一下。」這就是當時的克倫威爾。

一位將軍開始讀《統治檔》，上面說：護國主是一輩子的領袖，處理一切事務。在克倫威爾的夥伴們的歡呼聲中，克倫威爾成為了英國的統治者。

克倫威爾是1599年出生的貴族子弟，17歲進入劍橋大學，後在倫敦學習法律。他的仕途很順利，在1628年進入議會。查理一世與議會開戰時，他選擇了議會，並組建了一支自己的軍隊，都是騎兵。

在17世紀，歐洲步兵手裡儘管拿著短火槍，不過，這東西不靈活，很不好使用，不敵騎兵手中一支冷而快的匕首。

克倫威爾在劍橋郡的人堆裡選擇適合自己的心腹。由於他的隊伍勇冠

BC

— 0　耶穌基督出生

— 100

— 200

— 300　君士坦丁統一羅馬

　　　羅馬帝國分成兩部
— 400

— 500　波斯帝國

— 600　回教建立

— 700

— 800

　　　凡爾登條約
— 900

　　　神聖羅馬帝國建立
— 1000

— 1100　十字軍東征

— 1200

　　　蒙古第一次西征
— 1300　英法百年戰爭開始

— 1400

　　　哥倫布發現新大陸
— 1500

　　　英國大破無敵艦隊
— 1600

— 1700　發明蒸汽機

　　　美國獨立
— 1800

　　　美國南北戰爭開始
— 1900　第一次世界大戰
　　　第二次世界大戰

— 2000

三軍，很快有更多的人慕名而來，投在他的門下，稱為「鐵騎軍」。克倫威爾很快成了議會軍的司令。1644年7月2日下午7時，克倫威爾領導的兄弟和魯伯特、紐斯卡爾領導的軍隊在英格蘭的馬其頓草原上偶遇。魯伯特深知克倫威爾的威名，就遲疑了一下，不敢先出兵。

後來，克倫威爾的騎兵一出，王家軍的兄弟們便像老鼠見了貓一樣四散奔逃。議會軍輕鬆取得勝利。

議會軍在表面上過得去，暗地裡卻有人與國王議和。查理一世利用這個機會兩次擊敗議會軍。克倫威爾有個聰明的腦袋，要求軍隊改革。這一點很快得到實施。

1645年1月，議會頒佈《新軍法案》，允許克倫威爾組建新模範軍。這支軍隊中，每三個有一個是自己的舊部。克倫威爾利用各種措施提高士氣。1645年，克倫威爾唱了一齣空城計。在英格蘭中部的納斯比村，克倫威爾利用霧的掩護，徹底解決掉國王的軍隊。

1649年1月30日，查理一世上了斷頭臺。一星期後，查理二世在蘇格蘭當上了國王，打算進攻英格蘭。

克倫威爾聽到這個消息就出兵蘇格蘭。當然，新國王跟他死去的父親一樣倒楣，軍隊潰散，自己流亡到法國。克倫威爾順便撿了個「常勝將軍」的美譽。

一定的成就通常會刺激人內心的欲望。克倫威爾也是普通人，逃不了這個欲望，他想把所有的大權抱在自己的手裡不放。

1653年4月19日，他在倫敦的白宮要求議會解散。議會當然不同意，於是利用自己的筆墨功夫，想以法案反抗克倫威爾。克倫威爾便率領自己的部下強行解散議會。

1653年12月16日，克倫威爾當上了絕對的統治者。所有的權力握在自己手裡。一個革命家成了一個魔頭。1658年，克倫威爾抱病而死。

「光榮革命」和君主立憲制的建立

1658年9月，克倫威爾去世了。理查‧克倫威爾繼承父親的衣缽。他是個無能的人，管不住任何人，最後辭職不幹。當權者內部也混亂一片，此時保王黨可逮著機會了。

1660年2月，英國在蘇格蘭的軍隊司令蒙克回到倫敦，這傢伙是個十足的保王黨。剛到倫敦就讓查理‧斯圖亞特回來當國王，查理故作推遲。最後，他看到再不接受就沒機會了，遂於同年4月，在荷蘭的布列達發表一番虛偽的演說：一切既往不咎，信仰自由，財產不再收回。議會便同意讓查理當國王，可他一上臺，人們就發覺自己被自己的耳朵和理想主義的心靈所欺騙。查理動手處理了老爸和自己的當初的敵對者，克倫威爾的人頭還被掛在威斯敏斯特市政廳裡。

查理還是不忘恩的人，他把自己國家的主權多數交給了法國，還把敦克爾克賣給了法國，只因為法國給他提供了幾口飯吃。

1685年，查理死去，詹姆士二世登上了寶座。這傢伙是天主教的走狗，他想讓天主教恢復以前的地位，比如說擔任國家職位、宮廷內作祈禱儀式、牛津印發宣傳單。這傢伙不知天高地厚，此舉大大傷害了新興資產階級、新貴族的自尊，使人民心內的火也燃了起來。

1688年，在英國國內，對詹姆士二世不滿的呼聲很高。人們不參加天主教的活動，這位混蛋二世把違背他個人意願的主教交給法庭判罪。法庭看到資產階級和人民的反彈聲浪這麼恐怖，就只好宣佈無罪。

1688年6月10日，詹姆士的王后恰巧生了一個兒子。30日，威廉不得不快速決定，前來英國。

1688年10月上旬，英國城鎮和鄉村的各個角落，突然漫天飛著或者懸掛著無數的標語、傳單和宣傳品。「保護新教」「保護我們的財產和自由」「我們不要天主教」「國王詹姆斯二世是暴君」等宣傳的話語，在人們的眼睛裡出現，人們預感將有什麼事要發生。10月10日，威廉發表自己

BC

— 0　耶穌基督出生

— 100

— 200

— 300
　　君士坦丁統一羅馬
　　羅馬帝國分成兩部
— 400

— 500　波斯帝國

— 600　回教建立

— 700

— 800
　　　凡爾登條約
— 900
神聖羅馬帝國建立
— 1000

— 1100　十字軍東征

— 1200
　　蒙古第一次西征
— 1300
英法百年戰爭開始
— 1400

　　哥倫布發現新大陸
— 1500

英國大破無敵艦隊
— 1600

— 1700　發明蒸汽機

　　　美國獨立
— 1800

美國南北戰爭開始
— 1900
　　第一次世界大戰
　　第二次世界大戰

— 2000

上古時期　BC

漢

－ 0

100 －

三國
晉

200 －

300 －

南北朝

400 －

500 －

隋朝
唐朝

600 －

700 －

800 －

五代十國

900 －

宋

1000 －

1100 －

1200 －

元朝

1300 －

明朝

1400 －

1500 －

清朝

1600 －

1700 －

1800 －

1900 －

中華民國

2000 －

的承諾宣言，和查理二世的相同。而威廉也受到新貴族、鄉紳、高級軍官的支持。詹姆士二世真是做人太失敗了，自己的女兒和女婿都挖了他的牆角，只好像他父親一樣流亡到法國。

11月初，英國西南部的托爾基海港內的軍艦上突然下來1萬多名官兵。他們向倫敦的方向行去。領頭的是英格蘭國王的女婿荷蘭國王威廉。

1689年2月，議會推舉威廉和瑪麗為王，好一個琴瑟和諧。

1689年10月為限制國王的權利，議會通過了《權利法案》。該法案的主要內容是：1、凡未經議會同意，以國王權威停止法律或停止法律實施之僭越權力，為非法權力；2、近來以國王權威擅自廢除法律或法律實施之僭越權力，為非法權力；3、設立審理宗教事務之欽差法庭之指令，以及一切其他同類指令與法庭，皆為非法而有害；4、凡未經國會准許，藉口國王特權，為國王而徵收，或供國王使用而徵收金錢，超出國會准許之時限或方式者，皆為非法；5、向國王請願，乃臣民之權利，一切對此項請願之判罪或控告，皆為非法；6、除經國會同意外，平時在國內徵募或維持常備軍，皆屬違法；7、凡臣民係新教徒者，為防衛起見，得酌量情形，並在法律許可範圍內置備武器；8、議會之選舉應是自由的；9、國會內之演說自由、辯論或議事之自由，不應在國會以外之任何法院或任何地方，受到彈劾或訊問；10、不應要求過多的保釋金，亦不應強課過分之罰款，更不應濫施殘酷非常之刑罰；11、陪審官應予正式記名列表並陳報之，凡審理叛國犯案件之陪審官應為自由世襲地領有人；12、定罪前，特定人的一切讓與及對罰金與沒收財產所做的一切承諾，皆屬非法而無效；13、為申雪一切訴冤，並為修正、加強與維護法律起見，國會應時常集會。

《權利法案》雖然只有短短的13條，但其意義是非常大的。一是為限制國王的權力提供了法律保障；二是英國從此確立了君主立憲的資產階級統治；三是以法律權利代替了君主權力。然而《權利法案》雖在英國有憲法作用，屬於憲法性質文件，但還不是成文憲法。世界第一部成文憲法是美國於1787年制訂的憲法。

後來在1701年議會又通過《王位繼承法》，規定：瑪麗的妹妹安妮為王位的預定繼承人，安妮死後王位傳給漢諾威女選帝侯索菲亞或其年齡最長的新教後裔；國王必須參加英國國教會；直接依附於國王的人不准擔任下院議員；所有重要的民政和軍事職務只能由英國人擔任；所有政府法案必須由同意該法案的樞密院成員簽署才能生效。

這些措施初步確立了國王的許可權及其權利的來源，宣告了英國君權神授時代的終結。此後經過一個世紀的發展，英國最終確立了國會制度，國王由此成了一個統而不治的虛位君主，內閣對議會負責，兩黨輪流執政。這就是英國的君主立憲制度。

1688年的政變，由於沒浪費一刀一槍，所以被大家稱為「光榮革命」。這個「革命」結束了封建君主專制制度，標誌著君主立憲制度的開始。

英國奪得海上霸權

17世紀，歐洲的資本主義國家之間都是合作的關係，彼此交換各自需要的東西。他們都有錢了，就互相去別的國家消費。但是那時候各個國家之間還沒有修公路，只能坐昂貴的豪華郵輪去別的國家，這給他們帶來不便。所以，哪個國家要是有實力、有技術去造很多很大的豪華郵輪，那它肯定就是非常富有的。而就有一個這樣的國家，它的名字叫作荷蘭。在整個17世紀，荷蘭這個國家的資產是不可估量的，海上航行的船隻基本上都是荷蘭的，所以它被稱為「海上馬車夫」。

荷蘭在17世紀之前，就是個西班牙屬地尼德蘭的小地方。但那裡的人相當有錢，當年西班牙帝國的一半個人所得稅來自這裡。16世紀末，尼德蘭人受不了西班牙政府稅收壓迫，於1581年時尼德蘭北方七省成立「聯省共和國」，其中以荷蘭省最大，所以又稱荷蘭共和國。

荷蘭在自己成家立業當戶主後，大力發展自己的經濟實力，招商引

BC

— 0　耶穌基督出生

— 100

— 200

— 300
君士坦丁統一羅馬
羅馬帝國分成兩部
— 400

— 500　波斯帝國

— 600　回教建立

— 700

— 800
凡爾登條約
— 900
神聖羅馬帝國建立
— 1000

— 1100　十字軍東征

— 1200
蒙古第一次西征
— 1300
英法百年戰爭開始

— 1400

哥倫布發現新大陸
— 1500
英國大破無敵艦隊
— 1600
發明蒸汽機
— 1700
美國獨立
— 1800
美國南北戰爭開始
— 1900
第一次世界大戰
第二次世界大戰
— 2000

上古時期　BC

漢

— 0

100 —

三國
晉　　200 —

300 —

南北朝　400 —

500 —

隋朝　600 —
唐朝

700 —

800 —

五代十國　900 —

宋

1000 —

1100 —

1200 —

元朝
1300 —

明朝
1400 —

1500 —

1600 —

清朝

1700 —

1800 —

1900 —

中華民國

2000 —

資，發展物流運輸業，開辦能為中小企業發展發放貸款的儲蓄所。很快的，荷蘭就成為了西歐國家中的強國。

當時，荷蘭的造船廠家特別多，出口量在世界上是最多的。僅在首都阿姆斯特丹就有上百家國有大中型造船廠。造船價格低得令英國也十分驚訝，歐洲各國紛紛向荷蘭下訂單。

其實荷蘭的海軍艦也是非常好的，在海上航行很有威懾力，在世界各地強行霸道。在亞洲，1595年荷蘭人開著豪華軍艦挺向了傳說中的東方。但荷蘭人很聰明，他們時刻不忘從中國貿易中獲取暴利。1602年，荷蘭在中國成立了一個全資子公司叫東印度公司，有一段時間在澎湖、臺灣榨取利益。

荷蘭於1621年在美洲成立西印度公司，當起了非洲人和美洲人的中間人，還專門設立一個仲介機構收取仲介費，這個地方就是新荷蘭。

在非洲，荷蘭在好望角建立了一個交通站，對過往的船隻都收取過路費，並提供飲食、住宿等方面的服務，真是非常有經濟頭腦。

由此可見，17世紀的荷蘭「海上馬車夫」這個稱號絕對不是浪得虛名！

但是，「海上馬車夫」的日子並不長，到17世紀中葉，英國便向荷蘭下了挑戰書；後來，法國見荷蘭不行了，就立刻去幫英國。法荷戰爭中，荷蘭被打敗了。從此，荷蘭就被人從海上老大的位置打了下來。

|第二十三章| 俄國彼得大帝改革

彼得大帝掌握政權

俄國在17世紀的時候，雖然早已是大國，但並不先進，甚至可以說，幾乎所有方面都比西歐落後幾百年。在俄國到處盛行著農奴制，且農奴的數目一直在增加，其合法的權利卻在減少。俄國也錯過了文藝復興和宗教改革的大好時機：神職人員愚昧無知；文學暗淡無光；數學和自然科學無人問津。與那個時候發達的西歐國家來相比的話，俄國幾乎還處在中世紀時期。

落後就意味著有挨打的危險。對當時的俄國來說，就是時刻面臨著這樣的危險。

1672年5月30日，克里姆林宮內聖母大教堂上的巨鐘響起，在當時的俄國傳統中，這意味著皇室又新添了一位太子。新生兒的父親，沙皇阿列克謝·米哈伊洛維奇為他取名為彼得。彼得的教育是按俄國歷來的老規矩進行的。

五歲以前，彼得受到眾多女人如接生婆、乳母、保姆，以及其他女僕的監護。據同時代人證實說：「哺育王子或公主，是從各級官吏的妻室中挑選那些性情溫良、端莊正派、乳汁甜美、身體健康的女人來當乳娘。彼得有兩個乳母，所以他很晚才斷奶。」

彼得是不幸的，在他未滿四周歲的時候，他的父親阿列克謝·米哈伊洛維奇就因病去世了。其實從實際生活來講，沙皇的逝世倒並沒有使幼年王子的生活受到多大影響，但他母親的處境卻從此發生了重大變化，或者更準確地說是在往一個不好的方向走。

BC

— 0 　耶穌基督出生

— 100

— 200

— 300
君士坦丁統一羅馬

羅馬帝國分成兩部
— 400

— 500 　波斯帝國

— 600
回教建立

— 700

— 800

凡爾登條約
— 900

神聖羅馬帝國建立
— 1000

— 1100 十字軍東征

— 1200
蒙古第一次西征

— 1300
英法百年戰爭開始

— 1400

哥倫布發現新大陸
— 1500

英國大破無敵艦隊
— 1600

發明蒸汽機
— 1700

美國獨立
— 1800

美國南北戰爭開始
— 1900
第一次世界大戰
第二次世界大戰

— 2000

上古時期　BC

漢

－ 0

100 －

三國
晉

200 －

300 －

南北朝

400 －

500 －

隋朝
唐朝

600 －

700 －

800 －

五代十國

900 －

宋

1000 －

1100 －

1200 －

元朝

1300 －

明朝

1400 －

1500 －

1600 －

清朝

1700 －

1800 －

1900 －

中華民國

2000 －

因為彼得的母親娜特莉婭・基里洛夫娜・納雷什金娜是沙皇續娶的皇妃，而之前的皇后雖說子女不少，但只有女孩子們長得結實健壯，男孩卻一個個孱弱多病。

沙皇很不喜歡他們，對健壯的彼得很偏愛。過去由於一家之主健在，繼母與沙皇前妻那些子女之間的關係，還是比較和緩的；如今，這種關係再也控制不住，很快就表面化了。

老沙皇死後，彼得的哥哥費多爾即位。但是費多爾天生身體孱弱，很快就因病死去了。這樣一來，繼承皇位者要嘛是彼得的另一個哥哥伊萬，要嘛是彼得，在兩個未成年的王子背後，馬上就形成了針鋒相對的兩派勢力。

以領主伊萬・米哈伊洛維奇・米洛斯拉夫斯基為首的阿列克謝前皇后的所有外戚，都擁立伊萬王子為王位繼承人，這個集團的核心人物是索菲婭公主。她是個聰穎、好弄權勢、精力異常充沛的女人，整天夢想成為女沙皇。而站在彼得王子這一邊的全是納雷什金家族的人，這批人當中沒有有權有勢的。然而，彼得王子得到了教會的支持，根據受到某些領主擁戴的大主教的提議，十歲的彼得王子被擁立為沙皇。

1682年，一個十歲的小孩登上了王座，他就是我們熟知的彼得大帝，俄國羅曼諾夫王朝的第四代沙皇。

彼得十歲那年，經過一連串血腥的鬥爭，同父異母的索菲婭公主先發制人，以謊言和承諾贏得射擊軍的支持，兵圍皇宮，擁戴彼得一派的皇后親屬紛紛人頭落地，射擊軍的矛尖上挑著一顆顆血淋淋的頭顱。

索菲婭在鬥爭中占據了上風。此情此景讓彼得深受刺激，他的一生從此崇尚暴力，在殘暴與恐懼之間彷徨。索菲婭是個陰險狡猾的女人，她那種翻雲覆雨、複雜多變的政治手腕，給年幼的彼得深深的影響，使他學會對待敵人應該如何恩威並用、殘酷無情。

可惜，彼得雖然是名義上的沙皇，而真正的大權卻緊握在索菲婭公主手裡。後來，他被索菲婭公主趕出了莫斯科，流放鄉間。

彼得實在是太小了，他的皇權之路並不順利，寶座還沒有坐熱，就被

同父異母的姐姐趕了下來。但是，這一結果對彼得可謂利弊參半：弊者，他喪失了政治主導權，淪為邊緣人物；利者，他和母親住在莫斯科的郊區，他可以以一種比較低的姿態生活，不會引起索菲婭公主的注意。彼得在鄉間得到了自由的天空，他迅速而又茁壯地成長著。

在索菲婭公主攝政期間，在宮廷裡，彼得像他的哥哥伊萬一樣，只是個充當裝潢門面的角色：他參加宗教儀式，隨宮廷人員去莫斯科市內和郊外的修道院做祈禱，接見外國使節。索菲婭公主為這共同稱帝的兄弟特別安放了一張雙人寶座，自己則躲在背後，悄悄提示他們在接見外國使節時應該注意的外交禮節。

彼得對事事都很關心，加之生性好動，以致經常把循規蹈矩的領主們弄得窘相畢露。他機智靈活、天真無邪而且好學成性，在學習文化知識、歷史學、地理學、炮兵學、築城學和造船學方面有很高的造詣。

這一切都得力於他本人的天賦、孜孜不倦的求知欲，以及堅持不懈的學習精神。他從小就喜歡擺弄各種匠人工具，到了成年時，彼得已經精通了多種手藝，少說也有十二種，尤其是木工活，可以說到了爐火純青、熟能生巧的程度。

最能使彼得著迷的要算軍事了，這種興趣也是他在兒時的嬉戲中養成的。隨著年齡漸長，木製大炮換成了軍用大炮，還有真正的馬刀、菱形矛、鉞、火槍和手槍這類兵器，彼得長大成人後，變得非常驍勇善戰。

彼得網羅了一些外國軍人，招募了600名童子軍，立志將他們訓練成紀律嚴明的軍隊。為了鼓舞士氣，他親自擔任了鼓手。

他甚至舉行真槍實彈的軍事演習，導致20名「士兵」喪命。而這些與彼得玩耍長大的孩子，後來有不少人成為他的重臣。

隨著彼得年齡增長，他與索菲婭公主的敵對情緒日益膨脹，雙方互相猜忌，宮廷氣氛越發緊張，政變終於爆發了。

1689年7月，戈利岑將軍的軍隊從克里米亞遠征歸來，這次遠征既未給士兵也未給他們的長官帶來榮譽。然而索菲婭仍不惜對那些莫須有的戰功予以嘉獎，並竭力籠絡射擊軍，好使後者能在她與彼得眼看一觸即發的

BC

— 0　耶穌基督出生

— 100

— 200

— 300
君士坦丁統一羅馬

羅馬帝國分成兩部
— 400

— 500　波斯帝國

— 600　回教建立

— 700

— 800

凡爾登條約
— 900

神聖羅馬帝國建立
— 1000

— 1100　十字軍東征

— 1200
蒙古第一次西征

— 1300
英法百年戰爭開始

— 1400

哥倫布發現新大陸
— 1500

英國大破無敵艦隊
— 1600

發明蒸汽機
— 1700

美國獨立
— 1800

美國南北戰爭開始
— 1900
第一次世界大戰
第二次世界大戰

— 2000

上古時期　BC

漢

— 0

100 —

三國

晉　200 —

300 —

南北朝　400 —

500 —

隋朝　600 —
唐朝

700 —

800 —

五代十國　900 —

宋

1000 —

1100 —

1200 —

元朝

1300 —
明朝

1400 —

1500 —

1600 —
清朝

1700 —

1800 —

1900 —
中華民國

2000 —

衝突中站在她這一邊。

　　果然，為了表示抗議，彼得拒絕參加好大喜功的慶祝活動。遠征軍首領和其他軍事長官來到普列奧勃拉任斯科耶村，竟然沒有受到彼得的接見。索菲婭向射擊軍呼籲：「你們認為我們是有所作為的嗎？如果認為我們有所作為，就支持我們。如果不是這樣，我們就讓賢。」

　　1689年8月7日夜間，克里姆林宮裡響起一陣警報聲，射擊軍拿起了武器，因為有人放出風聲說，彼得的軍隊已從普列奧勃拉任斯科耶村開拔，正向莫斯科進攻。侍從們叫醒彼得，向他報告了這個消息。彼得當機立斷決定逃跑，他在三個人的陪伴下走了一整夜，前往謝爾基聖三一修道院，7年前索菲婭也曾在它的高牆裡逃過難。彼得在清晨來到修道院，他一頭撲到床上，痛哭流涕地向主教講述發生的事件，並請求保護。

　　由於大主教的出面支持，索菲婭公主仰仗的軍事力量一天天在瓦解。她已不能靠發號施令來控制射擊軍，因為他們不願冒險與支持彼得的軍隊發生武裝衝突。應彼得之召，軍隊指揮官們率士兵和射擊軍去謝爾基聖三一修道院。在那裡，射擊軍的長官向沙皇告發了索菲婭公主準備發動宮廷政變的陰謀，索菲婭的謠言被戳穿。彼得從三一修道院致函哥哥伊萬，說明應剷除索菲婭的決心。

　　這封信導致宮廷鬥爭的結束，由納雷什金集團獲勝。索菲婭被宣判為「無恥之尤」，彼得統領由他組建的「少年團」一舉粉碎索菲婭公主的攝政集團，把這位兇殘的公主關進了修道院，自己開始行使皇權。

　　王子與公主的爭鬥就此告一段落，索菲亞一直以為彼得還是個孩子，但是7年過後，讓人沒想到的是，那群和彼得一起玩耍的小孩子竟成了他的近衛軍，成為彼得奪得皇權的重要保證。當索菲亞意識到時，她遲到了一步，結果就被送進了修道院。

　　儘管彼得在信中表示要尊兄「如父」，但彼得的親信早已掌握了實權。他那可憐的癡呆哥哥伊萬帶著「沙皇」這頂名義上的帽子，淒慘地度過了餘生。這實際上是政變的另一結果。因為伊萬沒有任何實權，只是作為一個橡皮圖章在最後的文件上簽個字而已。實際擁有權力的是彼得，他

才是事實上的沙皇。

奪取出海口

彼得又回歸寶座，機會得來不易。彼得決定改造俄國，他想改變俄羅斯的貧窮和內陸的狀況，於是想找到通向西歐的入海口。

他的目標是「歐化」，即以西歐國家為榜樣，使俄國達到甚或超過西歐先進國家。但是，學習西方必須先加強和西方國家的交往，打開通往西方的窗口。至17世紀末，俄國實際上仍然是一個閉塞的內陸國家。國家需要有出海口，否則註定要與外界隔絕，經濟和文化的發展會停滯不前，而對外貿易也就必然要依賴外商。

當時，俄國唯一能經由水路進入西歐國家的門戶是阿爾漢格爾斯克——一個位於白海的港口。

但是，它在一年中有9個月時間被堅冰封凍。而且，阿爾漢格爾斯克遠離俄國中心，路途遙遙艱險，商品運費昂貴，令人望而卻步。西部的波羅的海本是俄國和西方國家最好的貿易通道，從這裡去西方國家比從白海出發的路程要近一半，但它為瑞典人所控制。而原屬俄國的芬蘭灣，早在1617年就被瑞典人奪去了，南部的黑海是土耳其的內海。

土耳其人在頓河河口附近建有堅固的亞速夫要塞，使俄國船隻不能進入亞速海。聶伯河河口和克里木沿岸為韃靼人所控制，韃靼人在土耳其帝國的支持下，經常襲擊烏克蘭地區，阻止俄國人的南下。

彼得一世雄心勃勃，決心打開一個通往西方的窗口，獲得一個出海口。當時他考慮到雄踞北歐的瑞典仍然是波羅的海的強國，暫時尚不可與之匹敵。南面的土耳其已失去了昔日鄂圖曼帝國的威風，此時正在走下坡路。於是，彼得把目光投向南面，投向土耳其與克里木，決定先進攻亞速。亞速位於亞速海和頓河的入口處，如能占領這個地方，俄國就有可能解決黑海出海口問題，進而打開通向地中海的水路，這樣與西歐的聯繫就

BC

— 0　耶穌基督出生

— 100

— 200

— 300
　　　君士坦丁統一羅馬

　　　羅馬帝國分成兩部
— 400

— 500　　波斯帝國

— 600　　回教建立

— 700

— 800

　　　凡爾登條約
— 900

　　　神聖羅馬帝國建立
— 1000

— 1100　十字軍東征

— 1200
　　　蒙古第一次西征

— 1300
　　　英法百年戰爭開始

— 1400

　　　哥倫布發現新大陸
— 1500

　　　英法大破無敵艦隊
— 1600

　　　發明蒸汽機
— 1700

　　　美國獨立
— 1800

　　　美國南北戰爭開始
— 1900
　　　第一次世界大戰
　　　第二次世界大戰

— 2000

上古時期　　BC

漢

－ 0

100 －

三國
晉　　200 －

300 －

南北朝　　400 －

500 －

隋朝　　600 －
唐朝

700 －

800 －

五代十國　900 －

宋　　1000 －

1100 －

1200 －

元朝　　1300 －
明朝

1400 －

1500 －

清朝　　1600 －

1700 －

1800 －

1900 －
中華民國

2000 －

方便多了。

　　1689年1月，他率領一批陸軍，想進駐土耳其的亞速海。可惜，由於沒有自己的軍艦，這次算是失敗而歸。

　　1695年1月20日，正值俄國的嚴冬季節，彼得發佈了遠征亞速的動員令。然而由於缺乏海軍的支援，第一次遠征失敗了，但是，奪取亞速已是彼得一世的既定方針。彼得決定改變打法，從陸、海兩面向亞速進攻。為此，他利用整個冬季，在頓河上游突擊建立了一支艦隊。這支艦隊包括23艘大帆船、4艘火攻船、1300艘舢板、300艘小艇和100條木筏。建設這樣一支艦隊，據估計至少需要2年時間。但是，彼得不顧疾病和疲勞所造成的重大人力損失，以及連同他本人在內的人人所遭受風霜雨雪的折磨，竟在歷時半年的寒冬季節裡完成了這項工作。

　　1696年5月初，彼得一世對亞速發動了第二次遠征。這一次，俄軍對亞速的進軍比較順利。俄國艦隊驅散了停泊在亞速附近的土耳其艦，接著又封鎖了河口，攔截了對方的補給和增援，並封鎖了亞速的守軍逃跑路線。

　　7月1日，聶伯河流域的哥薩克騎兵趕來助戰，俄國陸軍乘勢攻下城堡的前沿工事。7月18日中午，守軍投降。彼得率俄軍進入要塞，城堡內絕大多數建築物被夷為平地。亞速被攻占。

　　這次遠征勝利，得自於戰艦的幫助。兩次遠征亞速是彼得一世打開通往西方門戶的重要嘗試，彼得由此得到的感受是深刻的，他的改革思想也由此注入了新的內容，同時也增加了彼得進行改革的決心。

　　1700年秋天，雨一直下個不停。一支俄國軍隊踏著爛泥進軍瑞典。這就是彼得即將上演的傑作，奪取屬於自己的入海口。

　　這支軍隊在路上走了兩個多月，在初冬的時候才到達納爾瓦。彼得下令圍攻納爾瓦這座城堡。軍隊一連攻了兩個星期，也沒什麼進展。俄國的炮彈只是為了讓瑞典人聽聽炮聲，到最後也沒了，納爾瓦還在瑞典人手裡。18歲瑞典國王查理二世也是個奇才，先打敗波蘭和丹麥，接著又用意想不到的速度來到納爾瓦。

在北歐，初冬的天還是要人命的，陰沉又下著雪。俄軍在戰壕裡哭天罵地，已經打了一個月還是毫無進展，又得忍著斷糧的飢餓。瑞典在這個情況下，凌晨開始猛攻。俄軍沒有抵抗能力只能四處逃竄，再加上這冷風、冷雪，他們就感覺更不行了。最後只有彼得命大，逃回了莫斯科。

瑞典這邊在慶祝勝利，莫斯科那邊卻在謀劃重來的事。彼得有點喪心病狂，已失去了人性，他把權力抓得更緊，還想了好多的名目徵收大把的鈔票。他這樣做的目的無非就是再去攻打納爾瓦。

他用自己的方法召集了20萬人的隊伍，還聘請了大量的外援，當軍隊的教官，提高士兵的素養。他還用教堂提供的鐘鑄造了300門大炮，又趕緊叫人馬不停蹄的趕造大量的軍艦，組建了自己的第一支艦隊——波羅的海艦隊。

彼得用了一年的時間把準備工作做好，開始進軍波羅的海。他們改變了上次的方法。這次，彼得先用大炮對尼恩尚茨堡炸了一天，最後他終於把這個城堡給攻下。另一座城堡就吉諾特要塞，也被很容易攻下了。現在，三城就剩下了一座城了——納爾瓦。

彼得在軍艦上讓士兵們做了各種侮辱瑞典的舉動，比如說倒舉國旗。俄軍用大炮開始轟擊納爾瓦。城內瑞典的軍隊也開始反擊，雙方激戰了一天一夜。納爾瓦城十分堅固，用大炮很難轟開。不過，守將戈恩是理性的人，一看俄軍並不是去年的俄軍了，就決定向國王求助。

不巧的是，他一出城就被抓個正著。彼得看了信使身上的信，讓他想起了李代桃僵的故事。

他馬上要求開會，並很自豪地把自己的想法說給了眾位將領聽。等他一說完，大家都覺得這個計策真的妙。不久之後，納爾瓦城內的人看見遠遠有一支隊伍趕來，以為是自己的援軍到了。沒想到開門以後，到來者卻對自己開起槍來，才知道上了當。這就是彼得的計策，假扮瑞典軍隊混進城市，殺它個措手不及。顯然這條計策達到了效果。

彼得進駐納爾瓦堡，實現了自己的願望。他想要的就是打開入海口，這只是他萬里長征的第一步。

BC

— 0　耶穌基督出生

— 100

— 200

— 300
君士坦丁統一羅馬

羅馬帝國分成兩部
— 400

— 500　波斯帝國

— 600　回教建立

— 700

— 800
凡爾登條約

— 900
神聖羅馬帝國建立
— 1000

— 1100　十字軍東征

— 1200
蒙古第一次西征

— 1300
英法百年戰爭開始

— 1400

哥倫布發現新大陸
— 1500

英國大破無敵艦隊
— 1600

發明蒸汽機
— 1700

美國獨立
— 1800

美國南北戰爭開始

— 1900
第一次世界大戰
第二次世界大戰

— 2000

外交使團赴歐洲學習

彼得拿下亞速海，還是沒達到目的。遠征亞速使彼得榮獲了戰勝者的桂冠，彼得很想知道歐洲的君主們對俄國的看法有無改變。土耳其擁有很強的黑海艦隊，彼得看到了這一點，決定親自去西方學習，這就是領袖的表率。

於是在1696年12月，他決定籌組一個「高級使團」出訪西歐各國。這次出訪的目的是複雜的，並不僅僅是為了瞭解歐洲這麼簡單，隨著亞速的占領，俄國開始走向海洋，但它離成為海上強國還相去甚遠。

爭取黑海的出海口、爭取海峽的使用權、保護已獲得的港口，進行這些艱巨的任務都需要一支強大的海軍。彼得對海軍力量是信任的，海軍既然能保證他征服亞速，也一定能保證他守住亞速，甚至能夠朝更遠的地區推進。在第二次遠征亞速班師回莫斯科後，彼得向領主杜馬下達手諭，闡明了建設海軍的思想。

建造海軍困難重重。首先海軍需要熟悉業務的軍官隊伍，而造船廠也需要造船專家，這兩種人才當時俄國都缺乏。於是彼得當機立斷：派御前大臣出國學習海軍。在列入出訪名單的三十五名年輕人中，二十二人領有公爵銜。

此外，沙皇還有著外交目的，即派使節出國遊說，以便組成一個歐洲列強的反土耳其聯盟。除了外交任務以外，外交使團有其他多種使命，諸如雇用海員、船長、造船專家，購置大炮、槍枝和儀器。派遣那些取得親王封號的外交使團的準備工作迅速展開，使團定名為「大使團」。

使團按照外交管道與一些國家的政府交換信件，此外還為購置貴重禮品撥了專款。為配備外交使團的人員，彼得從檔案館調出有關歐洲列國外交事務的檔案，制定了工作細則。其中有一條是沙皇為留學生制定的。彼得把學習計畫事先定為兩期。第一期用來攻讀必修科目，掌握海軍的基本知識，即航海技術和軍事指揮能力。第二期主要用來攻讀選修科目，掌握

造船技術。

　　彼得深知這次出訪歐洲的重要性，他決定親自參加，但又不能暴露身分。彼得以一名下士彼得・米哈伊諾夫的名義編入留學生小隊。

　　就這樣，在1697年3月10日，「大使團」從莫斯科出發，彼得親自帶領著一班兄弟去西歐。彼得，這個自稱為「下士的充滿好奇心的學徒」，他很看重西方的現代科學技術，在阿姆斯特丹最大的造船廠學習造船技術，一學就是四個多月。而且有多餘時間就去辦自己的私事，也仔細研究了英國的君主立憲制度。

改革思想的醞釀

　　沙皇以化名隱匿自己的身分是為了便於指揮、觀察和學習。他是使團的實際領導人，而作為首席大使的勒富爾只是扮演裝潢門面的作用。

　　使團先後到了瑞典、普魯士、荷蘭、英國和奧地利等國。次年，趁彼得出國之機，莫斯科發生了射擊軍的叛亂。索菲亞幼稚的頭腦產生了兵變的想法，哪裡知道彼得已經不是當年的彼得。

　　彼得獲悉，馬上取消了去義大利威尼斯的計畫，立即回國。1698年8月25日，彼得結束了為期一年半的西歐之行，回到莫斯科。然後彼得殘酷鎮壓叛亂，還強迫他的姐姐去做個修女。他藉這個機會開始進行自己的野心狂熱的計畫，邀請國內外的企業界人士在國內投資開工廠。他還召集了一些農奴開運河，建設商業港口。

　　整個俄國進入了轟轟烈烈、熱熱鬧鬧的改革之中。這次出訪到達了歐洲很多國家，彼得見識到了歐洲各國的富強與文明，更加堅定了改革的決心。彼得一世出訪西歐的意義是重大的。

　　出國訪問本身就意味著與保守落後的傳統觀念決裂。但在俄國人看來，走出國門就意味著背叛。很顯然，不准出國就是怕人民接受外國先進的思想文化，怕人民覺醒進步，進而動搖特權貴族的統治地位。特權貴族

BC

— 0　　耶穌基督出生

— 100

— 200

— 300
　　君士坦丁統一羅馬

　　羅馬帝國分成兩部
— 400

— 500　　波斯帝國

— 600　　回教建立

— 700

— 800

　　　　凡爾登條約
— 900

　　神聖羅馬帝國建立
— 1000

— 1100　十字軍東征

— 1200
　　蒙古第一次西征

— 1300
英法百年戰爭開始

— 1400

　　哥倫布發現新大陸
— 1500

　英國大破無敵艦隊
— 1600

— 1700　發明蒸汽機

　　　　美國獨立
— 1800

　美國南北戰爭開始
— 1900
　　第一次世界大戰
　　第二次世界大戰

— 2000

上古時期　BC

漢

—0

100—

三國
晉

200—

300—

400—

南北朝

500—

隋朝
唐朝

600—

700—

800—

五代十國

900—

宋

1000—

1100—

1200—

元朝

1300—

明朝

1400—

1500—

清朝

1600—

1700—

1800—

1900—

中華民國

2000—

極力阻撓，力勸沙皇放棄此行。

　　但是，彼得是個有進步思想的皇帝，他不願意跟那些落後份子為伍，無論如何也不能動搖彼得學習先進、改變俄國落後面貌的決心。彼得深知，俄國之所以落後，就是因為長期閉關鎖國，與外界隔絕。他知道西方國家思想文化先進，工商業發達，是俄國效仿的榜樣，應該到那裡去見識、學習。

　　而後來的事實證明他這樣做是對的，去西歐的這一趟，導致了彼得在對外政策上的重大轉折。彼得一世派遣大使團出訪西歐的一個重要任務，就是要鞏固和擴大反土同盟，以便使俄國在未來的對土戰爭中獲得國際上較多的支持，徹底戰勝土耳其，實現獲得黑海出海口的願望。

　　但是，彼得在和各國政府的談判中未能取得預期的效果，甚至以前的盟國奧地利也放棄了原來的立場。彼得清醒地估計了當時西歐的這種形勢，便利用出訪的機會，與勃蘭登堡選帝侯達成了反對瑞典的祕密協定。

　　於是，俄國的對外政策由此發生了重大的轉折，即由面向南方奪取黑海出海口，變為面向北方奪取波羅的海出海口，進而導致了後來長達21年的北方戰爭。

　　西歐之行使彼得一世大開了眼界，更加明確了改革的思路和方向，下定了改革的決心。彼得和他的臣屬們第一次走出國門，置身於西歐眾多的先進國度裡，他們的眼睛突然感到明亮起來。彼得親眼看到俄國在經濟上落後於西歐國家到何種程度。他瞭解了貿易、工業和文化發展之間的聯繫，它們和國家安全之間的聯繫，以及軍隊和艦隊、教育和科學的重大意義。

　　但是，最主要的在於他清醒地意識到了俄國的威脅是在經濟上依附於先進國家的危險性，可能淪為別國的殖民地或者被鄰國所征服、所吞併。同時，他也意識到自己對國家命運應有的責任。俄國太落後了，必須喚起民眾，振奮精神，奮起直追。他暗暗下定決心，回國後立即進行全面改革。

　　在這方面，荷蘭人和英國人已為他提供了榜樣。這兩個國家政治、文

化先進，工業、商業發達，它們都有強大的海上艦隊。在遊歷的過程中，彼得時刻想著國內的事務，他把自己的所見所聞，與文化落後、不斷受到威脅的祖國聯繫起來。他在心裡盤算著，回國後怎樣進行改革，怎樣將俄國迅速引上富國強兵之路。

彼得一世在西歐之行中也學到了很多在國內學不到的知識，提高了他作為改革家的能力；同時，他還引進了大量人才，這為他的改革事業的進行加強了力量。歷時一年半的西歐之行，對於彼得一世來說收穫是巨大的。

外交上雖未實現原來的計畫，但出現了新的轉折，而且新的外交政策後來被證明是切合俄國當時的需要。至於招聘人才的任務則如願以償，更重要的是，西歐之行使彼得大開了眼界，增長了知識，這對彼得以後的所作所為影響是深遠的。彼得進一步明確了改革的思路、具體的目標和方向。

西歐之行使他受到更深刻的啟迪，並使他的改革思想更加成熟，改革的決心更大。出訪歸來，俄國改革進入了新的歷史發展階段。

政治、經濟、軍事大改革

彼得回到俄國後，為了擺脫國際政治體系對俄國的壓力，毅然決定進行改革。他首先要做的是深化已經取得一定成效的軍事改革。

彼得改造了舊式的射擊軍，以適應對外戰爭的需要，同時全力創建海軍，奪取海上霸權。在軍隊的領導上，彼得注義軍隊的集中統一領導，把軍隊置於沙皇的絕對領導之下。

在士兵來源上，採取徵兵制，保證軍隊有充足的士兵來源。在軍隊編制上，陸軍和海軍一律採取西歐軍隊編制。在士兵的訓練上，採取西歐先進的方式進行軍事訓練，一方面派貴族子弟去西方學習軍事技術，另一方面重金聘請西歐專家擔任軍事顧問，並開辦了各種軍事學校、技術學校和

BC

— 0　耶穌基督出生

— 100

— 200

— 300
君士坦丁統一羅馬

羅馬帝國分成兩部
— 400

— 500　波斯帝國

— 600　回教建立

— 700

— 800
凡爾登條約

— 900
神聖羅馬帝國建立
— 1000

— 1100　十字軍東征

— 1200
蒙古第一次西征

— 1300
英法百年戰爭開始

— 1400
哥倫布發現新大陸
— 1500
英國大破無敵艦隊
— 1600
發明蒸汽機

— 1700
美國獨立
— 1800
美國南北戰爭開始
— 1900
第一次世界大戰
第二次世界大戰

— 2000

上古時期　　BC

漢

－ 0

100 －

三國

晉

200 －

300 －

400 －

南北朝

500 －

隋朝

唐朝

600 －

700 －

800 －

五代十國

900 －

宋

1000 －

1100 －

1200 －

元朝

1300 －

明朝

1400 －

1500 －

清朝

1600 －

1700 －

1800 －

1900 －

中華民國

2000 －

訓練班，採用先進的戰術訓練部隊。

在軍隊和官兵管理上，制定和頒佈了《軍事法規》、《海軍章程》等軍事條令和章程，確定了官兵之間的關係以及他們的權利和義務，要求官兵必須大膽勇敢，技術熟練。每個軍官都必須從普通士兵開始，逐級晉升，打破了過去貴族一入伍就是軍官的慣例。

在軍事裝備上，一方面引進西歐先進的裝備，同時十分注重提高本國生產裝備的能力，先後創辦了造艦廠、槍炮廠，以保證軍隊有良好的裝備。彼得的軍事改革，大大地增強了俄國的軍事力量，使俄國成為軍事強國。

戰爭是彼得一世改革活動的主要工具，軍事改革則是它的起點，解決好財政問題才是它的終極目標。

在經濟改革上，他非常重視那些與軍事有關的工業部門，特別是作為軍事工業基礎的冶金業和金屬加工業。彼得一方面大力興建各種手工工廠，另一方面又設法鼓勵私人開辦企業。由於僱傭工人來源嚴重不足，為此，彼得下令把國家農奴編入手工工廠。

1721年，彼得頒令，允許手工工廠主在不轉賣的條件下，購買整村的農奴，這些農奴永遠附屬手工工廠，不得擅自離開。彼得還下令將逃跑的農奴、乞丐、罪犯、無業遊民等強徵到手工工廠做工，從此強制勞動成為俄國工業的最主要特徵。

由於俄國的現實情況不容許走資本主義道路，俄國的封建專制制度和農奴制度正處於確立和發展時期，這樣，彼得雖向西方學習先進的文化，力圖趕上或超過西歐，但沒有按照資本主義的政治制度和生產方式發展，而是在國內強化了落後的農奴制。

不但如此，彼得這位有遠見的君主，他還辦了各種技術的專科學校，派人去學習西方的知識。他還建了博物館、圖書館、劇院，還主編了一份報紙《新聞報》。這是國內獨一份。彼得不但改革了自己的禮儀制度，還用很暴力的手段使貴族接受西方的風俗。彼得甚至自己實踐展示給人家看，可以說是一個十足的實踐論者。

彼得在政治上也進行大幅度的改革，刪除掉那些多餘的機構，把權力拉到中央，握在自己的手裡。這就就建立了絕對的君主專制制度。

彼得的宗教改革政策

彼得在軍事上是很捨得下很大的血本，不管將來收益如何。他建立了上百個兵團、強大的陸軍和48艘軍艦的海軍。

這樣的大手筆意味著需要大量的金錢。當然了，改革是需要大量的經費。所以，為保證穩定的稅源，彼得進行了重要的稅制改革，而這個稅制改革觸及到了所有階層。

改革前，俄國稅制混亂，而且在實施中弊端百出。為了充實國庫，1718年彼得頒佈徵收人頭稅的法令。首先進行人口普查，對於大量逃亡又回到原住地的農民實行身分證制，身分證制上要註明居住地和暫離期限，沒有此證件就要被拘捕，甚至迷路錯入鄰村的普通農民也屬於拘捕對象。

人口普查的結果顯示，3/4的俄國男性居民被納入人頭稅的範圍。「按丁納稅」，私有農奴每丁納人頭稅74戈比，國有農奴每丁納人頭稅1盧布20戈比。稅制改革改變了過去戶稅制下不平等的現象，俄國的國庫收入大增，從1701年的250萬盧布增到1724年的850萬盧布。

這樣，龐大軍隊的給養、行政機關的開支、宮廷政府大廈的修建、文教事業的發展都得到了經濟保證。按準確的人口數字徵稅，既增強了科學性，克服了隨意性，也減少了中間環節，遏制了賄賂和舞弊行為；把奴僕也納入徵收範圍，為奴僕直接參加生產活動提供了可能性。新稅制以貨幣計算，不論農民有無耕地或耕地多少，每人都要繳納74戈比，刺激了農民努力擴大耕地面積的積極性。

為了聚集錢財，彼得還打上了教會的主意，決定奪取教會那龐大的財產。其實他還有一個考慮，彼得的執政在很大程度上依靠了大主教的干涉，但是這時他想，如果在他施政的時候，教會再出面干涉政治，對他下

BC

— 0   耶穌基督出生

— 100

— 200

— 300
君士坦丁統一羅馬

羅馬帝國分成兩部
— 400

— 500   波斯帝國

— 600   回教建立

— 700

— 800

凡爾登條約
— 900

神聖羅馬帝國建立
— 1000

— 1100 十字軍東征

— 1200
蒙古第一次西征

— 1300
英法百年戰爭開始

— 1400

哥倫布發現新大陸
— 1500

英國大破無敵艦隊
— 1600

— 1700 發明蒸汽機

美國獨立
— 1800

美國南北戰爭開始
— 1900
第一次世界大戰
第二次世界大戰

— 2000

上古時期　BC

漢

—0

100—

三國

晉
200—

300—

南北朝
400—

500—

隋朝
600—
唐朝

700—

800—

五代十國
900—

宋
1000—

1100—

1200—

元朝
1300—

明朝
1400—

1500—

清朝
1600—

1700—

1800—

中華民國
1900—

2000—

手怎麼辦？不行，一定要削弱教會的權力才行。於是，出於這雙重目的，彼得決定實行宗教改革，開始對教會下手了。

　　他的政策主要有兩點：一是教產還俗，從經濟上削弱教會勢力。透過修道院衙門對教會、修道院領地和農民進行複查登記，超過國家規定的要沒收，未超過的要繳納賦稅，並且從教會領地上徵召各種徭役，禁止修道院耗費錢財修新的建築，禁止修道院過奢侈豪華的生活，嚴格控制修道院修士的名額，還責成從修道院的倉庫收回部分珍貴物品，將部分教會建築物充軍，修道院衙門還負有組織和供養教會學校的任務。

　　二是設立正教院，以取代大牧首和牧首公署，廢除牧首制度，使教會隸屬於國家行政部門。「神父僅僅是國內的一個特殊階層，而不是個特殊的國家」，教權不再獨立，而是與王權融為一體。「反對當局，就是反對上帝本身」，利用上帝的神聖來強化政府的權威。

　　此外，頒佈法令，選拔一些品德高尚、有膽識且精通教會事務的軍官任總監，由世俗官員對教會實行監督。彼得宗教改革的完成也是俄國專制政體最終確立的宣言。

宣導社會新風尚

　　為了改革，彼得大帝是用盡全力毫不保留，他在政治上選拔自己的官吏，就依據一個原則：你只要有才，我就用你。這個政策當然受到那些窮人的歡迎，特別是那些有才能的人。

　　除了這些，彼得還有新作為。彼得大帝不僅要在政治、經濟、軍事等方面學習西歐，他還決定在生活方式上全面西化，模仿文明社會的人，其實中國的孝文帝和日本的明治天皇也都一樣，歷史上的君主一旦覺得人家繁榮發達，就什麼都是好的，不僅科舉技術要學，連穿衣打扮也要學。

　　彼得大帝決定在國內掀起一場學習西歐的改革。他出訪歐洲後回到莫斯科，對著前來迎接的大貴族皺起了眉頭。

可能是習慣了西歐那邊男人臉上都很乾淨，回來後看到每個男人臉上比頭髮還濃密的大鬍子，彼得感到很是不爽，他覺得這樣一點也不像個文明人。

於是，他在改革時決定把鬍子的問題也解決了。彼得宣佈在全國強行推廣剪大鬍子的政策，不僅如此，他身體力行，命令隨從攜帶一把大剪刀，隨時準備親自動手將貴族們的大鬍子剪光。

在一次盛大的宴會上，彼得就操起剪刀，唭嚓唭嚓地剪下身旁大貴族又長又寬的衣袖。他說：「大袖子太礙事，到處惹禍，不是把玻璃杯碰倒，就是容易掉進湯盆裡。剪下來的這一段衣袖，你們還可以拿去做一雙鞋子。」

彼得剪鬍子不光是向俄國的習俗挑戰，也是向所有俄國的貴族們宣戰了。因為在俄國，留一臉大鬍子是威嚴、富裕和道德高尚的象徵，不留鬍鬚似乎就沒有身分與地位，俄國東正教會更是指責彼得的行為是「異端」。

最終，彼得同意教士們可以留鬍子，規定其他人想要留鬍子也可以，但必須交很重的稅。他命令在各條道路上和各個城門前都設立監督員，專門負責為行人剪大鬍子。

凡是交了「留鬚稅」的，發給一個銅牌當作證明，銅牌背面印有「鬍鬚是無意義的負擔」字樣。這樣無疑很麻煩，久而久之，由於彼得的嚴厲措施，俄國留大鬍子的人是越來越少了。

除了必須要剪掉鬍子，彼得還認為，一個充滿朝氣和活力的民族，服裝必須方便，適合工作、生活，這是他在國外考察時得到的經驗。於是他到處張貼告示，要求臣民穿著西式服裝，衣服的尺寸、樣式都規定得明明白白，違令者必遭嚴懲。在彼得的堅持下，俄國服裝的式樣也逐漸改變了。

另一個改變舊習俗的改革措施是，彼得宣佈廢除俄國的舊曆紀年，採用相對先進的儒略曆，這種曆法接近於目前使用的西曆。這震驚了俄國，引起全國一片非議：「難道上帝是在嚴寒的冬天創造了世界嗎？」「沙皇

BC

— 0　耶穌基督出生

— 100

— 200

— 300
君士坦丁統一羅馬
羅馬帝國分成兩部
— 400

— 500　波斯帝國

— 600
回教建立
— 700

— 800
凡爾登條約
— 900
神聖羅馬帝國建立
— 1000

— 1100　十字軍東征

— 1200
蒙古第一次西征
— 1300
英法百年戰爭開始
— 1400

哥倫布發現新大陸
— 1500
英國大破無敵艦隊
— 1600
發明蒸汽機
— 1700
美國獨立
— 1800
美國南北戰爭開始
— 1900
第一次世界大戰
第二次世界大戰
— 2000

上古時期　BC

漢

－ 0

100 －

三國

晉

200 －

300 －

南北朝

400 －

500 －

隋朝

600 －

唐朝

700 －

800 －

五代十國

900 －

宋

1000 －

1100 －

1200 －

元朝

1300 －

明朝

1400 －

1500 －

1600 －

清朝

1700 －

1800 －

1900 －

中華民國

2000 －

是反對耶穌基督的人，他被魔鬼附體了。」但是，彼得的立場十分堅定，從1700年元旦起，俄國使用了新的曆法，沒有一個人敢出來公開反對。

這之後，彼得的改革就容易多了，他的改革項目也是一個接一個實施了下去，考慮到數千萬人口的俄國幾乎沒有一份報紙，彼得指示出版向全國發行的《新聞報》，親自擔任報紙的主編，並參與提供稿件。

同時，他在莫斯科建立公共劇院，使戲劇表演走出宮廷，供廣大老百姓觀賞。彼得把他在國外多次觀看過的歌劇、話劇引入俄國，讓本國人民也能領略到莎士比亞等偉大劇作家的無窮魅力。

｜第二十四章｜日本的戰國時期

尾張國與美濃國聯姻

有「尾張大傻瓜」之美稱的吉法師（吉法師為織田信長的幼名），在他十三歲這年完成了成人禮儀式——元服，此次重大活動是由他的老師平手政秀一手操辦的。看著長大成人的少主，平手政秀的複雜心情是用話說不清的。

要說這吉法師從出生以來就沒安分：整天喝酒、打架、穿戴奇異、舉止言行又甚為古怪，連他母親都看他不順眼。作為他的老師，平手政秀先生真是不辭勞苦、苦口婆心，但信長卻始終把他視作隱形人，他的話也都是耳旁風。平手老先生不辭辛勞地教誨他，可惜，事實證明這都是白費。

隔天上午，信長又曠課去野外狩獵了。考慮到他的安全問題，平手老師來不及放下公事包，就快馬加鞭趕赴打獵現場。回去的路上，平手師傅疲憊的目光不小心瞥到路旁一對恩愛的情侶。他頓時有了主意，準備給小傻瓜娶一個老婆，這樣他就會收收心，做一個正常人吧。

哎呀！平手，你真是聰明絕頂啊！平手先生想著，伸手拍著已經絕頂的腦門，歡暢地笑起來——呵呵……終於找回失落已久的自信心了！

說幹就幹，平手先生把這個想法寫成書面文字，呈給尾張國的最高領導人織田信秀先生——信長的父親。織田老人家大筆一揮就批准了此項計畫，接下來就是去美濃國求親了，求親的對象是美濃國的齋藤歸蝶公主。

之所以選這個女人，平手先生可是經過深思熟慮的！

歸蝶的父親就是美濃國的地主齋藤道三老先生。話說這位齋藤先生有著「美濃蝮蛇」的雅稱，可想其人品跟蝮蛇應該有不小聯繫。齋藤先生早

BC
— 0　耶穌基督出生
— 100
— 200
— 300
君士坦丁統一羅馬
羅馬帝國分成兩部
— 400
— 500　波斯帝國
— 600　回教建立
— 700
— 800
凡爾登條約
— 900
神聖羅馬帝國建立
— 1000
— 1100　十字軍東征
— 1200
蒙古第一次西征
— 1300
英法百年戰爭開始
— 1400
哥倫布發現新大陸
— 1500
英國大破無敵艦隊
— 1600
發明蒸汽機
— 1700
美國獨立
— 1800
美國南北戰爭開始
— 1900
第一次世界大戰
第二次世界大戰
— 2000

上古時期　BC

漢

— 0

100 —

三國　200 —
晉　　
300 —

南北朝　400 —

500 —

隋朝　600 —
唐朝　
700 —

800 —

五代十國　900 —

宋　　
1000 —

1100 —

1200 —

元朝　1300 —

明朝　
1400 —

1500 —

1600 —

清朝　
1700 —

1800 —

1900 —

中華民國

2000 —

些年做別人的侍從，如今竟把主人趕出美濃國，自己霸占了美濃國。

這事讓美濃南面的鄰居尾張國大為不滿，認為對方癩蛤蟆想吃天鵝肉。為此，還不時找他的麻煩。

幾番客氣話說過之後，平手終於說出了自己來的目的。

聽到平手打的原來是這個主意，道三頓時心中吃了一驚，立刻開始搪塞起來，說自己的女兒配不上，希望平手能選一個更好的女人。平手早就料到了他會推辭，所以一直堅持要娶他的女兒。

就這樣軟硬兼施，終於平手政秀抓住道三的軟肋，狠狠一擊，就為尾張國討回了歸蝶，同時也化解了與美濃的恩怨情仇，進而穩固了信長的接班人之位。

然而，齋藤道三也不是好對付的人。歸蝶出嫁前一晚，他把自己的防身小刀送給女兒，吩咐道：「如果信長那人真是個大傻瓜，你可以用這個把他殺死。」

織田信長成為領導人

由於平手政秀的媒合，天文十七年（1548年），齋藤歸蝶從美濃來到尾張國，與織田信長完婚，被稱為「濃姬」。

結婚那天，平手這位媒人非常高興，心理暗想，信長中了我的「美人計」，以後我就可以閒雲野鶴、放心養老了。平手老師自酌自飲，喝得酩酊大醉，最後被兒子架著回了家。

然而，平手先生實在是高估了自己的智商，織田信長並不是他想像中輕易回頭的浪子。結婚當晚，他就把歸蝶姑娘丟在一旁。

第二天，平手師傅聽說此事後，認真研究戰略，和信長展開了嚴酷的「游擊戰」，終於在在相撲場上將其活捉並押回新房。

「你就是阿濃？」信長大搖大擺地走進新房，腰間別的水壺、佩刀也隨著他一搖三擺，叮叮咚咚。

「你是……」歸蝶小娘子看到他這副樣子，頓時明白了：「殿下！」

「你會舞劍嗎？」「知道點皮毛！」「相撲呢？」「也知道一點。」

「太好了！」信長跟見了親人似的，抓起歸蝶姑娘的手，「我吉法師又多個朋友了！」

歸蝶小姐在出嫁前，她父親曾陪送小刀一把，希望她能成長為出色的特務，手刃信長。之後的日子裡，她就時時留心這個大傻瓜的行動。然而，幾天下來，她卻得出了與世人不一樣的看法。於是，她收起父親所賜的貼身小刀，寫信回美濃，稱自己的夫婿實在是個人才。

「阿濃瘋了嗎？我倒要會一會這個好女婿！」蝮蛇把眼睛瞇成了一條線。

於是，天文十八年（1549年），根據兩國外交安排，已繼承大統的織田信長公子帶著兄弟們來美濃國「拜見岳父大人」了。

當信長一行還在城外時，駐守在外的密探就已將消息傳到了道三耳朵裡。說他的女婿不過是個粗人，衣衫不整，行為粗鄙，實在不堪。

道三後來和信長見面，發現此人的確有過人之處，送走信長之後，道三也就不為女兒的婚事操心了。

後來，天文二十年（1551年），素有「尾張之虎」美稱的織田信秀突發疾病倒下了，請遍城中名醫也未能保住小命。這樣，織田信長遵照遺囑，順利登上了領導人寶座。

信秀的追悼會在萬松寺隆重舉行，城中最優秀的和尚都被叫去做法事。在莊嚴肅穆的音樂中，昔日追隨信秀的人們聚集一堂，個個神情肅穆，按順序來到信秀的遺像前叩拜、默哀，一切都井然有序。然而，此時卻唯獨不見繼承人織田信長的身影。一旁的平手老師急得冒汗。

斜眼看看一旁身著素衣，神情淒涼的織田信行，平手師傅更是焦慮。終於在追悼會進行到一半時，信長姍姍而來了。只見他身穿一件「乞丐服」，光著膀子，露出雪白的肉，腰間掛著的水瓢、打火石等照樣叮叮咚咚響個不停。

一旁正默哀的家臣聽到這動靜，抬眼一看，簡直要氣暈過去。不過，

BC

— 0　耶穌基督出生

— 100

— 200

— 300
君士坦丁統一羅馬

羅馬帝國分成兩部
— 400

— 500　波斯帝國

— 600　回教建立

— 700

— 800
凡爾登條約
— 900
神聖羅馬帝國建立
— 1000

— 1100　十字軍東征

— 1200
蒙古第一次西征
— 1300
英法百年戰爭開始

— 1400
哥倫布發現新大陸
— 1500
英國大破無敵艦隊
— 1600
發明蒸汽機
— 1700
美國獨立
— 1800
美國南北戰爭開始
— 1900
第一次世界大戰
第二次世界大戰
— 2000

上古時期　　BC

漢

－ 0

100 －

三國
晉　　　　200 －

300 －

南北朝　　400 －

500 －

隋朝
唐朝　　　600 －

700 －

800 －

五代十國　900 －

宋
1000 －

1100 －

1200 －

元朝
1300 －

明朝
1400 －

1500 －

清朝
1600 －

1700 －

1800 －

1900 －

中華民國

2000 －

也有一些另作他想者心裡嘿嘿直樂：「大家都來看，都來看！尾張著名大傻瓜來了！」

原來，信長的怪異舉止早就聞名遐邇，好多家臣都心生異意，普遍認為行為端莊、有長者風範的二公子信行更適合擔任領導人之職。但是，時機尚未成熟，大家也就這麼暗想，還不敢對外公開。藉這次追悼會，兩兄弟的表現人們有目共睹，相信此事之後，信行的支持率定會一路攀升！

平手先生衝過去，連拖帶曳地將信長帶到信秀遺像前。

平手還沒有開口說什麼，信長已經開始嚎啕大哭。他埋怨父親死的不是時候，為何在這個時候死去。

可這話也太讓人意外了，哪有埋怨父親死的不是時候的人呢？不過考慮到這位剛經受喪父之痛，精神可能有點錯亂，大家就也都不做聲。然而，隨後發生的事情卻是讓全日本人民都想不到的。

「父親，你這一撒手，我們家可就……唉……」信長哭著，抓起桌上的香灰朝他的遺像狠狠丟去，那目標是相當地準，信長父親直接被「香灰敷面」。

「你！……」家臣們被這奇特的行為嚇了個暈頭轉向，一時分不清東西南北。

但是，信長才不屑理會，沒等他們反應過來便離開了現場。

昔日跟隨信秀出生入死的弟兄們同聲地譴責著，一旁的平手老師找不到什麼好的發洩方法。於是，追悼會上每個人都用自己獨特的方式，表達著對老主人的追思，哭得嘶聲力竭。

然而，在這場分外成功的追悼會上，信行小公子卻一直很節制地悲傷、哭泣，表現出迷人的君子風範。

大家紛紛贊許。

追悼會之後，信長的支持率急速下降。尾張國的豪族們人心思變，或想另起爐灶，或想棄暗投明，或想坐山觀虎鬥，可謂五花八門，各施其才。其中，最大的暗流源源不斷湧向小公子信行。

尾張國內亂四起

織田信秀去世時將地主一位傳給了愛子織田信長，尾張人民對這位舉止奇特的主人實在看不上眼：「哼！他算哪門子主公啊，尾張讓他當家真是自尋滅亡！」

於是，有能力的管家、長工們人心思動，紛紛表示二公子信行——即信長一母同胞的老弟更適合做當家人。

遠觀信行公子的行為舉止，風流倜儻、舉世無雙，何況他背後還有地主老太太撐腰。因此，眾人也都自覺地跟老太太看齊，向下一任主人靠攏。當然，眾人還不敢明目張膽做出些違法亂紀的事，畢竟信長身邊還有個平手政秀。

這位平手先生可以說相當命苦，遇到織田信長這樣一個弟子，真是倒了楣，過日子對他來說就是煎熬，整天都有操不完的心：家臣們蠢蠢欲動，一旁的鄰居又虎視眈眈，可信長這孩子為何都沒一點兒緊迫感呢？平手替他急啊，盼望著信長能早日回頭是岸。然而，時光匆匆，信長依然我行我素，相當瀟灑快活。

終於，平手先生想明白了：這孩子就是他的剋星啊，這條老命是非要斷送在他手裡了。於是，天文二十二年（1553年），平手政秀先生留下一封勸諫書，就剖腹自殺了，享年62歲。織田信長趕到事發現場時，這個平時被他稱為「老頭」的爺爺平手老師早已氣絕。信長抱著平手大哭，老頭以往的好處此刻都在眼前了，可惜啊……後來，信長為了懷念這位好老師，還專門建立了政秀寺。

平手政秀死了，然而，歷史卻沒有留很多時間給織田信長悲傷，考驗他的時刻到了！弘治二年（1555年），與三河國相鄰的尾張國鳴海城的守將山口教繼怕跟著信長沒飯吃，投靠了駿河的今川。事發之後，織田信長火速佈局，積極展開救火行動，山口教繼很快被滅了。然而，此事一出，國人大為震驚：還真有第一個反叛的人啊！

上古時期　BC

漢

－ 0

100 －

三國
晉　　200 －

300 －

南北朝　400 －

500 －

隋朝　　600 －
唐朝

700 －

800 －

五代十國　900 －

宋　　1000 －

1100 －

1200 －

元朝　1300 －

明朝

1400 －

1500 －

清朝　1600 －

1700 －

1800 －

1900 －

中華民國

2000 －

　　同年，同宗的織田信友想在混亂中發筆橫財，也想造反，結果又被信長的消防隊所阻止。幾年後，這個信友又積極擁護信行公子的謀反事業，並計畫謀殺信長，被整了個灰飛煙滅。

　　緊接著，信長老丈人家裡發生內訌，大舅子謀殺了自己的父親，從此與尾張絕交。失去了美濃這個有力後盾後，信長每日憂心忡忡。然而，偏偏有些人還恐天下不夠亂，於是，同年8月24日，信行小公子在家臣的支持下也反了。

　　信長又帶領自己的救火隊迅速趕往稻生進行滅火工作。稻生之戰中，信行二公子並沒得到什麼好處，最後還是靠母親出面，才被信長免了死罪。然而，鍥而不捨是信行的優良品格。第二年，他再度謀反，然而，當一切還都在搖籃中時，手下柴田勝家已將消息傳到了信長那裡。這下子可惹出了信長的脾氣，直接派手下河尻秀隆將弟弟滅了。這件事想必信長也是很痛心的，但政治的殘酷不允許他有太多仁慈。

　　在接連不斷的戰火洗禮中，信長得到很大鍛鍊，表現出優秀的品格，大大提升了他在民眾心目中的形象，被國人公認為是有魄力、有魅力的新一代領導人。

　　在隨後的閒暇裡，信長又憑著優秀的軍事才能和作戰技術，輕鬆料理了國內其他不聽話的人，確立了對整個尾張國的絕對領導權。

　　正當織田信長為了救火工作不辭勞苦時，身處駿河的竹千代小朋友已經默默長大了。弘治二年（1555年），竹千代小朋友在駿河舉行了元服儀式，加入了成人行列，改名為松平元信。

　　此時的松平元信已是三河、駿河兩地公認的好青年，是指標一類的人物，就連駿河國的軍師太原雪齋老先生也對他讚譽有加。有空閒就領他騎騎馬、打打獵，要不就是教他些古文、兵法，幫助元信提高文化修養，儼然是監護人的角色。

　　元服儀式完畢後，元信向今川先生提出了要回家為父親掃墓的要求。

　　今川老地主想著，「元信這麼多年沒回去，一定想念三河吧？……想回就回吧！」

今川大人金口一開，把元信感激得泣涕漣漣。

事不宜遲，說走就走。元信騎著高頭大馬回鄉了。三河人民聽說當家的回來了，都聚集在城門夾道歡迎。元信聽著親切的家鄉話，又是一陣激動。然而，三河人民骨瘦如柴的身體卻讓他吃驚。

「怎麼，鄉親們收成不好嗎？」他問，卻沒有人敢回答。

「那不是近藤大叔嗎？」元信看著人群中一個滿臉污泥的人說。

「正是手下。」人群把他擠到元信面前，他見無處可逃，只好承認。

「近藤大叔幾年不見，您怎麼成這副模樣了？」

「自從今川家掌管三河後，武士不下田勞動也是沒飯吃的。」一個人報告道。

隨後，元信來到崗崎城拜訪駿河那邊派來的代城主。寒暄過後，代城主提出讓元信住在崗崎城自己的府內，元信擺了擺手說：「您明天還要工作，就不用為我費心了，我住在手下家裡就成。」代城主謙讓不過，只好表示：「對元信老弟這種毫不利己專門利人的精神，在下實在佩服地很啊！」

晚上，元信住在家臣鳥居忠吉家裡。這個老頭曾經當過元信的爺爺松平清康部下，如今已經八十多歲高齡了，在崗崎城負責徵收苛捐雜稅的工作。見了面，元信便和他就目前三河國的局勢，未來可能發展的方向交換了意見。原來，今川這個老狐狸經常壓榨三河，三河的百姓辛辛苦苦一年也不能糊口。武士階層不僅要戰時打仗，還要幹活養活自己。

「忠吉，都是我連累了三河人民啊！」

「殿下哪裡的話，三河百姓為了您願意忍耐呢！殿下，你來看！」

鳥居忠吉拿著燈，領著元信在府裡繞了幾圈，終於來到一個漆黑的房間。

「殿下您看！」順著忠吉的手，只見屋裡滿滿地堆得都是銅錢、糧食。

「殿下，這是給今川家徵收稅款時，我偷偷留下的……您將來重振家業用得著。」

BC

— 0　耶穌基督出生

— 100

— 200

— 300　君士坦丁統一羅馬
　　　　羅馬帝國分成兩部
— 400

— 500　波斯帝國

— 600　回教建立

— 700

— 800
　　　　凡爾登條約
— 900
　　　　神聖羅馬帝國建立
— 1000

— 1100　十字軍東征

— 1200
　　　　蒙古第一次西征
— 1300
　　　　英法百年戰爭開始
— 1400

　　　　哥倫布發現新大陸
— 1500

　　　　英國大破無敵艦隊
— 1600

　　　　發明蒸汽機
— 1700

　　　　美國獨立
— 1800

　　　　美國南北戰爭開始
— 1900
　　　　第一次世界大戰
　　　　第二次世界大戰

— 2000

上古時期　BC

漢

—0

100 —

三國

晉　200 —

300 —

南北朝　400 —

500 —

隋朝
唐朝　600 —

700 —

800 —

五代十國　900 —

宋　1000 —

1100 —

1200 —

元朝　1300 —

明朝　1400 —

1500 —

清朝　1600 —

1700 —

1800 —

1900 —

中華民國

2000 —

「忠吉……」元信握住這位老臣的手，不知如何表達內心的激動。

「殿下，留得青山在不愁沒柴燒。三河人民都會為了您而忍耐的，也請殿下千萬忍耐啊！」

「忠吉，我記下了！」

回鄉探望的日子過得很快，幾天後元信又踏上了去駿河的道路。「主人，保重啊！三河百姓都盼著您早日回來啊！」國境上，老邁的忠吉在元信身後喊。「大家都回去吧！」面對這樣感人的送別場面，元信強忍淚水，揮了揮手，沒有回頭地走了。「美麗的三河國，等著我松平元信吧，我一定會再回來的！」迎著駿河刺骨的寒風，他想起當年與織田信長相約做大英雄的情景，那天應該不會太遠了！

織田信長的統一之路

弘治二年（1555年）10月，太原雪齋老先生去世，享年60歲。這位老先生一直是今川地主的心腹，如今失去了他，今川老頭子等於失去了一條胳臂。然而人生苦短，他的下個英雄目標是上洛，誰也阻止不了他！

上洛就是去當時的首都京都的意思。早在西元8世紀時，日本國與中國交流頻繁，他們所建的首都大都仿照中國洛陽、長安的模式。因此，日本人也將京都稱為「洛陽」「洛城」，去京城也就自然地成了「上洛」。

身為「東海道第一弓取」的今川先生，早就夢想著能把自己的旗幟插到京都，號令天下。現在雖然雪齋先生仙去了，但是，他不信靠自己的力量去不了上洛！

打定主意後，今川先生就把第一個目標定在了尾張的織田家。在通往京都的路上，與織田家的惡戰是免不了的。擇日不如撞日，就是現在吧！經過考慮，今川先生先為自己找到個墊背的，派元信率領三河軍作為先鋒部隊開向大高城。隨後，老先生才領著自己的3萬士兵踏上了上洛之路。

幾天後，英姿勃發、所向披靡的今川軍就攻陷了織田方的丸根、鷲津

兩座要城。

急報送到尾張國後，家臣們都非常焦急，面對這麼強大的今川該怎麼辦呢？一群人急急忙忙來到信長家，卻只見信長仍然衣著隨便，一副浪蕩公子形象。而且在這個緊要關頭，他不先商量國家大事，居然讓大家都睡覺去。

眾人驚訝這位年輕領導人的古怪行為，也不是一次、兩次了，但還是忍不住愕然。在國家生死存亡的關頭，他竟然說讓大家回去睡覺？！家臣們一個個垂頭喪氣地走了，有的甚至暗暗吩咐家人為自己準備後事，決意要與尾張共存亡。

這一夜，整座城都籠罩在煩躁不安的氣氛中。快天亮時，信長的房間裡突然傳出了音樂聲。信長大人真是有雅興，到了這個時候還命濃姬敲鼓伴奏，自己則跳起了《敦盛》舞，一邊跳一邊唱道：「人生五十年，與天地相較之，如夢亦如幻。但得一世者，豈有不滅乎？」歌聲雄渾悲壯，聽之令人落淚。

正在周圍人浮想聯翩時，信長大人突然將手中紙扇一扔，叫道：「拿鎧甲來！」回過神來的傭人們急忙遞上戰衣。「拿飯來！」信長大人端著碗站著吃了早飯，隨後，又戴上頭盔，跳上戰馬，叫道：「以桶狹間為目標，衝啊！」說完，一個人率先衝出了城門。

此時剛取得兩城的今川老地主正在桶狹間放鬆心情，幻想著打入清城，直取信長的人頭呢！可是，這老傢伙沒料到的是，自己的人頭已在別人刀下了！

信長開始了統一織田家的征途，他先後清除掉青州織田家和一門宗家的織田信安，經過一段時間的征戰，終於在1559年時確立了對整個尾張國的統治權。

大家都對此大吃一驚，這個平日裡看起來瘋瘋癲癲，什麼也不在乎的男人，居然能夠完成這樣偉大的事業。

其實，織田信長還有更偉大的想法，那就是征服日本天下，只不過這段時間裡羽翼還沒有長豐滿，所以，他一開始並未輕舉妄動。

BC

— 0　耶穌基督出生

— 100

— 200

— 300　君士坦丁統一羅馬

羅馬帝國分成兩部
— 400

— 500　波斯帝國

— 600　回教建立

— 700

— 800

凡爾登條約

— 900

神聖羅馬帝國建立
— 1000

— 1100　十字軍東征

— 1200
蒙古第一次西征

— 1300
英法百年戰爭開始

— 1400

哥倫布發現新大陸
— 1500

英國大破無敵艦隊
— 1600

發明蒸汽機
— 1700

美國獨立
— 1800

美國南北戰爭開始
— 1900
第一次世界大戰
第二次世界大戰

— 2000

上古時期　BC

漢

－ 0

100 －

三國　200 －
晉
300 －

南北朝　400 －

500 －

隋朝　600 －
唐朝
700 －

800 －

五代十國　900 －
宋
1000 －

1100 －

1200 －

元朝　1300 －

明朝　1400 －

1500 －

清朝　1600 －

1700 －

1800 －

1900 －
中華民國
2000 －

看到織田信長毫無動作，本來不把他放在眼裡的一些人，也根本不拿他當回事。1560年，實力強大的今川義元率領大軍往京都出發，對外的說法是要去朝拜天皇和幕府將軍。

但他的真實用意是什麼，無從可知。上京都的路上必經之地就是尾張國，今川義元很耍大牌的要織田信長給他讓路。織田信長必然不會答應他的要求，信長一面拒絕他的無禮要求，一面積極訓練人馬，準備打仗。

今川義元當然認為織田信長的腦子肯定壞掉了，面對自己如此強盛的兵馬，他居然敢叫囂。

就在所有人都認為這一仗是以卵擊石，織田信長必敗的時候，織田信長卻又一次的讓日本人吃驚了。

他面對危機表現得很鎮定，當1560年5月19日，今川義元的軍隊前進到一處峽谷地帶的時候，織田信長叫人發動了攻擊，突然受到夾擊的今川義元軍隊措手不及，而且地形對他們也不利，所以，連連敗退，今川義元也在這一戰中戰死了。

這一仗之後，織田信長名聲再次大震。而經過這次敗仗之後，隨著今川義元的死去，今川家族的勢力也逐漸衰落；而織田信長的勢力則得到了提升，他這下可是有了能夠征服四方的能力和勇氣了。

而此時，其他的人也有些動了和他聯手合作的打算，例如元康。

平定「一向一揆」動亂

其實元康心裡已經有了決定，他傾向於跟信長那邊合作，一是因為他覺得信長更有前途，二是他現今的盟友今川氏真沒什麼謀略，也不會打仗，跟他合作似乎沒什麼實際效用。於是，二話不說，元康派人把自己的意思傳達給信長。

這以後元康就開始和織田家打起了交道，今川氏真不是聾子、瞎子，他把元康的舉動都看在眼裡，當然，氣在心裡。更讓今川氏真不能容忍的

是，元康居然攻打了西郡城！不僅如此，元康還殺死了今川氏真的親戚鵜殿長照，並且把他的外甥藤太郎也俘虜了去！

對於元康的種種行為，今川氏真簡直暴怒，他不能眼看著自己的地盤被元康和信長搶了去。幸虧今川氏真手裡還有元康的老婆和兒子，於是他決定拿這兩個人當人質，要好好地質問質問元康。

元康深愛著自己的老婆和孩子，聽說今川氏真暴怒以後，元康也整天坐立不安。對老婆、孩子心懷歉疚，不時還落下幾滴眼淚，底下的人看了都不太忍心，於是有個叫石川數正的人出來替主子分憂解愁了。

這個石川數正拍著胸脯對元康保證，說他一定會把夫人和少爺從今川氏真的手裡平安地接回來。元康雖然疑惑，但也心懷感激地讓他去了。

見到了今川氏真，石川數正準備大施一番拳腳，當然他絕不會愚蠢到用武力來解決問題，而是用自己聰慧的頭腦。如石川數正所料，今川氏真見到他的第一秒鐘就開始破口大罵了，說元康殺了鵜殿長照，又把藤太郎也擄了去。總之今川氏真滿口惡言，讓石川數正沒有說話的餘地。

不過石川數正也沒有要發表意見的意思，他只是等著眼前這個頭腦簡單的傢伙發完脾氣，再來個「扭轉乾坤」的妙計。終於，今川氏真罵累了，現在輪到他石川數正開口了。

讓今川氏真沒有料到的是，眼前的石川數正居然還沒說話就已經哀淚兩行，這又是怎麼一回事呢？只聽石川數正道來：「您可冤枉了我們家主子元康了，他帶著兵殺到西郡城是去營救鵜殿長照的，可惜去遲了一步，哎！後來沒辦法，元康不能眼看著西郡城落入他人手中啊，所以也順便把它拿下了。」

這話讓今川氏真深感意外，原來元康還沒有喪失良心啊！看見今川氏真的臉色有所好轉，石川數正繼續說下去：「至於藤太郎，他根本沒有死，只是暫住在織田家那邊，我們一定會安全地把您外甥給送回來的！當然，解救藤太郎最好的方式就是拿人質交換，而最好的人質就是元康的夫人和孩子，這也是我此行的目的。如果您還不放心，我這次還把自己的老婆和孩子帶了來，就先請您把他們滯留下來，待我換回藤太郎，您再釋放

BC

— 0　耶穌基督出生

— 100

— 200

— 300
君士坦丁統一羅馬

羅馬帝國分成兩部
— 400

— 500　波斯帝國

— 600　回教建立

— 700

— 800
凡爾登條約

— 900
神聖羅馬帝國建立
— 1000

— 1100　十字軍東征

— 1200
蒙古第一次西征

— 1300
英法百年戰爭開始

— 1400
哥倫布發現新大陸
— 1500
英國大破無敵艦隊
— 1600
發明蒸汽機
— 1700
美國獨立
— 1800
美國南北戰爭開始
— 1900
第一次世界大戰
第二次世界大戰
— 2000

上古時期　BC
漢
　　　　　－ 0
　　　　　100 —
三國
晉　　　　200 —
　　　　　300 —
南北朝
　　　　　400 —
　　　　　500 —
隋朝　　　600 —
唐朝
　　　　　700 —
　　　　　800 —
五代十國　900 —
宋
　　　　　1000 —
　　　　　1100 —
　　　　　1200 —
元朝
　　　　　1300 —
明朝
　　　　　1400 —
　　　　　1500 —
　　　　　1600 —
清朝
　　　　　1700 —
　　　　　1800 —
　　　　　1900 —
中華民國
　　　　　2000 —

他們。」

　　石川數正果然是一等一的騙世高手，今川氏真信了他，而且是完全信服。於是，石川數正的老婆、孩子被今川氏真暫時扣留了下來，他讓元康的老婆孩子跟著石川數正先走了。後來的情況也如大家所願，藤太郎被釋放，元康一家人團聚，石川數正的家人也安全到家。

　　家庭安好，元康心裡的大石頭總算落下了，這回他可以安安心心地考慮跟信長結盟的事了。經過一番交涉，雙方確定了聯誼的時間和地點。到了那天，信長和元康分別帶著自己的部下準時到了會場。

　　儀式都是那一套，沒什麼的可說的，走走過場罷了。簽字畫押完畢後，雙方算是正式成為盟友。可這時候信長卻做出了一件讓眾人瞠目的事，這傢伙居然把自己手裡的合約給撕了！元康瞪大了眼睛傻愣著，信長見元康將要發怒，不慌不忙地解釋：「元康兄，你說這一張破紙能有什麼作用呢？究竟是心裡的契約重要，還是紙上的文字重要？不如我們喝上三杯，就當誓言，比這破紙要強上千倍百倍！」

　　原來是這麼一齣啊！元康無語，心想他說得也對，就同意了。為了讓信長看出他合作的決心，元康也出奇意外地來了一招，他把自己的名字改成了家康！一來是為了表示自己從此與義元那邊沒什麼關係了，二來表示對雙方合作的信心。

　　元康雖然改成了家康，可是剛剛了卻結盟心願的他沒過多久又有了新的煩惱，這煩惱來自於動亂。此時正值1563年，歷史上稱作「三河一向一揆」。

　　時局動盪，誰的日子都不好過，尤其是農民。自己辛辛苦苦種地，到最後反倒吃不飽肚子，豈有此理！不造反就沒飯吃，所以農民們不得已聯合起來，為自己爭一點糧食，這叫「一揆」。

　　那麼「一向」又是怎麼回事呢？其實這是個佛門教派，可雖說是佛門子弟，卻無惡不作，無論燒殺搶掠，他們都幹得出來，大魚大肉他們也照吃不誤。

　　可正是因為這個教派對加入的人沒什麼限制，所以越來越多的百姓都

前來報名。教派裡的人也是龍蛇混雜，根本不知道自己進來是做什麼的。不過這些人只要聽到上頭發下命令，就毫不廢話地跟著組織去造反，因此教派頭目們都得意洋洋，以為自己勢力很大。

這回「一向」和「一揆」聯合起來要造反，其實根本不是為了給人民多爭取點利益，只是為了教派頭目的私心，想找點事做，順便給自己再多弄點錢財，以便更好地享樂。顯然，無辜的百姓和農民是上了這些頭目的當了。

這回造反的隊伍裡有很多人家康是認識的，他甚至懷疑石川數正也在裡面鬼混，只是不想揭穿他而已。家康其實挺苦惱的，他根本不想傷害無辜的百姓，他只是想要把那些無恥的教派頭目拿下。這樣一來，家康就要顧慮很多，他要想出一個既不傷及無辜，也能幹掉壞蛋的好辦法！

家康不愧是家康，很快，他心裡有了主意，堅定地帶著大兵就出發了，對方參戰的首領是渡邊守綱，家康早就看他不順眼了，沒想到這傢伙不知道自己才多少本事，居然猖狂了起來，當著眾人的面對家康大罵。

家康沉得住氣，本來他就不是來打仗的，而是準備用嘴上功夫順利地將此戰拿下。於是，家康開始發話了，說的對方臉都綠了。

只見渡邊守綱的臉都綠了，家康也不讓他，繼續鄙視：「你說你們侮辱佛祖也就罷了，幹嘛還把老百姓們騙來？他們可是勤勤懇懇的勞動者啊，佛祖應該保佑他們才對！再說了，現在百姓們日子過得好好的，又沒什麼天災人禍，你們把他們召集起來造反，能給他們帶來什麼好處呢？說實話，根本沒好處！壞的結果倒是一大堆：趕不上種地的季節，百姓們吃什麼、喝什麼？」

說到這裡，對方身後的隊伍譁然了，想必無辜的百姓和農民們在聽了家康的話以後都已經醒悟了。這時，渡邊守綱的人沒了打仗的鬥志，家康見機會來了，立刻下令自己的部隊衝上去。這一衝，對方那邊的人一哄而散，還打什麼仗啊，家康說得對，趕緊回去種地比較實在！

家康的目的達到了，眼看著對方的陣容散開了，他立即收回了兵力。這樣，家康就不用受良心的譴責，因為他沒傷到無辜的人。對方教派見自

上古時期　BC

漢

－ 0

100 －

三國

晉

200 －

300 －

南北朝

400 －

500 －

隋朝

600 －

唐朝

700 －

800 －

五代十國

900 －

宋

1000 －

1100 －

1200 －

元朝

1300 －

明朝

1400 －

1500 －

清朝

1600 －

1700 －

1800 －

1900 －

中華民國

2000 －

己沒了勢力，就前去跟家康哭著求饒。家康哪這麼容易放過他們，不過鑑於當前形勢，為了安頓人心，家康暫時哄著這幫和尚，等著以後有時間再收拾他們。

這回好了，農民回去種地了，百姓們也都回歸正常生活。家康對此很滿意，也很自豪。當然，他還要除掉那可恥的教派，等時機到了以後，家康把不該有的寺廟通通付之一炬，完全地平定了「三河一向一揆」這場動亂。

要說雙喜臨門呢，家康的事業如火如荼地開展了起來，他又收復了三河東部地區。朝廷見家康事情處理得這麼漂亮，就想收他為御用人才。家康也不客氣，誰也不會嫌自己手裡的錢多啊，這個官他當定了！

家康得到德川姓氏

1566年，家康正式成為了御用人才，開始為朝廷效力，並且又把名字改了，叫德川家康。當然，想要進朝廷當官也不是件容易的事，雖說他家康能力擺在那，可是怎麼也得有個過場，讓朝廷安安心心地把你延攬了。為了這個過場，家康可是費了不少功夫。

話是這麼說的，因為要進朝廷當守護大名，除了自身有才之外，還必須是源氏、平氏二家的後人，二者缺一不可。家康才華絕對是有的，可是這第二個條件就讓他為難了。不過家康趕上了好時代，因為這個時代正缺人才，他源氏、平氏二家的後代也都沒多大出息。家康想，只要自己加把勁，把自家跟源、平二家套上點關係，這事就成了！

就這樣，家康開始為套這個關係而努力著，當然，他身後有一大群人幫著他。

家康知道，在很久很久以前，三河國並不屬於松平家，而是透過爺爺輩的努力奮鬥，才爭取來今天整個三河的。也正是知道這一點才更讓家康沮喪，因為這樣一來，他的祖輩就是平民，他家康就更跟源、平二家扯不

上關係了。

不過沮喪歸沮喪，這個官家康是一定要當的，所以眼前只有一條路：沒關係也要套上關係！

皇天不負有心人，沒過多久，這「關係研究」就有了突破性的進展。事情是這樣的：這幫人挖出一個祖先輩的人物，叫松平信重。傳說這個人以前為自己的女兒招了個老公，也就是他的入贅女婿，因此這女婿也就姓了松平，叫松平親氏。

其實這個松平親氏之前姓世良田（也可叫作德川），這姓可是屬於清和源氏的。後來因家道中落，這人才淪落當了和尚，雲遊四方，所以才來到了松平家。

關係套到這個程度，家康身後的智囊團已經費了九牛二虎之力了，可是這也不能說明松平家跟源、平二家鐵定有關係。畢竟在三河地區，松平姓氏的家族有二十多家，那個松平親氏也不一定就是他家康的祖宗啊。

都說天下沒有苦心人辦不到的事，終於，智囊團又有了新的發現：不是說那個松平親氏之前是當和尚的嗎？既然是和尚，總得有個寺廟安身啊，他所在的那個寺廟就叫德川德滿。顯然，這個寺廟一定是在德川這個地方，因為根據當時日本的風俗，很多東西都以當地的名稱命名。

哇，家康也姓德川啊！這下終於跟源、平二家套上了關係！事不宜遲，趕緊拿著這研究成果到朝廷那裡去確認關係。

家康知道，即便自己有了證據能夠證明自己的身分，可是朝廷裡的人還是需要打點的。這社會不送禮哪能辦得成事情呢？更何況天皇手裡根本沒什麼實權，他都聽底下那幫公卿的話。於是，家康帶著充足的禮物就出發了。

到了朝廷以後，家康如數地打點了公卿們，心想著現在這些人的日子也不好過，誰讓他們什麼本事都沒有呢，這可是靠本事吃飯的年代啊！

打點通了以後，家康如願得到了這個姓氏，這個官總算是當成了！德川家康和織田信長的好日子並沒太長，考驗又來了。

BC

— 0　耶穌基督出生

— 100

— 200

— 300　君士坦丁統一羅馬
　　　　羅馬帝國分成兩部
— 400

— 500　波斯帝國

— 600　回教建立

— 700

— 800

　　　　凡爾登條約
— 900
　　　　神聖羅馬帝國建立
— 1000

— 1100　十字軍東征

— 1200
　　　　蒙古第一次西征
— 1300
　　　　英法百年戰爭開始

— 1400

　　　　哥倫布發現新大陸
— 1500

　　　　英國大破無敵艦隊
— 1600

　　　　發明蒸汽機
— 1700

　　　　美國獨立
— 1800
　　　　美國南北戰爭開始
— 1900
　　　　第一次世界大戰
　　　　第二次世界大戰
— 2000

姊川之戰

好景不長，看到織田信長的地盤越來越大，有人就開始眼紅。當然了，信長也不手軟，敢反叛我，不讓別人有好結果。

第一個制裁的就是朝倉家。

說打就打，元龜元年（1570年）6月28日，織田信長帶領軍隊衝到了淺井家門口，駐紮姊川。另外，信長的忠實盟友德川家康也領著自己的五千人馬趕來幫助他。

朝倉人一聽這消息馬上清點人數，帶上裝備奔赴姊川，與德川家隔河相望。淺井長政在小谷城聽說姐夫率領大部隊來了，哪敢怠慢，二話不說穿上戰袍，領著一萬人馬來招待他。

雙方隔姊川佈陣，信長、家康在南，淺井、朝倉在北，兵力不相上下。

鑑於上次從金崎城倉皇逃竄的慘痛經驗，信長決定使用多層防禦陣法，從前到後依次為：第一陣阪井政尚，第二陣池田恒興，第三陣木下秀吉，第四陣柴田勝家，第五陣森可成等等，共安排十三陣之多，信長自己坐守後方——這個位置既利於指揮前方，又方便逃跑，真是再好不過了！

德川在信長的左邊佈陣，陣法相似，只不過沒織田信長人多勢眾，佈置了三層，依次為：酒井忠次、小笠原長忠、石川數正。

對面淺井、朝倉家陣法也依葫蘆畫瓢：我們也是有人有糧的，還怕你了不成！一個個磨刀霍霍向信長！

正式開戰之前，是對罵階段，這一潮流是由朝倉軍發起的——從這一事件上可以看出朝倉家軍隊的素質問題。

俗話說打人不打臉，揭人不揭短。這朝倉家卻是專揭三河人民的傷疤，從德川家康的松本清康爺爺罵起，兼及上次的金崎大逃亡。朝倉軍看到自己的罵人功夫略勝一籌，按捺不住興奮，越罵越勇。期間，還放幾槍讓德川家聽聽。終於，被激怒的三河兒郎酒井忠次率先抄起傢伙朝對岸衝

上古時期　BC

漢

— 0

100 —

三國
晉　　200 —

300 —

南北朝　400 —

500 —

隋朝
唐朝　600 —

700 —

800 —

五代十國　900 —

宋

1000 —

1100 —

1200 —

元朝　1300 —

明朝　1400 —

1500 —

清朝　1600 —

1700 —

1800 —

1900 —

中華民國

2000 —

了過去，打響了姊川會戰的第一槍。

德川兄弟已經和朝倉家對上了，那還等什麼。於是，信長的先鋒阪井政尚遭遇了淺井家的磯野員昌。這磯野員昌可是一位猛將，聲威不是一般的大。阪井政尚遠遠望著他，已被他的氣勢嚇到，結果一下子就敗下陣了。

放倒阪井後，磯野員昌又和池田恒興交上手，這一仗簡直是為難池田了，剛打兩拳就敗下陣來。接著，猶如天神附體的磯野遇上了木下秀吉，也是剛碰面就被他扔到一邊，暈了過去。

當年還沒有望遠鏡，所以信長沒看到具體戰況，此時還在本陣中耐心教手下們陣法。正是口沫橫飛的時候，一個機靈的士兵提醒他看外面。

信長抬頭望去，只見離自己帳篷不遠處，一位將領正橫騎馬上，飛舞大刀，砍兄弟們的腦袋。

莫非自己老眼昏花了？信長揉揉眼睛，仔細一看，這不是淺井家的磯野員昌嗎？頓時，背上冷汗如雨直下。

眼看磯野員昌衝破重重阻攔，直奔信長營中來了。德川家又被朝倉家牽制，不得動彈，這可怎麼辦？

難道信長還要像上次那樣逃回去？不，絕對不行！形勢危急！形勢危急！信長也坐不住了，忙調其他人手去補上缺口，緩解前鋒的壓力，但是，磯野員昌跟瘋子一樣，任誰也擋不住，眼看就要衝到面前。

再說德川家康那邊，五千兵力對朝倉家一萬兵力，本來就懸殊挺大，這下又和人家硬碰硬，怎會是對手？因此，渡過姊川的酒井忠次被朝倉家狠揍了一通，壓回南岸。三河部隊灰頭土臉，銳氣大減。德川家康一看形勢不妙，馬上親自上陣，準備抵禦朝倉家的進攻。

在家康的正確決策和英明領導下，三河好兒郎團結一致，打退了朝倉家一次又一次的進攻，總共有十幾次之多。但總被動防守也不是辦法啊！於是，家康手下的小弟神原康政前來獻計：說可以帶領小分隊從下游突襲朝倉右側，跟他們拼了！家康一聽覺得這主意也算不錯，點頭答應了。

此時的康政君正是二十出頭的小夥子，一腔熱血，兩袖清風，對野

BC

— 0　　耶穌基督出生

— 100

— 200

— 300
　　　君士坦丁統一羅馬
　　　羅馬帝國分成兩部
— 400

— 500　　波斯帝國

— 600　　回教建立

— 700

— 800
　　　　　凡爾登條約
— 900
　　　神聖羅馬帝國建立
— 1000

— 1100　十字軍東征

— 1200
　　　蒙古第一次西征
— 1300
　　　英法百年戰爭開始
— 1400

　　　哥倫布發現新大陸
— 1500

　　　英國大破無敵艦隊
— 1600

　　　　發明蒸汽機
— 1700

　　　　　美國獨立
— 1800
　　　美國南北戰爭開始
— 1900
　　　　第一次世界大戰
　　　　第二次世界大戰
— 2000

上古時期　BC

漢

　　　— 0

100 —

三國

晉　　200 —

300 —

南北朝　400 —

500 —

隋朝

唐朝　600 —

700 —

800 —

五代十國　900 —

宋　　1000 —

1100 —

1200 —

元朝

1300 —

明朝

1400 —

1500 —

1600 —

清朝

1700 —

1800 —

1900 —

中華民國

2000 —

外作戰頗有心得。在他的率領下，一群人從姊川下游偷偷渡過去，奇襲朝倉家右翼。這群不知從哪兒來的三河人著實嚇了朝倉家一跳，看不清實情的他們丟兵棄甲，相互踩踏，自己倒先亂作一團，惹得康政在一旁哈哈大笑，他們當初罵三河人的氣勢去哪兒了？康政命令手下將戰爭進行到底！

　　德川家康在對岸聽說了康政的成績，非常感動，遂命令弟兄們絕不手軟，朝倉家的過來一個殺一個，過來兩個殺一雙。頓時，戰場上只聽到朝倉口家的人大呼救命。

　　要說朝倉家領導人也忒不仗義，在這關鍵時刻竟率先撤退了，剩下真柄直隆老先生跟敵人周旋，真是不體恤老人家啊！與真柄直隆交手的是三河本多忠勝——也就是後來被信長接見的「日本之張飛」，時年二十三歲，也是猛人一個！於是，毫無疑問地，真柄直隆及其弟弟、兒子血灑姊川戰場，為朝倉家獻出了寶貴生命！

　　眼看領導人們跑的跑，死的死，朝倉家人潰不成軍，一時間成了烏合之眾。就這樣，德川家康憑藉五千兵力創造了又一個戰爭神話！

織田信長進入京都

　　那邊德川家打得朝倉家一敗塗地，這邊織田家形勢卻大大不妙，剛補充的弟兄又被打下陣來，磯野員昌已突破信長布下的十一道防線，馬上要殺過來了。

　　正在這時，木下秀吉的軍師，即素有「日本諸葛亮」之稱的竹中半兵衛先生，指導秀吉把橫陣改為圓弧陣，將磯野圍在其中。磯野畢竟也是血肉之軀，也有筋疲力盡之時，銳氣漸漸被弧陣扼止。信長雖近在咫尺，卻始終突破不了最後的防線，急得淺井長政在後面大吼：「突破敵人本陣！突破敵人本陣！」

　　支援德川家的稻葉一鐵看到織田家形勢緊急，也趕去攻擊淺井家右側。榜樣的力量是無窮的，原本受橫山城壓制的氏家常陸介和安藤伊賀守

也帶領人馬偷偷溜到淺井左側，暗下毒手。三面受敵的淺井軍實在困乏之極，終於扛不住，集體大逃亡到比叡山。

在德川家康的大力幫助下，織田信長的征戰雖然九死一生，但還是算順利完成了。此後，他更加的看重德川家康，而且也開始思量是否可以進行下一步了。

織田信長為了達到自己的目的，武田信玄和德川家康自然是他籠絡的對象。自古以來有一種搞好關係的方式很實用，那就是結親家，織田信長也覺得這是個不錯的辦法。於是，他把自己的女兒嫁給了家康的大兒子。後來織田信長也用同樣的方式與武田信玄以及其他人結成了親戚，可謂用心良苦。

織田信長的確野心很大，他想要做日本的霸主。當然，要想實現這個願望，就算他鏟平了全部的對手，可是仍舊有一個日本天皇坐在皇帝的寶座上威脅著他。沒錯，這個日本天皇就是他最大的障礙。

雖說日本天皇當時手裡實際沒什麼權力，但還是得想辦法名正言順地將他推翻。

織田信長對於這個所謂的天皇根本沒有畏懼之心，因為他已經明目張膽地放出了話，說他要統一天下。織田信長始終認為，當今的日本社會存在著太多的不合理因素，在這樣混亂的制度下，老百姓根本過不上好日子。就算是為了天下人著想，他織田信長也應該推翻幕府。

憧憬著自己心中那個美好的日本社會，織田信長的信心更大了。

為了一步一步剷除眼前或者是未來的障礙，織田信長不斷地擴大自己的勢力，一面用武力解決著好解決的事情，另一面用和親解決著不好解決的事情，可謂文武並用，其力無窮。

當關係結到一定程度的時候，織田信長已經放大了心，他決定乘勝出擊！

現任的幕府將軍名叫足利義榮，他的哥哥足利義輝是他的前任。足利義榮不知道，他的下一任接班人也是他的兄弟，只不過這一次是弟弟足利義秋。

BC

— 0　耶穌基督出生

— 100

— 200

— 300　君士坦丁統一羅馬

羅馬帝國分成兩部
— 400

— 500　波斯帝國

— 600　回教建立

— 700

— 800

凡爾登條約
— 900

神聖羅馬帝國建立
— 1000

— 1100　十字軍東征

— 1200　蒙古第一次西征

— 1300　英法百年戰爭開始

— 1400

哥倫布發現新大陸
— 1500

英國大破無敵艦隊
— 1600

— 1700　發明蒸汽機

美國獨立
— 1800　美國南北戰爭開始

— 1900　第一次世界大戰
第二次世界大戰

— 2000

上古時期　BC

漢

　　— 0

　　100 —

三國

晉　　200 —

　　300 —

南北朝　400 —

　　500 —

隋朝　600 —
唐朝

　　700 —

　　800 —

五代十國　900 —

宋

　　1000 —

　　1100 —

　　1200 —

元朝

　　1300 —

明朝

　　1400 —

　　1500 —

清朝　1600 —

　　1700 —

　　1800 —

　　1900 —
中華民國

　　2000 —

說起這三兄弟，不得不講講前任幕府將軍足利義輝的故事，很是淒慘。當時的足利義輝在幕府也不過是個有名無權的傀儡而已，可是他很愛面子，又很有國家責任感，覺得自己這麼下去也不是個辦法，日本國這樣下去就更不是辦法了。

為了改善自身以及日本的狀況，足利義輝認為學劍道是個不錯的方式，因為劍道不僅可以強身健體，重要的是可以鍛鍊一個人的膽魄。假如日本人人都學劍道，那麼這個民族一定就會強大起來了。

足利義輝是這麼想的，他也是這麼做的，可惜只有他一個人這麼做。但足利義輝並不灰心，別人不學我自己學，於是他全心全意地練習著劍道，並且練到了相當的程度。

那時候有個叫三好一族的組織，他們統治著近畿地區，還有一個叫松永久秀的傢伙。足利義輝不知道，三好一族和松永久秀就是日後送他上西天的無恥之徒。

足利義輝還沉浸在自己劍道強國的幻想中，他對三好一族和松永久秀要謀殺他的計畫毫無所知。為了幫助足利義輝的弟弟足利義榮繼位，三好一族跟松永久秀蓄謀了很久，終於在1565年的一天對足利義輝發起了進攻。

在毫無察覺的情況下，足利義輝看到大批人馬把他包圍。這時候足利義輝的身邊已經沒有什麼人可以保護他了，萬般無奈之下，他只能依靠自己的力量，來一個殺一個，來一雙殺一雙。

還好足利義輝之前學習了劍道，而且練得還算成功。在被敵人包圍之際，他把一把把尖刀插在地板上，誰過來他就殺誰，這還真發揮了不小的作用，起碼在一段時間內根本沒人能夠奈何他。

可是足利義輝沒有想到對方的奸詐程度，終於還是在狡猾的計謀之中身中無數刀，就這麼淒慘地走了。

接下來的事情順理成章，弟弟足利義榮當上了幕府大將軍。可是三好一族和松永久秀仍然不放心，因為足利義榮還有個弟弟存在這個人世間，他就是足利義秋。若是不把這個傢伙也幹掉，豈不是留下了後患？

他們越想越覺得足利義秋應該死，可是足利義秋這時候已經當了和尚。要知道，和尚可是歸國家掌管，也就是天皇手底下的人，若是把他殺了，就等於犯上，等於跟天皇作對。沒辦法，殺也不是，不殺也不是，只好先把足利義秋堵在了寺廟裡，將他軟禁了。

幕府的人哪裡容許足利義秋就這麼被囚禁在寺院裡，於是他們設法把足利義秋給弄了出來，並且送到了朝倉家去暫時躲著。幕府的人還努力說服朝倉家，讓他們重新擁護足利義秋為幕府大將軍。可是朝倉猶豫的態度已經告訴他們答案了，這是不可能的。

沒辦法，幕府的這幫人只好另想管道。於是，他們想到了織田信長。其實，他們的意圖正巧符合了織田信長發展事業的傾向，信長正想要借一塊磚頭把道路鋪向上洛（京都）呢。

二話不說，織田信長答應了這個請求。這一下，幕府裡擁護足利義秋的一幫人都成了織田信長的人，看來他還真是有謀略啊！答應了幕府人的請求之後，織田信長可謂是「萬事俱備，只欠東風」，這話怎麼說呢？當然是要什麼有什麼，只等著殺入京城了。

織田信長終於開始了他的進京之路，而且因為此前有著充分的準備，所以這條路沒有花費多少時間和精力，甚至連一個月都不到，織田信長已經殺入了上洛。

之前織田信長就表示過自己的意願，說自己對當今的日本社會極為不滿，若是自己掌管了這個國家，一定會讓老百姓感到欣慰和高興。

果然，織田信長此次的京都之行，對他之前的這番承諾沒有食言。到了上洛以後，他下令了：「你們都給我聽著，雖然說日本之前一貫的傳統是上洛成功以後，要盡情地在城裡大肆慶祝一番，可是你們要知道，那樣的行為對於老百姓來說簡直就是災難！所以我下令，任何人不准在城裡搞什麼慶祝活動，不准騷擾老百姓！」

軍中一片譁然，連城裡的老百姓都譁然。因為這是前所未有的舉動，開天闢地，史無前例！織田信長的這一舉動大概已經讓老百姓對他有一點刮目相看了吧？

BC

— 0　耶穌基督出生

— 100

— 200

— 300
君士坦丁統一羅馬

羅馬帝國分成兩部
— 400

— 500　波斯帝國

— 600
回教建立

— 700

— 800
凡爾登條約

— 900
神聖羅馬帝國建立

— 1000

— 1100　十字軍東征

— 1200
蒙古第一次西征

— 1300
英法百年戰爭開始

— 1400

哥倫布發現新大陸
— 1500

英國大破無敵艦隊
— 1600

發明蒸汽機
— 1700

美國獨立
— 1800

美國南北戰爭開始
— 1900
第一次世界大戰
第二次世界大戰

— 2000

上古時期

漢

三國
晉

南北朝

隋朝
唐朝

五代十國

宋

元朝

明朝

清朝

中華民國

BC

— 0

100 —

200 —

300 —

400 —

500 —

600 —

700 —

800 —

900 —

1000 —

1100 —

1200 —

1300 —

1400 —

1500 —

1600 —

1700 —

1800 —

1900 —

2000 —

本能寺之變

對於織田信長來說，此時的他已經進駐到京都裡面，而且控制著以京都為中心的半個日本國土。他信心滿滿，想著用不了多久就能夠統一日本，完成千秋偉業，成為這亂世紛爭戰國的終結者。

可是他想錯了，他還不是歷史中的那個人。織田信長四處出兵，想要將餘下少數不聽話的人除掉。

1582年的時候，織田信長的家臣羽柴秀吉，也就是日後的豐臣秀吉，奉命進攻高松城池。在取得了絕對的優勢之後，他開始對主人清水宗治勸說投降，但是人家不搭理他，他就惱怒了，開始進行各種的打擊報復，把清水宗治整得很慘，孤立無援。

但是清水宗治也有一些勢力，許多親戚朋友紛紛過來援助，眼看圍城就要被他們攻破了。織田信長坐不住了，他派了四萬左右的兵馬前來援助羽柴秀吉，但是他自己可能是近年來膽子變大了，只帶了百來個士兵就從家裡出發，打算前來觀戰。

他住進了京都的本能寺，想著會品嘗到勝利的果實，可是沒有想到的是，這一天就是自己的末日。

原本被織田信長派出城外的明智光秀，帶著人馬狂奔在去往高松城的路上，可是忽然他就掉頭了。

他帶著人馬來到了京都，士兵們跑得暈頭轉向，一會兒往前跑，一會兒往後趕，不明白這位主將的葫蘆裡到底賣的是什麼藥。

很快，他們就知道了原因，原來這位仁兄要造反了。明智光秀一路氣喘吁吁的跑到了本能寺，將本能寺團團包圍，圍了個水泄不通。

到了第二天早上，織田信長還在昏睡，聽到了外面吵鬧個不停，他還以為是士兵們發生分歧，正打算出去教訓幾句，卻聽到有人來報，說明智光秀包圍了本能寺。他一聽就知道大事不好，自己被出賣了。

雖然知道贏不了，但也要誓死一戰。於是，織田信長的人和明智光秀

的人就在這小小的地盤上打了一仗。

結果很明顯，織田信長聰明一世，最後還是栽倒在明智光秀的手裡，他看到自己無法逃脫，便回到房間裡自焚了，死的時候才49歲而已。

一代梟雄織田信長死了，又一代梟雄明智光秀崛起了。但他沒崛起多長時間，因為遠在前方戰鬥的羽柴秀吉聽到織田信長被殺後十分惱火，城池也不攻打了，調轉方向就回來收拾叛徒。

羽柴秀吉還是有能耐的，他很快就把這位想取而代之的明智光秀給收拾了，而他自己則是理所應當的成為織田信長的衣鉢傳人。

但是日本的封建歷史到這裡還是沒有完結，群雄混戰的局面絲毫不亞於中國的戰國。而在這段時間，世界上其他的國家已經在展開轟轟烈烈的改革，往更為光明的道路上前進和發展了。

壬辰衛國戰爭

1592年春天，豐臣秀吉隨便找了個理由，公然發動了對朝鮮的侵略戰爭。這一次，豐臣秀吉僅用了三個月時間就拿下了朝鮮很多重要城鎮。豐臣秀吉非常得意。

可是，天上的風雲不可預測。豐臣秀吉做夢也沒想到會碰到李舜臣，李舜臣在海上把他打敗了。

李舜臣是朝鮮的愛國名將，他原來只是個看管牢房的小兵，由於出色表現，被首相破格調到海軍部隊當大官。李舜臣早就看出日本人是個披著羊皮的狼，從那時他就加緊訓練水兵，決心在海上打擊日本。李舜臣還發明了一種龜船，外形如大烏龜，能在海上快速行駛，裡面裝有兵器，可以狠狠地打打擊敵人。

這一天，李舜臣得知日本有大批船停在玉浦港，就指揮龜船前去偷襲。

日軍從來沒見過龜船這東西，只以為是從遠方來的大烏龜，直等到龜

BC

— 0　耶穌基督出生

— 100

— 200

— 300
　　君士坦丁統一羅馬
　　羅馬帝國分成兩部
— 400

— 500　波斯帝國

— 600　回教建立

— 700

— 800
　　　凡爾登條約
— 900
　　神聖羅馬帝國建立
— 1000

— 1100　十字軍東征

— 1200
　　蒙古第一次西征

— 1300
　　英法百年戰爭開始

— 1400

　　哥倫布發現新大陸
— 1500

　　英國大破無敵艦隊
— 1600

— 1700　發明蒸汽機

　　　美國獨立
— 1800

　　美國南北戰爭開始
— 1900
　　第一次世界大戰
　　第二次世界大戰

— 2000

船靠近才發現上當了。但這時龜船上的火炮已經點燃，伴著轟轟的節奏，大烏龜把日本的船擊沉了。這一戰，打亂了豐臣秀吉的計畫，使他知道朝鮮人民的強大力量。

隨後，李舜臣用戰術和日本人鬥，很快俘虜了21艘日船。接著他又用引蛇出洞之計，燒毀了26艘日船。但李舜臣不是鐵打的，他也是血肉之軀，他在戰鬥中受了傷，可是仍不肯住在病房裡休養，堅持在船頭指揮打仗。由於戰績卓著，李舜臣被認命為海軍統制使。

日本人看打不過，就一邊談判，一邊用計誘使朝鮮方將李舜臣治罪。由於日本人的努力，1597年初，李舜臣終於被免職治罪。

豐臣秀吉一看這情況非常高興，於是他中止了談判，開始第二次侵略朝鮮。

朝鮮先是嚇了一跳，後又隨便找一個人指揮海軍。這個人根本不是日本的對手，朝鮮海軍在他手裡沒有一點戰鬥力。這時候，有人想起了李舜臣，好在朝鮮國王沒有傻到家，他聽從了建議，重新啟用李舜臣。

李舜臣正在家為沒有用武之地發愁，接到上任通知，顧不得和妻子說一聲就出發了。他來到海軍總部，看到只剩12艘船停在那裡，心裡很酸。但是李舜臣不絕望，在這12艘船的基礎上，他很快組建了一支強大隊伍。

李舜臣用新組的這支海軍和日本人初次交鋒，就用這12艘龜船打沉了30多艘日船，殺死4000多個敵人。

豐臣秀吉吃了一驚，看到烏龜就害怕。他決定要把朝鮮烏龜都擊沉，以解心頭之恨。

1597年冬季，朝鮮和日本在露梁海打起來。當時中國老將鄧子龍也奉命幫助朝鮮。他和李舜臣一起指揮，用計將日軍圍起來，日軍成了甕中之鱉。這時，他們是絕不會再和日本人客氣了，激烈的海戰轟轟烈烈地打響了。

這場戰鬥一直進行到第二天晌午，共弄沉日船450艘，殺死一萬多個日軍。到這時，持續了六年的朝鮮衛國戰爭勝利結束了，可惜的是，李舜臣和鄧子龍也在戰鬥中犧牲了。因為這場戰爭是在1592年開始的，按農曆

是壬辰年，所以朝鮮人給它取名叫「壬辰衛國戰爭」。

德川幕府的統治政策

1603年，德川幕府正式成立。為了讓自己的統治永久地安定與存在下去，德川幕府實行了許多措施。首先在思想方面，德川幕府將中國儒家的程朱理學引入日本國內，並且在國民中樹立了一種道德與父權制相結合的信念，要求國民順從政府，就像家庭中的孩子要順從長輩一樣。由此，日本的家庭制度及武士制度有了無比強大且牢固的精神支柱，並且影響了日後日本人的意識形態，為日本民族的團結提供了深厚的基礎。

德川幕府設定了森嚴的社會等級制度，將國民分為四等。一等人是貴族，他們有很高的社會地位，但是並沒有獲得財產與權力；第二等人是農民，農民的勞動供養著其他階層人民的生活；第三等人是手工業者；第四等人是商人。

在貿易往來方面，當時，諸如荷蘭人、英國人、葡萄牙人等已經在日本進行著通商活動，並且彼此之間有著激烈的競爭。也正因為海外商人之間的爭奪，德川幕府對他們的掌控才更加得力。最早進駐日本市場的是葡萄牙人，那時候一批在海上遭難的葡萄牙人隨著洋流漂移到了日本島。很快，葡萄牙人在日本發現了巨大的商機，於是開始了貨物之間的買賣活動。而在日本方面，也因為葡萄牙人的到來，日本人掌握了先進的火槍技術。

那時候葡萄牙人主要從事中國和日本之間的貨物買賣，因為此前中國政府對於日本侵擾中國的行為很是不滿，於是就禁止了與日本之間的通商活動。葡萄牙人抓住了這個機會，開始在中國與日本之間賺取巨大的利潤。葡萄牙人的經商活動還讓中國的澳門和日本的長崎，從落後的小村莊發展成經濟繁榮的貿易中轉地。

在經商的同時，葡萄牙人還不忘對日本進行思想文化上的影響。基督

BC

— 0　耶穌基督出生

— 100

— 200

— 300　君士坦丁統一羅馬

羅馬帝國分成兩部
— 400

— 500　波斯帝國

— 600　回教建立

— 700

— 800

凡爾登條約
— 900

神聖羅馬帝國建立
— 1000

— 1100　十字軍東征

— 1200
蒙古第一次西征

— 1300
英法百年戰爭開始

— 1400

哥倫布發現新大陸
— 1500

英法大破無敵艦隊
— 1600

— 1700　發明蒸汽機

美國獨立
— 1800

美國南北戰爭開始
— 1900
第一次世界大戰
第二次世界大戰

— 2000

上古時期　BC

漢

— 0

100 —

三國　　200 —
晉
300 —

南北朝　400 —

500 —

隋朝　　600 —
唐朝
700 —

800 —

五代十國
900 —
宋
1000 —

1100 —

1200 —

元朝
1300 —

明朝
1400 —

1500 —

清朝　　1600 —

1700 —

1800 —

1900 —
中華民國
2000 —

教會的傳教士們紛紛前往日本，進行傳教活動。當時的日本正處於內部的戰亂當中，國民在情感上十分脆弱，而基督教義的到來恰好滿足了國民精神方面的需要，因此基督教在日本的傳播也十分順利。直到豐臣秀吉認為基督教的傳播會對日本造成不利影響之後，才開始禁止其繼續傳播下去。

　　為了防止基督教在日本的流行會讓整個日本社會顛覆，豐臣秀吉下令要求傳教士全部離開日本境內。然而，因為擔心傳教士的離去會給日本的海外貿易帶來負面影響，這個命令也就沒有認真地貫徹執行。直到歐洲多國的商人來日本從事經商活動之後，日本政府沒有了葡萄牙人壟斷的後顧之憂，這時候德川幕府才下了嚴令，開始全面地驅逐西方傳教士。

　　德川幕府在驅逐傳教士的同時，還要求日本民眾凡是信仰基督教的，通通要放棄這個信仰，違者格殺。在所有的外國人當中，西班牙和葡萄牙是最熱衷於傳教的外籍人士，因此，日本政府分別在1624年和1637年下令將這兩國的商人和傳教士通通趕走。此後，能在日本境內從事貿易活動的就只剩下荷蘭人與中國人。再後來，日本政府甚至禁止日本國民出境，對貿易港口的商業活動也進行了大幅度的限制。

　　以上德川幕府的種種行為，目的只有一個，那就是讓自己的統治能夠長久地進行下去。如此閉關鎖國的政策，的確讓日本在一段時間內達到相對安寧平和的狀態，然而卻跟中國一樣，錯過了時代的革新。在西方國家正在崛起的時代裡，日本和中國卻執拗地守護著昔日的輝煌。不過，與中國不同的是，日本人更早地意識到閉關自守的荒謬，進而有了日後的明治維新運動。

難得善終的歷任天皇

　　說完日本的封建社會，就不得不提到日本的天皇。這個職位對於日本的皇族來說，還有一個小小的祕密，那就是日本的歷屆天皇，多是不得善終的。

1867年1月30日是孝明天皇的祭日，傳說這位天皇年紀輕輕地就得了天花，後來不治而死。可是死於天花的傳聞並沒有讓多少人信服，因為孝明天皇快死的那些日子，正是日本維新運動進行的如火如荼的時候。敵人們紛紛想要除掉天皇，把他除掉不是不可能。至於天花的說法，估計是殺人的那幫人編出來的。

　　孝明天皇死後，他的兒子就接了班，就是大名鼎鼎的明治天皇。那時候正趕上幕府統治時代的末期，維新人士抓住時機，讓日本雄赳赳氣昂昂地邁入了資本主義社會。明治天皇繼位的時候才16歲，還是個青少年，不過這個年輕人是個有為人，順利地贏了中日甲午戰爭和日俄戰爭，讓他的國民們心服口服。看在天皇有所作為的面子上，大家封了他一個高級的綽號，叫「明治大帝」。

　　可是明治大帝的好日子也沒過多久，1911年的時候他就遭到日本社會黨某些不安定分子的謀殺，所幸躲過了一難。不過這位明治天皇內心也挺脆弱，心想著自己如此為國民鞠躬盡瘁，盡然還有人想要把他除掉，簡直不可思議。種種的煩惱情緒，再加上之前患了糖尿病，1912年7月30日，明治天皇最終還是因病而死。

　　接下來繼位的皇太子就是大正天皇，看著自己父親就這麼走了，他這天皇當得也十分煩惱。大正天皇原本就是母親難產生下的，身體相當的虛弱，各種疾病都纏著他不肯離去，再加上日常國務繁重，所以1926年12月25日，48歲的大正天皇也逝世了。

　　其實在大正天皇病得不能處理國事的時候，大家就讓他去一個清淨的地方療養了，他的兒子替他當了五年的天皇，管理著國家大事。大概是有了五年的工作經驗，大正天皇的兒子在父親死後很快地就當上了國家統治者，即裕仁天皇。

　　說起這位裕仁天皇，想必很多人都恨他入骨，因為他就是那個罪大惡極的戰犯。可是這位大犯人居然逃脫了遠東國際軍事法庭的制裁。裕仁天皇最終活到88歲，也算是高壽了，不過他在86歲生日的時候卻被查出得了癌症，這也算老天爺給這位大戰犯最後的懲處吧。

BC
── 0　耶穌基督出生
── 100
── 200
── 300　君士坦丁統一羅馬
　　　　羅馬帝國分成兩部
── 400
── 500　波斯帝國
── 600　回教建立
── 700
── 800
　　　　凡爾登條約
── 900
　　　　神聖羅馬帝國建立
── 1000
── 1100　十字軍東征
── 1200
　　　　蒙古第一次西征
── 1300
　　　　英法百年戰爭開始
── 1400
　　　　哥倫布發現新大陸
── 1500
　　　　英國大破無敵艦隊
── 1600
　　　　發明蒸汽機
── 1700
　　　　美國獨立
── 1800
　　　　美國南北戰爭開始
── 1900
　　　　第一次世界大戰
　　　　第二次世界大戰
── 2000

其實這些不得好死的天皇們，都不是其父親跟皇后所生的，因為皇后跟父親根本就生不出兒子。經專家們研究，天皇跟皇后之所以生不出兒子，大概是因為近親結婚的原因。為了延續日本皇家的血脈，天皇們只好跟妃子們又生了一堆孩子。不過這些孩子也都不怎麼爭氣，沒幾個能健康活下來，甚至最後只有一個是活著的，明治天皇就是這幸運兒之一。

本來妃子生孩子就不是件容易的事，再加上女人們之間相互算計，妃子們肚子裡的孩子最終能生下來就已經不錯了。不過就算生下來也不會太健康，就如大正天皇是天生的殘障，這樣的天皇又怎麼能活得久呢。

－0

100 －

三國
晉　　200 －

300 －

南北朝　400 －

500 －

隋朝　600 －
唐朝

700 －

800 －

五代十國　900 －

宋　　1000 －

1100 －

1200 －

元朝
1300 －

明朝
1400 －

1500 －

1600 －
清朝

1700 －

1800 －

1900 －
中華民國

2000 －

| 第二十五章 | 元、明時期的中國

中國的持續發展

　　不同的地理環境造就了世界上不同的文明國家，文明與文明彼此之間的相異，一部分是因為地理位置的阻隔，使得不同的國家足以在相對封閉的環境內孕育與眾不同的文化。然而，諸如埃及、希臘的文明，最終因為地中海的連接而被外來文化吞併；又如印度和非洲，也因為印度洋的連接而與外部文化交接。亞歷山大與穆斯林征戰的步伐，讓中東的歷史發生巨變，同樣的，印度的文明史也因為雅利安人的入侵而徹底改變。偌大一個世界，假如要我們找出有哪一個國家，在幾千年的發展史中從未在文化上間斷過，那麼非中國莫屬了。

　　中國的文明自起始以來就沒有斷裂過，哪怕其間經歷了多麼慘烈的外族入侵，自身的文明也從來沒有讓位予外來文化。反而是自己在強大的包容力中將外來者同化，甚至吸收了讓自我文明更好地延續下去的因素。當然，這其中少不了地理位置上的優勢。中國的東南西北，無論是山峰還是海洋，幾乎都與世界上其他大陸和國家隔離。當其他幾個古老文明都在遭受激烈入侵的時候，中國依舊能夠在相對封閉的環境中發展自己的文明。

　　除了地理上有著天然的防護屏障外，中國的統治者還自行修建了堅固的、足以抵禦侵略的設施，享譽世界的萬里長城就是最好的例證。不過，中國除了有外界的保護欄之外，自身龐大的人口數量也是讓外族侵略者最終敗退的原因之一。比起歐洲和其他國家，中國的自然環境更適宜於農作物的生長和發育，這也為人口的增長提供了很好的條件。這也是自有歷史記載以來，中國的人口就遠遠地超過世界上其他國家的原因。人口的優勢

BC

— 0　耶穌基督出生

— 100

— 200

— 300
君士坦丁統一羅馬
羅馬帝國分成兩部
— 400

— 500　波斯帝國

— 600　回教建立

— 700

— 800

凡爾登條約
— 900
神聖羅馬帝國建立
— 1000

— 1100　十字軍東征

— 1200
蒙古第一次西征
— 1300
英法百年戰爭開始
— 1400

哥倫布發現新大陸
— 1500

英國大破無敵艦隊
— 1600

— 1700　發明蒸汽機

美國獨立
— 1800
美國南北戰爭開始
— 1900
第一次世界大戰
第二次世界大戰
— 2000

上古時期　　BC

漢

－ 0

100 －

三國

晉　　　200 －

300 －

南北朝　　400 －

500 －

隋朝　　600 －
唐朝

700 －

800 －

五代十國　900 －

宋　　1000 －

1100 －

1200 －

元朝

1300 －

明朝　　1400 －

1500 －

清朝　　1600 －

1700 －

1800 －

1900 －
中華民國

2000 －

讓中國能夠自如地做自己，而不是被外來的文化所滲透。相反，每一次當入侵者的鐵蹄踏入中國的國土，並且想要將中國人同化的時候，中國眾多的人口所形成的大文化，卻最終將外來者征服，自身的文明依舊發展和壯大下去。

此外，中國的漢字也是讓其文明得以延續的重要因素之一。中國有著很廣闊的領土，而在如此大的疆域之中，卻有著不可思議的相同文字，那就是漢字。雖說每個地方都操著不同的口音，但是書面的交流方式卻都是一樣的，這為整個民族提供了一種積聚力。由語言而延伸出來的另一個文明延續的因素是科舉制度，這種選拔人才的制度一代一代地延續下來，為中國篩選出一批又一批的管理者，這種人才的選拔和國家的管理體系，甚至讓後來先進的西方人都為之驚歎。

如果說以上地理、文字、科學考試都是中國文明得以延續的重要因素的話，那麼還有一個重中之重的因素，那就是儒家文化。任何一個文明的發展和壯大，歸根到底都是文化將人心凝結的結果，中國當然也不例外。孔子是儒家文化的締造者，他的思想曾經讓統治者欣慰，因為這種思想能夠讓民眾順從於統治，當然，統治者也要反過來愛護民眾，達到社會的和諧與穩定，國家才能強大。孔子的思想實際上是一種政治哲學，是一種治國方式。在那樣的年代，這種思想順應了時代的發展，因此得以發散，最終成為了中國文化的根基，甚至在後來的年代裡影響了更多的亞洲國家。

有這麼多的強大因素作為支撐，外來文化要想顛覆中國持久的文明，是一件幾乎根本不可能完成的事情。中國文明也因此得以在幾千年的發展史中延續下去，並且在沒落了一段時間之後又重新輝煌起來。

中國文化的個性特徵

中國沒有經歷過因為外族的入侵而發生的文明大斷裂，相反，中國的朝代更迭只是在大一統的文化內發生的，這是文明內部的更換。從商朝到

清朝，每一個朝代的統治都有相似的特點，他們都在同樣的文化下從繁榮興盛最終走向腐敗衰落。盛世中的中國人安於現狀，並且內心滿足，即便是王朝逐漸腐敗，中國人還是以強大的忍耐力順應著統治者，直到他們已經沒有飯吃的地步，直到他們不反抗就再也無法生活，起義的力量才隨之而來。起初星星點點的起義軍，經過一段時間的發展壯大之後，最終將原先的王朝推翻，建立起一個嶄新的朝廷，開始新一代皇朝的統治。

中國在商朝的時候就有了比世界上其他地方更先進的文明，青銅和陶器是商朝的標誌，不僅如此，還有絲帛。到了周朝以後，大大小小分封國的動亂，開始讓中國的文人思索國家穩定的方式，這也最終孕育出了中國文明的兩大文化根基，那就是儒家和道家思想。秦朝是相對較為短暫的一個王朝，因為統治者的暴政已經讓忍耐力極強的中國民眾無法再沉默下去。不過，從秦始皇開始，一個全新的、大一統的中國已經形成，往後的每一個王朝都延續著這種中央集權的統治方式，而且收效頗豐。

從漢朝開始，中國無論從政治、經濟還是疆土文化上，都達到了前所未有的發達程度。漢朝的統治者不但讓國家內部得以安定，平定了疆域邊境的叛亂，而且還派出了使者前往世界上另外的國家，傳播大漢的文化。從漢朝到唐朝，再到宋朝，中國經歷了前所未有的興盛時期，雖然這三個朝代在相互更迭的時候中國也處於動亂之中，但是在動亂過後，中國文明依舊以高姿態延續了下去。期間，印度的佛教文化也傳入中國，並且對中國的文化有著很大的影響。然而，佛教文化最終也只能是順應中國傳統的儒家思想，而不是取代。

到了元朝，中國才真正意義上的經歷了一次非漢人統治的時代，因為元朝統治者實際上是蒙古人，是漢人眼中的蠻夷。蒙古統治者不願意接受漢人的文化，而是強制地將蒙古統治方式在中原地區實行下去，這一切，在蒙古的軍事實力還強大的時候，看上去是沒有太大問題的，統治依舊能夠維持。然而當蒙古統治者的內部開始衰落，當軍事已經不足夠強大的時候，中原文化的廣泛滲透力就不容許外族人再猖狂下去。王朝的更迭再一次發生，而代替元朝的就是明朝，依舊是漢人的統治時代。

BC

— 0　耶穌基督出生

— 100

— 200

— 300
　　君士坦丁統一羅馬

　　羅馬帝國分成兩部
— 400

— 500　波斯帝國

— 600　回教建立

— 700

— 800

　　凡爾登條約
— 900

　　神聖羅馬帝國建立
— 1000

— 1100　十字軍東征

— 1200
　　蒙古第一次西征

— 1300
　　英法百年戰爭開始

— 1400

　　哥倫布發現新大陸
— 1500

　　英國大破無敵艦隊
— 1600

— 1700　發明蒸汽機

　　美國獨立
— 1800

　　美國南北戰爭開始
— 1900
　　第一次世界大戰
　　第二次世界大戰

— 2000

上古時期　BC

漢

— 0

100 —

三國

200 —

晉

300 —

南北朝

400 —

500 —

隋朝

600 —

唐朝

700 —

800 —

五代十國

900 —

宋

1000 —

1100 —

1200 —

元朝

1300 —

明朝

1400 —

1500 —

清朝

1600 —

1700 —

1800 —

1900 —

中華民國

2000 —

雖然繼明朝之後的清朝與元朝統治者一樣也是外族人，但是他們在統治中國的時候，卻採取了與元朝完全不同的方式。清朝的統治者很聰明，他們明白中原文化的強大滲透力，深知滿人的文化相對落後。如果不吸收漢人文化，他們是無論如何也不能實現其穩定國家的願望的。於是，清朝統治者廣泛地吸收漢人入朝為官，在文化上也接受大漢文明。因此，清政府的統治得以長達三百年。

一位西方人曾經這樣談論過中國人的個性特徵，他說：「在所有高度發達的文明當中，中國人的革命性最弱，然而，他們卻有著其他民族所不能企及的反抗傾向。」這句話很好地概括了中國歷代王朝的更迭，然而中華文明卻很好地延續了下來。不過，當中國人還希望世界如自己所希望的那樣平和地進展下去的時候，西方人已經強大了起來，西方人的侵略性也讓中國在往後的年月中，經歷了前所未有的民族災難。

中國與周邊國家的納貢制度

地大物博的中國是名副其實的農業大國，依靠著肥沃的土地，中國人透過耕種就已經能夠讓自己和後代們生活下去，而且生活地很好，並將文明延續且深入下去。與中國人不同的是，世界上還有一些國家因為自身疆土和物力的限制，為了讓國家能夠繼續存在下去，他們不得不向外部世界擴張，尋求新的資源和生存材料。例如，歐洲人和阿拉伯人就在無邊的海上開闢新的未來。

自給自足的經濟讓中國人對開闢新的世界並沒有太強烈的欲望，不過，為了保證國土的穩定，中國的每朝每代都選擇了與周邊國家保持納貢關係的制度。這種與外界國家的交往方式，早從商朝的時候就開始了，往後的朝代只是進一步加深而已。也就是說，中國以自身的大國優勢，將自己擺在最高的位置上，而周邊的國家則都是中國的臣民，必須向中國按時納貢。

拿朝鮮為例，這個小國家在一年裡必須要派使者前往中國覲見皇帝好多次。因為朝鮮與中國毗鄰，所以在朝廷眼裡，這個國家的順從程度就顯得非常重要，因此，納貢的次數也就必須多一些，以保證朝鮮沒有叛亂的傾向。而距離朝廷較遠的國家就不需要太過頻繁地納貢，例如泰國、緬甸，大概十年才會派使者去見一次中國的皇帝。

這些納貢的國家派出的使者，在見到中國的皇帝以後必須拿出自己帶來的貢品，以表示自己國家對中國的忠心，以表示自己不會叛亂。使者們需要跪在皇帝的面前，甚至還要磕好幾次頭。事實上，這些周邊的小國家也十分願意與中國保持納貢與被納貢的關係，因為中國是大國，很強大，自己是小國，相對弱小。假如自己的國家遭受外來的侵略或是內部的叛亂，那麼如果與中國的關係好，中國就可以像一個長者一樣來保護自己。

另一方面，中國各方面的發達程度也可以讓小國在與中國的交往中提高自己的聲望，並且吸收中國的先進文化和技術，進而讓自己也得以發展。不僅如此，雖說小國需要定時向中國納貢，但是畢竟國力有限，拿出來的貢品在中國皇帝眼裡根本算不上什麼。但是中國卻會回贈納貢國更好、更有價值的物品，以顯示自身國力的強大。如此，納貢國有利可圖，也都對納貢這件事十分樂意。

總之，在古代中國人的心目中，似乎等級是一個國家或者社會存在下去所必須有的東西，中國人從來不會想到「人人平等」這四個字的涵義。在中國人看來，國家與國家之間的和諧關係，就是透過納貢來保持的，而納貢關係中最重要的則是中國自己。當西方國家已經對東方躍躍欲試的時候，中國人還依舊沉浸在自己的幻想中，以為世界依舊如自己心中所想的那樣平安無事。

中國與西方的早期關係

19世紀之前，在與外國的經濟交往中，中國始終占有非常大的優勢，

BC

— 0　耶穌基督出生

— 100

— 200

— 300
　　君士坦丁統一羅馬

　　羅馬帝國分成兩部
— 400

— 500　波斯帝國

— 600　回教建立

— 700

— 800

　　凡爾登條約
— 900

　　神聖羅馬帝國建立
— 1000

— 1100　十字軍東征

— 1200
　　蒙古第一次西征

— 1300
　英法百年戰爭開始

— 1400

　哥倫布發現新大陸
— 1500

　英國大破無敵艦隊
— 1600

　　發明蒸汽機
— 1700

　　美國獨立
— 1800

　美國南北戰爭開始
— 1900
　第一次世界大戰
　第二次世界大戰

— 2000

上古時期　BC

漢

— 0

100 —

三國　200 —
晉
300 —

南北朝　400 —

500 —

隋朝　600 —
唐朝
700 —

800 —

五代十國　900 —
宋
1000 —

1100 —

1200 —

元朝　1300 —

明朝
1400 —

1500 —

1600 —
清朝
1700 —

1800 —

1900 —
中華民國
2000 —

因為來自外部的金銀大量地流入中國，而中國卻很少購買來自異域的貨物。就拿與羅馬之間的貿易往來講，因為中國政府對羅馬絲綢不是太感興趣，所以羅馬的金銀也因此不斷地向外流淌。事實上，中國的絲綢製造業是先進的，因此不需要在這方面進口。總體來說，在19世紀以前，中國與外部國家交往的貿易額幾乎全部為順差，在貿易往來中占有極大的優勢。

中國與海外的往來是隨著年代逐步擴大開來的。還在唐、宋的時候，就有一些中東的商人從中國的東南沿海登陸，在中東與中國之間做生意，不少人還攜全家老少移居中國，他們的後代也因此成了中國人。到了元朝的時候，中國與海外的貿易往來就更加擴大了。那個時候由於中國的版圖十分廣闊，所以歐洲與中國之間的通商已經不是問題。當然，吸引歐洲人的首先是中國巨大的商機，其次還有一些傳教士也紛紛前往中國，想要將基督教義在中國生根發芽。

不過這樣的局面最終還是因為元朝的衰亡而結束了，之後由於中東人再一次阻隔了歐洲與東方之間的道路，所以中國與西方的貿易往來也就隨之斷開了。直到16世紀的時候，葡萄牙人才從廣州開始與中國進行貿易往來，後來澳門又成為葡萄牙人在中國所設立的永久性商業基地。不過葡萄牙人並沒有改變以往中國與海外貿易的關係，依舊只是作為運輸貨物的中間人，把中國的茶葉、瓷器以及絲綢等享譽世界的產品銷往歐洲，再把印度及東南亞等國的產品輸往中國，而歐洲本土的產品仍舊在中國打不開銷路。

17世紀初的時候，在沒有得到中國政府准許的情況下，荷蘭的東印度公司和英國代理人在廣州登陸，在往後十年裡，他們開始在中國東南沿海攔截葡萄牙人的商船。直到18世紀中葉以後，中國才開放了廣州和澳門兩個沿海貿易港口，並且對所有海外國家都開放。由於英國正處於經濟飛速飆升的年代，再加上他們在印度有著廣大的貿易基地，所以英國在中國開設的貿易港口占有絕大的優勢。

然而，就在西方國家躍躍欲試地想要打開中國更廣闊的大門時，清政府卻實行了閉關鎖國政策，極力控制中國與海外的貿易往來，以避免中國

的金銀流入海外市場。那時候位於北方的俄國也試圖打開中國的大門，中國對此採取了同樣的封鎖政策。直到中國與俄國簽署了尼布楚條約及恰克圖條約之後，才在兩國領土接壤的三個點開放了貿易，然而貿易往來的次數還是極少的。

在歐洲人還沒有抵達中國之前，就已經有不少的中國人移居海外，尤其是東南亞一帶的中國人，數量更為可觀。1603年的時候，菲律賓已經被西班牙人占領，成為西班牙的殖民地。不過在菲律賓生活的中國人卻遠遠地超出於西班牙人，甚至西班牙人只是中國人數的零頭。也就是說，在東南亞的中國人依舊壟斷了貿易，這讓歐洲殖民者很是不滿，也導致了很多次對中國人的屠殺。

面對中國人被屠殺的慘案，清政府內部卻不以為然。原因是：移居海外的行為本身就是對老祖宗的不尊敬，政府可以不予以理睬。不過，在18世紀初期的時候，清政府也已經承認了中國人移居海外的現實，並且允許他們回國，且不會受到任何懲罰。

看得出來，在中國與西方的早期接觸中，西方始終在經濟往來中居劣勢地位。事實上，除了貿易往來不順之外，歐洲人在中國的傳教活動也沒有進展的很順利。歐洲的傳教士試圖想要讓中國政府相信，基督教義與儒家學說在某種程度上是和諧相容的，他們傳教的方向一直定位於此，利瑪竇就是其中最為有名的一位傳教士。不過，利瑪竇帶給中國影響更大的卻不是基督教義，而是西方的數學以及天文知識。

單純在傳教方面來講，西方的教會明白，要想讓基督教義在中國扎根是一件非常困難的事情，因為中國文化是那麼地悠久深遠，而且仍舊先進。不過，到18世紀的時候，中國已經有大約30萬人信仰了耶穌。那時候，耶穌教會為了讓基督教義更廣泛地在中國傳播開來，便採取了與儒家學說相融通的傳教方式。這讓天主教會以及其他的一些教會很是不滿，於是基督教會內部便產生很大的爭論。這些爭吵的聲音讓清政府從一開始對基督教的好奇轉變為反感，稍後而來的就是清政府對基督教傳教活動的禁止。

0　耶穌基督出生

100

200

300　君士坦丁統一羅馬

羅馬帝國分成兩部
400

500　波斯帝國

600　回教建立

700

800

凡爾登條約
900

神聖羅馬帝國建立
1000

1100　十字軍東征

1200
蒙古第一次西征

1300
英法百年戰爭開始

1400

哥倫布發現新大陸
1500

英國大破無敵艦隊
1600

發明蒸汽機
1700

美國獨立
1800

美國南北戰爭開始
1900
第一次世界大戰
第二次世界大戰

2000

上古時期

漢

三國
晉

南北朝

隋朝
唐朝

五代十國

宋

元朝

明朝

清朝

中華民國

BC

— 0

100 —

200 —

300 —

400 —

500 —

600 —

700 —

800 —

900 —

1000 —

1100 —

1200 —

1300 —

1400 —

1500 —

1600 —

1700 —

1800 —

1900 —

2000 —

貿易往來與傳教活動的雙雙敗退，並沒有打消歐洲人打開中國大門的念頭，相反，他們對中國的興趣依舊濃厚。然而中國卻對即將到來的災難毫無察覺，依舊以大國自居，低頭俯視著將要侵略他的西方國家。

中國的遠洋大業

西元1405年，中國的農曆6月15日，素有「天下第一港」之稱的江蘇太倉劉家港碼頭沸騰了。港口四面桅檣如林，人頭鑽動，鑼鼓震天。在一艘昂首翹尾、漆成棕黑色的寶船上，一位壯年人靜靜地凝視著漫無邊際的海洋，那裡將是他未來的旅途，是他必須面對和打拼的地方。他的目光裡透著堅毅和豁達，還有一絲不易覺察的迷惘，海的那邊是什麼需要他去尋找。這個人就是受了明成祖朱棣囑託，身肩向外國人顯現中華帝國風采任務的宦官鄭和。

明王朝的國君特別仰賴宦官（太監），皇帝們在死前也總喜歡將孩子們託付給宦官，讓他們幫助朱家人保住天下。這樣做的原因在於宦官不會篡權，但是他們沒有想過，宦官能弄權，秦王朝的趙高就是個鮮明的例子。不過，朱棣所信賴的宦官鄭和，卻是一個不可多得的人才。

鄭和像張騫一樣，是個回民的孩子，出生於雲南一個伊斯蘭教家庭，連個正經名字都沒有，只有一個小名叫「三保」。根據後人的推測，鄭和還是元王朝政治家、中亞布哈拉貴族賽典赤的六世孫。賽典赤是伊斯蘭教創始人穆罕默德的後裔，由阿拉伯遷徙到中亞的布哈拉，再由布哈拉遷徙到中國，算起來，鄭和的來頭本應不小。可是年僅11歲的他卻在戰亂中被明軍擄獲閹割，在軍中做了「秀童」。後來到了尚未當皇帝的燕王朱棣府中做僕役，深得朱棣的喜愛。等到朱棣坐擁天下，便欣然賜給三保「鄭和」這個名字。

朱棣一心想要向印度洋周圍的國家顯現明朝的富裕繁榮，所以命令鄭和帶著大批的絲綢、瓷器、藥材、工藝品等貨物下南洋、渡西洋，貨物足

足裝了幾十大船。最後，鄭和率領著世界上第一支由200餘艘艦船和27800多名官兵組成的龐大船隊，進行了一次史無前例的遠洋航行。船隊往來於麻六甲海峽，其壯觀和實力顯而易見，一些島國懾於中華帝國的實力，或是和平附屬，或是在攻擊鄭和船隊未果之後，俯首稱臣。

　　幾次下西洋，雖然換來了不少值錢的香料和熱帶木材等奢侈品，也得到了一些附屬國，但是耗資巨大，明王朝似乎心有餘而力不足。況且朱棣還想遷都北京，對北京進行大肆改造，又要攻打蒙古人的殘餘實力，這些都需要錢，於是鄭和的西洋活動被暫停了。等到朱棣的孫子宣宗朱瞻基，回想當年祖父派船隊遠航的盛況，雄心再起，便招來年逾花甲的鄭和，命令他第七次下西洋。西元1433年，垂垂老矣的鄭和積勞成疾，病逝於印度半島西南的古里（今印度科澤科德）。從那以後，明王朝轉為發展內務，再也沒有餘力去搞海上外交了。

利瑪竇與基督教的再次進入

　　古希臘大數學家歐幾里德的巨著《幾何原本》名垂千古。這本書是世界上最著名、最完整且流傳最廣的數學著作，兩千多年來一直是全世界人民學習數學的主要教材。哥白尼、伽利略、笛卡爾、牛頓等許多偉大的學者都曾學習過《幾何原本》。而將這本偉大的數學著作帶來中國的，就是歐洲傳教士利瑪竇。他與明朝大臣徐光啟成為好朋友，兩個人合力翻譯了《幾何原本》，為中國的數學發展產生了巨大的作用。利瑪竇不僅將優秀的數學知識引進中國，最重要的是，他成了古代唯一一位成功在中國內傳播基督教的人。

　　少年時期的利瑪竇顯現出驚人的學習能力和個性魅力，與他接觸的人大多數都覺得這個孩子很聰明，和他說起話來很舒服。這位義大利耶穌教士到了青年時期，身材高大，容貌俊美，還留了帥氣的捲曲鬍鬚，他來到中國的時候，給人最深印象的就是那雙炯炯有神的眼睛，和洪亮優雅的談

BC

— 0　耶穌基督出生

— 100

— 200

— 300
　　君士坦丁統一羅馬
　　羅馬帝國分成兩部
— 400

— 500　波斯帝國

— 600　回教建立

— 700

— 800
　　凡爾登條約
— 900
　　神聖羅馬帝國建立
— 1000

— 1100　十字軍東征

— 1200
　　蒙古第一次西征
— 1300
　　英法百年戰爭開始

— 1400

　　哥倫布發現新大陸
— 1500

　　英國大破無敵艦隊
— 1600

　　發明蒸汽機
— 1700

　　美國獨立
— 1800
　　美國南北戰爭開始
— 1900
　　第一次世界大戰
　　第二次世界大戰

— 2000

上古時期　BC

漢

－ 0

100 －

三國

晉

200 －

300 －

南北朝

400 －

500 －

隋朝

600 －

唐朝

700 －

800 －

五代十國

900 －

宋

1000 －

1100 －

1200 －

元朝

1300 －

明朝

1400 －

1500 －

1600 －

清朝

1700 －

1800 －

1900 －

中華民國

2000 －

吐。

　　利瑪竇的聰慧是少見的，聽說中國人很難接受基督教，他認為這是一種巨大的挑戰，偏偏他是個喜歡挑戰的人。來到澳門的時候，對語言不通的利瑪竇立刻學習起了漢語和中國古典經傳。憑藉驚人的記憶力和語言天賦，很快地接受了中國的經典，而他本人的數學、幾何學、地理學知識也無比豐富，曾給很多中國人做過老師。

　　他發現中國人把基督教徒當成了當時已經遭受冷落的佛教徒，這可不是什麼好現象。而明帝國的人大多數都尊奉儒學，因此他將自己打扮成儒生，甚至考慮到參加科舉考試，打入明王朝的內部傳教。

　　利瑪竇的做法是相當切合明王朝等級森嚴的體制。想要在平民中普遍傳教，很容易被當成搗亂分子，被官府給處理了，所以只有讓皇帝皈依基督教，才能發揮關鍵作用。1601年，利瑪竇進京，他利用皇帝對西方的自鳴鐘、世界地圖、天文學和玻璃稜鏡等東西，果然吸引了當時喜好玩樂的明神宗朱翊鈞（西元1563～1620年）。然後把基督教那種神學觀磨滅，和儒學相結合，打造了一種中國式的基督教義，果真得到了朝廷一些官員的認可。1610年，利瑪竇去世的時候，中國皇帝特別賜給他一塊皇家墓地，這對於到中國的外國人來說，無疑是一種至高的殊榮。

　　但是，中國人對西方技術感興趣的程度顯然高於對宗教，所以基督教在中國還是無法普及。18世紀的時候，基督教傳教士甚至被全面驅逐出境。利瑪竇的傳教成果皆付諸東流。他唯一為中國剩下的，就是和明王朝大臣徐光啟翻譯的西方數學專著《幾何原本》。

第六篇：改革與革命中的近代

（1700年～1900年）

　　這段時期，西方國家的對世界的控制愈發加強，荷蘭、法國和英國齊頭並進，最終超過了西班牙和葡萄牙，世界格局有了新的變動。本篇分析這段時期內，世界統治地位的變更和各國之間的改革與發展。

上古時期　BC

漢

— 0

100 —

三國

晉

200 —

300 —

南北朝

400 —

500 —

隋朝
唐朝

600 —

700 —

800 —

五代十國

900 —

宋

1000 —

1100 —

1200 —

元朝

1300 —

明朝

1400 —

1500 —

清朝

1600 —

1700 —

1800 —

中華民國

1900 —

2000 —

｜第二十六章｜啟蒙運動

啟蒙運動的興起

　　啟蒙運動肇始於17世紀末期的英國，大體上以1688年為標誌。在此前後，牛頓的《自然哲學的數學原理》（1687年），洛克的《政府論》（1689年）和《人類理解論》（1690年）相繼問世，標誌著新的科學觀念和政治觀念誕生。此時尚未成為一種運動。到18世紀，法國的啟蒙思想家們繼承了科學革命和英國哲學的成果，將啟蒙運動推向高潮。

　　啟蒙運動起源於公共思想文化運動的興起。知識份子是這個運動的中堅力量。他們依靠各種社會文化機制，展開廣泛的交流活動，並且向受教育的廣泛人群傳播新的知識和思想。

　　起源於17世紀法國的沙龍，是我們耳熟能詳的字眼。社會名流和知識精英們常聚於此。在私人住宅裡經常舉行沙龍活動，通常由受過良好教育且有權勢的女主人主持。起初，沙龍是貴族的交際場所，只有個別的平民能夠進入。到18世紀，沙龍逐漸開放。貴婦人彼此競爭，以招攬談吐不凡、妙語橫生的文人雅士為榮。

　　18紀中後期，有修養的資產階級婦女也開辦了一些重要沙龍，大有壓倒貴族沙龍之勢。沙龍不再看重出身門第，而推崇機敏、才智和個性。沙龍女主人不僅給一些文人提供經濟支持，還憑藉自己關係出面為他們爭取學術要職。

　　沙龍不僅使下層文人得以進入上流社會，更是一個激發、傳播新思想的助推器。德芳夫人、若弗蘭夫人的沙龍都是啟蒙思想家彙聚的場所。在拿破崙時代，斯塔爾夫人的沙龍成為自由主義思想的發源地之一。

咖啡館是另一個耳熟能詳的字眼。沙龍的趣味往往取決於女主人，而真正自由的聚會場所是咖啡館。進入沙龍需要有人引見，咖啡館則向所有人開放。在咖啡館裡人們隨意地交流思想、流覽最新的雜誌和報紙。第一家咖啡館出現在17世紀中葉的倫敦。到18世紀，倫敦、巴黎等城市的咖啡館已經數以百計。

科學院和科學學會的建立也推動了知識的生產和傳播。17世紀中期，倫敦皇家學會和法蘭西科學院幾乎同時建立。18世紀，多數歐洲國家以及北美殖民地也都成立了科學院或科學學會。

人們還組織了各種讀書會，在一起閱讀和討論啟蒙書籍。私下傳閱各種手抄本，進而建立正式的團體，致力於某種目標，如政治改革、農業、音樂、繪畫、戲劇、公共衛生、廢奴以及科學。在18世紀的歐洲，幾乎每一個大城市都有數百個這樣的組織。

還有一些祕密團體也在啟蒙運動中發揮了積極作用。其中最重要的是國際祕密組織——共濟會。共濟會的起源至今不詳。到18世紀，共濟會組織已拓展至整個歐洲和北美，形成一個鬆散的國際網絡。各地分會建立了各式各樣的儀式，教義也不盡相同。但是多數共濟會的規章和活動表達了啟蒙運動的理想：宗教寬容、理性、進步以及人道主義價值觀。

18世紀，除了各種書籍外，針對公眾的雜誌大量湧現，有數百種之多。有一些是由著名學者創辦的。出版商還創辦為數眾多的法語雜誌。法語是當時歐美上流社會和知識份子的國際語言，因此這些雜誌的讀者遍佈歐美。

為了總結人類的知識成就和滿足公眾的知識需求，法國學者皮埃爾·培爾編寫的《歷史與批評辭典》於1697年出版，開啟了百科全書的編寫出版熱潮。其後半個世紀內就有英文、德文、義大利文、波蘭文等多種百科全書相繼問世，其中法國學者狄德羅等編撰的大型《百科全書》最為著名。這部百科全書與以往的辭書不同，一是增設了藝術、工藝和貿易的詞條，反映出啟蒙運動對知識實用性的重視；二是由一個大規模的學者群體完成，參加編纂者有160人之多，包括法國幾乎所有著名的啟蒙思想家以

BC

— 0　耶穌基督出生

— 100

— 200

— 300
君士坦丁統一羅馬

羅馬帝國分成兩部
— 400

— 500　波斯帝國

— 600　回教建立

— 700

— 800

凡爾登條約
— 900

神聖羅馬帝國建立
— 1000

— 1100　十字軍東征

— 1200
蒙古第一次西征

— 1300
英法百年戰爭開始

— 1400

哥倫布發現新大陸
— 1500

英國大破無敵艦隊
— 1600

— 1700　發明蒸汽機

美國獨立
— 1800

美國南北戰爭開始
— 1900
第一次世界大戰
第二次世界大戰

— 2000

上古時期　BC

漢

— 0

100 —

三國
晉

200 —

300 —

南北朝

400 —

500 —

隋朝
唐朝

600 —

700 —

800 —

五代十國

900 —

宋

1000 —

1100 —

1200 —

元朝

1300 —

明朝

1400 —

1500 —

清朝

1600 —

1700 —

1800 —

1900 —

中華民國

2000 —

及一大批不太出名的學者。《百科全書》因內容比較激進，受到教會和政府多次侵擾，結果反而提高了知名度。這部《百科全書》知識涵蓋廣泛、啟蒙色彩鮮明，進而成為啟蒙時代的里程碑。

天主教國家都實行書刊審查制度，天主教會還公布了一份《禁書目錄》。世俗和宗教當局對書刊進行審查，下令燒毀禁書、處罰作者。不過，總體上看，前兩個世紀宗教紛爭的高潮已經過去，對思想異見者的迫害已經大大減輕。伏爾泰和狄德羅都曾因文罹禍，但在監獄裡他們還能讀書寫作。正是這種半自由半壓制的環境，既激發了啟蒙思想家的戰鬥意志和批判意識，又使他們的聲音得以發出。

一些自詡開明的統治者也或多或少為啟蒙運動推波助瀾。普魯士國王腓特烈二世曾經庇護伏爾泰，並為柏林科學院延攬了一批啟蒙學者。俄國女王葉卡捷琳娜二世與法國啟蒙學者伏爾泰、狄德羅等有書信往來，並提前買下狄德羅的全部圖書和文稿，給予他經濟支援。

這些都是啟蒙運動得以興起的土壤。啟蒙運動的興起還有一個大背景。

18世紀初，法國仍然是一個封建等級制的、專制主義的、天主教會的國家，封建制度已經非常腐朽。與此同時，法國社會內部的資本主義的經濟關係已有很大增長，資產階級強烈要求自由發展，同舊制度之間的矛盾日益尖銳。資產階級要求改革和革命，掃除封建制度的障礙。

有了革命的要求就會產生革命的理論。資產階級各階層湧現了自己的理論家。他們著書立說，批判封建制度的不合理，宣揚建立合理的社會制度。他們的宣傳激發了人們反封建的意識，所以這些人被稱為啟蒙思想家。所以，啟蒙運動也是資產階級為了向封建階級奪權、確立資產階級統治而作的輿論和意識形態方面的準備。

啟蒙思想家的貢獻

啟蒙運動發源地是英國，英國最早的啟蒙思想家是霍布斯和洛克。

霍布斯是唯物主義者，繼承了培根的唯物主義，並將它進一步系統化。霍布斯是一位卓越的政治思想家，出版了《論政體》、《利維坦》，論述了他的主要政治社會思想，他強調國家的作用，主張建立強有力的國家，認為專制君主制度是國家組織最好的形式，否認人民的自由民主權利；認為宗教是人類無知的產物，但又認為宗教可以維持秩序。在財產問題上，他站在專制政權的立場上說話。

洛克也是一位唯物論者，繼承和發展了培根與霍布斯的理論，承認物體的客觀存在，並認為思想及觀念是客觀物體在人類感官上發生作用的結果，但他是一個二元論者。其代表作《關於政府的兩篇論文》反映了他的政治理論，駁斥了君權神授的主張；洛克也支持社會契約論，但強調社會契約論是可以廢除的；認為每一個人都是平等的。提倡個人財產的合理性；提出人所擁有的自然權利包括了充分的自由、平等及私有財產的權利。洛克還是第一個宣導權力分配者，把政治權力分為立法權、行政權、外交權三種，認為立法機關應當高於行政機關，防止專政。在教育上，主張教育應建立在為資產階級服務的基礎上，教育方法上認為應啟發兒童的興趣和理解力、創造性思維。

法國的啟蒙思想家，首推伏爾泰、孟德斯鳩、盧梭和以狄德羅為首的百科全書派，以魁奈為首的重農學派。

伏爾泰出生於公證人家庭，是一位多產的作家、劇作家、史學家、哲學家和政治宣傳家。代表作有哲學和科學著作《哲學辭典》、《牛頓哲學原理》，也有史學著作《風俗論》、《路易十四時代》，以及文學作品《老實人》（又譯《贛第德》）。伏爾泰年輕時曾以誹謗罪被囚禁在巴士底監獄，歷時一年之久。出獄後旅居英國三年，深受英國政治制度的影響。伏爾泰社會思想的核心是平等，這是對當時封建等級制的一種反抗。

BC

— 0　耶穌基督出生

— 100

— 200

— 300
　　君士坦丁統一羅馬

　　羅馬帝國分成兩部
— 400

— 500　波斯帝國

— 600　回教建立

— 700

— 800

　　凡爾登條約
— 900

　　神聖羅馬帝國建立
— 1000

— 1100　十字軍東征

— 1200
　　蒙古第一次西征

— 1300
　　英法百年戰爭開始

— 1400

　　哥倫布發現新大陸
— 1500

　　英國大破無敵艦隊
— 1600

— 1700　發明蒸汽機

　　美國獨立
— 1800

　　美國南北戰爭開始
— 1900
　　第一次世界大戰
　　第二次世界大戰

— 2000

上古時期　BC

漢

— 0

100 —

三國
晉

200 —

300 —

南北朝

400 —

500 —

隋朝
唐朝

600 —

700 —

800 —

五代十國

900 —

宋

1000 —

1100 —

1200 —

元朝

1300 —

明朝

1400 —

1500 —

清朝

1600 —

1700 —

1800 —

1900 —

中華民國

2000 —

他對天主教會做了大膽的攻擊，強烈譴責教士的貪婪和愚民的說教，但又承認有必要保留宗教，認為宗教可以維繫人心，鞏固社會秩序。他提倡自然權利說，反對君主專制制度，贊成開明專制，認為開明的君主透過改革就可以過度到君主立憲制。要求改革刑法，反對刑法過於殘酷。認為國家權力應該由少數富人掌握。他還主張法律面前人人平等，但也認同社會上貧富階層的存在、財產權利的不平等是不可避免的。伏爾泰的政治思想核心是自由，主張建立一個在哲學家領導下，依靠資產階級力量的開明君主專制，人民有言論、出版自由等等。

孟德斯鳩出身於一個司法貴族家庭，因此繼承了波爾多高等法院法官職位。孟德斯鳩娶了一位女達爾文教徒為妻，對當時的宗教迫害感同身受，因此畢生支持宗教寬容政策。出版了諷刺作品《波斯人信箚》，對法國社會進行了無情的批判和調侃。又花費幾十年心血寫成《論法的精神》，引起轟動，兩年間就被翻譯成歐洲各主要語言，印行22個版本。孟德斯鳩強調環境和社會因素對政治的影響，因此被稱為現代社會學之父。他論證了社會現象的規律性，認為政治制度決定了法律的精神和立法的內容。他重視政治制度的作用，將政體分為三種類型，但反對三種政體以外的暴君政體。他所提倡的分權政治模式，是啟蒙運動政治理論的最重要成就之一。認為只有實行三權分立，即立法、行政、司法三者分開才能避免暴政出現；同時他還提出了三種權力互相制約的重要性。

在啟蒙思想家中，盧梭的思想獨樹一幟。他生於瑞士日內瓦的手工業者家庭，幼年時深受喀爾文教的薰陶。當過學徒，又做過僕役、家庭教師，得到一些貴婦人的豢養。38歲時，盧梭因論文《論科學與藝術》而一舉成名。不僅是一位偉大的思想家，還是一位傑出的文學家，代表作包括政治思想方面的《論人類不平等的起源和基礎》和《社會契約論》；教育小說《愛彌兒》和書信體感傷小說《新愛洛綺思》。《愛彌兒》和《社會契約論》遭到法國和日內瓦當局的查禁，盧梭也一度被迫流亡。盧梭認為私有制度是社會不平等的根源，認為人生而平等、自由，主張捍衛人民主權的思想，反對富人剝削、壓迫窮人的不公平現象。其理想中的國家是一

個小型的民主共和國，認為國家權力屬於人民，要求建立經常性的人民監督制度，並設計一個社會經濟改革方案，提議改革稅制，徵收遺產稅和累進稅等等。

狄德羅的百科全書派用科學成果對抗宗教哲學的謬誤，用民主思想反對專制統治，宣揚了理性主義、人道主義、唯物主義。他們在哲學上大多是唯物論者，但他們的唯物論是機械唯物論，缺乏發展變化的觀點，在社會歷史上是唯心主義。

魁奈的重農學派系統論述了重農主義理論，認為農業是唯一的生產部門，國家的全部賦稅都應由土地所有階級負擔，提出鼓勵資本家向農民租地，政府實行放任政策，允許自由貿易，實行單一稅制，堅決反對國家對經濟活動的干預。重農學派認為，一國財富的主要基礎是土地和農業，土地和農業必須改革，才能使工商業繁榮、農業振興。

此外，代表農民利益的思想家梅葉是一位鄉村教師，因反對領主和教會對農民的殘酷壓迫，而遭到教會迫害，被迫自殺。他死後30年才出版了遺作《遺書》。這部著作宣傳了唯物論和無神論，並向上帝、國王、富人宣戰。他號召農民起來向暴君和王政進行鬥爭，消滅私有制，實行財產公有。

在資本主義崛起之際，這些啟蒙思想家們在動員革命群眾、啟發革命覺悟、推動革命運動方面都產生積極作用。他們的思想和主張反映了時代和革命的要求，在法國的資產階級革命中展現出強大的思想、輿論力量。正如後來的拿破崙所說，沒有盧梭就沒有法國的革命。

啟蒙思想的傳播

啟蒙運動代表著時代的潮流，因而在世界各地廣泛傳播。歐洲各地和北美都有活躍的啟蒙運動中心，除了彼此間相互影響外，也各有其思想資源和思想貢獻。

BC

— 0　耶穌基督出生

— 100

— 200

— 300
君士坦丁統一羅馬

羅馬帝國分成兩部
— 400

— 500　波斯帝國

— 600　回教建立

— 700

— 800

凡爾登條約
— 900

神聖羅馬帝國建立
— 1000

— 1100　十字軍東征

— 1200
蒙古第一次西征

— 1300
英法百年戰爭開始

— 1400

哥倫布發現新大陸
— 1500

英國大破無敵艦隊
— 1600

— 1700　發明蒸汽機

美國獨立
— 1800

美國南北戰爭開始
— 1900
第一次世界大戰
第二次世界大戰

— 2000

左側時間軸標記：
上古時期　BC
漢
— 0
100 —
三國
晉
200 —
300 —
南北朝
400 —
500 —
隋朝
唐朝
600 —
700 —
800 —
五代十國
900 —
宋
1000 —
1100 —
1200 —
元朝
1300 —
明朝
1400 —
1500 —
1600 —
清朝
1700 —
1800 —
1900 —
中華民國
2000 —

倫敦是英格蘭的啟蒙運動中心。不隸屬於任何官方機構的倫敦皇家學會，擁有較大的學術自由。它也不介入神學和玄學的爭端，而是注重實用科學的研究。除了學術會議，學會還組織公開講座和演示實驗，向公眾傳播科學知識。倫敦的格拉布街是英國出版業中心，作家、記者和出版商聚集在這裡。新聞和政論迅速地從這裡傳到全國和國外。「格拉布街」成為出版業的一個代名詞。

18世紀中後期，蘇格蘭的愛丁堡出現了文學藝術和科學的繁榮，形成啟蒙運動的又一個中心。蘇格蘭啟蒙運動的主要人物有休謨、亞當·斯密、哈奇森、弗格森等。改良蒸汽機的瓦特也是蘇格蘭人。這些人的貢獻在啟蒙運動中具有重要影響。

休謨是18世紀英國著名哲學家、歷史學家、經濟學家，其哲學體系是近代歐洲哲學第一個不可知論的哲學體系。他在政治思想上，反對企圖改革而不顧既定傳統的改革者，認為人民只有在遇到極其惡劣的暴政時，才有理由反抗自己的政府。休謨主張新聞自由，並且也是民主制度的同情者，主張政府權力應被適當節制。一般認為休謨的政治思想影響了後來美國開國功勳詹姆士·麥迪遜的著作，尤其是他的《聯邦黨人第10號文集》。休謨也對於生活的進步持樂觀態度，相信貿易的擴大會帶來經濟的繁榮。休謨也大力主張政治權力分立，支持將選舉權延伸到所有擁有財產的公民，同時要限制教會的權力。休謨還認為瑞士的民兵制是最好的國防體制。休謨在經濟學上的貢獻也不容忽視，是18世紀貨幣數量論的代表，反對重商主義。他關於國際貿易的學說對英國古典政治經濟學有很大的影響，提出著名的「休謨機制」。他的社會歷史觀點以人性論為基礎，把對財富、享樂和權力的追求看作是人的本性，認為無論何時何地，人性是一致和不變的；歷史的作用就在於發現有關人性的普遍原理，提供經驗教訓。

亞當·斯密是經濟學的主要創立者，主要研究領域是政治哲學、倫理學、經濟學。1759年出版的《道德情操論》，獲得學術界極高評價。後於1768年開始著手著述《國民財富的性質和原因的研究》（簡稱《國富

論》）。1773年，《國富論》已基本完成，但亞當‧斯密多花三年時間潤色此書。1776年3月此書出版後引起大眾廣泛的討論，影響所及除了英國本地，連歐洲大陸和美洲也為之瘋狂，因此世人尊稱亞當‧斯密為「現代經濟學之父」和「自由企業的守護神」。

啟蒙運動也擴展到義大利各個城市，一些小知識群體比較活躍。一些經濟學家、法學家也深受啟蒙思想的影響。歷史哲學家維柯的著作《新科學》和法學家貝卡利亞的著作《論犯罪與懲罰》，是啟蒙運動的重要成果。

與法國和英國不同，德國的啟蒙運動中大學發揮了重要作用。許多大學脫離教會的控制，實行宗教寬容，享有較大程度的學術自由。柏林科學院遴選各國的專家學者和科學家來充任院士，其中有伏爾泰、愛爾維修、霍爾巴赫等法國啟蒙學者，還有歐拉這樣著名的瑞士數學家。這一時期德語世界也湧現出一批偉大學者，如文學家歌德、席勒、萊辛，科學家萊布尼茲，哲學家赫爾德、康得以及猶太啟蒙思想家孟德爾松。

歌德是18世紀到19世紀歐洲最重要的劇作家、詩人、思想家。除了在詩歌、戲劇、小說之外，在文藝理論、哲學、歷史學、造型設計方面都取得了較大成就。歌德一生跨越兩個世紀，正當歐洲社會大動盪、大變革的年代。封建制度的日趨崩潰，革命力量的不斷高漲，促使歌德不斷接受先進思潮的影響，進而加深自己對於社會的認識，創作出了優秀的作品。主要作品有劇本《葛茲‧馮‧伯里欣根》、小說《少年維特的煩惱》、《親和力》和《威廉‧麥斯特的漫遊時代》、詩劇《普羅米修士》、《浮士德》、自傳性作品《詩與真》、《義大利遊記》、抒情詩集《西方和東方的合集》等。

萊布尼茲是德國著名哲學家、數學家、自然科學家、歷史學家。他涉及的領域有法學、力學、光學、語言學、地理學、動物學、解剖學、地質學、歷史、外交等40多個範疇，被譽為17世紀的亞里斯多德。「世界上沒有兩片完全相同的樹葉」就是出自他之口，他還是最早研究中國文化和中國哲學的德國人，對豐富人類的科學知識寶庫做出了不可磨滅的貢獻。

BC

— 0   耶穌基督出生

— 100

— 200

— 300   君士坦丁統一羅馬

— 400   羅馬帝國分成兩部

— 500   波斯帝國

— 600   回教建立

— 700

— 800

— 900   凡爾登條約

神聖羅馬帝國建立
— 1000

— 1100   十字軍東征

— 1200   蒙古第一次西征

— 1300   英法百年戰爭開始

— 1400

哥倫布發現新大陸
— 1500

英國大破無敵艦隊
— 1600

— 1700   發明蒸汽機

美國獨立
— 1800   美國南北戰爭開始

— 1900   第一次世界大戰
第二次世界大戰

— 2000

上古時期　BC

漢

— 0

100 —

三國

晉

200 —

300 —

南北朝

400 —

500 —

隋朝

唐朝

600 —

700 —

800 —

五代十國

900 —

宋

1000 —

1100 —

1200 —

元朝

1300 —

明朝

1400 —

1500 —

清朝

1600 —

1700 —

1800 —

1900 —

中華民國

2000 —

他和牛頓先後獨立創建了微積分，並精心設計了非常巧妙簡潔的微積分符號，進而使他以偉大數學家的稱號聞名於世。

康得是德國著名哲學家、天文學家、星雲說的創立者之一、德國古典哲學的創始人、德國古典美學的奠基者，是對現代歐洲最具影響力的思想家之一，也是啟蒙運動最後一位主要哲學家。純粹理性批判、實踐理性批判、判斷力批判這三大批判構成了康得的偉大哲學體系。代表作有《純粹理性批判》、《實踐理性批判》、《判斷力批判》、《未來形而上學導論》、《道德形而上學基礎》、《實用人類學》等書。

北美的啟蒙運動中心是費城。1743年，富蘭克林在這裡創辦了美利堅哲學協會。學會的宗旨是傳播知識。傑弗遜後來曾任該學會秘書。傑弗遜起草的《獨立宣言》無疑是啟蒙運動的一個經典性文本。潘恩撰寫的《常識》、《論人權》和《理性時代》，發行總數之大，位居18世紀學者之首。

啟蒙思想對各國政治的影響

18世紀啟蒙思想對世界其他國家的影響，一個突出表現就是「開明專制」，成為一種潮流。開明專制就是指君主或實際掌權的大臣受啟蒙思想影響，用專制手段推行一些人道主義和加強政府效率的改革措施。這個時期典型的開明專制國家及君主，主要是奧地利的特利薩女皇和約瑟夫二世、普魯士的腓特烈二世，以及俄國的葉卡捷琳娜二世。

在這個時期，現在的德國還處於四分五裂的狀態，國內分佈著300多個王國、公國、主教轄區、自由市以及其他形式的獨立領地。它們鬆散地組成了還在垂死掙扎的神聖羅馬帝國。這時候的神聖羅馬帝國既不神聖，也沒有羅馬了，更算不上是帝國了。在這些政權中，最重要的、實力最強的兩個新型君主國要算奧地利和普魯士。

奧地利是一個多民族的王國，統治區域除了奧地利本土外，還有波

西米亞、摩拉維亞、西里西亞和匈牙利等領地。奧地利這時的統治者是哈布斯堡家族的哈布斯堡王朝。這個王朝不斷加強中央集權，但也保持了各個領地的相對獨立性，所以這些領地未能完全擰成一股繩。經過三十年的戰爭，波西米亞的捷克貴族的土地，大都被哈布斯堡王朝引來的一批國外的日爾曼人接收了。這些外來者極盡所能壓榨當地的農奴們，對哈布斯堡王朝也沒有效忠的真心。1740～1748年，奧地利爆發王位繼承戰爭，普魯士趁機奪走了奧地利下轄的西里西亞。波西米亞的貴族們見風使舵，一度倒向巴伐利亞。1756～1763年，七年戰爭又來了，奧地利又敗在普魯士手裡。奧地利時任女皇瑪麗亞・特利薩痛定思痛，決定改革，把奧地利建成一個強大的國家，報失地之辱。

　　1740～1780年在位的特利薩女皇的改革措施，主要是加強中央集權，加強中央對地方的管理。首先她把奧地利和波西米亞的行政機構合二為一，統一兩地的司法體制。其次，組建了最高國務會議，便於統一領導各部門。第三，在奧地利和波西米亞兩地都設立了直屬中央的機構代辦與財務處，在基層則設立了縣公署。第四，廢除奧地利和波西米亞兩個領地的貴族與教士的免稅特權。第五，為了提高兵源品質，實行了一些改善農民處境的措施，如頒佈法令，減少農民的勞役地租和代役租，帶頭取消皇室領地上的農奴制度。

　　在德意志地區，另一股最強力量是普魯士。普魯士的統治者是霍亨索倫家族。自中世紀後期起，霍亨索倫王朝就一直在擴張領土，在15世紀取得勃蘭登堡領地和選侯稱號，在16世紀獲得萊茵河畔一塊領土，在17世紀又取得波蘭的附屬國東普魯士，勃蘭登堡選侯成為勃蘭登堡一普魯士選侯。1701年，選侯腓特烈一世以參加西班牙王位繼承戰爭為條件，從神聖羅馬帝國皇帝那裡取得了普魯士國王的稱號。

　　18世紀中後期，1740～1786年在位的腓特烈二世推行了改革。

　　腓特烈推崇啟蒙思想，稱君主「只是國家第一公僕」。他曾庇護伏爾泰，為柏林科學院延攬了一批著名學者，並資助了一批音樂家。他首先頒佈全國教育法，對男性居民實行初等義務教育。其次腓特烈實行宗教

BC

— 0　　耶穌基督出生

— 100

— 200

— 300
　　　君士坦丁統一羅馬
　　　羅馬帝國分成兩部
— 400

— 500　　波斯帝國

— 600　　回教建立

— 700

— 800
　　　凡爾登條約
— 900
　　神聖羅馬帝國建立
— 1000

— 1100　十字軍東征

— 1200
　　　蒙古第一次西征
— 1300
　英法百年戰爭開始
— 1400
　　　哥倫布發現新大陸
— 1500
　英國大破無敵艦隊
— 1600

— 1700　發明蒸汽機

— 1800　美國獨立
　美國南北戰爭開始
— 1900
　　第一次世界大戰
　　第二次世界大戰
— 2000

上古時期　　BC

漢

— 0

100 —

三國　　200 —

晉

300 —

南北朝　400 —

500 —

隋朝　　600 —

唐朝

700 —

800 —

五代十國　900 —

宋

1000 —

1100 —

1200 —

元朝

1300 —

明朝

1400 —

1500 —

清朝　　1600 —

1700 —

1800 —

1900 —

中華民國

2000 —

寬容，允許法官獨立審判，並制定了統一的法典。第三，創辦了普魯士銀行，扶持私營企業發展，實行關稅保護，鼓勵移民墾荒，引進馬鈴薯等新作物。主持和支持重大的建設工程，如改建柏林、開鑿運河等。第四，努力改善農民的處境，廢除了占全國耕地面積1/3的王室領地的農奴制，限制貴族對農民的壓榨。第五，加強軍隊和官僚機構建設。把常備軍擴大到20萬人，平均32個居民中就有1個士兵，按人口比例占歐洲第一位。第六，改組中央政府並加強了監視制度。

在腓特烈二世統治下，普魯士發展成一個強國，人口從250萬增加到540萬。腓特烈二世獲得「腓特烈大帝」的稱號。

俄國著名的開明專制君主是葉卡捷琳娜二世女皇。出身於德意志一個小公爵家庭的葉卡捷琳娜，嫁給俄國王儲彼得後被冷落多年。但是她聰明好學，熟讀啟蒙思想家的作品。她上臺後與伏爾泰、孟德斯鳩、狄德羅等都有書信聯繫，並對啟蒙思想家給予資助。

葉卡捷琳娜在經濟方面實行了一些開明政策。她強調發展農業生產，甚至允許一些批評農奴制的言論。接納許多外國移民進入俄國，把他們安置在南方新征服的空曠土地上。她鼓勵工商業發展，在她統治期間，手工工廠增加一倍多，達到1000多個。商業方面也逐步放棄實行國家控制的重商主義，開始容忍貿易自由。在政治上，葉卡捷琳娜執政初期宣佈要進行開明改革。她召開了一個立法委員會，並發佈一個《訓諭》，引用啟蒙思想家的言論為立法依據。《訓諭》在歐洲引起震動，贏得啟蒙思想家的讚賞。她開辦各種學校，鼓勵貴族學習西方文化和追隨西方時尚，並大力扶持藝術、戲劇、建築和音樂。總之，開明專制在歐洲各國都是以富國強兵為目標，同時也對啟蒙思想的傳播產生推波助瀾的作用。但是，就國內而言，開明專制的基礎是王權與貴族的聯盟。如果改革嚴重損害了貴族利益，王權就孤立無援，改革最終會失敗。奧地利就顯示了這種界限。對外，開明專制君主依然追求開疆拓土，為此不惜損害他國利益。18世紀後期，上述三個典型的開明專制國家聯合起來，瓜分了進行開明改革的波蘭，也表明了開明專制的界限，同時可以算是啟蒙運動結束的標誌之一。

| 第二十七章 | 俄國農奴制改革

葉卡捷琳娜的嚴酷統治

1744年，年僅15歲的德國公主來到俄國宮廷，她就是索菲亞，是德國某位親王的女兒。索菲亞聰明好學，很快就學會了俄語，她又善於察言觀色，是個很討人喜歡的女孩。

德國公主為什麼到俄國來呢？這就說來話長了。

彼得大帝想控制整個海域，就把自己的大女兒嫁給德國的一個親王，因為德國是波羅地海邊上最大的國家。彼得死後，他的小女兒卻當上了沙皇。可是這個女沙皇沒有兒子，就去德國領養她姐姐的兒子，取名彼得三世。當彼得三世到俄國來時，就把自己的未婚妻一起帶來了，她就是索菲亞，俄國名叫葉卡捷琳娜。

1761年底，彼得三世即位。由於彼得三世的政策受到大地主和貴族階級的反對，葉卡捷琳娜就想趁機發動政變，自己當皇帝。她就找自己的兩個情人，他們都是皇家近衛軍的軍官。

接下來，葉卡捷琳娜又找來幾個歐洲大國幫忙。在1762年6月28日這天發動了政變，殺死自己的丈夫彼得三世，自己坐上了皇帝的寶座。

葉卡捷琳娜為了拉攏貴族，給他們許多特權和土地，把農民也當牲畜一樣賞給貴族。她在位時，俄國的農奴占全國農民的一半還要多。而且她設立農奴市場，允許自由買賣農奴。

葉卡捷琳娜不僅荒淫無恥，而且還虛偽和殘忍。她一方面看不起啟蒙派，一面又和伏爾泰保持聯繫，說自己準備聽他們的意見。她老是在做夢，夢見自己是一個明君，是為百姓謀福利的能人。在俄國發生大飢荒的

BC

— 0　耶穌基督出生

— 100

— 200

— 300
　　君士坦丁統一羅馬
　　羅馬帝國分成兩部
— 400

— 500　波斯帝國

— 600　回教建立

— 700

— 800
　　凡爾登條約
— 900
　　神聖羅馬帝國建立
— 1000

— 1100　十字軍東征

— 1200
　　蒙古第一次西征
— 1300
　　英法百年戰爭開始
— 1400

　　哥倫布發現新大陸
— 1500

　　英國大破無敵艦隊
— 1600

　　發明蒸汽機
— 1700

　　美國獨立
— 1800
　　美國南北戰爭開始
— 1900
　　第一次世界大戰
　　第二次世界大戰
— 2000

上古時期　BC

漢

—0

100—

三國
晉

200—

300—

南北朝

400—

500—

隋朝
唐朝

600—

700—

800—

五代十國

900—

宋

1000—

1100—

1200—

元朝

1300—

明朝

1400—

1500—

清朝

1600—

1700—

1800—

1900—

中華民國

2000—

時候，竟然寫信給伏爾泰，說俄國農民現在過上了小康生活，每天都有雞吃，有酒喝。

農民在葉卡捷琳娜統治時苦不能言，遂發動了普加喬夫農民起義。可是起義失敗了，葉卡捷琳娜把普加喬夫砍頭、肢解、焚屍。

同時，葉卡捷琳娜還發動對外戰爭，她修築很多堡壘，攻打高加索，入侵中亞北部的哈薩克草原。就這樣，她占領了西伯利亞，獲得了豐富的森林和礦產資源。她還越過太平洋，占領阿拉斯加和加利福尼亞。

不知道是怎麼回事，葉卡捷琳娜還討厭革命。誰要是一提到革命，他就會放下淑女的架子，破口大罵，發誓要他們的命。

1796年8月，葉卡傑琳那終於病了，在她快死的時候，還在大叫：「要是誰讓我活二百歲，我就能把全歐洲踩在俄國腳下。在這片土地上建設一個六個都城的大帝國。那時候，我們就可以盡情地享受。」

俄國的農奴制

雖然彼得大帝能征善戰，但俄國的內政還是陷入了必須要改革的地步，關鍵就在於俄國的農奴制度太過落後了。

當然，關於俄國的奴隸制度改革這件事情，可以先從一位作家說起，他就是俄國著名的作家屠格涅夫。

屠格涅夫出身於一個大奴隸主家庭。屠格涅夫的母親叫瓦爾瓦拉，是一個擁有五千個農奴的地主。在屠格涅夫的家裡，女人說了算，雖然他的父親謝爾蓋依·尼古拉耶維奇是個軍人，但這位老兄可能對軍隊那種組織紀律性極強的生活過於習慣，以至於他從1821年退休以後，就無法應付平常的生活了。

過問家事的大權就落到了屠格涅夫的身上。不知道是不是處於更年期的原因，瓦爾瓦拉脾氣極其暴躁，她整天拿著一根棍子不停地發號施令。

她在家裡配了三百多個僕役，僕役們穿著都很講究。但只要稍不遂她

的意，就要遭到嚴懲。她甚至可以藉口桌子沒有擦乾淨，就將打掃房間的女僕趕到遙遠的農村去養牲口；要是她偶爾發現花園裡少了一朵花，就會下令把全體園丁抓到馬廄鞭打。

屠格涅夫家裡的情況就是當時俄國農奴制度的縮影。說起俄國的農奴制，可是有些歷史的。實際上，一直到15世紀下半期以前，俄國還沒有出現真正意義上的農奴。當時在田地裡勞作的農民是可以自由遷徙的，因為那時候俄國還沒有實現高度的中央集權，農民收穫多少跟中央沒有多大關係，所以農民問題也不被沙皇重視。

但隨著國家集權的加強，沙皇逐漸認識到加強對農民控制的重要性。可以想一下：如果不准農民自由活動，那他們就得老老實實地待在田裡工作，自然可以創造更大的物質財富。沙皇一旦想通這個道理，俄國農民農奴化的進程就開始了。

伊凡四世頒佈法典規定：農民在交清住宿費後，才可在特定的時期離開封建主兩週的時間。但是這個所謂的住宿費，對當時的許多農民來說無異於天文數字，所以許多農民因交不起住宿費而不能離開封建主。

到了16世紀70年代，俄國出現了全國性的經濟恐慌，稅收大大減少，沙皇的日子捉襟見肘，這下伊凡四世坐不住了，他於1581年開始進行人口、土地調查登記，首次實行「禁年」，禁止農民遷徙。

到了1593年，人口土地調查登記工作基本完成，沙皇政府頒佈法令規定，凡是登記在某個封建主名下的農民，就成為該封建主的農奴，不得遷徙換主。4年後，伊凡四世的繼任者費多爾頒佈追捕逃亡農民的法令，作出了一個更離譜的規定：凡農民逃亡不超過5年的，均可由原主人帶回。

這個先例一開，下面的沙皇就開始肆無忌憚了。1607年，沙皇叔伊斯基頒佈法令，規定追捕逃亡農奴期限從5年延長到15年。

一年一年地往上漲沙皇也嫌麻煩，於是終結者出現了：1649年，沙皇阿曆克謝·米哈依洛維奇最終推出《法律大全》，徹底取消了農民的一切出走權，並且規定農奴主對逃亡農奴擁有永久追捕權，確立了農奴及家屬在人身、土地和司法上對農奴主的依附關係，這標誌著農奴制在全國範圍

— 0　　耶穌基督出生

— 100

— 200

— 300
　　　　君士坦丁統一羅馬

　　　　羅馬帝國分成兩部
— 400

— 500　　波斯帝國

— 600　　回教建立

— 700

— 800
　　　　　凡爾登條約
— 900
　　　　神聖羅馬帝國建立
— 1000

— 1100　十字軍東征

— 1200
　　　　蒙古第一次西征
— 1300
　　　　英法百年戰爭開始
— 1400
　　　　哥倫布發現新大陸
— 1500
　　　　英國大破無敵艦隊
— 1600
　　　　　發明蒸汽機
— 1700
　　　　　美國獨立
— 1800
　　　　美國南北戰爭開始
— 1900
　　　　第一次世界大戰
　　　　第二次世界大戰

— 2000

上古時期　　BC

漢

— 0

100 —

三國

晉

200 —

300 —

南北朝

400 —

500 —

隋朝

唐朝

600 —

700 —

800 —

五代十國

900 —

宋

1000 —

1100 —

1200 —

元朝

1300 —

明朝

1400 —

1500 —

清朝

1600 —

1700 —

1800 —

中華民國

1900 —

2000 —

最終確立。

在這個法令規定中，農奴的一切財產、人身、子女都屬農奴主所有，他們必須無怨無悔地任憑農奴主打罵，心甘情願地被當作物品買賣，被當作禮品轉贈。

在俄羅斯國家圖書館中，還保留著19世紀上半葉報紙上登出的一則出售和交換農奴的廣告：出售家奴兩名，一名為照看獵犬者，並會做鞋，現年30，已婚。其妻為洗衣婦，並會放養家畜，現年25。如有意者請與阿列克西聯絡。

這種農奴制愚昧得一塌糊塗。可以想像，在農奴制下，農奴被看作牛羊一般的牲畜，人格和自尊心被無情摧殘，或者更準確地說，根本沒有自尊心，機械、麻木地活著，一個個成為愚昧的文盲、愚鈍的苦力。

農奴制在俄國延續的原因

農奴的命運有多悲慘，可以這麼說，農奴主要是讓他們憋氣，他們都不能喘氣的，就是這麼慘。

他們必須整天無償地為封建地主勞動，甚至被作為物品抵押債務；大量農奴被束縛在農業莊園裡，資本主義工業發展必需的勞動力由此缺乏來源，俄國的經濟和社會發展因此也大大落後於西歐諸國。

但是俄國的那些貴族們可沒有進步的要求，他們覺得在自己家裡有使喚聽話的僕人，自己能吃香喝辣的，挺好，幹嘛折騰那些有的沒的。

但是農奴們可不這麼想了，憑什麼幹活的是自己，享福的是別人，於是有壓迫就有反抗，當時俄國各地的農民起義、暴動此起彼伏，社會動盪不安，連戒備森嚴的皇宮也感受到了局勢的動盪。

「是誰給這可怕的權力，讓一些人奴役另一些與他同樣生活的人的意志，剝奪了他們的自由？主人為了排解愁悶，隨意將他當作一頭牛賣出，換進來一匹馬，或者一條狗，而他卻從此再也見不到自己的父親、母親、

兄弟姐妹……」著名作家、評論家別林斯基憤怒譴責當時還在俄國盛行的農奴制。赫爾岑、車爾尼雪夫斯基等一大批俄國進步思想家、作家那時也紛紛撰文，抨擊俄國農奴制的慘無人道和殘忍。這是發生在19世紀50年代的事。

但這些作家的能力也有限，頂多就是在精神上支援一下農奴們，實際行動上發揮不了什麼作用。

就這樣，到了19世紀中葉，基本上世界已發展到了文明社會，而俄國的主要工業、農業基地都在西歐，按理說應該早就呼吸到英、法那自由的空氣了，可事實卻是農奴制依然很穩健地堅挺在俄國大地上。

到底是什麼原因讓俄國這麼悲劇的停留在滯後時代，讓這種慘無人道的農奴制在俄國興旺呢？熟悉俄國歷史的人馬上會脫口而出：因為東正教的束縛。

說起東正教，很多人可能不瞭解它的真面目。其實，東正教是人們常說的基督教的一個組成部分。

東正教是與天主教、新教並立的基督教三大派別之一，亦稱正教。同時，由於它是在羅馬帝國的東部希臘語地區發展出來，所以又稱為希臘正教。

1453年拜占庭帝國滅亡後，俄國等一些斯拉夫語系國家相繼脫離君士坦丁堡普世牧首的直接管轄，建立自主教會，逐漸形成用斯拉夫語的俄國正教；希臘正教目前則主要指使用拜占庭禮儀的東正教會。

俄國接受東正教是從西元988年「羅斯受洗」開始的。基輔大公弗拉基米爾（978～1015年在位）娶拜占庭皇族公主安娜為妃，西元988年接受東正教，史稱「羅斯受洗」。幾百年過去了，等到16世紀的時候，東正教作為一種信仰早已融入到俄國人的血液中，成為構成俄國民族性格不可或缺的因素。

相比於天主教、新教，東正教被認為是三派中最保守和最墨守成規的教派，它的清規戒律多得簡直讓人無法忍受。

東正教的規矩多到說都說不完，而且人家東正教會認為，只有它才是

BC

— 0　耶穌基督出生

— 100

— 200

— 300
君士坦丁統一羅馬

羅馬帝國分成兩部
— 400

— 500　波斯帝國

— 600　回教建立

— 700

— 800

凡爾登條約
— 900

神聖羅馬帝國建立
— 1000

— 1100　十字軍東征

— 1200
蒙古第一次西征

— 1300
英法百年戰爭開始

— 1400

哥倫布發現新大陸
— 1500

英國大破無敵艦隊
— 1600

發明蒸汽機
— 1700

美國獨立
— 1800

美國南北戰爭開始
— 1900
第一次世界大戰
第二次世界大戰
— 2000

最正統的基督教派，它的教規教義是絕對真理，絕對不會發生錯誤，而且絕對不會隨時間和空間的變化而改變。

不過有時候頑固也不是一件好事情，由於對自己的正統性深信不疑，所以東正教沒有發生宗教改革，對古代的教規教義從未進行過革新運動。

在西方宗教改革進行得如火如荼之際，東正教卻依然如故地保守舊有的一切，這對之後俄國歷史的發展產生了深刻的影響。東正教信仰對於俄國傳統文化的形成、國家制度及國家道路的選擇均發揮了巨大的作用。

沙皇政府得以用法律的形式確立農奴制，及廣大農民基本順從地接受農奴制，並承受農奴制長期殘酷的剝削，東正教的影響絕對是不可忽略的。

由於俄國社會各階層基本上都信奉東正教，所以他們的思想中普遍具有一神論的傾向，並且堅定不移地相信聖徒等級制和來世報應的思想，這種「今世受苦，來世享福」的思想給農奴制提供了思想基礎，使得人們對於統治完全服從，而且絕對不以暴力對抗。

這就有點像中國古時候的統治者，依靠道教、佛教的思想來統治人民一樣。總之就是告訴你，別抱怨你這輩子吃苦，因為你下輩子就要享福了，忍一忍就過去了。

這招就得看統治者的欺騙本領了。東正教很有欺騙的能力，因為東正教的這種信仰，使得人們普遍具有一種博愛的思想，也就是說服從上帝就是服從沙皇，因為沙皇是上帝在人間的代表。在這種情況下，沙皇就很容易把東正教的許多宗教思想，當成維護專制制度和農奴制度的有力思想武器。

由於堅信「今世受苦，來世享福」，廣大勞動人民就陶醉在宗教的麻醉之中，久而久之便養成了忠君、忍耐、順從的性格。

受拜占庭東正教的影響，俄國人的思考就是這麼一個邏輯：服從上帝就要服從沙皇，服從沙皇就是服從上帝。這樣一個邏輯的結果就是教權服從於王權，因為教權是看不見的，王權卻是實實在在的。

東正教大肆宣揚「君權神授」，不斷強調沙皇與上帝的血親關係，它

告訴俄國人民，任何人不得強行篡奪王權，同時也要求王公向人民和上帝負責，如果違背上帝的旨意濫用職權就會受到懲罰。

誰也不願意受到懲罰，於是俄國人民深受此影響，認為沙皇不但是世俗的最高統治者，而且又是聖者，是上帝在人間的代理人。

在這種思想體系中，沙皇不但要管理國家，還要拯救靈魂。另外，東正教提倡苦練修行，特別鄙視世俗的享樂，認為肉體上的快樂本質上是罪惡的，是與精神上的人對立的。為了拯救靈魂，必須犧牲肉體。

在東正教這種幾近於逆來順受的思想影響下，俄國人普遍相信，要想死後進天堂，就應該忍受身體的勞累和苦痛。

東正教僧侶在日常的傳教活動中，注重宣傳普遍平民化的社會理想，認為一切世俗的東西，包括社會地位和名望、財富和舒適等，都應當徹底地拒絕和否定。

這種宣傳的實質影響，就是讓人們徹底放棄對此世生活的期望，進而給廣大窮困的人民一種心理撫慰的作用，使他們面對生活現狀會產生些許無奈的滿足感。

東正教還特別強調上帝「道成肉身」拯救人類和「愛上帝、愛鄰人」的教義，加之「君權神授」的思想，這一切使廣大農奴不僅深深熱愛天上的上帝，也熱愛地上的上帝——沙皇，形成了愛沙皇就等於愛上帝的思想意識。

由於農奴的這種熱愛，所以在很長一段時間內，俄國農奴都是皇權主義者，他們將其苦難歸罪於地主，但從不責怪沙皇。正因為如此，廣大農奴對於沙皇下令頒佈的關於確立農奴制度的各項法令，沒有作出激烈的反應。

除了宗教因素外，俄國人本身不思進取的習慣，也使得農奴制得以長期存在。首先要說的就是俄國的地形。跟中國多山地丘陵不同，俄國有廣闊的大平原，在橫跨亞歐的國土中，俄國真的是地廣人稀，而且氣候條件惡劣，據說西伯利亞的最低溫度甚至超過了南極。俄國大部分地方屬寒冷而乾旱的大陸性氣候，霜凍期長。這種不利的氣候條件，使個體農奴的經

BC

— 0　耶穌基督出生

— 100

— 200

— 300
君士坦丁統一羅馬

羅馬帝國分成兩部
— 400

— 500　波斯帝國

— 600　回教建立

— 700

— 800
凡爾登條約

— 900
神聖羅馬帝國建立
— 1000

— 1100　十字軍東征

— 1200
蒙古第一次西征

— 1300
英法百年戰爭開始

— 1400

哥倫布發現新大陸
— 1500

英國大破無敵艦隊
— 1600

— 1700　發明蒸汽機

美國獨立
— 1800

美國南北戰爭開始
— 1900
第一次世界大戰
第二次世界大戰
— 2000

上古時期　BC

漢

－0

100 —

三國
晉　200 —

300 —

南北朝　400 —

500 —

隋朝　600 —
唐朝

700 —

800 —

五代十國　900 —

宋
1000 —

1100 —

1200 —

元朝　1300 —

明朝

1400 —

1500 —

清朝　1600 —

1700 —

1800 —

1900 —

中華民國
2000 —

濟活動十分困難，經常面臨破產的危險。所以，以集體勞動為表現形式的村社在俄國得以長期存在。

再一個就是俄國人很懶，他們的生活非常悠閒、懶散，得過且過是他們的主導思想。俄國不像中國那樣常有水、旱災害，所以中國的農民即使豐收了心裡也不會輕鬆，他想的是明年會不會歉收，有沒有飯吃，這種歷史的因襲是根深蒂固的。

所以中國人很喜歡積攢，沒事攢個糧食，晚上吃了飯，剩了一碗，攢起來，留著第二天當早飯。因為中國人有較強的危機感和憂患意識，總是在為明天、為後代而積攢，背著很重的殼，活得很累。

但是，俄國人就不這樣，他們過著有今天沒明日的生活，從不為明天煩惱，他們講求現時的享受。一些上歲數的人說，前蘇聯是世界上最強大的國家，它就像我們的父母，給了我們所需要的一切，我們可以沒有包袱、無憂無慮地生活。即使解體後的今天，俄國人也一樣活得很開心，這和中國人差異很大。

還有一點原因就是，由於村舍力量遠勝於個人，俄國社會中存在很強的集體主義與平均主義傳統。

這種平均主義的思想意識使廣大農民厭惡差距，如果一個人追求勤奮創業、出人頭地，那就會成為「出頭鳥」，肯定就被扼殺在搖籃之中。俄國人追求的是一種「小富即安」、「不患貧，只患不均」的低水準封閉保守的村社生活。

可以想像，要求不高了，生活動力自然也就沒多少了。整天在這種文化環境中成長的俄國民眾是怎樣的性格：缺乏個性、不思進取，並且具有超強的忍耐、服從和順從的秉性，這一切導致俄國老百姓比任何一個國家的老百姓對國家和集體更加服從，對政府和制度更具有忍耐精神。

因此，在俄國歷史上，從來沒有出現過中國那樣大規模的農民起義，農奴們的反抗最多也就是以騷動的形式表現出來。

19世紀上半期，雖然俄國農奴制已經徹底暴露它的弊端，但即使是這樣，面對日益悲慘的處境，農奴只是以不斷增加的騷動回應，沒有發生過

一次大規模的農奴起義。即使是歷史上發生過的拉辛和普加喬夫起義，與中國的陳勝吳廣、太平天國起義相比，也只不過是兩次農民騷動的小打鬧而已。

同時，這些騷動還幾乎都沒有提出廢除沙皇專制制度和農奴制度的綱領和口號，甚至有的還是以「好沙皇」的名義發起反抗鬥爭。那些農奴認為使他們生活窘迫的是農奴主，而不是沙皇和沙皇堅決維護的國家制度。很多農奴在忍無可忍時，大多選擇逃亡。

因此，俄國農奴制度之所以能在西方現代化潮流中頑固地存在，一個重要的原因就是這種制度的被施加方——農奴，幾乎沒有推翻這種制度的訴求。

克里米亞戰爭的影響

農奴制雖然在俄國有深厚的宗教與文化根基，但是它的確對俄國的發展帶來了巨大障礙。這些障礙在1861年的時候，終於讓皇帝坐不住了。

1861年的一天，俄國沙皇皇宮。一個中年男子坐在一張很有氣勢的椅子上，眉頭擰的跟麻花似的：他牢牢地盯著眼前那份報告。這個中年男子就是俄國最有權勢的人——沙皇亞歷山大二世。

此刻的他一點也無法為自己的傾天權勢沾沾自喜，面前那份內務部副大臣米留金的報告赫然入目：懇請偉大的沙皇陛下廢除農奴制。他心裡暗暗歎氣：自從1855年3月登基以來，大概已經有一年多的時間了吧，但這一年來底下的大臣們卻從來沒有什麼喜訊，全是些煩心事：農奴鬧事、財政赤字、作家批判，煩死了。

其實亞歷山大二世的即位純屬偶然事件。

1818年4月17日，莫斯科克里姆林宮的聖母升天大教堂的洪亮鐘聲打破了黎明的寂靜，莫斯科各教堂和修道院的幾百口大鐘應聲而響，彼此呼應，交相轟鳴。莫斯科市民從睡夢中醒來，聽到了街道上宮廷傳令官由遠

BC

— 0　耶穌基督出生

— 100

— 200

— 300
　　君士坦丁統一羅馬

　　羅馬帝國分成兩部
— 400

— 500　　波斯帝國

— 600　　回教建立

— 700

— 800
　　凡爾登條約
— 900

　　神聖羅馬帝國建立
— 1000

— 1100　十字軍東征

— 1200
　　蒙古第一次西征
— 1300
　　英法百年戰爭開始

— 1400

　　哥倫布發現新大陸
— 1500

　　英國大破無敵艦隊
— 1600

— 1700　　發明蒸汽機

　　美國獨立
— 1800
　　美國南北戰爭開始
— 1900
　　第一次世界大戰
　　第二次世界大戰

— 2000

上古時期　BC

漢

　　　　　― 0

　　　　100 ―

　　　　200 ―

三國
晉

　　　　300 ―

　　　　400 ―

南北朝

　　　　500 ―

隋朝
唐朝

　　　　600 ―

　　　　700 ―

　　　　800 ―

五代十國

　　　　900 ―

宋

　　　　1000 ―

　　　　1100 ―

　　　　1200 ―

元朝

　　　　1300 ―

明朝

　　　　1400 ―

　　　　1500 ―

清朝

　　　　1600 ―

　　　　1700 ―

　　　　1800 ―

　　　　1900 ―

中華民國

　　　　2000 ―

而近的鑼聲和喊聲：「尼古拉大公添丁了。」這位孩子就是眼前坐在大椅子上唉聲歎氣的亞歷山大二世。

當1853年他還是皇太子時，俄國與土耳其在巴爾幹地區狠狠地打了一仗，結果倒是不錯：俄國把土耳其的海軍打得全軍覆沒。但英國與法國不願失去土耳其這個戰略要道，所以它們馬上與土耳其結盟，還拉上了義大利的撒丁王國，湊成一支聯軍，正式對俄國開戰。

這下俄國海軍知道什麼叫「人外有人，天外有天」了，跟英法聯軍用蒸汽做動力的鐵甲戰艦相比，俄國不久前在對付土耳其海軍中大顯神威的風帆戰船就像玩具一般，連戰連敗，被逼得退守克里米亞半島。

消息傳到國內，心力交瘁的沙皇尼古拉一世終於不堪重負而服毒自盡。當年尼古拉一世就是在哥哥亞歷山大一世突然去世的情況下繼承皇位的，這一場景又在他自己和兒子亞歷山大身上再現。亞歷山大二世受命於危難之時，成為俄國新沙皇。

再回到克里米亞戰爭中。在黑海邊的俄軍要塞塞瓦斯托波爾，8萬俄軍面對6萬英法聯軍，苦苦堅守將近一年後，兵敗而退。

就這樣，1856年3月，俄國不得不在停戰的《巴黎和約》上簽字，俄國在黑海的控制權屈辱地喪失殆盡。當年讓拿破崙損兵折將、大敗而歸的俄國的榮耀哪裡去了？

戰爭使俄國一貧如洗，財政預算赤字猛增。從1853年到1856年間，俄國的財政赤字從5200百萬盧布增長到了3000億零700萬盧布，增長了6000倍。為了平衡收支，俄國政府一方面加重對人民的剝削，另一方面大舉借債，這些都是飲鴆止渴之舉。

到了1856年初，俄國的內外債已達7億盧布以上，這幾近天文數字般的巨額債務和財政預算赤字，嚴重地破壞了國家的財政體系，給經濟發展帶來了災難性的後果。因為俄國在借款的時候，往往以農奴和莊園作為抵押。

與此同時，克里米亞戰爭使俄國業已危機四伏的農奴制度更是雪上加霜。1853～1856年，農村青壯年男子僅充軍者就達150萬人，1856年，俄

國34省播種面積減少35％，穀物的出口下降了1/3以上。政府把戰爭的費用全部轉嫁到人民的頭上，進而引起了全國性的農民反抗風潮。農奴殺死地主、趕走官吏、燒毀莊園、奪取土地。此外，農奴為了爭取自由，紛紛出走，給沙皇統治造成巨大的威脅。

克里米亞戰爭暴露了俄國的腐敗和衰弱，把俄國從沉睡中喚醒，兵敗的消息，使俄國上下一片譁然。越來越多的人意識到，是落後的農奴制阻礙了俄國的強盛與發展，才有克里米亞的恥辱。

所以，在看到米留金的這份報告後，可想而知，年輕的沙皇心情是多麼複雜。簽還是不簽這個字，沙皇在思考。簽吧，冒的風險實在太大了，要跟老祖宗定下的規矩抗衡；不簽吧，實在是窮啊，沒辦法啊，亞歷山大二世很是頭疼。

廢除農奴制

亞歷山大二世並不是一個無能，愚笨的君主，他是位很有進取心的皇帝：農民騷亂以及江河日下的國勢，讓他清楚地知道如果不廢除農奴制的可怕後果。從遠了說，俄國會越來越落後於英、法等西方國家，自己對不起列祖列宗；從近了說，最現實的就是自己的沙皇寶座即將不保，因為再溫順的綿羊也會被逼急。所以，必須廢除農奴制。沙皇拿起筆就要寫了。

但就在這個時候，他突然又想到了一些事情。廢除農奴制肯定會對那些靠農奴為生的封建貴族領主造成一定損害，而且這些世襲貴族在宮廷中極有勢力，要是得罪了他們，那後果也是很嚴重的。

前朝的沙皇彼得三世和保羅一世，就是因為違背貴族利益被他們製造宮廷內亂而喪命。想起這些血腥往事，亞歷山大二世不禁打了個冷顫，正準備簽字的筆也慢慢停了下來。如何妥善解決廢除農奴制的問題，如同一個擺脫不了的陰影，纏繞在他心頭。

面對這幾乎成了死結的局面，沙皇真的頭痛無比。但是，難歸難，事

BC

— 0　耶穌基督出生

— 100

— 200

— 300　君士坦丁統一羅馬
　　　　羅馬帝國分成兩部
— 400

— 500　波斯帝國

— 600　回教建立

— 700

— 800

　　　　凡爾登條約
— 900
　　　神聖羅馬帝國建立
— 1000

— 1100　十字軍東征

— 1200
　　　　蒙古第一次西征
— 1300
　　　英法百年戰爭開始
— 1400

　　　哥倫布發現新大陸
— 1500
　　　英國大破無敵艦隊
— 1600
　　　　發明蒸汽機
— 1700

　　　　美國獨立
— 1800
　　　美國南北戰爭開始
— 1900
　　　　第一次世界大戰
　　　　第二次世界大戰
— 2000

上古時期　BC

漢

　　— 0

100 —

三國

晉　　200 —

　　300 —

南北朝　400 —

　　500 —

隋朝　600 —
唐朝

　　700 —

　　800 —

五代十國　900 —

宋　　1000 —

　　1100 —

　　1200 —

元朝　1300 —

明朝　1400 —

　　1500 —

　　1600 —
清朝

　　1700 —

　　1800 —

　　1900 —
中華民國

　　2000 —

情還是必須去做的，這是沙皇必須承擔的責任。幾天後，亞歷山大二世在莫斯科向貴族代表發表演說時，第一次公開談及廢除農奴制的問題。

他侃侃而談的發表了自己的意見：「農民和他們的地主之間存在著敵對情緒，不幸的是由於這種敵對情緒，發生了一些不服地主管束的事情。我深信，我們遲早會解決這個問題。我想，諸位是同意我的意見的。因為從上面解決要比由下面解決好得多。」

1857年1月15日，俄國在冬宮成立了「討論關於整頓地主、農民生活措施」的祕密委員會，這是準備實施改革的象徵。

大概8個月後，維連省總督納季莫夫回應政府宣導，上書沙皇表示該省貴族同意無償解放農民。11月22日，亞歷山大二世審閱了納季莫夫的報告，並下詔草案。第二天夜間，沙皇就下令將這份詔書趕印了75份，第二天凌晨便經鐵路運走，分發給各省總督和首席貴族。從此時起，政府公開承認將要取消農奴制，祕密委員會的工作由祕密走向公開。

1857年到1858年這短短的一年時間中，在沙皇政府主持下相繼成立了中央和各州的特別委員會，起草農奴制改革草案。這些委員會都是由沙皇官吏和貴族代表組成，領導全部改革的「農民事務總委員會」，由沙皇政府的高級官吏和大農奴主組成，各地區的農奴主都竭力在改革方案中體現自己的利益，各地提出了幾十種不同的方案。

這些方案集中起來可分為兩派意見：一派主張解放農奴時應帶土地，主要反映了那些土地貧瘠地區地主的利益，他們主張解放農奴時把土地分給農民，但是必須由農民拿出鉅款來贖買，以得到更多贖金。

另一派主張不帶土地，主要代表那些黑土地帶區地主的利益。那裡土地肥沃，地主希望掌握更多的土地，以從事集約式的農場經營，而無地或者少地的農民便可以成為他們的雇工。由於各地農奴主間利益上的矛盾，使改革起草工作延宕數年之久。

然而，俄國各地農奴反抗暴政的鬥爭不斷增多，農奴反抗暴動的事件激增到九百多次。為了防止爆發農民革命，沙皇政府棄卒保車，拒絕了一些貴族過於貪婪的要求，加快擬定關於農民脫離農奴依附關係的總法令的

速度。

1861年1月28日，俄國召開最高國務會議，討論改革草案，亞歷山大二世急不可待地重申：為了維護地主的利益，凡是能做的一切都做了，今後的任何拖延都會有害於國家。

1861年2月19日，亞歷山大二世正式簽署《廢除農奴制的特別宣言》，聲稱：在祈求上帝賜予援助後，朕決定把這一切事業切實地推動起來，農奴在適當的時候將獲得自由，獲得農村居民的一切權利。接著又批准了一些法令，包括《關於農民脫離農奴依附的一般法令》、《贖地法令》等十七個法案，規定農奴制被廢除。

這些法令的頒佈，使農奴獲得了人身自由，從此以後農民可以以自己的名字擁有動產和不動產，而且他們可以自由遷徙、擇業、婚配，再也不用被人當成牲口一樣打罵和買賣。

此外，農民還可以締結任何合約、進行訴訟。社會上的人必須尊重農民的人身自由和人格權利。

在俄國存在了三百多年的農奴制終於被廢除了，翻身的農奴要把歌來唱。

社會大轉型

農奴們得了土地當然高興了。但是，那些失去土地的貴族，日子可就有些不好過了，失去了土地的他們必須轉型。於是他們開始利用自己的地位優勢從事商業活動，賺取另一桶金。

農奴制改革後，上至皇族，下到低階貴族都紛紛下海從事工商業。有的貴族開辦各類工廠，有的從事包工、包稅、經商和高利貸活動。

在19世紀60～70年代，包括沙皇本人在內的皇族成員都參與了轉讓鐵路承租權、礦山開採權和企業建設承包權的活動。舉國上下，大家紛紛下海經商，從好吃懶做的貴族大少們，搖身一變成了商人。

BC

— 0　耶穌基督出生

— 100

— 200

— 300
君士坦丁統一羅馬

羅馬帝國分成兩部
— 400

— 500　波斯帝國

— 600　回教建立

— 700

— 800

凡爾登條約
— 900

神聖羅馬帝國建立
— 1000

— 1100　十字軍東征

— 1200
蒙古第一次西征

— 1300
英法百年戰爭開始

— 1400

哥倫布發現新大陸
— 1500

英國大破無敵艦隊
— 1600

發明蒸汽機
— 1700

美國獨立
— 1800
美國南北戰爭開始
— 1900
　第一次世界大戰
　第二次世界大戰
— 2000

上古時期　BC

漢

— 0

100 —

三國　200 —
晉
300 —

南北朝　400 —

500 —

隋朝　600 —
唐朝
700 —

800 —

五代十國　900 —
宋
1000 —

1100 —

1200 —

元朝　1300 —

明朝
1400 —

1500 —

1600 —
清朝
1700 —

1800 —

1900 —
中華民國
2000 —

這種傳統一直傳到了20世紀初，據說那時的沙皇羅曼諾夫家族將資本拿去投入國內外各種企業，甚至大家都傳言羅曼諾夫家族是製造軍艦、大炮、鋼甲等的英國威克斯公司的最大股東之一。

看看歷史記載就知道俄國貴族們的轉型有多大了：到20世紀初，俄國各省1894名貴族擁有2092個工廠、企業。除開辦工廠外，貴族參與工商業活動最常用的辦法是參加各類股份公司，購買股票和各種有價證券。

據統計，20世紀初，在1482個開業公司的董事會中，世襲貴族占有800多個諸如主席、長官、理事等職位，非世襲貴族占有390個同樣的職位。

這個過程又可以分成兩個層面來看：首先，俄國貴族廣泛參與工商業活動，促進了貴族的資產階級化。那些本來是典型的貴族代表人物，現在卻成了典型的資本主義大商人。其次，大批非貴族出身的人躋進貴族行列，也促使貴族社會面貌發生巨大改變。

農奴制改革以後，由於貴族階級逐漸沒落，大批非貴族出身的人擔任了國家公職，獲取高位，躋身於貴族之列。有錢的資本家因其巨額財富而封侯列爵者也屢見不鮮。

貴族階級人數大增，成分卻駁雜不純，貴族階級日益徒具虛名。據統計，在1875～1884年間，確定享有貴族權利的人數為12701人，但到1882～1892年間，貴族人數已增加到26834人。在20年的時間內，湧入貴族階級的人數達39000餘人，比任何時候都多。

不過，不管怎麼說，農奴制的改革是卓有成效的，它使得俄國重新贏回往日的榮耀，回到光榮之巔。

農奴制的廢除，使俄國的資產階級獲得了必需的勞動力、市場和資金，新興資本主義工業也有了一定的發展。在主要部門中，機器生產已逐漸排擠手工勞動而占領導地位。俄國地區工廠從1866年的2500家發展到1903年的9000家左右，生鐵和石油產量在1861年到1890年間增加了近10倍。這個時期，頓巴斯、巴庫等新工業中心也相繼形成。

農奴制使得農民脫離了土地束縛，開始走向城市。於是，大工業迅

速取代了手工工廠，採用西方先進生產技術，提高了勞動生產率。19世紀60～90年代，紡織機增加9倍，工業總產量增加7倍。

1865～1890年，大工廠和鐵路工人數量由70萬人增至143萬人。再從這期間若干項主要工業產品看，1860～1895年，煤炭產量從1830萬普特增加到377億普特；生鐵從2050萬普特增加到8870萬普特。

亞歷山大二世遇刺身亡

伴隨著經濟的發展，俄國資產階級在組織生產過程中逐漸創辦了銀行、辛迪加、托拉斯等機構，實現了經濟組織的創新，促進了資本主義經濟的發展。從工業生產的增長過程看，1860～1910年世界工業年均增長5倍，而在此期間英國僅為1.5倍，德國為5倍，而俄國竟高達9.5倍。

不管怎麼看，俄國都是發達了。這要論起功勞來，亞歷山大二世應該是排在第一位的。如果用現在的發展學理論來講，一個國家的競爭能力是強或弱，一個主要指標就是看這個國家能以怎樣的魄力，來調整自己的政策和革新現行制度，進而調整自己的步伐來適應世界的發展。

在這一點上，俄國農奴制改革是成功的：經過改革後30年的發展，到19世紀末至20世紀初，俄國已接近西方工業發達國家的水準。如果撇開輕工業發展不算，光看重工業產量，它事實上已進入強大的先進國家之列。1861年以後，俄國資本主義發展異常迅速，只用數十年的工夫就完成了歐洲某些國家幾個世紀才能完成的轉變。

如果不是亞歷山大二世的大力扶持和支持，這項改革也不可能進行的這麼順利。但是不得不說明的一點就是，1861年的農奴制改革是一項極其保守的改革，它並不能從根本上平息各地聲勢越來越大的農民暴動，其根本目的僅是為了維護專制制度和地主貴族利益。

就像前面所提到的那樣，沙皇亞歷山大二世在國務會議上明確宣稱：請你們相信，為了保護地主的利益，凡是能做的一切都做到了。因此，改

BC
— 0　耶穌基督出生
— 100
— 200
— 300　君士坦丁統一羅馬
　　　羅馬帝國分成兩部
— 400
— 500　波斯帝國
— 600　回教建立
— 700
— 800
　　　凡爾登條約
— 900
　　　神聖羅馬帝國建立
— 1000
— 1100　十字軍東征
— 1200
　　　蒙古第一次西征
— 1300　英法百年戰爭開始
— 1400
　　　哥倫布發現新大陸
— 1500
　　　英國大破無敵艦隊
— 1600
　　　發明蒸汽機
— 1700
　　　美國獨立
— 1800
　　　美國南北戰爭開始
— 1900　第一次世界大戰
　　　第二次世界大戰
— 2000

上古時期　BC

漢

－ 0

100 －

三國

晉　　200 －

300 －

南北朝　400 －

500 －

隋朝　600 －
唐朝

700 －

800 －

五代十國　900 －

宋　1000 －

1100 －

1200 －

元朝　1300 －

明朝　1400 －

1500 －

1600 －
清朝

1700 －

1800 －

1900 －
中華民國

2000 －

革後的俄國，農奴制的殘餘仍嚴重地阻礙著經濟現代化的進程。

　　舉個簡單的例子：改革雖然宣佈農奴獲得了人身自由，並可得到一塊份地和宅園地，但絲毫沒有觸及大地主土地所有制。改革有一條原則，即全部土地所有權仍屬於地主。農民為了獲取人身自由和土地，必須向地主繳納贖金，而這種贖金是的代價高昂，主動權完全掌握在地主手中。贖地不僅使農民失去五分之一以上的土地，而且還由於繳納巨額贖金負債累累，瀕臨破產的境地。

　　農民對於上層統治的不滿情緒也越來越強烈，俄國新的革命高潮已經到來。雖然亞歷山大二世曾經被看作是農奴的解放者，但是他並不是真正的慈善家，他所做的一切都是為了保住他的皇位而已。

　　誰要是從根本上威脅到這個寶座，他就對誰不客氣了。所以，當國家的政治形勢日益緊迫之時，亞歷山大二世像他的父親尼古拉一世一樣，重新撿起軍隊這根救命稻草，妄圖以血腥鎮壓平息農民的動亂。

　　在亞歷山大二世逐漸走向反動之後，俄國的激進組織——民意黨就宣判了亞歷山大的死刑。他們將前仆後繼地刺殺沙皇，直到亞歷山大的死刑真正被執行為止。口號容易喊，但付諸行動還真是有些困難：針對沙皇的前5次謀殺均告失敗。

　　1881年3月1日，亞歷山大二世要去軍隊視察。考慮到當時緊張的政治局勢和民意黨越來越多的刺殺行動，妻子和兒子都請求他不要去。亞歷山大二世自己卻開起了玩笑：算命先生曾經算出我有7次危險，而現在即使有危險，也僅僅是第6次，絕對不會有什麼事的。就這樣，充滿樂觀主義精神的沙皇帶著龐大的車隊離開了皇宮，他沒有想到這竟然是自己的最後一次出行。

　　當沙皇乘坐的馬車來到彼得堡水道街3號的轉角處的時候，早已埋伏在那裡的民意黨人衝上前來扔出了第一顆炸彈。這顆炸彈把沙皇亞歷山大二世所乘的馬車炸毀了，但亞歷山大二世本人安然無事。

　　馬車夫一再勸說亞歷山大二世不要從馬車的車篷裡出來，但是沙皇還是堅持走下馬車。他堅持去查看衛兵的傷勢，還對他們說了幾句安慰的

話。就在這個時候，革命者扔出了第二顆炸彈，這一次刺殺者的目的達到了，亞歷山大二世倒在血泊之中，刺殺者也當場被炸死。

　　就這樣，經過農奴制改革的俄國開始邁入現代社會，一個大國重新屹立於亞歐之間。但是，歷史有自己的邏輯和歸屬，親自發起這場改革運動的人，曾經被譽為「沙皇——解放者」的亞歷山大二世，卻由於自己的倒行逆施，喪命於革命黨人的炸彈之下，這不能不說是天意使然吧。

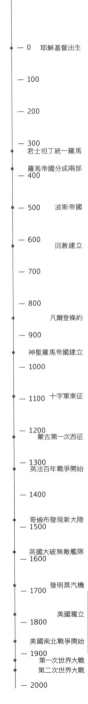

BC

— 0　耶穌基督出生

— 100

— 200

— 300
君士坦丁統一羅馬

羅馬帝國分成兩部
— 400

— 500　波斯帝國

— 600　回教建立

— 700

— 800

凡爾登條約
— 900

神聖羅馬帝國建立
— 1000

— 1100　十字軍東征

— 1200
蒙古第一次西征

— 1300
英法百年戰爭開始

— 1400

哥倫布發現新大陸
— 1500

英國大破無敵艦隊
— 1600

— 1700　發明蒸汽機

美國獨立
— 1800

美國南北戰爭開始
— 1900
第一次世界大戰
第二次世界大戰

— 2000

上古時期　BC

漢

－ 0

100 —

三國
晉

200 —

300 —

南北朝

400 —

500 —

隋朝
唐朝

600 —

700 —

800 —

五代十國

900 —

宋

1000 —

1100 —

1200 —

元朝

1300 —

明朝

1400 —

1500 —

1600 —

清朝

1700 —

1800 —

1900 —

中華民國

2000 —

｜第二十八章｜埃及的改革

埃及的衰落

　　埃及曾經是舉世聞名的文化古國，人民的日子過的豐衣足食，曾經十分燦爛輝煌。可是，大概也跟中國人一樣吧，埃及人也在幸福窩裡迷失了。近代以來由於種種因素，這顆曾經璀璨的明珠蒙塵了。

　　1517年，埃及被土耳其人占領，淪為鄂圖曼帝國的一部分。隨著鄂圖曼帝國的日趨衰落，過去的封建主馬木魯克集團乘機擴張自己的勢力。1769年，集團的首領阿里貝伊趕走了土耳其總督。1773年阿里貝伊被暗殺後，土耳其總督的統治雖然恢復，但他被軟禁於撒拉丁堡壘中，有名無實。馬木魯克封建地主集團的首領們在埃及掌握著實權。

　　當時，埃及是一個擁有400萬人口的封建制國家。土地名義上歸國家所有，實際上控制在各個封建地主集團手裡。其占有形式有三種：鄂圖曼蘇丹占有的土地；專供宗教團體和寺廟使用的土地；馬木魯克封建主占有的土地，第三種是最主要的。馬木魯克封建主既是軍人，又是包稅人。

　　他們各霸一方（一村或數村），獨攬包稅權。他們向政府預繳全部或部分「國稅」（米里），再代表政府向農民徵收「國稅」。為酬謝他們負責徵稅，他們被分到一塊可供個人使用的土地（烏西葉）。這塊土地歸他們終生使用，可以出租。他們還向農民徵收「包稅餘額稅」（法伊德），中飽私囊。這些包稅人實際成了自己包稅領地內所有土地的絕對控制者。

　　馬木魯克軍團是埃及的主要軍事力量，到17世紀，其力量已經超過土耳其駐紮在埃及的鄂圖曼近衛軍。他們的頭目充任開羅和各地的地方長官，包攬了24個郡守的職務。馬木魯克軍團分裂成許多派系，各自為政，

割據一方。為爭奪開羅和各郡長官的職位，常常互相攻伐，結果造成埃及內戰連連，動盪不已。

這種軍事封建土地制度是國家主要兵源和財源的保證，它一開始就遭到了蠶食和破壞。首先，王室不斷侵吞軍封地，將其攫為己有。據估計，14世紀末，王室土地面積為518萬費丹，一個世紀之後，則擴大為815萬費丹，這些擴大的土地都來自各種被沒收的馬木魯克軍封地。與此同時，馬木魯克軍事封建主們也千方百計設法將自己的軍封土地轉化為世襲的私有土地，因為按規定，他們占有的土地，只能終生享用，死後需交還國家。

到了15世紀，份地的世襲繼承已成了不可更改的定制。王室和軍事封建主對國有土地的侵奪，一方面使國家財稅地區銳減，直接影響了國家的財政收入；另一方面，也造成了中央對分封領地的控制力減弱。封地由終身制演變為世襲制，封地擁有者在不斷擴大自己權力的同時，時時想擺脫中央權力而獨立，造成了連續不斷的王朝戰爭和封建混戰。

埃及農民依附於封建地主，他們不能擅自離開土地，否則包稅人可以強行把他們抓回。他們除繳納「國稅」和「餘額稅」外，還要替包稅人服徭役，交「郡縣稅」和「過路捐」等。所謂「過路捐」，就是近衛軍和馬木魯克長官的侍從路過某村時，不論人數多少、逗留多久，村民必須攤錢供給他們美食佳餚。在馬木魯克封建主的壓榨下，埃及農民一貧如洗，農業生產停滯不前，十分落後。

埃及本來有比較發達的工商業，但鄂圖曼帝國占領埃及以後，實行閉關政策，嚴禁歐洲商船往來於吉大港和蘇伊士城，造成外貿蕭條，工商業衰落。手工業者都被組織在各類行會之中，如皮箱匠行會、珠寶匠行會、銅匠行會等。

到了18世紀，埃及的閉關自守局面有所改變。1775年英國東印度公司與埃及締結條約，規定蘇伊士港向英國商人開放。1785年，埃及又與法國簽訂了類似的條約。可是，當埃及對外開放時，它已比歐洲落後了幾個世紀。這顆歷史上曾經璀璨無比的明珠已經黯淡，誰能知道它的未來又將遇到些什麼倒楣事呢？

BC

— 0　耶穌基督出生

— 100

— 200

— 300　君士坦丁統一羅馬

羅馬帝國分成兩部
— 400

— 500　波斯帝國

— 600　回教建立

— 700

— 800

凡爾登條約
— 900

神聖羅馬帝國建立
— 1000

— 1100　十字軍東征

— 1200
蒙古第一次西征

— 1300
英法百年戰爭開始

— 1400

哥倫布發現新大陸
— 1500

英國大破無敵艦隊
— 1600

發明蒸汽機
— 1700

美國獨立
— 1800

美國南北戰爭開始
— 1900
第一次世界大戰
第二次世界大戰

— 2000

埃及人民的反抗

上古時期　　BC

漢

　　　— 0

　　　100 —

三國　　　200 —

晉

　　　300 —

南北朝　　400 —

　　　500 —

隋朝　　600 —
唐朝

　　　700 —

　　　800 —

五代十國　900 —

宋

　　　1000 —

　　　1100 —

　　　1200 —

元朝

　　　1300 —

明朝

　　　1400 —

　　　1500 —

清朝　　1600 —

　　　1700 —

　　　1800 —

　　　1900 —

中華民國

　　　2000 —

　　跟晚清時期的中國一樣，埃及雖然在過去的日子也輝煌過，可是終究要沒落一陣子。

　　凡是入侵，要嘛是搶錢，要嘛是占道。拿破崙這次就是占道來了。埃及正處在歐洲、亞洲、非洲的連接處，是溝通中西方的交通要道。既然是要道，自然是兵家必爭之地。大家都知道，古代人打仗跟現在不一樣，天上沒有飛機，地上沒有大炮，就是拿人往上堆。所以，但凡這種交通要道，沒有一個不是浸透了人類鮮血的。

　　而埃及的這種地位在近代以來更加突出了：通往東方，就意味著英國對它的重視，因為埃及可以作為橋頭堡，鞏固它在印度的統治和東方的商業優勢；既然老對手英國這麼依賴埃及，那法國豈可落後，何況它還企圖透過埃及發展它與阿拉伯半島和伊朗的貿易，獲得法國原來依靠加勒比海供應的部分原料，開闢更廣大的出口市場。

　　特別是在法國大革命後，拿破崙把進攻埃及當作與英國在全球爭霸的一環。拿破崙曾在日記中寫道：「不久的將來，我們會感到要真正擊垮英國，就必須占領埃及。」他認為，要進攻印度，必須有一個中途陣地作為進攻基地，而埃及正是這樣一個基地。這樣，拿破崙的到來只是時間問題了。

　　拿破崙還是秉承了他閃電般的作戰速度。1798年4月12日，法國督政府發佈了對埃及作戰的命令。5月19日，拿破崙率領350艘戰艦和35000人的軍隊，從法國土倫港出發。法國戰艦直接駛抵亞歷山大港，經過12天的艱苦戰鬥，亞歷山大失陷。7月21日，法軍與馬木魯克軍團和開羅平民、農民組成的抗法部隊激戰於金字塔附近。結果，馬木魯克軍團被擊敗，法軍占領了開羅。接著，拿破崙派軍消滅了馬木魯克軍團的殘部，征服了上埃及，也就是埃及的北部地方。

　　拿破崙之所以能當皇帝，這可不是光有武夫之氣就能辦成的事。他在

征服上埃及之後，就實施了一措施，有效地安定了人心。

　　拿破崙深知，老百姓最關注的並非政治問題，而是肚子問題。所以，拿破崙迅速宣佈沒收所有已死或逃亡在外的馬木魯克的土地，取消他們徵收的賦稅，把農民擔負的各種稅額合併為一種單一稅。從此，埃及農村中的包稅制開始消亡。

　　這些都是「胡蘿蔔政策」，是軟的。拿破崙當然不會傻到只拿胡蘿蔔餵人，他的另一隻手中還攥著一根大棒，若不老實就揍你。拿破崙把法國革命中的一些改革措施，生搬硬套到歷史條件和社會發展水準迥異的埃及，結果收效甚微，甚至推行不下去。同時，拿破崙是一個侵略者，他遭到了熱愛民族獨立的埃及人民仇視。拿破崙為對付埃及人民的反抗，採用屠殺政策。7月30日，他命令部下：「你們必須嚴厲對付居民，我每天至少殺三個人，將人頭掛在開羅大街上，這是讓他們服從的唯一辦法。」

　　在拿破崙的授意下，法軍強迫各大城市的商人繳納鉅款以供軍需。按照地方的富裕程度，款額也不等，如開羅50萬法郎、亞歷山大港30萬法郎。法軍規定埃及人民供應法軍全部軍糧，並繳納實物稅；行束要領取執照，必須繳納執照稅；10月20日又下令「向私人財產、訴訟和諸如浴室、酒店、鋪子、咖啡館、磨坊、油坊、香油坊和住房等一類的建築物徵收新的捐稅」。

　　這下老百姓不滿了，連洗個澡都要交稅，這日子還怎麼過啊。於是，在下層伊斯蘭教長老和手工業行會的組織下，英勇的開羅人民於1798年10月21日爆發了大規模的反法起義。成千上萬的市民和學生湧向愛資哈爾清真寺，郊區的農民也趕來參加。起義群眾擊斃了法軍衛戍司令戴布，占領了城門，猛攻法軍盤踞的高地。拿破崙聞訊急忙從外地趕回開羅，調集大批軍隊進行反撲，炮轟愛資哈爾清真寺，並將其占領，大規模屠殺群眾，一天之內就殺害了四千多人。最後，起義失敗。

　　聽到法國在埃及鎮壓人民起義的消息，英國人也坐不住了。這萬一法國的勢力伸向東方，奪取印度，那日不落帝國豈不是徹底完蛋了？不行，無論如何也不能讓法國人猖狂下去。於是，英國便與土耳其政府協定，於

BC

— 0　　耶穌基督出生

— 100

— 200

— 300
　　君士坦丁統一羅馬

　　羅馬帝國分成兩部
— 400

— 500　　波斯帝國

— 600　　回教建立

— 700

— 800

　　凡爾登條約
— 900

　　神聖羅馬帝國建立
— 1000

— 1100　十字軍東征

— 1200
　　蒙古第一次西征

— 1300
　英法百年戰爭開始

— 1400

　哥倫布發現新大陸
— 1500

　英國大破無敵艦隊
— 1600

　　發明蒸汽機
— 1700

　　美國獨立
— 1800
　美國南北戰爭開始
— 1900
　　第一次世界大戰
　　第二次世界大戰
— 2000

1801年3月派軍在埃及登陸，「幫助」土耳其軍隊反攻埃及。法軍受到內外夾攻，節節潰敗，先是撤離開羅，困守亞歷山大，9月又從亞歷山大撤退回國。

拿破崙遠征揭開了一齣大戲的序幕，從此埃及這塊古老的土地上好一派熱鬧景象，法國、土耳其、英國等各色人種，正是你方唱罷我登場。這些埃及人民的外敵給予馬木魯克封建地主集團以致命的打擊，使得一個新的地主商人集團在鬥爭中興起，領導人們反對入侵。而這個集團的領袖正是穆罕默德‧阿里。

奪取埃及統治權

拿破崙來了，好戲開場了，這又是怎麼個說法呢？原來，自法軍從埃及撤走後，此時的埃及就出現了權力的真空，出現了三國博弈的局面，最強的一股是本地最高行政長官總督及其統領的鄂圖曼土耳其部隊，其次的一股是殘存的馬木魯克，最弱的一股就是穆罕默德‧阿里所在的一支以阿爾巴尼亞人為主的鄂圖曼土耳其地方部隊。

這樣，改革的主人公終於出場了，他就是穆罕默德‧阿里。他是何許人呢？很多人都知道，開羅市的城標是一座清真寺，它就是以穆罕默德‧阿里命名的清真寺，那半球形的穹頂和鉛筆狀消瘦矗立的禮拜塔，不但是開羅這座古城的標誌，而且也出現在埃及的紙幣上面。

可見阿里這人在埃及人民心中的地位可不低。然而實際上，阿里的老家也不是埃及，他是阿爾巴尼亞人，也有學者考證他是庫爾德人。為什麼這樣一個外族人，卻得到了埃及人如此的熱愛和崇敬呢？就是因為在當時混亂的局勢中，他能夠一統埃及，結束分裂的局面，捍衛埃及的主權，並透過改革，使埃及在近代化的進程中逐步覺醒過來。

由於英國人的眼睛還是集中地看著歐洲，抗法援埃是不想讓法國人在中東做大，威脅到自己的利益。因此，英軍在協助埃軍攻克法國人在埃及

的最後一個據點亞歷山大港以後，於1803年便撤離了埃及。

而昔日叱吒歐、亞、非的鄂圖曼土耳其帝國，雖然趕走了法國人，可是國庫空虛，無力支付埃及駐軍的軍餉，在「一小撮別有用心」人的蠱惑之下，阿爾巴尼亞兵團最先起事，包圍了財政部長的官邸，要求發還軍餉。但是總督不但不想法子安撫，反而從自己的官邸處用大炮向鬧餉官兵開火，隨後派兵鎮壓。

阿爾巴尼亞兵團當然不能甘心被欺負，當時兵團的指揮官帶領人馬先是占據了戰略要地——薩拉丁城堡，然後擊敗前來鎮壓的部隊，總督只好帶著家人和金銀財寶溜了，跑到了亞歷山大港。於是這位指揮官便暫時成了埃及的最高軍事長官，可遇到了同樣的問題，到手的那點錢不夠支付全部軍餉，怎麼辦？還是先救濟家鄉人。

可是土耳其部隊不滿，決定要殺他，這位指揮官上任僅僅23天後，就被人刺殺了。於是，阿爾巴尼亞人和土耳其部隊就成了死對頭，年輕的穆罕默德・阿里被同鄉們推舉為阿爾巴尼亞兵團的指揮官，從此登上了歷史舞臺。由於自己實力太弱，穆罕默德・阿里主動與埃及的地方實力派——馬木魯克首領聯絡，結成「統一戰線」。

這時，鄂圖曼土耳其帝國委派了一位新任駐埃長官——同為阿爾巴尼亞人的帕夏（即總督），可他到了埃及卻兩邊不討好，既不被自己的老鄉們認同，又不被其他土耳其部隊信任，最後居然被自己的手下軟禁起來。鄂圖曼帝國不願意失去對埃及的控制，先後又派來了好幾位帕夏，結果都待不長，運氣好的被轟下臺淪為階下囚，差的就做了冤死鬼，陪葬的還有忠於他們的土耳其部隊，而穆罕默德・阿里對每次新來的長官都曲意逢迎，背地搞鬼，同時注意保存自己的實力。幾次之後，除阿爾巴尼亞兵團之外的所有土耳其部隊，全被他的部隊「吃」掉了。

於是，最後只剩下馬木魯克和穆罕默德・阿里的阿爾巴尼亞兵團了。如今，三國紛爭就變成了雙雄爭鬥，更何況雄心勃勃的穆罕默德・阿里一心想獨占埃及，由於自身實力不夠，還不敢輕舉妄動。而馬木魯克本身又分為兩派——親英派和親法派，內部不團結。故此，雙方勢均力敵。

BC

— 0　　耶穌基督出生

— 100

— 200

— 300
君士坦丁統一羅馬
羅馬帝國分成兩部
— 400

— 500　　波斯帝國

— 600　　回教建立

— 700

— 800
凡爾登條約
— 900
神聖羅馬帝國建立
— 1000

— 1100　十字軍東征

— 1200
蒙古第一次西征
— 1300
英法百年戰爭開始
— 1400

哥倫布發現新大陸
— 1500

英國大破無敵艦隊
— 1600

發明蒸汽機
— 1700

美國獨立
— 1800

美國南北戰爭開始
— 1900
第一次世界大戰
第二次世界大戰
— 2000

上古時期　BC

漢

― 0

100 ―

三國

晉

200 ―

300 ―

南北朝

400 ―

500 ―

隋朝
唐朝

600 ―

700 ―

800 ―

五代十國

900 ―

宋

1000 ―

1100 ―

1200 ―

元朝

1300 ―

明朝

1400 ―

1500 ―

1600 ―

清朝

1700 ―

1800 ―

1900 ―

中華民國

2000 ―

穆罕默德‧阿里把寶壓在親法派身上，支持親法派打敗了親英派，並清除了對方的親信。在這場馬木魯克的內部爭鬥中，雙方兩敗俱傷，阿爾巴尼亞人卻漁翁得利。親法派當上了埃及的帕夏，為了滿足自己的貪欲，同時為兌現當初結盟時支付阿爾巴尼亞人錢財的承諾，他們向埃及百姓以各種名目徵收額外的苛捐雜稅，結果引起百姓的強烈不滿。這時，穆罕默德‧阿里主動出面，聲明放棄「收入」。由於平時阿爾巴尼亞兵團士兵公買公賣很少欺壓普通百姓，進而贏得了老百姓的好感。阿里與親法派的聲望因此一升一降，卸磨殺驢的時機逐漸成熟了。

1804年3月12日，穆罕默德‧阿里在一部分對親法派不滿的馬木魯克長老的支持下，率兵圍攻親法派總部，將其趕出開羅。但此時，穆罕默德‧阿里覺得自己獨霸埃及的時機還不成熟，因此表面上繼續效忠伊斯坦布爾的鄂圖曼帝國。穆罕默德‧阿里故技重施，一方面組織鬧餉，一方面宣佈支持埃及百姓對抗帕夏政權。1805年5月13日，以奧馬爾‧麥克萊姆為首的馬木魯克長老召開會議，擁立穆罕默德‧阿里為埃及帕夏。這時，阿里才表示同意擔任這一職務。7月9日，鄂圖曼素丹極不情願，但鞭長莫及，無法控制埃及局面，只好承認阿里的帕夏封號。

此時的埃及只有開羅城才是穆罕默德‧阿里的勢力範圍，一出城牆，就是敵對的馬木魯克騎兵的游擊區。穆罕默德‧阿里四處宣揚要去開羅城外，參加尼羅河水壩的落成儀式，屆時會帶出絕大多數部隊作為護衛。馬木魯克騎兵們在所謂的「內應」接應下，從富土富門進入開羅城，隨即沿阿齊茲大街向維茲拉門前進。就在維茲拉門，突然從周邊房屋的窗戶裡，彈如雨下，各個街巷，伏兵四起。結果，除少數亡命之徒騎馬跳下城牆得以逃脫外，大部分被殲。

在殲滅了敵對的馬木魯克勢力後，穆罕默德‧阿里並沒有因此放鬆警惕，因為他明白馬木魯克畢竟統治了埃及七百餘年，他那些馬木魯克朋友日後很可能成為他的心腹之患。

1811年的一天，穆罕默德‧阿里在薩拉丁城堡召開盛大宴會，為他的愛子出征沙烏地阿拉伯壯行，邀請了所有的馬木魯克長老。等這些長老們

一進入薩拉丁堡的大廳，迎接他們的是一排排噴吐子彈的槍口，幸運的當場喪命，不幸的就死於大刀和利斧。接著，穆罕默德·阿里下令全國，屠殺馬木魯克，財產全部充公，馬木魯克勢力從此消亡。穆罕默德·阿里成為埃及唯一的最高領導人。

阿里的改革措施

阿里從槍桿子中奪取了政權。所謂新官上任三把火，所以阿里開始大展拳腳，首先他就是要把軍隊牢牢控制在自己手中。這項改革的主要內容就是廢除僱傭兵制度。

從古羅馬軍隊中的野蠻人，到後殖民主義時期被流放到非洲的歐洲囚犯，僱傭兵一直以來都被看作是一群「要錢不要命」的烏合之眾。在很多人的印象中，僱傭兵給其他人帶來的只有死亡和痛苦，而促使他們打仗的唯一動機就是錢。

僱傭兵在西方出現也是有道理的。為了彌補本國軍隊數量上的劣勢，那些小國的君主們不得不僱傭那些成群結隊的殺手。這些人為了名聲、金錢、地位等，用自己的血、他人的肉來交換。僱傭兵是一群「靠戰爭吃飯」的職業殺手，他們受雇進行各種暗殺、綁架、作戰，甚至搞政變。揭開僱傭兵的神祕面紗，其實他們的成分很複雜，各式各樣的人皆有，但他們有一個共同的特點，就是都喜歡戰爭，戰爭是他們的生命。誰付錢就為誰賣命，這是僱傭兵所共同遵循的一個基本準則。在他們的心目中沒有是非之分。

這樣看來，僱傭兵是一種靠出賣自己戰鬥力來謀生的職業。可以想像，當戰鬥進行到最關鍵的時候，一定是生命受到巨大威脅的時候。這個時候僱傭兵就會感到得不償失，往往把雇主拋在一邊而逃跑。

由於充分注意到傳統僱傭兵制度的弊端，穆罕默德·阿里廢除傳統的僱傭兵制度，實行徵兵制，將埃及農民作為主要兵源，為新軍招來了大批

BC

— 0　耶穌基督出生

— 100

— 200

— 300
君士坦丁統一羅馬

羅馬帝國分成兩部
— 400

— 500　波斯帝國

— 600　回教建立

— 700

— 800

凡爾登條約
— 900

神聖羅馬帝國建立
— 1000

— 1100　十字軍東征

— 1200
蒙古第一次西征
— 1300
英法百年戰爭開始

— 1400

哥倫布發現新大陸
— 1500

英國大破無敵艦隊
— 1600

— 1700　發明蒸汽機

美國獨立
— 1800

美國南北戰爭開始
— 1900
第一次世界大戰
第二次世界大戰
— 2000

上古時期　BC

漢

－ 0

100 －

三國　　　200 －
晉
300 －

南北朝　400 －

500 －

隋朝　　600 －
唐朝
700 －

800 －

五代十國　900 －

宋
1000 －

1100 －

1200 －

元朝
1300 －
明朝
1400 －

1500 －

1600 －
清朝
1700 －

1800 －

1900 －
中華民國
2000 －

體格健壯、淳厚樸實的農家子弟。這樣就成立了以埃及人為主體的新式軍隊，他們都是埃及的子民，肯定會為埃及奮戰到最後一刻。

同時，阿里按照歐洲的方式改組自己的陸軍，聘用西方軍事專家訓練新軍，介紹西方先進的戰法。另一方面，他看到埃及兩面環海，所以必須要有一支強大的海軍為國家發展保駕護航。於是，他大力發展海軍事業，建立地中海艦隊和紅海艦隊，讓埃及海軍迅速成為世人所矚目的新興力量。創辦軍官學校以及步兵、炮兵等各種學校。又從法國、義大利、西班牙等國請來許多軍事教官，在埃及辦起軍官學校、參謀學校、步兵學校、騎兵學校、炮兵學校等各類軍事專門學校，培養出一批批新型軍官。

到1839年，埃及已擁有23萬陸軍、2萬海軍，成為中東地區一支最強大的武裝力量。穆罕默德‧阿里改編了馬木魯克遺留下來的舊軍，建立了一支用新式裝備武裝起來的新軍，一度擁有25萬人。他還創建了埃及海軍，一度擁有戰艦32艘。為了建立一支強大的新軍，1813年起派人到法國、義大利學習軍事技術；1825年創辦軍事學校和參謀學校，聘用法國軍官為教官。

沒有槍桿子是萬萬不行的，但槍桿子也不是萬能的。老百姓最關心的還是生計問題，再具體一些就是土地問題。古今中外每次重大變革、農民起義大多都牽涉到土地問題。道理很簡單，以前社會的主要產業是農業，而農業的基礎就是土地，所以誰能把土地問題解決好，誰就能坐穩江山。於是，英明的阿里已經開始對土地下手了，他要透過給農民實惠來穩定民心。

阿里有顆聰明腦袋，他清醒地認識到在埃及這樣一個落後的農業國，經濟改革能否成功主要取決於農業生產。於是，他首先大刀闊斧地改革舊的土地制度和賦稅制度，以提高農業勞動者的生產積極性和國家的財政收入。

重要的措施就是頒佈法令，廢除了包稅人的特權。所謂包稅人，就是大地主的意思。這一法令幾乎從根本上動搖了地主階級的存在基礎。然後，阿里又勇敢地取消了宗教地產享有的免稅權，並沒收了一批宗教地

產。這可是一件了不起的事情。要知道在伊斯蘭教國家，宗教的地位高於一切，而相應的所有跟宗教掛鉤的東西都被蒙上了神聖不可侵犯的面紗。所以，取消宗教地產的免稅權就相當於在太歲頭上動土。

這只是第一步而已，後面的措施更加厲害。他下令沒收馬木魯克封建主的包稅土地，使其歸國家所有。兩年後，他又扛住了伊斯蘭教長老們的抗議，將一大批宗教地產收歸國有。1814年，阿里宣佈徹底廢除包稅制，沒收了全部包稅領地。透過這些措施，阿里已控制埃及絕大部分耕地。然後，他將約一半土地迅速分配給無地的農民，一般每個農戶能分到3～5費丹的土地，1費丹約合63畝，也就是說，每個農民分到了20到30畝的土地，這可是個不小的數目啊。對於靠天吃飯的埃及農民來說，阿里就是真主派來解救他們的使者。

阿里又將原來由包稅人隨意確定的苛捐雜稅合併為一種土地稅，由國家統一按土地優劣來核定稅額，簡化納稅手續。在阿里統治初期，埃及農民的納稅額要比馬木魯克時期低得多。由於實行了度量衡的標準化，並對全國的土地進行了徹底的丈量，向國家納稅的實際土地面積比包稅時期大增，因而在農民負擔有所減輕的同時，國家的稅收上漲了。

阿里不但把地分給了農民，還索性好人做到底，採取了扶助農業發展的配套措施。他組織力量興修水利，疏通舊溝渠，開挖新運河，還加固、修築各類堤壩。他組織人將尼羅河水引至亞歷山大及其周圍地區，重新開發出數萬費丹的耕地。據估計，由於興修水利，埃及耕地的總面積擴大了約200萬費丹。由於阿里注意深挖河床，又從歐洲引進水泵，尼羅河三角洲一帶的農田由過去只能在汛期得到灌溉變為可常年灌溉，農作物由每年一熟變為三熟，進而改變了以前土地使用效率極低的狀況。

還有一個小的事例可以說明阿里農業改革的成效。阿里改革的時候，歐洲的紡織業對於原物料棉花的需求大大增加。而阿里的另一個重要措施，就是大力發展經濟作物，特別是發展棉花的生產。棉花自古就是埃及的特產，但是阿里不滿足於傳統的種植，他從西方引進了許多新的棉花品種。他利用迅速擴大的歐洲紡織業急需原料的機會，組織力量培植優質長

上古時期　BC

漢

— 0

三國
晉　　200 —

300 —

南北朝　400 —

500 —

隋朝　600 —
唐朝

700 —

800 —

五代十國　900 —
宋

1000 —

1100 —

1200 —
元朝
1300 —
明朝
1400 —

1500 —

清朝　1600 —

1700 —

1800 —

1900 —
中華民國
2000 —

纖維棉花。這種棉花於1821年進入英國紡織業後頗受歡迎，險些奪取「最受消費者好評」的稱號，此後三年埃及的棉花出口便猛增了200倍。而出口給埃及帶來的好處，就是帶來了大筆外匯，並向一些貧苦農民提供種子、牲畜、農具和貸款。

埃及農民因這種種的改革措施，從貧困線以下攀到了貧困線的上面，他們在阿里統治初期獲得了一個休養生息的時機，生活逐漸過的安穩。農民得了實惠，自然安分守己地過日子，埃及的國力也逐漸強大起來。

阿里之所以受到後世人那樣高的評價，肯定不只是因為他給了農民實惠，因為但凡有點腦子的君王都明白，一旦老百姓餓肚子，自己的統治就危險了。所以給農民實惠是一個基於常識的判斷。但阿里的思想卻遠不止於此。

所謂「百年大計，教育為本」。雖然阿里自己是個文盲，但他清楚地知道教育是國家絕對不能含糊的大事。他知道傳統的伊斯蘭經院教育已經不能滿足國家的需求，那些整天念經的學生不是埃及強大的保證，所以必須改革。

在文化教育方面，穆罕默德‧阿里一上臺就面臨重要抉擇：是嚴格限制西方思想文化的輸入，還是引進、學習西方的思想文化？不少達官顯貴和宗教長老視西方的影響為洪水猛獸，力主在文化方面恢復閉關鎖國政策。但阿里經過慎重考慮，認識到要推動改革和振興埃及，必須學習西方先進的文化科技。

他獎勵學術，創立教育部和教育委員會，創辦世俗學校，普及中小學教育；採取建立各種技術專科學校、聘請外國專家講課、派遣大批留學生去歐洲學習等措施，培養和造就出埃及第一代新型的知識份子。

阿里還選派留學生去歐洲接受軍事培訓，最初是單個選送，後來發展到成批派出。1826年，他派出了一個由44名學生組成的龐大留學生團去法國學習。早在1816年，阿里在開羅的官邸附近曾創辦了一所新型學校，校舍由一座城堡改建而成。該校除教授《古蘭經》和阿拉伯文課程外，還教授土耳其文、波斯文、義大利文，以及馬術、兵器和兵法的運用等實用軍

事知識。

在當時，土耳其語、波斯語和阿拉伯語是有教養的穆斯林需要掌握的語言，而義大利語則是地中海東部國家對外貿易通用的語言。還有一所新型學校也開設在阿里官邸附近，該校專門教授幾何和數學，這兩門學科與軍事教育關係最為密切。在這類早期的新型學校中，學生享受免費供給的衣食，每月還發放一定數額的津貼。專業科目的教員大部分是義大利人，有的還兼任阿里的翻譯或土地測量員。

阿里重視翻譯出版事業，開辦外語學校，培養翻譯人員，組織力量把大批外國軍事和科技書籍譯成阿拉伯文和土耳其文；創辦印刷廠，出版、發行阿拉伯、波斯和土耳其等各種文字的書籍，出版埃及第一份報紙《埃及戰役報》。穆罕默德‧阿里按歐洲的模式，建立了世俗教育制度，開辦了幾十所初級學校、中級學校和專科學校，專科學校有醫藥、農業、技術和外語等。1828年創辦了布拉格印刷所和《埃及紀事報》。詮釋古籍，修訂文法，編纂辭書、字典，出版歷史、地理、文學著作。

經過全面改革，穆罕默德‧阿里使埃及發生了前所未有的變化，成為「鄂圖曼帝國唯一有生命力的部分」，他因此被譽為「現代埃及之父」。

阿里的擴張和覆滅

這場改革戰線拉的時間也挺長，從1805年延續到1840年，持續了35年的時間。從整體上來說，改革是成功的，它使埃及在多方面發生了質變，基本走上了現代化的道路。但是，從槍桿子裡奪得政權的阿里血液中始終流淌著一種好戰的因素，也許這也正是軍人的悲哀所在。

這種因素為阿里帶來了許多的榮譽，但也最終讓他倒了楣，甚至是給他引來了滅頂之災。在自己的實力逐漸擴大的時候，阿里開始有了野心：他想建立一個包含所有講阿拉伯語地區在內的新阿拉伯帝國。

這個計畫的第一步就是出兵入侵阿拉伯半島。歷經17年的艱苦戰鬥，

BC

— 0　耶穌基督出生

— 100

— 200

— 300
君士坦丁統一羅馬

羅馬帝國分成兩部
— 400

— 500　波斯帝國

— 600　回教建立

— 700

— 800

凡爾登條約

— 900
神聖羅馬帝國建立
— 1000

— 1100　十字軍東征

— 1200
蒙古第一次西征

— 1300
英法百年戰爭開始

— 1400

哥倫布發現新大陸
— 1500

英國大破無敵艦隊
— 1600

— 1700　發明蒸汽機

美國獨立
— 1800

美國南北戰爭開始
— 1900
第一次世界大戰
第二次世界大戰

— 2000

埃及最終以高昂的代價，換來了第一次對外擴張戰爭的勝利。阿拉伯半島處於埃及的統治之下。

　　然後，阿里決定要幹掉蘇丹。阿里的改革措施在各個領域全面展開，人力、財力的缺乏成為急需解決的問題，阿拉伯半島的戰事又加劇了問題的嚴重性。阿里指望以侵占蘇丹來彌補兵員、勞力的損耗和國庫的虧空，1820年阿里派兵溯尼羅河而上侵入蘇丹。

　　兩年之內，埃及軍隊便滅掉了蘇丹兩個最大的王國——達爾富爾王國和散納爾王國，控制了蘇丹大部分地區。阿里雖然將埃及的疆域向南大大推進了，但獲得的金銀財寶、兵源和勞動力卻十分稀少，反而使自己的改革又背上了一個沉重的包袱。

　　終於，阿里為他的輕狂付出了代價。他不斷擴張引起了英國的警惕，英國開始對埃及作戰，戰爭的結果是，1840年11月穆罕默德‧阿里被迫與英國簽訂《英埃協定》。在這個不平等條約中，埃及承認土耳其宗主權，把本國軍隊縮減為18000人。同時，關閉造船廠，允許英國商人在埃及進行自由貿易，實行低關稅制，只對進口商品徵收5％的關稅，對出口商品徵收12％的關稅。《英埃協定》的簽訂標誌著埃及開始淪為歐洲列強的半殖民地。

　　這樣，一項本來成功的改革就葬送在它的推行者手中。阿里的改革最終失敗，不僅是因為軍事失利而引發了外國的干涉，其原因其實是多樣的。與同時期的明治維新對比一下，就不難看出問題出在哪裡了。

　　從外部原因上講，西方國家不希望處在交通要道的埃及真正強大起來，所以它們千方百計地阻撓埃及復興。要知道，埃及雖然依靠改革政策比以前強大了，但是跟那些已經完成工業革命的國家相比，實力上還是差很多。這個無法迴避的現實，導致了阿里改革在西方的炮聲中宣告失敗。

　　眾所周知，政策的延續性是一項改革成功的重要保證，但是阿里改革卻沒能很好地做到這一點。阿里死後，他的後兩位接班人阿巴斯和賽義德都是堅定的伊斯蘭信徒，特別反對西方文化。這裡不得不說的就是一個國家學習的能力。

－ 0

100 —

三國
晉
　　300 —

　　200 —

南北朝　400 —

　　500 —

隋朝　600 —
唐朝
　　700 —

　　800 —

五代十國　900 —

宋
　　1000 —

　　1100 —

　　1200 —

元朝
　　1300 —

明朝
　　1400 —

　　1500 —

清朝　1600 —

　　1700 —

　　1800 —

　　1900 —
中華民國
　　2000 —

實際上，當時的伊斯蘭文化已經落後於世界文明發展進程，必須要勇敢地向西方學習。但是阿巴斯堅持傳統，極端仇視西方，他辭退了所有的外國顧問，關閉了外國學校，並讓一切沾染上西方特徵的政府機關消失。

這說明埃及的學習敏銳性是不夠的。與之相比，日本的學習能力顯然更勝一籌，他們派出使團深入西方工廠企業，快速地吸收外來文化，使日本走上了西化的道路。相比之下，埃及作為四大文明古國，背負了太多的歷史沉積，學起人來瞻前顧後，總怕丟了自家的寶，撿了人家的草，這不能不說在某種程度上限制了改革的深度和力度。

從社會形態上來講，阿里並沒有從根本上擺脫舊有的封建觀念。傳統的帝王觀在他的心中還是根深蒂固的。一個最明顯的例子就是，他雖然將一半土地分給農民，但同時也將另一半留為己有或者賜給親屬、將領，事實上是用新的地主代替了舊的。相比之下，明治維新時期日本天皇就更開明一些，他將全國的土地都分給了農民，真正贏得了民心。

雖然阿里的改革失敗了，他的晚年也是在神經錯亂中度過的，但其歷史功績卻是不容抹殺的。它推動了埃及社會生產力的大發展，使幾個世紀停滯不前的埃及社會向前邁進了一大步，並為埃及資本主義的興起奠定了基礎。它增強了埃及的經濟、軍事實力，促進了埃及文化的繁榮，使19世紀上半葉的埃及出現了復興局面，進而成為中東一強。它不但使埃及得以在一個較長的時期內，維護了自身的獨立和主權，擺脫了鄂圖曼帝國的統治，而且大大推遲了歐洲列強侵占埃及的進程。

正是從這個意義上，馬克思讚揚穆罕默德·阿里時期的埃及是「當時鄂圖曼帝國唯一有生命力的部分」。開羅那金碧輝煌的阿里清真寺，就是後世人們對他最高的褒獎。所以，莫以成敗論英雄。

BC

— 0　　耶穌基督出生

— 100

— 200

— 300
　　君士坦丁統一羅馬
　　羅馬帝國分成兩部
— 400

— 500　　波斯帝國

— 600　　回教建立

— 700

— 800

　　　　凡爾登條約
— 900
　　神聖羅馬帝國建立
— 1000

— 1100　十字軍東征

— 1200
　　蒙古第一次西征

— 1300
　　英法百年戰爭開始

— 1400

　　哥倫布發現新大陸
— 1500

　　英國大破無敵艦隊
— 1600

— 1700　發明蒸汽機

　　　　美國獨立
— 1800

　　美國南北戰爭開始
— 1900
　　第一次世界大戰
　　第二次世界大戰

— 2000

上古時期　BC

漢

— 0

100 —

三國
　　200 —
晉
　　300 —

南北朝　400 —

　　500 —

隋朝
唐朝　600 —

　　700 —

　　800 —

五代十國　900 —
宋
　　1000 —

　　1100 —

　　1200 —

元朝
　　1300 —
明朝
　　1400 —

　　1500 —

　　1600 —
清朝
　　1700 —

　　1800 —

　　1900 —
中華民國
　　2000 —

｜第二十九章｜輝煌帝國的衰退

哈布斯堡家族控制捷克

　　西元962年，羅馬帝國成立，並很快發展成強國。可是到了13世紀，羅馬帝國分割成了許多小諸侯國，這些小國全都不聽皇帝的話，皇帝只作為一個空架子存在著，從中撈不到一點好處。

　　皇帝想起從前的威風，又看見現在的國勢，有被調戲的感覺。皇帝越想越不是滋味，就決定用些手腕整治這些違抗命令的諸侯。

　　皇帝和諸侯的摩擦，終於因發生在捷克的「擲出窗外事件」而爆發。

　　1617年，哈布斯堡家族的斐迪南被德皇封為捷克國王，這時他們承諾說，不管以後怎麼樣，都要以捷克王國的法律為標準，保留原來的好政策不變，讓人民得到實惠。本來以為他說話算話，是個正人君子，可是這個斐迪南一上臺就不兌現承諾。他什麼都自己作主，在他眼裡根本沒有法律可言。這可苦了捷克人，他們被斐迪南領上了邪路。

　　自16世紀以來，歐洲發生了宗教改革。當時正流行「新教」，很多捷克人都喜歡新教。然而，斐迪南卻是個保守的人，他極力反對新教，並用權力害死新教徒。1618年，壓抑太久的捷克人爆發了，反抗起來了。捷克人拿著武器衝進了王宮，斐迪南嚇跑了。他們逮到了斐迪南的走狗。人們很憤怒，就把斐迪南的走狗從20公尺高的窗戶扔了下來。

　　這件事大大出乎歐洲統治者的意料，斐迪南決定鎮壓捷克人。捷克人又組織了臨時政府，重新訂定新的政策和福利，把教會分子趕走了。起義軍又殺到奧地利，打破了斐迪南在這裡接任皇位的美夢。

　　就在這時，起義軍的談判代表來了。斐迪南就利用這個機會來了個

緩兵之計，他要把起義軍消滅。一天夜裡，當起義軍正在夢鄉中時，斐迪南和西班牙軍隊同時攻來。聽到他們進攻，起義軍和他們開戰。那邊正和談，誰也沒有想到斐迪南有這麼惡毒的計畫，後果可想而知，起義軍傷亡慘重。

1620年，斐迪南終於登上了寶座，並且發表了重要談話。隨後，捷克人民再次陷入水深火熱的統治之中。

危機重重的奧匈帝國

奧匈帝國是存在於1867年至1918年間的一個中歐共主邦聯國家。奧地利和普魯士為爭奪德意志領導權，一直在明爭暗鬥。在1866年的普奧戰爭中，奧地利戰敗，被迫與普魯士簽訂《布拉格和約》，解散德意志邦聯，成立以普魯士為首的北德意志聯邦。普奧戰爭後，奧地利國力衰竭。1867年，奧地利政府更迭，匈牙利人要求自治，奧地利皇帝被迫妥協，同年12月允許匈牙利在哈布斯堡王朝統治下獲得自治，匈牙利與奧地利建立奧匈二元君主國。

奧地利和匈牙利各自有獨立的立法機關，對內享有一定程度的立法、行政、司法、稅收、海關等自治權，帝國中央政府政府掌管外交、軍事和財政。有各自的首府，奧地利首府在維也納，匈牙利首府在布達佩斯。奧地利與匈牙利之間確定的貿易、稅收和開支等協定，每隔10年重訂一次。奧匈帝國的版圖包括里雅斯特、波希米亞、摩拉維亞、西里西亞、加里西來、克羅地亞、斯洛維尼亞以及現在的匈牙利和奧地利，成為僅次於俄羅斯帝國的歐洲第二大國，人口僅次於俄羅斯帝國及德意志帝國，居於第三位。

兩個地方政府與中央政府權力交叉往往導致摩擦和低效率。奧地利部分占總人口約57％以及主要經濟資源。從1867年開始，兩個地方政府與中央政府之間最大的爭執是，關於每個政府向中央政府繳納多少費用的問

BC

— 0　　耶穌基督出生

— 100

— 200

— 300
　　　　君士坦丁統一羅馬

　　　　羅馬帝國分成兩部
— 400

— 500　　波斯帝國

— 600　　回教建立

— 700

— 800
　　　　凡爾登條約
— 900

　　　　神聖羅馬帝國建立
— 1000

— 1100　十字軍東征

— 1200
　　　　蒙古第一次西征

— 1300
　　　　英法百年戰爭開始

— 1400

　　　　哥倫布發現新大陸
— 1500

　　　　英國大破無敵艦隊
— 1600

　　　　發明蒸汽機
— 1700

　　　　美國獨立
— 1800

　　　　美國南北戰爭開始
— 1900
　　　　第一次世界大戰
　　　　第二次世界大戰

— 2000

上古時期　BC

漢

— 0

100 —

三國
晉　200 —

300 —

南北朝　400 —

500 —

隋朝
唐朝　600 —

700 —

800 —

五代十國　900 —

宋　1000 —

1100 —

1200 —

元朝
　　1300 —

明朝
　　1400 —

1500 —

清朝　1600 —

1700 —

1800 —

1900 —

中華民國
2000 —

題。這個問題每10年進行一次協商，而每次協商都造成很大的爭議。1906年4月匈牙利的議會中民族主義者占多數和組織政府開始，這個爭議問題甚至造成了一個持久性的憲法危機。1907年10月和1917年11月，這個問題在一個「始終如舊」的基礎上，暫時獲得了解決。

奧匈帝國是一個多民族國家，其中，日爾曼人占24％，匈牙利人占20％，捷克人占13％，波蘭人占10％，烏克蘭人占8％，羅馬尼亞人占6％，克羅地亞人占5％，斯洛伐克人占4％，塞爾維亞人占4％，斯洛維尼亞人占3％，義大利人占3％。它的內政主要由以上11個主要民族之間的協商決定。

在帝國的兩個部分產生支配作用的兩個民族，其實不占統治地位：在奧地利部分，日爾曼人只占36％，而在匈牙利，匈牙利人也不到半數。捷克人、波蘭人、烏克蘭人、斯洛維尼亞人和義大利人都試圖在奧地利部分獲得更大的發言權。同時在匈牙利部分，羅馬尼亞人、斯洛伐克人、克羅地亞人和塞爾維亞人也向匈牙利人的統治挑戰。羅馬尼亞人和塞爾維亞人還爭取與新成立的羅馬尼亞和塞爾維亞王國合併。

奧匈帝國內爭議最大的一個問題是語言問題。少數民族總是希望使用他們自己的語言作為教育他們自己的語言。比如1897年4月5日，奧地利首相下令在波希米亞將捷克語和德語作為同等的內部官方語言，結果受到整個帝國德國民族主義者的抨擊。最後這位首相被解僱。

當時歐洲各地民族獨立思想不斷發展，奧匈帝國從建立伊始就困擾於國內的民族糾紛中。儘管對於境內其他少數民族來說，匈牙利人在君主國內的地位僅次於德意志人和奧地利人，但匈牙利人要求獨立的願望卻最強烈，這種情緒影響了其他民族，導致帝國內部民族起義此起彼伏，並最終爆發了塞拉耶佛事件。1914年6月，奧匈帝國在塞拉耶佛舉行軍事演習，把塞爾維亞和門的內哥羅當作假想敵，激起塞爾維亞人民的不滿；6月28日，奧匈帝國皇儲弗蘭茨・費迪南公爵夫婦在薩市大街上被塞爾維亞民族主義者普林希普刺死。

這一事件成為第一次世界大戰的導火線。奧匈帝國以此為藉口向塞

爾維亞宣戰。以德、奧、義同盟國為一方和以英、法、俄協約國為另一方的第一次世界大戰爆發。從1918年開始，戰局對同盟國越來越不利。奧軍作戰失利後，境內少數民族開始為自己的利益考慮，開始尋求民族獨立之路。這時的帝國已經不能將這眾多民族團結在一起了。戰爭拖垮了經濟，新的經濟發展希望破滅，帝國逐漸走向崩潰的邊緣。

1918年11月3日，奧匈帝國與協約國達成了停火協議。8天後，年輕的卡爾皇帝在帝國夏宮美泉宮的「中國廳」內宣佈退位，進而結束了綿延7個世紀的哈布斯堡王朝的君主統治。翌日，奧地利臨時國民議會宣佈奧地利共和國誕生，這就是奧地利第一共和國。匈牙利也成立了匈牙利蘇維埃共和國。

除了匈牙利和奧地利，現在的捷克、斯洛伐克、塞爾維亞、黑山、克羅地亞共和國、斯洛維尼亞共和國、馬其頓共和國、波士尼亞和黑塞哥維納共和國，以及波蘭等國都是從奧匈帝國分裂出來。羅馬尼亞和義大利也獲得了奧匈帝國的部分領土。

印加帝國毀於殖民

在世界航海史上，西班牙人民的貢獻可謂非常了不起，人們往往稱讚那些冒險家們通過新航線發現了美洲新大陸，進而傳播了知識和文明，促進世界人民的交流等等。然而，在這些溢美之詞之外，一些熟知印加帝國歷史的人可要發表不同意見了。

歷史上的印加帝國位於南美洲南部，面積涵蓋了今天的厄瓜多爾、秘魯、玻利維亞、智利和阿根廷等國家。它最初是由一個小部落起步，經過部落祖先們幾個世紀的不斷奮鬥，終於在16世紀時成為美洲的大哥大，享有周圍國家的敬仰和朝拜。

在印加老大哥的強盛時期，它已擁有四通八達的交通，各式各樣的綾羅綢緞，同時他們的醫術也達到世界先進水準。然而，這個帝國在某一些

BC

— 0　耶穌基督出生

— 100

— 200

— 300
君士坦丁統一羅馬

羅馬帝國分成兩部
— 400

— 500　波斯帝國

— 600　回教建立

— 700

— 800

凡爾登條約
— 900

神聖羅馬帝國建立
— 1000

— 1100　十字軍東征

— 1200
蒙古第一次西征

— 1300
英法百年戰爭開始

— 1400

哥倫布發現新大陸
— 1500

英國大破無敵艦隊
— 1600

— 1700　發明蒸汽機

美國獨立
— 1800

美國南北戰爭開始
第一次世界大戰
第二次世界大戰
— 2000

上古時期　BC

漢

— 0

100 —

三國
晉　　200 —

300 —

南北朝　400 —

500 —

隋朝　600 —
唐朝

700 —

800 —

五代十國　900 —
宋

1000 —

1100 —

1200 —

元朝
1300 —
明朝

1400 —

1500 —

清朝　1600 —

1700 —

1800 —

1900 —
中華民國

2000 —

方面卻是不可思議的「單純」：比如，雖有便捷的道路，但卻從沒有方便的交通工具；統一了民族語言，但卻沒有屬於自己的文字；更有甚者，為了保持皇室血統的純正，他們竟規定繼承人只能娶自己的親姐姐為妻！總而言之，這個美洲國家簡單而又複雜，是個矛盾的統一體。

在航海技術並不發達的時候，印加人男耕女織，生活十分逍遙快活。然而，隨著新航線的發現，越來越多的探險家來到美洲這塊新大陸。一個叫法蘭西斯克・皮薩羅的西班牙人，就是這群投機分子中的一員。

1532年5月，在印加帝國門口徘徊多時的皮薩羅終於等到了他的機會：印加帝國自己人打起來了！於是，這個機會主義者當機立斷，踏上入侵印加的道路。面對突然到來的客人，印加人先是吃了一驚，隨後聽到皮薩羅兄弟自報家門後就放鬆下來。

於是，印加帝國的代表高高興興地赴皮薩羅的邀宴了。到後他們才知道是鴻門宴，首領馬上就被五花大綁起來關在小屋裡。隨後，皮薩羅宣佈只要子民們乖乖交贖金，就把領導人放回去。實誠的印加人趕緊回家拿金子，還用紅布包好送去。然而，這位外國客人卻比他們聰明很多，拿了金子後也把首領解決了。接著，他又扶植起其它傀儡皇帝。

就這樣，皮薩羅靠著自己善玩魔術的嘴臉騙了印加帝國；但是，印加國的好兒郎們始終沒有停止抗爭。因此，血腥鎮壓也隨之而來。皮薩羅在印加地區橫衝直撞，祭司等一些掌握印加文化的人逝去，這直接造成了印加文明的失傳。鎮壓之後開始了大規模的搶奪活動，眨眼間，印加人民遭受侵略者瘋狂的掠奪。

從此之後，印加帝國就消失不見了，它的先進文明、怡然自得的生活方式，漸漸留在歷史的長河中，變成人們回憶。

伊比利亞的衰落

伊比利亞在16世紀時是歐洲海外事業的領頭羊，香料貿易和美洲的銀

礦給它帶去了大量的財富。但是，好景不長，16世紀末時，就從各個領先位置上衰退下來。到底是什麼原因導致伊比利亞從盛到衰的呢？當時，英國、法國和荷蘭的勢力壯大起來，它們很快就奪走了葡萄牙在東方帝國和西班牙在美洲的權益，而伊比利亞也因此被捲入了歐洲的衝突，這讓它耗費了人力、財力，走向下坡路。

16世紀的歐洲，王朝的競爭和衝突接二連三。當時，西班牙透過聯姻破壞了15世紀發展起來的民族君主國。裴迪南和伊莎貝拉將自己的女兒嫁給了哈普斯堡王室的腓力，他們的外甥查理就繼承了西班牙聯合王國、西班牙在美洲和義大利的殖民地，以及中歐的奧地利、施蒂利亞、卡林西亞、卡尼奧卡等四個公國和蒂羅爾州。此外，查理還從他的祖母勃艮第瑪麗那裡得到了包括弗朗什孔泰、盧森堡和富裕的尼德蘭的勃艮第領地。1519年，查理又不顧法、英兩國君主弗蘭西斯一世和亨利八世的反對，當上了羅馬帝國的皇帝。所以，等到19歲的查理五世登基時，領土已超越查理曼帝國以來的任何一位君主執政時的面積。

這時，歐洲的其他王朝，特別是法國的瓦盧瓦王朝對西歐大一統的局面即將出現保有戒心，於是阻止哈普斯堡王室霸權的戰爭開始了。這就是在法國人和西班牙人之間進行的瓦盧瓦戰爭。這時，中世紀統一的基督教世界觀已抵不過王朝的利益驅使，法國人和土耳其人協力反對哈普斯堡王室。弗蘭西斯一世在情急之下，便和穆斯林鄂圖曼帝國聯起手來，這一聯合被稱為「邪惡的聯盟」，震驚了基督教教徒。但是，查理是在拿西班牙人的財富在戰爭。

那時，在歐洲的地盤上王朝鬥爭和宗教鬥爭並行。特別是1517年，馬丁·路德的加入，帶來了基督教史上一場分裂的革命，從此歐洲的基督教世界分為天主教和新教兩大陣營。馬丁·路德也於1521年被查理宣佈為歹徒。此時，土耳其人正沿多瑙河逆流而上，1529年，便圍困了維也納。緊急關頭，查理不得不暫時放棄對付新教異教徒去奮勇抵抗土耳其人。等到查理有時間對付新教徒時，大勢已去。經過多次鬥爭，1555年，查理不得不接受奧格斯堡宗教合約，允許各諸侯在天主教和路德教之間進行選擇。

BC

— 0　耶穌基督出生

— 100

— 200

— 300　君士坦丁統一羅馬
　　　　羅馬帝國分成兩部
— 400

— 500　波斯帝國

— 600　回教建立

— 700

— 800
　　　　凡爾登條約
— 900
　　　　神聖羅馬帝國建立
— 1000
— 1100　十字軍東征

— 1200
　　　　蒙古第一次西征
— 1300　英法百年戰爭開始

— 1400

　　　　哥倫布發現新大陸
— 1500
　　　　英國大破無敵艦隊
— 1600
　　　　發明蒸汽機
— 1700
　　　　美國獨立
— 1800
　　　　美國南北戰爭開始
— 1900　第一次世界大戰
　　　　第二次世界大戰
— 2000

上古時期　BC

漢

－0

100 —

三國

晉

200 —

300 —

南北朝

400 —

500 —

隋朝
唐朝

600 —

700 —

800 —

五代十國

900 —

宋

1000 —

1100 —

1200 —

元朝

1300 —

明朝

1400 —

1500 —

1600 —

清朝

1700 —

1800 —

1900 —

中華民國

2000 —

　　1556年，查理將屬地傳給神聖羅馬帝國皇帝的繼承人裴迪南，讓腓力二世繼承了西班牙、義大利屬地、美洲殖民地以及包括尼德蘭在內的勃艮第領地，然後隱居在一家修道院。腓力二世雖然做事謹慎，但在接受屬地時也將與法國及新教的鬥爭接了過來。奧格斯堡條約除了德國外，是不適於其他國家的。

　　等到新教傳播到北歐其他地區時，新的宗教鬥爭衝突又開始了。特別是在腓力試圖在那裡宣揚天主教的尼德蘭。於是，1567年，由荷蘭人發起，英國人也參加的反叛鬥爭，一直持續到1598年腓力去世時仍沒停息。而這場陸地和海上同時進行的戰爭，腓力耗費的也是西班牙的人力和財力。對於16世紀歐洲的局勢，除了王朝勢力和宗教勢力外，經濟競爭也至關重要。整個歐洲都豔羨源源不斷地流入葡萄牙和西班牙的香料以及金銀。法國人、荷蘭人和英國人都夢想著也和西屬美洲殖民地貿易往來，進而打破葡萄牙早已擁有的東方霸權，建立自己的殖民地。

　　荷蘭人之所以反叛，主要是由於經濟方面的原因。西班牙為了利益限制了荷蘭人。英國人之所以幫助荷蘭人出於宗教因素，更出於經濟因素。在他們看來，如果打破了西班牙對尼德蘭的控制，英國就更容易在海上對西班牙進行進攻。

　　這些對英國人來說具有重要的意義，舉例說明：在荷蘭人叛亂前的五年裡，約翰・霍金斯通過非法手段販運一船奴隸到伊斯帕尼奧拉島，遂成了普利茅斯的首富。1564年，約翰・霍金斯又給委內瑞拉和巴拿馬地峽運去一船奴隸，遂成英國的首富。而他第三次航行受到了西班牙的伏擊，以失敗告終。但是，約翰・霍金斯發家的經歷，讓英國船長們學會了在幫助荷蘭的同時，也劫掠西印度群島的財富。1588年，出於憤怒，腓力派無敵艦隊討伐英國。伊莉莎白手下的高級船長，打敗了無敵艦隊的同時，也打破了西班牙統治歐洲的美夢。

　　回頭來看，其實西班牙的失敗，是和他們貪得無厭的擴張有關。他們不僅想在海上控制歐洲，在陸地上也要掙得領導權，並不斷地捲入紛爭。而英國恰好吸取了西班牙的教訓，只要相互的實力大致均衡，英國就一直

把自己置身在大陸事務之外，這樣就有機會全力發展和保護自己的殖民地。最終的結果可想而知，英國人取代了西班牙人對經濟和政治的控制，建立起一個世界範圍內的大帝國。

伊比利亞一直被外界的糾紛所困，慢慢地走向衰落，其中最重要的原因是它對北歐經濟過分的依賴。無論是在最初開始擴張時，還是後來穩固自己的時候，它都沒有充分利用自己帝國提供的經濟機會來壯大自己，反而，受到西北歐國家的牽制舉步維艱。

伊比利亞的經濟依賴性，和當時歐洲經濟中心的轉移是不可分開的。當時，歐洲的經濟中心正從地中海地區轉移到北方。原因在於，北歐不斷發展的生產力，使波羅的海——北海地區的新的大宗貿易超過了地中海傳統的貿易。因為，大宗貿易是滿足一般平民生活的，所以市場很大，而傳統的貿易主要是香料、絲綢、香水和粗布的貿易，都是一些迎合富人口味的奢侈品，銷路自然不好，這樣貿易中心就慢慢轉移了。

這時，漢薩控制著北方的貿易，而漢薩的同盟又在波羅的海和北海發揮了相當於威尼斯和熱那亞在地中海產生的作用。於是，荷蘭組建了一支超級商船隊，將漢薩同盟趕走，將自己的控制權擴展到大西洋沿海，控制了大西洋貿易。伊比利亞在新的貿易格局中的從屬位置很明顯，葡萄牙出口的是非洲的黃金和賽圖巴爾的鹽，西班牙則出口酒、羊毛和鐵礦，而他們輸出的幾乎全是利潤很薄的原產料，進口的則是加工製品，比如冶金產品、魚以及羊毛織物。

當初，伊比利亞國家能最早從事海外擴張，只不過是他們得天獨厚的地理位置，以及先進的航海技術和宗教的內驅力。但是，他們的擴展沒有經濟實力做後盾，自然也無法有效地利用自己的新帝國謀取財富，加上又缺乏從事帝國貿易所必需的航運業，以及向殖民地提供製成品的能力。所以，也就慢慢地落於經濟從屬地位。顯然，海外製品市場曾促進了西班牙的發展。但是，這種形勢在1560年前後就停止了，繼而是長期的低迷。

還有一個原因，似乎也頗有道理，那就是，當時大批的金銀珠寶湧進西班牙，瞬間引起了通貨膨脹，讓西班牙的物價飛漲到北歐物價兩倍，而

BC

— 0　耶穌基督出生

— 100

— 200

— 300
君士坦丁統一羅馬

羅馬帝國分成兩部
— 400

— 500　波斯帝國

— 600　回教建立

— 700

— 800

凡爾登條約
— 900

神聖羅馬帝國建立
— 1000

— 1100　十字軍東征

— 1200
蒙古第一次西征

— 1300
英法百年戰爭開始

— 1400

哥倫布發現新大陸
— 1500

英國大破無敵艦隊
— 1600

發明蒸汽機
— 1700

美國獨立
— 1800

美國南北戰爭開始
— 1900
第一次世界大戰
第二次世界大戰

— 2000

上古時期　BC

漢

— 0

100 —

三國
晉　　200 —

300 —

南北朝　400 —

500 —

隋朝
唐朝　600 —

700 —

800 —

五代十國
900 —

宋

1000 —

1100 —

1200 —

元朝
1300 —

明朝

1400 —

1500 —

清朝　1600 —

1700 —

1800 —

中華民國　1900 —

2000 —

國民的工資卻僅僅落後於劇增的物價，和西班牙相比，歐洲的其他地方工資要低很多。這樣，就將西班牙的工業置於不利的地位，生產出來的昂貴商品，在國際市場上就很難具有競爭力，自然也就賣不出去。

此外，對西班牙經濟具有破壞性的還有西班牙貴族對經濟的干涉。不過占西班牙總人口2%的西班牙貴族和高級教士，卻占有了西班牙95～97%的土地，以致西班牙95%的農民幾乎全都沒有土地。而猶太人占多數的3%是教士、商人和專門職業者，在經濟上也達不到中產階級的水準，對經濟的影響自然微乎甚微。由於貴族的偏見，他們對經營商業或從事工業的職業不正眼相看，認為那是有失體面的工作。所以，發了財的商人都有一個志向，就是拋棄自己的階級購買爵位，成為伊達戈，也就擁有了榮譽、免稅和地產的好處。這種伊達戈精神其實就是否定了猶太人和穆斯林的勤勞，貶低了商業和工業的利益，也就打消了人們生產和謀利的積極性，造成了西班牙的經濟在16世紀曇花一現式的衰敗。

西班牙的經濟衰退使伊比利亞經濟落後，而從屬於西北歐經濟成為必然，也就將伊比利亞的殖民地也帶進了從屬的位置。

荷蘭人和英國人相繼控制了西班牙、葡萄牙兩國殖民地的大部分運輸業。不久，西北歐人還壟斷了巴西和西屬美洲以及伊比利亞半島的進口貿易，即是塞維利亞商會壟斷著與殖民地的貿易。但是，航運業和殖民地的進口品的特權不屬於他們。由於法令的限制，西班牙人不得不以自己的名義幫別國輸出製造品，外國的商人自然費盡心機成為塞維利亞商會會員。於是，合法成員為他國代理交易額，很快就超過了本國的合法交易額。

可悲的是，西班牙的海外事業在苟延殘喘之際，卻刺激了西北歐經濟的發展，而只給伊比利亞半島提供了遏制進行的制度改革的壓力。這就是這個帝國在繁榮數十年後，瞬間無可挽回地衰落的根本原因。

對於美洲殖民地、墨西哥和秘魯的剝削，讓西班牙半封建的經濟調整變得毫無意義。1600年以後，當有關人權、專制國家、戰鬥教會、公共權力的私人收益分享，以及財富是金銀而非產品的觀念遭到質疑時，這些觀念早在西班牙和其屬地美洲根深蒂固了。

| 第三十章 | 美國獨立戰爭

英國在北美的殖民統治

從1607年到1733年，英國在北美大西洋沿岸共建立了13個殖民地。到18世紀中期，白人約有1700萬，黑人也約有450萬，但黑人大部分是奴隸。到北美來的歐洲移民，大多是生活貧困的農民或受迫害的新教徒。為了追求自由和財富，他們遠渡大洋，希望能夠在「新世界」找到樂土。

北美殖民地的條件最初十分艱苦，為了吸引移民，殖民當局對大部分土地實行按人分配原則，使得早期的移民大多獲得了私有土地。與歐洲社會一樣，殖民地的白人社會從一開始就存在著貧富階層、地位不平等。北美白人的社會最上層和最下層人數較少，中間階層人數眾多。白人最底層是契約傭工。

英屬北美殖民地名義上都是英王所有，在各個殖民地，總督是英王的代表。但是，由於英國與北美殖民地遠隔重洋，交通和通訊很不方便，各級地方政府享有不同程度的自治權。殖民地居民在法律上享有與英國人同樣的權利。實際上，由於財產的普遍擁有，北美白人居民享有比英國人更廣泛的參與政治的機會和權利，在社會生活中培養了自治的意識和能力。

各個殖民地都設有議會。大多數殖民地議會下院以英國的議會下院自比，逐漸取得了相當程度的地方自治權，並且成為培養政治領導人的基地。北美13個殖民地都有自治的民兵組織。為了對付惡劣的自然環境、土著印地安人的威脅和其他移民的競爭，北美移民從一開始就創立了民兵制度：所有成年男性健康公民都必須參加民兵組織，並自備武器接受軍事訓練，必要時應召作戰，保衛家園。民兵在訓練和作戰時也實行軍銜制度。

BC

— 0　耶穌基督出生

— 100

— 200

— 300
君士坦丁統一羅馬

羅馬帝國分成兩部
— 400

— 500　波斯帝國

— 600　回教建立

— 700

— 800

凡爾登條約
— 900

神聖羅馬帝國建立
— 1000

— 1100　十字軍東征

— 1200
蒙古第一次西征

— 1300
英法百年戰爭開始

— 1400

哥倫布發現新大陸
— 1500

英國大破無敵艦隊
— 1600

發明蒸汽機
— 1700

美國獨立
— 1800

美國南北戰爭開始
— 1900
第一次世界大戰
第二次世界大戰

— 2000

華盛頓就曾經擔任維吉尼亞民兵的上校。北美居民在開拓新世界的艱苦鬥爭中，也逐漸養成了勇於創新、富於進取和個人奮鬥的精神。

　　18世紀的啟蒙運動和文化教育繁榮，也影響到北美。在許多歐洲人眼裡，北美居民是生活在荒野的鄉巴佬，沒有文化，沒有教養。其實不然，北美確實沒有一個文人學者階層，也沒有趣味高雅的貴族階層，但教育普及程度較高。各殖民地都有涉及教育的立法，要求家長和主人為兒童提供必要的教育。當英國居民識字率尚在40％～70％之間之時，北美各地已高達70％～100％。高等教育也有較快的發展。到獨立戰爭爆發前，殖民地已有11所學院。歐洲的啟蒙思想也傳播到了殖民地。一些人對啟蒙思想家的著作耳熟能詳，把啟蒙思想奉為「不言而喻的真理」。

　　英國在北美經營殖民地，目的在於把殖民地變為榨取和掠奪財富的對象。為了達到這個目的，英國政府頒佈了一些讓北美人民難以容忍的法案。

　　1660年頒佈《列舉商品法》，規定殖民地的某些商品只能輸入英國，如要輸往國外，必須先在英國卸貨，由英國商人經手再運往國外。

　　1663年，頒佈《主要商品法》，規定一切從歐洲輸入北美的商品，必須先在英國靠岸卸下，待英國政府收稅後再裝船運走。此後，英國又在殖民地設置海關徵稅，以徵收英國以外的歐洲國家的商品入口稅。

　　17世紀後期～18世紀初，殖民地的工業品有與宗主國商品競爭之勢，英國政府便實行限制北美工業發展的政策。1669年，禁止北美由一個殖民地將羊毛和毛織品運往另一個殖民地，便於保護英國羊毛產品在北美的市場份額。次年，又取消英國羊毛織品出口稅。1732年，又頒佈《制帽條例》，禁止一個殖民地出口帽子到另一個殖民地，並且規定制帽業作坊不許聘用兩個以上的學徒。1750年，英國議會又通過《制鐵條例》，規定殖民地的鐵塊、鐵條輸入英國時可以豁免入口稅，同時禁止殖民地建立制丁制鐵板等工業。

　　但在1763年以前，英國由於忙於戰爭，無暇嚴厲執行這些限制北美發展的政策，北美資本主義經濟趁機得以蒸蒸日上。經濟的發展使原來處於

三國
晉

南北朝

隋朝
唐朝

五代十國

宋

元朝

明朝

清朝

中華民國

－0

100 －

200 －

300 －

400 －

500 －

600 －

700 －

800 －

900 －

1000 －

1100 －

1200 －

1300 －

1400 －

1500 －

1600 －

1700 －

1800 －

1900 －

2000 －

隔絕狀態的各殖民地之間的聯繫大大加強。隨著統一市場的形成，各殖民地間的文化交流也日益繁榮，在這個基礎上形成共同的文化。因此到18世紀中葉，美利堅民族逐漸形成。

1763年英法戰爭結束，英國與北美問題凸顯。英國從戰爭中抽出身來，又開始剝奪北美人民的自由，並且把新壓迫加到北美人民頭上。它派出大量軍艦巡查北美海岸，嚴查走私，使以走私為特點的北美對外貿易一落千丈，大批水手和工人失業。

英國又向殖民地居民徵稅。1765年頒佈《印花稅法案》，1767年頒佈《湯森法案》，激起北美人的強烈反抗。英國政府只好於1770年讓步，廢除這兩項徵稅法案，只保留一項茶葉的入口稅。但北美人民並沒有放鬆警惕，在撒母耳‧亞當斯和傑弗遜等人的倡議下，各殖民地成立了祕密團體通訊委員會，以加強各地間的聯繫和統一行動。

1773年，英國政府為傾銷東印度公司的積存茶葉，通過《救濟東印度公司條例》。該條例給予東印度公司到北美殖民地銷售積壓茶葉的專利權，免繳高額的進口關稅，只徵收輕微的茶稅。條例明令禁止殖民地販賣「私茶」。東印度公司因此壟斷了北美殖民地的茶葉運銷，其輸入的茶葉價格比走私入口的茶葉便宜百分之五十。但在反英抗爭的高潮中，殖民地人民認為自由比喝便宜茶葉更重要。於是各地決心不讓東印度公司的茶葉船靠岸卸貨。在波士頓，一批青年以韓柯克和撒母耳‧亞當斯為首，組成了波士頓茶黨。1773年11月，東印度公司裝載342箱茶葉的船隻開進波士頓港。12月16日夜，波士頓群眾在波士頓茶黨組織下，化裝成印第安人闖入船舶，將東印度公司價值15000英鎊的茶葉全部倒入大海。

英國政府震怒，採取高壓政策，1774年頒佈幾項法令，主要內容為：封鎖波士頓港口；取消麻薩諸塞的自治權；英國官兵在殖民地犯罪必須送往英國或其他殖民地受審，麻薩諸塞司法當局無權過問；在波士頓市內駐紮英國軍隊，這在北美被稱為《五項不可容忍法令》。

為了執行上述法令，英王任命北美英軍總司令蓋奇將軍為麻薩諸塞總督，妄圖以武力迫使殖民地屈服。這更激起殖民地人民的強烈反抗，使英

BC

— 0　耶穌基督出生

— 100

— 200

— 300
君士坦丁統一羅馬

羅馬帝國分成兩部
— 400

— 500　波斯帝國

— 600　回教建立

— 700

— 800

凡爾登條約
— 900

神聖羅馬帝國建立
— 1000

— 1100　十字軍東征

— 1200
蒙古第一次西征

— 1300
英法百年戰爭開始

— 1400

哥倫布發現新大陸
— 1500

英國大破無敵艦隊
— 1600

發明蒸汽機
— 1700

美國獨立
— 1800

美國南北戰爭開始
— 1900
第一次世界大戰
第二次世界大戰

— 2000

上古時期　BC

漢

— 0

100 —

三國　200 —
晉　　300 —

南北朝　400 —

500 —

隋朝　600 —
唐朝
700 —

800 —

五代十國　900 —
宋
1000 —

1100 —

1200 —

元朝
1300 —

明朝
1400 —

1500 —

清朝
1600 —

1700 —

1800 —

1900 —
中華民國
2000 —

國政府與北美殖民地之間的關係尖銳，公開衝突日益擴大。

列克星敦的槍聲

　　面對英國統治者的步步緊逼，1774年9月5日至10月26日，在費城召開了由12個殖民地（除喬治亞因總督阻撓未派出代表）55名代表參加的第一次大陸會議。代表絕大部分是地主、資本家、種植園主的代表。大會圍繞北美與英國的關係展開了激烈的爭論。占多數的保守派採取了妥協的策略：向英王上書請願，要求取消高壓措施，同時表示願意繼續效忠英國。會議僅僅通過了溫和的要求和自治的決議，表示在英國接受要求之前，中斷與英國的一切貿易往來。但這還是引起了英國統治者的反感，並調兵遣將決定撲滅這股即將燃燒的大火。

　　當大陸會議對進行武力反抗猶豫不決的時候，北美人民趁英國殖民當局尚未做好鎮壓起義準備工作就先行動了起來。各地紛紛建立了地方革命政府，即公安委員會，組建民兵，特別是組建一支裝備精良、反應迅捷、戰鬥力強的人民武裝部隊「一分鐘人」。一分鐘人指一分鐘之內就能行動起來。各地還建立了驛馬隊、情報隊，修建了軍火庫以儲存槍枝彈藥，開始了大規模擴軍備戰。到1775年，北美已經出現了全民皆兵、同仇敵愾的革命形勢。群眾決心與英國決一死戰，來捍衛民主和自由。

　　麻薩諸塞總督蓋奇將軍對北美人民的擴軍備戰行動有所掌握，便在1775年4月18日派遣一支由史密斯率領的700名英軍，從波士頓出發前往康科特，搜查通訊委員會的祕密軍火庫，企圖逮捕通訊委員會的領導成員撒母耳·亞當斯和約翰·漢考克。這一消息隨即為北美的情報隊獲得，銀匠雷維爾和工人德威斯騎馬飛速向當地的通訊委員會報告消息。19日黎明，英軍來到了離康科特6英里的小村莊——列克星頓。

　　這幫英國人經過一夜的折騰，心裡都在罵史密斯沒義氣。就在此時，忽然發現前面有十幾個人拿著長槍正等著。史密斯不愧是聰明，來之前做

足了文章，知道列克星頓的民兵個個凶悍。但今天卻讓史密斯納悶了，他們怎麼會知道行動的，我的作戰計畫做得很周全啊！這次真倒楣！

雙方展開激戰。但北美軍隊畢竟新建，缺乏豐富的戰爭經驗，沒有打上幾個回合就都撤走了。原來，英國這幫臨時湊的人還真有兩下子。

史密斯剛打了個勝仗就發電報邀功，走起路來鼻孔都是朝天的。他的那幫朋友見民兵這麼軟弱，就催促史密斯趕緊進攻，快點打完仗就能回家了。高興地開始飄起來的史密斯經不住吹捧，就下令趕緊進村，一定要打敗那些民兵。

當他們進村後發現沒有一個人，路上連顆牛糞都沒有。還是史密斯心眼多，感覺情況有些不妙，連忙下令撤退。但是已經晚了，村民們早就為史密斯這幫人布下圈套，沒有想到他們這麼快就乖乖地進來了。英國人毫無準備，被打的滿地打滾，嚇得都趕緊逃命。這就是歷史上的「列克星敦的槍聲」。隨後英軍繼續北上，抵達康科特，破壞當地的軍火庫。在此地，他們遭到400名「一分鐘人」的進攻。

在返回波士頓途中，上萬名民兵從四面八方湧來，對準英軍就射擊，勢不可擋。英軍抵擋不住，見勢不妙，立刻潰退。從波士頓出發到返回波士頓，英軍死傷300人，而北美方面才損失90餘人。那些活下來的英國人後來再想想這場戰爭，實在丟人，第一次被殖民地的民兵給揍了，真是沒有臉見祖國了。

「列克星敦的槍聲」是北美人民的武裝力量與英國正規部隊的第一次交鋒，打響了北美反抗英國殖民當局的第一槍，揭開了北美人民反英戰爭的序幕。這一槍大大激起了北美殖民地人民的愛國熱情。

得知這個消息的英王龍顏大怒，於8月23日發佈告諭，宣佈殖民地的反抗為非法，聲言「寧可丟掉王冠，決不放棄戰爭」。12月22日，英國議會通過派遣5萬軍隊赴北美殖民地鎮壓革命者的決議。面對這一形勢，1775年6月15日第二屆大陸會議決定組建正規的大陸軍。原英軍上校、維吉尼亞種植場主華盛頓被任命為大陸軍總司令。英軍企圖憑藉其陸海軍優勢，首先切斷新英格蘭與其他殖民地的聯繫，然後各個擊破之。大陸軍在

BC

— 0　耶穌基督出生

— 100

— 200

— 300
君士坦丁統一羅馬

羅馬帝國分成兩部
— 400

— 500　波斯帝國

— 600　回教建立

— 700

— 800

凡爾登條約
— 900

神聖羅馬帝國建立
— 1000

— 1100　十字軍東征

— 1200
蒙古第一次西征

— 1300
英法百年戰爭開始

— 1400

哥倫布發現新大陸
— 1500

英國大破無敵艦隊
— 1600

發明蒸汽機
— 1700

美國獨立
— 1800

美國南北戰爭開始
— 1900
第一次世界大戰
第二次世界大戰
— 2000

上古時期　BC

漢

— 0

100 —

三國
晉　　200 —

300 —

南北朝　400 —

500 —

隋朝
唐朝　600 —

700 —

800 —
五代十國
900 —
宋
1000 —

1100 —

1200 —
元朝
1300 —
明朝
1400 —

1500 —

1600 —
清朝
1700 —

1800 —

1900 —
中華民國
2000 —

華盛頓的率領下採取避敵鋒芒，持久耗敵的方針，與英軍展開了長期的艱苦卓絕的戰爭。

在人民革命風暴急劇發展的形勢下，經過六年半時間的艱苦奮鬥，終於打敗英國軍隊。1783年11月3日，英國不得不承認美國獨立，被迫在二次世界大戰前的國聯大廈，也就是萬國宮裡的阿拉巴馬廳簽字，正式承認美國獨立。

獨立戰爭勝利後，美國人民鑄造了一座酷似手握步槍的民兵銅像，來紀念那場打得非常過癮的戰鬥。而列克星頓也被人們讚譽為「美國自由的搖籃。」

獨立戰爭與英法衝突

從1775年4月打響獨立戰爭第一槍到1783年戰事結束，為期8年的美國獨立戰爭大體經歷了以下三個階段：

第一階段：從1775年4月至1777年10月，為戰略防禦階段。這一階段主戰場在北部地方，戰略主動權掌握在英軍手中。

1775年6月17日，波士頓民兵在邦克山戰鬥中與裝備精良的英國正規軍展開了正面交鋒，顯示了北美民兵驚人的戰鬥力，大大鼓舞了殖民地人民為獨立而戰的鬥志。在戰爭的高潮中，1776年7月4日，大陸會議正式宣佈脫離英國而獨立。1776年12月在經過激烈爭奪後，為了保存軍力，化被動為主動，華盛頓放棄紐約。

紐約失陷象徵獨立戰爭進入困難時期。1776年12月25日，華盛頓率部渡過特拉華河，奇襲特倫頓黑森傭傭軍兵營成功，接著又在普林斯頓重創英軍，使陷入低潮的美國獨立戰爭重新獲得了活力。

1777年7月，英軍計畫兵分三路，分進合擊，會師奧爾巴尼，以儘快實現其切斷新英格蘭的戰略企圖。當北路7200餘名英軍在伯戈因的率領下，從蒙特利爾孤軍南下時，立即陷入新英格蘭民兵的汪洋大海之中，處

處受到民兵阻擊和圍追堵截。在弗里曼農莊和貝米斯高地接連受挫後，伯戈因被迫退守薩拉托加。大陸軍和民兵以3倍於英軍的優勢兵力，將英軍團團圍住，伯戈因彈盡糧絕，孤立無援，於10月17日被迫率領5700名英軍投降。薩拉托加大捷大大改善了美國的戰略態勢和國際地位，是美國革命戰爭的重要轉捩點。

　　第二階段：從1777年10月至1781年3月，以薩拉托加大捷為標誌，進入戰略相持階段，主戰場逐步轉向南部地區。

　　在這一階段，國際環境日益向有利於美國方向發展。薩拉托加大捷後，法國、西班牙、荷蘭等改變了動搖不定的觀望態度。法國的參戰是美國最後取得獨立戰爭勝利的必不可少的條件。法國參戰之所以很重要，是因為以美國這樣一個力量薄弱的國家，要想戰勝英國這樣一個世界頭等海上強國，如果沒有法國這樣一個強有力的援助，是十分困難的。

　　早在美國宣佈獨立的1776年，就派富蘭克林和亞瑟・李赴法，爭取法國正式承認美國獨立及與美國訂立條約。1776年12月，抵達巴黎的富蘭克林便展開遊說。但美軍在戰場上的初期失利，使法國政府執行兩面的外交政策：一是祕密以金錢和武器援助美國，二是在英國面前保持中立。但薩拉托加大捷改變了法國的兩面態度。1778年2月，美、法簽訂《美法同盟條約》和《友好商業條約》，法國正式承認美國。1778年6月，法國對英宣戰，西班牙在法國慫恿下於1779年6月對英作戰。俄國於1780年聯合普魯士組成「武裝中立同盟」，不久，荷蘭、丹麥、瑞典及奧地利也加入這個同盟，打破英國的海上封鎖。1780年12月，英國宿敵荷蘭進一步加入法國方面對英作戰。北美獨立戰爭擴大為遍及歐、亞、美三大洲的國際性反英戰爭。對於法、西、荷等國來說，這是爭奪商業殖民霸權的戰爭；對於英國來說，這是反革命的戰爭；惟有對於美國來說是正義的解放戰爭。英國陷入空前孤立的境地。

　　法國等國的參戰並沒有立即使北美戰局改觀。在南部戰場上，美國大陸軍和民兵以游擊戰和游擊性的運動戰與敵周旋，日趨主動。在1781年的吉爾福德之戰中，英軍傷亡慘重。在大陸軍和民兵的持久消耗下，英軍漸

BC

— 0　耶穌基督出生

— 100

— 200

— 300
君士坦丁統一羅馬

羅馬帝國分成兩部
— 400

— 500　波斯帝國

— 600　回教建立

— 700

— 800
凡爾登條約

— 900
神聖羅馬帝國建立
— 1000

— 1100　十字軍東征

— 1200
蒙古第一次西征

— 1300
英法百年戰爭開始

— 1400

哥倫布發現新大陸
— 1500

英國大破無敵艦隊
— 1600

發明蒸汽機
— 1700

美國獨立
— 1800

美國南北戰爭開始
— 1900
第一次世界大戰
第二次世界大戰
— 2000

上古時期　　BC

漢

　　　　　— 0

　　　　100 —

三國

晉　　　200 —

　　　　300 —

南北朝　　400 —

　　　　500 —

隋朝　　　600 —
唐朝

　　　　700 —

　　　　800 —

五代十國　900 —

宋　　　1000 —

　　　　1100 —

　　　　1200 —

元朝

明朝　　1300 —

　　　　1400 —

　　　　1500 —

清朝　　1600 —

　　　　1700 —

　　　　1800 —

　　　　1900 —
中華民國

　　　　2000 —

感力量不支。

1781年4月英軍在康沃利斯率領下，實行戰略收縮，向北退往維吉尼亞。格林趁勢揮師南下，在民兵游擊隊配合下，拔除英軍據點，收復了除薩凡納和吉爾斯頓之外的南部國土。

第三階段：從1781年4月至1783年9月，為戰略反攻階段。

1781年8月，康沃利斯率7000名英軍退守維吉尼亞半島頂端的約克敦。此時在整個北美戰場，英軍主要收縮於紐約和約克敦兩點上。1781年8月，華盛頓親率法美聯軍祕密南下維吉尼亞，與此同時，德格拉斯率領的法國艦隊也抵達約克敦城外海面，擊敗了來援英艦，完全控制了戰區制海權。9月28日，1.7萬名法美聯軍從陸、海兩面完成了對約克敦的包圍。

在聯軍炮火的猛烈轟擊之下，康沃利斯走投無路，於1781年10月17日，即伯戈因投降的第四個週年紀念日，請求進行投降談判。

約克敦戰役後，除了海上尚有幾次交戰和陸上的零星戰鬥外，北美大陸戰事已基本停止。1782年11月30日，英美簽署《巴黎和約》草案，1783年9月3日，英國正式承認美國獨立。

美國獨立戰爭是世界歷史上第一次大規模的殖民地人民爭取民族解放的資產階級革命戰爭，是歷史上以小勝大，以劣勝優，以弱勝強的傑出戰例。在廣泛的國際援助下，經過8年之久的艱苦卓絕的戰爭，僅有300萬人口的北美13個州，最終打敗了擁有近3000萬人口的世界第一工業國大英帝國。獨立戰爭的勝利，打碎了英國殖民統治的桎梏，實現了北美殖民地政治上的獨立，大大解放了北美殖民地的生產力，為美國資本主義和現代文明的迅速發展，開闢了廣闊的道路。

華盛頓與美國獨立

美國的首都叫作華盛頓，這是大家都知道的。但是在1800年以前的美國是沒有這個名字的城市的。為什麼後來又有了呢？它是為了紀念美國的

開國元勳——喬治‧華盛頓而專門建立的。我們可以想像一下，華盛頓在美國人心中是多麼的神聖了。

1732年12月22日，喬治‧華盛頓出生在一個富農家中。他很小的時候父親就沒了，真是個可憐的孩子。沒有辦法！小小年紀就必須自己出去工作養活自己。但華盛頓確實能幹，是個經商的好人才，很快賺得自己的第一桶金，就成為了有名的富豪了。

但當時英國和法國不和。英國想聯合北美大地主一起跟法國打仗，事成之後會給地主們更多的地作為補償。1754年，維吉尼亞州的總裁答應在打敗法國之後，立即把20萬英畝土地給參加反法戰爭的地主們。華盛頓他們見到確實是有利可圖，於是紛紛投身戰場之中。

華盛頓不但是個經濟天才，還是一個軍事天才。小夥子一出馬就把法國人打回了老家。但英國人太不厚道了，戰爭結束後就宣佈西部土地不能給大地主了。這招夠狠啊，絕對叫過河拆橋。華盛頓他們這些大地主不滿了，憑什麼一點辛苦費都沒有。華盛頓心底裡恨透英國人了。

1775年4月19日，波士頓人民的怒氣在列克星頓槍聲打響後終於爆發，再也不想在英國的統治下生活了，美國各地紛紛打起了反對英國的獨立戰爭。

1775年6月，北美13個英屬殖民地在費城召開了臨時代表大會，選舉華盛頓為大哥。華盛頓也真是有能耐，沒有辜負大家對他的厚望，在他的帶領之下確實也打出了很多漂亮的戰鬥，堪稱美國的諸葛軍師。

因為美國的軍隊是由農民組成，所以打仗時也是相當的吃力，同時他們軍隊的後勤集團搞的也不怎麼樣。相反，他們的對手英軍就大不一樣了，裝備絕對是最好的，吃的用的全是英國最好的後勤集團供應的，實力比美國強多了。所以，美軍被打得不成樣子，到1775年9月，連自己的首都費城也被英軍占領了。

就是在這樣惡劣的環境下，華盛頓堅信只要有一口氣在，他一定把英國人給打敗。他到前沿陣地去跟士兵們一塊吃飯，一塊睡覺。把士兵們感動的一把鼻涕一把淚的，紛紛表示拼了老命也要打垮英國人。

BC
— 0　耶穌基督出生
— 100
— 200
— 300
君士坦丁統一羅馬
羅馬帝國分成兩部
— 400
— 500　波斯帝國
— 600
回教建立
— 700
— 800
凡爾登條約
— 900
神聖羅馬帝國建立
— 1000
— 1100　十字軍東征
— 1200
蒙古第一次西征
— 1300
英法百年戰爭開始
— 1400
哥倫布發現新大陸
— 1500
英國大破無敵艦隊
— 1600
發明蒸汽機
— 1700
美國獨立
— 1800
美國南北戰爭開始
— 1900
第一次世界大戰
第二次世界大戰
— 2000

上古時期　BC

漢

— 0

100 —

三國
晉

200 —

300 —

南北朝

400 —

500 —

隋朝
唐朝

600 —

700 —

800 —

五代十國

900 —

宋

1000 —

1100 —

1200 —

元朝

1300 —

明朝

1400 —

1500 —

清朝

1600 —

1700 —

1800 —

1900 —

中華民國

2000 —

華盛頓還是有點本事，經過他的訓練，他聯合其他的軍隊在1777年10月把英軍狠狠地揍了一頓。同時法國人也對他們另眼相看，抓住了這個翻本的機會，就把大注壓在美國人的身上。1778年6月，法國軍艦敲鑼打鼓地開進美國。1780年，英軍把自己的全部家當用在了攻打南方港口城市約克鎮。而法國和美軍早已經準備好，一等到英國人露面，他們就猛攻英國軍隊。

1781年9月，英軍實在頂不住了，只好向美國人舉白旗了。

戰爭勝利後，人們心中的英雄華盛頓並沒有在政府當官，而是回家修整地去了。直到1787年，華盛頓才被三顧茅廬請出山，抽空幫忙制定國家的憲法。1789年4月，華盛頓當選為美國第一任總統。

做完了兩任總統，華盛頓實在覺得當官沒有什麼意思，於是就又回去種地了。直到1799年12月14日，華盛頓去世。

富蘭克林的成就

隨著科技的發展，人們的好奇心也越來越強，就開始研究雷電。而真有這麼一些人去實驗，而這些揭秘雷電的人中最優秀、最成功，當屬美國人富蘭克林。

1752年7月，這個絕對是一個瘋狂的人做得一個瘋狂的實驗。他在大雷雨來臨之前，把一個超大的風箏放到了天空。就在這時候大雨嘩啦啦下了起來，把他淋濕了。富蘭克林根本不在乎這個，抓住繩子，生怕風箏飛走了，突然他抓繩子的手麻了。沒有想到的是掛在風箏線下端的銅鈴蹦了起來，並且還不時的冒出幾個火花來。「成功了！」富蘭克林高興地蹦了起來。他就這樣揭開了雷電之謎，很快就成為了一個世界名人。

在1749年他就寫信給英國政府，讓政府在房頂上放個金屬桿，再用鐵絲把鐵桿同地面連接起來，這樣把天上的電引到地下，他們的住宅就不會被雷劈了。但是政府那些人沒有理會他，不過他的法國朋友就照著富蘭

克林的方法做了，這朋友家避免了幾次雷劈。這就是富蘭克林發明的避雷針。

富蘭克林並沒有滿足於這些，認真地研究後終於發現了電是會流動的，因此他成為了電學原理的鼻祖之一。由於他的成就，在1752年時被免試為英國皇家學會會員，並獲得了英國很多博士學位。

富蘭克林，1706年出生於波士頓一個手工業者家庭。他家裡很窮，但是他很聰明，很好學，經常兼職去買書學習。富蘭克林的才幹還表現在政治上，做過幾年美國外交家，為建立自己的美利堅合眾國做出了很大的貢獻。美國獨立戰爭爆發後，他就把全部家當賣了支持革命戰爭，閒下來的時候就構思《獨立宣言》，還經常靠公費出國去考察別的國家。他的大名在外遠揚，法國人對他相當崇拜。他利用這個關係使法國政府簽訂了合夥條約，並讓法國人一起去打英國。富蘭克林在外交上真是有自己的一套，他說服各國跟他合夥一同打英國，並取得最後的勝利，真不愧為一個天才外交家。

雖然最後把英國打敗了，但富蘭克林還是很和氣地跟英國談判，他又出了主意，竟然又使英國在1783年簽訂了美英和約，承認美國獨立。

1790年4月，富蘭克林終於忙完了自己在俗世的事，從容地回到上帝那兒去了。

獨立後的美國

在獨立戰爭時期和戰後時期，《獨立宣言》中「人人生而平等」的宣言得到了廣泛的回應，美國進行了民主化的政治和社會改革。為美國確立了現代政治制度和法律的基本框架。

首先，廢除了盛行於東半球的限嗣繼承地產權和長子繼承制。前者規定指定繼承人的土地不能在本家庭以外出售，後者則要求土地只能由長子繼承，它們的目的是保證大地產的完整。《獨立宣言》發表10年後，除兩

BC

— 0　耶穌基督出生

— 100

— 200

— 300
君士坦丁統一羅馬

羅馬帝國分成兩部
— 400

— 500　波斯帝國

— 600　回教建立

— 700

— 800

凡爾登條約
— 900
神聖羅馬帝國建立
— 1000

— 1100　十字軍東征

— 1200
蒙古第一次西征

— 1300
英法百年戰爭開始

— 1400

哥倫布發現新大陸
— 1500
英國大破無敵艦隊
— 1600

— 1700　發明蒸汽機

美國獨立
— 1800
美國南北戰爭開始
— 1900
第一次世界大戰
第二次世界大戰

— 2000

上古時期 　BC

漢

　　　— 0

　　100 —

三國　　200 —
晉
　　　300 —

南北朝　400 —

　　　500 —

隋朝　　600 —
唐朝
　　　700 —

　　　800 —

五代十國
　　　900 —
宋
　　　1000 —

　　　1100 —

　　　1200 —

元朝
　　　1300 —
明朝
　　　1400 —

　　　1500 —

　　　1600 —
清朝
　　　1700 —

　　　1800 —

　　　1900 —
中華民國
　　　2000 —

個州外，其他州都廢除了限嗣繼承產權。宣言發表15年後，所有的州都廢除了長子繼承制，使得由農民本人經營的小地產而不是大地產成為美國的經濟基礎。此外，對效忠派的大地產的沒收和分配也促進了這一進程。

其次，擴大了公民權。各州憲法都宣佈共和制，規定州政府官員，包括州長，均由直接或間接選舉產生。各州都擴大了選舉權，紛紛降低了選民的財產資格，賓夕法尼亞甚至取消了財產資格要求，規定所有男性納稅人均有選舉權。

州議會也提高了民主程度，有些州實現了比例代表制，改變了以往小農政治上沒有發言權的狀況。同時，奴隸制度也開始受到扼制，一部分州政府通過禁止輸入奴隸的法律，原有的奴隸也在逐步獲得解放。

第三，廢除了一些州的州教會。在北美13個殖民地中有9個殖民地原來有州教會。這種州教會有壓制宗教信仰自由的性質，因為州教會以外其他教派成員，和沒有加入任何教派的成員，都必須為維持州教會而納稅。但革命開始後，馬上就有5個州廢除了州教會，由此實現了宗教自由。

第四，確立了富含民主因素的立憲制度。13個州都採納了以《獨立宣言》的原則為基礎的憲法，實現三權分立原則，並附有《權利法案》，確立政府不得侵犯人民的基本權利和自由：出版自由、請願的權利、陪審審判制、人身保護法等，這能有效防止專制獨裁。雖然英國很早就實行憲政，但英國憲法是由許多法律、先例及習慣構成，沒有一部成文憲法。北美各州制定成文憲法是世界史上的一個創舉。

美國在政治上最大的變革是，創建了世界上第一個聯邦制共和國。共同反抗英國的戰爭使北美各州人民，從士兵、平民到社會精英逐漸產生了休戚與共的情感。大陸會議於1777年7月確定星條旗為合眾國的象徵，於11月通過《邦聯條例》。《邦聯條例》是美國第一部憲法性質的法案，1781年獲得必要多數州的批准。

按照這個法案，各州具有很大的獨立性：憲法允許各州享有徵稅、徵兵及發行紙幣的權力。各州也有權規定出入口稅。國家有事時，中央政府只能請求各州提供軍隊。中央需要錢時，只能向各州攤派款項，而且各

州可以拒絕提供金錢。中央最高機關是一院制的邦聯國會，每州選出代表2～7人，但每州代表在投票時只能投1票；中央不設置國家元首，只是國會下面設一個諸州委員會，委員由各州選出，每州1人，在國會休會時管理經常性的事務。邦聯是一個鬆散的結構，並不是一個統一的主權國家。中央權力很小，邦聯國會只能宣戰和媾和、派遣對外使節、調整各州的爭端和掌管郵政事務。中央也無權管理州際貿易，它只有在各州的同意下，才能與外國訂立有關貿易的條約。它完全依靠各州來維持國家秩序，無權干涉各州內部事務。因此，美國儼然是由13個獨立國家組成的鬆散的國際聯盟。

各州自行其是，缺乏一個強有力的中央政府進行有效統籌。這樣管理國家事務難免捉襟見肘。現實問題出來了。1786年，因戰後經濟困難而發生了退伍軍人謝司領導的農民起義。經緊急動員，當局才將起義鎮壓下去。這表明建立強有力的全國政府成為當務之急。

但是，歷史上，共和制只是存在於城邦國家，一旦疆域擴展，就會導致中央集權的帝制。而且根據殖民地以往經驗，生怕中央權力過大會壓制人民的自由，侵犯人民的權利，會產生暴政。古羅馬就是18世紀啟蒙思想家引以為鑑的例子。如何用一個全國政府把13個州緊密地聯合起來，又要在這樣一個大國裡確保共和制，這是美國建國之初面臨的一個重大問題。

1787年5月25日，在費城召開由華盛頓主持的制憲會議，這個會議一直開到9月17日。出席會議的代表有55人，大部分都是保守派，為首者是漢密爾頓；只有3個民主派代表，那就是富蘭克林、梅遜、路德·馬丁。經過爭論和妥協，最終制定了一部新憲法，就是1787年《美國憲法》。它依照分權制衡原則，設計了一個聯邦制共和國：行政、立法、司法等三個政府部門各司其責，每個部門掌握政府的一種權力，並與其他部門形成制衡關係；聯邦政府與地方政府分享權力；總統和議員均由選舉產生。1789年，依據新憲法，華盛頓當選美國第一任總統。1790年，國會以10條「憲法修正案」的形式，將《權利法案》加進憲法，明確了人民享有充分言論、出版、集會、信仰等自由。

BC

— 0　耶穌基督出生

— 100

— 200

— 300　君士坦丁統一羅馬
　　　　羅馬帝國分成兩部
— 400

— 500　波斯帝國

— 600　回教建立

— 700

— 800

　　　　凡爾登條約
— 900

　　　　神聖羅馬帝國建立
— 1000

— 1100　十字軍東征

— 1200　蒙古第一次西征

— 1300　英法百年戰爭開始

— 1400

　　　　哥倫布發現新大陸
— 1500

　　　　英國大破無敵艦隊
— 1600

— 1700　發明蒸汽機

　　　　美國獨立
— 1800

　　　　美國南北戰爭開始
— 1900　第一次世界大戰
　　　　第二次世界大戰

— 2000

上古時期 BC

漢

— 0

100 —

三國

晉 200 —

300 —

南北朝 400 —

500 —

隋朝 600 —

唐朝

700 —

800 —

五代十國 900 —

宋

1000 —

1100 —

1200 —

元朝 1300 —

明朝 1400 —

1500 —

1600 —

清朝

1700 —

1800 —

1900 —

中華民國

2000 —

1787年的《美國憲法》是世界上第一部成文憲法，依照該憲法產生了世界上第一個大型的共和國。美國的政治創造，對後來世界許多國家的政治變革都具有重要的影響。

這部憲法包含了許多民主因素：確立了共和制。實行民選政府制度；體現了文官政府的權力高於軍權，以及文官政府控制軍事大權的原則，可以避免出現軍事獨裁或軍事政變。憲法規定了修改憲法的程序，使憲法能夠與時俱進。這部憲法也是保守派向民主派妥協的產物，它調和了這兩派的矛盾，也調和了中央集權派與地方自治派、大州與小州、南方與北方之間的矛盾。

但是，美國憲法也存在重大缺陷。最大的問題是，憲法以「五分之三條款」（即奴隸人口按五分之三的比例加入州總人口，來計算各州在眾議院的代表權）承認了奴隸制的合法性，這給美國的政治發展留下了隱患。

美國獨立戰爭後的謝司起義

1786年秋天，波士頓一幫人正處理一個農民負債案。突然，來了許多人，魯莽地闖了進來。法官還沒說話，一個30歲左右的男子就跳到法官的面前，把他的假髮拋開，抓著他的衣服，順手把法官推倒在地上。這個男人就是丹尼爾・謝司。

他的起義是情有可原的，看下面的描述就知道了。在美國獨立之後，戰爭只使資產階級和投機商富裕了起來，而出力的廣大人民還是沒飯吃。戰爭期間，政府為了金錢發行了大量的紙幣，造成紙幣的不值錢，貨物卻是越來越貴。1781年，人們把紙幣用到了可以想到的地方，用紙幣做成衣服穿在身上，舉行遊行示威，進行抗議。有的人還把紙幣黏在狗的身上。政府還想要折現支付，農民兄弟就不得不拿起手中的武器起義，最有名的就是謝司領導的。

謝司也是農民出身。獨立戰爭開始以後，這位老兄懷著極大的熱情，

投入美國獨立的偉大事業。他在戰爭中享受到了該有的待遇，還受到法國將軍法拉葉的欣賞。戰後回到家鄉，他滿以為將會過上好生活，但窮困逼得他把法拉葉贈的寶劍換了兩頓飯吃。

最終，他發動了起義。1786年秋天，謝司和魯克・德領著600名受苦受難的人在康科特就造反了。他們的第一個目標就是波士頓。

他們到處揮舞著自己手中的傳單，許多農民在他們的教唆下，加入了這個隊伍。到1786年底，數量已經達到12000人，有了一定的實力，他們占領很多小城鎮。政府看到這，就馬上召集人開會籌錢，組織了4000多人的隊伍，準備向他們進攻。

1787年1月，謝司率領自己的尖刀隊2000多人來到斯普林菲爾德，就進攻了軍械庫。他們拿起武器到波士頓去。不過，狡猾的麻薩諸塞州的州長騙他們談判。他們畢竟讀得書太少，沒有想到知識份子的毒辣。他們誤以為一切都達到了目的，就準備回家去。不料，政府軍追了上來，他們在寒冷的荒野受不住，只好投降。

起義隨著雪花的飄落以失敗而告終。

1787年3月，法院提審了謝司，給他定了陰謀推翻罪而判處死刑。人們義憤填膺，出來遊行。在全國人民的聲討聲中，謝司在一年後又重獲自由。

起義雖然失敗了，但謝司那種追求自由和民主的精神，還是永遠會被人民記住的。

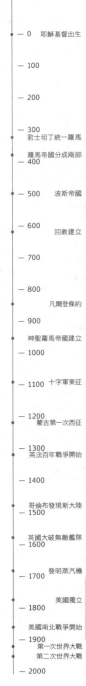

BC

— 0　耶穌基督出生

— 100

— 200

— 300
君士坦丁統一羅馬

羅馬帝國分成兩部
— 400

— 500　波斯帝國

— 600　回教建立

— 700

— 800

凡爾登條約
— 900

神聖羅馬帝國建立
— 1000

— 1100　十字軍東征

— 1200
蒙古第一次西征

— 1300
英法百年戰爭開始

— 1400

哥倫布發現新大陸
— 1500

英國大破無敵艦隊
— 1600

— 1700　發明蒸汽機

美國獨立
— 1800

美國南北戰爭開始
— 1900
第一次世界大戰
第二次世界大戰

— 2000

上古時期　BC

漢

― 0

100 —

三國　200 —
晉
300 —

400 —
南北朝
500 —

隋朝　600 —
唐朝
700 —

800 —

五代十國　900 —
宋
1000 —

1100 —

1200 —
元朝
1300 —
明朝
1400 —

1500 —

1600 —
清朝
1700 —

1800 —

1900 —
中華民國
2000 —

｜第三十一章｜法國大革命

舊制度的危機

　　大革命時期的革命者把腐朽的封建稱作「舊制度」。舊制度通常是指近代早期興起的絕對君主制與中世紀等級社會的混合體。在法國就是指路易十五和路易十六統治時期，即1715～1789年。舊制度的危機在路易十五時期就已經顯露，到路易十六即位時法國社會矛盾已經十分尖銳了。根本矛盾就是資本主義經濟的發展與封建專制制度之間的矛盾。

　　到18世紀末，法國依然是歐洲大陸上令人生畏的強國。當時，整個世界處於農業時代，人口數量是衡量國力的一個基本指標。法國的人口為歐洲之最。法國作為文化中心也光芒四射，令各國仰望。但是，法國的經濟發展落後於英國與荷蘭。英國與荷蘭走上了憲政的道路，個人享有較多的自由，經濟充滿了活力。相比之下，法國經濟雖然沒有停滯，但發展緩慢，受阻於「舊制度」的弊端。

　　法國社會是一個等級分明的社會，共分為三個等級：教士、貴族和第三等級。

　　教會不僅掌握著精神權力（教育和書刊審查）、大部分醫療和救濟事業，還擁有全國十分之一的土地。教士享有免稅權、不服兵役、不受世俗法庭審判等特權。但是，高級教士與下層教區教士之間的鴻溝日益擴大。高級教士越來越貴族化，大部分主教是貴族出身，另外一些主教也獲得貴族身分。教區教士原來多半出自宮僚或商人家庭，後來則越來越多係出自農村。

　　第二等級貴族也享有免稅特權。他們主要由兩部分組成：佩劍貴族和

穿袍貴族。與英國的長子繼承制不同，法國傳統貴族的所有家庭成員都可以成為貴族。他們在青年時大多有從軍經歷，因此被稱作佩劍貴族。王室為了增加財源和擴充官僚隊伍，實行捐官制度，平民可以透過購買官職來獲得貴族身分。穿袍貴族主要由此產生，主要成分是法官。

　　大多數法國人都屬於第三等級。第三等級的上層是「資產階級」，其中既有最富有的包稅人、金融家以及商人、船主，也有醫生、律師等自由職業者。由於貴族的特權、社會榮譽及生活方式都受到全社會的羨慕，因此資產階級的志向不在於創造財富王國，而是想透過創造財富晉升為貴族。與英國貴族日益商業化或資產階級化不同的是，法國出現了資產階級貴族化的潮流。他們一旦致富，便謀求捐官，然後放棄商業、購置地產，過貴族式生活。

　　第三等級中人數最多的群體是農民。法國人口的80％從事農業。法國的農奴制在13～15世紀已經瓦解。昔日的農奴取得人身自由，農奴的份地轉變成自由農民的永佃田。由於貴族、教會、資產階級和國王的土地也分成小塊租佃給農民耕種，小農不僅擁有全國1/4～1/3的土地，而且經營著全國絕大部分土地。農民承受著過重的負擔：給國家繳納人頭稅。給教會繳納什一稅，給貴族繳納貨幣貢賦和各種雜稅，部分地區還要繳實物貢賦。農民還要給國家、教會和領主服雜役。沉重的負擔使得多數農民一貧如洗，在飢餓線上掙扎，沒有資本和知識來改良農業，也不敢冒改變古老生產方式的風險。廣大的農村地區一直陷於貧困。

　　這時，法國的專制王朝和貴族等級已非常腐朽了。宮廷貴族成為整個貴族腐敗的縮影，他們居軍政高位又占大量閒職，都是只領薪不做事的。在貴族們的沙龍下充滿著淫穢，夫妻分居各找情人成為時尚。

　　國內政治腐敗，限制了資本主義的發展壯大。專制王朝加重了對金融界和工商界的剝削和勒索。1715～1786年國家稅收總額從8600萬鋰提高到5.4億鋰。同時關卡林立，在各大城市徵收商品入市稅。對金融界也經常罰款和強行借款，動輒封閉銀行。此外，法國行會制度、貿易壟斷制度很盛行，嚴重阻礙了資本主義的發展。然而資本主義仍然得到很大發展，衝破

— 0　耶穌基督出生

— 100

— 200

— 300
君士坦丁統一羅馬

羅馬帝國分成兩部
— 400

— 500　波斯帝國

— 600　回教建立

— 700

— 800

凡爾登條約
— 900

神聖羅馬帝國建立
— 1000

— 1100　十字軍東征

— 1200
蒙古第一次西征
— 1300
英法百年戰爭開始

— 1400

哥倫布發現新大陸
— 1500

英國大破無敵艦隊
— 1600

發明蒸汽機
— 1700

美國獨立
— 1800

美國南北戰爭開始
— 1900
第一次世界大戰
第二次世界大戰
— 2000

上古時期　BC

漢

三國
晉

南北朝

隋朝
唐朝

五代十國
宋

元朝
明朝

清朝

中華民國

－ 0

100 －

200 －

300 －

400 －

500 －

600 －

700 －

800 －

900 －

1000 －

1100 －

1200 －

1300 －

1400 －

1500 －

1600 －

1700 －

1800 －

1900 －

2000 －

這些上層建築的阻礙，根本改變國家性質，已成為必然趨勢。

對外戰爭也不得意。法國的老對手都已不堪一擊，不料卻遇到了強勁的對手英國，以及新興的強國普魯士和俄國。法國在幾次的爭霸戰爭中往往得不償失，甚至一敗塗地。

路易十四晚年挑起西班牙王位繼承戰爭（1701～1713年）。面對英國、奧地利、荷蘭、葡萄牙、普魯士等眾多敵手，法國連遭慘敗。路易十五參與了波蘭王位繼承戰爭（1733～1735年）、奧地利王位繼承戰爭（1740～1748年）和七年戰爭（756～1763年）。法國屢敗，喪失了大部分的殖民地，而且國庫虧空、債臺高築。路易十六（1774～1792年在位）上臺不久，北美獨立戰爭爆發。為洗雪七年戰爭之恥，法國參戰。虛榮心得到滿足，但是法國背上更加沉重的債務，陷入難以克服的財政危機。

舊制度下存在著大量免稅的特殊群體，而這些群體又是國家大部分財富的享用者。從根本上解決財政困境的辦法，就是調整捐稅政策，向貴族開徵捐稅。路易十五和路易十六都看到了改革的必要性，但是路易十五的改革往往是剛剛起步即被廢止。路易十六受啟蒙思潮薰染，先後任命了幾位財政總監進行改革，也遭到了貴族的強烈抵制。

這時，舊制度的危機已經十分嚴重。法國於1786年同英國簽訂了貿易條約，根據條約，法國大幅度降低英國工業品的進口稅。由於英國許多產品特別是紡織品價格明顯低於法國，所以對法國市場造成了不小的衝擊，法國因此於1787～1789年爆發經濟危機。與此同時，糧食價格也大幅度上漲。財政危機進一步加深，舊制度陷入不可挽回的危機。

攻占巴士底獄

啟蒙運動打開了法國人民的視野和心靈，讓他們想擁有更為光明的生活。

1789年7月14日清晨，巴黎市民瘋狂地奔向巴士底獄。他們手拿各種

武器，像一群瘋子，如潮水一般湧到巴士底獄。它是12世紀建的軍事要塞，本來是對付英國人的。隨著巴黎面積的擴大，它成了城中之堡。18世紀，它是巴黎軍事的制高點，成了軍隊駐紮和關押政治犯的地方。

巴士底獄牆壁後還有軍火庫，時刻窺視著整個巴黎。巴士底獄儼然就是法國封建君主專制的象徵，人們對這個城堡非常痛恨。1789年5月，路易十六這位無恥的傢伙，想弄點錢繼續過奢華的生活，想讓人民召開廢棄175年的三級會議。

那時，法國僧侶為第一等級，貴族為第二，第三才是平民階層。平民階層的成員有資產階級、銀行家、律師、作家等，他們要求建立自己的統治，為自由、民主、博愛而戰，得到市民的歡迎。這些聰明的人抓住這次機會自己組織國會，代表談論國家大事。這引起了國王的恐慌，他很快出兵禁止這一行為。

國王的這一套行為不僅沒有產生任何作用，反而使事態的發展越來越無法控制。人民更加堅定要制定一部憲法的決心。1789年7月9日，國民議會改為制憲議會，對國王的反抗更為激烈。

路易十六還是定力不夠，偷偷調集軍隊，逮捕代表，用武力解散議會。這更引起人民的不滿。7月12日，數萬人在巴黎各個街道遊行，突然有一個人跳到羅亞花園的亭子上，大聲說，只有用武器才能解決問題，人民覺得這很對。

大家快速的跑回家，拿起自己順手的武器奔向皇宮。這時，國王的近衛軍騎著馬，手拿馬刀而來。平民階層的鮮血滿地，四散奔逃，甚是淒慘。

7月13日清晨，巴黎的警鐘響起，宣告血腥的搏鬥開始。人民就占領軍火庫，拿起武器，營造堡壘。到14日清晨，人民只把巴士底獄留給了國王的軍隊。

那些還在為國王賣命的人們，在塔樓上、房頂上、窗戶裡對著人民開火。這些密集的炮火阻止了人們的進攻，大家只好在地面還擊，但因距離太遠而徒勞無功。有人在人群中喊叫：「誰有大炮，趕緊拉去！」

— 0　耶穌基督出生

— 100

— 200

— 300
君士坦丁統一羅馬

羅馬帝國分成兩部
— 400

— 500　波斯帝國

— 600
回教建立

— 700

— 800

凡爾登條約
— 900

神聖羅馬帝國建立
— 1000

— 1100　十字軍東征

— 1200
蒙古第一次西征

— 1300
英法百年戰爭開始

— 1400

哥倫布發現新大陸
— 1500

英國大破無敵艦隊
— 1600

發明蒸汽機
— 1700

美國獨立
— 1800

美國南北戰爭開始
— 1900
第一次世界大戰
第二次世界大戰

— 2000

上古時期　BC

漢

　　　— 0

100 —

三國
晉　　　200 —

300 —

南北朝　400 —

500 —

隋朝　600 —
唐朝

700 —

800 —

五代十國　900 —
宋

1000 —

1100 —

1200 —

元朝
1300 —
明朝

1400 —

1500 —

清朝　1600 —

1700 —

1800 —

中華民國　1900 —

2000 —

　　群眾的力量是無窮的，有人竟然真的找到了大炮，不過，這些炮也沒有什麼作用，都是人家不要的東西，可以當作古董在博物館裡珍藏。人們又陷入了苦惱之中，生命在不斷地被收割。

　　時間這樣過去了，人們的血還在白流著，就是沒有想起對付巴士底獄牆的方法。有人用埋炸彈的方式炸城牆，可是沒效果，還死了幾個人。人們意識到需要真正的炮和炮手。

　　戰場上再次靜了下來，人們在焦急地等待著。不過，兩個小時的等待總算沒白費，炮手和大炮都請來了。當一顆顆炮彈把巴士底獄的城牆炸開的時候，也正是那些士兵舉起白旗之時。

　　巴士底獄在地球上消失了。法國把7月14日定為國慶日。

君主立憲派、吉倫特派、雅各賓派的輪番登場

　　在與封建勢力鬥爭過程中，一些革命性質的俱樂部有著大作用。最具代表性的就是雅各賓俱樂部。其前身是三級會議時期部分代表在會外組成的布列塔尼人俱樂部，由於經常在雅各賓修道院集會，故名。1791年7月，立憲派從俱樂部分裂出去；10月，吉倫特派也分裂出去了。俱樂部成了革命民主派組織，羅伯斯庇爾是領導人。

　　當法國舊制度產生難以挽回的危機，資本主義與封建專制制度勢同水火。從1787年起，法國人民要求召開三級會議。特權等級也要求召開三級會議，但他們的目的在於企圖透過會議，迫使第三等級繳納更多的稅。資產階級和第三等級下層群眾則是要利用三級會議，對國家進行根本性改革，實行君主立憲制。在全國三級會議召開之前，許多省召開了本省的三級會議，第三等級的代表在會上取得主導地位。面對日益高漲的革命要求，路易十六終於同意召開三級會議。

　　1789年5月5日，三級會議在凡爾賽宮開幕。由於第三等級同特權等級出現較大分歧和衝突，便自行組成國民議會，推舉巴伊為主席。第三等

級的代表組成國民議會，宣告三級會議結束。6月20日，國王阻撓國民議會開會，於是代表們在一個網球場集會，進行了「網球場宣誓」。宣誓：不制定出一部憲法並使之得以實施，議會決不解散。至此資產階級的反封建綱領形成了。他們的政治目標便是建立君主立憲制。7月10日，支持改革的首相內克被路易十六免職，引發巴黎群眾示威遊行。14日，第三等級在巴黎的市政廳領導巴黎群眾攻占巴士底獄，開始了法國大革命的武裝抗爭。這一勝利迫使國王不得不讓步。巴黎的勝利使全國各城市紛紛效仿巴黎，革命因此迅速在全國發展起來，資產階級由此掌握了政權。

巴黎革命勝利後，制憲議會成為國家立法機關和實際上的革命領導機關。領導這個制憲議會的是三級會議期間，帶頭進行反抗王權抗爭的一些活動家，主要有米拉波、西哀耶斯、巴那夫、拉法耶特、巴伊、迪波爾、拉梅特兄弟等。這些人始終堅持君主立憲制的主張，所以被稱作君主立憲派。在革命初期沒有派別之分，所有代表們都是支持君主立憲制的。

制憲議會首先頒佈《八月法令》，廢除封建制度：人身義務、貴族狩獵特權、養鴿特權、領主裁判權、教會什一稅、特權等級免稅權、官職買賣制度。任何公民均可出任教會或國家的官員。對與土地相關的封建義務可以用贖買的方式廢除。這就從根本上廢除了封建制度，在法律上否定了封建土地所有制，是改造法國舊社會的第一步。

之後，制憲議會又頒佈了大革命的綱領性文件《人權宣言》，其核心是人權與法治。它以主權在民代替主權在君，以公民社會代替貴族社會，極大地提高了公民在國家中的主體意識。《人權宣言》確立的自由民主原則，即所謂「八九原則」，成為改造封建社會，引導法國走向近代資本主義社會的指針。

接著制憲議會還頒佈了其他反封建的法令。1791年9月14日，法國歷史上第一部憲法出爐，確立了君主立憲制。這是法國從傳統的貴族社會跨入近代公民社會的法律標誌。憲法生效後就開始了立法議會的選舉。10月1日新選出來的立法議會開幕。就在這當口，歐洲封建勢力開始干涉法國革命。法國組織軍隊抵抗，但節節敗退。路易十六開始囂張起來，激怒

BC

— 0　　耶穌基督出生

— 100

— 200

— 300
君士坦丁統一羅馬

羅馬帝國分成兩部
— 400

— 500　　波斯帝國

— 600　　回教建立

— 700

— 800

凡爾登條約
— 900
神聖羅馬帝國建立
— 1000

— 1100　　十字軍東征

— 1200
蒙古第一次西征

— 1300
英法百年戰爭開始

— 1400

哥倫布發現新大陸
— 1500

英國大破無敵艦隊
— 1600

— 1700　　發明蒸汽機

美國獨立
— 1800
美國南北戰爭開始
— 1900
第一次世界大戰
第二次世界大戰
— 2000

上古時期　BC

漢

— 0

100 —

三國　200 —
晉
300 —

南北朝　400 —

500 —

隋朝　600 —
唐朝
700 —

800 —

五代十國　900 —

宋　1000 —

1100 —

1200 —

元朝
1300 —
明朝
1400 —

1500 —

1600 —
清朝
1700 —

1800 —

1900 —
中華民國
2000 —

了巴黎人民，於是爆發了1792年8月10日的巴黎人民起義，建立了巴黎公社，推翻了君主制度，君主立憲制結束。當天，立法議會任命了臨時行政會議行使行政權。這個行政會議由6名部長組成，除了司法部長丹東外，有5名都是吉倫特派。此後到1793年6月2日，吉倫特派掌握了政權。

9月21日，國民公會開幕，在750個議席中，吉倫特派占160多席，雅各賓俱樂部左翼近100席，其餘500席左右屬中間派。雅各賓俱樂部左翼代表因坐席較高，被稱為山嶽派，實際領導是羅伯斯庇爾。選舉結束，吉倫特派的佩蒂翁當選為國民公會主席。會議秘書處也主要由吉倫特派組成。行政機構成員也大都是吉倫特派。這就開始了吉倫特派國民公會統治時期。22日，國民公會宣佈成立法蘭西共和國，即歷史上的法蘭西第一共和國。

之後出現了物價高漲和市場物資短缺的問題，由於吉倫特派對這一問題沒有處理得當，導致了自己的垮臺。這樣國民公會就處於雅各賓派的領導下了。

一上臺，雅各賓派政權迅速採取了一些措施。宣佈無條件廢除一切封建權利，使全部永佃田成了農民的私產。後又頒佈了法國歷史上第一部共和制憲法，即共和元年憲法或1793年憲法。

為了穩定國內局勢，國民公會關閉了交易所，嚴禁囤貨居奇行為，對違犯者處以死刑。在政治上一個重要行動就是改組救國委員會，賦予其逮捕反革命被告人和嫌疑犯的權力。但卻忽略了廣大群眾關於全面限價的要求，仍然堅持經濟自由原則。因此形勢依然不樂觀，再加上抗擊外國武裝干涉失利，根據廣大群眾的要求，雅各賓派政權建立革命軍，改組革命法庭以加速審判，制定全面限價法令等。雅各賓派政權開始進入恐怖統治，這天是1793年9月5日。恐怖統治有利於對敵戰爭的勝利，但有很多極端行為，導致了消極的後果。勝利後就該恢復正常秩序，但是雅各賓派某些領導者已經被日益膨脹權力欲蒙蔽，根本不顧實際的政治經濟狀況，而繼續推行某些恐怖措施。雅各賓派內部也出現了可怕的內訌。1794年熱月9日，即西曆7月27日，雅各賓派的政敵們組成的熱月黨人發動政變，推翻

了雅各賓政權。這就是法國歷史上著名的「熱月政變」。

至此，君主立憲派、吉倫特派、雅各賓派輪番登場的歷史大戲落下帷幕。

「熱月政變」

1791年9月30日，黑壓壓一屋子人在舉行一次會議，法蘭西共和國制憲會議主辦方。

所有的聽眾像著迷一樣，認真聽一個人發表演說。且說這人長得不高，長得也不帥，但眼神卻是相當的犀利。只聽這人激情地講到：「我們不能在憲法中規定國王有否決權。那樣的話《人權宣言》就是一張廢紙了。權利一定是我們老百姓的，不能讓那些名人、富人奪走了。」

臺下聽眾十分感動，而這位演講人就是法國資產階級大革命中大名頂頂的羅伯斯比爾。

1758年5月6日，羅伯斯比爾出生在法國北部阿爾土瓦省的省會阿臘斯城。羅伯斯比爾在11歲時就到巴黎去上學。當時巴黎正是百家爭鳴，思想開放的時候，出現了很多流行思想家。羅伯斯比爾最崇拜的偶像就是盧梭，只要盧梭一出書必買。1778年，羅伯斯比爾為了想見偶像盧梭，拼命地學習，終於考上巴黎大學法律系，見到了自己的偶像！

1788年，他走運被選為阿爾土瓦第三等級代表去參加會議。起初人們根本沒有把這個外來務工人員放在眼裡，可是當他進行了一次激情演講後，人們對他是刮目相看，可以作為幹部儲備人員。羅伯斯比爾參加了一個叫雅各賓派的俱樂部，沒過多長時間就成了領導者。並且這個俱樂部的勢力越來越大，經常關注人民的生活，得到人民的熱烈擁護。

1791年6月，國王路易十六想找自己的兄弟來幫助自己保住自己法國統領者的位置，卻在路上被捉住了。羅伯斯比爾宣稱一定不要設皇帝了，決定把整個生命都貢獻給自己熱愛的事業。

BC

— 0　耶穌基督出生

— 100

— 200

— 300
君士坦丁統一羅馬

羅馬帝國分成兩部
— 400

— 500　波斯帝國

— 600　回教建立

— 700

— 800

凡爾登條約
— 900

神聖羅馬帝國建立
— 1000

— 1100　十字軍東征

— 1200
蒙古第一次西征

— 1300
英法百年戰爭開始

— 1400

哥倫布發現新大陸
— 1500

英國大破無敵艦隊
— 1600

— 1700　發明蒸汽機

美國獨立
— 1800

美國南北戰爭開始
— 1900
第一次世界大戰
第二次世界大戰

— 2000

上古時期　BC

漢

－0

100－

三國
晉　　200－

300－

南北朝　400－

500－

隋朝　600－
唐朝

700－

800－

五代十國　900－

宋

1000－

1100－

1200－

元朝　1300－

明朝　1400－

1500－

清朝　1600－

1700－

1800－

中華民國　1900－

2000－

這時，奧國皇帝和普魯士國王聯合起來，一同幫法國對付那些反抗的人。這些國家摻和法國的事，羅伯斯比爾心裡極其痛恨他們。

1792年春天，普奧聯合出兵打法國。法國力量太小，打不過他們，因為國王和王后早就把法國的軍隊給賣了，才被人家打敗。

雅各賓派的弟兄們不服氣，特別是羅伯斯比爾，他說道，只要我們弟兄一條心，就沒有做不成功的事。法國人民玩命地保衛自家的老婆和孩子，最終把侵略者趕出了國土。

1792年8月，人民要求審判國王路易十六，要懲罰這個賣國的人，但是執掌政權的吉倫特派卻護著國王。壞蛋就是壞蛋，在這年10月，人們發現了國王向外國獻殷勤的書信，這回誰也也救不了國王了，只能被人民整死。1793年1月15日晚上開始討論怎麼處置國王，終於在1793年1月21日，國王路易十六踏上了黃泉路。

殺死了法國國王，歐洲其它國家便聯合起來對付法國。戰爭期間，法國人民舉行三次起義，終於將雅各賓派推上了政壇老大的位置。

羅伯斯比爾憑藉優秀的能力取得大革命的勝利果實。但是他們兄弟之間發生了很多不愉快的事，做出了很多愚蠢的決策。終於在1794年7月27日，法國的「共和曆」2年熱月9日，羅伯斯比爾被人給害死了。這個事件後來被稱為「熱月政變。」

「熱月政變」後雅各賓派被消滅了，法國大革命也結束了。

拿破崙‧波拿巴走上政治舞臺

1796年8月15日，拿破崙‧波拿巴生於法國科西嘉島阿雅克修城的一個貴族家庭。隨著拿破崙的出生，歷史的改變首先從版圖開始了，這一年，本不屬於法國的科西嘉島，劃歸法國管轄。

拿破崙10歲時，被送到了布倫納城去學習法國歷史。但是他的法語不好，成了日後人們嘲笑他的把柄。

15歲那年，命運的車輪開始倒向了他人生的大篇章，拿破崙進入了巴黎陸軍學校學習。在此期間，他受啟蒙運動者的影響，瞭解到人類發展緩慢，是因為一些獨裁者唯我獨尊所造成的。清除封建統治，建立自由、平等的人類新社會思想，慢慢地在拿破崙心裡發了芽。

　　巴黎陸軍學校畢業後，拿破崙當上了一名少尉軍官。機會在1791年來敲了門，他第一次回到故鄉，任務是阻止科西嘉的保王黨破壞法國大革命。第二年，拿破崙第二次回到故鄉，痛擊了保王黨內部企圖對革命反攻倒算的頑固分子。

　　1793年，拿破崙終於有了一顯身手的機會。這一年，法國保王黨人一舉攻占了法國南部的重鎮土倫，試圖把革命軍的小命給扼殺了。拿破崙領命去奪地保革命軍。別無選擇的拿破崙拼了命地備戰。

　　時隔數月，拿破崙將一支炮兵部隊開到了作戰地點。拿破崙一聲令下，幾聲槍響後，自己的士兵卻倒下幾個。原來，保王黨們設了埋伏，率先向拿破崙的軍隊開火了。

　　這時，拿破崙的氣不打一處來，命令手下馬上開火，又是幾聲「轟、轟、轟」，敵人倒下了一大片。士卒們一下子來了勁，用發射連環炮摧毀了敵人的防禦工事。

　　拿破崙看到時機已到，大呼「衝啊！」身先士卒，衝向敵人，士兵們也像離弦的箭飛向了敵人。經過一陣激烈地交鋒，敵軍大敗。這次勝利使他被破格提升為將軍，拿破崙非常高興。

　　但拿破崙高興得太早了，很多嫉賢妒能者開始懷疑他參加革命的動機，嘲笑他連法語都說不好，還想著為革命賣力。有人，甚至編造一些故事誣陷他。

　　直到1795年，保王黨人收買了巴黎的武裝警備司令，國民議會受到保王黨人的包圍。國民政府中有人想起了拿破崙，於是他被重新起用，被任命為法國「內防軍」司令。這年10月，拿破崙指揮6000士兵去對付近3萬人的保王黨部隊。這個在他人看來是雞蛋碰石頭的事情，卻讓拿破崙興奮異常，認為這樣才能見出自己的真本事。

BC

— 0　耶穌基督出生

— 100

— 200

— 300
君士坦丁統一羅馬

羅馬帝國分成兩部
— 400

— 500　波斯帝國

— 600　回教建立

— 700

— 800

凡爾登條約
— 900
神聖羅馬帝國建立
— 1000

— 1100　十字軍東征

— 1200
蒙古第一次西征

— 1300
英法百年戰爭開始

— 1400

哥倫布發現新大陸
— 1500

英國大破無敵艦隊
— 1600

— 1700　發明蒸汽機

美國獨立
— 1800
美國南北戰爭開始
— 1900
第一次世界大戰
第二次世界大戰
— 2000

上古時期　BC

漢

─ 0

100 ─

三國
晉　　200 ─

300 ─

南北朝　400 ─

500 ─

隋朝
唐朝　600 ─

700 ─

800 ─

五代十國　900 ─

宋

1000 ─

1100 ─

1200 ─

元朝
1300 ─

明朝
1400 ─

1500 ─

清朝　1600 ─

1700 ─

1800 ─

1900 ─

中華民國

2000 ─

　　拿破崙架起大炮，打了保王黨一個出其不意，當他們感受到炮火的氣息時，亂竄著找武器，但已經來不及了。在拿破崙指揮下，將士英勇出擊，不到24小時就把敵人全部鎮壓了。拿破崙這次以少勝多的戰役，讓他聲名遠揚。1797年，他被任命為法國「義大利方面軍」總司令。後又率軍出征埃及，他打勝仗捷報頻傳，如囊中取物，充分顯示了青年拿破崙的真本事。

拿破崙與法蘭西第一帝國的誕生

　　青年時期的拿破崙已展露了軍事天才。法國國民革命軍政府大膽任用他到各地帶兵，拿破崙也爭氣，有力的打擊了歐洲的封建勢力。

　　1797年，拿破崙被任命為「義大利方面軍」總司令，和歐洲封建勢力進行激烈抗爭，保護了革命政權所取得的勝利成果。

　　當他掃蕩封建勢力正起勁時，革命政府國民議會中突然冒出來大批保王黨分子，伺機推翻國民政府，想讓君主政府死灰復燃。他氣極了，說：「從大革命一打響，我就拋棄了一切，我賣命打擊國內外一切敵人，我為共和國而一無所有，但我毫無怨言！」於是，在保王黨人企圖對革命大舉反攻時，他立即派軍隊回國，破壞他們的陰謀，查出並處死了160名保王黨人。

　　之後，拿破崙越過阿爾卑斯山消滅了義大利北部的封建勢力。為了建立一個強大的以法國為中心的歐洲秩序，他提出要遠征埃及，打擊英國，然後對俄、奧等反法國家逐個擊破。

　　對拿破崙的計畫，法國政府點頭同意。

　　1798年，拿破崙率軍遠征埃及。當時埃及為英國霸占，在英國的運作下，受到入侵的埃及、敘利亞人民咬緊牙關打擊法國兵。拿破崙進退維谷時，俄國軍隊在沙皇本人的帶領下，試圖殲滅法國軍隊。法國國內保王黨人死心不改，也蠢蠢欲動。在腹背受敵情況下，拿破崙當機立斷，拋下

法國遠征軍，於1799年10月，只率少數隨行人員，火速逃出埃及，回到巴黎。

「拿破崙將軍回來了！」拿破崙的支持者迅速接起頭，奔相走告。星星之火在這股風的吹拂下，越燒越旺。拿破崙心裡有底了，他召集支持者說：「為了把大革命徹底進行下去，我們立即行動，讓巴黎人民嘗到甜頭，取消現在掌握權力的督政府，成立執政府！」

一個支持者說：「對！革命果實馬上被侵吞了，軟弱無能的督政府還留它幹嘛，你做我們的領導者，我們跟著你幹，上刀山下火海，在所不惜。」

拿破崙沒有立即應答，他得看清大概有多少人支持他，在支持者們期待的注視下，他微笑著說話了：「好！我答應你們的請求，我們立即行動。不過，得佈局周密。我的條件是，只許成功，不許失敗！」

「是！」手下們異口同聲。

他問他的得力助手布魯斯：「布魯斯，銀行家們的事情做得怎麼樣？」

布魯斯回答道：「他們都很有眼光，同意提供足夠的錢給我們。」

拿破崙算是吃下了定心丸。於是，在1799年11月9日，拿破崙派軍隊控制了督政府，接手了革命政府的一切事務。這一天是法國共和曆霧月18日，所以，歷史上稱這次政變為「霧月政變」。

第二天，拿破崙奪取了議會大權，並宣佈成立執政府，開始了為期15年的獨裁統治。霧月政變後，拿破崙採取軍事行動，痛擊了對法國進行反攻的歐洲封建勢力。後來又擊潰奧地利軍隊，逼迫俄國解除了對法國的威脅。對內，拿破崙採取了手腕較硬的政策，如加強中央集權，剷除保王黨人，維護農民的土地所有權，實行貿易自由政策等，鞏固了他的地盤和勢力。

執政府顯然不能滿足拿破崙的野心。1804年12月，拿破崙加冕典禮在法國最大的教堂巴黎聖母院隆重舉行。當天一大早，帝國各大臣、歐洲各國的記者，以及巴黎平民百姓都聚集在巴黎聖母院內外，巴黎聖母院的鐘

BC

— 0　耶穌基督出生

— 100

— 200

— 300
　　君士坦丁統一羅馬

　　羅馬帝國分成兩部
— 400

— 500　波斯帝國

— 600　回教建立

— 700

— 800
　　凡爾登條約
— 900
　　神聖羅馬帝國建立
— 1000

— 1100　十字軍東征

— 1200
　　蒙古第一次西征
— 1300
　　英法百年戰爭開始
— 1400
　　哥倫布發現新大陸
— 1500
　　英國大破無敵艦隊
— 1600

　　發明蒸汽機
— 1700
　　美國獨立
— 1800
　　美國南北戰爭開始
— 1900
　　第一次世界大戰
　　第二次世界大戰
— 2000

上古時期　BC

漢

— 0

100 —

三國

晉　200 —

300 —

南北朝　400 —

500 —

隋朝
唐朝　600 —

700 —

800 —

五代十國　900 —

宋

1000 —

1100 —

1200 —

元朝　1300 —

明朝

1400 —

1500 —

清朝　1600 —

1700 —

1800 —

1900 —

中華民國

2000 —

聲在人們的期待中響了，儀式的時間到了，但卻沒有任何開始跡象。

平民們無法知道儀式推遲進行的原因。而在聖母院內部為皇帝加冕賀喜的帝國大臣們，以及主持儀式的教皇，他們知道推遲的原因，也明白帝國皇帝從來不受任何的約束。

當然最著急、也最不滿意的是主持儀式的教皇。按以往慣例，無論主持什麼儀式，也無論是為誰主持，教皇總是姍姍來遲的那位。教皇到的時刻就是儀式開始的時刻。今天，教皇考慮到畢竟是拿破崙的加冕典禮，還是早到些為好，免得皇帝等急了。

走到教堂，他東張西望就是沒發現皇帝。他氣急敗壞，望了一眼前排就座的一位大臣，大臣聳一聳肩，表示無可奈何！教皇的胸口窩著一把火，怒目圓睜地站立在前面，氣哼哼地等著皇帝的到來。

終於，人群中傳來一陣騷動。教皇以為是皇帝來了，忍著憤怒抬眼一看，竟是一個猥瑣的人，牽一條獵狗、身穿獵人服裝，由狗開路走進了教堂。教皇已經忍無可忍了，正準備呵斥這個把獵狗都帶進了教堂的無禮之徒，上前一步，突然發現那人已來到面前。

不知是哪位大臣先認出了拿破崙，喊了一聲，其他大臣都扭過頭去，一看，這個身著獵裝、手牽獵狗的人竟真的是皇帝，他們不敢相信自己的眼睛，擦了又擦再看，發現那個人確實是皇帝！

教皇也不敢相信自己的眼睛，他的內心正鬥爭時，拿破崙已大步走到他面前。

「歡迎你，遠道而來的客人！」拿破崙伸出一隻手和教皇握手。

教皇聽到「客人」這個稱呼時，還沒回過神來，就把手伸向了拿破崙。拿破崙卻說了句：「開始加冕吧？」

教皇把皇冠小心翼翼地捧在手裡，口中正絮絮叨叨地念詞，卻被拿破崙一把搶過來，自個戴在了頭上。

從沒見過這麼不懂禮貌、傲氣十足的國王，教皇滿臉怒氣，正想發牢騷，沒想到拿破崙當眾高聲宣佈說：「從今以後，教皇必須效忠於我！」在此之前，國王都要向教皇宣誓的，沒想到拿破崙另闢蹊徑，不把教皇放

在眼裡。

　　教皇看著拿破崙，無可奈何地搖了搖頭，匆匆忙忙舉行完儀式，趕緊回羅馬去了。

　　拿破崙不把教皇放在眼裡的故事被後人廣為傳頌。

　　後來，他又進行了一些維護帝國統治的戰爭。多次擊敗了由俄國、普魯士、奧地利組成的反法聯盟。1807年，拿破崙又逼迫俄國沙皇簽訂了《梯爾西特和平條約》，承認了法國在歐洲的當家位置。

　　這一切，都使拿破崙在歐洲說話越來越擲地有聲，狠狠地打擊了歐洲封建勢力，推動了資本主義發展。

　　1804年12月2日，拿破崙在巴黎聖母院大教堂舉行了隆重的加冕典禮，自稱皇帝，將法蘭西共和國改為法蘭西第一帝國。

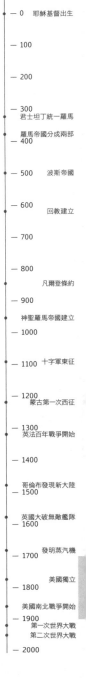

BC

— 0　耶穌基督出生

— 100

— 200

— 300
　君士坦丁統一羅馬

　羅馬帝國分成兩部
— 400

— 500　波斯帝國

— 600　回教建立

— 700

— 800

　　凡爾登條約
— 900

　神聖羅馬帝國建立
— 1000

— 1100　十字軍東征

— 1200
　　蒙古第一次西征

— 1300
　英法百年戰爭開始

— 1400

　哥倫布發現新大陸
— 1500

　英國大破無敵艦隊
— 1600

　　發明蒸汽機
— 1700

　　美國獨立
— 1800

　美國南北戰爭開始
— 1900
　　第一次世界大戰
　　第二次世界大戰

— 2000

上古時期　BC

漢

－0

100 —

三國　200 —
晉　　300 —

南北朝　400 —

500 —

隋朝　600 —
唐朝
700 —

800 —

五代十國　900 —

宋　1000 —

1100 —

1200 —

元朝　1300 —

明朝　1400 —

1500 —

清朝　1600 —

1700 —

1800 —

中華民國　1900 —

2000 —

｜第三十二章｜拿破崙帝國的覆滅

馬倫哥會戰

　　拿破崙愛戰爭的毛病，讓埃及搞了一場天翻地覆的大運動。但是這邊歐洲，拿破崙沒有可以驕傲自豪的。

　　他還有更高的追求呢。在1800年拿破崙與他的秘書布林里埃納談起了重要的事情。這番談話是拿破崙對新追求的新憧憬。其實，也是為了解決自己眼前的麻煩事，因為在拿破崙掌權後，反法聯盟就不斷地出現，其中奧地利威脅最大。所以，拿破崙決定先進攻奧地利。

　　拿破崙問秘書布林里埃納應該從何處下手。秘書晃了晃腦袋，拿破崙則認為阿爾卑斯山大聖伯納德山口會是奧軍統帥梅拉斯死守的地點。他想要突襲梅拉斯，然後在斯克里維亞河流過的平原上進行會戰。

　　布林里埃納一邊讚揚拿破崙的英明，一邊又有疑慮，不過這疑慮也被拿破崙看了出來，他始終認為最危險的地方才最安全。

　　這樣，拿破崙就把他進軍奧地利的路線敲定了，但必須神不知鬼不覺地組建一支6萬人的預備軍團。這事很難搞定，但拿破崙畢竟是聰明的人，拿破崙先把他的參謀部和新兵團召集到第戎城，貌似隨時進攻義大利。而把主力部隊悄悄調往更接近大聖伯納德山口的日內瓦。並且製造謠言說，他要檢閱預備兵團，其實預備兵團全是老弱殘兵和新兵。

　　接著，拿破崙又讓法情報部門散發一些小傳單，上面寫有自己的醜事。反法聯盟卻信以為真，開始大肆嘲笑拿破崙。就在他們興高采烈地議論拿破崙的醜事時，拿破崙率領調往阿爾卑斯山的主力軍，翻越阿爾卑斯山，悄悄向梅拉斯襲來。

但是，道路險峻，狹窄的地方一個人都得側身而過，離山口很近的時候，道路如腸，車輛和火炮無法移動了。正在拿破崙他們無計可施時，一些山民出了絕招，他們終於翻過了阿爾卑斯山脈，到了皮埃蒙特平原，向敵人進軍。

沒想到竟遇上了奧地利軍隊。朵拉・巴蒂亞河谷易守難攻，奧軍牢牢地攔住了法軍的前進道路。拿破崙決定讓大部隊隱蔽下來休息，讓小股部隊輪番進攻奧軍。天黑後，路上已鋪好了厚厚的麥稭和糞草等，大部隊用衣被包上炮車輪子溜之大吉了。等到梅拉斯反應過來時，立刻派兵向亞歷山大里亞集結，又趕緊派兵迎戰法軍。

1800年6月，法、奧兩軍在喀斯特姆奧和尼斯兩地打了起來，法軍大勝。拿破崙抓住時機，把主力軍集中在沃蓋附近，沒有想到，法軍在亞歷山大里亞東南的小村莊馬倫哥打敗了！這時除了接受失敗，別無他法了。

拿破崙趕到丟掉陣地的士兵那裡說：「你們讓法國兵團蒙羞了，還有何臉面做法蘭西共和國的軍人！」接著嚴肅地說：「參謀長會在你們的團旗上寫上：他們不再屬於法國兵團。！」

突然，一個士兵喊道：「我們不是懦夫，請不要那樣做，我們不想終身受辱。請再給我們一次機會，我們奪回我們陣地。」其他士兵也表明決心，拿破崙看到這種情況，內心樂極了，便接受了大家的請求，並派德賽兵團趕來援助！

於是，士兵們一陣怒吼衝向了敵人，德賽兵團及時趕到，法軍士氣大振，個個殺敵如刀切蔥。最後，奧軍被打得落花流水。

馬倫哥會戰的勝利鞏固了帝國的統治，後來，奧軍元帥梅拉斯在停戰協議上簽上了大名。

歐洲各國結成反法同盟

早在法國大革命時期，歐洲各國便開始結成反法同盟了。第一次反

BC

— 0　耶穌基督出生

— 100

— 200

— 300
　　君士坦丁統一羅馬

　　羅馬帝國分成兩部
— 400

— 500　波斯帝國

— 600　回教建立

— 700

— 800

　　凡爾登條約
— 900

　　神聖羅馬帝國建立
— 1000

— 1100　十字軍東征

— 1200
　　蒙古第一次西征

— 1300
　　英法百年戰爭開始

— 1400

　　哥倫布發現新大陸
— 1500

　　英國大破無敵艦隊
— 1600

　　發明蒸汽機
— 1700

　　美國獨立
— 1800

　　美國南北戰爭開始
— 1900
　　第一次世界大戰
　　第二次世界大戰

— 2000

上古時期　BC

漢

— 0

100 —

三國
晉　　200 —

300 —

南北朝　400 —

500 —

隋朝
唐朝　600 —

700 —

800 —

五代十國　900 —

宋　　1000 —

1100 —

1200 —

元朝
1300 —

明朝　1400 —

1500 —

1600 —

清朝
1700 —

1800 —

1900 —

中華民國
2000 —

法同盟是在1793年，由神聖羅馬帝國皇帝弗朗茨二世與普魯士、薩丁、英國、荷蘭和西班牙組成。在1797年，被拿破崙所率領的法國義大利方面軍打敗，被迫議和，土崩瓦解。

1799年，拿破崙攻打埃及，進退維谷之際，歐洲列強再次結成反法同盟。這就是第二次反法同盟，由神聖羅馬帝國、英國、鄂圖曼帝國、沙俄組成。拿破崙果斷棄攻擊埃及軍不顧，只帶少數隨從返回法國，發動「霧月政變」，掌握了軍政大權。隨後痛擊同盟聯軍。1800年，第二次反法同盟瓦解。

1804年拿破崙加冕為帝，法蘭西共和國成為法蘭西第一帝國。次年，奧地利、英國、沙俄結成第三次反法同盟。拿破崙率領法軍在奧斯特里茨村激戰，取得了奧斯特里茨戰役的勝利。年底，法國與奧地利簽訂《普雷斯堡和約》，反法同盟瓦解，神聖羅馬帝國也正式宣告終結。

歐洲列強還是不甘心，於1806年組成第四次反法同盟，這次帶頭大哥為英國、沙俄、普魯士。10月1日，普魯士對法宣戰，三天後，敗於法軍，幾乎全軍覆沒。拿破崙取得德國大部分地區，報了普法戰爭失敗之仇。1807年，拿破崙在弗里德蘭大敗俄軍，沙皇被迫求和。法國先後與俄、普簽訂了《提爾西特和約》。至此，第四次反法同盟又告瓦解。第四反法同盟的被擊敗和《提爾西特和約》的簽訂，在一定程度上使法國的對外戰爭失去了反干涉的性質。歐洲大陸已經沒有堪稱法國敵手的國家了，倒是拿破崙想主宰歐洲，建立以法國為中心的大陸體系。

第五次反法同盟於1809年由普魯士、奧地利等國聯合組成。奧地利趁拿破崙侵略西班牙，在德國的領土偷襲法軍。拿破崙不等西班牙戰事結束，匆匆率兵回國，東征奧地利。奧軍雖然一開始取得優勢，但後來情勢逆轉，再一次割地求和。

1811年，拿破崙請求沙俄與法國合作封鎖英國，遭到沙皇亞歷山大一世的拒絕。拿破崙惱羞成怒，次年初開始徵集征俄大軍。到5月，拿破崙已糾集70萬大軍，不過附屬國的士兵占了一大半，法國本土的士兵只有20萬。6月下旬，拿破崙親率近50萬大軍浩浩蕩蕩地開赴俄國，企圖一舉殲

滅俄國。俄軍且戰且走，仗著國土遼闊，採取了避其鋒芒的策略。法軍勢如破竹，長驅直入，直搗莫斯科。不過在進軍莫斯科途中，後方補給困難的法軍大量減員，逃兵很多。

8月，法軍與俄軍在斯摩棱斯克發生遭遇戰。戰後法軍可調動的部隊只有13萬了。到了莫斯科附近的鮑羅金諾，法軍遭到俄軍抵抗，法軍又損失3萬人，俄軍損失5萬人。俄軍撤離莫斯科時放了一把大火，燒了三天三夜，莫斯科城被燒了個一乾二淨。在非常寒冷的莫斯科空城，法軍的補給又被俄軍切斷，那麼勝敗可想而知。拿破崙艱難地在城內待了一個月，急切希望俄軍能主動議和，但希望總是破滅。拿破崙無奈，只好退兵。法軍退兵，正是俄軍追擊的大好時機，俄軍沒有放過這次機會，大舉追擊戰鬥力嚴重削弱的法軍。法軍好不容易才逃出了俄國領土，這時只剩5.5萬左右的殘軍了。此時拿破崙政權元氣大傷，準備好好修養。然而，反法列強們不會給他喘息的機會了。

1813年普魯士與俄國結成第六次反法同盟，後奧地利也對法國宣戰，英國則為同盟各國提供大量軍費。拿破崙拼湊了44萬軍隊與51萬聯軍作戰。兩軍在萊比錫決戰，這時同盟軍投入32萬兵力，拿破崙只有16萬法軍。由於一直協同法國作戰的薩克森軍隊臨陣倒戈，加上法軍武器彈藥極其缺乏，拿破崙戰敗，突圍回到巴黎，陷入困境。

1814年，聯軍向法國進軍。拿破崙離開巴黎前往陣前迎戰，被三倍於己的敵軍打敗。瑞典、普魯士、奧地利軍隊攻入法國領土。拿破崙同意進行和平談判，但很快發現敵軍部署上的弱點所在，便迅速出擊，分別擊敗普軍、奧軍，但因自己兵力過少，難以全殲敵軍，以致三國軍隊重新集結，加強了攻勢。3月31日，巴黎淪陷。4月2日，元老院通過了廢黜拿破崙的決議。4月4日，拿破崙被迫退位，後被放逐到義大利的埃爾巴島。5月，波旁王朝在反法同盟的支持下復辟，路易十八回到闊別24年的母國。已在埃爾巴島被囚禁10個月的拿破崙，並未放棄東山再起的野心，始終關注著國內國際形勢。

1815年2月，拿破崙帶領900名衛兵從戒備森嚴的島上逃了出來。他們

BC

— 0　耶穌基督出生

— 100

— 200

— 300
　　君士坦丁統一羅馬

　　羅馬帝國分成兩部
— 400

— 500　波斯帝國

— 600　回教建立

— 700

— 800

　　凡爾登條約
— 900
　　神聖羅馬帝國建立
— 1000

— 1100　十字軍東征

— 1200
　　蒙古第一次西征
— 1300
　　英法百年戰爭開始

— 1400

　　哥倫布發現新大陸
— 1500

　　英國大破無敵艦隊
— 1600

　　發明蒸汽機
— 1700

　　美國獨立
— 1800

　　美國南北戰爭開始
— 1900
　　第一次世界大戰
　　第二次世界大戰
— 2000

上古時期　BC

漢

— 0

100 —

三國
晉　　200 —

300 —

南北朝　400 —

500 —

隋朝　600 —
唐朝

700 —

800 —

五代十國　900 —

宋　　1000 —

1100 —

1200 —

元朝　1300 —

明朝
1400 —

1500 —

清朝
1600 —

1700 —

1800 —

1900 —
中華民國

2000 —

避開英國海軍的監視，在3月1日在法國登陸，一路受到農民的歡迎。到達里昂時也受到工人和市民的擁戴。路易十八派遣已經歸順的內伊元帥前去捉拿他，卻在見到故主後重新投入了他的懷抱。20日，拿破崙在一片歡呼聲中進占巴黎，重新登上皇位，路易十八再次出逃。

拿破崙重新登上皇帝寶座之後，英、俄、普、奧重新調集重兵，組成第七次反法同盟，糾集80萬大軍撲向法國。奇蹟的是，拿破崙在這麼短的時間內竟然也募集了70萬大軍，可見他的魅力還是很大的。但法軍由於武器彈藥、馬匹裝備奇缺，帶到戰場上的兵力不過12萬人。6月15日拿破崙率軍進入比利時，與之對壘的有9萬英軍和12萬普軍。次日，法軍擊退布呂歇爾統率的普軍，拿破崙派軍窮追不捨。內伊元帥與英軍進行交戰，互有傷亡。18日，法軍與聯軍在滑鐵盧展開決戰。開始時法軍稍占優勢，但到下午傍晚時分，擺脫了法軍追擊的布呂歇爾率軍趕來，改變了法軍稍占優勢的局勢。最終拿破崙敗下陣來，被迫於22日第二次宣告退位。10月，他被流放至南大西洋的聖赫勒拿島。1821年5月5日，拿破崙在島上病逝。從拿破崙重建帝國到第二次退位，共計97天，將近100天，歷史上稱這個王朝為「百日王朝」。然而，法國大革命所開闢的資產階級革命時代，並不會因為拿破崙帝國的覆滅而停止前進的步伐。

法國反擊反法同盟

1804年拿破崙在巴黎聖母院大教堂戴上了皇冠，當上了法蘭西帝國的皇帝。之後，他便開始了掃蕩式的征戰。

因為前仇，他在登基之前就在英吉利海峽沿岸調集了大軍，本來準備先打英國。但是第三次反法聯盟在英國撮合下迅速結成，庫圖佐夫率10萬俄軍、麥克率25萬奧軍，以及另外10萬俄瑞聯軍十分強大，法國處境極為不利。於是，拿破崙掂量了一下自己的實力，認真分析了眼前局勢，決定想盡一切辦法破壞俄、奧軍隊碰頭。

拿破崙知道自己不能拿雞蛋碰石頭，所以他先買通了普魯士，使普魯士保持中立，用類似的手段減少了對手。準備就緒後，拿破崙向東進軍，爭分奪秒去破壞俄、奧會師，於是很快趕到了目的地——萊茵河畔。

另一方面他讓報紙不斷發佈他的消息，讓敵人誤以為他還在巴黎感受加冕的欣喜。以聲東擊西的策略，迅速攻向萊茵河，在奧軍卻毫無察覺時把戰線進一步拉長，為下一步的破壞做準備。麥克此時還蒙在鼓裡，以為拿破崙不可能到達萊茵河，讓部隊搶先占領黑林山的各個要道，並進駐烏耳姆，等待迎擊法軍先頭兵。當拿破崙知道麥克的計畫後，便決定從烏耳姆以東突破奧軍防線，接著強渡多瑙河，直插奧軍背後，這樣破壞就不成問題了。

拿破崙攻占多瑙河開始突擊時，麥克還在說：「不可能啊，法軍20天以後才能到啊！」斐迪南大公感到形勢危急，勸麥克迅速撤軍，但麥克卻還在幻想著俄軍的到來。結果，奧軍成了甕中之鱉。

這時，俄國軍隊趕到了萊茵河邊。拿破崙派大將繆拉率軍攻打烏耳姆，但繆拉四肢發達，頭腦簡單，在防守上面就出現了漏洞，如果敵軍抓住要害很可能功虧一簣。果然，老狐狸麥克發現了這點，準備由北面突圍出擊，此時，舒爾曼斯特進來了，先作了自我介紹。

「將軍，我叫蒙代爾，我是來傳達好消息的。」

「什麼好消息？」

「英國人在布倫港登陸巴黎進軍了。法國元老院有人叫囂著要推翻拿破崙，我想，您不想坐失良機吧？」舒爾曼斯特意想讓麥克放棄突圍。

麥克果然經不起誘惑，問道：「真的嗎？」

「千真萬確！」

「那麼，你為什麼要告訴我這些消息？」麥克試探性地說。

「您不相信我？直說吧，我雖是法國人，但我恨那個沒良心的拿破崙，他讓我們古老而高貴的姓氏蒙了羞，我要報復他，我希望老天睜睜眼，讓他失去一切！」

麥克還在舉棋不定時，突然看到一張報紙上有法國人反對拿破崙的革

BC

— 0　耶穌基督出生

— 100

— 200

— 300
君士坦丁統一羅馬

羅馬帝國分成兩部
— 400

— 500　波斯帝國

— 600　回教建立

— 700

— 800

凡爾登條約
— 900

神聖羅馬帝國建立
— 1000

— 1100　十字軍東征

— 1200
蒙古第一次西征

— 1300
英法百年戰爭開始

— 1400

哥倫布發現新大陸
— 1500

英國大破無敵艦隊
— 1600

— 1700
發明蒸汽機

美國獨立
— 1800

美國南北戰爭開始
— 1900
第一次世界大戰
第二次世界大戰
— 2000

命消息。麥克想坐收漁翁之利，便放棄了突圍。

麥克怎麼也沒想到，舒爾曼斯特是拿破崙派來的間諜，那份法國報紙也是拿破崙的又一騙局。等到拿破崙的7萬大軍收網時，麥克才恍然大悟，但為時已晚。

太陽升起了，法軍開始了總攻，最後麥克舉著小白旗投降了。拿破崙及其士兵驕傲地歡呼：「法蘭西萬歲！」。烏耳姆一戰，是拿破崙精心策劃的速戰速決的一戰。這次戰役，再次顯示了拿破崙超凡的軍事指揮才能。

奧斯特里茨戰役

奧斯特里茨之戰是拿破崙繼馬倫哥、烏耳姆戰役之後又一次勝利。烏耳姆戰役之後，庫圖佐夫率軍與潰敗的奧軍會合，那是股不小的力量，原先保持中立的普魯士也變了臉，要加入反法同盟。

屋漏偏逢連陰雨，拿破崙認為，當務之急是拿下庫圖佐夫，這樣，其他反法聯軍無處依附便會瓦解。此外，還必須說服普魯士繼續保持中立。

於是，拿破崙命令繆拉攻占維也納，繆拉領命後，迅速與俄國開火，俄軍節節敗退。另外兩路法軍也趕了上來，庫圖佐夫決定放棄維也納，直奔多瑙河。

拿破崙料到俄軍行動的改變，命繆拉乘勝追擊。繆拉卻急功近利，結果與總部失去聯繫，任務沒完成還丟了一個師。

拿破崙下令強渡多瑙河，追趕庫圖佐夫。俄軍過河就炸了橋，只剩維也納北面一座還被奧軍嚴加防守，拿破崙讓繆拉立下軍令狀：必須攻下這座橋！。

繆拉挑選了一個營的兵，讓他們蹲在橋邊灌木叢裡。自己則只帶領了三個將領，大搖大擺地走上橋頭，走向敵軍。對著敵軍喊道：

「我們雙方已經不打了，停戰協定就要簽了，你們還炸橋幹嘛？」奧

軍摸不著頭腦，聽說他們是來談判的，就把他們帶到了軍營裡。

　　繆拉見到守橋軍官就說：「謝謝上帝，終於不用開炮了，奧厄斯伯公爵在哪？談談我們停火的事。」

　　繆拉握著公爵的手使勁地誇道：「您可是奧軍難得的人才。世事變幻，一轉臉我們又成了同伴了。我們的皇帝拿破崙很賞識您，很想見見您！」奧厄斯伯公爵看到繆拉與守橋士兵輕鬆地閒聊，再加上這段美讚，就放鬆了警惕。正當繆拉與公爵閒聊時，伏兵衝上去，把奧軍炸橋用的炸藥扔進了河裡。一名奧軍下級軍官發現情況不對，來向公爵報告道：「公爵，您受騙了，法軍來到了！」繆拉趕緊對公爵說：「聽說奧軍軍紀嚴謹，這個兵怎麼如此跟上司說話呢？」奧厄斯公爵尷尬萬分，立即下令：「將這個目無軍紀的人帶下去！」

　　這時，法軍已基本占領了大橋，繆拉笑著對公爵說：「公爵，我想，你倆應該同行，不然，我如何給我的士兵交差呢。您看，他們來接您了！」公爵恍然大悟，怒視著繆拉要罵人。繆拉聳聳肩膀，紳士地道歉說：「不好意思，這就是戰爭！」

　　法軍幾分鐘內就越過多瑙河，狂追庫圖佐夫。庫圖佐夫帶兵照死裡抵抗，終於到阿羅木次跟沙皇和奧地利皇帝接了頭。

　　拿破崙一直追到了阿羅木次附近，對於拿破崙來說，普魯士的立場搖擺是個威脅，所以必須速戰速決。

　　於是，必須誘敵深入，讓敵人相信法軍想拖延戰機。這樣，俄軍就會抓住機會出擊了。

　　1805年12月2日凌晨，著名的奧斯特里茨大戰開始了。聯軍的炮火接二連三地射出，拿破崙故意撤軍，將聯軍引到高地，又讓部隊誓死抵抗聯軍的進攻，逼著俄軍預備部隊全部出洞，來對付兩翼的法軍。如此，聯軍對普拉岑高地占領的力量分散了。拿破崙抓住戰機，命精銳部隊立刻攻占普拉岑高地，將聯軍打散了。亞歷山大派軍隊向高地沖進，試圖重新奪回高地。雙方軍隊展開激戰，俄軍全部處於法軍的炮口之下。

　　於是，法軍餓狼似的撲向了聯軍，聯軍被逼到唯一的通道上，通道旁

─ 0　耶穌基督出生

─ 100

─ 200

─ 300　君士坦丁統一羅馬
　　　　羅馬帝國分成兩部
─ 400

─ 500　波斯帝國

─ 600　回教建立

─ 700

─ 800
　　　　凡爾登條約
─ 900
　　　　神聖羅馬帝國建立
─ 1000

─ 1100　十字軍東征

─ 1200
　　　　蒙古第一次西征
─ 1300　英法百年戰爭開始

─ 1400

─ 1500　哥倫布發現新大陸

─ 1600　英國大破無敵艦隊

─ 1700　發明蒸汽機

─ 1800　美國獨立

　　　　美國南北戰爭開始
─ 1900　第一次世界大戰
　　　　第二次世界大戰
─ 2000

是結有薄冰的湖水。背後是法軍的炮火，前面是湖面，許多士兵拼命地往湖裡跑，企圖逃生，但法軍怎麼能便宜了他們。炮彈暫時把湖面的冰打化了，幾千名聯軍就做了魚食，戰鬥以法軍大勝告終。

　　第二天，奧地利皇帝請求停戰，並割土賠款。審時度勢，普魯士也同法國簽訂了攻守同盟條約。戰爭的勝利使法國受惠很大，也讓拿破崙更大紅大紫了。

慘敗莫斯科

　　拿破崙收拾過歐洲反法各國後，站得更穩了。但俄國一直不服氣拿破崙。為了讓俄國服氣，拿破崙與亞歷山大進行「友好和平」會談。拿破崙當然不是真的「友好和平」，他是想趁機瞭解沙皇的備戰情況，制定摧俄計畫。

　　1812年5月，拿破崙在「法蘭西萬歲」歡呼中，振臂令道：「出發！」。6月，60萬法軍越過涅曼河，進入俄羅斯轄下的立陶宛。

　　順利占領立陶宛後，連一個人影也沒看到，拿破崙感到蹊蹺，下令找個會說話的來問問怎麼回事，士兵們挖地三尺也沒找到！殊不知，沙皇早下令躲起來，想拖延時間找機會把法軍打敗。

　　於是，拿破崙決定向斯摩棱斯克進軍，在那裡消滅俄軍。

　　疲兵開始急躁地率軍攻城，但遇到了頑強的抵抗，損失慘重。於是拿破崙用大炮射擊，一陣炮轟後，法軍順利入城。入城後才發現，俄軍早跑了，打那麼久，打的是座空城。拿破崙生氣了，命令部隊繼續東進，發誓滅俄。9月，在波羅金諾與俄軍碰上了，拿破崙終於可以出口氣了。

　　波羅金諾是距莫斯科100多公里的一個村，是通向莫斯科的大門，拿破崙決心拼了老命也要占領它。於是，用13萬兵力，近600門大炮的力量占領了這個村。

　　正要高興時，俄軍的炮彈落在法軍陣地。「陛下，俄軍往我們這轟大

－0

100 —

200 —

300 —

400 —

500 —

600 —

700 —

800 —

900 —

1000 —

1100 —

1200 —

1300 —

1400 —

1500 —

1600 —

1700 —

1800 —

1900 —

2000 —

炮，回擊嗎？」一位法軍將領問拿破崙。

「摸清情況再報。」拿破崙向那位將軍說道。

「陛下，情況就是，對面有12萬俄軍，其中8.5萬是後援。還有300門大炮。」這位將軍說。

「誰帶兵？」

「巴格拉基昂。」

「啊？！」拿破崙臉色大變，說：「巴格拉基昂，巴格拉基昂不是好惹的啊，我們須好好想辦法。」

俄、法陣地相距不足一公里，面對面地打了起來。打了一陣後，拿破崙看到俄軍火力弱下去了，就命令部隊往敵軍衝去。此時，俄軍對準衝來的法軍使勁地開火，由於人多，法軍還是拿下了箭頭堡。之後，巴格拉基昂迅速調集部隊增援，法軍又丟掉了箭頭堡。

之後的一天內，箭頭堡被兩軍奪來奪去，也奪去了8萬人的命。這場戰役被稱為是19世紀第一次規模最大的爭奪戰。傍晚，拿破崙組織兵力，第九次爭奪時不但奪回了箭頭堡，還讓巴格拉基昂再也無法爬起來。

9月，法軍開進莫斯科，但見面禮是庫圖佐夫留下的一座空城。拿破崙終於惱羞成怒，在莫斯科點了一把火。三天三夜後，克里姆林宮裡濃煙滾滾，拿破崙也被濃煙趕了出來。

冬天來了，法軍物資嚴重缺乏，俄軍又來襲。10月，拿破崙看到占領俄國的想法化為泡沫，帶殘兵返回，遭俄國伏擊，加上天寒地凍，法軍一個接一個地死去。11月，渡橋時又淹死1萬多人。12月，拿破崙終於離開俄國，60萬大軍只剩下2萬殘兵。

莫斯科一戰，法軍慘敗，剛回國，沙皇就聯合奧、普軍隊追殺過來，雙方戰於德國萊比錫，法軍實力又被削弱。1814年3月，亞歷山大與反法聯軍進入巴黎，把拿破崙從皇位上拉了下來。

遠征俄國後，法軍再無力回天，拿破崙所領導的武裝鬥爭最終因反法聯盟宣告破產。

BC

— 0　耶穌基督出生

— 100

— 200

— 300
君士坦丁統一羅馬

羅馬帝國分成兩部
— 400

— 500　波斯帝國

— 600　回教建立

— 700

— 800

凡爾登條約
— 900

神聖羅馬帝國建立
— 1000

— 1100　十字軍東征

— 1200
蒙古第一次西征

— 1300
英法百年戰爭開始

— 1400

哥倫布發現新大陸
— 1500

英國大破無敵艦隊
— 1600

— 1700　發明蒸汽機

美國獨立
— 1800
美國南北戰爭開始
— 1900
第一次世界大戰
第二次世界大戰

— 2000

拿破崙復辟和再次流放

　　拿破崙下臺後，被放逐到厄爾巴島上，波旁王朝復辟。但拿破崙怎堪成為階下囚，他偷偷地盯著機會東山再起呢。終於，反法聯盟因分贓問題吵了起來。由於封建貴族殘酷的統治，法國人民也越來越懷念那遺失的美好。

　　拿破崙見時機已成熟，1815年2月26日夜，拿破崙率領兵，乘船，偷偷趕到法國南岸儒昂灣。拿破崙感在岸上拿出了他絕美的抒情語詞：「士兵們，我們從未失敗！我又回到了你們中間。來吧，我們手牽手，為自由奮鬥吧！」

　　一陣慷慨陳詞，士兵們熱血沸騰。部隊開始進軍巴黎，波旁王朝出兵阻擊，沒想到，舊部見到拿破崙後紛紛倒戈。這樣，拿破崙等於是被歡迎進入巴黎的。法王路易十八倉皇出逃，拿破崙被重新擁上王位。

　　正在維也納爭吵的反法聯盟，立刻結成一團，稱拿破崙是世界和平的擾亂分子，迅速結成第七次反法聯盟。70萬兵力分頭進攻巴黎，其中還有大名鼎鼎的威靈頓帶兵。

　　法軍方面，拿破崙也在加緊備戰，面對撲來的猛獸，拿破崙決定要化被動為主動。他決定，要趁聯軍還沒完全碰面時，率先擊潰英普聯軍，把老將威靈頓和布呂歇耳先收拾了。

　　計畫已定，拿破崙派軍到比利時邊境。6月16日，戰鬥打響。天公不作美，雨聲、槍炮聲、雷聲糾纏在一起，雷雨停後，布呂歇耳摔了一個跟頭才發現，法軍已占領林尼村，普軍防線已被切斷。普軍馬上逃跑，拿破崙令法軍休息一日，才令格魯希元帥追擊普軍殘兵，可惜，錯過了殲滅普軍好時機。

　　威靈頓聽到布呂歇耳戰敗，便迅速撤到滑鐵盧。拿破崙讓內伊攔截英軍，但內伊優柔寡斷，眼睜睜地讓英軍順利撤走。拿破崙非常生氣，也尾隨英軍至滑鐵盧附近。

這時，被拿破崙擊潰的普軍翅膀又硬了，兵分兩路，一路增援滑鐵盧附近的英軍，一路直接打起軍右翼來。

威靈頓善於防守，短於進攻，所以，他選擇的陣地往往易守難攻。6月18日上午決戰開始了，拿破崙決定虛攻英軍右翼而實攻擊中部，法軍搶先給英軍右翼烏古蒙堡壘一炮，然後準備進攻英軍中部。這時，可惡的布呂歇耳率普軍趕來了，拿破崙不得不抽兵對付布呂歇耳，讓魯希元帥增兵，猛攻英軍中部陣地。威靈頓頑強抵抗，雙方傷亡都很大，下午6時，拿破崙令內伊攻克英軍中部，內伊漂亮地把仗打完了。

這時兩軍都支撐不了了，就看誰的援軍先到了。天快黑時，一陣旋風帶來大批人馬，雙方都在禱告，但願來的是自己人。普魯士軍旗在人們急切的目光裡，越走越近！

頓時，英軍亢奮起來，威靈頓準備最後反擊，英普聯軍餓狼似地撲向一臉失望的法軍。

拿破崙罵聲格魯希，咬著牙令近衛軍拼死抵擋聯軍。但一切都是徒勞，法軍潰敗，拿破崙只得倉惶逃跑了。

關於格魯希元帥增援拿破崙一事，有人說是格魯希存心與拿破崙過不去的。更有意思的說法是，格魯希接到了拿破崙的增援命令，這傢伙腦袋不會轉彎，所以他聽到了隆隆炮聲還是按兵沒動。也有的說，拿破崙命令格魯希原地待命。直到拿破崙逃走時，他還在遵照拿破崙的命令，那就是：原地待命！所以，格魯希原地等待，終於把拿破崙等敗了。

1815年7月，聯軍進入巴黎，拿破崙再次退出遊戲，結束了他的「百日執政」。不久，他被流放到遠離歐洲大陸的聖赫勒拿島。1821年5月死去。

BC

— 0　耶穌基督出生

— 100

— 200

— 300
君士坦丁統一羅馬

羅馬帝國分成兩部
— 400

— 500　波斯帝國

— 600　回教建立

— 700

— 800
凡爾登條約
— 900

神聖羅馬帝國建立
— 1000

— 1100　十字軍東征

— 1200
蒙古第一次西征

— 1300
英法百年戰爭開始

— 1400

哥倫布發現新大陸
— 1500

英國大破無敵艦隊
— 1600

發明蒸汽機
— 1700

美國獨立
— 1800

美國南北戰爭開始
— 1900
第一次世界大戰
第二次世界大戰

— 2000

上古時期　BC

漢

－ 0

100 －

三國

200 －

晉

300 －

400 －

南北朝

500 －

隋朝

600 －

唐朝

700 －

800 －

五代十國

900 －

宋

1000 －

1100 －

1200 －

元朝

1300 －

明朝

1400 －

1500 －

1600 －

清朝

1700 －

1800 －

1900 －

中華民國

2000 －

｜第三十三章｜拉美國家的持續發展

大地產制的發展

19世紀中葉起，拉美許多地方出現了大地產制擴大的趨勢。大地產制是繼拉丁美洲獨立戰爭後，保存下來的殖民時期的基本經濟結構。當時的克列奧人（即土生白人）地主基本上控制了中央和地方政權，他們與在獨立戰爭中湧現出來的將軍和新官僚瓜分了前殖民者的大片土地，進一步鞏固了大地產制。

大地產制的擴大在很大程度上，是緣於許多國家採取的「自由主義」改革措施。

首先，政府頒佈反對教會的法律、將大批教會土地沒收後廉價出售。1854～1867年胡亞雷斯領導的墨西哥改革運動，以及哥倫比亞、瓜地馬拉、委內瑞拉、厄瓜多爾等國的反教權運動，都採取了類似的措施。

其次，一些國家將印第安人村社土地廉價出售。墨西哥曾頒佈法令，要求印第安人村社「必須將其公地轉為私產」。迪亞斯擔任總統期間強行執行該法，下令將村社土地分割出售。反抗的印第安人遭到流放或槍殺。薩爾瓦多、秘魯、哥倫比亞等國也在法律上廢除了村社土地所有制，強迫出售土地。

第三，一些國家廉價出售或贈與國家公有土地。阿根廷、墨西哥等國擁有大量人煙稀少的國有土地。阿根廷政府透過土地出租、廉價出售或贈與而將這些土地私有化。在1857～1862年期間，233名土地承租人平均每人獲得9000公頃土地。而在1876～1891年期間，仍有68個公有土地墾殖申報人平均每人獲得近6000公頃土地。

雖然這些自由主義措施造就了一些中小農場主，但更有利於原有大地主的土地擴張和造就新的大地主，進而導致19世紀的拉丁美洲各國大土地所有者兼併的土地，等於以前3個世紀的總和。在19世紀末20世紀初，墨西哥全國約有58％的土地被1.3萬個大莊園控制著；委內瑞拉80％的土地屬於大土地所有者，並且每戶地主占地都在1600公頃以上；阿根廷3000戶大地主擁有5400萬公頃土地，占全國總耕地的五分之一；而在巴西，2000戶大土地所有者占有的土地面積超過了義大利、荷蘭、比利時、丹麥四國面積的總合；其他拉美國家的情況也基本如此。

除了國內的大地主控制土地之外，外國的公司也介入對拉美國家的土地搶占。一些外國公司也通過購買、租借等方式，占有和經營拉美國家的地產。到20世紀初，英國人在阿根廷的最大私人農場占地30萬公頃。美國成為墨西哥最大的外國資本占有國，一些美國公司在墨西哥占有的土地達到了5萬到10萬公頃。

拉美國家的大莊園其內部自成一體，實行家長制統治，莊園主的住宅就是大地產的中心。大莊園占地遼闊、遠離政府所在地，自給自足，能夠生產滿足內部和鄰近地區所需的糧食，也有各種工匠。莊園主對整個家族、僕人、奴隸、佃農、普通農民乃至鄰居都享有絕對權威，莊園內人身依附關係廣泛存在。有許多莊園主在地方市政和司法部門任職，所以雖然他們沒有法定的司法權，但是仍能得到政府和教士的支援。

在19世紀中期，大地產上的勞動制度發生了變化，拉美國家先後廢除了奴隸制。中美洲和智利（1823年）、墨西哥（1829年）、烏拉圭（1842年）、玻利維亞和哥倫比亞（I851年）、厄瓜多爾和阿根廷（1853年）、秘魯和委內瑞拉（1854年）都基本廢除了奴隸制度。被解放的奴隸慢慢轉變為佃農和農業工人。但是，除了印第安人有村社外，莊園內的各種工人和農民，往往由於與莊園主形成長期的債務關係，因此並不能真正自由脫離莊園。

BC

— 0　耶穌基督出生

— 100

— 200

— 300
君士坦丁統一羅馬

羅馬帝國分成兩部
— 400

— 500　波斯帝國

— 600　回教建立

— 700

— 800

凡爾登條約
— 900

神聖羅馬帝國建立
— 1000

— 1100　十字軍東征

— 1200
蒙古第一次西征

— 1300
英法百年戰爭開始

— 1400

哥倫布發現新大陸
— 1500

英國大破無敵艦隊
— 1600

發明蒸汽機
— 1700

美國獨立
— 1800

美國南北戰爭開始
— 1900
第一次世界大戰
第二次世界大戰

— 2000

英、美在拉美的影響

　　18世紀，英國逐漸擴大對拉美的貿易，對拉美市場的占有懷有極大的野心。在拿破崙戰爭時期，英國率先搶占了拉美市場。在拉美獨立戰爭期間，英國對拉美國家持同情、支持態度，並積極擴張自己的影響力，進而取得了較大的親英勢力。由此，英國便很快成為拉丁美洲占統治地位的經濟力量，取代了西班牙和葡萄牙在拉美國家的控制地位。

　　到19世紀，拉美的主要貿易活動是掌握在英、法、德、美等國公司的手中。其中有60％的貿易活動都被英國公司控制著。主要表現在：

　　一、拉美的農產品和礦產品出口主要由英國公司經營，英國公司將其大部分產品轉手賣給其他歐洲國家，從中獲取巨額利益。

　　二、英國是拉丁美洲的主要投資國和債權國。僅僅在1822～1826年五年時間內，英國對拉丁美洲各國提供10次貸款，共2100萬英鎊。但是拉美國家實得現款僅100萬英鎊，其餘的2000萬英鎊則作為利息被預先扣除了。

　　三、在19世紀50年代以後，英國對拉美進行更大規模的投資。1870年，英國對拉美國家的投資達到8500萬英鎊。1890年增至42570萬英鎊，1913年更增至10億英鎊。至此，英國的工業品充斥著整個拉美市場。英國在拉美擁有118條鐵路、23家石油公司、25家硝石公司，幾乎控制了電話、電力和水力等行業，並且還控制了大多數國家的交通、鐵路和港口企業。

　　總的來說，在19世紀英國對拉美社會的影響是多方面的。一方面，由於英國對拉美國家的資本控制，迫使拉美國家只能發展單一商品生產，導致拉美國家經濟的發展受到嚴重制約。但是另一方面，英國對拉美國家的主要投資，是在於交通運輸和城市公共事業上，促進了拉美經濟基礎設施的進步。此外，英國還促使拉美國家廢除奴隸貿易、建立開放的貿易市場。

上古時期　BC
漢
　　　— 0
　　100 —
三國
晉　　200 —
　　300 —
南北朝　400 —
　　500 —
隋朝　600 —
唐朝
　　700 —
　　800 —
五代十國
宋　　900 —
　　1000 —
　　1100 —
　　1200 —
元朝
　　1300 —
明朝
　　1400 —
　　1500 —
清朝　1600 —
　　1700 —
　　1800 —
　　1900 —
中華民國
　　2000 —

相比之下，美國十分警惕英國在拉美地區的勢力擴張，同時也亟欲在拉美地區擴張自己的影響。由於在1812～1814年第二次英美戰爭中，英國軍隊曾占領並焚燒美國首都華盛頓，使得美國堅定了反對歐洲干涉美洲的立場。因此，為了打壓英國的勢力範圍，美國在經濟領域和政治領域上都加強了對拉美的滲透。

在經濟方面，美國對拉美地區的占有體現在貿易投資。1822年美國與拉美國家的貿易總額只有2600萬英鎊，但是到第一次世界大戰前夕，美國已超過英國，躍居首位。美國對拉丁美洲國家投資到1889年已超過3億美元。美國投入古巴的資金達5000多萬美元，壟斷了古巴的製糖工業。

在政治方面，美國進一步加強對拉美地區的干涉。1823年，美國總統門羅發表年度宣言，宣言中表示：已獲獨立的美洲大陸各國，今後不得被任何歐洲列強當作將來的殖民對象；任何歐洲列強以壓迫或控制它們命運的方式而進行的干涉，美國將視之為對美國的不友好表現。在宣言中，總統門羅闡明了美國對外政策的基本原則，繼承了華盛頓以來美國政府一貫奉行的不捲入歐洲事務的孤立主義，並進一步要求把歐洲勢力排斥出美洲大陸，史稱門羅宣言或門羅主義。

門羅主義對維護新獨立的拉美國家、制約歐洲列強產生了一定作用，但是也表現出美國把拉丁美洲看作自己的勢力範圍的企圖。同時，門羅主義裡也隱含著美國的擴張精神。門羅宣言公布後的最初幾十年間，拉美國家受到歐洲列強多次侵略，紛紛向美國求援，但美國無力給予幫助。直到美國內戰結束後，美國在拉美的實際影響力開始增加。1841年，美國總統波爾克將門羅主義的解釋擴展到包括「自願合併」原則。正是假藉這種原則，美國對鄰近的墨西哥進行了大面積的領土蠶食。1862年，法國武裝干涉墨西哥內政，林肯同情胡亞雷斯領導的墨西哥共和政府，但因內戰自顧不暇。1865年，美國開始向墨西哥共和政府提供軍火，要求法軍撤出墨西哥，還對法國實行海上封鎖，阻止法軍增援。法國被迫撤出墨西哥，而美國便藉機進入了對墨西哥的勢力影響。

此外，美國極力鼓吹「美洲人民利益一致」，提出了「泛美主義」

BC

— 0　耶穌基督出生

— 100

— 200

— 300　君士坦丁統一羅馬

羅馬帝國分成兩部
— 400

— 500　波斯帝國

回教建立
— 600

— 700

— 800

凡爾登條約
— 900

神聖羅馬帝國建立
— 1000

— 1100　十字軍東征

— 1200　蒙古第一次西征

— 1300　英法百年戰爭開始

— 1400

哥倫布發現新大陸
— 1500

英國大破無敵艦隊
— 1600

發明蒸汽機
— 1700

美國獨立
— 1800

美國南北戰爭開始
— 1900　第一次世界大戰
第二次世界大戰

— 2000

上古時期　BC

漢

— 0

100 —

三國

晉　　200 —

300 —

400 —

南北朝

500 —

隋朝　600 —
唐朝

700 —

800 —

五代十國
　　　900 —
宋

1000 —

1100 —

1200 —

元朝
　　　1300 —
明朝

1400 —

1500 —

1600 —
清朝

1700 —

1800 —

1900 —
中華民國

2000 —

口號。1889年，美國發起在華盛頓召開18個國家出席的美洲國家會議。在美國的倡議下，會議成立了「美洲共和國國家聯盟」（1901年改稱泛美聯盟），並在華盛頓設立由美國國務卿領導的「美洲各國商務局」作為常設機構。1895年，英屬圭亞那與委內瑞拉發生邊界糾紛，英國軍艦封鎖了委內瑞拉港口。美國出面干涉，迫使英國接受美國的仲裁。1897年美國與委內瑞拉簽訂協定，雙方同意成立有美國人參加的仲裁法庭，並確定委內瑞拉與英屬圭亞那之間的國界。這一事件是美國逐步取代英國在拉美地區勢力地位的一個里程碑。

考迪羅的統治

　　考迪羅（Caudillo，西班牙語）原意是指首領或領袖，後成為拉美國家中央和地方軍事獨裁者的專名。考迪羅多半出身於軍官或是某一地區地主集團的首領，他們大多透過軍事政變上臺。領導起義軍隊在獨立戰爭中發揮了十分重要的作用，因此，軍事首領擁兵自重，享有很高的個人聲譽。並且很多軍事首領打著平民出生的旗號，藉此得到廣大民眾的支持。所以，儘管在獨立後的拉美各國（巴西除外）都建立了共和政府，並且以法、美兩國憲法為藍本制定憲法，成立了議會等。但是，由於政局並不穩定，多數國家很快就陷入政治混亂、經濟停滯的局面，於是普遍出現了軍事獨裁統治，即考迪羅的統治（又稱為考迪羅主義）。

　　考迪羅主要依靠軍隊和克里奧大地主集團的支持。多數考迪羅也尋求教會的支持。教會本身是大土地所有者，教會的領導人支持任何維護教會利益和財產的考迪羅。也有個別考迪羅採取反教會的措施。從考迪羅主義長期存在的原因來看，是由大地產制度的不斷擴張，以及獨立後各國中央政府的不穩定造成的。

　　一方面，拉美獨立後，政府稅收主要來自進出口貿易的關稅，雖然得到大地主的普遍認同，但是往往收入不足且不穩定，面臨財政困難時，政

府只得向外國（主要是英國）舉借高利貸。此舉猶如飲鴆止渴，使得政府難以正常運轉、貪腐氾濫。

另一方面，原有的殖民地經濟網絡遭到破壞，各地區之間的聯繫削弱，地方豪門變得非常強大。中央政府也愈加成為各派勢力爭奪的寶鼎，軍事叛亂和軍事政變遂頻繁發生。從拉美獨立到19世紀末，墨西哥共有72個執政者，有69人是透過政變上臺的；玻利維亞發生了60次暴動和政變，有6個總統被殺死；委內瑞拉發生50次暴動，其中有12次推翻了原有的政權；哥倫比亞爆發27次內戰，其中有10次是全國規模的。秘魯在1829～1845年的16年間也更換了12個總統。

考迪羅實行個人獨裁統治，其權力不受限制。對於這些考迪羅究竟是英雄還是梟雄，人們至今毀譽不一。有些考迪羅崛起於民間，在分裂無序的社會中建立起一定的秩序，或維護民族獨立和主權，或推行一些改革和發展經濟的措施，在拉美民眾和史書中成為某種傳奇式英雄。但是也有許多的考迪羅專制獨裁，隨意修改憲法或終止憲法的實施，宣佈軍事管制，任意監禁、流放甚至處死任何人，肆意搶劫國庫、搜刮民財。甚至有些考迪羅完全依靠私人軍隊，隨意進行內戰和對外戰爭，出賣國家主權和利益來換取歐洲國家和美國的借款。

巴拉圭的弗朗西亞（1766～1840）是屬於「平民的考迪羅」，作為獨立運動領導機構成員，被選為第一任總統。幾年之後獲得終身任期，他僅僅依靠三個助手統治巴拉圭長達26年（1814～1840年）。弗朗西亞創造了一個短暫的現代斯巴達式社會。他原本是一個神學博士，他的理想是實現盧梭的《社會契約論》。在他任職期間，採取鎖國政策，幾乎不准任何人出入國境，也不准外國人在巴拉圭經商。在國內經濟發展方面，他用國家收入努力扶持民族工業，引進現代農牧業技術，國內經濟取得一定程度的發展。在對國內政策方面，他實行嚴酷的獨裁統治，建立祕密員警，壓制反對派，取消了報紙和郵政。此外，他還取消宗教法庭和神學院，廢除什一稅，自任巴拉圭教會的最高領袖，並主持所有的婚禮。

墨西哥的桑塔·安納（1794～1876）是一個毀譽參半的考迪羅，參

BC

— 0　　耶穌基督出生

— 100

— 200

— 300　君士坦丁統一羅馬
　　　　羅馬帝國分成兩部
— 400

— 500　　波斯帝國

— 600　　回教建立

— 700

— 800

　　　　凡爾登條約
— 900

　　　　神聖羅馬帝國建立
— 1000

— 1100　十字軍東征

— 1200
　　　　蒙古第一次西征

— 1300
　　　　英法百年戰爭開始
— 1400

　　　　哥倫布發現新大陸
— 1500

　　　　英國大破無敵艦隊
— 1600

　　　　發明蒸汽機
— 1700

　　　　美國獨立
— 1800
　　　　美國南北戰爭開始
— 1900
　　　　第一次世界大戰
　　　　第二次世界大戰
— 2000

上古時期　BC

漢

— 0

100 —

三國

晉　200 —

300 —

南北朝　400 —

500 —

隋朝　600 —
唐朝

700 —

800 —

五代十國　900 —

宋

1000 —

1100 —

1200 —

元朝

1300 —

明朝

1400 —

1500 —

1600 —

清朝

1700 —

1800 —

1900 —

中華民國

2000 —

與多次政變。在1833年至1855年間，7次擔任墨西哥總統，也歷經多次下野。他少年從軍，在獨立戰爭中從殖民軍反戈出來，以少勝多挫敗西班牙最後一次反攻，被譽為「祖國的救星」。他也曾一度流亡美國，在1846年美墨戰爭爆發後，美國把他作為特洛伊木馬送回墨西哥，但他回國後反而領導墨西哥軍隊對抗美國。初任總統時，他放權給副總統法里亞斯。但是法里亞斯進行自由主義改革，引起軍方、大地主和教會的不滿。桑塔・安納遂解除法里亞斯的職務、中止憲法、解散議會，結果引起許多州的反叛。於是他率軍鎮壓反叛，縱容軍隊劫掠叛亂城市。他曾說，在未來100年內他的人民不適合自由，只適合專制政府。

　　阿根廷的胡安・曼努埃爾・德・羅薩斯（1793～1877）也是拉美的一個著名的考迪羅主義獨裁統治者。在他統治期間，有數千人被絞死、槍殺、暗殺或毒死。流亡人數至少在3萬人以上。卡蜜拉事件特別體現了羅薩斯統治的殘酷。富家小姐卡蜜拉與一耶穌會教士因有私情而被處以火刑，當時卡蜜拉年僅20歲並懷有8個月的身孕。他還曾經發動「荒漠遠征」侵占了南方印第安人的大片土地，並試圖用武力收回分離出去的烏拉圭和巴拉圭。羅薩斯原是一個實力顯赫的大牧場主，在獨立戰爭中曾率領牧民擊敗歐洲遠征軍。阿根廷獨立後他出任布宜諾賽勒斯省長，並掌握國內各省外交權力，最終以「人民之子」的美譽成為阿根廷聯邦的最高長官。他從擔任省長起就實行獨裁統治，濫殺反對派和不支持他的人。他的黨羽建立了一支準軍事力量無惡不作。總的來說，儘管羅薩斯在任期間制止了國內無政府混亂狀態，確立了中央集權，維護了國家的統一，但是羅薩斯的獨裁統治和常年戰爭，也造成了人民的災難。

墨西哥的改革

　　在19世紀中後期，拉美許多國家進行了以土地市場化為中心的自由改革。從19世紀50年代中期起，在墨西哥由阿爾瓦雷斯和胡亞雷斯領導的自

由派，發起的主要針對天主教會的改革，便是拉美國家中影響最大的改革運動。

墨西哥獨立後，教會是墨西哥國內最大的地主，占有全部農業用地的1/3，並且教會是桑塔‧安納獨裁政權的同盟者。1854年，阿爾瓦雷斯將軍宣佈起義，迫使桑塔‧安納下臺。阿爾瓦雷斯擔任臨時總統，並組建自由派政府，開始著手改革旨在削弱教會與軍人權力，並按照美國模式建立現代公民社會和市場經濟改革。

阿爾瓦雷斯（1790～1867）出身於富裕的混血種人，自獨立戰爭起就參加了墨西哥所有重大戰爭，成為戰功卓著的將軍。從1849年起，阿爾瓦雷斯擔任格雷羅州州長，作為熱忱的自由派、平等的鼓吹者。另一位領導改革的則是胡亞雷斯（1806～1872），他出生於印第安農民家庭，得到贊助進入大學攻讀法律。學習期間，他深受啟蒙思想家著作的影響，並拋棄了早年的天主教信仰。他先後擔任律師和法官，後成為瓦哈卡州州長，因反對桑塔‧安納獨裁政權而流亡美國。

成立新政府後，胡亞雷斯擔任司法和國民教育部長，並頒佈關於中央和地方各級法院組織和司法管理的法令，即著名的《胡亞雷斯法》。法令中取消了軍人和教士不受普通法院審判的特權，宣佈法律之前人人平等的原則。1857年，墨西哥制憲議會通過了自由主義的新憲法，規定政教分離，進一步限制教會特權。根據新憲法舉行大選，胡亞雷斯擔任最高法院院長，即法定的副總統。

由於阿爾瓦雷斯和胡亞雷斯的改革，引起墨西哥社會內各種勢力的強烈反應。保守派和自由派展開了殘酷激烈的內戰，史稱「改革戰爭」。1857年底，保守派策動政變，占領首都墨西哥城。而自由派則在外省建立了以胡亞雷斯為首的政府，果斷地頒佈改革措施。

首先，胡亞雷斯政府宣佈沒收教會的全部土地財產，將這些土地分成小塊出售給農民。其次，實行政教分離和信仰自由，取消什一稅和教會其他稅捐。第三，實行世俗教育，封閉修道院，取消教會管理墓地和主持公眾節日的權利。另外，胡亞雷斯政府還實行婚姻和戶籍登記的民事管理等

— 0　耶穌基督出生

— 100

— 200

— 300
君士坦丁統一羅馬

羅馬帝國分成兩部
— 400

— 500　波斯帝國

— 600　回教建立

— 700

— 800

凡爾登條約
— 900
神聖羅馬帝國建立
— 1000

— 1100　十字軍東征

— 1200
蒙古第一次西征
— 1300
英法百年戰爭開始

— 1400

哥倫布發現新大陸
— 1500

英國大破無敵艦隊
— 1600

— 1700　發明蒸汽機

美國獨立
— 1800
美國南北戰爭開始
— 1900
第一次世界大戰
第二次世界大戰

— 2000

上古時期　　BC

漢

— 0

100 —

三國
晉　　　　200 —

300 —

南北朝　　400 —

500 —

隋朝　　　600 —
唐朝

700 —

800 —

五代十國　900 —

宋

1000 —

1100 —

1200 —

元朝
1300 —
明朝

1400 —

1500 —

1600 —
清朝

1700 —

1800 —

1900 —
中華民國

2000 —

制度。這種種的措施為自由派贏得了民眾及溫和派的支持，擊敗了保派。

　　1861年，自由派政府勝利返回墨西哥城。按照1857年頒佈的憲法，胡亞雷斯通過全國大選成為美洲歷史上第一個印第安人總統。胡亞雷斯上臺後，面對國內經濟的荒蕪，宣佈暫停兩年償付外債。這一政策引起英國、法國和西班牙的不滿，於是聯合出兵占領了墨西哥的韋拉克魯斯海關。經談判，英國和西班牙撤回了軍隊。但是，法國皇帝拿破崙三世為了討好羅馬教會和法國的保守勢力，出動大軍占領墨西哥城，把奧地利大公馬克西米連送到墨西哥充當傀儡皇帝。此時胡亞雷斯政府退守北方浴血抗戰，並爭取到了美國的支持。1866年，美國迫使法國撤軍，戰局急轉直下。1867年，胡亞雷斯政府光復了墨西哥全境，俘獲並處決了馬克西米連，至此長達5年的衛國戰爭勝利結束。

　　胡亞雷斯領導的改革運動和衛國戰爭，成為拉美國家捍衛國家獨立和爭取社會進步的一個範例。但是由於內戰和外國侵略的干擾，墨西哥的「大改革」並沒有得到很好落實。在改革運動中觸及了舊的體制，其效應在胡亞雷斯1872年病逝之後才逐漸顯現。胡亞雷斯與處於同一時期的林肯經常被後人相提並論，視為19世紀中葉美洲兩個最偉大的領袖。

巴西獨立與廢奴改革

　　1807年，拿破崙的法國軍隊侵入葡萄牙，葡萄牙王室於次年逃到巴西。從此，葡萄牙王室直接統治了巴西，巴西也成為葡萄牙帝國的中心。這加重了巴西人民的負擔和剝削，稅捐不斷加重。巴西人民不滿情緒急劇增長，不斷起來反抗葡萄牙的殖民統治。統治者們也不甘示弱，玩弄兩面手法，一方面派兵武力解決巴西人民的反抗鬥爭，另一方面又玩弄政治欺騙，使巴西在形式上與葡萄牙處於平等地位。但這種欺騙是幼稚的，於是巴西人民爭取獨立的抗爭更加激烈。

　　1817年，爆發了累西腓起義。起義的導火線是當地駐軍中的巴西籍

士兵和中下級軍官們，對葡萄牙籍高級軍官的不滿。這是巴西獨立運動史上最大規模的一次起義。起義士兵受到當地群眾的大力支持，他們逮捕了省長，建立了共和國，組織臨時政府。一時間，巴西出現了高漲的革命形勢。由於敵強我弱，準備不足，起義在堅持了76天之後宣告失敗。

　　三年後，葡萄牙發生資產階級革命，新政府要求葡萄牙國王若奧六世回國。若奧留下了兒子佩德羅在巴西執政。隨後，葡萄牙政府通過了關於巴西恢復15年前完全依附於葡萄牙原狀的法令。在這一情況下，1822年10月，佩德羅在巴西種植園主和大地主的擁護下，被尊為皇帝，即佩德羅一世。12月1日，舉行了加冕儀式，宣告巴西獨立。由於巴西資產階級十分軟弱，致使葡萄牙王室能夠與巴西大地主和種植園主聯合，掌握了領導權。與其他拉美國家不同，巴西獨立是透過自上而下的方式進行的。獨立後的巴西還保留了君主制，大權由葡萄牙貴族掌握，且保存了大土地所有制和奴隸制。反封建的任務依然艱巨。

　　巴西自1550年輸入黑奴，黑奴勞動成為巴西種植園及採礦業的基礎。1822年，巴西獨立時全國總人口356萬，其中60％是黑人，而黑人中大部分是奴隸。獨立後的巴西實行君主立憲制，但是種植園主通過間接選舉制度掌握著各級政府權力，作為君主的皇帝享只有半專制的權力。所以儘管巴西皇帝佩德羅一世於1826年簽署了一個三年後廢除奴隸貿易的公約，但遭到商人和種植園主的強烈抵制。不僅如此，隨著咖啡種植業的迅速發展，奴隸貿易和奴隸制進一步擴大。在1820～1850年期間，運進巴西的黑奴共有100萬人，黑奴總數達到900萬。資本主義工業的發展對僱傭勞動力的要求很高，這與種植園的利益發生衝突。廢奴的呼聲開始在資產階級傳播開來。黑奴也在為改變自身處境而鬥爭，黑奴起義此起彼伏。

　　1831年，佩德羅二世繼位，1840年親政。他上臺後首先在1840年解放了自己的所有奴隸。1845年，英國議會針對巴西通過了「亞伯丁法案」，授權英國海軍扣留任何巴西販奴船隻。另一方面，受到國際廢奴潮流的衝擊，佩德羅二世在1850年宣佈禁止奴隸貿易。佩德羅二世主政近50年，推動工商業的發展，支持修建鐵路、鋪設電報線和海底電纜，被譽為19世紀

BC

— 0　　耶穌基督出生

— 100

— 200

— 300　君士坦丁統一羅馬
　　　　羅馬帝國分成兩部
— 400

— 500　　波斯帝國

— 600　　回教建立

— 700

— 800

　　　　凡爾登條約
— 900
　　　神聖羅馬帝國建立
— 1000

— 1100　十字軍東征

— 1200
　　　蒙古第一次西征

— 1300
　　　英法百年戰爭開始

— 1400

　　　哥倫布發現新大陸
— 1500

　　　英國大破無敵艦隊
— 1600

　　　　發明蒸汽機
— 1700

　　　　　美國獨立
— 1800
　　　美國南北戰爭開始
— 1900
　　　第一次世界大戰
　　　第二次世界大戰
— 2000

上古時期　BC

漢

－0

100 －

三國
晉

200 －

300 －

南北朝　　400 －

500 －

隋朝　　600 －
唐朝

700 －

800 －

五代十國　900 －

宋

1000 －

1100 －

1200 －

元朝　　1300 －

明朝

1400 －

1500 －

1600 －
清朝

1700 －

1800 －

1900 －
中華民國

2000 －

最有作為的君主之一。

　　1865年，受到美國廢奴運動的激勵，巴西各地先後出現廢奴的活動，並得到佩德羅二世的支持。佩德羅二世先後頒佈法令，如：規定今後出生的黑奴嬰兒可獲自由身分，凡60歲以上的黑奴均獲自由，此外還有數千黑奴因參軍在巴拉圭戰爭中作戰而獲得自由等。

　　巴西也出現了大量的廢奴協會，廣泛開展救援黑奴的活動。1883年，各地廢奴協會聯合成立了巴西廢奴主義同盟。1887年由高級軍官組成的俱樂部發表聲明，表示軍隊不參加任何鎮壓逃亡奴隸的行動。1888年，廢奴主義者在巴西各大城市組織示威遊行。5月13日，攝政的伊莎貝拉公主（佩德羅二世的女兒）簽署了議會通過的廢奴法令，由於伊莎貝拉簽字時使用的是廢奴派送的金筆，因此5月13日法令史稱「金法律」。法令明確提出：一、自本法令生效之日起，巴西奴隸制宣告廢除。二、一切與此相反的規定由此失效。此時，佩德羅二世正在歐洲就醫，他積極支持女兒的行動，即無條件解放了當時巴西尚存的72萬奴隸，這象徵著隨近代殖民主義產生的世界性奴隸貿易和奴隸制的終結。

　　但是廢奴運動嚴重觸犯了大地主和種植園主的利益，也為共和政體的確立奠定了基礎。1889年11月15日，種植園主紛紛組織抗議活動，在陸軍元帥豐塞卡的領導下發動了軍事政變，宣佈成立聯邦共和國，兩天後，佩德羅二世被放逐到了歐洲。巴西的社會制度和政治體制由此發生根本的改變。

　　雖然廢除奴隸制和建立共和國，是巴西獨立後的一次重大社會政治變革，也是巴西歷史上的第一次資產階級革命，完成了獨立運動沒有完成的任務，摧毀了奴隸制度和君主政體，消除了巴西資本主義發展的最大障礙。但是巴西的基本社會結構沒有改變，聯邦共和國並沒有實現民主化。中央政權被軍人把持著，各級地方政權依然為種植園主寡頭控制，種植園依然實行某種強迫勞動制度。直到20世紀初，巴西也只有2％～3％的居民享有選舉權，巴西的社會經濟和政治依然處於不平等的發展。

古巴獨立戰爭

在拉丁美洲獨立戰爭期間，古巴成為其他拉美國家殖民者的避難所。因為古巴的教士和種植園主懼怕海地革命式的黑奴造反，因此他們基本上站在殖民當局一邊。古巴位於加勒比海西北部，1511年淪為西班牙的殖民地。殖民者在古巴發展畜牧、菸草和蔗糖生產。但是由於殖民者的奴役和帶來的疾病，古巴的印第安人遭受大量的滅絕，殖民當局不得不輸入大批黑奴。據1817年的統計，古巴人口為63萬，其中29萬是白人，有11萬是混血種人和自由黑人，但是黑奴的數額達到22萬以上。

1868年10月，西班牙國內發生革命，古巴愛國志士德‧塞斯佩德斯和馬克西莫‧戈麥斯等在馬埃斯特臘山區發動了武裝起義，宣佈獨立，並解放黑奴。這是古巴史上第一次獨立戰爭，由於戰爭長達十年，因此這次獨立戰爭也稱「十年之戰」。1869年，起義者成立古巴共和國，並制定了憲法，選舉塞斯佩德斯為總統。西班牙政府對獨立戰爭進行殘酷的鎮壓，先後調集20萬軍隊，並俘虜了塞斯佩德斯等人。

1878年，雙方舉行談判，簽訂了《桑洪條約》。西班牙要求停止起義戰爭，同意古巴派代表進入西班牙議會，實行大赦，允許古巴進行改革，並承諾在1880～1886年廢除奴隸制度。但是馬塞奧、戈麥斯等起義將領反對《桑洪條約》，堅持要求獨立。1892年，流亡到美國的古巴詩人何塞‧馬蒂（1853～1895）在紐約組建了以獨立為目標的古巴革命黨，並任命戈麥斯為古巴解放軍總司令。

1895年，何塞‧馬蒂和戈麥斯率領一批流亡者在古巴登陸，與馬塞奧等率領的起義軍會合，發動了第二次獨立戰爭。戰爭不久，馬蒂和馬塞奧先後戰死在沙場。起義軍在戈麥斯領導下繼續浴血奮戰。到1898年，起義軍包圍了哈瓦那，解放了全國三分之二的領土。但是當獨立戰爭勝利在望之際，美國對古巴進行了武裝干涉。

1898年，美西戰爭爆發。美國以停泊在哈瓦那的美國「緬因號」軍艦

BC

— 0　耶穌基督出生

— 100

— 200

— 300　君士坦丁統一羅馬
　　　羅馬帝國分成兩部
— 400

— 500　波斯帝國

— 600　回教建立

— 700

— 800

　　　凡爾登條約
— 900

　　　神聖羅馬帝國建立
— 1000

— 1100　十字軍東征

— 1200
　　　蒙古第一次西征

— 1300
　　　英法百年戰爭開始

— 1400

　　　哥倫布發現新大陸
— 1500

　　　英國大破無敵艦隊
— 1600

— 1700　發明蒸汽機

　　　美國獨立
— 1800

　　　美國南北戰爭開始
— 1900
　　　第一次世界大戰
　　　第二次世界大戰

— 2000

突然爆炸為藉口，向西班牙宣戰，美軍得到古巴起義軍的支持，僅用兩個月就迫使西班牙軍隊投降。雙方簽訂《巴黎和約》，承認古巴獨立，並要求西班牙把波多黎各和菲律賓割讓給美國。

　　1901年，古巴的制憲會議將美國國會提出的《普拉特修正案》列入古巴憲法。由於美國的操縱，該修正案規定美國有權在古巴建立軍事基地；未經美國同意，古巴不得與任何外國簽訂條約；美國有權監督古巴內政等。所以，儘管古巴在1902年宣佈正式成立古巴共和國，但成為美國的保護國。雖然美軍撤出古巴，但美國取得關塔那摩海軍基地，還奪取了古巴所屬的皮諾斯島。

— 0

100 —

三國
晉　　200 —

300 —

南北朝　400 —

500 —

隋朝　600 —
唐朝

700 —

800 —

五代十國
　　　900 —

宋　1000 —

1100 —

1200 —

元朝　1300 —

明朝　1400 —

1500 —

清朝　1600 —

1700 —

1800 —

1900 —

中華民國
　　　2000 —

| 第三十四章 | 工業革命與文化科技

工業革命的成就與影響

第一次工業革命首先發生在18世紀後半期的英國，後來逐漸擴散到法國、美國、德國和俄國等國家。

在英國，機器的最早採用不是在英國傳統工業羊毛手工業，而是在新興的棉紡織業中。棉織品受到英國人的普遍歡迎，為了滿足市場需求，棉紡織商們都在努力從事技術革新。終於，1733年，工人約翰·凱伊發明了飛梭。這項技術革新使棉紡織品的加工速度大大提高。1760年，飛梭得到了廣泛的應用，織布速度提高了一倍。

但紡紗的速度相對落後下來，於是1761年獎勵工藝協會發出號召，獎勵技術發明。1765年，織布工哈格里斯夫發明了多軸紡紗機，他用自己女兒的名字珍妮作為這部紡紗機的名字，因而這種機器被稱為珍妮紡紗機。以後這種紡紗機又得到改進，得以普遍應用。1768年，鐘錶匠凱伊在木匠海斯的協助下，發明了水力傳動的紡紗機，比珍妮紡紗機更省力，效率更高。1779年，工人克倫普頓將珍妮紡紗機和凱伊發明的水力紡紗機優點結合起來，發明了水力紡紗機——騾機。

這樣，織布的速度又比紡紗的速度慢了下來，引起了織布機的新變革。1785年卡特賴特發明水力織布機，把織布的速度提高了40倍。

機器發明了，鐵的需求就大了。16世紀煉鐵是用土法煉製的，到17世紀改為水力鼓風爐，效率提高5倍到10倍。到1735年，達比發明了將生石灰摻到礦石中的新方法。1784年科特發明攪煉法，生鐵可以煉成熟鐵。

到18世紀，工廠在英國一個接一個地建造起來。但這時的動力主要是

BC

— 0　耶穌基督出生

— 100

— 200

— 300
君士坦丁統一羅馬
羅馬帝國分成兩部
— 400

— 500　波斯帝國

— 600　回教建立

— 700

— 800
凡爾登條約
— 900
神聖羅馬帝國建立
— 1000

— 1100　十字軍東征

— 1200
蒙古第一次西征
— 1300
英法百年戰爭開始
— 1400
哥倫布發現新大陸
— 1500
英國大破無敵艦隊
— 1600
發明蒸汽機
— 1700
美國獨立
— 1800
美國南北戰爭開始
— 1900
第一次世界大戰
第二次世界大戰
— 2000

上古時期　BC

漢

—0

100—

三國

晉

200—

300—

南北朝

400—

500—

隋朝
唐朝

600—

700—

800—

五代十國

900—

宋

1000—

1100—

1200—

元朝

1300—

明朝

1400—

1500—

清朝

1600—

1700—

1800—

1900—

中華民國

2000—

河流的水力。動力問題成為最迫切的問題。1765年，詹姆斯・瓦特在格拉斯哥大學的實驗室裡發明了一種蒸汽機，後經過不斷改進，終於成為了能作動力的機器——萬能蒸汽機。1789年，瓦特獲得這種機器的專利權，機器很快在全國廣泛應用。瓦特蒸汽機的發明與使用，是工業革命的重要標誌。有了這種機器，只要有煤作為燃料，建立工廠就不再受河流的水力限制，因而英國到處都建立了工廠，打破了之前安靜的田園生活，歷史跨入一個新時代。1804年，特里維西克發明了火車頭，19年後，英國建立了世界上第一條鐵路。到1850年，英國已經建成鐵路6000英里，取得了巨大成就。另外，1812年，亨利・貝爾建造的蒸汽船試航成功，7年後，英國建立輪船航運公司。

　　法國與英國相鄰，資本主義手工業比較發達，很容易受到英國工業革命的影響，因而成為第一個發生工業革命的歐洲大陸國家。自19世紀20年代起，機器和工廠制度首先在紡織業中得到推廣。到1848年，全國的棉紡紗機已達11.6萬臺，絲織機達9萬臺。大型棉紡廠達566家。鋼產量、煤產量、鐵路建築歷程都飛速發展。到19世紀中葉，法國工業生產在世界上占第二位，其工業總產值在1847年達到40億法郎，相當於1827年的3倍。19世紀50年代後，法國工業革命重心轉向重工業。這時期焦炭煉鋼法普及，占冶鐵業的92％。貝氏煉鋼法和西門煉鋼法被引進法國，使得鋼鐵產量飛速增加。到1870年，鐵路總長度將近1.8萬公里，全國鐵路網基本建成。到60年代末，機器大量生產已經成為法國工業生產的主要形式，工業革命基本完成。

　　幾乎與法國同時，美國也開始了工業革命。1789年，斯萊特仿製了英國水力紡紗機成功，並在羅德艾蘭建立了美國第一家紡紗廠，揭開了美國工業革命的序幕。19世紀30～50年代，棉紡織業率先用機器代替了手工勞動。隨後在毛紡織業、麵粉業、食品業、製鞋業、服裝和木材加工業等行業，也逐步實現了機械化。在工業革命初期，大部分機器是從英國購買而來，但美國人自己加以改進，能迅速研製更為先進的機器。美國還是比較早實行專利制度的國家，這鼓勵了創造發明的熱情。軋棉機、造紙機、印

刷機、縫紉機、收割機、電報機等發明都是出自美國人之手。

美國還最先使用並推廣了機器零件的標準化生產方法，降低了機器的生產成本。美國的西進運動推進了美國較早地實現了農業機械化。自1820年馬拉耕耘機出現後，割草機、脫粒機、馬拉收割機、小麥播種機、玉米栽種機、穀物捆紮機相繼出現。19世紀中葉，美國家庭農場紛紛向資本主義大農場邁進，使美國的農業產業化走在了世界前列。

19世紀30年代，德國踏上了工業革命的進程。50～60年代，工業革命在德國蓬勃發展起來，促進了採礦業、鐵路業的大發展。以鐵路為中心的交通運輸業革命在德國工業革命中處於領先水準。到1872年，全國鐵路總里程達2.2萬公里，超過了英、法。同時德國大力修造公路，開通運河，建設港口，1850～1870年間的船舶噸位增長了80%。

19世紀30年代，工業革命的浪潮擴張到俄國。從40年代開始，俄國工業革命率先在棉紡織業中興起，建立了工廠制度。隨後織布業、毛紡織業、造紙業等也開始向工廠制轉變。在冶金業中，貝氏煉鋼法、平爐煉鋼法得到推廣；交通運輸業發生重大變革，國內大河上出現了汽船。1866～1880年，新修鐵路達1.85萬英里。出現了石油、機器製造等新興工業。80年代俄國工業革命基本完成。

工業革命極大地提高了生產力，使英國成為世界工廠。工業革命確立了資本主義生產合作的最高形式大工廠制度，實現了資本主義的社會化大生產。隨著工廠制度的確立，出現了工業資產階級和無產階級這兩大對立階級，形成了資本主義社會階級衝突和階級鬥爭的基本內容，催生了科學共產主義。

工業革命還促進了科學和教育事業的發展，反過來科學和教育事業又促進工業革命向著更高層次的工業革命前進。工業革命為資本主義制度提供了雄厚的物質基礎和技術，充分表現了資本主義制度對封建制度的優越性，使資本主義制度得以鞏固和完善，世界進入一個機器時代。

BC

— 0　耶穌基督出生

— 100

— 200

— 300　君士坦丁統一羅馬
羅馬帝國分成兩部
— 400

— 500　波斯帝國

— 600　回教建立

— 700

— 800
凡爾登條約
— 900
神聖羅馬帝國建立
— 1000

— 1100　十字軍東征

— 1200
蒙古第一次西征
— 1300
英法百年戰爭開始
— 1400
哥倫布發現新大陸
— 1500

英國大破無敵艦隊
— 1600
發明蒸汽機
— 1700
美國獨立
— 1800
美國南北戰爭開始
— 1900
第一次世界大戰
第二次世界大戰
— 2000

愛迪生的偉大發明

上古時期　BC

漢

三國
晉

南北朝

隋朝
唐朝

五代十國
宋

元朝

明朝

清朝

中華民國

— 0

100 —

200 —

300 —

400 —

500 —

600 —

700 —

800 —

900 —

1000 —

1100 —

1200 —

1300 —

1400 —

1500 —

1600 —

1700 —

1800 —

1900 —

2000 —

　　從前，人們用煤油燈和煤氣照明，這種燈不僅有難聞的氣味，而且容易引起火災。於是，科學家們想發明一種安全又方便的電燈。

　　直到1879年，科學家的夢想才成真。這一年裡，美國的愛迪生經過反覆的試驗，終於點亮了第一盞有實用價值的電燈。從此，家家戶戶用上了電燈，愛迪生也成了世人都知道的「發明大王」。

　　說出來大家可能不信，這個發明大王愛迪生連小學都沒畢業，只在學校讀了三個月的書。由於他自學能力強，又好學，才慢慢掌握了電學的各方面知識，發明了很多對人類有用的東西。

　　在很小的年齡，愛迪生就醉心於科學實驗。從16歲起，他的發明一不留心就出來了。像自動電報機、打字機、二重與四重電報機、自動電話機和留聲機等，都是這時候發明的。這些並不能使愛迪生滿足，他下定決心為人類造出安全實用的電燈。

　　於是，他開始做起了實驗，把炭絲放在一個玻璃瓶內加熱。炭絲受熱發光了，可是隨即就斷裂了。

　　「這是為什麼呢？是玻璃瓶內有氧氣嗎？」愛迪生思考著，他試著把瓶內的氧氣抽出來，再通電，炭絲竟然可以亮七、八分鐘。愛迪生明白了，真空很重要，只要再把炭絲改進一下就好了。

　　用什麼來代替炭絲，才能耐得住高溫呢？愛迪生就把熔點最高的白金拿過來做試驗，雖然白金沒有斷裂，但是發的光卻不理想。一定還有更好的東西，愛迪生想。他又拿來鉬、鈦、錒等各種稀有金屬試驗，效果都不理想。愛迪生並沒有灰心，他陸續找來了1600多種耐熱材料，他要上下求索，直到弄到自己想要的東西。

　　不知道經過了幾千次試驗，愛迪生用炭絲做出了可以發亮四十五個小時的燈泡。大家都來向愛迪生道賀，愛迪生卻很鎮定地說：「亮四十五個小時沒什麼大不了的，要是能持續亮成千上萬個小時，甚至幾輩子不滅就

好了。」

　　人人都知道亮的時間越長越好，可是用什麼材料才能做出這樣的燈泡呢？愛迪生心中有數，繼續做他的試驗。凡是碰到的材料，他都找過來，不管是牛毛，還是頭髮和鬍子。有一天，他把竹子燒成炭，取出來裝到玻璃瓶中，再接上電源，這種竹炭絲的燈泡竟然能亮一千多小時。

　　人們看到燈泡能亮這麼長時間，就跑來誇愛迪生真能幹。愛迪生又鎮定地說，世界上什麼樣的竹子品種都有，可能有更好的。就這樣，愛迪生叫人從世界各地弄來竹子，逐個試驗，終於發現日本的一種竹子適合做燈絲。愛迪生又開設電廠，架上電線，讓美國人用上了很好的竹絲燈泡。

　　從此，竹絲燈照亮了世界的各個角落。直到1906年，愛迪生又發現一種東西比竹絲要好得多，那就是鎢絲。於是他就把竹絲換成鎢絲，做出了更好、更實用的電燈，這種鎢絲燈泡一直用到了今天才漸漸被替代。

貝多芬的音樂成就

　　貝多芬，1770年12月16日在波恩出生。他父親是一個宮廷裡的男高音歌手，母親只是個女僕。他家裡收入不高，父親還是個酒鬼，每次喝酒後都要發酒瘋，家庭環境很不和諧。但是，他的父親喜歡音樂，想讓貝多芬接他的班。所以，他從4歲時就讓貝多芬學習各種樂器，貝多芬害怕學不好會挨打，就認真練習。在13歲時貝多芬就被宮廷劇院選為首席小提琴師和教師、助理管風琴師等。

　　上帝很會給人開玩笑，貝多芬17歲時他母親去世了。他強忍著痛苦把他母親埋葬後，回到家裡一看，父親早已喝得不省人事。自從這以後，父親再也不出去掙錢，天天喝酒，把一個家搞得不像樣子。家庭的擔子從此就落在年青的貝多芬肩上。

　　貝多芬的教育程度不高，初中畢業就輟學了。他就自學文學和音樂方面的知識，一邊又抽時間到波恩大學聽哲學課，認真研究古代神話和文

BC

— 0　　耶穌基督出生

— 100

— 200

— 300
　　　　君士坦丁統一羅馬

　　　　羅馬帝國分成兩部
— 400

— 500　　波斯帝國

— 600　　回教建立

— 700

— 800

　　　　凡爾登條約
— 900

　　　　神聖羅馬帝國建立
— 1000

— 1100　十字軍東征

— 1200
　　　　蒙古第一次西征

— 1300
　　　　英法百年戰爭開始

— 1400

　　　　哥倫布發現新大陸
— 1500

　　　　英國大破無敵艦隊
— 1600

　　　　發明蒸汽機
— 1700

　　　　美國獨立
— 1800

　　　　美國南北戰爭開始
— 1900
　　　　第一次世界大戰
　　　　第二次世界大戰

— 2000

上古時期 BC

漢

— 0

100 —

三國

晉 200 —

300 —

南北朝 400 —

500 —

隋朝 600 —

唐朝

700 —

800 —

五代十國 900 —

宋

1000 —

1100 —

1200 —

元朝 1300 —

明朝

1400 —

1500 —

清朝 1600 —

1700 —

1800 —

1900 —

中華民國

2000 —

學課程。也是在這時，他接受了民主主義思想，見到了奧地利作曲家莫札特。這都給貝多芬很大的鼓勵，他決心認真學習，做一個對社會有用的人。

1792年，貝多芬來到維也納定居，跟作曲家海頓學習作曲。可是他嫌海頓呆板，學了幾天覺得沒意思，就離開了。貝多芬要寫自己的曲子。於是他更認真地讀書，一天也不放鬆。

有一次，他想作一支曲子，想了大半天，覺得有些餓，就來到飯店準備吃飯。他找個桌子坐下，心裡還想著自己的曲子，就順勢用手在桌子上敲起來，像彈鋼琴一樣。

手指得意地敲著，忘了點菜，也不知道自己是在飯店。

老闆走過來，想告訴他別人正在吃飯，請他小點聲。可是貝多芬一看老闆來了就趕緊說。

「我吃好了，結帳。」

飯店裡的人都笑起來，老闆也笑著說，

「先生，我還沒給你上菜，你結什麼帳？」

還有一次，貝多芬和幾個朋友出去玩，看到美麗風景，他想到了自己的音樂，就沉默地想自己的事，好像朋友們的熱鬧和他一點關係都沒有。突然，他大聲地叫起來：

「上帝，我找到了，就是這樣的，找到了！」

話音剛落地，他就跑回家了。朋友們嚇得以為他瘋了。

就這樣，貝多芬靠著自己的努力，終於成為維也納最好的鋼琴家和最優秀的作曲家。1800年，他在維也納舉辦了第一屆公開演奏會，給人們超凡的音樂享受。

貝多芬在27歲的時候耳朵聾了，然而，貝多芬只茫然了一小段時間，很快又握住了人生的方向盤。在這種情況下，他創作並演奏了《第九交響樂》，一首讓無數觀眾傾倒的生命歌曲。

1801年，貝多芬的心上人死了，為了表達他純潔的愛情，他創作了《月光奏鳴曲》。此外，他還創作了《第二交響樂》、《克萊策奏鳴

曲》、《第三交響樂》、《曙光奏鳴曲》、《熱情奏鳴曲》、《第四、第五、第六、第七、第八交響樂》。其中，《第五交響樂》被認為是貝多芬最受歡迎的作品，也是他的得意之作。其內容主要是告訴人們，要敢於向命運說不，勇敢地和命運抗爭。

同時，貝多芬還是一個桀傲不馴、行為自由的人，他從不屈服權貴。有一次他對一個貴族說：「你們這些天生的貴族，像成群的蠢豬一樣多。而我，貝多芬，全世界就我一個。想讓我給你單獨演奏，不可能。」就這樣，貝多芬雖然很出名，卻很貧窮，直到他離開人世，還是一貧如洗。

達爾文與《物種起源》

1828年的一天，在倫敦郊外小樹林裡，一位大學生圍著一棵老樹轉圈，接著一頭撞在脫落的樹皮上，樹皮鬆散開來，裡面有蟲子在蠕動。這個小夥子一手抓一隻，興奮地觀察起來。

這時，樹皮裡又跳出一隻甲蟲，他恨不得有三隻手，措手不及時就把手裡的甲蟲藏到嘴裡，伸手去抓第三隻甲蟲。他貪婪地欣賞著這些可愛的蟲子，把嘴裡的那隻忘了，嘴裡的那蟲子都快窒息了，使出殺手鐧便放出一股毒汁，把這大學生蜇得直吐舌頭。這時他才想起口中的那隻蟲子，愛惜地把它吐到手裡，一臉得意地向劍橋大學走去。

這個吃蟲子的大學生就是查理·達爾文。人們為了紀念他首先發現的這種甲蟲，就把牠命名為「達爾文」。

1809年2月，達爾文出生在英國的施魯斯伯里的醫生之家。16歲時到愛丁堡大學學醫。

但達爾文從小就熱愛大自然，進到醫學院後仍然到野外採集動植物標本。父親一怒之下把他送到到劍橋大學改學神學，來收收他的心。但達爾文視神創論為謬說，仍癡心不改地迷戀大自然。

從劍橋大學畢業後，達爾文放棄了牧師職業，依然熱衷於自己的自然

BC

— 0　耶穌基督出生

— 100

— 200

— 300
　君士坦丁統一羅馬

　羅馬帝國分成兩部
— 400

— 500　波斯帝國

— 600　回教建立

— 700

— 800
　凡爾登條約
— 900
　神聖羅馬帝國建立
— 1000

— 1100　十字軍東征

— 1200
　蒙古第一次西征
— 1300
　英法百年戰爭開始

— 1400

　哥倫布發現新大陸
— 1500

　英國大破無敵艦隊
— 1600

　發明蒸汽機
— 1700

　美國獨立
— 1800
　美國南北戰爭開始
— 1900
　第一次世界大戰
　第二次世界大戰

— 2000

科學研究。有心人，天不負，達爾文的機會來了。英國政府組織「貝格爾號」軍艦，要繞著地球轉一圈，達爾文經人推薦，以「博物學家」的身分自費搭船，加入了環球考察活動。

達爾文考察得很認真，他為了礦物和動植物標本跋山涉水。因此，發現了許多新物種。1832年1月，「貝格爾」號停泊在大西洋中佛德角群島的聖地牙哥島。達爾文拿著地質錘，就爬上去收集岩石標本。

一路上，達爾文採擷了各種各樣的石頭，背包沉得都勒進了肉裡。

助手看不下去了，問：「先生，你撿這些沒用的東西做什麼？」

「你看，每層石頭裡有著不同的貝殼和海生動物的遺骨，它能揭示生物所屬的年代！」達爾文喘著氣答。

在考察過程中，達爾文一直都在想：自然萬物究竟是怎麼產生的？思考得越多，他就越懷疑神創人之說。

「貝格爾」號到達巴西時，達爾文向船長提出要攀登南美洲的安地斯山。

艦長非常不贊同這個做法，但達爾文堅定地說「我就是要走出一條新路！」船長答應了他。

沒想到爬到4000多公尺的山上時，達爾文意外地發現了貝殼化石。達爾文非常吃驚，他心中想到：「見鬼，海底的貝殼長腿跑到山上了？」反覆思考後，他感慨道：「真是滄海桑田啊」達爾文一直爬到了安地斯山的最高峰，俯瞰山下時，突然發現山脈的兩側植物種類不一樣。達爾文的腦袋裡突然冒出一句：「啊，原來物種也是善變的！」

環球結束後，他便開始為他的進化理論尋找根據。1842年，他整理出了《物種起源》的簡要提綱。1859年11月，科學巨著《物種起源》終於問世，他的「進化論」思想，把「神創論」和物種不變的理論打翻了，在整個世界都引起轟動。

緊接著，達爾文的第二部巨著《動物和植物在家養下的變異》很快出版。晚年的還出版了《人類的由來及性選擇》等很多著作。

1882年4月19日，達爾文因病去見牛頓了，為表達對他的崇拜，人們

三國
晉

南北朝

隋朝
唐朝

五代十國

宋

元朝

明朝

清朝

中華民國

— 0
100 —
200 —
300 —
400 —
500 —
600 —
700 —
800 —
900 —
1000 —
1100 —
1200 —
1300 —
1400 —
1500 —
1600 —
1700 —
1800 —
1900 —
2000 —

把他安葬在牛頓的墓旁。

雨果的浪漫主義小說

雨果在文藝圈子裡活躍了60多年，創作了很多著名的作品。他的浪漫主義小說很精彩，對讀者具有永恆的吸引力。不可否認，雨果是法國文學道上的領袖之一，也是世界文藝界的領軍人物之一。

在大家眼裡，雨果是個聰明的傢伙。他從9歲開始寫詩，15歲就因寫得好受到法蘭西學士院的獎勵。20歲時，國王路易十八看了他寫的《頌歌與雜詩》後很高興，就賞給他許多金子。之後，雨果的劇本《歐那尼》上演，備受觀眾歡迎，從此雨果成了法國文壇的老大。同時，雨果對革命有很大熱情，寫了不少詩歌哀悼在革命中死去的人。

1831年，雨果寫出了世界名著《巴黎聖母院》，這是一篇浪漫主義小說，讓人們看得激動不已，都讚歎雨果是個會寫小說的大家。

故事情節大致如下：這一天是「愚人節」，一個叫埃斯梅達的吉卜賽姑娘在廣場邊跳舞，她非常美麗，人們都圍過來看。這時，巴黎聖母院的副主教弗羅洛看上了她。於是，他把教堂的敲鐘人凱西莫多叫到身邊，小聲地對他說：「那邊廣場上有個漂亮小姐，你去把她給我搶來，我會重重的賞你。否則，你就別想在這裡敲鐘了。」

相貌醜陋的凱西莫多來到廣場，抱起埃斯梅達就走。結果被一旁值班的王室弓箭手看到了，他們制服了凱西莫多，把這個敲鐘人綁在廣場的柱子上受刑。你說為了保住一份工作容易嗎？好在埃斯梅達不計前仇，偷偷的送水給凱西莫多解渴。凱西莫多這時才看清楚埃斯梅達，不僅是個漂亮女孩，而且心地善良。凱西莫多終於無法控制住自己的感情，他深深地愛上了這個吉卜賽美女。

這時候，埃斯梅達喜歡上了法比。而弗羅洛是個小心眼的傢伙，便找個機會把法比捅死後跑了。警察找不到真兇，就認為是埃斯梅達幹的，把

BC

— 0　耶穌基督出生

— 100

— 200

— 300
君士坦丁統一羅馬

羅馬帝國分成兩部
— 400

— 500　波斯帝國

— 600　回教建立

— 700

— 800

凡爾登條約
— 900

神聖羅馬帝國建立
— 1000

— 1100　十字軍東征

— 1200
蒙古第一次西征

— 1300
英法百年戰爭開始

— 1400

哥倫布發現新大陸
— 1500

英國大破無敵艦隊
— 1600

— 1700　發明蒸汽機

美國獨立
— 1800

美國南北戰爭開始
— 1900
第一次世界大戰
第二次世界大戰

— 2000

上古時期　BC

漢

—0

100 —

三國

晉　　200 —

300 —

南北朝　400 —

500 —

隋朝　600 —
唐朝

700 —

800 —

五代十國　900 —

宋

1000 —

1100 —

1200 —

元朝　1300 —

明朝

1400 —

1500 —

1600 —

清朝

1700 —

1800 —

1900 —

中華民國

2000 —

她判了死刑。後來，凱西莫多想辦法把埃斯梅達救出來，藏在巴黎聖母院裡。弗羅洛走過來想要占有她，埃斯梅達不願意，弗羅洛就把她交出去被絞死了。凱西莫多知道了真相，就把弗羅洛殺死，然後自己抱著埃斯梅達自殺了。

1851年，雨果因政治事件受到迫害，他不得不流亡到國外。在這期間，他先後發表了《悲慘世界》、《海上勞工》和《笑面人》等長篇小說。

其中，《悲慘世界》是雨果的代表作。故事的主人翁叫冉阿讓，他因貧窮而拿了人家的麵包，又因跑得慢被別人抓住了，被判了5年徒刑。後來他想到家裡有老婆、孩子，就想辦法要越獄，結果總被抓回來又加刑又挨打。最後，一個人竟然為了一塊麵包坐了19年的牢。

出獄後，冉阿讓受到人們歧視，他找不到工作，沒有飯吃，他發誓要報復社會。可是，他遇到了一個叫米里哀的主教感化了他，他決心好好活，做許多好事，成為一個好人。冉阿讓後來做生意發了財，就到處捐贈幫助窮人。他為救一個可憐女孩和一個無辜的工人，冉阿讓自動投案，把自己交給了員警。在去監獄的路上，冉阿讓想法逃了出來，繼續行善，做好人。

《悲慘世界》向人們講述了資本主義社會的黑暗，展示了下層人民的痛苦。提出了當時社會的重要問題，沒有錢使男人犯罪，沒有飯吃使女人出賣自己，黑暗使兒童虛弱。

雨果不僅是個作家，而且是個愛國的作家。為了保衛祖國，他自己多次義演，用門票收入買了兩門大炮捐給祖國。然而，就是這樣一個偉人，在1885年逝世了，這是法國的損失，也是整個世界的損失。

俄國詩人普希金的創作

1820年的一天，俄國的皇宮裡正熱鬧，沙皇亞歷山大一世正破口大罵

一個人，詩人傑爾查在為這個人說情。

這個讓沙皇氣得要死的人就是普希金，一個被稱為「俄羅斯文學始祖」、「偉大的俄國人民詩人」、「俄羅斯詩歌的太陽」的人。

普希金從小就讀了很多書，8歲時就開始作詩。1811年，他來到皇村中學念書，在那裡接受了許多先進思想，從此形成了熱愛自由的性格。中學畢業後，普希金進入外交部工作，開始和12黨人密切聯繫。在這個時期，他寫了許多歌頌自由，反對沙皇專制的詩歌，結果被沙皇流放到了南方。

在南方，普希金感受到了大自然的美，使他更嚮往自由。後來又因他犯事被沙皇幽禁起來，在這時，他和勞動人民打得火熱，瞭解到了俄國的歷史。隨後，他寫成了歷史悲劇《伯里斯·戈東諾夫》，深刻揭露了人民和沙皇專制的衝突。

1826年秋天，正是俄國政局動亂的時候，新上臺的尼古拉就把普希金叫回莫斯科，想讓他寫東西服務沙皇。

「你知道1825年的12月黨人起義吧，當時如果你也在彼得堡，你不會袖手旁觀吧？」沙皇想看看普希金是不是和自己一路。

「袖手旁觀？我要是在，早加入起義的隊伍了。」

「很好，很好！你知道那樣的後果嗎？」

「不就是和我的朋友一起被你絞死嗎？」

尼古拉知道普希金不是好惹的，就假惺惺地跟普希金聊起了詩歌。

普希金從不把沙皇放在眼裡，照樣寫抒情詩和諷刺詩，和沙皇做對。除了詩歌外，普希金還用了八年時間，寫了長篇詩體小說《葉甫蓋尼·奧涅金》，成功塑造俄國文學史上第一個「多餘人」葉甫蓋尼·奧涅金的形象，向人們真實再現了當時俄國進步青年思想上的苦悶。

1831年，普希金和俄羅斯第一美女岡察諾娃結婚，可是普希金沒有被幸福蒙蔽過去，他依然保持著寫作的熱情。在婚後，他又寫了敘事詩《青銅騎士》，童話《漁夫和金魚的故事》，小說《黑桃皇后》。此外，還有他的重要作品《上尉的女兒》，這是一部歷史小說，在這時，普希金一邊

— 0　耶穌基督出生

— 100

— 200

— 300　君士坦丁統一羅馬

　　　　羅馬帝國分成兩部
— 400

— 500　波斯帝國

— 600　回教建立

— 700

— 800

　　　　凡爾登條約
— 900

　　　　神聖羅馬帝國建立
— 1000

— 1100　十字軍東征

— 1200

　　　　蒙古第一次西征
— 1300

　　　　英法百年戰爭開始

— 1400

　　　　哥倫布發現新大陸
— 1500

　　　　英國大破無敵艦隊
— 1600

— 1700　發明蒸汽機

　　　　美國獨立
— 1800

　　　　美國南北戰爭開始
— 1900

　　　　第一次世界大戰
　　　　第二次世界大戰
— 2000

上古時期　BC

漢

－0

100 －

三國
晉

200 －

300 －

南北朝

400 －

500 －

隋朝
唐朝

600 －

700 －

800 －

五代十國

900 －

宋

1000 －

1100 －

1200 －

元朝

1300 －

明朝

1400 －

1500 －

清朝

1600 －

1700 －

1800 －

1900 －

中華民國

2000 －

為農民起義高唱讚歌，一邊譴責沙皇的專制和殘暴。

　　1837年2月8日，普希金在沙皇設計好的陰謀中被殺害，這年，年僅38歲。為此，全體俄羅斯人都咒罵沙皇，說他真不是什麼好東西。普希金雖然英年早逝，可是他的精神永遠存在，正如他詩裡說的那樣：「我將被人民喜愛！」

巴爾扎克的《人間喜劇》

　　巴爾扎克出生在法國南部的小城，父親是個農民，在大革命時成了暴發戶。可是他父親卻不喜歡巴爾扎克，巴爾扎克的學習成績在班裡總是倒數，所以他父母和老師都看不起他，認為他不會有什麼出息。

　　巴爾扎克曾到大學讀過法律，但是，他進了律師事務所後，才發現那是個黑暗的地方，就從那裡跑出來了，這時他對家裡人說，自己要當作家，做個寫書的人。他父親聽說他要寫書，大笑著說：「我看你是瘋了，也不看看你什麼程度，三天也寫不出兩個字來，還要寫書……」

　　聽到父親這樣說，巴爾扎克很受傷，他悄悄地離開了家，留下話說，他要在二年內寫出優秀的書。可是二年過去了，巴爾扎克只寫出了一個乏人問津的詩體悲劇《克倫威爾》。毫不客氣地說，他的創作失敗了，他父親從此占了上風，切斷了對他的財務支持。巴爾扎克窮到快沒有衣服穿時，他依然堅持自己的理想，並寫信給妹妹說自己要堅持。

　　為了生活，他不得不寫一些庸俗作品賣錢，做起了文化販子。同時，他做起了生意。但是，這期間他不僅沒賺到錢，反倒欠了別人幾萬法郎。為了躲債，也為了省房租，他搬到了貧民區，在那裡過著豬狗不如的生活。這時候，巴爾扎克深深體會到人與人之間總隔著「金錢」這東西。

　　1829年3月，他出版了長篇小說《朱安黨人》，從此以後，讀者開始期待看到巴爾扎克的新作。巴爾扎克也越寫越有勁，一天能寫二十個小時。皇天不負有心人，巴爾扎克這時候產出了許多聞名世界的大作，他給

這些大作起了一個整體名字叫《人間喜劇》。

　　巴爾扎克的作品中，世人都知道的有《歐也妮·葛朗臺》和《高老頭》。這兩部小說表現了資產階級的唯利是圖，揭露了資本主義社會人與人之間的純粹金錢關係。我們不得不讚歎巴爾扎克的觀察力和偉大的藝術手法。

　　由於長時間寫作，很少有戶外運動，巴爾扎克在50歲的時候就因病去世了。在他死的時候，仍沉醉在自己的小說世界裡，大聲音地叫著：「高老頭，天上掉金條了，快出來搶吧……葛朗臺……」。

果戈理的現實主義著作

　　一天晚上，沙皇和他的大臣在彼得堡大劇院看戲，戲名叫《欽差大臣》。看著看著，沙皇就發怒了，而讓沙皇發怒的這個人就是果戈理。

　　果戈理出生在烏克蘭省一個城鎮，父親是個窮地主，但縱使是窮地主也比富農有錢得多。父親經常帶果戈理去看戲，果戈理從小就喜歡上了戲劇，上中學的時候就能自編自演，老師們都誇他是戲劇天才。

　　中學畢業後，果戈理當上了公務員，他就是在這時看到了俄國官場的黑暗，為他以後寫作準備好了資料。1835年，他出版了一部現實主義小說集《密爾格拉得》，講述了俄國偏遠鄉村的地主們空虛無聊的生活。在這之後，果戈理又出版了小說集《彼得堡的故事》，這部小說主要描寫了俄國社會的黑暗，展示了沙皇專制下小人物的悲慘命運。

　　有一天，果戈理去找普希金說話，一見面普希金就說，「有一次我到喀山，那裡官員竟然錯把我當成欽差大臣，他們又是請我吃飯，又給我送禮，真是醜態百出。可是後來弄清了我不是欽差大臣，他們一個個都變了樣，好像從沒見過我一樣。」

　　果戈理聽了以後就打算把這件事寫成小說。果戈理回到家，用心的整理普希金的材料，寫出了五幕諷刺喜劇《欽差大臣》。說的是騙財騙色

BC

— 0　耶穌基督出生

— 100

— 200

— 300
君士坦丁統一羅馬
羅馬帝國分成兩部
— 400

— 500　波斯帝國

— 600　回教建立

— 700

— 800

凡爾登條約
— 900
神聖羅馬帝國建立
— 1000

— 1100　十字軍東征

— 1200
蒙古第一次西征

— 1300
英法百年戰爭開始

— 1400

哥倫布發現新大陸
— 1500
英國大破無敵艦隊
— 1600

發明蒸汽機
— 1700

美國獨立
— 1800
美國南北戰爭開始
— 1900
第一次世界大戰
第二次世界大戰
— 2000

上古時期　BC

漢

－0

100－

三國
晉　　200－

300－

南北朝　400－

500－

隋朝　600－
唐朝

700－

800－

五代十國　900－

宋
1000－

1100－

1200－

元朝
1300－

明朝　1400－

1500－

1600－

清朝
1700－

1800－

1900－

中華民國

2000－

的官場裡沒有一個好東西，他們做官只為掙錢，在這裡，為人民服務都是空話。這部戲劇一上演，就轟動了全國。沙皇也知道了，他說果戈理這是公然調戲政界，要把他流放到西伯利亞去。果戈理無奈之下就逃到了義大利。

來到義大利後，果戈理在羅馬完成了他的代表作，就是長篇小說《死魂靈》的第一部。《死魂靈》裡面說，六等文官乞乞科夫企圖在人口普查前買一些「死魂靈」，到時候拿到救濟會做抵押，每個魂靈200盧布，到時候就可撈一大筆。有這個想法後，他就開始訪問地主，從他們那裡買了許多死農奴。可是這事被人發現了，乞乞科夫就逃跑了。

《死魂靈》刻畫出俄國地主的小丑形象，他們有的空虛寂寞，天天什麼事情都不幹。有的沒有個性，對什麼事都沒有一點意見。有的熱心於虛假的禮節，可笑之極。而潑留希金是乞乞科夫拜訪的最後一個地主，他視財如命，雖然有很多存款，可是仍不滿意，還四處搜刮更多的財物。每天他都到村裡轉轉，看到什麼能賣錢的東西就拾回家，院子裡全是他從外面撿來的鏽鐵釘、碎碗片、舊鞋跟，女人用過的破布等，只要是他從哪裡回來，那裡就會被收拾得乾乾淨淨，一毛不留。果戈理正是透過這些形象，告訴人們當時地主們有著怎樣的可笑嘴臉。

然而，後來果戈理可能是受刺激或者被收買了，竟然在《與友人書信選集》中說農奴制對俄國的發展很重要，俄國只有回到中世紀的宗法制社會，才能得到很好的發展。他還說地主是農民的父母，農民必須聽他們的話，而農民只是骯髒的豬狗。1852年果戈理去世了，到死他也沒說出事實的真相，給後人留下了不解之謎。

第七篇：資本主義制度的確立

（1900年前後）

　　資本主義國家發展至今，已經走過了最初的原始階段，進入了一個成熟、穩定的平臺，開始了它們進一步的鞏固與確立。

上古時期	BC
漢	
	— 0
	100 —
三國	200 —
晉	
	300
	400 —
南北朝	
	500 —
隋朝	600 —
唐朝	
	700 —
	800 —
五代十國	
	900 —
宋	
	1000 —
	1100 —
	1200 —
元朝	1300 —
明朝	
	1400 —
	1500 —
	1600 —
清朝	
	1700 —
	1800 —
	1900 —
中華民國	
	2000 —

｜第三十五章｜德國的艱難統一

神聖羅馬帝國正式崩潰

西元800年的耶誕節是法蘭克王國國王查理大帝的大好日子，因為這一天，他在羅馬的聖彼得大教堂接受教皇的加冕。基督教的教權和查理曼帝國的皇權得到結合，查理曼帝國也由此有了「神聖帝國」的性質。

843年，查理曼死後，帝國分裂為三個國家，日後逐漸形成了今日的法蘭西、德意志和義大利。936年，薩克森公爵亨利一世的兒子奧托一世繼位，成為德意志薩克森王朝的國王。隨後在951年，奧托派兵侵入義大利，娶了義大利國王羅退爾的遺孀阿黛拉德，成為義大利國王。

961年，奧托派兵進入羅馬，支持被羅馬貴族驅逐的教皇約翰十二世復位。約翰十二世感恩戴德，第二年，約翰十二世在羅馬的聖彼得大教堂為奧托一世加冕稱帝。奧托一世以合法的古羅馬帝國皇帝繼承人的資格，正式被稱為「奧古斯都」，即「羅馬皇帝」。

從此，神聖羅馬帝國的皇位便與德意志國王結合起來，當然，這個帝國並不是羅馬人的，而是德意志人的神聖羅馬帝國。在德意志歷史上，神聖羅馬帝國也被稱為「第一帝國」。

「神聖羅馬帝國」不只是名稱上的變化，它意味著古羅馬帝國的復興，德意志人則是這個帝國遺產的繼承者；同時，這個帝國將其存在的基礎置於基督教的宗教使命上，也就是向世人宣告這個帝國是奉神的使命而建立的，它對基督教和教會負有責任。這樣，神聖羅馬帝國就負有統治世俗國家和宗教的雙重使命，即有統治整個基督教世界的權力。

神的光輝為德意志帶來了榮光，但同時也埋下了災難的種子。隨著帝

國勢力擴張，教會的勢力也在膨脹，教權和皇權的矛盾持續增加，導致了德意志長期的分裂。11世紀後半期到12世紀，教會勢力膨脹以後，教會與皇帝的矛盾日增，皇帝和教皇為爭奪主教續任權展開了激烈的鬥爭，造成帝國政治長期動盪。

動盪終究沒有維持太長時間，神聖羅馬帝國德意志境內的諸侯終於分裂成新教和舊教兩大陣營。前一個陣營主張宗教改革，堅決反對羅馬教皇和奧地利哈布斯堡王室的干涉。但是權力的誘惑實在太大了，雖然奧地利哈布斯堡王室皇帝長期以來只是名義上的最高統治者，卻也想進一步擴大自己的地盤，所以他支持舊教（羅馬天主教）陣營。既然已經攤牌，最後決戰的日子很快就到了。

1618年兩大陣營燃起戰火，在這場長達三十年的戰爭中，神聖羅馬帝國在德意志及歐洲大陸的影響力被削弱。1648年，交戰雙方宣佈停火，簽署了《威斯特伐利亞和約》。該和約確定了德意志各諸侯國的主權地位，各諸侯國均有宣戰權和停戰權，神聖羅馬帝國再也無權干涉各諸侯國內政，它實際上已經名存實亡——用伏爾泰的話來說就是「既無羅馬，也不神聖，更不是個帝國」。

1789年，法國大革命爆發。神聖羅馬帝國皇帝利奧波德二世的妹夫，法王路易十六被推翻。而他妹妹，法國王后瑪麗‧安托瓦內特被法國共和政府處決，1792年，利奧波德二世正式與普魯士締結同盟，準備以武力干涉法國。

1793年，神聖羅馬帝國與普魯士、薩丁、英國、荷蘭和西班牙組成反法同盟。但這個聯盟在1797年，被拿破崙所率領的法國、義大利方面軍打敗而土崩瓦解。1799年，神聖羅馬帝國趁拿破崙的軍隊被困埃及的契機，聯同英國、土耳其、俄國組成了第二次反法同盟，再次發起反法戰爭，但同樣被拿破崙親自指揮義大利方面軍於1780年擊敗。

1804年拿破崙稱帝，神聖羅馬帝國再次與英國、俄國、瑞典和那不勒斯，組成第三次反法同盟，拿破崙迅速作出反應，揮軍渡過萊茵河。12月2日，法、俄、神聖羅馬三國皇軍，在奧斯特利茨打了一場「三皇會

— 0　耶穌基督出生

— 100

— 200

— 300
君士坦丁統一羅馬

羅馬帝國分成兩部
— 400

— 500　波斯帝國

— 600　回教建立

— 700

— 800

凡爾登條約
— 900

神聖羅馬帝國建立
— 1000

— 1100　十字軍東征

— 1200
蒙古第一次西征

— 1300
英法百年戰爭開始

— 1400

哥倫布發現新大陸
— 1500

英國大破無敵艦隊
— 1600

發明蒸汽機
— 1700

美國獨立
— 1800

美國南北戰爭開始
— 1900
第一次世界大戰
第二次世界大戰

— 2000

上古時期　　BC

漢

　　　　　— 0

　　　　　100 —

三國　　　　200 —

晉
　　　　　300 —

南北朝　　　400 —

　　　　　500 —

隋朝　　　　600 —
唐朝

　　　　　700 —

　　　　　800 —

五代十國　　900 —

宋
　　　　　1000 —

　　　　　1100 —

　　　　　1200 —

元朝
　　　　　1300 —

明朝
　　　　　1400 —

　　　　　1500 —

　　　　　1600 —
清朝
　　　　　1700 —

　　　　　1800 —

　　　　　1900 —
中華民國

　　　　　2000 —

戰」。最終獲勝的還是戰神拿破崙，法軍攻入哈布斯堡領地摩拉維亞，在普魯士境內徹底擊潰了聯軍。

　　法國的軍事勝利使拿破崙占據和控制了德意志的大部分，拿破崙將緊連法國的萊茵河左岸地區，納入法蘭西帝國版圖，由法蘭西帝國直接統治，派他的弟弟熱羅姆為威斯特伐利亞王國國王。

　　在拿破崙的威逼利誘下，1806年7月12日至16日，巴伐利亞國王、符騰堡國王、巴登大公、黑森——達姆斯塔特大公以及拿索的幾位公爵、列支敦士登侯爵等16個德意志邦國的代表，在巴黎簽署了一個萊茵聯邦議定書，正式宣佈：自1806年8月1日起，放棄德意志帝國爵位，脫離帝國，組成萊茵聯邦，設兩院制的議會於法蘭克福。8月1日，拿破崙發出通知，他不再承認德意志帝國。8月6日，查理大帝第54代後裔德意志帝國皇帝弗蘭茨二世發表宣言，宣佈神聖羅馬帝國皇帝的稱號已不復存在，一切帝國議會等級代表的義務也已解除，他本人僅保留奧地利皇帝的頭銜，稱弗蘭茨一世。

　　這樣，存在800多年的德意志民族的神聖羅馬帝國正式玩完了，萊茵聯邦視拿破崙為保護人，完全成為法蘭西帝國的附庸。

普魯士肩負起統一大任

　　局面四分五裂一團糟，面對這種情況，在德意志諸邦中，唯一有能力跟奧地利挑戰統一德意志的邦國是普魯士。

　　1701年，勃蘭登堡-普魯士選侯腓特烈三世支持奧地利哈布斯堡王朝向法國波旁王朝宣戰，以此從神聖羅馬帝國那裡換取了國王稱號，並於當年的1月18日，腓特烈三世在柯尼斯堡加冕成為普魯士國王腓特烈一世，從此宣佈普魯士王國正式建立。隨著普魯士力量的逐步壯大，他成為德語世界各邦國的扛把子（老大），扛起了統一德意志的大旗。

　　由於繼承了條頓騎士團的軍事傳統，普魯士的軍隊向來以紀律嚴明、

作戰勇敢著稱，腓特烈一世堅持推行軍國主義政策，獎勵軍事工業，建立常備軍，普魯士國家變成了一架強大的軍事機器。他在位時期，普魯士軍隊的人數幾乎增加了一倍，達85460人，相當於全國居民的4％。在全歐，普魯士在人口方面占第13位，但是其軍隊的數目卻占第4位，國家財政收入的3/4都用在軍事上。

腓特烈二世（即腓特烈大帝）則更厲害，他以驍勇善戰著稱，他在1740年繼承王位，即位7個月之後即進攻西里西亞，進而引發奧地利王位繼承戰爭，戰爭的最終結果是，腓特烈二世擊敗了奧地利，迫使其簽訂了《德累斯頓和約》。根據和約，奧地利將幾乎整個西里西亞都割讓給了普魯士。

奧地利1756年與法國結盟，試圖奪回被普魯士奪占的西里西亞，俄國、薩克森、瑞典和西班牙先後參加了這個聯盟。腓特烈大帝獲悉後立即與英國結盟進行對抗，戰爭於當年8月打響，一直持續到1763年，因此也被稱為七年戰爭，普魯士最終擊退了法奧聯軍，取得勝利。

奧地利被迫簽訂《胡貝圖斯堡條約》，繼上次奧地利王位繼承戰爭後再次不敵普魯士，永遠失去了西里西亞這個富庶之地。1788年，普魯士國王腓特烈大帝下令在柏林城中重新建造勃蘭登堡門，用於紀念七年戰爭，勃蘭登堡門門頂安放了一尊勝利女神像，象徵著普魯士的崛起。

經過多次的戰爭，腓特烈二世樹立了「軍事天才」的個人榮譽，普魯士也完全變成了一個軍事國家。勃蘭登堡原來領地的面積僅有23751平方公里，到1772年，普魯士王國的領土已經增加到194891平方公里了。腓特烈二世同時還從伏爾泰那裡接受了啟蒙主義思想，改進司法和教育制度，鼓勵宗教信仰自由，並扶植科學和藝術的發展。到1786年腓特烈二世去世時，普魯士已經成為歐洲強國之一，其行政機構的高效率和廉潔為歐洲之首。

法國大革命中，普魯士參加反法同盟，但敗於法軍，被迫割讓了16萬平方公里的領土並賠款13億法郎。1806年慘敗後，普魯士首相卡爾·施泰因開始推行改革，其措施包括：讓公民參與政治，以喚醒其民族主義情

BC

— 0　耶穌基督出生

— 100

— 200

— 300　君士坦丁統一羅馬
　　　羅馬帝國分成兩部
— 400

— 500　波斯帝國

— 600　回教建立

— 700

— 800

　　　凡爾登條約
— 900
　　　神聖羅馬帝國建立
— 1000

— 1100　十字軍東征

— 1200
　　　蒙古第一次西征

— 1300
　　　英法百年戰爭開始

— 1400

　　　哥倫布發現新大陸
— 1500

　　　英國大破無敵艦隊
— 1600

　　　發明蒸汽機
— 1700

　　　美國獨立
— 1800

　　　美國南北戰爭開始
— 1900
　　　第一次世界大戰
　　　第二次世界大戰

— 2000

上古時期　BC

漢

— 0

100 —

三國

200 —

晉

300 —

南北朝

400 —

500 —

隋朝

600 —

唐朝

700 —

800 —

五代十國

900 —

宋

1000 —

1100 —

1200 —

元朝

1300 —

明朝

1400 —

1500 —

1600 —

清朝

1700 —

1800 —

1900 —

中華民國

2000 —

感；釋放農奴；實行地方自治；改組中央政府機構等。

　　這些措施使普魯士建立起了資本主義大地產制度，推進了資本主義的發展，極大增強了普魯士的實力，1809年在柏林創辦了腓特烈‧威廉大學（柏林大學），積極發展教育，培養出以高素質聞名的普魯士國民。同時格哈德‧馮‧沙恩霍斯特開始對普魯士軍隊進行改革，建立了普遍軍役制度，採用新型戰術，提高士兵地位，加強愛國教育，軍事實力也大為增強。

　　1812年冬，拿破崙軍隊自俄國敗退，普魯士遂於次年再度參加反法同盟，於1813年3月17日對法國宣戰，10月24日，普、奧、俄三國聯軍在萊比錫大敗法軍。1814年勝利女神雕像被迎回柏林，它曾於1806年被拿破崙劫持到了巴黎。柏林人將這座失而復得的雕像稱為「歸來的馬車」，在進行修復的同時，雕像上的橡樹花環中還被添加了象徵權力的鐵十字勳章，這枚普魯士鐵十字勳章是根據腓特烈三世的建議設計的，此後一直是德國軍隊的標誌。

　　修復後的勝利女神像被重新安放在勃蘭登堡門上，普魯士人的愛國主義情緒空前高漲。1815年，普魯士軍隊在滑鐵盧再度擊敗法軍。根據維也納會議的領土調整，普魯士疆域擴大到萊茵河，成為歐洲列強之一，更重要的是，普魯士超過奧地利，成為德意志邦聯內德語居民占優勢的唯一強國。

　　1834年，普魯士在德意志地區建立了德意志關稅同盟，成功地排除了奧地利和漢堡，全部德意志邦國都加入該同盟，普魯士成為德意志邦聯的領袖。而奧地利由於被普魯士一再擊敗，實力大為衰落，此時又遭到了德意志各邦國的孤立，再也無力與普魯士爭奪德意志民族的領導權。

　　實際上，奧地利的統治重點始終是放在中歐和南歐，而不是德意志。所以它也就不再和普魯士繼續爭鬥，德意志民族統一的旗幟交到了普魯士的手中。

普魯士首相俾斯麥的鐵血政策

雖然說統一的旗幟交到了普魯士手中，但終究需要有一個偉大的棋手，他就是俾斯麥。由於這位「鐵血宰相」的改革和發動的統一戰爭，造就了德意志帝國，他當之無愧為德國統一的頭號功臣。

1815年4月1日，俾斯麥出生在普魯士的一個小鎮上。父親是一個退休的貴族，終日只與友人打獵，並且在35歲那年娶了一個只有17歲的女子，這位女子就是俾斯麥的母親。

俾斯麥的母親共生養了6個孩子，其中3個不幸夭折。俾斯麥的父親希望他能成為出色的軍人，為國盡忠；但是母親則希望他成為政治家，光耀門楣。偉大的俾斯麥最後讓父母的願望都實現了。

俾斯麥2歲時，隨父親移居庫寧堡莊園，並在那裡度過了自己的童年。當他8歲的時候，就被送往柏林小學讀書。那所學校的大多數學生家長都是資產階級，作為傳統貴族之子的俾斯麥備受排擠，同學們總是有意無意地取笑他。這些讓他的童年承受著極大的壓力，也養成了他孤僻好鬥的性格。

未滿17歲的時候，俾斯麥便就讀了哥廷根大學，但是童年孤僻的性格依然沒有改變。在哥廷根大學期間，俾斯麥經常腰帶佩劍，手牽著一隻大狼狗，四處走動，不時地與人發生衝突。同學們都無法忍受他那桀驁不馴的性格，俾斯麥也很少與他們來往，這樣一來，他對學習就逐漸失去了興趣。很快，俾斯麥就在擊劍中找到了自己的興趣，他刻苦練習並使自己的劍術達到了一個相當高的水準，讓歧視他的人飽嘗了苦頭。他在哥廷根大學裡的3個學期，大部分時間都是在學校的禁閉室中度過的。後來他轉入柏林大學讀法律。畢業後，俾斯麥成了一名律師，參加了政府招考公務員的考試，當上一個小書記員。

1845年，俾斯麥想辦法當上了河堤監督官。他在這個職位做的非常出色，得到了眾人的好評。他趁熱打鐵，抓緊機會參加議員選舉。可是，他

— 0　耶穌基督出生

— 100

— 200

— 300　君士坦丁統一羅馬

羅馬帝國分成兩部
— 400

— 500　波斯帝國

— 600　回教建立

— 700

— 800

凡爾登條約
— 900

神聖羅馬帝國建立
— 1000

— 1100　十字軍東征

— 1200
蒙古第一次西征

— 1300
英法百年戰爭開始

— 1400

哥倫布發現新大陸
— 1500

英國大破無敵艦隊
— 1600

發明蒸汽機
— 1700

美國獨立
— 1800

美國南北戰爭開始
— 1900
第一次世界大戰
第二次世界大戰

— 2000

上古時期　　BC

漢

—0

100 —

三國　　　200 —

晉

300 —

400 —

南北朝

500 —

隋朝　　　600 —

唐朝

700 —

800 —

五代十國　900 —

宋

1000 —

1100 —

1200 —

元朝

1300 —

明朝

1400 —

1500 —

清朝　　　1600 —

1700 —

1800 —

1900 —

中華民國

2000 —

只被選為候補議員，但俾斯麥玩弄手段，迫使一位議員以患病為由退出，令他名正言順地當上了議員。1847年5月，33歲的俾斯麥當上柏林州的議員。

1848年，革命席捲歐洲，對時局極為敏感的俾斯麥一刻都沒有耽擱，他迅速組織一支軍隊，準備入京勤王。在這一過程中，俾斯麥以其極端的保王思想而小有名氣。所以當革命的風潮被國王鎮壓下去後，普魯士國王腓特烈四世就任命他為普魯士邦駐法蘭克福德意志聯邦代表會的代表，之後歷任駐俄大使、駐法大使，可謂平步青雲。

在俾斯麥任駐俄大使的時候，普魯士國王腓特烈四世精神錯亂，他的弟弟威廉一世就主持大局，以攝政王的身分管理國家事務。腓特烈四世病死後，威廉一世自然就成為普魯士國王，但是他的繼位並沒有得到廣泛承認，只得到了陸軍的支持。陸軍大臣羅恩深知俾斯麥的才華，就出面向皇帝保薦俾斯麥出任首相。

但威廉一世根基未穩，加上又不太瞭解俾斯麥，所以只是提升他為內相，這使得俾斯麥很失望。俾斯麥並沒有表露出不滿，而是在表面上保持忍耐，暗地裡卻挑動議會與國王就擴軍問題發生爭執。這種爭執使得威廉一世的皇位受到很大威脅，他急於獲得陸軍的支持，所以只能答應軍方的要求，於1862年任命俾斯麥出任首相兼外交大臣，俾斯麥終於夢想成真的當上了宰相。

說起來，俾斯麥也是個奮鬥不止的人，他先是用武力鎮壓革命，後又成為駐外代表及各國大使，接著1862年又做了普魯士的宰相，並兼職為外交大臣，成了很厲害人物。

做了宰相的俾斯麥上任就是三把火：「關於政治衝突，和談沒有一點用，只有鐵和血才能解決問題，槍桿子時出人才、出政權！」後來，人們只要聽到鐵和血，就會想起他這個「鐵血宰相」。

俾斯麥剛做上宰相，為什麼不採取溫柔政策拉攏人心呢？原來，當時德國四分五裂，經濟發展比較慢，統一問題開始被當局關注，這對奧地利和普魯士非常有利，於是，他們就展開了戰鬥，爭取大國的領導權。剛開

始，兩個國家實力差不多，半斤八兩，誰也不讓誰，就打了幾個回合，結果都以平手告終。又過了些年頭，正值普魯士強大起來的時候，俾斯麥當上了首相，權力更大了。

俾斯麥當上首相的第一週，就在下議院一次會議上發表即興演講。其中一段話讓後世人記得非常深刻，他說：「德國所指望的不是普魯士的自由主義，而是他的武力！當代的重大政治問題不是用說空話和多數派決議所能決定的，而必須用鐵和血來解決。」議會主張走和平路線，利用各邦的聯合組成更為緊密的德意志聯邦，進而統一國內市場。俾斯麥清楚地認識到，這種依靠各邦自願聯合的可能性微乎其微。他鄙視議會自認為可以靠投票解決統一問題的想法，堅持認為只有依靠武力和犧牲，透過發動對外戰爭，消滅掉所有對手，最終才能完成統一大業。

在俾斯麥鐵血政策的指導下，普魯士的國力、軍力不斷發展壯大，逐漸取得了對奧地利的優勢。後來經過三次較大規模戰爭，德意志實現了統一大業。

普奧戰爭

俾斯麥在統一大戰中取得了勝利，不僅依靠他公開標榜的鐵與血，還有著他不能說的祕密，那就是俾斯麥所運用的高超外交智慧。

在德國統一過程中，俾斯麥反覆在背地裡運用欺詐的手腕，展開了種種外交攻勢，配合著正面戰場的鐵與血，以最小的代價達到了最終的目的。俾斯麥精心策劃了三次戰爭：丹麥戰爭、普奧戰爭以及普法戰爭。每一場戰爭的處理結果都為發動下一次戰爭做好準備，環環相扣，步步為營。

「鐵血政策」的第一步，就是拿丹麥開刀。俾斯麥在靜靜地等待一個合適的機會，1863年末，機會終於來了。

丹麥突然吞併了施勒斯維希和霍爾施泰因，而這兩個地方一直是屬於

BC

— 0　耶穌基督出生

— 100

— 200

— 300
君士坦丁統一羅馬
羅馬帝國分成兩部
— 400

— 500　波斯帝國

— 600　回教建立

— 700

— 800
凡爾登條約
— 900
神聖羅馬帝國建立
— 1000

— 1100　十字軍東征

— 1200
蒙古第一次西征
— 1300
英法百年戰爭開始

— 1400

哥倫布發現新大陸
— 1500
英國大破無敵艦隊
— 1600

發明蒸汽機
— 1700

美國獨立
— 1800
美國南北戰爭開始
— 1900
第一次世界大戰
第二次世界大戰

— 2000

上古時期　BC

漢

　　　 — 0

100 —

三國　 200 —

晉

300 —

南北朝　400 —

500 —

隋朝　 600 —
唐朝

700 —

800 —

五代十國 900 —

宋

1000 —

1100 —

1200 —

元朝

1300 —

明朝

1400 —

1500 —

1600 —

清朝

1700 —

1800 —

1900 —

中華民國

2000 —

德意志邦聯的，以此為藉口，普魯士立即對丹麥開戰。在這場戰爭中，俾斯麥充分發揮了他的外交手腕：這場戰爭本來不關奧地利什麼事，但是俾斯麥許諾以霍爾施泰因為代價，騙取了奧地利與他一起參戰。

　　這其實是有一個大陰謀的：霍爾施泰因面積狹小，給奧地利根本算不了什麼，但是它被普魯士包圍，很容易就會引起衝突，為以後對奧作戰留了一個引子。

　　戰爭開始後，一切都按俾斯麥的預計在進行：6萬普奧聯軍很快打敗了丹麥4萬士兵，普魯士得到了施勒斯維希。更重要的是，俾斯麥使得奧地利與丹麥的同盟土崩瓦解。所以，當普魯士調轉槍口向南對著奧地利時，再不會擔心丹麥進攻自己了。

　　「鐵血政策」的第二步，就是挑起對奧地利的戰爭。打敗丹麥後，僅僅兩年，俾斯麥就翻臉不認人，將槍口對準了奧地利。

　　這麼看來，俾斯麥也的確真是個政治上的能人，他要進攻丹麥，又怕奧地利在旁邊胡鬧，就聯合奧地利一起進攻丹麥。奧地利被俾斯麥玩得團團轉，沒看出來其中的玄機，竟然同意進攻丹麥。很快，普魯士和奧地利戰勝了丹麥，並分吃了這塊肥肉。

　　這樣一來，俾斯麥高興了，他馬上把槍口對準奧地利，雖然，奧地利並不像丹麥那樣好欺負。但是俾斯麥對此早有準備，俾斯麥故伎重演，他一邊聯合義大利，一邊發誓給法國好處，穩住了法國。萬事都弄好後，就剩俾斯麥要發鏢了。他先挑釁一下奧地利，以便找個打仗的理由，奧地利又上當了，戰爭開始了。

　　義大利因在威尼斯地區與奧地利有嚴重衝突，所以馬上答應了普魯士的請求，雙方結成反奧聯盟。

　　然後，俾斯麥三次親往法國，假意許諾拿破崙三世，打敗奧地利後，讓法國得到一份領土報酬。在利益面前，無論是奧地利還是法國都沒能經住誘惑，最終都自釀苦果。

　　穩住了法國。做好了這所有一切的工作後，俾斯麥一再挑起摩擦，厚著臉皮要求奧地利，將不久前從丹麥手中得到的霍爾施泰因再轉讓給普

魯士，同時提出改革德意志聯邦法案，以期排除奧地利在整個德意志的影響。奧地利當然不答應，於是就聯合不少德意志小邦反對普魯士。普奧戰爭爆發。

1866年6月，奧軍28萬人對付普軍25萬人，7月3日，雙方主力集結於薩多瓦村附近展開決戰，俾斯麥抱著賭博式的心理，下決心一舉擊潰奧軍，在戰前帶上了毒藥，準備一旦失敗就服毒自殺！

這一天，俾斯麥領著他的部隊去找奧地利，雙方在薩多瓦村附近決戰。俾斯麥說：「士兵們，如果你們想過好日子，就給我打勝仗。如果你們想和我一起吃手中的毒藥，就不用往前衝了。」士兵狠勁地往前衝，結果，普魯士大獲全勝。

這場大戰以普軍獲勝告終，10天後，普軍逼近奧地利都城維也納。

普法戰爭與德國統一

當包括國王在內的所有人都提議一舉攻入維也納時，富有政治遠見的俾斯麥再一次站了出來，拼命抵制，因為他預計到法、俄會出面干預。俾斯麥在這個時刻，又一次耍起高明的外交手段，既拿得起，也放得下，停止進攻維也納，和奧地利簽訂了寬鬆的《布拉格條約》，關鍵時刻放奧地利一馬。

果然，未來的普法戰爭中，奧地利沒有給他的盟友法國以任何援助，普魯士再一次避免了兩線作戰。《布拉格條約》簽訂後，奧地利被迫宣佈退出德意志。這樣，普魯士就統一了德國整個北部和中部地區，建立北德意志聯邦。這時，只有德意志南部緊鄰法國的四個邦國（巴登、符騰堡、巴伐利亞、黑森－達姆施塔特）仍舊保持獨立。俾斯麥想兼併這四個邦國，但他知道，法國一定會干預，導致德國的統一難以實現。

所以，俾斯麥「鐵血政策」的第三步，就是進行普法戰爭，打敗法國。與奧地利相比，法國是更為強大的對手，俾斯麥明白普魯士不能蠻

— 0　耶穌基督出生

— 100

— 200

— 300　君士坦丁統一羅馬
　　　　羅馬帝國分成兩部
— 400

— 500　波斯帝國

— 600　回教建立

— 700

— 800
　　　　凡爾登條約
— 900
　　　　神聖羅馬帝國建立
— 1000

— 1100　十字軍東征

— 1200
　　　　蒙古第一次西征
— 1300
　　　　英法百年戰爭開始
— 1400
　　　　哥倫布發現新大陸
— 1500
　　　　英國大破無敵艦隊
— 1600
　　　　發明蒸汽機
— 1700
　　　　美國獨立
— 1800
　　　　美國南北戰爭開始
— 1900
　　　　第一次世界大戰
　　　　第二次世界大戰
— 2000

幹，必須團結整個德意志的力量，於是，俾斯麥在外交上再一次顯示了他的高明之處。1870年，俾斯麥以西班牙王位繼承問題製造爭端，誘使法皇拿破崙三世對普魯士宣戰，而普魯士則藉此機會團結德意志民族，保家衛國。

普魯士很快便擊退了入侵的法軍，並向法國作出反攻，在色當會戰中，普軍大敗法軍，生擒法皇拿破崙三世。隨後，普軍進軍至巴黎，這時的巴黎爆發了巴黎公社運動，將新建立的臨時政府趕出了巴黎。法國一片混亂，這時的俾斯麥沒有趁火打劫，在關鍵時刻保持了一如既往的冷靜，決定幫助法國資產階級政府，消滅巴黎公社。果然，在戰後談判中，德國獲得了更大的利益。

色當戰役的勝利，使俾斯麥的「鐵血政策」在德意志人面前展現了輝煌的戰果，同時也震懾了南德諸邦。巴伐利亞、巴登、符騰堡、黑森先後派代表團到達凡爾賽，與普魯士進行關於國家統一的談判。俾斯麥根據南德四邦對待統一的不同態度，用起了分化瓦解的手段：拉攏巴登和黑森兩個小邦國，向巴伐利亞讓步，唯獨孤立符騰堡。

1870年11月15日，巴登、黑森加入聯盟。23日，巴伐利亞獲若干自主權後也加入聯盟。兩天後，孤立的符騰堡只得就範。至此，緬因河南北的兩部分德意志連成一片了。

就這樣，俾斯麥的想法實現了，普魯士統一了德國大部分地區，德意志聯邦成立了。然而，俾斯麥並不滿足，他還要和法國開戰，統一德國全境。1870年，俾斯麥終於準備好了，他命令士兵向法國進攻，普法戰爭打響了。第二年，俾斯麥取得了勝利，打敗了強大的法國，德意志實現了完全的統一。

這就是俾斯麥，是他用鐵血政策統一了德國。世人做夢也不會想到，從小不務正業，光顧打架鬥毆的小孩，會有這麼大的出息。

德意志帝國的誕生

統一的德意志帝國呼之欲出，然而在皇帝稱號問題上，俾斯麥很頭疼，陷入了兩難境地。太子繼位心切，竭力促成一個新的「自由德意志帝國」的誕生。國王威廉一世則不願「和老普魯士分離」，認為接受德意志的皇帝稱號，等於「把老的普魯士稱號撂下」，因而不肯接受「普魯士國王」以外的新的稱號。

這父子倆，一個急於建立，一個不願建立新的帝國，但動機都是一樣的，即想把德意志溶化於普魯士。而這一點正是作為政治家的俾斯麥所忌諱的。

為了做到既可使統一的德意志普魯士化，又能消除南德各邦對普魯士化的疑慮，俾斯麥耍了一個計謀，用重金收買獨立性最強的巴伐利亞國王路德維希二世及其大臣，讓他們上書普王，以德意志諸侯的名義請求威廉一世重建德意志帝國，並接受皇帝稱號。在俾斯麥的安排下，普王終於勉強改變初衷，於12月16日接受了由30名議員組成的代表團呈遞的「勸進書」。

普法戰爭勝利後不久，普軍還未撤出法國。1871年1月18日，也就是腓特烈一世加冕普魯士國王170週年紀念日的時候，在法國凡爾賽宮72公尺長的鏡廳舉行了一場盛典，普魯士國王正式加冕為德意志皇帝，一個新的德意志帝國宣告成立。

由於以前已經有一個神聖羅馬帝國，所以在德國歷史上，這個帝國又被稱為第二帝國。新成立的德意志帝國包括4個王國、6個大公國、很多自治領、3個自由市以及一個直轄地。

同年4月16日，德意志皇帝授權國會通過了帝國憲法，憲法確定德意志各具體組成單位要「締結為一個永久的聯邦」。雖然各邦國在名義上可以保有一些自治權，實際上大權已經被中央收回，這樣一來，德國從政治上完成了真正的統一。

BC

— 0　耶穌基督出生

— 100

— 200

— 300
　　君士坦丁統一羅馬
　　羅馬帝國分成兩部
— 400

— 500　波斯帝國

— 600　回教建立

— 700

— 800
　　凡爾登條約
— 900
　　神聖羅馬帝國建立
— 1000

— 1100　十字軍東征

— 1200
　　蒙古第一次西征
— 1300
　　英法百年戰爭開始

— 1400
　　哥倫布發現新大陸
— 1500
　　英國大破無敵艦隊
— 1600

— 1700　發明蒸汽機
　　美國獨立
— 1800
　　美國南北戰爭開始
— 1900
　　第一次世界大戰
　　第二次世界大戰
— 2000

上古時期　BC

漢

— 0

100 —

三國

200 —

晉

300 —

南北朝

400 —

500 —

隋朝　600 —

唐朝

700 —

800 —

五代十國

900 —

宋

1000 —

1100 —

1200 —

元朝

1300 —

明朝

1400 —

1500 —

1600 —

清朝

1700 —

1800 —

1900 —

中華民國

2000 —

在這部憲法中，皇帝處於一個非常高的地位，它規定帝國是君主立憲制，德意志皇帝就是帝國元首，由普魯士國王擔任。這個元首不像英國女王那樣只是個虛位，它實實在在地集中了國家的巨大權力。

最有意思的是，這個憲法規定，帝國只有一名大臣即首相，他負責主持帝國政府，直接由皇帝任命產生，所以他只對皇帝負責而不對議會負責。為什麼說只有首相才是大臣呢？因為首相在內閣中擁有絕對的權力，各部都不是獨立的機構，部長只是首相的助手。

憲法還規定立法權屬帝國國會和聯邦議會。但實際上，二者的實際權力都很小。就後者來說，雖然它名義上享有最高監督權，但是皇帝可以根據自己的需要召開和解散聯邦議會，這就等於在聯邦議會頭上懸了一把劍，而且是一把隨時可能掉下來的劍。

就前者而言，雖然憲法規定帝國國會是立法機構，行使立法權，可是它不是政府，而且不能自行通過任何一項對政府不利的法案；最關鍵的是，它所通過的一切法律和其他決議都不能單獨生效，而是要取得聯邦議會和皇帝的同意方能生效。

從大的時代背景來看，當德意志實現國家統一的時候，歐洲資本主義在政治上已經開始逐漸顯露頹勢。所謂的民主政治已經被現實所否定，資產階級再不能也不敢用民主手段管理國家了，特別是考慮到德國的具體情況，地主階級的實力還很強大。所以反民主的普魯士軍事官僚專制統治，便獲得了良好的生長環境，成為第二帝國的支柱。

俾斯麥經營歐洲關係

德意志帝國成立後，俾斯麥被任命為帝國政府的首相，從1871年起到1890年，俾斯麥一直就是這個帝國的「監護人」。俾斯麥不僅締造了德國，同時也琢磨著帝國的未來。

他為德國設計出了未來應該走的道路，那就是：維持歐洲大陸的均

勢，堅持走中間路線，結好英、俄，孤立法國，以此為德意志帝國創造一個絕對安全的環境，在確保和平生存的前提下使德國走向強大。由於某些原因，俾斯麥的方案最終被放棄，德國選擇了在這條窮兵黷武的道路上繼續走下去，並引致了最終的悲劇。

俾斯麥看問題有自己獨到之處，但也使他顯得特立獨行。固執並不是他不能改變的性格，作為政治家的他在外交上能左右逢源，在國內他卻不能不堅持，而這些都是為了保證國家的利益。在國際上，他為自己的反覆無常而聲名狼藉，在國內他卻為自己的保守固執而代價不菲。大家都看到他表面的光榮，卻無法看到他心中的無奈。

正如俾斯麥在普魯士議會上的鐵血宣言一樣，他等於宣示了自己的不合群，這只是因為他堅持正確可行的政治理念。俾斯麥發動了三次統一戰爭，始終堅持與俄國保持友好關係，甚至不惜與普魯士統治集團決裂。在普奧戰爭中，俾斯麥堅決地抵制了國王和軍隊將領進攻維也納的要求。

如此固執的堅持己見，因為他明白「勝利後不提出能從敵人身上索取多少東西，而只追求政治上所需要的東西，這從政治上看是恰當的。」俾斯麥的國家利益至上思想，使他在因一直勝利進軍而興奮不已的統治集團內部保持了清醒的頭腦，作出更富遠見的決定。但人們總是局限於眼前可得的利益，很少能有人體會他那超越時代的決定，俾斯麥日益感到孤獨，終於他最堅強的靠山——國王也被利益沖昏了頭腦。

普法戰爭後，軍方向俾斯麥施壓，非要法國割讓洛林和阿爾薩斯不可。俾斯麥持審慎態度，不願與法國在這個視領土主權為神聖之物的時代裡結下世仇，但國王也想得到這兩塊地方，使俾斯麥最後不得不向軍方低頭，放棄自己的明智判斷力。

俾斯麥從一開始就對德國的政策行動表示出極端的憂慮。他的憂慮是有道理的：長久以來，歐洲大陸均勢傳統的破壞者是法國而非德國，普魯士則一向被英國、俄國等傳統大國視為穩定歐陸的盟友。

但當1871年1月18日德意志帝國在凡爾賽宮成立時，一個新的強大國家出現了，有龐大軍隊的支持，有科學與知識的裝備，為戰爭而組織起

BC
— 0　耶穌基督出生
— 100
— 200
— 300
君士坦丁統一羅馬
羅馬帝國分成兩部
— 400
— 500　波斯帝國
— 600　回教建立
— 700
— 800
凡爾登條約
— 900
神聖羅馬帝國建立
— 1000
— 1100　十字軍東征
— 1200
蒙古第一次西征
— 1300
英法百年戰爭開始
— 1400
哥倫布發現新大陸
— 1500
英國大破無敵艦隊
— 1600
發明蒸汽機
— 1700
美國獨立
— 1800
美國南北戰爭開始
— 1900
第一次世界大戰
第二次世界大戰
— 2000

上古時期　BC

漢

　　— 0

　100 —

三國
晉　　200 —

　300 —

南北朝　400 —

　500 —

隋朝
唐朝　600 —

　700 —

　800 —

五代十國　900 —

宋

　1000 —

　1100 —

　1200 —

元朝　1300 —

明朝

　1400 —

　1500 —

清朝　1600 —

　1700 —

　1800 —

中華民國　1900 —

　2000 —

來，因勝利而獲得崇高地位。俾斯麥深深地意識到一個強大到令人側目又不知節制的國家是危險的，在歐洲的歷史上，充滿著此類前車之鑑，例如路易十四和拿破崙的法國都遭到全歐洲的圍攻。俾斯麥不希望因德國的強大而被國際社會孤立，他保守的意識形態，反而使他能意識到國際關係中一條穩定的規律，而不至於被新時代的風潮所迷惑。

任何一個國家統一之初，都會面臨在複雜的國際環境中如何生存的問題，德意志也不例外。但它的處境卻好得多，東方的俄國是由來已久的盟友，且繼續受到俾斯麥的重視；對戰敗的奧地利的妥善處理，也為兩國關係的改善提供契機；對岸的英國無論是經濟上還是殖民地問題上，都與德國不存在利益衝突，甚至英國還希望德國強大，成為歐陸上抗衡法、俄的力量；法國在普法戰爭後一蹶不振，根本沒有實力將復仇口號付諸實踐。

俾斯麥並不因此而放心。他力圖為德意志帝國創造一個絕對安全的環境，而在德國處於歐洲中心這個事實面前，那是多麼困難！但俾斯麥卻做到了。從德意志帝國建立到俾斯麥辭職的二十年中，德國確實獲得了和平生存，實力逐漸強大。

俾斯麥所採取的政策是一心一意在歐洲經營，行事低調以鞏固原有勝利果實，避免太過張揚而引起他國妒恨，這些是為了保障夾在中間的德國的安全。俾斯麥精心編織的這張保護網，那麼完美卻又脆弱，一不小心就會破裂。但對於渴望榮譽的皇帝來說，這種政策不能使人滿足。威廉二世把俾斯麥視為舊時代的產物，他解僱了這位老臣，轉而採取了所謂的世界政策。

他的顧問們則充分地利用了皇帝的這種野心，衝破了俾斯麥設下的界限，收買了每一個利益集團，普通人民被帝國的榮耀所迷惑。德國政府用建造一支規模巨大海軍的方法，吸引了工業家和中產階級，用關稅堡壘來取悅農業地主，終於，德國走上了對外繼續擴張的道路。

俾斯麥回家養老以後，長居於漢堡附近的弗里德里希斯魯莊園，並寫了回憶錄《思考與回憶》。1898年7月30日，名震天下的鐵血宰相俾斯麥悄悄離世，享年83歲。

| 第三十六章 | 義大利的統一

分散的義大利和民族主義的興起

　　1848年革命失敗後的義大利仍然處於四分五裂的狀態。封建反動統治不變，外國的奴役變本加厲。北部的倫巴德和威尼斯受奧地利統治，中部的托斯坎那、摩地納、帕爾馬等公國直接或間接受奧地利控制。教皇領地羅曼那駐紮著奧地利的軍隊、羅馬駐紮著法國的軍隊、西班牙的波旁家族控制著兩西西里王國，只有北部的撒丁王國是義大利唯一不受異族控制的國家。義大利各地區的封建主，依靠外國勢力殘酷鎮壓國內的革命反抗運動，封建勢力在義大利境內勢力很大。對於義大利的統一，外國勢力竭力阻止，因為他們不希望出現一個統一強大的義大利，分裂更有利於他們的剝削。

　　但是任何勢力的阻撓，都抵擋不住義大利統一的歷史發展趨勢。1848年的歐洲革命打擊了封建制度，削弱了外國勢力，有利於資本主義經濟的發展。50至60年代，資本主義經濟出現高漲局面，在撒丁王國工業革命已經開始，義大利經濟發展非常迅速。不過，當時義大利的工業水準較低，主要集中在北方；各類紡織廠合計不到1000家，僅有15家小有規模；鐵路線不到2000公里，而且都是短途線路，沒有聯成網絡；機器工業只是些進口零件裝配廠和修理廠。與德國不同，德國的工業發展和經濟一體化，成為政治統一的物質前提和動力，而義大利愛國者則把經濟落後歸咎於政治分裂，把建立一個統一的義大利看作是經濟騰飛的必要前提。

　　社會經濟的發展引起了經濟力量的變化。資產階級化的貴族地主勢力增強，工商業資產階級勢力也顯著增強。資本主義的發展促進了民族意識

BC

— 0　耶穌基督出生

— 100

— 200

— 300　君士坦丁統一羅馬

　　　　羅馬帝國分成兩部
— 400

— 500　波斯帝國

— 600　回教建立

— 700

— 800

　　　　凡爾登條約
— 900

　　　　神聖羅馬帝國建立
— 1000

— 1100　十字軍東征

— 1200
　　　　蒙古第一次西征
— 1300
　　　　英法百年戰爭開始

— 1400

　　　　哥倫布發現新大陸
— 1500

　　　　英國大破無敵艦隊
— 1600

　　　　發明蒸汽機
— 1700

　　　　美國獨立
— 1800

　　　　美國南北戰爭開始
— 1900
　　　　第一次世界大戰
　　　　第二次世界大戰

— 2000

上古時期　BC

漢

— 0

100 —

三國
晉

200 —

300 —

南北朝

400 —

500 —

隋朝
唐朝

600 —

700 —

800 —

五代十國

900 —

宋

1000 —

1100 —

1200 —

元朝

1300 —

明朝

1400 —

1500 —

1600 —

清朝

1700 —

1800 —

1900 —

中華民國

2000 —

的復興，民族獨立與統一成為義大利人民的人心所向。50年代末期，義大利統一運動高漲起來，成為一個被稱作「復興運動」的潮流。

這體現了義大利人重振古代羅馬和文藝復興時期輝煌盛世的願望。歷史文化傳統乃是義大利復興運動的重要資源。義大利的民族振興意識也添加了新的時代含義。受法國大革命和拿破崙征服時期改革的影響，創建與「新法國」一樣統一而自由的「新義大利」，成為民族振興的目標。1815年後興起的復興運動，正是針對分裂義大利的內外專制統治。馬志尼創建的青年義大利黨明確地表達了義大利民族主義的目標：「新義大利，統一的義大利，全體義大利人的義大利」。

不過，在義大利復興問題上，義大利資產階級的民主派（共和派）和自由派有不同的主張。

民主派以馬志尼、加里波第為代表。馬志尼出身於一個醫生家庭，青年時代在熱那亞大學學習法學，畢業後做了律師，並且在熱那亞創辦報紙，宣傳愛國主義和民族解放思想。1831年在法國創辦青年義大利黨。後來馬志尼積極投身於1848年革命，並領導1849年成立的羅馬共和國。革命失敗後，他以百折不撓的精神繼續投身民族獨立和統一的偉大事業中。加里波第出身於一個海員家庭，受馬志尼的影響加入了青年義大利黨。1834年逃亡到美國，參加了南美的解放鬥爭達14年之久。1848年革命爆發前回國參加革命，後領導了1849年羅馬共和國的保衛戰。革命失敗後再次逃往美國，1859年又回國投入到民族獨立和統一的事業，成為一個偉大的軍事家。

民主派把民族主義與共和主義融於一爐，主張透過自下而上的民族革命戰爭，推翻各邦封建制度，驅逐外國侵略者，建立一個統一的資產階級民主共和國。這一派以中小資產階級為基礎，團結了貧民和工人，但對占人口70%的農民的問題不夠重視。他也提出給農民一定的物質利益以獲得其支持，但卻看不到封建土地制度是封建專制統治的基礎，不主張破壞舊有的土地關係，沒有進行土地改革。因此民主派沒有得到農民的支持，結果只能採取靠少數人暴動、暗殺等活動方式。1848年革命失敗後，馬志尼

組織了起義，希望透過起義來發動一場自下而上的革命武裝抗爭，來實現義大利的統一和獨立。如1853年2月米蘭起義、1854年刺殺帕爾馬大公、1856年刺傷那不勒斯王國國王斐迪南二世、1857年那不勒斯遠征等。由於群眾不瞭解這些行動的意義，沒有給予支持，使革命力量遭受重大損失。這些行動雖然沒有引爆預期的革命，但維繫了義大利人民族復興的決心和希望，為即將到來的民族統一運動的高潮奠定了基礎。

另一派是以撒丁王國首相加富爾為代表的自由派，這一派代表了大資產階級和資產階級化的貴族的利益。該派害怕群眾式的革命抗爭，主張以撒丁王國作為統一國家的力量，透過自上而下的王朝戰爭驅逐外國勢力，實現統一；利用有限的資產階級改革，建立一個君主立憲制的國家。

加富爾在任撒丁王國首相期間，採取了一些措施加強撒丁王國的實力，提高了王國在義大利和整個歐洲的地位和聲望。自由派主張取得了實際效果，使自由派更加堅定了這條道路的決心，同時也博得了許多民主派的好感，特別是在民主派組織的起義多次失敗後，許多的中小資產階級也開始把希望寄託在加富爾身上。曾在1848年任威尼斯共和國總統的著名民主派領導人曼寧發表聲明說：「為了祖國大業，共和派再一次採取了克制和犧牲的行動。它相信建立義大利是頭等大事，它對薩伏依王朝說：建立義大利，我就站在你的一邊。」1857年，加富爾籌建了「義大利民族協會」，讓民主派曼寧擔任主席，加里波第擔任副主席，把相當大的民主派力量集中到他麾下。

撒丁王國肩負統一大任

19世紀上半葉義大利共存在八個邦國和地區。東北部的倫巴第——威尼斯地區，是奧地利的一個總督轄區。中部的帕爾馬等三個公國也是奧地利人統治。中部是由羅馬教皇實行世俗統治的教皇國。南部的兩西西里王國則處於西班牙波旁王室的統治之下。以上這些地區都是處於外國的統治

BC

— 0　耶穌基督出生

— 100

— 200

— 300　君士坦丁統一羅馬
　　　　羅馬帝國分成兩部
— 400

— 500　波斯帝國

— 600　回教建立

— 700

— 800
　　　　凡爾登條約
— 900
　　　　神聖羅馬帝國建立
— 1000

— 1100　十字軍東征

— 1200
　　　　蒙古第一次西征
— 1300
　　　　英法百年戰爭開始
— 1400
　　　　哥倫布發現新大陸
— 1500
　　　　英國大破無敵艦隊
— 1600
　　　　發明蒸汽機
— 1700
　　　　美國獨立
— 1800
　　　　美國南北戰爭開始
— 1900
　　　　第一次世界大戰
　　　　第二次世界大戰
— 2000

上古時期　BC

漢

－ 0

100 －

三國　　200 －

晉

300 －

南北朝　400 －

500 －

隋朝　　600 －
唐朝

700 －

800 －

五代十國　900 －

宋

1000 －

1100 －

1200 －

元朝

1300 －

明朝

1400 －

1500 －

1600 －

清朝

1700 －

1800 －

1900 －

中華民國

2000 －

之下，只有西北部的撒丁王國處於義大利人的統治之下。

　　撒丁王國，位於義大利西北部，主要由皮埃蒙特和薩丁島兩部分組成。皮埃蒙特是義大利北部的政治經濟文化中心，撒丁王國的首都都靈就在這裡。因此撒丁王國也稱為皮埃蒙特或稱皮埃蒙特——撒丁王國。

　　1720年，皮埃蒙特君主薩伏依公爵阿馬戴烏斯二世依據1718年各大國簽訂的《倫敦條約》，被迫將義大利半島南部的西西里島讓與奧地利，換取位於地中海中部面積24090平方公里的薩丁島，並在此基礎上於1743年建立了撒丁—皮埃蒙特王國，轄義大利的西北部地區、皮埃蒙特、薩伏伊和撒丁尼亞島，設首都於都靈。1796年，拿破崙軍隊占領了撒丁王國北部的皮埃蒙特，當時的國王卡洛·艾曼努爾四世就逃往薩丁島避難去了。直至1814年維也納會議才收回皮埃蒙特，並將鄰近公國熱那亞共和國併入。這個王國是法國與奧地利帝國之間的一個緩衝區。

　　1830年撒丁王國開始實行工業化，資本主義已經有了相當大的發展。1848年，皮埃蒙特、托斯坎那和教皇轄地間建立了關稅同盟，工商業逐漸活躍。50～60年代，在義大利出現了資本主義經濟的高漲形勢。在北部的皮埃蒙特、倫巴底、托斯坎那等地區，使用機器生產的工廠企業日漸增多，紡織業的發展最為顯著。在這期間，棉織品的產量增加了三倍，毛織品產量增加了二倍，絲織品產量增加了一倍。冶金和機械製造業等新的工業部門也開始建立。與此同時，農業資本主義也有很大的進步。一部分地主改變經營方式，開始使用僱傭工人，建立資本主義農場。在歐洲1848年革命時期，比較開明的君主卡洛·阿爾貝托登基，曾頒佈自由主義新憲法即阿爾貝特憲法。規定撒丁王國是一個君主立憲制國家，並限制王權，建立兩院制議會，使資產階級自由派掌握了政權。

　　此後，撒丁王國逐漸成為義大利半島上資本主義經濟最發達的王國，成為義大利境內唯一獨立的君主立憲制國家。雖然一開始撒丁軍隊形勢很好，但很快被奧地利老將拉德斯基元帥擊敗。如同義大利其它地區，撒丁王國的政治也不穩定，政府經常變更。1850年，卡洛·阿爾貝托再次與拉德斯基元帥作戰，慘敗後在戰場上宣佈退位，他的兒子維托里奧·艾曼努

爾二世登基。撒丁王國開始由一個比較開明的政府組閣。

　　1852年起，新首相卡米洛‧加富爾伯爵進行了多項行之有效的改革，使王國的實力日益增強，逐漸成為義大利半島上資本主義經濟最發達，和資產階級自由派力量最集中的地區，為後來的義大利統一奠定了基礎。

　　由於從工業革命中誕生的資產階級人數少、力量小，加上義大利基本上是一個農業國，使得農業資本家和資產階級化的貴族，在資產階級中了占很大的比例。這部分人與封建統治階級關係更為密切，依靠封建王朝的保護。他們對外國壓迫和封建專制也甚為不滿，但反對革命，寄希望於開明君主立憲法，施行改革，擺脫外國壓迫，實現國家統一。他們從一開始就選擇了與君主合作的道路，形成君主立憲主義的資產階級自由派。他們的勢力與日俱增，在後來的政治舞臺上占據了主導地位，在民族復興運動中最終獲得了領導權。在19世紀中期的義大利，撒丁王國是唯一獨立的君主立憲制國家，它自然成為資產階級自由派力量集中的地區。自1852年出任首相的加富爾進行了行之有效的改革後，撒丁王國實力大大增強。因此，以撒丁王國為核心、以資產階級自由派為領導、以自上而下的王朝戰爭為主要途徑，便成為義大利統一運動獲得成功的唯一選擇。

　　1853年，撒丁王國與土耳其、英國和法國聯盟，參加克里米亞戰爭對抗俄羅斯。1859年，該王國聯合拿破崙三世軍隊對奧地利作戰，收復了倫巴第和威尼斯地區。後為了答謝法國的幫助，又將薩伏依和尼斯兩地割讓給了該國。1860年，朱塞佩‧加里波第率領的「紅衫軍」以撒丁王國的名義，遠征義大利南部的兩西西里王國，很快就奪取了該地區的統治權。帕爾瑪、托斯卡納、摩德納與羅馬尼加等公國也先後併入該王國。1861年，加里波第將南部政權交給王國，使北、南部基本統一。1861年義大利王國宣告成立，撒丁國王維克托‧艾曼努爾二世成為第一位統一的義大利國王。隨後幾年，新王國又藉「普奧戰爭」和「普法戰爭」之機，將奧、法勢力趕出被占據的領土，於1870年初最終完成今義大利的統一大業。

BC

— 0　　耶穌基督出生

— 100

— 200

— 300　君士坦丁統一羅馬

　　　羅馬帝國分成兩部
— 400

— 500　波斯帝國

— 600　回教建立

— 700

— 800

　　　凡爾登條約
— 900

　　　神聖羅馬帝國建立
— 1000

— 1100　十字軍東征

— 1200
　　　蒙古第一次西征

— 1300
　　　英法百年戰爭開始

— 1400

　　　哥倫布發現新大陸
— 1500

　　　英國大破無敵艦隊
— 1600

　　　發明蒸汽機
— 1700

　　　美國獨立
— 1800

　　　美國南北戰爭開始
— 1900
　　　第一次世界大戰
　　　第二次世界大戰

— 2000

加富爾的政策

　　加富爾，1810年出生於撒丁王國首都都靈的貴族家庭，是一個資產階級化的貴族。1820年入都靈軍事學院，1825年獲陸軍少尉軍銜，1826年擢升為工兵中尉。畢業後先在都靈軍團指揮部服役，後奉調到革命與共和思潮盛行的熱那亞任職。1830年因對法國七月革命表現出明顯的熱情，高呼「共和國萬歲」，受調職處分。次年辭去軍職，周遊法、英、瑞士和比利時，潛心研究政治、經濟及社會問題。1835年起以資本主義方式經營農業和興辦各種實業，是都靈銀行的創始人之一。他在1847年主辦《統一報》，宣傳君主立憲思想，主張廢除專制制度的政治改革，認為「最好的法律在專制政府統治下也不會有任何作用」，鼓吹依靠撒丁王國的外交與軍事行動，由撒丁王國統一北方，深得撒丁國王賞識。1848年6月，加富爾當選為眾議員，涉足政壇。

　　1850年秋被任命為農業、商業和運輸大臣，1852年任財政大臣，同年11月出任首相。加富爾奉行有利於資產階級的經濟政策，大力推行自由貿易政策，很受工商業資產階級的支持。1852年加富爾出任撒丁王國的首相，開始大力推行富國強兵的改革。

　　在經濟上，改革財政稅收制度，強化國家銀行職能，增加了國家財政收入。投入大量資金修建鐵路、港口，加強商船隊的建設。取消一些限制性的工業法規，降低了關稅，鼓勵工商業活動和發展對外貿易。

　　在政治上，他主張政教分離，允許一定範圍內的言論自由，允許報紙刊載反奧文章，允許義大利其他地區的人到撒丁王國政治避難。1848年革命失敗後，義大利各地的許多革命者為了避免迫害而來到撒丁王國。1852年米蘭起義爆發後，奧地利沒收了義大利流亡者在倫巴第——威尼斯地區的財產。加富爾對此作出強烈反應：召回了駐維也納大使；照會各國政府，指控奧地利是和平的破壞者；鼓勵報刊的抗議報導；向議會提交一項法案，要求撥款40萬里拉對需要照顧的流亡者發放津貼。這些措施得到了

義大利各地方愛國力量的支持。

在國際上，對義大利的宿敵奧地利，加富爾也採取了非常強硬的態度。奧地利對撒丁王國報紙刊登反奧文章向撒丁當局提出抗議，說這是煽動奧管區的義大利人造反。加富爾拒絕了這一抗議，他答覆說，撒丁王國是一個自由的國家，有新聞自由，政府無權干涉；他還諷刺說，這些報紙在奧管區是禁止發行的，所以他看不出有什麼煽動作用。

加富爾是貴族出身，不太願意依靠人民群眾的力量，認為人民群眾的革命是對君主立憲制的威脅，所以希望透過外交和王朝戰爭的方式來完成統一。然而撒丁王國的力量目前還不足以對抗奧地利這樣的強國。他分析，雖然英國對於義大利統一表示同情，可是卻沒有為此提供什麼物質上的援助，而由於薩丁尼亞－皮德蒙的議會制政體，使得英國於其反奧戰中持中立態度。另一方面，法國早已想取代奧地利在義大利的統治地位，所以加富爾極力拉攏法國，想依靠法國的力量把奧地利從義大利土地上驅逐出去。為了達到這一個目的，在1853～1856年的克里米亞戰爭中，撒丁王國站在英法一方參加了戰爭。表面上撒丁王國在進行一場與己無關、勞民傷財的戰爭，實際上這是為法撒同盟做好了鋪墊。戰後撒丁王國以戰勝國的身分出席在巴黎舉行的會議，會上痛斥奧地利對義大利的粗暴干涉，博得了歐洲輿論的同情，提高了撒丁王國在國際上的地位。後來他又力主撒丁國王放棄個人的愛情而與法國皇室聯姻，法、撒兩國的交往日益密切。1858年，加富爾終於如願以償和法國皇帝拿破崙三世在法國的普隆比埃會晤，兩國達成「紳士協定」，商定：法國將在一場撒丁王國反對奧地利的戰爭中支持撒丁王國，出兵20萬人，幫助撒丁王國把奧地利從倫巴第和威尼斯趕出去，建立一個包括撒丁王國、倫巴第和威尼斯以及教皇領地羅曼那在內的上義大利王國，歸撒丁王國的薩伏依王朝統治。撒丁王國將薩伏伊和尼斯兩地割讓給法國作為報酬。

之後，加富爾便積極進行擴軍備戰：加強軍隊建設；籌集戰爭經費；修築要塞加強防備；組織義大利各地的義大利民族協會成員籌劃起義配合撒丁軍隊。徵召令發佈之後，大批的倫巴第人和威尼斯人越過邊界加入了

BC

— 0　耶穌基督出生

— 100

— 200

— 300
君士坦丁統一羅馬
羅馬帝國分成兩部
— 400

— 500　波斯帝國

— 600　回教建立

— 700

— 800
凡爾登條約
— 900
神聖羅馬帝國建立
— 1000

— 1100　十字軍東征

— 1200
蒙古第一次西征
— 1300
英法百年戰爭開始

— 1400
哥倫布發現新大陸
— 1500
英國大破無敵艦隊
— 1600
發明蒸汽機
— 1700
美國獨立
— 1800
美國南北戰爭開始
— 1900
第一次世界大戰
第二次世界大戰
— 2000

上古時期　BC

漢

— 0

100 —

三國
晉　　200 —

300 —

南北朝　400 —

500 —

隋朝
唐朝　600 —

700 —

800 —

五代十國　900 —

宋　　1000 —

1100 —

1200 —

元朝　1300 —

明朝　1400 —

1500 —

清朝　1600 —

1700 —

1800 —

1900 —

中華民國

2000 —

撒丁軍隊，多達2萬人。為了使相當多的不願在國王軍隊當兵的共和派分子發揮作用，加富爾提議議會頒佈了志願軍條例，建立了志願軍基金。隨後把加里波第召回國，讓加里波第領導這支志願軍。

所有這些都是針對奧地利的戰爭的準備工作。為了出師有名，刺激奧地利開第一槍，贏得輿論上的勝利，這些工作都是在大張旗鼓下進行的。加富爾的希望總算沒有落空，1859年，奧地利向撒丁王國遞交了一份最後通牒，限其三天之內必須承諾解除戰爭動員，否則要承擔一切後果。加富爾當然拒絕了這一通牒，於是奧地利越過邊界，向撒丁王國宣戰。

統一之路

按照德意志邦聯的規定，如果奧地利進行先發制人的戰爭，其他各邦沒有參戰的義務。為了刺激奧地利開第一槍，加富爾大張旗鼓地進行擴軍備戰：在撒丁王國內發佈總動員，並在全義大利境內徵召志願人員入伍。加富爾還建立一支志願軍，召加里波第回國擔任總指揮。奧地利要求撒丁王國解除總動員，遭到拒絕，於是在1859年4月29日越過界河，向撒丁王國宣戰，打響了撒奧戰爭第一槍。加富爾贏得了輿論，英國譴責奧地利，法國則堂而皇之地對奧宣戰。撒丁王國的義大利統一戰爭正式開始。

統一運動第一階段。奧地利越過界河後，占領了幾個小地方，雙方暫無較大軍事行動。到5月下旬，加里波第率志願軍進入倫巴第，攻占了瓦萊斯和科摩兩城。6月在馬金塔戰役中法國與撒丁王國的聯軍占領米蘭，加里波第占領布萊西亞和伯爾哥摩。下旬，法撒聯軍與奧軍在索爾費里諾激戰，奧軍退守威尼斯的曼圖亞等四大要塞。與此同時，奧地利所控制的義大利中部地區接連發生起義，托斯坎尼、帕爾馬、摩地那公國的王公紛紛逃亡。教皇領地之內的羅曼那也發生起義，擺脫了教皇的控制。這些地方都建立了自由派領導的臨時政府。

拿破崙三世害怕義大利統一會打亂他在義大利中部建立法國勢力範圍

的計畫。他背著撒丁王國，單獨與奧地利簽訂了《維拉弗朗加和約》。和約規定，奧地利把倫巴第割讓給法國，由法國轉讓給撒丁王國，但威尼斯仍歸奧地利，恢復摩地那和托斯坎尼等各邦的君主統治。這一條約令義大利愛國者震驚和憤怒。托斯坎尼、摩地那、帕爾馬和羅曼那的臨時政府都宣佈和撒丁王國合併。這破壞了加富爾的統一計畫，要求撒丁王國繼續單獨同奧地利作戰，遭到國王拒絕，於是他辭職不幹了。11月，撒丁王國與奧地利簽訂條約，承認了《維拉弗朗加和約》。但是這一和約不得義大利人心，加上英國也希望出現一個強大的義大利制衡法國，便於法國達成協議：外部勢力不得干涉義大利的內部事務，義大利中部各邦應由公民投票決定自己的歸屬。1860年3月，重新擔任首相的加富爾在中部各邦舉行了全民投票，結果是中部各邦與撒丁王國的合併。4月，在法軍的監視下，薩伏依和尼斯也舉行了公民投票，正式將這兩地劃歸法國。這樣，到1860年春，撒丁王國完成了義大利的局部統一。

　　統一運動進入第二階段。1860年春天，西西里爆發了大規模起義，遭到波旁王朝軍隊的血腥鎮壓。消息傳到義大利北部之後，在加富爾的默許下，加里波第組織了「千人志願軍」，又名「紅衫軍」，渡海遠征。加里波第的統一思想介於自由派和民主派之間，既同意由薩伏伊王朝統一義大利，又主張用人民革命戰爭的方式完成統一。「紅衫軍」具有相當濃厚的民主派色彩，成員多數來自深受共和派影響的倫巴第——威尼斯地區，有一半人來自自由職業者和知識份子家庭，有一半是工人和工匠，加里波第的幾個助手也是民主派。5月11日加里波第在西西里登陸。當地人民熱烈歡迎，並紛紛拿起武器協助作戰，又有2萬名志願軍加入了加里波第的部隊。人民戰爭的力量是巨大的，波旁王朝軍隊望風披靡，許多軍隊不戰而降。7月初，占領了整個西西里島。

　　加富爾擔心統一運動會演變為一場革命，而使撒丁王國失去統一運動的領導權和英、法等國的支持。於是派代表說服加里波第立即使西西里與撒丁王國合併，並企圖阻止他繼續進攻那不勒斯。加里波第深知民心，便拒絕了，表示自己一旦完成了義務，就把權力移交給撒丁王國。8月18

BC

— 0　　耶穌基督出生

— 100

— 200

— 300
　　　　君士坦丁統一羅馬

　　　　羅馬帝國分成兩部
— 400

— 500　　波斯帝國

— 600　　回教建立

— 700

— 800

　　　　凡爾登條約
— 900

　　　　神聖羅馬帝國建立
— 1000

— 1100　十字軍東征

— 1200
　　　　蒙古第一次西征

— 1300
英法百年戰爭開始

— 1400

　　　　哥倫布發現新大陸
— 1500

　　　　英國大破無敵艦隊
— 1600

— 1700　發明蒸汽機

　　　　美國獨立
— 1800

美國南北戰爭開始
— 1900
　　第一次世界大戰
　　第二次世界大戰
— 2000

上古時期　BC

漢

—0

100—

三國

200—

晉

300—

南北朝

400—

500—

隋朝

600—

唐朝

700—

800—

五代十國

900—

宋

1000—

1100—

1200—

元朝

1300—

明朝

1400—

1500—

清朝

1600—

1700—

1800—

1900—

中華民國

2000—

日，加里波第率16000人越過墨西拿海峽在兩西西里王國的卡拉布裡亞地區登陸。當地起義人民協助紅衫軍，取得勝利。9月7日，加里波第占領首都那不勒斯。之後加里波第兌現諾言，南義大利的兩西西里合併於撒丁王國。

1861年3月17日，都靈議會正式宣佈成立義大利王國，撒丁國王維克多‧艾曼努爾二世為義大利國王。可惜，加富爾於6月去世，義大利王國出現政治不穩定，平均每年換一個首相，使包括羅馬在內的大部分教皇國還處於義大利王國之外，威尼斯地區也仍處於奧地利的統治下，統一事業還未完成。

為了完成統一，加里波第等曾多次組織志願軍試圖以武力解決問題，但受到政府阻撓。義大利統一的最後實現是藉助普魯士對奧地利的軍事勝利取得的。1866年，普奧戰爭爆發，義大利加入普方作戰。除了加里波第的部隊取得勝利外，其他義軍在戰鬥中不斷失敗。但由於奧地利被普魯士戰敗，根據《維也納和約》，威尼斯歸還義大利。

1870年7月，普法戰爭爆發，拿破崙三世不得不調回駐羅馬的軍隊。9月，義大利軍隊和加里波第的志願軍進入教皇轄地，迅即占領羅馬。根據公民投票，羅馬合併於義大利。教皇被剝奪世俗權力後，避居梵蒂岡。至此，義大利統一最後完成。1871年1月，義大利王國首都由佛羅倫斯遷到羅馬。

義大利統一運動始終貫穿著自上而下和自下而上兩條道路的鬥爭，而最後以自上而下的道路的勝利而結束。義大利的統一為資本主義的發展掃除了一大障礙。統一後的義大利形成了統一的民族市場，推動了資本主義經濟的發展。

統一後的義大利

統一後的義大利王國在政治、經濟和社會方面都留下了許多後遺症。

在經濟上，封建土地制度世代永佃制被保留下來。1866年施行的民法保留了許多奴役性的條款，如規定夫妻不得離異，已婚婦女從屬丈夫等。廣大農民和下層群眾受著殘酷的經濟剝削和社會壓迫，生活在水深火熱中。

在政治上，義大利王國實行的是君主立憲制政體。由於國家制度的民主化程度較低，世襲國王保留很大的權力，統率武裝部隊，任命內閣部長，有權否定議會的法案，有權任命參議員。雖然按照慣例，政府向眾議院負責，但眾議院的選舉非常不民主，有很高的財產資格限制。當時全國只有2％的人有權選舉眾議院議員，直到1912年義大利才實現成年男子的普選權，國家政權實際上是操縱在大資產階級和大地主手中。許多政策只有利於少數人或少數地區，很不公平。連中小資產階級也被排除在國家政權之外。

統一後的義大利王國也面臨著許多現實問題。首先，政府背負著沉重的債務，它不僅要承擔統一後建設鐵路網和維持龐大的國家機關和軍隊的開支，還需要償付1859年戰爭和1866年戰爭所造成的特別開支，和舊政府的外債。經濟仍然高度依賴外貿，受煤炭和糧食的國際價格的影響較大。統一後的義大利仍然是一個以農業為主的社會，60％的人口從事農業活動。隨著技術進步，外國競爭以及出口機會的迅速轉變，農業迅速發展。然而，這些發展並沒有惠及所有義大利人民，義大利南部的遭受夏季的炎熱和乾旱，農作物遭受巨大損失。其次，地方主義十分強大，地區發展極不平衡，北部、中部和南部差異很大。各地保持了各自的傳統，中央很難協調各地的發展。再者，教皇因喪失羅馬和世俗權力而極其憤怒，號召天主教徒抵制義大利王國。第三，重男輕女觀念非常流行，社會具有高度的傳統性。第四，南方的無政府狀態也很嚴重，盜匪猖獗，黑道橫行。第五，生活水準較低，特別是義大利南部，經常爆發各種疾病，如瘧疾和流行病。最初是在1871年，每1000名就有30人死亡人的高死亡率，在1890年減少到每1000名就有24.2人死亡。此外，兒童出生後一年死亡率，1871年為22.7％，而兒童五歲前死亡率非常高，達50％。1891～1900年，兒童每

BC

— 0　耶穌基督出生

— 100

— 200

— 300
君士坦丁統一羅馬

羅馬帝國分成兩部
— 400

— 500　波斯帝國

— 600　回教建立

— 700

— 800

凡爾登條約
— 900

神聖羅馬帝國建立
— 1000

— 1100　十字軍東征

— 1200
蒙古第一次西征

— 1300
英法百年戰爭開始

— 1400

哥倫布發現新大陸
— 1500

英國大破無敵艦隊
— 1600

發明蒸汽機
— 1700

美國獨立
— 1800

美國南北戰爭開始
— 1900
第一次世界大戰
第二次世界大戰

— 2000

上古時期　BC

漢

— 0

100 —

三國
晉　　200 —

300 —

南北朝　400 —

500 —

隋朝　600 —
唐朝

700 —

800 —

五代十國　900 —

宋　　1000 —

1100 —

1200 —

元朝　1300 —

明朝　1400 —

1500 —

1600 —

清朝

1700 —

1800 —

1900 —
中華民國

2000 —

生存一年，生存率就會低17.6％。第六，文盲率很高，遠高於同一時間的西歐國家。1871年人口普查顯示，義大利有一半以上的人是文盲，75％的婦女是文盲。公共教育最差的地方在義大利南部，因為當時南部獲得的資金最少。

最初幾屆自由派政府繼承了加富爾的政策，推行統一的措施：取消過去各邦國之間的關稅壁壘，使國內市場初步統一；統一全國的度量衡制度和貨幣制度；統一法律；實行了中央政府派任行政長官制度。統一前，義大利文盲比率很高，而且各地方言差異較大，統一後政府推行標準化教育。政府還推行自由貿易政策，改革交通事業，並扶植鐵路和公路的建設。鼓勵工業發展，鼓勵技術發明創造。

到19世紀結束，義大利的經濟發展依然比較緩慢。只有西北地方的工業化能夠接近於發展程度較高的比利時和瑞士。其他地區，尤其南方，落後的農業經濟基本上一如舊貌。統一所產生的經濟效應，要到20世紀才能顯現出來。

1901年，義大利參加了八國聯軍攻打中國義和團的軍事行動，攫取了來自中國的巨大利益。1914年第一次世界大戰爆發，義大利作為協約國一方參戰，但軍隊戰鬥力很差，而且戰場上的條件惡劣導致了霍亂流行，大量義大利士兵死亡，士氣非常低落。1916年後，義大利的情況更糟，面臨短缺的軍艦，被敵軍潛艇攻擊，運費飛漲，士兵的糧食供給成為令當局非常苦惱的問題，國內也缺乏原材料和設備，義大利當局只好用高稅收來維持戰爭，激發了國內階級衝突。

1917年，俄國退出戰爭，東方戰線戰爭結束。這使匈牙利和德國能夠騰出更多的軍隊來正面對抗義大利。義大利國內的反戰人士日益增加。為了維持戰爭經費，政府使用大量農村地區的收入，使農民無法維生，國內經濟越來越困難。左翼婦女在義大利北部城市發起抗議行動，要求結束戰爭。在米蘭，示威者抗議，義大利軍隊開進米蘭，用坦克和機槍鎮壓，造成近50人死亡，超過800人被捕。國內政治形勢也是急轉直下。

1922年10月，39歲的墨索里尼成為義大利總理，在國內推行法西斯主

義。墨索里尼主張打擊有組織犯罪，特別是在西西里黑手黨和義大利南部其他地區。由於法西斯在這些地方有很大的權力，所以能夠起訴黑手黨，迫使許多黑手黨逃往國外或被捕監禁。1923年，義大利占領、接管了希臘。1939年4月，義大利入侵阿爾巴尼亞，速戰速決後占領阿爾巴尼亞。

BC

— 0　　耶穌基督出生

— 100

— 200

— 300　君士坦丁統一羅馬

　　　羅馬帝國分成兩部
— 400

— 500　　波斯帝國

— 600　　回教建立

— 700

— 800

　　　凡爾登條約
— 900

　　　神聖羅馬帝國建立
— 1000

— 1100　十字軍東征

— 1200
　　　蒙古第一次西征

— 1300
　　　英法百年戰爭開始

— 1400

　　　哥倫布發現新大陸
— 1500

　　　英國大破無敵艦隊
— 1600

— 1700　發明蒸汽機

　　　　美國獨立
— 1800

　　　美國南北戰爭開始
— 1900
　　　第一次世界大戰
　　　第二次世界大戰

— 2000

上古時期　BC

漢

－0

100 —

200 —
三國
晉
300 —

400 —
南北朝

500 —

隋朝　600 —
唐朝

700 —

800 —

五代十國　900 —

宋
1000 —

1100 —

1200 —

元朝
1300 —

明朝
1400 —

1500 —

1600 —
清朝

1700 —

1800 —

中華民國　1900 —

2000 —

｜第三十七章｜美國內戰

美國南方的奴隸制與南北衝突

　　19世紀前期，美國透過購買、武裝顛覆、戰爭等手段進行領土擴張。到19世紀中葉，美國領土從1783年的200萬平方公里，擴大到內戰前的780萬平方公里。此外，美國還不斷擴張海外勢力。這加速了美國資本主義的發展。18世紀後期美國又進行了工業革命，工業資本主義和農業資本主義都有很大發展。不過，美國的資本主義道路只限於東北部和北部，而南部還沿用著舊式的奴隸制度。因此美國獨立後，按地區劃分，共有三種經濟類型：北部和東北部的資本主義工商業、西部自由農民土地所有制和南部種植園經濟。

　　美國奴隸制在獨立戰爭後沒有減弱反而膨脹，這是當時資本主義世界經濟的怪胎。在18世紀，美國南方生產的商品作物是菸草、稻米和靛藍染料。獨立戰爭後，這些農產品的價格曾急劇下跌，種植園奴隸制經濟在美國已經衰落，但在1793年一個名叫惠特尼的小學教師發明了軋棉機，改變了這個狀況，使奴隸制經濟絕地逢生，又活躍起來。這種機器把清除棉籽的手工勞動變為機器操作，效率調高了149倍，加上蒸汽機作為動力，效率更調高1000倍。又由於工業革命在歐洲及美國北部已經展開，國內外市場對棉花的需求量急劇上升，南部種植園主發現種植棉花有利可圖，便擴大棉花種植面積，販賣更多的奴隸。

　　19世紀初，奴隸貿易被歐洲各國廢止。在傑弗遜總統敦促下，美國國會根據憲法的規定，也在1807年通過廢止奴隸貿易的法案。1808年後，只有5.4萬黑奴從非洲偷運進美國。但是，在美國南方的國內奴隸貿易卻日益

興盛。種植園成為生產與出售奴隸的單位。南方黑奴人數從1790年的70萬增加到1860年的395.4萬，其中60％在棉花種植園裡勞動。

由於黑奴價格上漲，多數奴隸主會像照料自己其他財產一樣照料自己的黑奴。但是，黑奴的地位與古代奴隸沒有什麼區別，他們在手執皮鞭的工頭監督下勞動，每天工作長達18小時或以上，勞動產品和人身完全由奴隸主支配，主人可以任意懲罰、買賣甚至殺死他們。

種植園奴隸制經濟使得美國南方停留在傳統農業社會的發展水準，工業發展遠遠落後於北方。內戰前，南方工廠數量占全國工廠總量的15％，工業投資額占全國投資總額的9.5％，工資勞動者數量占全國總量的8.5％，工業總量占全國工業總量的8％。這裡幾乎沒有工廠，大城市很少，大多數州的道路都很原始。美國東北部幾乎人人都能讀會寫，而南方20％以上的白人是文盲。受到非人待遇的黑奴不斷進行反抗壓迫和爭取自由的鬥爭。1822年、1831年都發生過規模較大的奴隸起義。

從資本主義經濟發展來看，北方和南方的衝突不可調和。

北方需要大量自由的勞動力，南方奴隸主卻把大量黑奴束縛在種植園裡。

北方需要大量的棉花等工業原料，南方的奴隸制經濟卻具有殖民經濟的性質，把產品大多銷往英、法等歐洲國家。北方需要南方作為商品銷售市場，一貧如洗的黑奴卻無力購買任何工業品。北方資產階級需要提高關稅保護自己的工業，控制聯邦政府的南方奴隸主們卻極力降低關稅，以購買廉價的外國商品。北方和南方的衝突隨著歷史的發展不斷走向激化。

新開發領土的建州問題引起南北雙方更大的衝突。在領土擴張中不斷有新州加入合眾國。南方種植園主極力擴張種植園經濟，要求新建州中應有一定份額的蓄奴州。北方資產階級和西進農民則要求新州發展為實行白人自由勞動制度的自由州，在新建州內禁止奴隸制度。新建州是作為自由州還是蓄奴州加入聯邦，關係到北方和南方經濟發展。奴隸主主要把資金投入到購買奴隸和土地上，無力從技術上進行深耕細作，只能採取掠奪式耕作，因而不斷擴張土地，是蓄奴州的生存規律。在自由州裡，小農經濟

— 0　耶穌基督出生

— 100

— 200

— 300
　　君士坦丁統一羅馬
— 400　羅馬帝國分成兩部

— 500　波斯帝國

— 600　回教建立

— 700

— 800

　　　凡爾登條約
— 900
　　　神聖羅馬帝國建立
— 1000

— 1100　十字軍東征

— 1200
　　　蒙古第一次西征

— 1300
　　英法百年戰爭開始

— 1400

　　哥倫布發現新大陸
— 1500
　　英國大破無敵艦隊
— 1600

— 1700　發明蒸汽機

　　　美國獨立
— 1800
　　美國南北戰爭開始
— 1900
　　　第一次世界大戰
　　　第二次世界大戰
— 2000

上古時期　BC

漢

　　　— 0

　100 —

三國

晉　　200 —

　　　300 —

　　　400 —

南北朝

　　　500 —

隋朝　600 —

唐朝

　　　700 —

　　　800 —

五代十國　900 —

宋　　1000 —

　　　1100 —

　　　1200 —

元朝

　　　1300 —

明朝

　　　1400 —

　　　1500 —

　　　1600 —

清朝

　　　1700 —

　　　1800 —

　　　1900 —

中華民國

　　　2000 —

的發展有利於向工業提供糧食和原料，有利於擴大工業品市場，所以對北方資本主義經濟的發展有利。另外，還關係到能控制參議院的問題，因為在參議院中各州的議員都是兩名。

　　1819年以前，自由州和蓄奴州的數目相等。1819年密蘇里地區建州，申請加入聯邦。南北雙方經過激烈爭執，於1820年通過《密蘇里妥協案》，確定密蘇里州為蓄奴州，同時從麻薩諸塞州劃出一個新州——緬因州，作為自由州；規定北緯36度30分以北永遠禁止奴隸制。衝突才暫時得到緩和。

　　1849年加利福尼亞建州，制定了禁止奴隸制的州憲法。南方種植園主不顧他們一貫堅持的每個州有權處理內部事務的原則，拒絕加州加入聯邦，並再次以南北分離相威脅。美國國會最終達成《1850年妥協案》，確定加州作為自由州加入聯邦，但規定國會要制定一部《逃亡奴隸法》，允許在全國緝捕逃亡奴隸，懲辦拯救和收藏逃亡奴隸者。

　　1854年，國會決定在密蘇里河以西的「處女地」，建立堪薩斯和內布拉斯加兩個州。這一地區位於北緯36度30分以北，按規定應該成為自由州。但是南方奴隸主卻強迫國會通過《堪薩斯-內布拉斯加法案》授權新州居民自己決定奴隸制的存廢。法案一通過，南方便組織數千人湧入堪薩斯，企圖用武力強行建立奴隸制。他們選出的議會立即制定了維護奴隸制的法律。而自由民代表則另行召開議會，制定了反對奴隸制的法律。堪薩斯出現了兩個對立的政權。1856年，雙方發生武裝衝突，持續半年之久，史稱「堪薩斯內戰」。這是美國內戰的前奏。

　　南北雙方的衝突也因北部廢奴運動的發展而尖銳化。19世紀30年代，北部廢奴運動形成大規模的群眾運動。1833年，全國性的廢奴組成「美國反對奴隸制協會」，標誌著有組織、有綱領的廢奴運動的興起。40年代廢奴派分為兩派：一派主張政治廢奴，即成立政黨，參與競選；一派堅持道德說教。到50年代，廢奴派出現一個新的派別——暴力革命派。1859年10月16日，廢奴派中的暴力革命派約翰·布朗帶領包括他的3個兒子在內的16名白人和5名黑人，在維吉尼亞的哈普斯渡口舉行起義，開始解放

奴隸。起義的目標是在阿帕拉契亞山區建立一個廢奴主義共和國。經過兩天激戰，布朗負傷被俘，兩個兒子戰死。12月1日，布朗及戰友被處以絞刑。

約翰・布朗起義

1895年10月的一天深夜，在美國維吉尼亞州的一個老百姓家裡，十多個白種人和幾個黑種人在商量著什麼，而且他們手裡都拿著武器。有個白人站起來大聲要求解放黑人。這個人叫約翰・布朗，就是他領導了美國的廢奴運動。

原來，19世紀中期，美國人趕走了英國人後，國內發展很不平衡，同一片國土上，北方過著富裕的資本主義，而南方則仍然有大量奴隸在受苦受難。在南方的種植園裡，黑人兄弟沒日沒夜地勞動，一天要餓著肚子工作10幾個小時，動作慢一點還要挨打。有時候，奴隸主不喜歡誰了，就把誰鎖起來，然後拉到市場上去賣，奴隸在這裡真是豬狗不如。

有的黑人不滿意現狀，就殺死監工的，逃出奴隸主的魔掌。有的則把黑人兄弟領上起義的道，讓他們在這裡自由發揮。北方的大地上也不安靜，這裡的人也可憐黑人的遭遇，主張不要再買賣黑人，給他們自由和平等，只有這樣才是和諧社會。

為了解放黑人，有的人想了一個辦法，就是在地下挖一條祕密通道，讓黑奴從這裡逃到自由的地方。約翰・布朗也是挖這條通道的積極分子，這傢伙挖得最賣力，因為他從小就是好心腸，看到黑人受苦他很不好受。長大後，他決心解放黑奴，讓黑人過上幸福美滿的生活。1850年，約翰・布朗建立了黑人武裝組織——基列人同盟，時刻準備領導黑人起義。

1854年的一天，他來到堪薩斯，隱藏在深山老林裡，發揚滴水穿石的精神，不時地給蓄奴派一點打擊，終於把堪薩斯解放了。過了幾年，約翰・布朗來到維吉尼亞州，要在這裡舉行起義，拿下哈潑斯渡口，然後再

BC

— 0　耶穌基督出生

— 100

— 200

— 300　君士坦丁統一羅馬
　　　　羅馬帝國分成兩部
— 400

— 500　波斯帝國

— 600　回教建立

— 700

— 800
　　　　凡爾登條約
— 900
　　　　神聖羅馬帝國建立
— 1000

— 1100　十字軍東征

— 1200
　　　　蒙古第一次西征
— 1300
　　　　英法百年戰爭開始
— 1400

　　　　哥倫布發現新大陸
— 1500
　　　　英國大破無敵艦隊
— 1600
　　　　發明蒸汽機
— 1700
　　　　美國獨立
— 1800
　　　　美國南北戰爭開始
— 1900　第一次世界大戰
　　　　第二次世界大戰

— 2000

上古時期　BC

漢

— 0

100 —

三國

晉

200 —

300 —

南北朝

400 —

500 —

隋朝

600 —

唐朝

700 —

800 —

五代十國

900 —

宋

1000 —

1100 —

1200 —

元朝

1300 —

明朝

1400 —

1500 —

1600 —

清朝

1700 —

1800 —

1900 —

中華民國

2000 —

解放這個地區。

　　約翰‧布朗帶著人馬又進入山區，開展他的游擊戰。他的戰術效果還不錯，沒有多長時間就捉住了幾個莊園主，並放出了園裡的黑奴。這時，敵人聽到槍聲都朝這邊來了，他們包圍了約翰‧布朗。約翰‧布朗只有22個人，雖然他們都不怕死，爭著和敵人撕殺。然而，敵人太多了，他們殺死了布朗的手下，把布朗帶上了他們的法庭。

　　布朗被判定為有罪，要處死刑。受刑這天，布朗作了最後陳詞：「人們早晚有一天會用鮮血洗淨這片土地，到那時候，你們都得死，等著吧。」

　　說完這話，布朗就被絞死了。

林肯當選總統和廢除奴隸制

　　有個年輕人來到了美國奧爾良的奴隸市場上，他看到黑奴們手腳上都帶著鐵環，一排排地站在那裡等著買主。想買奴隸的人來了，像逛牲畜市場一樣挑選著奴隸，他們比比奴隸的身高，摸摸他們的大腿，再看看他們的肌肉。最後，奴隸主選種了一批能工作的奴隸，就付了款，把他們烙上記號帶走了。

　　這時，年輕人忍不住感歎世風日下，這個年輕人就是美國總統林肯。

　　林肯小時候家裡很窮，無法上學。然而，林肯的對知識很渴望，自學能力強，且不恥下問。他往往是一邊幫父親幹農活，一邊看書，碰到不會的就問別人。沒錢買紙筆，他就在沙地上寫字作題；沒錢買燈油，他就藉著月光讀書。慢慢地，林肯長大了，他不僅有文化，而且什麼工作都會做。

　　25歲時，林肯當選為伊利諾斯州議員，從此和政治結下不解之緣。因為從小看過奴隸受苦，林肯對奴隸制度痛恨之極，在他做議員的時候，就說了奴隸制度很多壞話。1854年，林肯參加了反對奴隸制度的共和黨，由

於他人品好，並且有才華，兩年後，林肯被選為副總統候選人。當了副總統候選人，林肯更有信心了，他說，要為解放黑奴奮鬥一生，並說，美國現在的狀態很差，只有解放了黑奴，政府的江山才會坐穩，才能建設和諧社會。

林肯贏得了人心，1860年，他被選為美國總統。

聽說林肯當了總統，南方種植園的老闆們都慌了手腳，要是這個總統真廢除奴隸制度，那他們的利益可是要大大地受到損害了。為了保住自己的利益，他們宣佈自己獨立。1861年，大種植園的老闆選出了自己的總統，制定了自己的憲法，規定黑人永遠不能和白人平等。

接下來，南方的種植園老闆聯合起來，要和林肯領導的北方一決雌雄，戰爭開始了。由於北方軍在戰場上接連失敗，人民對此很不滿意。林肯這時候想，只有激起農民的積極性，把黑奴全放出來戰鬥，才能取得勝利。於是，1862年5月，林肯實行《寶地法》，拉攏農民階級。過了兩年，他又頒布《解放黑奴宣言》，讓黑奴獲得自由。

林肯的政策一出臺，就大快人心，農民都走出家門進入戰場，黑奴也自由地奔跑在戰鬥一線。由於政策得力，戰局很快有了轉變，北方軍開始占上風。1863年7月，南方軍和北方軍在華盛頓以北的葛提斯堡展開了一次大規模的戰鬥。戰鬥結束了，南方軍受了重創，只能被動防守。

俗語說，打鐵得趁熱。北方軍正得勢，決不能給南方軍喘息的機會。沒過幾天，勝利的消息又從前線傳來，北軍在維克斯堡大獲全勝，光被俘虜的南方軍就約有3萬人。之後，北方軍很快就拿下了南方叛軍，並捉住了他們的總司令。打了四年的南北戰爭到此告一段落，北方軍取得了徹頭徹尾的勝利。

南北戰爭勝利了，林肯也鬆了一口氣，這天，他心情愉快地來到華盛頓的福特劇院裡看戲。可是天有不測風雲，他因解放黑奴得罪了許多人，這些人花錢買通了一個殺手，在林肯看戲時把他殺死了。

1865年4月14日晚上，林肯離開了人世。

— 0　耶穌基督出生

— 100

— 200

— 300　君士坦丁統一羅馬

　　　羅馬帝國分成兩部
— 400

— 500　波斯帝國

— 600　回教建立

— 700

— 800

　　　凡爾登條約
— 900

　　　神聖羅馬帝國建立
— 1000

— 1100　十字軍東征

— 1200
　　　蒙古第一次西征

— 1300
英法百年戰爭開始

— 1400

　　　哥倫布發現新大陸
— 1500

英國大破無敵艦隊
— 1600

— 1700　發明蒸汽機

　　　美國獨立
— 1800

美國南北戰爭開始
— 1900
　　　第一次世界大戰
　　　第二次世界大戰

— 2000

多納爾森堡大戰

在美國南方各州就是這樣，他們自己建立了「美利堅邦聯」，要擺脫林肯。為此，南方軍隊挑起了美國內戰。

當然，看到自己手下人不把他這個人放在眼裡，林肯心裡很不是滋味，決心要清理門戶。1861年7月，林肯叫麥克道爾將軍率領3萬大軍，渡過波托馬克河去教訓南方叛軍。

麥克道爾將軍不敢怠慢，他很快來到南方軍陣前。在這裡，他和南方軍首領博雷加德打了起來。剛開始，北方軍占了一點優勢。可是由於雙方的軍隊素質都不是很高，加上他們穿的衣服都差不多，戰鬥不久他們就混戰起來，敵我不分，亂打一氣。正當他們打得熱鬧時，突然從河谷裡衝出一支南方軍，北方軍還沒看清是怎麼回事，就被殺得七零八落。

這次戰爭北方軍失敗了，目光短淺的人們就四處傳說，南方軍有神仙相助，不可戰勝，還是早早讓他們獨立為妙。

然而，林肯不信，他把軍權交給麥克米倫將軍，讓他前去報仇。但是麥克米倫腦子裡成天只是胡想八想，打仗方面並不在行，所以，他領導時錯失許多戰機，弄得北方軍心生不滿。好在天無絕人之路，北方軍的另一支隊伍在多納爾森堡取得了勝利，大大鼓舞了士氣。

那時候，格蘭特將軍指揮著多納爾森堡大戰。格蘭特原來是一個軍官，因為不喜歡戰爭就辭職了。在老家，他種過地，做過生意，由於沒有賺到錢，人們都恥笑他沒出息。後來格蘭特又想從軍，但是因為他個子不高，軍隊不要他，格蘭特很受傷，可是他不拋棄、不放棄，最後成了北方軍的一名上校。

1861年，格蘭特被上級領導重用，升為準將。上級領導讓他駐紮在敵人軍事要塞附近，有機會的話就拿下這些據點。格蘭特果然沒有讓人失望，他在1862年攻下了克亨利堡，可是這成績無法使他滿足，他要拿下距離克亨利堡15英里的多納爾森堡。

上古時期　BC
漢
— 0
100 —
三國
晉　200 —
300 —
南北朝　400 —
500 —
隋朝　600 —
唐朝
700 —
800 —
五代十國
900 —
宋
1000 —
1100 —
1200 —
元朝　1300 —
明朝
1400 —
1500 —
1600 —
清朝
1700 —
1800 —
1900 —
中華民國
2000 —

多納爾森堡是南方軍修築的一個重要工事，裡面有近二萬人守衛著，要想擺平它，可說是比登天還要難。然而，格蘭特有的是辦法，他兵分三路，要讓敵人首尾不能相顧。

戰爭開始了，北方軍步步為營，前進到了距多納爾森堡只有100公尺的地方，就在這時，守在裡面的衛兵對準北方軍開火了，他們的火力很猛，北方軍死傷不少。格蘭特又動腦筋想了起來，看樣子只有圍困敵人，才能取勝。於是，他就命人把要塞圍了起來。果然，裡面的南方軍因彈盡糧絕而失守了。

拿下多納爾森堡後，格蘭特繼續攻打納什麼維爾，很快又收復了納西州。可見，敵人並不可怕，然而，可怕的是自己人。看到格蘭特戰功連連，上司哈勒克眼紅了，不讓他乘勝追擊，以免好處全讓格蘭特占盡。

因此，南方軍得到了喘息的機會，他們重新集結部隊，對格蘭特發起出奇不意的攻擊。好在格蘭特面對突然襲擊的敵人沉著冷靜，指揮自己的軍隊和敵人打了十二個小時。後來，格蘭特得到了增援，取得了勝利。

雖然格蘭特取得了勝利，可是他的部隊死傷了1萬多人，造成了巨大的損失，一些人就向林肯總統說閒話，要求開除格蘭特。林肯總統聽見這些亂七八糟的話，笑著回答說：「戰爭哪有不流血死人的，格蘭特太有才了，我離不開他。」

維克斯堡戰役

南北戰爭時，以孟斐斯為界，密西西比河以北由北方軍隊把持，以南由南方軍隊掌管。為了抵擋北方軍的進攻，南方軍在密西西比河兩岸大興土木，建設了維克斯堡和哈得遜堡。這兩個城堡依山傍水，可以稱得上是軍事別墅，南方軍又在山上裝上大炮，形成了100多英里的防禦工事，可以說是居高臨下，守住城比較容易，要攻打下來可就比較難。

北方軍的將領格蘭特帶著8萬人來到這裡，想要攻下維克斯堡，阻斷

BC

— 0　耶穌基督出生

— 100

— 200

— 300
　　君士坦丁統一羅馬
　　羅馬帝國分成兩部
— 400

— 500　波斯帝國

— 600　回教建立

— 700

— 800
　　　　凡爾登條約
— 900
　　神聖羅馬帝國建立
— 1000
　　　　十字軍東征
— 1100

— 1200
　　　蒙古第一次西征
— 1300
　　英法百年戰爭開始
— 1400
　　哥倫布發現新大陸
— 1500
　　英國大破無敵艦隊
— 1600
　　　發明蒸汽機
— 1700
　　　　美國獨立
— 1800
　　美國南北戰爭開始
— 1900
　　　第一次世界大戰
　　　第二次世界大戰
— 2000

上古時期　BC

漢

－ 0

100 －

三國
晉　200 －

300 －

400 －
南北朝

500 －

隋朝　600 －
唐朝

700 －

800 －

五代十國

900 －
宋

1000 －

1100 －

1200 －
元朝

1300 －

明朝
1400 －

1500 －

1600 －
清朝

1700 －

1800 －

1900 －
中華民國

2000 －

他們的防線。維克斯堡高高地建在山上，並且有南方軍彭伯頓將軍把守，要想從下面進攻，是不可能成功的。格蘭特就動腦筋，想從右邊的山谷進軍，在側面打擊敵人。然而，他的軍隊在山谷中根本施展不開，計畫又一次中途流產了。

這樣過了幾個月，格蘭特急得團團轉，要是再搞不定維克斯堡，那就不好給上級交差了。正在格蘭特煩惱的時候，腦子裡突然閃出一個大膽的想法，那就是，派出三路兵，一路穿過密西西比州，破壞南方軍的交通線；一路作誘餌，沿田納西州向南進軍，轉移彭伯頓的注意力；第三路由他親自領導，順著密西西比河找突破口。

一天夜裡，天黑得伸手不見五指，黑暗處聽到格蘭特在小聲說話，他叫士兵們把艦隊上的燈火熄滅，再關掉馬達，順流而下，想偷偷摸摸地給敵人來個意外驚喜。然而，就算這麼小心，還是被岸上的敵人發現了。一時敵人堡壘中槍炮齊發，子彈打得像下大雨一樣。格蘭特這時就命令艦隊開足馬力前進，聽到子彈在耳邊嗖嗖地亂飛，將士們拼命地划船，就這樣，格蘭特只付出了一艘船的代價，穿過了敵人的一座座炮臺。

格蘭特的部隊來到乾燥地帶，從這裡進攻維克斯堡比較容易點。格蘭特讓士兵們就地休整後，不等到其他部隊會合，他就大膽地向維克斯堡挺進。彭伯頓心想只有了區區2萬人就敢攻我的城堡，就大意了。有人說驕傲的人差不多都要失敗，果然，格蘭特輕易舉就把彭伯頓打退了。隨後，格蘭特又占領了重要的鐵路樞紐，困住了彭伯頓。接著，格蘭特時戰時休，神出鬼沒地進攻敵人，不讓他們有機會從頭再來。最後，他把敵人圍在維克斯堡內，這時候格蘭特很高興，他馬上就要開始進行甕中捉鱉。

1863年5月22日，格蘭特看到時機成熟了，就對維克斯堡發起總攻。他讓海軍和陸軍同時進攻。這時，彭伯頓已經被圍困多時，城堡中早就沒了糧食，士兵們餓著肚皮誰還有心思打仗，彭伯頓不失敗都不可能了。7月3日，彭伯頓帶著他的手下，打著小白旗出來了，要和北方軍好好談談。第二天，彭伯頓乖乖地交出了維克斯堡。到此，格蘭特的計畫實現了，敵人的防線被成功切斷。

萬事開頭難，維克斯堡戰役的勝利，使格蘭特接下來的戰勢容易多了。7月9日，哈得遜堡的部隊也投降了，又過了幾天，整個密西西比河的敵人差不多都被消滅，戰爭的勝利牢牢地握在了北方軍的手裡了。

蓋茨堡戰役的勝利

林肯被選為美國總統後，南方各州都不承認他這個領袖，宣佈脫離聯邦政府，自立門戶。1861年4月，南方叛軍故意找麻煩，竟公然攻打聯邦政府軍駐地，歷史上的南北戰爭拉開了序幕。

剛開始，林肯想著要和南方軍談和，用寬鬆的政策感化他們，就沒把戰爭放在心上。同時，由於用人不當，北方軍在戰勢上節節敗退。林肯這才知道，狼子野心是感化不了的。這時候，林肯也著急了，無意中想到了米德將軍，就馬上叫他過來商量大事。

林肯決定讓米德頂替麥克米倫將軍的位置，米德欣然同意。

找到了心目中的人，林肯很高興，他給米德8萬精兵，又讓庫奇將軍協同他作戰。隨後，米德和庫奇取得了聯繫，兩人共同尋找破敵的時機。這時候，南方軍的總司令羅伯特‧李聽說換了米德領兵，大聲嘲笑著。

華盛頓北面有個小鎮，叫蓋茨堡，是出入華盛頓的必經之地。米德和庫奇在這裡設下天羅地網，等著叛軍前來，要在這裡將他們制服。不久，羅伯特‧李的3000多先鋒部隊來到蓋茨堡，很快被米德消滅了。

羅伯特在望遠鏡裡看到炮火，知道米德的部隊就在前面，就馬上叫部隊往前衝。可是，米德對此早有準備，北方軍很快壓住了南方軍的氣勢，羅伯特的軍隊又死傷一批。眼看打不過，羅伯特只好先撤下來。

夜裡羅伯特怎麼也睡不著，沒想到這個米德還有些本事。清早醒來，羅伯特讓炮兵排成陣式，要先用大炮轟炸庫奇的陣營，之後再衝鋒，可是幾次都被庫奇取勝了。羅伯特不死心，硬往上衝，北方軍和南方軍雙方都死傷慘重，整個戰場上屍體成堆，血流成河。

— 0　耶穌基督出生

— 100

— 200

— 300　君士坦丁統一羅馬
羅馬帝國分成兩部
— 400

— 500　波斯帝國

— 600　回教建立

— 700

— 800
凡爾登條約
— 900
神聖羅馬帝國建立
— 1000

— 1100　十字軍東征

— 1200
蒙古第一次西征

— 1300
英法百年戰爭開始

— 1400

哥倫布發現新大陸
— 1500

英國大破無敵艦隊
— 1600

— 1700　發明蒸汽機

美國獨立
— 1800

美國南北戰爭開始
— 1900
第一次世界大戰
第二次世界大戰

— 2000

上古時期　BC

漢

　　　— 0

　　100 —

三國　　200 —

晉

　　　300 —

南北朝　400 —

　　　500 —

隋朝　　600 —

唐朝

　　　700 —

　　　800 —

五代十國　900 —

宋　　1000 —

　　　1100 —

　　　1200 —

元朝　1300 —

明朝

　　　1400 —

　　　1500 —

清朝　1600 —

　　　1700 —

　　　1800 —

　　　1900 —

中華民國

　　　2000 —

遇到這麼強的對手，羅伯特很受傷，為此他傷透了腦筋。這天，他弄了200門大炮，組織了5000騎兵敢死隊，又叫了3萬步兵。他發毒誓要打敗北方軍，軍令一出，他的三批人馬殺聲震天，朝北方軍殺來。戰鬥進行了幾個小時，羅伯特終於奪得了北方軍的一塊陣地。

這一戰取勝，羅伯特很高興，以為夜裡可以睡個安穩覺了。可是，到半夜他的人睡得正香的時候，北方人馬殺來，重新奪得了失去的陣地。羅伯特費盡心機奪過來的陣地，馬上被奪走了，他很生氣，並且急躁起來。一連幾天，羅伯特都像失了魂似的，根本沒心思指揮戰鬥。這天，羅伯特召集所有人，要和北方決一死戰。結果，這場戰鬥對南方軍來說果然是死戰。米德取得了蓋茨堡戰役的勝利，也受到了林肯總統的表揚。

美國內戰的結束

有一天，林肯總統辦公室裡來了一個小個子，他口中叼著一支雪茄，一副不受拘束的樣子。林肯總統也是有身分的人，怎麼會招待這樣不講究的人，人們小聲地議論起來。

聽到別人議論他的「不是」，格蘭特一點也不在意，他只走自己的路，徑直來到林肯的房間，林肯親切地握著他的手，說明了他的意思。

格蘭特又一次受到總統的重任，他心裡有壓力，不過沒有壓力就沒有動力。既然總統這麼喜歡他，格蘭特決心要收拾羅伯特，讓總統徹底放心。

1864年5月，格蘭特帶著10萬人來攻打羅伯特，雙方第一次交火，各有死傷，打了個平手。接下來，他們都回去各自休整，戰局就這樣持續了幾天。6月1日，格蘭特忍不住了，他命北方軍全線出擊，終於在南方陣線上打開了一個小口，羅伯特有些失利，就暫且撤退下來。6月12日，格蘭特開始使用戰術，他用小班人馬做誘餌，吸引羅伯特的注意力，趁機渡過了詹姆斯河，在彼得斯堡和羅伯特展開戰鬥。由於彼得斯堡的裝備精良，

兩軍久持不下。

　　格蘭特想，既然彼得斯堡這麼難攻，與其費九牛二虎之力把它攻下，
還不如先把他圍起來，也好趁這個機會整頓一下兵力。過了幾個月，格蘭
特的士兵達到了11萬人，而羅伯特只有5萬。如果被格蘭特圍起來，羅伯
特必死，可是要把彼得斯堡讓給格蘭特，戰爭就會對南方軍不利。這時，
羅伯特試著攻打北方軍，想突破重圍，然而他沒有取勝。沒幾天，格蘭特
就攻破了羅伯特的防線。這樣，羅伯特只有向西撤退，和約翰斯頓會合，
這是他唯一的希望。接著，羅伯特悄悄地溜出了彼得斯堡，格蘭特趁機追
了上來，和謝里登將軍一起，把羅伯特的進路和退路都堵死了。眼看著走
到了絕路上，羅伯特就想和格蘭特講和。

　　聽到羅伯特要講和，格蘭特也很熱情。他們倆就在一個村莊的小房子
裡見面了，羅伯特上身穿著新軍裝，佩著指揮刀，而格蘭特只穿著普通士
兵的衣服，連扣子也沒扣就來了。他們兩個一對眼，都忍不住悲傷起來，
正是英雄惜英雄。感情歸感情，正事是不能忘的，格蘭特忍著眼淚起草了
投降書，雙方在上面簽了字。

　　事情終於結束了，羅伯特默默地騎著他的戰馬走了。到此，打了四年
的美國內戰結束了。

戰後重建與發展

　　內戰結束前，林肯政府就考慮戰後國內和解的方案。1863年底，林肯
向國會提出一份《大赦重建宣言》。《宣言》規定，一切參加叛亂的人，
只要宣誓效忠聯邦、承認廢除奴隸制，都可以得到赦免；只要有10％的選
民舉行效忠宣誓，就可以舉行選舉，成立新的州政府；剝奪少數南部邦聯
高級軍政官員的選舉權和擔任官職的權利，但恢復其除奴隸之外的財產
權。這個方案堅持了維護聯邦統一和廢除奴隸制這兩個原則，對南方叛亂
者極為寬大。

BC

— 0　耶穌基督出生

— 100

— 200

— 300　君士坦丁統一羅馬

— 400　羅馬帝國分成兩部

— 500　波斯帝國

— 600　回教建立

— 700

— 800

— 900　凡爾登條約

— 1000　神聖羅馬帝國建立

— 1100　十字軍東征

— 1200　蒙古第一次西征

— 1300　英法百年戰爭開始

— 1400

— 1500　哥倫布發現新大陸

— 1600　英國大破無敵艦隊

— 1700　發明蒸汽機

— 1800　美國獨立

— 1900　美國南北戰爭開始
　　　　第一次世界大戰
　　　　第二次世界大戰

— 2000

上古時期　BC

漢

　　— 0

100 —

三國
晉　　200 —

300 —

南北朝　400 —

500 —

隋朝　600 —
唐朝

700 —

800 —

五代十國　900 —

宋

1000 —

1100 —

1200 —

元朝
1300 —

明朝　1400 —

1500 —

1600 —

清朝
1700 —

1800 —

1900 —

中華民國

2000 —

在南方叛軍主力投降後的第五天，即1865年4月14日，林肯在華盛頓福特劇院看戲時被刺身亡。林肯的猝亡引起美國千百萬人的哀痛。

林肯去世後，副總統安德魯・詹森繼任為總統。這是一個親奴隸主分子，上臺不久他公布了一個與林肯的重建方案相似的《大赦宣言》。幾乎赦免了所有叛亂分子，准許他們在宣誓效忠聯邦後享受一切政治權利。南部邦聯總統也被當庭釋放。南方各州重新建立了州議會和州政府，其中多數或全部成員都是前叛亂分子，包括不少前南部邦聯的高級軍政官員。他們制定了一些壓迫黑人的法律，總稱《黑人法典》，幾乎剝奪了黑人的一切自由權利，如不准黑人擁有土地、不准集會、不准和白人接觸等。還有一些白人組織了三K黨等恐怖團體，專做虐殺黑人的罪惡勾當。在這種情況下，詹森建議國會承認南方重建已經完成。

詹森的妥協政策及奴隸主在南方的重新掌權，激起人民的強烈不滿。共和黨激進派在1866年的國會選舉中取得多數，便促使國會通過《公民權利法案》，規定一切在美國出生的人和歸化美國的人（不納稅的印第安人和外僑除外）均有完全的公民權。該法案被詹森否決。6月，國會再次通過該法案，是為《憲法》第14條修正案。南方有10個州拒絕批准該修正案。1867年，共和黨激進派所支配的國會不顧詹森的反對，通過《重建南方方案》。宣佈：按詹森有關重建方案建立起來的各州政府無效，對南方10個州實行軍事管制，劃分為5個軍區，由總統任命的軍區司令統轄；重新選舉各州政府，剝奪「參加叛亂或犯法律上的重罪的人」的選舉權；賦予包括黑人在內的全體人民選舉權；凡參加叛亂的，均無資格成為州議會代表或擔任州政府官員。

1868年，格蘭特將軍當選總統。格蘭特基本上執行了激進派的重建綱領。1867年3月重建法案付諸實施。南方10個州重新選舉了州議會和州政府。各州主要權力掌握在白人激進派手中。有些黑人當選為議員和副州長。這一時期，南方州政府被稱為「黑白混合政權」。由於黑人代表的努力，各州政府廢除《黑人法典》，制定了保護黑人人權的法律。在社會經濟方面，各州政府撥出大量經費，厲行教育改革，創辦黑人學校，實施普

通義務教育。黑人中出現了學習文化的熱潮，到1880年黑人的文盲率降到70％。推行獎勵工商業的政策，撥款資助鐵路建設，對低利潤企業實行免稅，同時提高土地稅。興辦福利事業，進行司法及地方政府的改革。

在重建過程中，南方奴隸制種植園經濟讓位於以小塊土地為單位的分成租佃制種植園經濟，開始向資本主義經濟轉化。原來的奴隸主也轉變為資產階級化的種植園主，原來的奴隸也變為一個新的勞動階級。隨著資本主義生產關係的發展，出現了一大批新的資本主義農場主，產生了一個新的工業資產階級集團，和一個新的金融商業資產階級集團，資本主義勢力迅速成長起來，戰前那種少數奴隸制的寡頭政治不復存在。南方種植園主竭力恢復白人至上的地位。在白人數量大大超過黑人的州，民主黨透過合法選舉很快重新掌握了政權。在其他州，種植園主用經濟力量和社會影響，打擊和排斥白人激進派。三K黨等種族主義組織發展很快，至少有5000名黑人被殺死。各州「黑白混合政府」逐漸瓦解了。

到1870年以後，北方資產階級和逐漸資產階級化的南方奴隸主的階級利益日趨接近時，加上資產階級受北部工農運動發展的威脅，便開始與南方奴隸主妥協。1872年，格蘭特政府頒佈特赦令，恢復了參與原南部邦聯的首要分子的公民權。

1876年大選時，民主黨已經能夠與共和黨強勁對抗。共和黨舞弊問題引發爭執，最終兩黨達成妥協。次年，共和黨候選人海斯出任總統，撤銷南方的軍事管制，撤回聯邦駐南方各州軍隊。南方重建到此結束。

這次妥協實際上恢復了南方各州的憲法權利，為整個國家的重新統一奠定了更穩定的政治基礎。但是，重建的局限性也是顯而易見的。第一，南方重建只是從政治上著手建設民主的南方，並沒有在保障黑人和貧窮白人的經濟權益方面，做出實質性的改革，特別是沒有以民主的方式解決土地問題。黑人歧視問題依然沒有得到解決，南方各州還陸續實行種族隔離政策。1896年，最高法院認定州政府實施種族隔離旨在保障公共安寧，得出「隔離但平等」的結論，黑人被置於公然受歧視的地位。三K黨仍大肆迫害黑人，種族歧視成為長期困擾美國社會的問題。

BC

— 0　耶穌基督出生

— 100

— 200

— 300　君士坦丁統一羅馬
　　　羅馬帝國分成兩部
— 400

— 500　波斯帝國

— 600　回教建立

— 700

— 800
　　　凡爾登條約
— 900
　　　神聖羅馬帝國建立
— 1000

— 1100　十字軍東征

— 1200　蒙古第一次西征

— 1300　英法百年戰爭開始

— 1400

　　　哥倫布發現新大陸
— 1500
　　　英國大破無敵艦隊
— 1600

— 1700　發明蒸汽機

　　　美國獨立
— 1800
　　　美國南北戰爭開始
— 1900
　　　第一次世界大戰
　　　第二次世界大戰
— 2000

上古時期　BC

漢

－0

100 —

200 —
三國
晉
300 —

400 —
南北朝
500 —

隋朝
600 —
唐朝

700 —

800 —

五代十國
900 —
宋
1000 —

1100 —

1200 —
元朝
1300 —
明朝
1400 —

1500 —

1600 —
清朝
1700 —

1800 —

1900 —
中華民國
2000 —

｜第三十八章｜日本的明治維新

明治維新前的日本

　　明治維新是亞洲近代以來唯一成功的改革，日本在明治維新之前處於幕府統治時期。所謂幕府，是指12世紀末至19世紀日本武家政治時期的最高權力機構。

　　這個詞出自漢語，意為將軍出征時的帳幕。也就是說將軍出去打仗了，肯定不能是獨自一人是吧，得帶著自己的智囊、將領甚至廚子。仗打贏了，將軍的姿態自然就高了，就開始向朝廷邀功，自然就會組建自己的團隊，這就是幕府。細數下來，日本歷史上曾有鐮倉幕府、室町幕府、江戶幕府。

　　幕府之下是「藩」，藩主亦稱「大名」，全國共有藩國200多個，職位世襲。藩主在藩內掌握行政、軍事、司法、稅收等方面的大權。大名必須效忠幕府將軍，執行將軍命令，戰時向將軍提供一定數量的軍隊。

　　也就是說，幕府的實力很大程度上取決於大名們的忠誠。道理很簡單，「槍桿子裡出政權」，而大名們手中都有武裝，除非他真心實意地效忠幕府，否則隨時可以揭竿而起。

　　日本人經常作這個比較，大名就相當於諸侯，將軍就相當於霸主，天皇就相當於周天子，周天子是沒有權力的。這個霸主很厲害，但是這個霸主也不能做到大一統，霸主只是一個最強大的領主。

　　所謂「害人之心不可有，防人之心不可無」，幕府自然要想辦法控制大名。招數很簡單，那就是把大名分為兩部分，要求他們輪流到江戶朝見將軍，大名的妻子兒女則必須長年留住江戶作為人質，使之不能起反叛之

心。這招係在用親情來控制人，這樣大名們就投鼠忌器，不敢有所動作。在軍事上幕府握有直屬常備軍，其兵力大約在10萬人左右，以此保證幕府對各藩的控制。

將軍、大名門下擁有大批家臣，稱為武士。他們是世襲的職業軍人，在德川時代，全國共有武士40萬，高級門第出身的武士可以參加幕政和藩政，武士擁有冠姓和佩刀特權，殺死百姓可不受懲罰。高級武士擁有領地，下級武士從其主人處領取俸祿。這樣就形成了以武士為基礎，以將軍為最高首領的幕藩領主的統治體制。

為了加強對人民的統治，幕府制定了嚴格的等級制度，將全國居民分為士、農、工、商四個等級。士，就是武士階層，屬於統治階級。農、工、商屬於被統治階級，占全國人口的90％，他們在政治上沒有任何權利，擔負著沉重的賦稅。在等級制度下，人們從事的職業是固定的，世代相襲。在四個等級之外，還有「穢多」（從事製革、屠宰等職業）、「非人」（藝人、乞丐），他們被視為「賤民」，處於社會的最低層，受到種種歧視和迫害。

這樣看來，日本在明治維新之前跟中國情況差不多，可能還不如中國。從19世紀初，美、英、俄等國便謀求打開日本的大門，和日本建立通商關係，都遭到幕府的拒絕。

日本的民族危機

1853年7月8日，海軍准將馬休‧卡爾布萊斯‧佩里帶著美國政府的命令，率領一支遠征新式艦隊，開進了日本江戶灣的浦賀港口。面對對方的鐵甲戰艦，日本人根本沒有抵抗的資本，佩里艦隊順利拋錨停泊。

先把戰艦安頓好，佩里就開始展開進一步行動了。他讓得力的手下帶著300多名水兵大搖大擺地上了岸。這群美國大兵在街上橫衝直撞，叫囂一定要見幕府的談判代表，聲稱自己受美國總統之託，一定要遞交國書。

BC

— 0　耶穌基督出生

— 100

— 200

— 300　君士坦丁統一羅馬

— 400　羅馬帝國分成兩部

— 500　波斯帝國

— 600　回教建立

— 700

— 800

— 900　凡爾登條約

— 1000　神聖羅馬帝國建立

— 1100　十字軍東征

— 1200

— 1300　蒙古第一次西征
　　　　英法百年戰爭開始

— 1400

— 1500　哥倫布發現新大陸

— 1600　英國大破無敵艦隊

— 1700　發明蒸汽機

— 1800　美國獨立

— 1900　美國南北戰爭開始
　　　　第一次世界大戰
　　　　第二次世界大戰

— 2000

上古時期　BC

漢

— 0

100 —

三國
晉　　200 —

300 —

南北朝　400 —

500 —

隋朝　600 —
唐朝

700 —

800 —

五代十國　900 —

宋

1000 —

1100 —

1200 —

元朝
1300 —
明朝

1400 —

1500 —

1600 —
清朝

1700 —

1800 —

1900 —
中華民國

2000 —

有道是「兵來將擋，水來土掩」，本來幕府應當迅速對此作出反應，是戰是和。可是面對來勢不善的美國艦隊，以前總是作威作福的幕府充分暴露了它的軟弱與無能，內部意見分歧難以統一，遲遲不能表態。

佩里一看，投石問路初見成效，於是膽子就更大了。他開始讓手下在江戶灣做水深測量，而測量水深可是一個國家的主權象徵。這一明顯帶有挑釁色彩的行動，使江戶市民情緒逐漸激動起來。

幕府一看，再拖下去對自己很不利。但它清楚地知道惹不起美國，當然更打不起，所以只有簽訂城下之盟，就是日本歷史上被視為喪權辱國開端的《日美和好條約》。

這個條約規定日本要向美國開放下田和函館兩個港口，而且日本必須供給美國船員食物、煤炭，美國享受日本最惠國待遇。所謂最惠國待遇，是指日本要降低關稅，規定出口稅為5％，美貨入口除酒類抽35％外，其餘絕大多數只抽5％。就這樣，日本塵封千年的大門被打開了。

門戶一開，後來者自然絡繹不絕：英國、俄國、荷蘭等國如法炮製，先把軍艦開來再說。1862年，英、法兩國以保護僑民為藉口，駐兵橫濱。1864年，英、法、美、荷4國組成聯合艦隊占領下關炮臺，向幕府勒索300萬美元的賠償。

一旦大門被打開，就不是政府遭殃，而是百姓遭殃了：日本迅速成為資本主義國家的產品傾銷地和原料供應地。自1860年開始，7年間，日本的輸入增加了13倍，比輸出多了6倍。在這種情況下，西方的工業產品充斥日本全國市場，而本土的手工工廠和手工業者受到嚴重排擠，破產和失業者比比皆是。

更為嚴重的是，精明的西方人看到日本黃金價格較低，白銀價格較高，他們就利用差價，用白銀套購黃金，從中牟取暴利。

這一方面使得外國人賺了大錢，一方面使得日本黃金大量外流。由於黃金是貨物的根本保證，所以黃金外流引起物價暴漲，日本人民生活困苦，紛紛揭竿而起。在佩里打開日本國門到1867年，短短的7年內，日本共發生了96次農民起義，全國各地也爆發了空前未有的市民暴動。

西方國家的侵略加劇，日本民族陷入空前的危機之中。

倒幕運動和「大政奉還」

日本國門被打開的時候，當時的孝明天皇是一個保守的皇帝，非常反對倒幕運動，所以倒幕派便將希望寄託在皇太子明治身上。

明治天皇，男，名睦仁。他的父親孝明天皇有著眾多的宮妃，睦仁的母親只不過是其中普通的一個，這使得幼年的睦仁沒有成為關注的中心。但是，歷史往往充滿變數——睦仁的五個兄弟相繼早夭，於是他便成為孝明天皇的獨子。

1867年，孝明天皇突然死去，年僅16歲的睦仁繼位，是為明治天皇。明治天皇早期的思想不甚明確，但可以肯定的是，這位年輕的天皇一點都不保守，而是充滿了進取精神，這顯然讓倒幕派找到了依託。

就在這一年，以後來號稱「明治三傑」的西鄉隆盛、大久保利通、木戶孝允為首的倒幕派，從明治天皇手裡取得了合法征討幕府的密詔。

倒幕派不理會將軍德川慶喜「大政奉還」的以退為進策略，在1868年初發動政變，宣佈「王政復古」，剝奪德川慶喜的全部權力。

一場大戰終於不可避免，倒幕軍由西鄉隆盛率領，得到了多數民眾的支持，在鳥羽、伏見戰役中取得了關鍵性勝利，德川幕府終於被推翻。

倒幕派雖多數來自下級武士，但在倒幕運動中確立了他們在新政府中的地位，他們大部分都轉化為維新派的主力。

明治天皇生於深宮，長於深宮。他小的時候體質特別差，甚至曾經被戰鬥中的炮聲嚇昏過。但不可否認的是，明治是一個很聰明也很上進的人，他也深深地為時局動盪給日本帶來的災難而難過。

所以他年輕的時候就立志要讓日本強大起來。在日本，天皇一直是民眾心目中的神，他是大和民族的象徵，也是大和凝聚力的基礎。明治天皇非常好地利用了民眾的天皇崇拜心理，他不斷巡遊日本各地，並且總是

BC

— 0　耶穌基督出生

— 100

— 200

— 300　君士坦丁統一羅馬
　　　羅馬帝國分成兩部
— 400

— 500　波斯帝國

— 600　回教建立

— 700

— 800

　　　凡爾登條約
— 900

　　　神聖羅馬帝國建立
— 1000

— 1100　十字軍東征

— 1200　蒙古第一次西征

— 1300　英法百年戰爭開始

— 1400

　　　哥倫布發現新大陸
— 1500

　　　英國大破無敵艦隊
— 1600

— 1700　發明蒸汽機

　　　美國獨立
— 1800

　　　美國南北戰爭開始
— 1900　第一次世界大戰
　　　第二次世界大戰

— 2000

上古時期　BC

漢

　　　— 0

100 —

三國

晉　　　200 —

　　　　300 —

　　　　400 —
南北朝

　　　　500 —

隋朝　　600 —
唐朝

　　　　700 —

　　　　800 —

五代十國
　　　　900 —
宋

　　　1000 —

　　　1100 —

　　　1200 —

元朝　　1300 —

明朝

　　　1400 —

　　　1500 —

　　　1600 —
清朝

　　　1700 —

　　　1800 —

　　　1900 —
中華民國

　　　2000 —

用盛大的儀式來宣告他的駕臨，這些都使得他在日本國民中的地位越來越高。

　　在明治剛剛領導人民推翻幕府統治，建立自己的政權的時候，明治天皇就率領大臣們在宮殿前面舉行告天儀式，立下著名的五條誓言：廣興公議，萬機決於公眾；上下同心，大展經綸；公卿與武家同心，以至於庶民，使各遂其志，人心不倦；破舊來的陋習，立基於天地之公理正氣；求知識於世界，以振皇基。這五條誓言除了第一條之外，在明治45年的統治中，他基本上都做到了。

　　1912年7月30日，明治天皇由於尿毒症去世，享年61歲（虛歲）。

派遣考察團赴歐洲學習

　　明治政府倒幕成功後，以拿來主義作為改革的綱領，充分學習西方先進文化。

　　1871年12月23日，日本橫濱港人頭鑽動，大家都對一艘龐大的輪船指指點點。這一方面是當時的日本人對於輪船還比較好奇，另一方面則是因為這艘排水量高達4500噸的美國商船「亞美利加號」上，雲集了一批日本政要：正使是右大臣岩倉具視，副使則是大藏卿大久保利通和參議木戶孝允、工部大輔伊藤博文、外務少輔山口尚芳等四人。這是一個擁有四十八名隨員的使節團，目的就是考察西方先進的制度與文化。

　　在將近兩年的考察過程中，代表團的成員不僅參觀了美國、英國、法國等超一流的國家，還把足跡延伸到瑞典、義大利等世界二流國家，據史料記載，這個考察團的經費占到了那時候明治政府收入的2％。

　　代表團的成員既深入考察西方的政治制度，比如他們經常參觀他所到國家的政府、議會、法院；又考察各國的經濟制度，他們深入到公司、工廠、礦山，記錄著西方先進文明的成就。岩倉曾經說過這樣一句話：「視察各國之情況，像英、美、德、法這樣的強國自不必說，雖二三流之諸

國，其文化之繁盛，亦為我國殊不可比。」

代表團可不是隨便出去公費旅遊的，他們特別注意到歐美國家發達的政治制度，特別是憲法對先進國民性的塑造。

他們透過實際考察，認為普魯士的國情與日本很像，於是就得出結論，日本人民尚未普遍文明開化，制定憲法要靠君主英斷。

首先要在五條誓文之外增設條例，形成政規，同時根據政規制定法典。也就是要效仿普魯士，在日本建立集權主義政體。代表團的成員清醒地認識到，隨著民主的進展，日本的君主專制之體將不能永存，但是日本有自己的國情，絕對不能照搬西方民主，而是要立足國情，制定合乎日本特點的憲法體制。

除了政治制度外，使節團對歐美國家的普及教育也印象深刻。他們認識到美國的強大，並不是因為美國人天生就比日本人聰明，而是在於兩國的教育制度相差太遠。特別明顯的一點就是，美國的教育普及程度遠遠高於日本。

也就是說，美國的平均素質要高於日本。他們得出結論說，為了讓日本真正屹立於世界民族之林，就必須建立自己的教育體制，為日本的發展源源不斷地培養出大批人才。這種教育體制肯定要脫離原有模式和內容的桎梏，充分學習歐美各國普遍重視的近代科學知識，用科技興國。

1873年3月15日對於這個代表團來說，是一個特別的日子——當時人稱「鐵血宰相」的普魯士首相俾斯麥會見了他們，並對這些來自東方的學生面授機宜，教了他們幾招狠招。

俾斯麥首先強調，當今世界就是一個弱肉強食的時代，那些所謂的國際準則，只不過是小國的天真夢想罷了，實際情況是誰的實力強誰說了算。如果哪個國家敢對自己不利，就會馬上訴諸武力，捍衛自己的利益。

他還特別向使節團介紹了普魯士強盛的經驗，囑咐他們必須充分發展本國的軍事實力。所以，代表團花了很長時間考察普魯士的軍事制度，並深深為之折服。他們看到整個普魯士範圍內，軍事訓練之風非常盛行，年齡合適的普魯士男子基本上都受過軍事訓練。

BC

— 0　耶穌基督出生

— 100

— 200

— 300
君士坦丁統一羅馬

羅馬帝國分成兩部
— 400

— 500　波斯帝國

— 600　回教建立

— 700

— 800

凡爾登條約
— 900

神聖羅馬帝國建立
— 1000

— 1100　十字軍東征

— 1200
蒙古第一次西征

— 1300
英法百年戰爭開始

— 1400

哥倫布發現新大陸
— 1500

英國大破無敵艦隊
— 1600

— 1700　發明蒸汽機

美國獨立
— 1800

美國南北戰爭開始
— 1900
第一次世界大戰
第二次世界大戰

— 2000

上古時期　BC

漢

— 0

100 —

三國
晉　　　200 —

300 —

南北朝　　400 —

500 —

隋朝　　600 —
唐朝

700 —

800 —

五代十國　900 —

宋

1000 —

1100 —

1200 —

元朝　　1300 —

明朝

1400 —

1500 —

清朝　　1600 —

1700 —

1800 —

中華民國　1900 —

2000 —

如果說學軍事是增強自己的硬實力，那麼學經濟就是在增強自己的軟實力。代表團成員在歐美那些發達的城市裡，看到到處是黑煙滿天、到處都是工廠，那裡的人們都很熱衷於世界貿易。這和傳統的日本人的觀念是不同的。代表團的成員想明白了一件事情，那就是要強兵必須先富國，要富國就要廣開財源。

在當時的條件下，就是要殖產興業。在最後給天皇的報告中，他們提出「國之強弱繫於人民之貧富，而人民之貧富繫於物產之多寡。物產之多寡，雖依賴於人民致力於工業與否，但尋其根源，又無不依賴政府官員誘導獎勵之力」，以英國為典範，走發展工商業致富救國的道路。

可以說，這次出訪讓日本人，特別是日本的精英階層看到了與世界先進國家的差距，更刺激了他們改革的欲望。他們也充分發揚了拿來主義的精神，成功地進行了改革。

廢除貴族特權

改革總是需要理論來指導實踐，用實踐來糾正理論。那麼，如果說「拿來主義」是明治維新的總綱，是理論的話，那麼在這個綱領指導下還有一些具體措施。其中一項就是廢除貴族特權。

所謂特權，顧名思義即不是平常的權力。就好比兩人在一起，他就能吃肉，你只能喝湯，他享有的就是特權。

而考察團也就是考慮到了這一點，所以他們要廢除享有特權的這夥人的權力。而封建特權就是指建立在封建制度上的、依靠世襲身分而獲得的權力。中國人常說「刑不上大夫，禮不下庶人」就是這樣：憑什麼大夫就不能上刑啊！這就是封建特權。

岩倉使團兩年的考察，使得他們深深認識到西方社會平等之風，對社會發展進步的重要作用。所以，他們回國後力諫天皇廢除貴族特權。

要廢除貴族特權，首先就得把全國的權力集中到中央手中，以便做

到令行禁止。如果還像幕府時期那樣權力分散，中央的命令還是貫徹不下去。這就一舉奪得地方政權，消滅了封建割據，形成中央集權的統一國家，並在事實上廢除了封建領主土地所有制，成為維新運動中的一次深刻的革命性變革。

新政府廢除了公卿、諸侯這些帶有等級意味的稱呼，統一改稱為華族，而一般武士則改稱為士族和卒，農、工、商和賤民一律稱為平民。

隨後，又逐漸剝奪了舊統治等級所享有的各種特權，這些特權是封建時代的產物，帶有濃厚的封建色彩，比如在傳統的日本社會，軍職是被武士壟斷的，如果不是武士就不能擔任軍職。

武士還擁有統治權、封建財產特權，還有對平民「格殺勿論」的特權。針對武士階層對軍職的壟斷，明治政府在1872年推行了徵兵制，很好地解決了這個問題。

另外，明治政府還為人民做了一件好事：在幕府統治時期，將軍和大名憑藉自己擁有的土地，向領地內的農民徵收封建年貢，對人民造成了沉重負擔。所以明治政府便逐漸開始減少年供，最後於1876年8月用發給「金祿公債」的方式，贖買了武士所享有的這種封建財產特權。

這樣，武士作為一個特權等級被消滅了，其上層因領取高額的「金祿公債」，轉化為地主和資本家；廣大的下級武士則淪為小商人、自由職業者或出賣勞動力的無產者。

《五條誓文》和全面改革

貴族們消失了，社會自然也要有個大變革。以天皇為首的新政府，發佈具有政治綱領性的《五條誓文》，1868年6月11日公布《政體書》。

9月3日天皇下詔將江戶改為東京。10月23日改年號為明治。1869年5月9日遷都東京，並頒佈改革措施。

先從穿衣開始說起。日本男人以前愛穿寬大的衣服，女人喜穿和服。

BC

— 0　耶穌基督出生

— 100

— 200

— 300
君士坦丁統一羅馬
羅馬帝國分成兩部
— 400

— 500　波斯帝國

— 600　回教建立

— 700

— 800
凡爾登條約
— 900
神聖羅馬帝國建立
— 1000

— 1100　十字軍東征

— 1200
蒙古第一次西征
— 1300
英法百年戰爭開始
— 1400

哥倫布發現新大陸
— 1500
英國大破無敵艦隊
— 1600
發明蒸汽機
— 1700
美國獨立
— 1800
美國南北戰爭開始
— 1900
第一次世界大戰
第二次世界大戰
— 2000

明治政府為了推行自己的西化政策，就想盡辦法推行西服。

　　事實上，初期最早穿西服的是都市的軍人、官吏、學生，然後才慢慢地普及到民間。為了配合西服的推廣，明治政府還在1871年公布了男子斷髮令，否則按照日本人的習慣，男人都要留著長長的辮子，這樣就和西服不搭調了。

　　兩年後，明治天皇看到斷髮令實施情況不太理想，索性以身作則，將一頭長髮剪掉。為了鼓勵斷髮，明治政府還將各地的理髮店免稅，但對從前的結髮店則課以稅金。社會要進步，誰也擋不住，1872年，女學生開始流行穿長褲裙。

　　雖然當時並沒有規定制服，但是女學生都不約而同地穿起長褲裙來。這也算是適應時代發展的一個例子吧。

　　在吃飯方面，幕府統治時期，糖的提煉比較困難，所以一直是比較貴重的奢侈品，平常只有王公貴族才可以享受，一般老百姓根本吃不到糖。

　　到了明治維新之後，西式糕點逐漸走入人們的生活，一般人也開始「嘗到甜頭」。還有一個比較有意思的現象：雖然幕府統治時期日本就有烤麵包的人，但是直到明治初年，麵包才開始成為西點店的商品，而且當時人們還把那些不吃米飯而改吃麵包的人看作傻瓜。

　　隨著維新運動的深入人心，西方的生活方式逐漸被人們接受，麵包也開始流行起來。相比麵包，牛肉火鍋更改變了整個日本的飲食。

　　日本人有個傳統，就是自古以來幾乎都不怎麼飼養家畜，這樣造成的一個直接後果就是，他們除了偶爾吃打獵的獸肉之外，可以說完全不吃獸肉。

　　一般人認為，獸肉是比較髒而且會帶來晦氣的東西，所以屠宰業是賤民的專利。那時候不但宰殺牲畜之前要做很多工作避邪，宰殺完之後還得請和尚來念經。但是，明治維新時的日本人看到西方社會多樣化的生活習慣，所以也漸漸開始食肉。

　　特別有意思的就是，明治維新時期的饕餮食客竟然模仿相撲排行榜，將牛肉火鍋店依順位評審定位，頗有現在選美的意思。

在社會風俗方面。明治初年的種種新政策，使得當時一天或一個月的社會變化，遠遠超過從前五年、十年的變化速度。可以想像，當那些在傳統社會中只能在家洗衣、做飯、帶孩子的日本女性，竟然可以肩並肩，手挽手地與西裝筆挺的紳士一起散步的時候，日本人的震驚程度有多大。

在明治維新之前，男女混浴是很正常的事情，因為日本人認為沐浴時男女坦誠相見是很自然的一件事，並無什麼關係，這很明顯是與現代文明背道而馳的。所以明治時期禁止男女混浴，並禁止婦女在公眾場所裸體。員警當局為了配合國家「文明開化」的政策，花大力氣推行新社會道德，特別對裸體加以嚴格取締。

明治維新的影響

從日本的發展壯大可以看到：繁榮是自己爭取來的。這是日本屢次在強大的外來壓力和影響下擺脫困境，走出一條光明道路給世人的啟示。

前面已經提到，當岩倉使團在歐美各國考察的時候，他們看到了遍地的工廠企業，那時候他們就深刻地認識到：日本要想強大，就必須迅速建立近代大工業，一來賺取利潤，二來為國家生產更多的軍工產品。

當代表團回國後，馬上奏請明治天皇設立內務省，專門負責發展工商業，並讓頭腦清晰、頗有才幹的大久保利通擔任內務卿。

明治政府首先改革封建土地制度，解除了農民對於地主的依附關係。這實際上是對農業進行資本主義改造，從根本上確立自由民和新式地主的土地所有制。這項改革措施使大量農民走出了土地，走向了企業，進而為資本主義工業化開拓了市場，準備了勞動力。

然後，明治政府利用國家的資金，引進外國先進技術和設備，創辦了一批官營的「模範工廠」。透過這些工廠的示範效應，讓人民看到辦工廠可以得到巨大的好處。同時採取發放巨額貸款，進口優先，減免企業稅和出關稅等辦法，大力扶植和保護私人資本主義的發展，這樣一來就可以把

BC

— 0　耶穌基督出生

— 100

— 200

— 300
君士坦丁統一羅馬

羅馬帝國分成兩部
— 400

— 500　波斯帝國

— 600　回教建立

— 700

— 800

凡爾登條約
— 900

神聖羅馬帝國建立
— 1000

— 1100　十字軍東征

— 1200
蒙古第一次西征

— 1300
英法百年戰爭開始

— 1400

哥倫布發現新大陸
— 1500

英國大破無敵艦隊
— 1600

— 1700　發明蒸汽機

美國獨立
— 1800

美國南北戰爭開始
— 1900
第一次世界大戰
第二次世界大戰

— 2000

上古時期　BC

漢

— 0

100 —

三國
晉　　 200 —

300 —

南北朝　400 —

500 —

隋朝　 600 —
唐朝

700 —

800 —

五代十國　900 —

宋　 1000 —

1100 —

1200 —

元朝
1300 —

明朝　1400 —

1500 —

清朝　1600 —

1700 —

1800 —

1900 —
中華民國

2000 —

私人資本引向發展近代工業的道路。

　　明治政府為加速工業化的進程，在1880年又發佈「官業下放令」，由政府出面主持大局，將原來那些官辦企業轉讓給一些有背景的大資本家。在政府的大力扶植和保護下，從19世紀80年代中期起，日本出現了早期工業革命的熱潮，這股熱潮以前所未有的猛烈之勢，席捲了日本的主要產業部門，特別是以紡織業為中心的輕工業部門發展得異常迅猛。

　　經過政府與民間的共同努力，日本的工業得到了更為迅速的發展，逐漸建立起了比較完備的工業體系。

　　教育也是明治維新的一大內容。日本明治維新教育改革是以「文明開化」為改革目的，以「和魂洋才」為指導思想。在1870年到1896年的26年間，明治政府頒發了30多項重要的教育法令、條例、規章制度。

　　改革後的日本教育，融合了美國教育的自由和德國教育的嚴謹。從教育行政管理，到大、中、小學教學設施，明治政府幾乎為日本的現代教育奠定了所有的基礎。在這些改革措施的推動下，日本人的文化素質有了明顯提升。一個最基本的資料就是小學入學率迅速上升。1873年的時候，日本的小學入學率就已經達到了28.1%。

　　明治政府的高明之處在於它不僅注意以小學為基礎，大力普及國民教育，還特別注意興辦實業教育，也就是我們現在所謂的職業技術學校。這種以實用性為基本屬性的學校培養造就了大批青年技術骨幹力量，使得日本的工業生產線能迅速投入生產。這樣的直接好處就是日本國民掌握近代科學技術，在實業、技術、生產和貿易等方面同世界各國展開競爭，並很快取得了技術優勢。

　　也正因為日本民族自身的傳統文化的影響及作用，通過明治維新之後的各項改革，特別是教育體制、科技創新機制的構建使日本從一個封閉落後的文盲農業國轉變成為國民素質普遍提高的現代文明國家，培育了優秀的勞動力和龐大的技術人員隊伍。從業人員對企業活動有高度的熱情，對生產技術和產品品質有強烈的責任心；同時，政府給企業低息貸款，使長期展望成為可能，有豐富的長期資金和政府強有力的支援等。

明治維新以後，日本工業增長速度讓世界目瞪口呆。這裡僅僅舉幾個數字作為證明：1868年日本全國只有405家工業企業，而且大部分是手工工廠；到了1893年的時候，工業企業就已經增加到3344個，且絕大部分是機器工業。蒸汽動力船總噸位從15498噸增至110202噸；金融機構從2家增至703家。

可以說，透過明治維新，日本基本上實現了社會形態的轉變，從一個落後的封建國家，變成了比較發達的資本主義國家。實力增強了，說話自然就有分量了。日本逐步廢除了與列強簽訂的不平等條約，收回了國家主權，成為亞洲唯一獨立自主的近代資本主義強國。

日本人的實用精神

探究明治維新成功的原因，其實很簡單，最根本處就在於日本人的實用精神。

所謂實用，就是反對空談理論，就事論事，講究實際效果。

日本近代啟蒙大師福澤諭吉也曾對實用主義做過精闢的闡述：「文明可以比作鹿，政治如同射手，當然射手不只一人，射法也因人而異，不過他們的目標都是在於射鹿和得鹿。只要能獲得鹿，不管立射和坐射，甚至徒手捕獲亦無不可。」

與探究道德完美或高深哲理為價值觀的文人、文官精神在社會上占優勢地位的中國、朝鮮不同，日本人重視實際效用，重視實證。直接對事情的成敗和結果寄予主要關心的武士精神，成為日本封建社會的主流。

這種態度在上面說到的那次海外考察中有明顯的體現。木戶孝允、大久保利通等日本政界精英組成龐大的岩倉考察團，到歐美進行為時長達22個月的歐美文物考察時表現得更為明顯。

他們一頭鑽進歐美先進國家的城市規劃、道路建築、工廠農場、學校公園等，親臨現場進行參觀、調查、考察、記錄、學習。他們觀察細緻敏

— 0　耶穌基督出生

— 100

— 200

— 300
君士坦丁統一羅馬
羅馬帝國分成兩部
— 400

— 500　波斯帝國

— 600　回教建立

— 700

— 800
凡爾登條約
— 900
神聖羅馬帝國建立
— 1000

— 1100　十字軍東征

— 1200
蒙古第一次西征
— 1300
英法百年戰爭開始

— 1400

哥倫布發現新大陸
— 1500
英國大破無敵艦隊
— 1600
發明蒸汽機
— 1700
美國獨立
— 1800
美國南北戰爭開始
— 1900
第一次世界大戰
第二次世界大戰

— 2000

上古時期　BC

漢

　　　　－ 0

　　　100 －

三國　　200 －
晉
　　　300 －

　　　400 －
南北朝

　　　500 －

隋朝　600 －
唐朝
　　　700 －

　　　800 －

五代十國　900 －

宋
　　　1000 －

　　　1100 －

　　　1200 －

元朝
　　　1300 －

明朝
　　　1400 －

　　　1500 －

　　　1600 －
清朝

　　　1700 －

　　　1800 －

中華民國　1900 －

　　　2000 －

銳，記錄詳盡精確，並時時思考在國內模仿學習改進的可能性。

　　他們對西方工廠生產情況的記錄，據後來研究者說，除去表達感想部分，簡直可作為說明書來讀，即使是完全外行的人讀後，也仿如親見。要知道，在當時的情況下，他們是沒有也不可能獲得工藝原理、工序流程書等資料的，一切只能用心看、用心記。

　　考察團回國後，考察報告彙編成書——長達2000頁的《紀實》，並向日本國民公布，作為學習的藍本，此等盛況不但空前，或許亦可稱為「絕後」。

　　日本人的實用主義傳統則有著更深的思想根源。據最新的日本學研究成果，史前的日本民族即已表現出很多實用主義的傾向。一個典型的例子就是他們的宗教信仰缺乏罪咎觀念，不像後來的基督教那樣反覆告訴人是有原罪的，必須老老實實贖罪，日本人無意對創世進行猜測，或崇拜一個滋生萬物之神，這樣一來，日本人十分關注特定環境下的事物，不會深陷抽象觀念的泥淖。

　　在封建社會的歷史上，成為日本思想主流的武士道精神充滿了現實主義精神。所謂武士，就是必須在戰場上瞬息萬變的情況下取得勝利，這就要求他們必須因時、因地制宜，也就是說，為實現終極目的，敢於採取權宜措施。這從另一個方面加強了日本人實用主義的傾向。

　　還可以舉出一個例子，來說明日本人實用主義的傳統。在日本傳統社會裡，他們重家族而輕血緣的態度，打破了家族血緣關係的封閉性，使人們可以依據品德和才能標準選擇家業繼承人。

　　異姓的養子、婿養子在改變了姓氏之後，就可以進入家庭，繼承家業，是否具有血緣關係並不重要。反之，如果沒有繼承和管理家業的能力和良好的資質，即使親生兒子也可能被剝奪家業繼承權。這種所謂「暖簾重於家業」的態度，正是日本人實用主義價值觀的具體體現。

　　在實用主義的影響下，日本人養成不深究學問、技法的系譜或出處如何，也就是說只要對日本民族有利，就勇於學習。而勇於學習又逐漸導致了善於學習，所以他們能對現實世界中高性能的東西，都給予公平尊重

的精神。因此，當日本人目睹大炮、軍艦等歐美卓越軍事技術時，自然就具備了這樣的態度：儘管這是夷狄的東西，但也要坦率地評價其為夷狄之「長技」。

同時當然也就產生了要學習這種優秀技術及其背後的西洋自然科學的願望。轉過頭來看晚清，當先進文明傳入的時候，遺老遺少們高呼「有傷風化」、「奇技淫巧」等等，千方百計來阻撓新事物的出現。

慈禧老佛爺第一次坐汽車的時候，竟然命令坐在前排的司機還要跪著給她開車，這簡直是滑天下之大稽。這種缺乏實用主義的自大情緒，最終使得洋務運動失敗，清朝與日本的發展距離在近代逐步被拉開。

BC

— 0　耶穌基督出生

— 100

— 200

— 300
　　君士坦丁統一羅馬
　　羅馬帝國分成兩部
— 400

— 500　波斯帝國

— 600　回教建立

— 700

— 800

　　凡爾登條約
— 900
　　神聖羅馬帝國建立
— 1000

— 1100　十字軍東征

— 1200
　　蒙古第一次西征

— 1300
　　英法百年戰爭開始

— 1400

　　哥倫布發現新大陸
— 1500

　　英國大破無敵艦隊
— 1600

　　發明蒸汽機
— 1700

　　美國獨立
— 1800

　　美國南北戰爭開始
— 1900
　　第一次世界大戰
　　第二次世界大戰

— 2000

上古時期　　BC

漢

－ 0

100 —

三國　　200 —

晉　　　300 —

南北朝　400 —

　　　　500 —

隋朝　　600 —

唐朝

　　　　700 —

　　　　800 —

五代十國　900 —

宋　　1000 —

　　　1100 —

　　　1200 —

元朝　1300 —

明朝　1400 —

　　　1500 —

清朝　1600 —

　　　1700 —

　　　1800 —

中華民國　1900 —

　　　2000 —

| 第三十九章 | 其他國家的危機與改革

歐美國家進入帝國主義階段及其在亞非的擴張

　　19世紀晚期是資本主義向壟斷過渡的時期。這一時期第二次工業革命促進了工業的高速發展，而工業的高速發展又促進了資本和生產的集中，進而產生了壟斷組織。壟斷組織又推動了資本主義列強加強殖民擴張，因而19世紀末期到20世紀初，英、法、德、俄、美、日等帝國主義掀起瓜分世界的狂潮，把亞、非、拉國家納入了資本主義世界體系。

　　英國在殖民擴張方面一直遙遙領先，這時又進入了一個殖民擴展的高峰期。到20世紀初，大英帝國成為世界歷史上疆域最大的全球性帝國，領土遍及六大洲，被人們稱作「日不落帝國」。英國也是資本輸出最多的國家。在殖民地統治方式上，一般對殖民地實行間接統治，讓殖民地在經濟上自立和政治上自治。

　　英國於1886年把緬甸劃為英屬印度的一個省，基本完成了對南亞的征服。英屬印度幾乎囊括了印度次大陸並延伸到麻六甲，包括今天的印度、巴基斯坦、孟加拉、斯里蘭卡、緬甸、馬來西亞和新加坡。英國人開辦的波斯帝國銀行承擔伊朗國家銀行的職能，實際控制了伊朗的財政。英國獲得了伊朗南部和中部的石油開採權，控制3/4的石油資源。1882年和1898年，埃及、蘇丹先後落入英國手中。征服阿散蒂國家、貝寧王國，將尼日利亞沿海地區變成英國的占領地。

　　1890年，桑吉巴淪為英國保護地。1891年，英國透過南非公司，將尼亞薩蘭地區變成自己的保護國。1894年又建立了「羅得西亞」殖民地。1895年和1896年，英國先後將肯亞（當時稱英屬東非）和烏干達變為自己

的保護國。1899～1902年，英國與荷蘭移民後裔布林人建立的南非共和國和奧蘭治自由邦為爭奪南非領土和地下資源進行了一場戰爭，史稱英布戰爭或布林戰爭。英國從大英帝國各地調集了40多萬兵力，最終吞併了德蘭士瓦共和國和奧蘭治自由邦。

到20世紀初，法國重建了僅次於大英帝國的龐大殖民帝國。在法國經濟向壟斷資本主義發展的過程中，與生產領域相比，銀行資本的集中速度更快。銀行以高利息借貸（如法國或外國公債）作為後盾，以儲蓄、投資的高利息誘惑吸走了大量資金。與英國的殖民地統治不同，法國採取直接統治的方式。

法國的殖民地最重要的區域是東南亞、北非和西非。1887年，法國建立了包括越南和柬埔寨的法屬印度支那聯邦；1893年，兼併老撾，控制了中南半島。只有暹羅王國（泰國）保持獨立，夾在英屬殖民地和法屬殖民地之間。1897年，法國強迫清政府同意「永不將海南島讓與任何他國」，由此開始，列強紛紛在中國劃分勢力範圍。北非馬格里布的阿爾及利亞、突尼斯和摩洛哥三國先後落入法國手中。在西非，法國以塞內加爾為根據地由西向東擴張，占據了西非廣大的土地，發展為法屬非洲殖民地，其面積約為法國本土的10倍。1896年，法國宣佈吞併馬達加斯加島。

德國在統一前僅有一些商人和傳教士滲入東非沿海地區。19世紀60年代，德國的探險家開始深入東非內陸活動。1884年，德國在西南非洲建立了第一塊海外殖民地。隨後德國將東非和西非幾個地區，以及南太平洋的幾個島嶼納入帝國版圖。

德國的擴張主要指向北非、遠東（中國）和近東。1885年，德國俾斯麥宣佈占領坦噶尼喀，由德國東非公司對坦噶尼喀內地實行殖民管理。1897年，德國侵占中國的膠州灣，於1900年參與八國聯軍。1891年，德國政府任命總督直接統治坦噶尼喀。為了和法國爭奪北非的摩洛哥，1905年和1911年德國兩次挑起摩洛哥危機。德國透過派遣「地理考察隊」、「探險家」把多哥、喀麥隆變成自己的保護國。

美國此前的擴張基本局限於北美大陸。到19世紀末，擴張主義的目標

— 0　耶穌基督出生

— 100

— 200

— 300
　　君士坦丁統一羅馬
　　羅馬帝國分成兩部
— 400

— 500　波斯帝國

— 600　回教建立

— 700

— 800

　　凡爾登條約
— 900
　　神聖羅馬帝國建立
— 1000

— 1100　十字軍東征

— 1200
　　蒙古第一次西征
— 1300
　　英法百年戰爭開始
— 1400

　　哥倫布發現新大陸
— 1500
　　英國大破無敵艦隊
— 1600
　　發明蒸汽機
— 1700

　　美國獨立
— 1800
　　美國南北戰爭開始
— 1900
　　第一次世界大戰
　　第二次世界大戰
— 2000

轉向北美大陸外。此時美國已經躍居頭號工業大國，雖然美國還是歐洲資本的重要投資地，但是美國銀行家和工業家也開始輸出資本和商品。

　　1898年，美國以支持古巴人民起義為名，發動對西班牙的戰爭，但以搶奪西班牙殖民地古巴、波多黎各和菲律賓作為收穫。美西戰爭成為現代第一場帝國主義戰爭，也標誌著美國由大陸擴張轉向海上擴張，美國開始作為一個世界強國出現在太平洋上。當時美國外交的重心還是在美洲。

　　明治維新後，日本政府的目標為建成世界強國。日本在尚未擺脫自身半殖民地的地位時，就開始了對周邊的琉球、臺灣、朝鮮侵略。自1894年起，日本有恃無恐地發動甲午戰爭，奪取了朝鮮和臺灣，還獲得巨額賠款；繼之在1904年發動日俄戰爭，擊敗俄國，把中國東北變成日本的勢力範圍。透過這兩場戰爭，日本躋身帝國主義列強行列。

　　19世紀後半期，沙皇俄國在巴爾幹和遠東地區繼續擴張。經過1877～1878年的俄土戰爭，俄國重新奪取了南比薩拉比亞，獲得小亞細亞的一些領土，並把新成立的保加利亞置於自己的保護之下。在遠東，俄國則趁清朝政府在第二次鴉片戰爭期間和阿古柏入侵新疆期間的困境，奪取了中國大片領土。俄國主要爭奪的目標是巴爾幹、中亞和遠東三個地區。

　　荷蘭經過長期的征服和蠶食，到20世紀初終於將「荷屬東印度」的控制範圍擴展到南太平洋長達5000公里的印尼群島上，把原來一長串貿易貨站變成了連在一起的殖民地。義大利在侵略衣索比亞失敗後，奪取了索馬利亞蘭（1890年）和厄立特里亞（1899年）。比利時國王利奧波德二世在剛果自由邦的殖民統治，是帝國主義歷史上最血腥的一頁，殖民當局為獲取橡膠和象牙實行強迫勞動，並大批殺戮當地居民，再加上飢荒和熱帶傳染病的侵襲，據估計，在20多年間，當地居民死亡人數在300萬以上。

　　整體來看，到20世紀初，唯有日本「脫亞入歐」，加入帝國主義的行列；亞洲多數國家、地區淪為殖民地；中國、土耳其、伊朗、阿富汗維持著某種程度的獨立，但也喪失了部分主權。在非洲，除了衣索比亞和利比亞還保持著獨立外，其他地區都被列強瓜分完畢。

三國
晉

南北朝

隋朝
唐朝

五代十國
宋

元朝
明朝

清朝

中華民國

－0
100
200
300
400
500
600
700
800
900
1000
1100
1200
1300
1400
1500
1600
1700
1800
1900
2000

鄂圖曼帝國的「坦志麥特」

土耳其鄂圖曼帝國地跨亞、非、歐，曾經是歐洲基督教世界的最大威脅。從17世紀起開始衰退，進入19世紀後處於崩潰的邊緣。

鄂圖曼帝國的衰落首先表現在面對歐洲列強的守勢和劣勢。1683年，鄂圖曼帝國遠征維也納之役以慘敗結束，鄂圖曼帝國對歐洲的攻勢就此終止。此後，鄂圖曼帝國開始割讓土地，喪失了匈牙利、斯拉沃尼亞、特蘭西瓦尼亞、克羅地亞、黑海地區的大片領土和亞速夫港。貿易逆差迫使鄂圖曼帝國大量地輸出金銀。大量的歐洲資本反過來投入到鄂圖曼帝國，或者用於交通運輸基礎建設，或者高息貸給鄂圖曼帝國政府和各地總督。鄂圖曼帝國的財政和基礎設施愈益受到西方的控制。

從18世紀後期，鄂圖曼帝國的對內控制也逐漸失靈。地方權貴日益坐大，逐漸奪取了省區政權。一些地方幾乎不向中央政府納稅。由於地方權貴控制了帝國最富裕的地區，國庫的收入情況日益惡化。首都君士坦丁堡和一些主要城市的糧食供應有時也會發生困難。18世紀末，謝利姆三世（1789～1807年在位）試圖在不觸動原有制度的條件下進行軍事改革。他建立了一支由歐洲軍官訓練和指揮的「新軍」以及相應的後勤機構，並使新軍與舊軍隊隔離開。儘管如此，原有的禁衛軍和教會保守勢力依然敵視任何改革，發動軍事政變，廢黜了謝利姆三世，解散了新軍。謝利姆三世的改革失敗了，但打開了西化改革的方向。

進入19世紀，鄂圖曼帝國週期性地面臨瓦解的危機。歐洲列強也趁機擴張勢力，分割鄂圖曼帝國的疆土。如何處理這個「歐洲病夫」的危機和「遺產」，成為19世紀歐洲外交的一個重大問題，史稱「東方問題」。

英國、奧地利、法國乃至後來崛起的德國，都擔心俄會獨吞鄂圖曼帝國的遺產，因此極力維持一種均勢，使得搖搖欲墜的鄂圖曼帝國又延續了一個世紀。法國大革命發生後，人權、自由、平等、博愛等理念逐漸傳入土耳其。

— 0　耶穌基督出生

— 100

— 200

— 300　君士坦丁統一羅馬
　　　　羅馬帝國分成兩部
— 400

— 500　波斯帝國

— 600　回教建立

— 700

— 800
　　　　凡爾登條約
— 900
　　　　神聖羅馬帝國建立
— 1000

— 1100　十字軍東征

— 1200　蒙古第一次西征

— 1300　英法百年戰爭開始

— 1400

　　　　哥倫布發現新大陸
— 1500
　　　　英國大破無敵艦隊
— 1600

— 1700　發明蒸汽機

　　　　美國獨立
— 1800
　　　　美國南北戰爭開始
— 1900　第一次世界大戰
　　　　第二次世界大戰
— 2000

上古時期　　BC

漢

　　　　　— 0

　　　　100 —

　　　　200 —

三國
晉　　　　300 —

南北朝　　400 —

　　　　500 —

隋朝
唐朝　　　600 —

　　　　700 —

　　　　800 —

五代十國
　　　　900 —
宋

　　　　1000 —

　　　　1100 —

　　　　1200 —

元朝
　　　　1300 —

明朝
　　　　1400 —

　　　　1500 —

　　　　1600 —
清朝

　　　　1700 —

　　　　1800 —

　　　　1900 —
中華民國

　　　　2000 —

土耳其宮廷內產生了實行憲政的制度革新思想。不過，所有的改革設計都不觸及伊斯蘭教的原則，甚至從伊斯蘭教中尋找依據。素丹馬赫穆德二世（1808～1839年在位）、阿卜杜勒·邁吉德（1839～1861年在位）和阿卜杜勒·阿齊茲（1861～1876年在位），依靠改革派大臣，致力於進行全面改革，史稱「坦志麥特」。

坦志麥特是土耳其語，改革之意。馬赫穆德二世是鄂圖曼帝國第三十任素丹，他於1808年即位，前十年由太后執政。直到1817年他才開始親政。他在統治時期致力於大規模的法制和軍事改革。一上臺就頒佈了一條法令，廢除徵收法庭。又頒佈一條法令，廢除了土耳其統治者以他們的意願決定他人生死的權力。馬赫穆德二世又創立了上訴機制，如果犯人堅持上訴，素丹會做出終審判決。自底萬（帝國議會）在蘇萊曼一世建立以來，素丹不參與底萬的行為被視為帝國衰落的原因之一。馬赫穆德二世卻開始出席底萬及議會。他還要應付宗教財產濫用問題，對這些財產實行有限度的規管。為了解決某些社會階級受高稅額壓迫問題，他於1834年發佈法令，宣佈禁止官員向穿州過省的民眾收取費用，除了法定的徵稅，其他的收款都屬於濫收。

軍事采邑是為了供養舊制下的軍事力量，到馬赫穆德二世時，這些軍事采邑已失去作用。馬赫穆德二世將軍事采邑與公眾捐獻連在一起，強化了國家資源，消除了腐敗。他堅決地壓制一些地區的世襲領袖，他們有指定繼承者的權力，這些世襲領袖是鄂圖曼封建制度裡的一大弊病。1826年，馬赫穆德二世廢除了土耳其新軍耶尼塞里，並建設現代化的軍隊，命名為新秩序。他很重視海軍建設，致力於振興箭術運動。他還設立了翻譯局，在與歐洲接觸較多的外交官和翻譯局譯員中，產生了主張西化的改革派官員。

1839年，為了躋身於自由國家行列、贏得英法等國的同情、遏止專制俄國的侵犯，新素丹阿卜杜勒·邁吉德接受外交大臣雷希德的建議，頒佈了《花廳御詔》，正式開始了「坦志麥特」時期。

《花廳御詔》在革除時弊、返回伊斯蘭教正途的名義下，宣佈實行

「新的制度」，即保證臣民不分民族和宗教，在法律面前一律平等，並保證他們的生命、名譽和財產的安全，促進他們的福利。

1856年，在英、法兩國的壓力下，阿卜杜勒‧邁吉德頒佈了新的改革憲章。憲章重申1839年《花廳御詔》中的各項原則，特別許諾所有的公民不分宗教，享有充分的公民權。

根據《花廳御詔》和1856年改革憲章，在素丹的支持下，改革派大臣推行了以法制改革為中心的改革，先後頒佈了新刑法、新民法、商業法、海上法、土地法、省區行政法等，陸續實施了改革措施：按照法國模式，改造金融系統、發行紙幣；實行徵兵制，規定服役期限；改革民法和刑法；設立公共教育委員會，開辦第一批現代大學和科學院；廢除對非穆斯林徵收的人頭稅、允許非穆斯林參軍，給予他們在省和市鎮議會中的代表權；改善行政管理，扶持工商業發展；規定國歌和國旗；允許外國人購買土地。

印度的民族主義與反英大起義

英國殖民統治在給印度帶來現代化的同時，也給自己挖下了墳墓。在英國的統治下，印度出現了包括工商界人士、政府官員和教育文化界人士在內的新精英階層，在這些人之中產生了民族主義的要求。

一批既熟悉西方文化又熱心於復興印度文化的學者，首先發起了民族主義啟蒙運動。蘭姆‧摩罕‧羅易（1772～1833）是其代表人物。他出身於婆羅門種姓，博學多才，通曉梵文、波斯文、阿拉伯文和英文。1828年，他在加爾各答創建了以改革印度教及其社會習慣為宗旨的梵社。羅易熱心於印度的現代化教育事業，反對壓迫農民的土地法和抗議對出版事業的限制。他還反對寡婦殉葬，曾著書論證維護婦女的平等地位，成為印度第一個女權主義者。

19世紀後半期，在孟買出現了印度民族主義啟蒙運動的另一派別，

BC

— 0　耶穌基督出生

— 100

— 200

— 300
君士坦丁統一羅馬

羅馬帝國分成兩部
— 400

— 500　波斯帝國

— 600　回教建立

— 700

— 800

凡爾登條約
— 900
神聖羅馬帝國建立
— 1000

— 1100　十字軍東征

— 1200
蒙古第一次西征

— 1300
英法百年戰爭開始

— 1400

哥倫布發現新大陸
— 1500

英國大破無敵艦隊
— 1600

— 1700　發明蒸汽機

美國獨立
— 1800

美國南北戰爭開始
— 1900
第一次世界大戰
第二次世界大戰

— 2000

即印度國民經濟學派。這個學派對英國殖民當局不以增加印度國民財富、提高人民物質和道德生活水準為目標而提出抗議。「印度復興之父」馬哈捷瓦‧戈文達‧倫那德（1842～1901）是這個學派的奠基人之一。他不僅是經濟理論家，而且在1872～1873年領導了第一次宣導國貨的「自產」運動，1896年積極贊助在加爾各答第一次舉辦的「自產」展覽會。他還編輯雜誌，鼓吹印度政治、經濟、教育和社會的改革與復興。還有一些知識份子要求在政治上加強印度人地位，讓更多的印度人參加管理，擴大印度人在立法會議中的名額；要求降低土地稅和鹽稅，減少政府的行政、軍事開支，發展民族工商業，興辦公共工程和交通事業，大力發展技術教育。

19世紀中期，英國開始把工業革命的成就——「西方進步的三大引擎：鐵路、郵政和電報」引進印度。50年代，從加爾各答和孟買通向內陸的鐵路開始修築；印度各大城市之間都實現了電報聯絡；郵政服務也延展到鄉村。英國越來越相信可以不再依靠土邦王公的協助，完全由自己來統治印度。1848年，印度總督戴賀胥發佈了「喪失權利論」。根據這個理論，王公死後如無男性直系後嗣，他們的領地和年金均收歸東印度公司。薩塔拉、那格浦爾、詹西等十多個土邦因此被公司兼併。1856年，戴賀胥又以治理不善為名，吞併了奧德王公的土地。隨後又以種種藉口，剝奪了馬拉特王公那那‧薩希布領取年金的繼承權，剝奪了印度教和伊斯蘭教寺院的大量土地。這些王公對英國殖民者心懷恐懼、不滿和仇恨。

此時，英印軍隊共24萬人，其中印度士兵占20萬人。印度士兵原來能夠按時領取較高的軍餉，主要由高級種姓組成的孟加拉軍尤其享有較好的待遇，甚至可以免受英國軍隊的鞭刑。英國占領整個印度後，原來的優待被取消了，觸犯種姓禁忌、強迫改宗基督教等事件屢有發生。殖民當局不顧種姓制度的禁忌，強迫士兵渡海作戰，更激起強烈反感。加上王公的不滿也影響了孟加拉軍士兵的情緒。

1857年初的「塗油子彈事件」是大起義的導火線。傳說這種新發的子彈用塗有牛脂和豬油的紙包裝，使用時必須用牙咬開。印度教徒敬牛、伊斯蘭教徒禁忌豬肉，所以使用這種新子彈傷害了印度士兵的宗教感情，激

上古時期　BC

漢

— 0

100 —

三國

200 —

晉

300 —

南北朝　400 —

500 —

隋朝　600 —
唐朝

700 —

800 —

五代十國　900 —

宋

1000 —

1100 —

1200 —

元朝

1300 —

明朝

1400 —

1500 —

1600 —

清朝

1700 —

1800 —

中華民國　1900 —

2000 —

起了普遍的憤慨。英國軍事當局對士兵的反抗加以壓制，反而加速了起義的爆發。

5月10日，米魯特的第三騎兵團首先發難，5月11日進入德里，5月16日占領全部德里。隨後，起義者把莫臥兒王朝的末代皇帝推上印度皇帝寶座。皇帝巴哈杜爾‧沙不過是一個政治象徵，真正行使權力的是以下級軍官和士兵組成的10人行政會議。這個起義領導機構發佈了廢除柴明達爾制的命令，逮捕通敵分子，對地主、高利貸者和富商徵收特別稅，而對貧民則豁免捐稅。行政會議以巴哈杜爾‧沙的名義發表文告，號召印度教徒和伊斯蘭教徒團結起來，對英國人進行聖戰。

在隨後的兩個多月裡，起義的浪潮席捲北印度和中印度。起義的中心是勒克瑙、康波爾和詹西。南部也有零星的起義。起義軍奪取了一些重要城市。參加起義的主要是孟加拉軍和一些新近被剝奪權利的王公，他們得到當地市民和農民的支持。但是，多數地區的土邦王公或不願恢復莫臥兒統治者，要嘛袖手旁觀，要嘛支持英印政府。

英國殖民當局在短暫的慌亂之後，開始從印度各地以及剛剛結束對俄戰爭的克里木半島調集軍隊。英軍擁有武器先進、戰術先進的優勢。起義軍最大的劣勢在於缺乏統一指揮。1857年6月，近4萬起義者開始了3個月之久的艱苦的德里保衛戰。英軍破城後，起義者堅持了6天巷戰，撤出德里城。接著，勒克瑙起義者面對強敵，進行了近6個月的保衛戰。1858年3月，英軍進攻盾西。年輕而英勇的女王拉克什米‧巴依領導軍民同英軍激戰8天後突圍，與康波爾的起義軍匯合。6月，起義軍在瓜廖爾附近與英軍會戰，拉克什米‧巴依身先士卒，壯烈犧牲。此後，起義轉入游擊戰爭階段。15萬起義軍由大部隊化為小部隊，轉戰於農村和山區。同年年底，起義結束。

1857～1859年起義在不同史書上有不同的名稱，如「士兵起義」、「印度大兵變」、「印度民族大起義」等，反映了人們的不同評價，但可以肯定，它作為印度第一次突破種族、地域界限的反英大起義，成為印度民族意識覺醒的寶貴資源。同時，這次起義也是19世紀中期亞洲民族運動

上古時期　BC

漢

— 0

100 —

三國
晉　200 —

300 —

南北朝　400 —

500 —

隋朝　600 —
唐朝

700 —

800 —

五代十國　900 —

宋
1000 —

1100 —

1200 —

元朝
1300 —
明朝

1400 —

1500 —

清朝　1600 —

1700 —

1800 —

1900 —
中華民國

2000 —

高潮的一個重要組成部分。

中國的洋務運動與戊戌變法

　　第二次鴉片戰爭以後，清政府力求化被動為主動，進行了一場以學習西方為手段、以自強為目的的自救運動，即洋務運動。它的目的在於求強求富。

　　洋務運動的宣導者和推動者在中央有軍機大臣奕訢、文祥等，在地方有督撫曾國藩、李鴻章、左宗棠、丁日昌、張之洞等，他們被稱為洋務派。他們意識到中國面臨著前所未有的世界形勢：「數千年未有之變局」，「數千年未有之強敵」。他們提倡「用夷變夏」、「求自強之術」，並得到了慈禧太后的支持。

　　起初，洋務派宣導創辦近代軍事企業，仿製洋槍、洋炮、洋艦，以達到自強的目的。李鴻章於1865年在上海創辦的江南機器製造局，利用從美國進口的機器，生產槍炮彈藥，製造輪船。以後，洋務派陸續創辦了金陵機器局、福州船政局、天津機器局等企業。

　　軍事工業興辦起來之後，需要大量的資金和與之配套的能源、交通等企業的支持，因此洋務派又在「求富」的口號下倡辦民用企業。李鴻章首先派人於1872年在上海創辦輪船招商局。以後洋務派陸續創辦了基隆煤礦、開平礦務局、天津電報總局、上海機器織布局、蘭州織呢局、漠河金礦、湖北織布局、漢陽鐵廠等企業。這些企業都是官辦、官督商辦、官商合辦的，而以官督商辦的方式為主。在普遍保守的氣氛中，官府的提倡和支持至關重要。

　　洋務派不僅創辦了近代企業，還創辦以學習西學為主的新式學堂，設立翻譯西書的機構，向海外派遣留學生，以西法編練陸軍，創立新式海軍，開辦郵政、電報，開始修築鐵路。

　　由於守舊勢力和傳統勢力的強大阻力，洋務運動舉步維艱。保守勢

力盲目排外，把外國科學技術統統斥之為「奇技淫巧」。保守派還與民間迷信結合，指斥修築鐵路「破壞風水」。由於科舉制度沒有改革，新式學校同文館的學生仍然在練習應考的八股文。留美幼童也被保守官僚提前召回。

洋務派的主持者們基本上沒有跳出「中學為體，西學為用」的框架，個別洋務派外交官試探著提出局部的制度改革設想，例如改良吏治和科舉，但因保守勢力阻撓而未能付諸實行。在舊體制下，封建官場的腐敗習氣也被帶進新式企業和新式軍隊中。

洋務派的目標在於「自強」，但是在1894～1895年的甲午戰爭中，中國卻被日本打敗，洋務運動也因此受到保守派的攻擊，被視為失敗。實際上，洋務運動篳路藍縷，在許多方面開創了中國現代化的事業，並且對開化當時的思想風氣發揮了積極作用。

甲午戰爭的失敗，以及隨後出現的西方列強瓜分中國的狂潮，極大地震動了中國朝野。一些受到西方影響的官紳士商及知識份子主張更全面地學習西方，變法改制，以救亡圖存。以康有為為首的維新派和以孫中山為首的革命派同時登上政治舞臺。

孫中山成立了興中會（1894年），以「驅除韃虜，恢復中華，創立合眾政府」的誓詞確立民族主義和民主主義的革命綱領，並在廣州發動起義（1895年），事泄而流亡日本。

當時，維新派影響更大。維新派是比洋務派更激進的改良派，主張學習日本明治維新、依靠皇帝的權威來變法圖強。1895年春夏，康有為、梁啟超等在北京會試的18省舉人紛紛上書，提出拒簽和約、遷都抗戰、變法圖強三項主張，史稱公車上書。此後，維新人士在許多地區發展或新建學會、報館、學堂。學會多達百餘個，報紙也由19種增至70種。維新派突破了清王朝的鉗口禁忌，運用現代公共機制，形成宣傳聲勢。

1898年，慈禧太后和光緒皇帝接受了一些大臣和康有為的變法建議。光緒皇帝奉太后懿旨宣佈實行變法，令朝野上下今後須以聖賢義理之學為根本，又博采西學，實力講求。從6月到9月，在史稱「百日維新」的103

BC

— 0　耶穌基督出生

— 100

— 200

— 300　君士坦丁統一羅馬
　　　　羅馬帝國分成兩部
— 400

— 500　波斯帝國

— 600　回教建立

— 700

— 800
　　　　凡爾登條約
— 900
　　　　神聖羅馬帝國建立
— 1000

— 1100　十字軍東征

— 1200
　　　　蒙古第一次西征
— 1300
　　　　英法百年戰爭開始
— 1400
　　　　哥倫布發現新大陸
— 1500
　　　　英國大破無敵艦隊
— 1600
　　　　發明蒸汽機
— 1700
　　　　美國獨立
— 1800
　　　　美國南北戰爭開始
— 1900
　　　　第一次世界大戰
　　　　第二次世界大戰
— 2000

上古時期　BC

漢

— 0

100 —

三國　　200 —
晉
300 —

400 —
南北朝

500 —

隋朝　　600 —
唐朝

700 —

800 —

五代十國　900 —

宋

1000 —

1100 —

1200 —
元朝
1300 —
明朝

1400 —

1500 —

1600 —
清朝
1700 —

1800 —

1900 —
中華民國
2000 —

天中，光緒皇帝發佈了詔旨，除舊佈新。其中關於經濟方面的主要政策有：設立農工商總局，鼓勵私人辦實業、開墾荒地，獎勵和保護發明創造，成立鐵路、礦務總局，鼓勵商辦鐵路、礦業；裁撤驛站，設立郵政局；改革財政，創辦國家銀行，編制國家預算。關於政治方面的主要政策有：准許大小官員和普通民眾上書言事；撤銷重疊閒散機構，裁汰冗員；取消旗人寄生特權，准許他們自謀生計。關於軍事方面的主要政策有：裁減綠營，裁汰冗兵，採用新法練兵，增強海軍力量。關於文教方面的主要政策有：廢除八股文，改試策論；將各省書院和過多的寺廟改為學堂，鼓勵地方和私人辦學堂，創設京師大學堂，各級學堂一律兼習中學和西學；允許自由創辦學會、報館；設立譯書局，編譯外國新書；派人出國遊歷、留學等。

　　年輕的光緒皇帝缺乏政治經驗，短時間內驟然發佈了上百道變法詔令。有些改革涉及基本制度，有些改革損害了某些階層和集團的利益，導致守舊派反對，穩健派疑慮，社會輿論動盪不安。已經歸政但其實大權在握的慈禧太后反對在政治領域進行改革，守舊派大臣與康有為等人之間的衝突日益激化。9月2日，慈禧太后發動宮廷政變，重新垂簾聽政，幽禁光緒皇帝，捕殺維新派，推翻新政。

　　激盪一時的戊戌變法失敗了。改良派也由此發生分化：官紳士商為主體的上層改良派繼續期待清朝統治者實行新政，新一代的學生知識份子則對清政府日益失望，轉向革命派。

第八篇：兩次世界大戰

（1914年～1945年）

　　人類的進程中總是少不了戰爭，每次戰爭的爆發都會令世界的局面產生一些變動，而在20世紀發生的這兩次全球範圍的大戰，更是對人類影響深遠。而且經過了兩次世界大戰，歐洲的力量也被削弱，世界出現了新的格局。

上古時期　BC

漢

　— 0

100 —

三國
晉　200 —

300 —

南北朝　400 —

500 —

隋朝　600 —
唐朝

700 —

800 —

五代十國　900 —

宋

1000 —

1100 —

1200 —

元朝
1300 —

明朝
1400 —

1500 —

清朝　1600 —

1700 —

1800 —

1900 —
中華民國

2000 —

｜第四十章｜第一次世界大戰

大戰的起源

　　何謂戰爭？就是用以解決階級和階級、民族和民族、國家和國家、政治集團和政治集團之間的最高鬥爭形式。第一次世界大戰的起源有多種因素，包括政治、經濟、社會等因素，可以歸結為一句話，就是參戰各國政治、經濟發展不平衡。

　　第一次世界大戰之所以被稱為世界大戰，是因為資本主義的發展，使當時主要的世界強國形成了覆蓋全球的層層利益關係，參戰各國為爭奪巨大的霸權利益，而引發了多國參加的國際性戰爭。

　　一般認為，資本主義的發展分為自由資本主義階段和壟斷資本主義階段。進入壟斷資本主義階段的資本主義的一個重要特點，就是各國在經濟發展程度上具有很大差異性，進而導致國家實力對比的懸殊性。換言之，就是一段歷史時期的弱國有可能在很短的時間裡突變為強國。那麼，弱國一旦轉為強國，就必然要求重新分配國際利益，而原來的強國也不甘落後，當然不服，無論如何是不會主動退讓的。進而矛盾激發開來，互不相讓的情況下，戰爭即不可避免了。這就是所謂手底下見功夫了。

　　具體而言，第一次世界大戰的衝突雙方主要是老牌強國英、法和後期強國德國。到一次世界大戰前夕，英國的經濟實力差不多已被德國逐漸趕上。德國把英國列入「日趨衰落的國家」行列，德國翅膀硬了，便開始謀求在歐洲的霸主地位和權力。與此同時，德國也眼紅日不落帝國的殖民地，於是德國貪心不足，把「大陸政策」擴張為「世界政策」。德國的囂張，引起了英國的不滿和重視，開始提防有人造反。然而，英、德兩國只

是眾多有根本利益分歧國家的一個「帶頭者」，各自身後還有很多小國家跟著，希望大國間的戰爭能使自己分得一杯羹。於是在歐洲便逐漸形成了兩大對立的帝國主義軍事集團：三國同盟、三國協約。

德國、奧匈帝國、義大利三國於1882年5月締結條約，形成同盟三國。為什麼這三個國家要簽訂這一條約呢？一是由於德國與法國的矛盾。在歐洲大陸上，德國與法國領土相鄰，都是歐洲大陸最強的。一山不容二虎，兩國積怨已久，互相攻打勢所必然。德國擔心法國東山再起，便阻止法國收復在1871年普法戰爭中失去的阿爾薩斯和洛林。法國對於德國的制衡也極為不滿，反抗之聲不斷。二是德國與俄國的矛盾。德、俄雙方都想霸占土耳其，二者的貿易摩擦也不斷。而俄國與奧匈帝國在爭奪巴爾幹半島中也是衝突不斷。所謂敵人的的敵人便是自己的朋友，德國和奧匈帝國與俄國都有爭端，德、奧便走到了一起，於1879年10月締結了針對俄國的祕密軍事同盟條約，成為盟友。由於法國與義大利在爭奪突尼斯勢力過程中有矛盾，德國便拉攏了義大利，共同對付法國。這樣，1882年5月，德、奧、義簽訂三國同盟條約，「三國同盟」最終形成。三國同盟條約規定：如果法國進攻義大利，德、奧給予義大利軍事援助；如果法國進攻德國，義大利負有同樣義務；如果三個盟國中任何一方受到兩個或兩個以上強國的攻擊時，其他兩國保證給予援助。明眼人一看就知道這三國以德國為主，奧匈帝國是依附於德國的夥伴，而義大利是一個隨時代價而沽的動搖的盟友。

三國同盟的矛頭針對的是法國和俄國，既然德、奧、義簽訂了盟約，那麼法、俄也不甘落後，1891年～1894年兩國簽訂一系列政治、軍事協定，建立起同盟關係。在1894年簽訂的協定中規定：如果兩國中有任何一方受到德國的進攻，或德國與義大利或奧匈帝國的聯合進攻時，將互相提供軍事援助；如果三國同盟或其中一國動員了它的軍隊，法、俄一旦得此消息，應立即同時動員其全部軍隊，將這些軍隊調至靠近邊界之地。在歐洲大陸國家劍拔弩張之際，英國還處於兩大對立者之外。長久以來，由於英國遠離歐洲大陸，海外孤懸，便一向實行歐洲大陸的均勢政策，主要是

BC

— 0　耶穌基督出生

— 100

— 200

— 300　君士坦丁統一羅馬

羅馬帝國分成兩部
— 400

— 500　波斯帝國

回教建立
— 600

— 700

— 800

凡爾登條約
— 900

神聖羅馬帝國建立
— 1000

— 1100　十字軍東征

— 1200
蒙古第一次西征

— 1300
英法百年戰爭開始

— 1400

哥倫布發現新大陸
— 1500

英國大破無敵艦隊
— 1600

發明蒸汽機
— 1700

美國獨立
— 1800

美國南北戰爭開始
— 1900
第一次世界大戰
第二次世界大戰

— 2000

上古時期　BC

漢

　　— 0

100 —

三國
晉　　200 —

300 —

南北朝　400 —

500 —

隋朝　600 —
唐朝

700 —

800 —

五代十國
900 —
宋

1000 —

1100 —

1200 —

元朝　1300 —

明朝
1400 —

1500 —

清朝　1600 —

1700 —

1800 —

1900 —
中華民國

2000 —

謀求及堅持德、法相互制衡格局。然而面對德國咄咄逼人的興起之勢，英國不能坐視不理，理所當然的希望消除自己的競爭對手——德國。國際形勢的變化，使英國的外交政策不得不加以調整。一是與日本於1902年結盟，希望日本遏制俄國在遠東的擴張，英、日締結盟約。二是與法國改善關係。1904年，英、法締結盟約，規定法國不得妨礙英國在埃及的利益，英國承認法國在摩洛哥的利益。三是與俄國於1907年結盟，對兩國的殖民地和勢力範圍進行分割。至此，歐洲終於形成「三國同盟」和「三國協約」兩大帝國主義軍事集團。

　　接下來，為了迎接戰爭，兩大軍事集團開始大規模的擴張備戰，軍備競賽你爭我趕。首先國防預算大幅度增加。德國的國防預算從2880萬英鎊增加到11080萬英鎊，奧匈帝國從1280萬英鎊增加到3660萬英鎊，義大利從1480萬英鎊增加到2820萬英鎊，俄國從2900萬英鎊增加到8820萬英鎊。其次，英、德兩國的海軍競賽尤為激烈。英國一直是海上霸主，海軍實力很強。德國是歐洲的內陸國家，要想稱霸歐洲，必須有一支能與英國抗衡的海軍，否則無法完全稱霸歐洲。兩大軍事集團劍拔弩張之勢，使世界大戰迫在眉睫，現在只需要一根導火線，來引燃第一次世界大戰這一火藥桶。

塞拉耶佛的槍聲

　　一天早上，奧匈帝國王儲斐迪南大公打扮得帥氣十足，他的夫人也盛裝打扮。不多時，一輛加長敞蓬豪華轎車開過來，斐迪南大公和夫人優雅地坐進車裡，緩緩地向塞拉耶佛市政廳前進。

　　斐迪南大公是個忙人，為什麼來到塞拉耶佛呢？原來，他是個貪得無厭的狂熱份子，一心想要征服塞拉耶佛這些國家。只見他和老婆坐在車子裡，一邊說笑，一邊看著車外美麗的塞拉耶佛風景，滿面紅光，洋洋得意。

塞爾維亞人民看到別有用心的斐迪南大公，心裡很憤怒。有些人就商量，讓斐迪南大公有來無回。於是，他們就組織了幾個刺客，要在塞拉耶佛槍殺斐迪南大公。

這次塞拉耶佛之行的安保措施做得很不到位，只有幾個憲兵跟著，並沒有封鎖大街。這對普林齊普領導的刺客小組來說是個好消息，他們把槍和刀子帶在身上，混在歡迎的人群中。

當斐迪南大公的車子靠近阿佩爾碼頭時，青年諾維茨點著了一枚炸彈，憤怒地朝斐迪南大公扔去。司機見有意外情況，趕緊踏油門加速，炸彈落下來，只弄壞了汽車的前胎。再看斐迪南大公，早已經嚇得面無血色，他的夫人嚇得直叫。

塞拉耶佛市長趕緊跑來，順勢叫人把諾維茨捉住。斐迪南大公這時沒和市長計較，就命令車隊繼續前行。車隊很快到了市政廳，這時，市長把早已準備好的歡迎詞拿出來，正要高聲頌讀時，斐迪南大公突然站起來準備責問市長。

還好，斐迪南的夫人及時過來勸說，市長才結結巴巴地念完了。斐迪南聽到稿子寫得不錯，再加上夫人過來說情，就不那麼衝動了，只見他陰著臉問身邊的人。

「總督，你說到國家博物館看看怎麼樣？那裡什麼寶物都有，是個不錯的好地方。」

「當然沒問題，在下敢打包票，這次絕對不會有什麼不愉快的事情發生。」

「有你在我身邊，我很放心。不過，剛才那個炸彈弄傷了我們的人，我先要到醫院去慰問一下他們，表示我關愛手下，關注人民。」

斐迪南大公夫婦坐上汽車，悠閒地朝醫院趕來。這一次，負責保衛工作的人小心起來了，他們全站在汽車旁邊，把斐迪南和他夫人圍在中央。

然而，普林齊普這邊早就準備好了，他們發誓要殺死斐迪南大公。當斐迪南大公的車子離普林齊普兩公尺遠的時候，這個十九歲的塞爾維亞青年快速向前，抽出手槍，對著斐迪南大公夫婦射擊。

BC

— 0　耶穌基督出生

— 100

— 200

— 300
君士坦丁統一羅馬
羅馬帝國分成兩部
— 400

— 500　波斯帝國

— 600　回教建立

— 700

— 800

凡爾登條約
— 900
神聖羅馬帝國建立
— 1000

— 1100　十字軍東征

— 1200
蒙古第一次西征

— 1300
英法百年戰爭開始

— 1400

哥倫布發現新大陸
— 1500

英國大破無敵艦隊
— 1600

發明蒸汽機
— 1700

美國獨立
— 1800
美國南北戰爭開始
— 1900
第一次世界大戰
第二次世界大戰
— 2000

上古時期　BC

漢

　— 0

100 —

三國
晉
　200 —

　300 —

　400 —

南北朝

　500 —

隋朝　600 —
唐朝

700 —

800 —

五代十國
　900 —
宋

1000 —

1100 —

1200 —

元朝
1300 —

明朝
1400 —

1500 —

1600 —
清朝

1700 —

1800 —

1900 —
中華民國

2000 —

槍聲響處，一顆子彈進入了斐迪南的脖子，另一顆則殺死他的夫人。普林齊普一看事情辦得很漂亮，可以死了瞑目，就喝下毒藥含笑而去。

普林齊普如願了，斐迪南大公夫婦在塞拉耶佛死了。這下卻點燃了一個大火藥桶，奧匈帝國和塞爾維亞開戰了。沒過多久，俄、英、法等國也向德國宣戰，地球上一時間熱鬧起來，第一次世界大戰開始了。

在戰爭中，勇敢的塞爾維亞人民以普林齊普為榜樣，拼出命來保衛祖國。後來，他們獲得了獨立，成立了南斯拉夫王國。普林齊普和他的同伴被葬在塞拉耶佛，作為英雄的紀念。

德、俄「坦能堡戰役」

第一世界大戰開始了，各國都想打別人，不想被人打，於是他們費盡心機，想致敵人於死地。

戰爭初期，德國把兵力都集中在西線，想在這邊來個閃電戰，打法國個措手不及。而在東線，他們相信俄國不敢打東普魯士，因此，只留第八集團軍進行防禦。可是，俄國早就和英、法兩國商量好了，只要德國重兵對付法國，俄國就進軍普魯士和加利西亞，給德國人來個出其不意。

就這樣，俄國在1914年8月派出兩個集團軍進攻普魯士，並很快和德軍交火。德國第八集團軍打不過，在後退時，他們發現俄國的兩個集團軍驕傲自滿，相互之間不配合。於是，德軍上校霍夫曼決定利用俄軍的弱點，各個攻破。

「將士們，你們別看俄國來的兵多，其實，他們只不過是紙老虎，我們不費勁就可以把他們擺平。不僅如此，領頭的萊寧堪普和薩松諾夫之間有過節，不懂得團隊精神，我們怕他們幹嘛？」

就在霍夫曼說得正起勁時，有士兵過來說攔截到了一份俄軍電報。

「上校，這是剛剛截獲的電報，但是是明碼電報。又不是家用電報，軍事祕密怎麼會用明碼，你看這會不會有詐？」

「幹得不錯！大家還不知道吧，俄國軍隊都是用明碼拍電報，他們不懂得使用密電碼，是些大笨豬。」

霍夫曼是個俄國軍事專家，看到電報後肯定地說。據此，德軍決定先搞定薩松諾夫的集團軍，然後再回過頭來進攻萊寧堪普的隊伍。

計畫開始了，德軍先弄一小隊人馬吸引薩松諾夫。這一小隊人馬故意大敗，然後向西逃跑。薩松諾夫一看不顧一切地追去，可是追了一天後，德軍突然不見了，薩松諾夫很茫然，不知道怎麼回事。就在這時，兩股德軍猛地衝過來。

薩松諾夫才知道上當了，趕緊向總指揮部求救。而總指揮部這邊正喝著慶功酒，他們以為德軍的失敗是早晚的事，根本沒把薩松諾夫的請求放在心上。就這樣，德軍把薩松諾夫分割包圍起來，薩松諾夫成了甕中之鱉，只有被捉的份了。8月26日夜裡，德軍突然對薩松諾夫發起進攻，俄軍正在睡夢中，聽到槍炮響都嚇得魂飛魄散，很多人慌不擇路，掉進湖裡漂起來了。

本來，薩松諾夫和萊寧堪普是對頭，這下兵敗，只好硬著頭皮求萊寧堪普相助。然而，萊寧堪普正希望薩松諾夫大敗，對他的求救根本不當回事。靠天，靠人，不如靠自己，薩松諾夫無奈地和德軍對戰。

沒過多久，德軍就攻破了薩松諾夫的隊伍。結果，十幾萬俄軍死的死，傷的傷，傾刻之間土崩瓦解，薩松諾夫的第二集團軍從此在地球上消失。薩松諾夫一看，自己的兄弟都死光了，自己活著也沒什麼意思，就跑到一片小樹林裡自殺了。

吃掉薩松諾夫後，德軍迅速掉頭來擒萊寧堪普。而萊寧堪普此時正得意洋洋，喝著伏特加，哼著小曲，等著最後的勝利。突然，德軍炮聲響起，他嚇得一時不知道怎麼辦才好。結果，德軍一鼓作氣，拿下了萊寧堪普的第一集團軍。

這時候，萊寧堪普跑得非常快，沒有被德軍捉住。俄國政府一看，這人丟了第一集團軍，還有臉活著回來，就除了他的軍籍，把他趕到鄉下去受苦。而霍夫曼因為這次戰爭晉升為少將，同時兼任東線總參謀長，就是

— 0　耶穌基督出生

— 100

— 200

— 300
　　君士坦丁統一羅馬

　　羅馬帝國分成兩部
— 400

— 500　波斯帝國

— 600　回教建立

— 700

— 800

　　凡爾登條約
— 900

　　神聖羅馬帝國建立
— 1000

— 1100　十字軍東征

— 1200
　　蒙古第一次西征

— 1300
英法百年戰爭開始

— 1400

　　哥倫布發現新大陸
— 1500

英國大破無敵艦隊
— 1600

　　發明蒸汽機
— 1700

　　美國獨立
— 1800

美國南北戰爭開始
— 1900
　　第一次世界大戰
　　第二次世界大戰
— 2000

由他替這次戰役取名叫「坦能堡戰役」。

毒氣作戰

1914年9月，德國人在馬恩河戰役中敗退。英法聯軍取得了勝利，開始加緊修築依普爾運河工事，決心和德軍對抗到底。德軍見他們行動起來了，想著和他們對抗對自己很不利，決定先拿下東線戰場，回頭再和英、法算帳。

第二年春，德軍在東線戰勝俄國，準備回過頭來報馬恩河之仇。

聽說東線得勝，馬上要和英、法決戰，德皇連忙找來法爾根漢。這天下午，法爾根漢領著德皇來到山中。原來，這裡有一個隱蔽的軍事實驗基地，法爾根漢說很厲害的軍隊就在這裡。德皇正坐在高處，突然，一隊士兵架起炮朝羊群打去，只見一陣煙冒出來，羊群全死光了。

「沒想到啊，真厲害，法爾根漢，這是什麼東西？快給我用這傢伙轟平依普爾，我要稱霸世界。」德皇興奮地說。

1915年4月21日，德軍受命進攻依普爾。只見德軍的一隊人馬架起大炮，不住地朝英法聯軍打去。英法聯軍早有準備，簡直沒把德軍放在眼裡。

法爾根漢見久攻不下，就告訴士兵說，我們先把敵人引到平地上，然後就能痛宰他們了。可是，法爾根做夢也沒有想到，他要用祕密武器的消息被法國知道了，緊急之下，法國司令部發給每個士兵一條毛巾，以防備法爾根漢的祕密武器。

4月22日夜，德國全軍吃飽喝足，然後又戴好防毒面具，準備使出致命武器，給英法聯軍來個出其不意。剛開始，德軍派出一些人去吸引英法聯軍，見到德軍前來，英法聯軍不知道是計謀，紛紛跳出戰壕，拼死命地向德軍打去。不多時，英法聯軍來到了一片空曠地帶。

這時候，法爾根漢得意極了，馬上下令開炮。一聲令下，無數炮彈

上古時期　BC

漢

— 0

100 —

三國　200 —

晉

300 —

南北朝　400 —

500 —

隋朝　600 —

唐朝

700 —

800 —

五代十國　900 —

宋　1000 —

1100 —

1200 —

元朝　1300 —

明朝

1400 —

1500 —

清朝　1600 —

1700 —

1800 —

1900 —

中華民國

2000 —

在英法聯軍的隊伍裡爆破了，可是炮彈並沒有炸死多少人，只是一直不斷地冒煙。英法聯軍這才知道是毒氣，紛紛拿出毛巾，繫在臉上當口罩。然而，毛巾根本對付不了毒氣，英法聯軍頭暈目眩，呼吸急促，緊接著便口角流血，四肢抽搐，成批成批地倒下去。

同時，天上還有德軍的飛機，也在不停地投放炮彈。從空中向下看時，煙霧四起，死屍成堆。沒過多久，英法聯軍就被德軍的毒氣弄死一萬多人，整個隊伍沒了一點戰鬥力，只能乖乖地等死。

就在這時，早已穿好防護服的德軍衝出來，像殺小雞一樣，把英法聯軍殺得乾乾淨淨。沒用多長時間，德軍就取得了這次戰役的全面勝利。

這次戰鬥，是人類第一次大規模地使用毒氣。雖然德軍取得了勝利，可是全世界人民並不為他們喝采。相反，人們都在痛罵，詛咒這沒有人性的戰爭，沒有人性的毒氣，沒有人性的好戰者。

「神祕之船」在行動

有一年春季，通往英國的航道上突然冒出一艘破舊的運煤船。這個年代的海面上，不是戰爭，就是海盜。這樣破的船隻怎麼敢出海運輸呢？果然不出所料，運煤船正走著，前面隱隱地出現一個黑影，很明顯，危險要來臨了。可是指揮運煤船的坎貝爾並不害怕，他漫不經心地告訴大家，不要亂動，要沉著，要保持平常心態。聽到指令，船上的水手都回到崗位，優閒自在地做著自己的事情，像是在度假一樣。

不久，黑影露出了水面，原來，這是一艘德國潛艇。潛艇上的德國將領上水面一看，發現一艘破舊的運煤船，他們一聲令下，對運煤船發起了進攻。突然，運煤船拆下破舊的擋板，露出幾門超級大火炮，同時打出「英國皇家海軍」的旗子。德國兵嚇得驚慌失措，大聲叫喊著「急速下潛」。然而，皇家海軍的炮彈早已打來，整個潛艇被炸成了一堆破鐵，悄悄沉到了海底。

BC

— 0　耶穌基督出生

— 100

— 200

— 300
君士坦丁統一羅馬

羅馬帝國分成兩部
— 400

— 500　波斯帝國

— 600　回教建立

— 700

— 800
凡爾登條約
— 900
神聖羅馬帝國建立
— 1000

— 1100　十字軍東征

— 1200
蒙古第一次西征

— 1300
英法百年戰爭開始

— 1400

哥倫布發現新大陸
— 1500

英國大破無敵艦隊
— 1600

— 1700　發明蒸汽機

美國獨立
— 1800
美國南北戰爭開始
— 1900
第一次世界大戰
第二次世界大戰
— 2000

上古時期　BC

漢

— 0

100 —

三國
晉　　200 —

300 —

南北朝　400 —

500 —

隋朝　600 —
唐朝

700 —

800 —

五代十國　900 —

宋

1000 —

1100 —

1200 —

元朝　1300 —

明朝

1400 —

1500 —

1600 —

清朝

1700 —

1800 —

1900 —

中華民國

2000 —

原來，這艘運煤船就是代號為「神祕之船」的英國Q船，經過偽裝，它看起來和普通船沒什麼兩樣。平日裡它在海面上自由自在地航行，像海上流浪漢似的，其實，它是在引誘德國潛艇露出水面，然後，再打它個措手不及。這是英國人為對付德國潛艇想出來的妙招，可是，德國人也不是傻子，幾次上當後，他們就縮到水裡，不肯輕易露頭了。

很快，德國的間諜探聽到一些消息，說這「神祕之船」大多由貨輪和帆船偽裝而成，代號為Q，船上裝有大炮和魚雷，並配有精良的海軍成員。於是，德國海軍就下了一道命令，只要在海上碰到可疑船隻，先把它擊沉再說，寧可枉殺一萬，也不放掉一個。果然，這個命令一出，英國的許多「神祕之船」被德國潛艇打沉。看樣子，英國人只有想其他辦法來應對。

某天，代號「Q-5」的英國船正在海面上航行，忽然瞭望兵看到有潛艇靠近。船長坎貝爾就讓船作「之」字形前進，不給敵人瞄準的機會，又讓炮手就位。德國潛艇也很聰明，它不露頭，只用潛望鏡小心地觀察，並在發射魚雷後迅速下潛。

德國潛艇發的魚雷擊中了Q-5，一時間，船上亂成一團，人們都拼命地逃生。沒過多久，Q-5看上去空無一人了，只見它在水面上漂盪著，好像一個不會游泳的落水者，掙扎著不肯下沉。原來，為防止船受傷後下沉，Q-5裡面裝的全是軟木，而坎貝爾和他的手下就躲在木板後面，等待著反攻的時機。

不知道過了多長時間，德國潛艇終於要靠過來了。這使坎貝爾心裡興奮，可是，他們還是沉住氣，沒有發出一點聲音。直到德國潛艇浮出水面，打開艙門，有兩個潛艇兵鑽出水面觀望，他們看到船上空空的，就放心地笑了起來，以為又弄沉了一艘英國神祕船。就在這時，坎貝爾發出命令，要大家進行戰鬥。

像做夢一樣，這艘空船一時變得熱鬧起來，有人瞄準，有人裝炮彈，有人拉引線。一陣響動之後，德國潛艇就變成了廢鐵一堆，沉到了海底。

凡爾登戰役

第一次世界打了二年，德國仍沒什麼顯著的戰績，「施里芬」計畫失敗了。然而，德軍並不服輸。第三年時，德軍新任參謀長法爾根漢一上臺就提出改變作戰部署，在西線重點打擊法國的「凡爾登突出部」。

法爾根漢真是新官上任三把火，他放出話來說，要把法國的血喝淨。這時候，法國總司令霞飛正忙著索姆戰役，他想著凡爾登易守難攻，德國人要一下拿下凡爾登，那真的是很難，於是就沒把這件事放在心上。法爾根漢是個猛男，他一下調來凡爾登守軍三倍多的兵力，看樣子是吃定凡爾登了。

1916年2月21日，法爾根漢下令攻擊凡爾登。一時間，炮聲連連，槍聲不斷，火光沖天，德國人打得不亦樂乎，只見法國陣地上煙火成片。接下來，德軍又推來十多門攻城榴彈炮，把法軍的塹壕轟成了平地。戰鬥一打就是十二小時。結果，整個法軍幾乎崩潰，德國取得勝利已經不遠。

很快，法軍把凡爾登快被攻陷的消息告訴了霞飛總司令。霞飛這次不敢大意，趕緊召開重要會議，任貝當為總指揮，就算拼了命也要保住凡爾登。貝當不敢怠慢，快馬加鞭地來到凡爾登。他在防禦工事裡轉了一圈，看到滿是死亡的兄弟，不禁淚流成河。就在這時，德國又攻破了北部的都慕炮臺，並殺死了守衛的所有法軍。貝當終於憤怒了，他對所有士兵說：「陣地在，你們才能活，要是陣地沒了，你們也跟著消失吧！」

接下來貝當又召開緊急會議，一則鼓舞士氣，二則更深入地瞭解當前戰勢。

再下來，貝當來到施工現場指揮修路。兩天後，路通了，貝當就用這條路運送了近二十萬人到凡爾登要塞。這樣，德國再不能以多欺少，法軍和德軍的力量平衡了。

看到一下子冒出那麼多法軍，法爾根漢很茫然，又很高興。他做夢也沒想到，法國人竟然有如此快速運兵的能耐。他重新制定了作戰計畫，要

上古時期　BC

漢

　　　— 0

　　　100 —

三國　　200 —

晉

　　　300 —

南北朝　　400 —

　　　500 —

隋朝　　600 —
唐朝

　　　700 —

　　　800 —

五代十國　900 —

宋

　　　1000 —

　　　1100 —

　　　1200 —

元朝
　　　1300 —
明朝

　　　1400 —

　　　1500 —

清朝　　1600 —

　　　1700 —

　　　1800 —

　　　1900 —

中華民國

　　　2000 —

把所有的法軍殺淨。

　　1916年3月5日，德軍和法軍的決戰開始了。和往常一樣，德國兵先是大炮，後是衝鋒。然而，貝當早有準備，他領著二十多萬軍痛擊德國人。這一次法爾根漢並沒有占上便宜，相反，德軍死傷慘重，不得不撤退。

　　過了幾個月，法軍開始反攻，很快收復了失地，取得了凡爾登戰役的最後勝利。

十月革命與俄國退出一戰

　　第一次世界大戰給俄國帶來巨大的苦難，工廠大量倒閉，田地大片荒蕪，物價飛漲。沙皇政府又大舉借外債，使社會問題更加尖銳。國內反對沙皇專制統治，反對戰爭的革命運動在全國展開。1917年3月8日（俄曆2月23日），俄國歷史上的「二月革命」開始。

　　隨後，二月革命在彼得格勒取得勝利並迅速擴及全國。正在前線的沙皇尼古拉二世被迫於3月15日宣佈退位，統治俄國300餘年的羅曼諾夫王朝覆滅。

　　俄國在二月革命之後出現了歷史上罕見的兩個政權並存的局面。一個是資產階級臨時政府，它是主要政權，掌握著各級權力機構。另一個是工農代表蘇維埃，它得到武裝工農的支持，但自願把政權讓給資產階級，甘居次要地位。無產階級與資產階級的衝突成為俄國社會的主要問題。從民主革命向社會主義革命的轉變，已經是俄國革命發展的必然趨勢。

　　二月革命期間，列寧在國外密切關注著國內的形勢，他在給《真理報》的信中，徹底揭露了臨時政府的反革命本質和陰謀，指出革命進一步發展的方向。1917年4月16日夜晚，列寧從國外回到彼得格勒。成千上萬的工人、士兵匯集在首都的芬蘭車站，歡迎領袖的歸來。列寧登上裝甲車，發表了激動人心的演說，最後高呼：「世界無產階級革命萬歲！」次日，列寧在布爾什維克黨的代表會議上作了報告。4月20日，《真理報》

發表了列寧的報告提綱，題為《論無產階級在這次革命中的任務》，這就是著名的《四月提綱》。《四月提綱》給黨和無產階級指出了從資產階級革命向社會主義革命轉變的明確路線。

　　由於階級力量的對比有利於無產階級，武器掌握在人民手裡，列寧認為當時革命有可能和平發展。在1917年5月召開的布爾什維克黨第七次全國代表會議上，列寧的主張得到大會的熱烈擁護。他提出的口號是「不給臨時政府以任何支援」和「全部政權歸蘇維埃」，目的是和平地剝奪臨時政府的權力，將地主和資產階級代表驅逐出政權機關，然後再在蘇維埃內部展開鬥爭，把小資產階級政黨排除出蘇維埃，建立無產階級專政。此後布爾什維克黨人進行大量工作來爭取、教育、組織群眾，為新的革命做準備。

　　這時候的臨時政府雖然向人民許諾各種各樣的改革，但遲遲不予以實施。同時臨時政府堅持把戰爭打下去。這下好了，在布爾什維克黨的動員下，7月1日，彼得格勒50萬群眾上街遊行示威，打出了「全部政權歸蘇維埃」、「打倒10個資本家部長」的標語。這就是臨時政府的「六月危機」。

　　同一天，臨時政府下令前線發起進攻，結果幾天之內就慘敗。這引起了更大的抗議運動。首都的示威遊行得到莫斯科、哈爾科夫等城市的回應。16日到17日，首都50萬工人和士兵彙聚到蘇維埃所在地，要求政權轉歸蘇維埃。布爾什維克黨考慮到奪取政權的時機尚未成熟，決定引導群眾進行和平示威。臨時政府以武力鎮壓示威者，打死56人，打傷600多人，同時宣佈彼得格勒戒嚴，解散工人武裝，搗毀布爾什維克的機關報《真理報》，污蔑列寧、季諾維也夫等人是德國間諜，下令通緝，還逮捕了加米涅夫、托洛茨等革命領導人。

　　資產階級使用暴力對付人民，表明革命的和平發展已不可能。兩個政權並存的局面也不復存在，政權完全落到了臨時政府手中。

　　之後，布爾什維克黨有秩序地轉入地下。8月8～16日，布爾什維克黨在彼得格勒祕密召開第八次代表大會。大會討論了七月事件後的形勢，

BC

— 0　　耶穌基督出生

— 100

— 200

— 300
　　　　君士坦丁統一羅馬
　　　　羅馬帝國分成兩部
— 400

— 500　　波斯帝國

— 600　　回教建立

— 700

— 800
　　　　凡爾登條約
— 900
　　　　神聖羅馬帝國建立
— 1000

— 1100　十字軍東征

— 1200
　　　　蒙古第一次西征
— 1300
　　　　英法百年戰爭開始
— 1400
　　　　哥倫布發現新大陸
— 1500
　　　　英國大破無敵艦隊
— 1600

— 1700　發明蒸汽機

— 1800　美國獨立
　　　　美國南北戰爭開始
— 1900
　　　　第一次世界大戰
　　　　第二次世界大戰
— 2000

上古時期　BC

漢

— 0

100 —

三國
晉　　200 —

300 —

南北朝　400 —

500 —

隋朝　600 —
唐朝

700 —

800 —

五代十國　900 —
宋
1000 —

1100 —

1200 —
元朝
1300 —
明朝
1400 —

1500 —

1600 —
清朝
1700 —

1800 —

1900 —
中華民國
2000 —

制定了武裝起義的方針。由於蘇維埃已被小資產階級政黨所敗壞，無法通過蘇維埃奪取政權，大會決定暫時收回「全部政權歸蘇維埃」的口號，用「政權轉歸無產階級和貧苦農民」的口號代替。代表大會選出了由列寧、布哈林、捷爾任斯基、季諾維也夫、加米涅夫、李可夫、斯維爾德洛夫、史達林、托洛茨基等21人組成的中央委員會。8月下旬，列寧遷到芬蘭居住。在外地隱匿期間，列寧寫了《國家與革命》一書，闡明用暴力打碎舊的國家機器、建立無產階級專政的必要性。同時，列寧一直同彼得格勒保持著密切聯繫，指導著黨的工作。

1917年9月初，在布爾什維克的號召下，數萬革命士兵和工人奮起保衛首都，粉碎了俄軍總司令科爾尼諾夫的叛亂，削弱了臨時政府的軍事力量，布爾什維克的影響因此大增。9月中旬，彼得格勒和莫斯科的兩個蘇維埃的多數首次轉到布爾什維克一邊，於是布爾什維克領導人認為進行決定性戰鬥的時機到了。列寧回到彼得格勒，於10月23日祕密舉行了中央委員會會議，通過了舉行武裝起義的決議，並成立政治局領導起義。

11月6日～7日，起義開始。工人赤衛隊和革命部隊迅速占領了彼得格勒的主要橋樑、電報局、火車站、郵局、國家銀行、預備國會等重要地點。

11月7日晚9點40分，彼得保羅要塞的大炮開始向冬宮開火，停泊在涅瓦河畔的「阿芙樂爾」號巡洋艦也響起了大炮的轟鳴。革命士兵、水兵和赤衛隊員從四面八方向冬宮衝鋒。起義者很快就突破冬宮的周邊防線，衝進了大門。深夜1點50分，部長們被逮捕了。

當起義者攻打冬宮之際，全俄工農代表蘇維埃第二次代表大會於11月7日晚在彼得格勒的斯莫爾尼宮正式開幕。8日，全俄蘇維埃第二次代表大會通過了列寧起草的《和平法令》和《土地法令》，並產出新的政府，名為人民委員會，列寧任主席，一批布爾什維克黨人出任各部人民委員。由於11月6日、7日、8日這三天是俄曆十月份，所以這次革命被稱為「十月革命」。

十月革命後，年輕的蘇維埃國家最重要的任務，就是退出帝國主義戰

爭。蘇俄向交戰國提出和談建議遭到協約國的反對。這時的德國希望減輕兩線作戰的困難，同意和談，但提出割地賠款的苛刻條件。列寧考慮到舊軍隊已經瓦解，新軍隊剛剛建立，蘇維埃國家需要和平喘息的時間來加強國防，鞏固新生政權，經過與兩種不同觀點的鬥爭，主張忍痛簽訂和約。

1918年3月3日，對德和約在布勒斯特簽訂，16日的全俄蘇維埃第四次非常代表大會正式批准了這一和約。蘇俄以巨大的代價退出了第一次世界大戰。1918年11月13日，蘇俄利用德國的戰敗，宣佈廢除這一被列寧稱為「不幸的和約」。

馬恩河會戰

1914年，第一次世界大戰在歐洲打響，大戰分兩大派別，一邊是以德國和奧匈帝國為首的「同盟國」，一邊是英、法、美等組成的「協約國」。這兩大陣營全都全力以赴，打得是你死我活。四年後，雙方打累了，戰爭進入相持階段。

1918年7月，德國統帥魯登道夫想攻下巴黎，他制定作戰計畫，決定先圍住巴黎附近的蘭斯城，然後一舉拿下巴黎，進而占領法國。這次魯登道夫非常認真，行動起來也是相當祕密。

法國將軍古羅感覺到德軍要對蘭斯發動進攻，就給情報局下了命令，讓他們拼死也要弄到德軍情報。果然，情報部很快查明了德軍的戰鬥時間。

古羅馬上開始叫人發炮，蘭斯戰役打響了。這時，德軍仍在美夢中，根本沒還手的機會。幾個小時後，魯登道夫領頭想渡過馬恩河，找機會再回頭報復。可是，美軍早在馬恩河附近準備好了，他們時時等著魯登道夫來送死。結果，魯登道夫負出了慘重的代價才渡過馬恩河。

戰鬥從半夜一直打到9點多，這時，德軍用計把協約國的防線擠壓在一起。見到這種形式，德國隨軍的皇儲威廉趕緊回去見他的父親，讓他父

BC

— 0　耶穌基督出生

— 100

— 200

— 300
　　君士坦丁統一羅馬

　　羅馬帝國分成兩部
— 400

— 500　波斯帝國

— 600　回教建立

— 700

— 800
　　凡爾登條約
— 900

　　神聖羅馬帝國建立
— 1000

— 1100　十字軍東征

— 1200
　　蒙古第一次西征
— 1300
　　英法百年戰爭開始

— 1400

　　哥倫布發現新大陸
— 1500

　　英國大破無敵艦隊
— 1600

　　發明蒸汽機
— 1700

　　美國獨立
— 1800

　　美國南北戰爭開始
— 1900
　　第一次世界大戰
　　第二次世界大戰

— 2000

上古時期　BC

漢

— 0

100 —

三國　200 —
晉
300 —

南北朝　400 —

500 —

隋朝　600 —
唐朝
700 —

800 —

五代十國　900 —
宋
1000 —

1100 —

1200 —

元朝
1300 —
明朝
1400 —

1500 —

清朝　1600 —

1700 —

1800 —

1900 —
中華民國
2000 —

親拿個主意。老德皇一看，對他兒子說：「這種擠壓只是暫時的，形勢不容樂觀，你不要太大意，認真一點，態度決定一切。」

到了下午，馬恩河的水都被血染紅了。可是，魯登道夫仍不放棄，他讓士兵們繼續進攻蘭斯城，準備拿命跟明天賭一把。軍令如山，魯登道夫一聲令下，德軍如瘋狗一樣往前衝。然而，協約國的大炮也不是擺設，看到德軍衝來，也紛紛開炮還擊。經過一天的戰鬥，德軍傷亡十分慘重。

很快，魯登道夫只有兩個軍的戰鬥力了。然而，他不到黃河心不死，決定用這兩個軍和協約國對抗。就在這時候，協約國又派出一支精編的部隊，要在這裡消滅德軍。

看準了時機，協約國的衝鋒號吹響了，炮兵打炮，騎兵騎馬，步兵打槍。很快，整個戰場成了協約國的天下。再看魯登道夫的人馬，他們看到協約國這樣的攻勢，都嚇得逃跑的逃跑，裝死的裝死，片刻之間沒了一點戰鬥力。

地面部隊的失利，讓德國人很憤怒。他們便派出一群飛機，對協約國軍發瘋似地掃射。這讓協約國軍吃了些苦頭，不過，這並不能扭轉戰局，等協約國的飛機上天後，很快就把德軍打得落花流水。

這時候，魯登道夫仍不服輸，他收拾殘部，躲進森林裡打起了游擊戰，要在這裡作最後的掙扎。在森林裡，德軍瘋狂地進攻著美軍，美軍很害怕。就在這時，從樹林中衝進一批紅衣軍，他們頭帶鋼盔，手持大刀，大喊著朝德軍殺來。德軍從沒有見過這陣式，就驚慌地向後退去。

經過幾天的戰鬥，德軍打累了，不想再打了，士兵們都想回家過平凡生活。就這樣，強大的協約國取得了蘭斯城保衛戰的勝利。也就是這一戰，協約國由防禦轉入了進攻，同盟國從此進入了被動防禦狀態，第一次世界大戰就此快告一段落。

德皇退位與共和成立

　　1918年下半年，德國感覺自己在第一次世界大戰中快要完蛋了，但是心裡不願這麼認輸，要做最後的決戰。

　　10月，德國軍隊的長官命令基爾港的艦隊出海去跟英國人拼命，並且下了死命令，如果輸了，艦隊就要被解散。

　　這樣的命令根本是要把士兵們推向死路。水兵們一聽到這個消息，終於在11月3日，8萬名水兵在基爾工人的支持下發動了起義。水兵們熄滅了軍艦的爐火，說什麼也不出去打仗了。誰知道反動軍官們卻惱了，下令要把起義的士兵全部消滅掉。水兵們看到這種情況沒有辦法了，於是和基爾工人聯合起來，宣佈成立工人和士兵代表蘇維埃。

　　德國11月革命開始了！

　　從11月5日到8日，德國各地都發生了武裝暴動。11月9日，在德國社會民主黨的左派組織斯巴達克團的領導下，柏林的工人、士兵都鬧起了革命，成千上萬瘋狂的人湧向了德皇的皇宮。

　　德皇威廉二世早已經嚇得魂不附體，趕緊宣佈不做皇上了，然後帶著家眷逃往了荷皇宮廣場。舉國上下一片歡騰。

　　「從今天起，德國將是我們自己當家作主的國家！」站在高臺上組織起義的領袖卡爾‧李卜克內西激動地宣佈。他叱責了德國反動政府的戰爭政策，勸說大家學習俄國。所以他們立即建立蘇維埃政權！

　　接著，另一位領袖羅莎‧盧森堡更是激動，說話的聲音都是讓人感覺自己是主人，自己的幸福應該由自己掌握，人們都歡呼著。

　　隨後，李卜克內西和盧森堡帶領著自己的弟兄們，開始了聲勢浩大的遊行。

　　德國社會民主黨領袖亞伯特是個陰險的傢伙，他勾結資產階級，宣佈成立「自由德意志共和國」，任命自己為政府的首腦。

　　李卜克內西和盧森堡領導的社會民主黨左派斯巴達克同盟成立了德國

BC

— 0　耶穌基督出生

— 100

— 200

— 300
君士坦丁統一羅馬

羅馬帝國分成兩部
— 400

— 500　波斯帝國

— 600　回教建立

— 700

— 800

凡爾登條約
— 900

神聖羅馬帝國建立
— 1000

— 1100　十字軍東征

— 1200
蒙古第一次西征

— 1300
英法百年戰爭開始

— 1400

哥倫布發現新大陸
— 1500

英國大破無敵艦隊
— 1600

發明蒸汽機
— 1700

美國獨立
— 1800

美國南北戰爭開始

第一次世界大戰
第二次世界大戰
— 2000

上古時期　BC

漢

－0

100－

三國

晉

200－

300－

南北朝

400－

500－

隋朝　600－

唐朝

700－

800－

五代十國　900－

宋

1000－

1100－

1200－

元朝

1300－

明朝

1400－

1500－

清朝　1600－

1700－

1800－

1900－

中華民國

2000－

共產黨。他們二人比較聰明，創辦了《紅旗報》，用輿論武器去跟反動派爭鬥。

　　1919年1月，李卜克內西和盧森堡領導了柏林的工人進行武裝起義。亞伯特政府狠了心，調集來大批軍隊鎮壓那些起義的工人。由於起義的弟兄們各方面的裝備都不如反動政府的厲害，結果很是淒慘。李卜克內西和盧森堡也被人給出賣了，他們在避居的地下室裡被人抓住了。

　　亞伯特雖然非常高興，但怕被報復，不敢公開殺害兩人。於是，他想了一個主意。當晚，李卜克內西被押赴監獄，在半路上背後中了一槍，然後就說是他在逃跑時被殺死了。同時殺死盧森堡後把他的屍體投入了蘭德維爾運河。直到5月31日才被人們找到。

　　4月13日，德國共產黨又在巴伐利亞建立了蘇維埃共和國。由於工人階級的頑命抵抗，共和國直到4月下旬才被鎮壓下去。

　　1918年11月開始的德國革命沒能成功，但其摧毀了封建君主專制制度，撕掉了社會民主黨的反革命面目，誕生了德國共產黨。

　　成功的亞伯特政府宣佈德國為聯邦共和國，亞伯特和興登堡相繼出任總統。後來法西斯恐怖主義頭目希特勒上臺，使德國走上了搶奪地盤的道路。

|第四十一章| 世界經濟大危機與二戰

經濟危機與納粹運動的發展

1930年3月27日，以社會民主黨人米勒為首的內閣舉行會議，討論因經濟危機而引起的財政困難問題。由於參加政府的各黨派意見分歧，無法制定一項大家都能接受的財政政策，聯合協商破局，米勒遂於3月28日辭職。米勒政府是魏瑪共和國的最後一屆議會政府，隨後上臺的布魯寧政府依靠總統頒佈的具有法律效力的「緊急法令」，才能維持統治。「總統內閣」制在德國的建立，嚴重削弱了議會民主，為納粹黨的攫取政權掃清了道路。

1920年代，當德國的政治、經濟局勢比較穩定的時候，納粹運動的發展相當緩慢。1928年，納粹黨員還不足10萬人，在國會的491個議席中僅占12個，尚處於無足輕重的地位。1932年的國會選舉中，納粹黨選票占全國選票的37.3％，國會席位增加到230席，成為國會第一大黨。

納粹黨從一個20世紀20年代微不足道的小黨，一躍成為國會第一大黨，這與德國當時嚴重的經濟危機直接相關。

1942年道威斯計畫實施後，德國短期的經濟興旺主要係依靠外國資本，特別是美國資本的輸入。世界經濟危機爆發後，美國停止了對德國的貸款和投資，使德國受到了嚴重的打擊，失業人數大量增加。1932年4月，危機達到最低谷時，官方公布的失業人數不低於600萬人。這些只是登記的失業數字，實際的失業情況還要嚴重得多。統治階級採用削減工資、失業救濟金、養老金，以及提高納稅額等辦法，力圖把經濟危機的沉重負擔轉嫁到勞動人民身上。

— 0　耶穌基督出生

— 100

— 200

— 300
君士坦丁統一羅馬

羅馬帝國分成兩部
— 400

— 500　波斯帝國

— 600　回教建立

— 700

— 800

凡爾登條約
— 900

神聖羅馬帝國建立
— 1000

— 1100　十字軍東征

— 1200
蒙古第一次西征

— 1300
英法百年戰爭開始

— 1400

哥倫布發現新大陸
— 1500

英國大破無敵艦隊
— 1600

發明蒸汽機
— 1700

美國獨立
— 1800

美國南北戰爭開始
— 1900
第一次世界大戰
第二次世界大戰

— 2000

上古時期　BC

漢

— 0

100 —

三國

晉　200 —

300 —

南北朝　400 —

500 —

隋朝　600 —
唐朝

700 —

800 —

五代十國　900 —

宋

1000 —

1100 —

1200 —

元朝

明朝　1300 —

1400 —

1500 —

1600 —

清朝

1700 —

1800 —

1900 —
中華民國

2000 —

廣大中下層人民飽受失業和破產之苦，對現存政權極端不滿，強烈要求改變現狀。根據不同聽眾和選民各個階層的心理狀態，納粹黨進行了有針對性的巧妙宣傳。攻擊魏瑪共和國歷屆政府腐敗無能，許諾自己執政後定能振興德國，改善人民的生活狀況。竭力爭取約占德國全部人口40％以上的城鄉小資產階級群眾。對失業青年，則引誘他們參加衝鋒隊。在爭取城鄉小資產階級和青年方面，比其他政黨都要成功，相當一部分失業工人也被爭取過來。

對於大資本家，納粹黨也竭盡爭取之能事。1932年1月27日，希特勒應邀出席在杜塞爾多夫祕密舉行的有300名壟斷資本家參加的會議。他發表了長篇演說，攻擊民主制度，要求徹底取消德國勞動人民的民主自由。他鼓吹種族優秀論，表示布林什維主義的世界觀如不被阻止，勢將把整個世界「化為廢墟」。他還向與會人員表示，如果他們支持他取得政權，他將向他們提出空前龐大的軍事訂貨，並揚言重建軍隊，解決德國的「生存空間問題」。當希特勒結束講演時，資本家們起立向他狂熱歡呼。這次會議為確立希特勒專政做了初步準備。

1932年11月，幾十名工業家、銀行家和大地主聯名給德國總統興登堡寫了一份志願書，要求任命希特勒為總理。1933年1月，興登堡任命希特勒為總理，成立多黨聯合內閣。

希特勒上臺組閣後，最初只有3名納粹黨閣員，保守勢力還以為可以束縛住納粹黨的手腳，使之聽命於自己。但他們的盤算錯了。1933年2月1日，希特勒宣布解散國會，決定在3月5日舉行大選。

在這次競選中，納粹黨肆意進行宣傳；衝鋒隊和黨衛隊的恐怖活動不再受國家權力的任何約束，可以對選民進行種種威脅。2月27日晚發生了國會縱火事件，納粹政府未做任何調查，就立即宣佈罪犯是共產黨人。3月14日，希特勒又以共產黨製造內亂為藉口，宣佈共產黨為非法組織，並把81名共產黨議員清除出國會。

1933年3月23日，國會通過了《消除人民和國家痛苦法》，即通稱的《授權法》。《授權法》授予希特勒政府為期四年的獨裁權力，在此期間

政府無需國會和參議院的同意就有權頒佈法律。此後，《魏瑪憲法》實際被廢，國會名存實亡，資產階級議會民主制在德國不復存在。

授權法通過後，6月22日，希特勒下令查禁社會民主黨，並令其他政黨自動解散。7月14日，希特勒宣佈：「民族社會主義德意志工人黨是德國唯一的政黨」。作為資產階級議會民主支柱之一的多黨制，也終於被取消了。

1934年1月，納粹黨又取消了各邦的立法權，邦政府的首腦不再是民選而改由中央政府任命，受內政部長的管轄。據此，參議院隨之被取消，德國由聯邦制國家變成中央集權制國家。

納粹黨為了獨裁目的，實行恐怖統治。5月，納粹黨設置「人民法庭」，負責審訊叛國案件。除了有普通員警外，納粹還建有祕密員警——蓋世太保。它設有大批集中營，虐殺革命黨人和進步人士。

納粹瘋狂推行文化專制主義，向德國人民灌輸納粹主義。1935年，納粹分子在柏林開始焚書，將2.5萬冊圖書付之一炬。

清理了黨外的威脅，希特勒開始清除黨內異己勢力。衝鋒隊是納粹黨的準軍事組織，在奪取政權的過程中產生了重要作用。衝鋒隊的參謀長羅姆野心勃勃，他企圖把國防軍和衝鋒隊融為一體，置於他的領導之下。羅姆靠數量超過國防軍好幾倍的衝鋒隊與希特勒對立，甚至還提出了「第二次革命」口號。在這場衝突中，國防軍首領們聲明支持希特勒。1934年6月30日，希特勒親自率兵發動了對衝鋒隊的清洗。在三天的清洗中，不僅羅姆和一批衝鋒隊領導人被處決，而且希特勒最仇視的一些黨內外政敵，如施萊歇爾、施特拉塞等也被殺害。

1934年8月2日，興登堡去世。而前一日通過的《元首法》規定：把總統與總理的職務合而為一。19日，經過所謂的「公民投票」，希特勒成為「元首兼國家總理」，從此集黨、政、軍大權於一身。德國建立了納粹專政，這種專政又集中體現於希特勒的個人獨裁，他所擁有的力量比墨索里尼還要大，因為義大利的國王和教會至少還有一定的勢力。

BC
— 0　耶穌基督出生
— 100
— 200
— 300
君士坦丁統一羅馬
羅馬帝國分成兩部
— 400
— 500　波斯帝國
— 600　回教建立
— 700
— 800
凡爾登條約
— 900
神聖羅馬帝國建立
— 1000
— 1100　十字軍東征
— 1200
蒙古第一次西征
— 1300
英法百年戰爭開始
— 1400
哥倫布發現新大陸
— 1500
英國大破無敵艦隊
— 1600
發明蒸汽機
— 1700
美國獨立
— 1800
美國南北戰爭開始
— 1900
第一次世界大戰
第二次世界大戰
— 2000

德國成為二戰歐洲發源地

　　廢除凡爾賽和約對德國的束縛，奪取德國的「生存空間」，是納粹黨的一貫主張，因此希特勒上臺後不久便開始擴軍備戰。

　　為了做好發動戰爭的準備，希特勒政府除依靠私人壟斷資本外，也充分利用了政權的力量。納粹黨是在經濟危機已逐漸平息的時候上臺的，這對他們十分有利。納粹黨首先致力於解決失業問題。透過修築高速公路、興建飛機場、建造兵營、改良土壤和開墾荒地、整治水道和架設橋樑等大規模公共工程，解決了幾百萬人就業問題，這些公共工程中的相當大部分也是備戰所必需的。

　　1936年以後，用於大工程的開支大大減少，用於軍事訂貨的開支則大大增加。1936年8月26日，希特勒在致戈林的一份備忘錄中，再次從布林什維主義的威脅出發，強調布林什維主義如在德國取得勝利，不僅德意志民族將被消滅，而且整個西歐文明也將滅亡。有鑑於此，德國經濟政策的唯一目的就是維護民族的生存。解決德國經濟問題的決定性辦法是擴張生存空間，為此德國經濟必須立足於戰爭的基礎之上。他最後寫道：「德國軍隊四年內必須具有作戰能力；德國經濟四年內必須為戰爭作好準備。」10月18日，他任命戈林為「四年計畫總負責人」。戈林就任後，在12月17日的演說中聲稱：「發揮決定性作用的只有勝利或滅亡。如果我們取得勝利，經濟將會得到充分的補償。這裡，我們不能根據成本計算利潤，只能根據政策的需要……我們現在下的是最大的賭注。除擴軍訂貨之外，還有什麼比這更值得的呢？」儘管以四年計畫為標誌，國家對經濟的干預日益增長，但納粹黨統治下的德國經濟，仍然是私人資本主義性質，是由壟斷資本控制的。經濟集中化的趨勢進一步加強，資本家的利潤不斷增加，根據官方核實的數字，由1933年的66億帝國馬克上升到1938年的150億帝國馬克。一些大資本家進入了經濟領導的機構。

　　德國缺乏戰爭所必需的原料，石油、橡膠、鐵礦石、鋁、錳、鉻、

上古時期　BC

漢

三國
晉

南北朝

隋朝
唐朝

五代十國

宋

元朝

明朝

清朝

中華民國

－ 0

100 —

200 —

300 —

400 —

500 —

600 —

700 —

800 —

900 —

1000 —

1100 —

1200 —

1300 —

1400 —

1500 —

1600 —

1700 —

1800 —

1900 —

2000 —

銻、銅等都需要進口，只有煤炭儲量足夠。為了避免在戰爭中遭到封鎖，不再能進口所需的戰略物資，德國提出了「自足自給」政策，採取了種種措施。一是大力發展軍備工業基礎的重工業，化學工業尤其受到重視。到1938年，德國重工業生產已比1928年增加43％。二是擴大戰略原料代用品生產。經過極大的努力，1936～1939年合成油產量多了一倍，合成橡膠月產量幾乎從零增至2萬噸，相當於戰時需要的20％。三是進口戰略原料，增加戰前的儲備。但是，完全的自足自給是根本不可能的。

納粹德國的軍費開支，逐年增加，1933～1938年間總計約500億至600億德國馬克。1935年3月16日，德國公開撕毀凡爾賽和約限制德國軍備的條款，宣佈實行普遍兵役制，建立一支和平時期由36個師組成的陸軍。希特勒拼命擴軍，並以現代化的武器進行裝備。1933年底，納粹政府決定建立一支有1600架飛機的空軍。到1936年，德國已擁有4500架飛機。1934年，德國建造3艘主力艦。這些都違反了《凡爾賽和約》中關於德國不得擁有空軍和主力艦的規定。對希特勒的這種公開撕毀《凡爾賽和約》、瘋狂推行擴軍備戰的政策，英、法採取了容忍態度。

1935年6月，英、德簽訂海軍協定，允許德國重建海軍，德國海軍可維持英國海軍35％的實力，並允許德國潛水艇數量與英軍相等。

1936年3月7日，納粹政府公開派兵占領萊茵非武裝區，撕毀了萊茵河東岸不許駐軍的《凡爾賽和約》條款，同時宣佈廢除《諾加諾公約》。同年8月，納粹政府決定將服兵役的年限由一年延長為兩年，使德國軍隊一下子擁有上百萬兵員。經過擴軍備戰活動，德國軍事力量空前增長，使《凡爾賽和約》成了一紙空文。

到1939年9月第二次世界大戰爆發時，德國陸軍實際上已擁有105個師，約270萬人（包括野戰部隊和各種其他部隊）；空軍第一線飛機4320架；海軍有戰列巡洋艦和袖珍戰鬥艦共5艘、潛水艇57艘、巡洋艦8艘、驅逐艦22艘以及其他一些艦隻。

納粹政府為了擴軍備戰也加強外交工作。1932年10月14日和19日，納粹政府宣佈德國退出裁軍會議和國際聯盟，以便於放手進行擴軍備戰。

BC

— 0　　耶穌基督出生

— 100

— 200

— 300　君士坦丁統一羅馬
　　　　羅馬帝國分成兩部
— 400

— 500　波斯帝國

— 600　回教建立

— 700

— 800

　　　　凡爾登條約
— 900

　　　　神聖羅馬帝國建立
— 1000

— 1100　十字軍東征

— 1200
　　　　蒙古第一次西征
— 1300
　　　　英法百年戰爭開始
— 1400

　　　　哥倫布發現新大陸
— 1500

　　　　英國大破無敵艦隊
— 1600

　　　　發明蒸汽機
— 1700

　　　　美國獨立
— 1800

　　　　美國南北戰爭開始
— 1900
　　　　第一次世界大戰
　　　　第二次世界大戰
— 2000

上古時期　BC

漢

－ 0

100 －

三國

晉

200 －

300 －

南北朝

400 －

500 －

隋朝

唐朝

600 －

700 －

800 －

五代十國

900 －

宋

1000 －

1100 －

1200 －

元朝

1300 －

明朝

1400 －

1500 －

1600 －

清朝

1700 －

1800 －

1900 －

中華民國

2000 －

　　1936年10月25日，德國、義大利首先成立柏林—羅馬軸心。一個月後，德國、日本簽訂《反共產國際協定》。

　　1937年11月，義大利參加《反共產國際協定》，結成柏林—羅馬—東京軸心，形成了德、義、日法西斯國家侵略軸心集團。

　　1938年德軍占領奧地利。次年3月，滅了捷克斯洛伐克。接著德國強迫羅馬尼亞簽訂奴役性的經濟協定，使羅馬尼亞的全部人力、物力為希特勒的戰爭政策服務。8月，德、蘇簽訂《蘇德互不侵犯條約》，暫時擺脫了兩面夾擊的危險。

　　至此，希特勒為全面發動第二次世界大戰的準備工作已經就緒，歐洲戰爭發源地隨之形成。

經濟危機與日本的內外交困

　　1918年8月初，在日本本州中部有個富山縣，那是一個十分貧瘠的地方，人們都死氣沉沉的，整個縣城像是一個人間地獄。偶爾能見到一些老人和孩子，但都特別瘦弱。而女人們在忙了一天的家務後也只能吃野菜。

　　男人們是家中的支柱，他們要出海去打漁。但那時候的設備沒有現在這麼先進，所以每天打漁的數量相當得少。而賣魚賺到的錢還不夠他們自己塞牙縫，所以就沒有錢寄回家裡！而比這個更為淒慘的是，米價卻是一路飆升。

　　日本雖然是個產米的國家，但是在進入本世紀後，日本的工業發展相當迅速，而農業的發展跟不上工業發展的步伐，而非農人口又不斷增加，最終使米的供應很短缺。而更差勁的是日本政府，整天想著往外擴張地盤，大肆徵調大米，更有米商進行囤積，哄抬米價。

　　米價的不斷上漲終於使人們的積怨爆發了。在8月3日，先是由西水橋村的漁婦們做起了先鋒，湧向了米店要求他們降價。哪知道米店的老闆卻把員警叫來，員警來後就毆打米店前面的群眾們。漁婦們一看這情形也和

員警打起來。最後有一名員警開了一槍，才把這次的騷亂平息。

西水橋村婦女們毆打員警的壯舉，很快傳到了東水橋村。這個村的婦女也是巾幗不讓鬚眉，集合了800多人就衝向了當地的一家米店。當時漁婦們也是先和老闆商量，但是老闆仗著自己有後臺，非常蠻橫地說：「米是我的，我想怎麼賣都行。」婦女們壓抑著的怒火終於爆發了，不知哪個人喊了一句：「別跟他們廢話，搶了！」一群人擠進了米店，1000多袋米很快就搶空了。等到員警來辦案時，只看見老闆、老闆娘坐在地上痛哭。

富山縣的這兩大新聞很快就傳遍了全國，漁婦們的行動在他們這些乾柴火上點了把火，終於在8月11日，大阪市民和工人發生了暴動，搗毀和搶光了250多家米店。第二天，米商最厲害和最多的神戶也有幾萬人發生了暴動。而名古屋的市民更厲害，直接喊出了「打到寺內內閣」的口號。

在首都東京，雖然警察局都做好了戒備，但是仍然擋不住幾萬市民的遊行示威。到8月中旬，「米騷動」運動達到了高潮，但是隨後各大城市的暴動都被鎮壓下去了，畢竟他們力量還是薄弱的。但這種精神還是在農村中傳播著。

1918年日本的這次「米騷動」影響到國家四分之三的地區，人數達千萬人以上，連海軍也加入其中。這次風暴使得寺內內閣倒臺，並使新內閣採取措施降低米價。人民取得最終勝利。

日本成為二戰亞洲發源地

1936年2月26日，日本的朝廷裡熱鬧極了：岡田啟是當時的首相，險些見了閻王爺；天皇侍從長鈴木身上無故多了幾個槍眼；財政大臣高橋是清和世界告別；牧野伸和子彈擦肩而過；前首相齋藤實被取了性命。

這熱鬧的戲劇，伴著東京市民的酣睡聲，在天亮之前悄然謝幕。天亮後，公車繞道而行的嚴肅性，讓市民起了疑心。

其實，這場遊戲早已拉開了序幕。日本軍閥早萌生了到世界各地敲敲

BC

— 0　耶穌基督出生

— 100

— 200

— 300
　　君士坦丁統一羅馬

羅馬帝國分成兩部
— 400

— 500　波斯帝國

— 600　回教建立

— 700

— 800

凡爾登條約
— 900

神聖羅馬帝國建立
— 1000

— 1100　十字軍東征

— 1200
　　蒙古第一次西征

— 1300
英法百年戰爭開始

— 1400

哥倫布發現新大陸
— 1500

英國大破無敵艦隊
— 1600

— 1700　發明蒸汽機

美國獨立
— 1800

美國南北戰爭開始
— 1900
　　第一次世界大戰
　　第二次世界大戰

— 2000

上古時期　BC

漢

－ 0

100 －

三國

晉

200 －

300 －

南北朝

400 －

500 －

隋朝

唐朝

600 －

700 －

800 －

五代十國

900 －

宋

1000 －

1100 －

1200 －

元朝

1300 －

明朝

1400 －

1500 －

1600 －

清朝

1700 －

1800 －

1900 －

中華民國

2000 －

打打的野心，這些大臣不過是他們鋪路的石子，這批人被美其名曰「皇道派」。其實在喜劇上演之前，有人給大臣們打了小報告，他們竟然沒放在心上。

可是，25日夜晚，在第一師團的敝篷下，他們研究了一下叛亂的舞臺：皇宮的附近是宮內省大廈；皇宮依傍的小山後面，是朝廷要員的官邸；而第一師團的兵營就在皇宮的外側。於是，誕生了充滿智慧的行動計畫。

26日凌晨4點，部下從夢中被叫醒，以香田清真大尉帶頭的叛亂者們傳來執行任務的命令，睡意朦朧的他們還不知要發生什麼事。

「難道大半夜的也搞演習不成？」

於是，兵分六路，開始行動起來。香田率領一路兵去了陸軍大臣官邸，意在要脅他們支持自己；另一路蒞臨了警視廳；其他四個小組領命去刺殺首相、藏相、宮內相和侍從長。

首相官邸的員警正打鼾，被綁起來時還以為是做夢呢。首相的秘書也就是首相的女婿，被官邸大廳內一陣震耳的槍聲嚇醒，慌亂中打電話給警視廳，可是員警早被打得落花流水。後來終於有人接電話了，不料卻是叛軍的人。而憲兵兵隊接到求救電話時做了個聳肩動作，「不好意思，我們也無能為力了」。秘書氣憤之極，「啪」地一聲電話被摔到地上。

沒想到，一聲電話的震響，驚動了首相岡田，立刻就往外跑，跑到臥室門口時，碰到了他的妹夫松尾傳藏。松尾一把抓住了他，喘著粗氣說發生暴亂了！沒等岡田反應過來，松尾就抓住首相往外逃。後來，他把首相藏在一個密室裡，關上門，剛走出來，子彈穿過了他的身體，就做了首相的替死鬼。

這時，陸軍大臣川島義之正在做夢，聽到香田大尉喊他起床，一張眼看見個黑黑的大洞，定神一看是槍口，川島嚇得魂不附體。

香田大尉紳士地笑道：「乖乖地去向天皇啟奏我們的要求！快！現在就去，不然，殺了你！」川島慌忙穿衣，亦步亦趨地前往皇宮。

安藤輝三大尉率兵神速抄了長鈴木的官邸，掃射後就離開了。可惜，

鈴木命大，挨了好幾槍卻因未擊中要害活了下來。

死得最慘的是大藏大臣高橋是清。他由於堅持消減軍費得罪了少壯派軍官，在被窩裡被殺死了，又被士兵用軍刀給分屍。

教育總監渡邊錠太郎也在床上被槍殺後，身首也被搬了家。天皇的心腹顧問牧野伸顯有驚無險地倖存下來，前首相齋藤實也死了。

叛軍是一把來勢兇猛的火，很快燒遍了東京市中心約一平方英里的地方。他們成立了偽臨時指揮部，散發「宣言」聲稱，要把元老、重臣、軍閥、財閥、官僚、政黨等粉碎。但叛亂沒有得到其他部隊的支援，最後以和平的方式解決了。

後來，不主張採取刺殺和政變行動的統制派，確立了日本法西斯軍國主義體制，於是1937年7月，他們點燃了「盧溝橋事變」，開始了全面侵華。

美國為何沒有走上法西斯之路

在經濟日益全球化的時代裡，雖然一個國家富裕並不見得所有國家都富裕，可是一個國家要是倒楣了，卻能讓更多的國家也跟著倒楣。這種倒楣的傳染效應如果發生在美國這樣的大國身上，那作用就更強大了。

經濟大危機不僅發生在美國，而且在世界上衝擊了絕大多數資本主義國家。能成功擺脫這種大蕭條局面的國家，走的不外乎是兩條道路：一條是實行新政，對資本主義體制進行改革，如美國；一條是建立集權式的法西斯統治，在國家的嚴密規劃下復興經濟，如德國。

德國戰後的經濟是靠美國貸款發展起來的，華爾街一崩潰，銀行出現擠兌，開始從國外急調資金回國，骨牌效應立刻把德國拉進了深淵，生產收縮，失業率驟增。那邊凡爾賽賠款還沒完呢，計畫規定每年必還的那三分之一，是用商品消費稅保證的，結果結結實實轉嫁到民眾身上。德國的經濟危機比歐洲所有國家都嚴重，中小企業倒閉，產業蕭條，失業人數直

BC

— 0　耶穌基督出生

— 100

— 200

— 300　君士坦丁統一羅馬

　　　　羅馬帝國分成兩部
— 400

— 500　波斯帝國

— 600　回教建立

— 700

— 800

　　　　凡爾登條約
— 900

　　　　神聖羅馬帝國建立
— 1000

— 1100　十字軍東征

— 1200
　　　　蒙古第一次西征

— 1300
　　　　英法百年戰爭開始

— 1400

　　　　哥倫布發現新大陸
— 1500

　　　　英國大破無敵艦隊
— 1600

— 1700　發明蒸汽機

　　　　美國獨立
— 1800

　　　　美國南北戰爭開始
— 1900
　　　　第一次世界大戰
　　　　第二次世界大戰

— 2000

上古時期　BC

漢

－0

100 －

三國
晉　　　200 －

300 －

南北朝　400 －

500 －

隋朝　　600 －
唐朝

700 －

800 －

五代十國　900 －

宋　　　1000 －

1100 －

1200 －

元朝　　1300 －

明朝　　1400 －

1500 －

1600 －

清朝

1700 －

1800 －

1900 －

中華民國

2000 －

線上升，最高時達600萬人，占全國人口的30％之多。

　　在那個時代，人們對比希特勒政府和羅斯福政府在1933年之後的經濟政策，發現它們真是太相似了。同樣的國家干涉，興建公共專案，發行公債，貶值貨幣，擴大卡特爾組織；甚至連名字都差不多，羅斯福的叫「新政」（NewDeal），希特勒的叫「新計畫」（NewPlan）。在世界的經濟危機條件下，大家面對的問題大同小異，行之有效的也無非國家壟斷主義那一套。羅斯福和希特勒在當時都被認為是拯救國家的大英雄。

　　大致看起來，情況似乎確實如此，但是細細分析，羅斯福和希特勒的方法是同一岔路口的兩種不同選擇。希特勒透過利用德國的工人運動，建立了國家工人黨（納粹黨），欺騙工人、許諾工業寡頭而上臺，採取的政策是依靠大量引進外債以解決金融危機（事後又全部賴掉）。將全部經濟都納入受國家控制、適應政治需要、實行強制生產的軌道，實行擴軍備戰。

　　依靠巨額的軍事訂單將大企業餵飽，德國不斷擴大的軍備需要，刺激著軍火工業和相關產業的畸形繁榮發展，「熟練的工人進兵工廠，不熟練的工人修築高速公路」，這些失業大軍進入勞動力市場後，儘管平均薪資很低，但是增加的社會總體購買力，解決了失業難題。德國國內基本消費品的匱乏，使得購買力的增加僅僅停留在帳面上。作為解決途徑之一，納粹採用廉價的，從思想上而不是從實質上解決。

　　希特勒提倡德國的人民大眾從事一種樸素的、農民式的簡樸生活，求溫飽不求奢華，號召人們用魚代肉，用黑麵包替代白麵包。高級食品如野味、貝類、魚子醬、肥鵝肝和進口的高級酒類等，僅僅在大飯店和高級食品店裡出售，享用這些美味被宣傳為非德意志的、罪惡的和墮落的行為。普通的中產階級美味如熱帶水果、進口肉類、咖啡、白麵包和新鮮黃油，在德國的市面上也不常見。總體上講，在當時德國這種「大炮代替黃油」的政策下，民生只是次要的問題。

　　因此，希特勒本質上只是治標的做法，而羅斯福卻能夠標本兼治，依靠整頓金融業而不是舉借外債籌措資金，全面復興工農業而不是單純刺激

軍火業畸形繁榮，透過興修基礎工程而不是軍用工程解決失業問題，切實解決民生而不是愚弄人民最終愚弄了自己。羅斯福新政不僅成功藉由資產階級民主國家的干預，擺脫了經濟危機的威脅，復興了國家經濟，致力於建立福利型國家，也從根本上清除了國家危機和動亂的根源，避免了法西斯勢力在美國得勢。

可能會有很多人對此感到奇怪，德國歷來就有專制主義的傳統，他走上法西斯道路並不讓人吃驚。可美國怎麼能跟德國比呢，像美國這樣一個民主政治充分發育的資本主義國家，肯定是不會選擇法西斯主義的。但是，這只是我們現代人想當然的猜測，因為我們並不瞭解當時的嚴峻局勢。

實際上，當時的美國只是傾向法西斯的程度小一點，並不是不存在這種危險。所以，當美國出現經濟蕭條、社會動亂時，美國的工人運動是極有可能爆發的，而美國的法西斯勢力則會利用工人運動的時機，藉由許諾工人和資本家，進而趁機上臺執政。如果美國為擺脫經濟危機而選擇法西斯化的方案，不僅對於美國，對於世界都將是毀滅性的災難。

正是依靠羅斯福新政的及時施行，美國才沒有走上法西斯道路。並且，在即將到來的第二次世界大戰中，加速了戰爭的進程。羅斯福不僅是美國經濟的救星，也是全世界民主政治的保衛者。因此，羅斯福新政不僅成功地拯救了經濟危機，更使美國避免了走上法西斯道路，美國人民由此實現了勝利大逃亡。

BC

— 0　耶穌基督出生

— 100

— 200

— 300　君士坦丁統一羅馬

— 400　羅馬帝國分成兩部

— 500　波斯帝國

— 600　回教建立

— 700

— 800

— 900　凡爾登條約

神聖羅馬帝國建立
— 1000

— 1100　十字軍東征

— 1200　蒙古第一次西征

— 1300　英法百年戰爭開始

— 1400

哥倫布發現新大陸
— 1500

英國大破無敵艦隊
— 1600

— 1700　發明蒸汽機

美國獨立
— 1800

美國南北戰爭開始
— 1900　第一次世界大戰
第二次世界大戰

— 2000

上古時期　BC

漢

三國
晉

南北朝

隋朝
唐朝

五代十國

宋

元朝

明朝

清朝

中華民國

— 0

100 —

200 —

300 —

400 —

500 —

600 —

700 —

800 —

900 —

1000 —

1100 —

1200 —

1300 —

1400 —

1500 —

1600 —

1700 —

1800 —

1900 —

2000 —

| 第四十二章 | 走向大戰

義大利侵略衣索比亞

衣索比亞位於非洲東北部。雖然滿眼望去貧瘠如沙，但衣索比亞的沙子下卻埋藏有豐富的黃金、白金以及其他貴重金屬。此外，衣索比亞緊挨著紅海，占據這一要道的關鍵位置，所以，不少列強都緊盯著衣索比亞。

終於，在1935年10月，墨索里尼對衣索比亞開炮了。墨索里尼是義大利法西斯的頭頭，想速戰速決占領這塊寶地，然後控制紅海要道，再以此為跳板，打著「為全人類服務」的口號去非洲找點事做。

話說當時的義大利雖然不能與德國抗衡，但和衣索比亞相比，仍然是強大的。義大利擁有先進的現代化武器，還有大量的飛機、坦克和裝甲車，而可憐的衣索比亞連軍隊也沒有，就一個屬於皇帝和封建領主看家用的私人防衛隊。墨索里尼狂叫要「懲罰這些非洲蠻子，給他們點顏色瞧瞧。」

但是，衣索比亞的人民還是有一顆愛國之心的，大炮嚇不倒他們，他們決心保衛自己的國家！

10月17日，衣索比亞皇帝塞拉西在首都阿迪斯阿貝巴發表了動人的演說，說完後就親自帶兵上陣了。

這樣大大刺激了士兵們的士氣，他們表現得特別的好，什麼英雄無畏以及自我犧牲之類的詞，能想到的，都被他們演繹得很出色。戰爭很艱苦，衣索比亞又缺水喝，牧民們便用皮袋裝水送到兵營去，青年學生也跑上街做宣傳工作，婦女們都主動跑去送傷患。這些感人的畫面一幕幕在士兵的心裡重播，他們更加英勇了，註定墨索里尼的速戰速決計畫破產了。

後來，塞拉西皇帝再次親臨前線慰問軍隊，把士兵們的士氣推向了高潮，衣軍一鼓作氣收復了大片失地，義軍損失慘重。說起來義軍也算是占領了點土地，但是領地內的人民不答應啊，他們會經常給義軍製造點小麻煩：他們把食物全藏起來，水井也填上沙子。其實，義軍占領的不過是空城而已。在非洲燦爛的陽光下，他們渴得像沙灘上的魚，戰鬥力大為減退。

這下子可把墨索里尼惹火了，他一氣之下，更換了所有派駐衣索比亞的助手，還喪心病狂似的去轟炸由紅十字隊護送的隊伍，造成了50多人死亡。

在墨索里尼的魔掌下，1936年5月5日，義軍占領了衣索比亞首都阿迪斯阿貝巴，塞拉西皇帝逃去了英國。四天後，墨索里尼在羅馬宣佈衣索比亞是他們義大利的了，由義大利國王代替衣索比亞國王管理。

至此，衣索比亞徹底淪陷了。不過他們的人民還是很樂觀，改跟義大利打游擊，動不動就炸毀條鐵路和橋樑，還去劫軍用車，更厲害的是刺傷了義大利總督。

就這樣本著殺掉一個少一個的道理和決心，衣索比亞的人民過著艱苦的長期戰爭，終於在1942年把義大利侵略者攆回家了，恢復了獨立。

西班牙內戰與國際縱隊保衛馬德里

1936年11月，一群膚色、語言和制服混雜的勇士們，唱著雄赳赳的《國際歌》來到了被法西斯的大炮打得灰頭土臉的西班牙。他們是來自蘇聯、中國、法國、美國、加拿大、義大利、德國、波蘭、捷克斯洛伐克等54個國家的士兵組成的反法西斯隊伍，懷抱著路見不平拔刀相助的精神來到了西班牙。

當時的西班牙被反動軍官佛朗哥攪得烏煙瘴氣的，他仗著德國和義大利的勢力，又相互勾結，馬上就要打到首都馬德里了。眼看著國家的心

BC

— 0　耶穌基督出生

— 100

— 200

— 300
　　君士坦丁統一羅馬
　　羅馬帝國分成兩部
— 400

— 500　波斯帝國

— 600　回教建立

— 700

— 800

　　凡爾登條約
— 900

　　神聖羅馬帝國建立
— 1000

— 1100　十字軍東征

— 1200
　　蒙古第一次西征

— 1300
　　英法百年戰爭開始

— 1400

　　哥倫布發現新大陸
— 1500

　　英國大破無敵艦隊
— 1600

— 1700　發明蒸汽機

　　美國獨立
— 1800

　　美國南北戰爭開始
— 1900
　　第一次世界大戰
　　第二次世界大戰

— 2000

臟快被炮轟了，以左翼共和黨人為首的共和國政府慌了手腳，開始拉攏群
眾，大呼「保衛馬德里」。

於是，馬德里的男女老少都行動了起來，馬德里行動了起來！特別是
女人們，更是打出「寧為英雄守寡，不和奴隸度日！」的大旗。

從1936年11月到1937年1月，佛朗哥接連打了馬德里四次，結果都以
失敗告終。這仗打得可振奮人心了，一下子把全世界的反法西斯力量連接
起來，連成了這支多達35萬人的隊伍。當時中國的旅美華僑還組織了國際
縱隊中國支隊呢。

戰爭終於迎來了最撼動人心的時刻，終於在雅拉瑪山谷打響了。位於
馬德里東部的雅拉瑪南邊有個狹窄的山谷，為馬德里抵擋著來自南面的炮
火，佛朗哥要進入馬德里也必須經過這裡。所以，佛朗哥下了狠勁，把坦
克、大炮、飛機都運到了這裡。

為此，國際縱隊特意堵死了峽谷的出口。1937年2月6日，那裡的黎
明靜悄悄，突然，炮聲和飛機馬達聲打破了這一切。佛朗哥派人丟下了罪
惡的炸彈。一顆顆炸彈飛向了共和國的戰士們，可把他們惹火了，於是，
他們拿著手榴彈和步槍還擊，也是一陣轟炸，子彈用完了，就拿石頭往下
滾，一滾滾到敵人的身上，一個個石頭還砸死不少敵人呢！

這場戰役打了一個多月，終於幹掉了佛朗哥2萬多人，不知道佛朗哥
看著2萬具屍體有什麼反應呢。不過，共和國也受到了很大損失，傷亡1萬
多人。許多戰士也在《國際歌》激昂的音符中死去了。大家念念不忘，後
來，還編了一首曲來紀念。

人們每唱一遍就會想念國際縱隊一遍，為他們願意為非親非故的熱
土流血而感動，還惋惜著他們那年輕的生命。馬德里一戰集中起來的國際
主義精神，開了一個好頭，讓後來的反法西斯力量更凝聚，攢成一個結實
的拳頭，使勁地打擊法西斯。此外，經歷過這場戰爭洗禮的國際縱隊隊員
們，也增加了實戰的經驗，成了後來反法斯西的棟樑。

日本侵略中國

　　日本帝國主義長期覬覦中國東北地區，不斷侵略擴張。1927年「東方會議」以後，日本連續製造事端，壓迫東北地方當局脫離中國。在民族大義的感召下，中國東北地方長官張學良毅然於1928年12月29日宣佈「改旗易幟」。至此，國民黨政府實現了形式上的統一。日本為了保持並擴大其侵略權益，決心挑起戰爭。

　　1931年6月，日軍參謀本部制定了《解決滿洲問題方策大綱》，決定採取軍事行動。7～8月間，日本藉口「萬寶山事件」和「中村事件」，蓄意製造緊張局勢。

　　1931年9月18日夜，日軍在柳條湖炸毀南滿鐵路一小節單面路軌，反誣中國軍隊所為，隨即發動大舉進攻，至19日，攻占了遼寧、吉林兩省20座主要城市。事變發生後，若槻內閣口稱「不擴大事態」，但日軍卻擴大進攻，至24日遼寧全省除遼西一隅外，全部占領。在吉林地區，日軍繼19日占長春之後，於21日攻占省會吉林市。日本軍部和日本政府的這些行動表明，所謂關東軍「擅自行動」云云，純屬謊言。

　　為了觀察國際反應，日軍在攻占遼、吉兩省大部分地區後曾暫停北進和西進。政府的妥協和國際帝國主義的綏靖政策，使日本肆無忌憚。11月，大舉進攻黑龍江。次年1月，進攻遼西。1月3日攻占錦州。2月5日占領哈爾濱。總計，自「九一八」事變後不到一百天，日軍占領了中國東北九省約80萬平方公里的土地，相當日本本土面積的2.5倍。

　　1932年3月1日，日本一手建立的「滿洲國」登場。12月6日，日軍占領滿洲里。1933年1月3日，占領山海關。2月23日起進攻熱河，10天之內，熱河省被占。日本帝國主義不宣而戰地對中國發動侵略戰爭，成為新世界大戰的遠東發源地。

　　日軍在東北擴大進攻並陰謀炮製「滿洲國」之時，又在上海挑起「一二八」事變，以壓迫蔣介石政府並轉移國際視線。1932年1月18日，

BC

—— 0　　耶穌基督出生

—— 100

—— 200

—— 300
　　　　君士坦丁統一羅馬
—— 400　羅馬帝國分成兩部

—— 500　　波斯帝國

—— 600　　回教建立

—— 700

—— 800
　　　　凡爾登條約
—— 900
　　　　神聖羅馬帝國建立
—— 1000

—— 1100　十字軍東征

—— 1200
　　　　蒙古第一次西征
—— 1300
　　　　英法百年戰爭開始
—— 1400

—— 1500　哥倫布發現新大陸

—— 1600　英國大破無敵艦隊

—— 1700　發明蒸汽機

—— 1800　美國獨立

　　　　美國南北戰爭開始
—— 1900　第一次世界大戰
　　　　第二次世界大戰
—— 2000

上古時期　BC

漢

— 0

100 —

三國
晉　200 —

300 —

南北朝　400 —

500 —

隋朝
唐朝　600 —

700 —

800 —

五代十國　900 —

宋　1000 —

1100 —

1200 —

元朝
1300 —

明朝
1400 —

1500 —

1600 —

清朝
1700 —

1800 —

1900 —
中華民國
2000 —

日軍駐上海領事武官助理受關東軍高級參謀板垣的委託，指使人擊傷日本僧侶後，誣指是三友實業社職工所為，煽動日僑青年會襲擊三友實業社。日軍趁機擴大事態，於1月28日挑起戰爭。日軍的進攻遭到中國人民的抵抗，日軍至2月底被迫三易主將，逐次增加兵力，由6000人增至10萬人。日軍進退維谷，十分不利。西方列強在上海有重大的經濟利益，英、美、法都對日本的軍事行動提出警告。由於國際壓力，由於國內財政十分困難，日本不得不停止軍事行動。於5月5日簽訂了《淞滬停戰協定》。

　　日本侵占中國東北後進而向華北擴張。1935年9月24日，日本在華駐屯軍司令官多田駿露骨地宣稱，要「改變和樹立華北政治機構」。同年11月13日，駐「滿」大使兼關東軍司令官南次郎致函廣田弘毅，正式提出「華北分離工作」，即使華北脫離中國。1936年5月，廣田內閣把日本「支那駐屯軍」的兵力從1700人一舉增至5700人。「塘沽協定」、「何梅協定」、「秦土協定」，炮製冀東及內蒙偽政權等（總稱「華北事變」）。

　　1937年7月7日，日本帝國主義挑起了盧溝橋事變，日本侵華戰爭全面爆發。在歷時三個月的淞滬會戰中，中國軍民英勇抗敵，日本不得不一再增兵，參戰兵力超過20萬，傷亡4萬多人。到1937年底，日本一共向中國戰場派遣了16個師團，約60餘萬人。

　　1937年12月13日南京失守。1938年1月16日，日本首相近衛狂妄地聲明：「帝國政府今後將不以國民政府為對手」。但在3月23日至4月6日的臺兒莊戰役中，日軍遭到重創，死傷達2萬人以上。磯谷師團的大部分和板垣師團的一部分被殲滅。臺兒莊大捷不僅在國內外產生了巨大影響，也使日本侵略者為之膽怯。

　　秋季，日本妄圖儘快結束戰爭，又發動了武漢和廣州戰役。在8月22日至10月26日的武漢會戰中，日軍投入兵力近38萬人，這是在整個中日戰爭中雙方動用兵力規模最大的一次戰役。到10月下旬，武漢、廣州兩個戰役結束時，日本投入中國的兵力已達24個師團，100萬人以上，日本國內本土只剩下1個師團（近衛師團），可謂傾巢而出了。此後，日軍被迫停

止對正面戰場的戰略進攻，轉而以保守占領區為主，於是中國抗日戰爭開始由戰略防禦階段，轉入戰略相持階段。

英法美等國對德義日的綏靖

當日本人在中國逞兇的時候，歐洲也打了起來。德國不費吹灰之力就把奧地利吞了，又開始找捷克斯洛伐克麻煩。因為捷克的地勢好，可以當攻打蘇聯的跳板。很快德國就制定出進攻捷克的「環保計畫」，火快燒到眉毛了，捷克也蠢蠢欲動了。這時候，兩國已準備開戰了。但是，英國首相張伯倫卻孤枕難眠了。

張伯倫半夜爬起來給希特勒發電報，內容是「眼看著你們要開火了，我決定明天坐飛機去看您」，那麼厲害的英國首相，為何突然這樣低聲下氣地要見希特勒呢？

原來，當初英國幫助捷克恢復主權，與捷克、法國都訂有互助同盟條約，同生同死。現在如果德軍進攻捷克，按照條約規定，那麼英國也就被捲入這場遊戲，西歐的戰火就無法收場了。

張伯倫一口氣坐了7個小時的飛機，跑到慕尼黑會見希特勒。希特勒也興奮之極，正煩惱自己的12個師無法戰勝捷克的35個精裝師呢。如果英國和捷克一夥了，那德國就麻煩了。沒想到張伯倫自己跑來了，坐失良機絕對不是希特勒的個性。於是乎，這兩個人一見如故，便找個密室進行私密的約會了。

希特勒求勝心切，咬牙切齒地說：「不管用什麼方法，得幫捷克境內的日爾曼人解決點問題」。此時，對開戰心驚膽戰的張伯倫趕緊說「如果，您決意動手，我們還談它幹嘛呢？」

聰明的希特勒突然反問「英國願意割讓蘇台德地區嗎？」這時，談判直接把日爾曼民族撇開了，直達目的，要奪蘇台德地區。

張伯倫此行的目的就是阻止德國和捷克開戰，希特勒的話也是他意

BC

— 0　耶穌基督出生

— 100

— 200

— 300　君士坦丁統一羅馬
　　　　羅馬帝國分成兩部
— 400

— 500　波斯帝國

— 600　回教建立

— 700

— 800

　　　　凡爾登條約
— 900

　　　　神聖羅馬帝國建立
— 1000

— 1100　十字軍東征

— 1200　蒙古第一次西征

— 1300　英法百年戰爭開始

— 1400

　　　　哥倫布發現新大陸
— 1500

　　　　英國大破無敵艦隊
— 1600

　　　　發明蒸汽機
— 1700

　　　　美國獨立
— 1800

　　　　美國南北戰爭開始
— 1900　第一次世界大戰
　　　　第二次世界大戰

— 2000

上古時期　BC

漢

－0

100 －

三國
晉　　200 －

300 －

南北朝　400 －

500 －

隋朝　600 －
唐朝

700 －

800 －

五代十國　900 －

宋　　1000 －

1100 －

1200 －

元朝　1300 －

明朝

1400 －

1500 －

1600 －

清朝

1700 －

1800 －

1900 －

中華民國

2000 －

料之中的，因為把蘇台德割給德國，掉的也不是英國的肉，他也不心疼。所以，那捷克的蘇台德換來免戰是值得的。於是這一密謀，讓捷克失去了蘇台德地區。9月16日，張伯倫回國後就宣揚要拿捷克當擋箭牌，說是為了英國的利益。法國的達拉第聽說後，跑到倫敦來找張伯倫。於是，英、法兩國的大事經由這兩個人決定了，結果卻把捷克賠了進去。這兩個傢伙商量好後，張伯倫就向捷克提出了關於割讓的「建議」，捷克當然不願意啊，但是，他們要脅捷克，要把擾亂歐洲利益的罪名加到捷克頭上，捷克哪裡能承受得起這個「美譽」，只好同意了。9月29日，希特勒、墨索里尼、張伯倫和達拉第等在慕尼黑的「元首官邸」裡辦理了轉讓手續。翌日凌晨，四國便簽訂了《慕尼黑協定》，要捷克把蘇台德交給德國。

希特勒的諾言是典型的、臨時性的，在慕尼黑會議上拍著胸口說，對蘇台德的欲望就是對西方領土的最後一次垂涎。沒想到，他在第二年的3月就下令開火，占領了整個捷克。後來，又藉口侵犯波蘭，把戰爭送到了英、法的領土上。英、法兩國當時為了多一事不如少一事，犧牲捷克的錯誤做法得到了報應。這給歐洲人民帶來了無法估量的災難。

以上是對歐洲方面的綏靖，再看亞洲方面針對日本的綏靖。

日本發動侵華戰爭後，中國政府於1937年9月12日正式向國際聯盟提出申訴。10月6日，國聯大會通過了遠東顧問委員會的兩個報告書和一個決議。第一報告書雖然指出了日本對中國的軍事行動，違反了九國公約和巴黎公約，但未明確宣佈日本是侵略者。第二報告書建議九國公約簽字國舉行會議，並與其他在遠東有特殊利益的國家合作，共同討論解決辦法。決議要求各國聯成員國應各自考慮它所能對中國提供的援助，但沒有採取實際的措施，不過口惠而已。

召開九國公約會議的建議是英國代表提出來的，其目的在於將責任推卸給美國。作為當年華盛頓會議的發起國，美國不能拒絕參加會議，但決不帶頭。英、美、法幾個大國都不願在自己國家召開會議，好不容易才說服比利時充當東道主。在比利時首都布魯塞爾召開的會議從1937年11月3日開始，到24日無限期休會。與會者19國，日本拒絕參加。會議最後通過

的宣言只是重申九國公約的原則，並要求停止戰爭行動。日本是發動戰爭的侵略一方，中國是被迫抵抗的受害一方，會議甚至對這種最基本的區別也未敢指出。中國沒有得到任何援助，日本也沒有得到任何制裁，會議便草草收場了。

布魯塞爾會議的無所作為，一個原因是英、美都認為坐觀成敗是最聰明的辦法。鷸蚌相爭，可以坐收漁人之利。另一個原因是英、美都認為自己的在華利益雖在一定程度上受到損害，但日本在經濟上終歸要依賴它們，暫時不利的局面不難挽回。因此，不應刺激日本，以免它進行報復。美國對日貿易有相當的利益可圖，美國不能對日實行經濟制裁。布魯塞爾會議是一次徹底失敗的會議，是一次開比不開還要壞的會議。如果不開，至少日本還不能完全肯定歐美列強的態度到底如何。開了以後，它們的相互推諉，軟弱無力，甚至討好日本，就都暴露得清清楚楚了。

布魯塞爾會議後，英、美繼續沿著綏靖日本的道路走下去，但英國走得更遠一些。1938年5月2日，英、日、非、法簽訂了關於中日海關的協定，規定日本占領區各海關所徵一切關稅、附加稅及其他捐稅，均存入日本正金銀行；還規定自1937年9月起停付的日本部分庚子賠款，應即付給日本政府。這一協定嚴重損害了中國的主權，並使中國關稅收入遭到很大的損失。

BC

— 0　耶穌基督出生

— 100

— 200

— 300
　　君士坦丁統一羅馬

　　羅馬帝國分成兩部
— 400

— 500　波斯帝國

— 600
　　回教建立

— 700

— 800

　　凡爾登條約
— 900

　　神聖羅馬帝國建立
— 1000

— 1100　十字軍東征

— 1200
　　蒙古第一次西征

— 1300
　英法百年戰爭開始

— 1400

　　哥倫布發現新大陸
— 1500

　　英國大破無敵艦隊
— 1600

— 1700　發明蒸汽機

　　　美國獨立
— 1800

　美國南北戰爭開始
— 1900
　　第一次世界大戰
　　第二次世界大戰

— 2000

上古時期　BC

漢

— 0

100 —

200 —
三國
晉
300 —

400 —
南北朝
500 —

隋朝
唐朝
600 —

700 —

800 —

五代十國
900 —
宋
1000 —

1100 —

1200 —
元朝
1300 —
明朝
1400 —

1500 —

清朝
1600 —

1700 —

1800 —

1900 —
中華民國
2000 —

｜第四十三章｜德國發起全面侵略

德國的閃電戰

1939年8月31日，德國一百多萬軍集結在波蘭邊境，這大熱的天，不知道他們在這裡要幹什麼。夜輕輕地來了，就在這時，一群「波蘭」兵打進了德國的邊境城市，並很快占領了城市的廣播電臺，然後就有人講話說「要擺平希特勒」。

這時希特勒聽說有波蘭人要擺平自己，他很生氣，就馬上打開廣播，在那裡拼命地動員自己國家的人，希望大家能夠在他的動員下反擊波蘭。

9月1日，希特勒調動國內所有精良裝備，準備對波蘭進行閃電戰。隨著希特勒一聲令下，6000門大炮、2000架飛機、近3000輛坦克同時開進波蘭，果然不出所料，波蘭被打得措手不及。

希特勒進攻波蘭也是有目的的，他看到波蘭工業發達，地理位置又優越，就產生了野心。

希特勒費盡心機地尋找攻擊波蘭的理由。這一天，他叫來一批人，讓他們裝成「波蘭兵」向德宣戰。這下好了，希特勒高興了，他得以名正言順地開戰。

9月3日，國際社會上的一些國家的利益逐漸受到損害。於是，英、法等國對德宣戰。然而，這些國家只是表面上說得很好，可背地裡卻按兵不動。這樣，希特勒很快就占領了波蘭，並積極地擴軍備戰，準備征服全世界。

不到一年，希特勒就攻占了丹麥和挪威，拿下了荷蘭、比利時和盧森堡。很快，他又一鼓作氣攻入法國。法國政府一看大勢不好，於是就投降

了，把法國白白送給了希特勒。

這下好了，法國本來和英國站在一起，法國投降了，英國人心裡猛地一沉，覺得自己身上的擔子重了起來。希特勒又下令，按「海獅計畫」打擊英國。

得到情報的英國當局亂成一團，張伯倫首相被德國的強力攻勢嚇得面無血色，眼看就要不抵抗投降，英國要陷入德國的手裡之際，這個時候，一個人的出現拯救了英國，也破壞了希特勒的美夢，他就是邱吉爾。

在邱吉爾的帶領下，英國鼓起戰鬥的勇氣。

接下來，希特勒出動大批的飛機想要轟平英國。可是沒有想到，英國出現了邱吉爾首相，人民在他的帶動下沉著應戰，奮勇當先，一次又一次的和希特勒對抗起來。最後，希特勒的「海獅計畫」破產了，英國人民取得了勝利。

到此，希特勒的「白色計畫」和「海獅計畫」都計畫趕不上變化，只得到了暫時的勝利。

敦克爾克大撤退

二戰進行到這個時候，迫於德國的炮火攻勢，有幾千隻船朝著敦克爾克方向開去。

這一批船什麼樣式都有，根本不像是正規的軍艦。再看看開船的人也是五花八門，有銀行家、計程車司機、工人和少年……，可以說是三百六十行都有，就是沒有真正的船長。

原來，希特勒被勝利沖昏了頭，竟然開始進攻西歐。而由於法國等採取保守態度，使希特勒有機可趁，他讓德軍繞過法國的馬奇諾防線，從側面攻入法國。德軍很快取得了勝利，把四十萬英法聯軍逼到了絕處，只留下敦克爾克這個小港可作退路。

然而，敦克爾克是個只有幾萬人的小地方，如果在這裡遇到德軍炮

— 0　耶穌基督出生

— 100

— 200

— 300　君士坦丁統一羅馬

　　　羅馬帝國分成兩部
— 400

— 500　波斯帝國

— 600　回教建立

— 700

— 800

　　　凡爾登條約
— 900

　　　神聖羅馬帝國建立
— 1000

— 1100　十字軍東征

— 1200
　　　蒙古第一次西征
— 1300
　　　英法百年戰爭開始
— 1400

　　　哥倫布發現新大陸
— 1500

　　　英國大破無敵艦隊
— 1600

— 1700　發明蒸汽機

　　　美國獨立
— 1800
　　　美國南北戰爭開始
— 1900
　　　第一次世界大戰
　　　第二次世界大戰
— 2000

上古時期　BC

漢

— 0

100 —

三國

200 —

晉

300 —

南北朝

400 —

500 —

隋朝

600 —

唐朝

700 —

800 —

五代十國

900 —

宋

1000 —

1100 —

1200 —

元朝

1300 —

明朝

1400 —

1500 —

1600 —

清朝

1700 —

1800 —

1900 —

中華民國

2000 —

轟，幾十萬軍隊一點生還的希望都沒有。在這萬分危急的關頭，英法聯軍想不出好辦法，就有人出了主意，說只有動員人民才能營救軍隊。

老百姓很願意幫助軍隊的。在開往敦克爾克的船隊中，大部分都是老百姓自發組織的船。

後來，有英國人回憶到這件事，激動地說：「不列顛民族征服海洋的精神真令人感動，不信你們看，在那黑暗的海上，一邊是怒吼的波濤，一邊是德軍轟轟的炮火，就這樣，他們全不怕，只管開著船向前進。有時候大風吹來弄得他們迷了路，然而，他們很沉著，看看星星，辨識方向，總能從迷途中走出來。」

那時候，等著上船的軍隊特別多。同時，由於一直在撤退，指揮也有些失靈，可是他們不亂擠亂推，而是禮貌地排隊上船。因為船少，一次不能上很多人，等待的人也不閒著，為了節省時間，他們自發地推船，直到船走進深水處，海水沒過每個推船戰士的肩頭。

在遠處，停著運兵的大船，往返拉人的小船像喝醉了似的，搖晃著朝大船開去；在沙灘上，有被炮彈打中的船骸，也有不能跑的救護車，還有一些不知從哪裡漂來的垃圾；回頭看看敦克爾克港，那裡早已經火光四起，可是人們都忙著撤退，根本沒時間救火，大火就這樣自由自在地燒著。

然而，在這種情況下，老百姓心裡都有一個信念，那就是要運出軍隊。就這樣，這一支由老百姓自發組織的雜牌軍，只用了大概七天的時間，就把三十五萬人運到了安全地帶。所以，翻開史冊看看，除了打了勝仗而出名外，這次敦克爾克大撤退也是聞名於世的，可以說，這次撤退給英法聯軍臉上添了不少光彩。

「巴巴羅沙」計畫

羅馬帝國時代，皇帝腓特烈一世有一個狂人的外號叫「紅鬍子」，

那時候，這傢伙非常有野心，他想稱霸世界，曾六次入侵義大利，並多次東征。俗語說，榜樣的力量是無窮的。二戰時，德國的希特勒要向「紅鬍子」看齊，想把地球收入囊中。

1940年12月，希特勒左想右思，終於制定出「巴巴羅沙」計畫，也可稱為「紅鬍子」計畫。在此，希特勒想一舉拿下蘇聯。這時候，希特勒並不挑明要和蘇聯開戰，他很聰明，想來個明打英國，暗地裡進攻蘇聯。就這樣，希特勒大聲叫喊著要讓英國吃些苦頭，假裝著要進攻英國。

然而，5月裡，希特勒就致電鐵道部，要他們部門弄出十輛列車，運送47個師到德、蘇邊境。與此同時，德國人仍然和蘇聯做著買賣，保持著友好的關係。蘇聯本來就是超級大國，見德國這麼安分，以為形勢一片大好，就在廣播上發布兩國世世友好的消息。

就在這時，希特勒又如開軍事會議，決定馬上向蘇聯開火。

這一天，史達林正閒著無聊，坐在那裡抽菸邊自語。突然，幾個衛兵同時跑來，像是有什麼急事報告。

「德軍拆除了西北邊境的鐵絲網......」

「布格河西岸有動靜，是不是德軍開著坦克巡視？」

「其他邊境地帶發現可疑士兵......」

史達林一聽，覺得這不是鬧著玩的事，就要軍隊作好準備，看看德國到底要幹什麼。這時候，有個叫鐵木辛哥的傢伙，他建議蘇聯全線進入戰鬥狀態，可是統帥部的人說德國不敢亂動，根本不把他的建議當回事。

不久，蘇軍的通訊突然中斷，緊接著，德軍的6000門大炮齊聲響起，天空中2000架飛機也奉命起飛。一時間，成千上萬的軍人被炸成了肉泥，800多架飛機燒成了破銅爛鐵。

一片火光背景下，蘇德戰爭正式開始！

「指揮部，指揮部，請轉告史達林，德國正向我們開炮，火力很猛。」

「指揮部，這是大炮，不是放煙花！有好多百姓都被炸死，開戰吧。」

上古時期　　BC

漢

— 0

100 —

三國
晉

200 —

300 —

南北朝

400 —

500 —

隋朝
唐朝

600 —

700 —

800 —

五代十國

900 —

宋

1000 —

1100 —

1200 —

元朝

1300 —

明朝

1400 —

1500 —

清朝

1600 —

1700 —

1800 —

1900 —

中華民國

2000 —

「剛才沒告訴你嗎？！德國是朋友，怎麼能和朋友開戰！先別動，過不了多久，希特勒就會跑過來澄清事實，為打錯了方向而道歉。」

就這樣，莫斯科的指揮部下了不戰的命令，一時間使蘇軍陷入被動。德國藉機深入到蘇聯邊境50多公里。直到晚上，蘇聯才知道希特勒的陰謀，終於下了開戰的命令。

這就是希特勒的「巴巴羅沙」計畫，他妄想著憑藉這個計畫打敗蘇聯。然而，時代發展太快了，計畫總是趕不上變化。史達林清醒過來，發表了激情的反德衛國演說，鼓舞了全體蘇聯人民的士氣，人民紛紛起來和希特勒作殊死戰鬥。

結果，希特勒的「巴巴羅沙」計畫最終失敗了。

列寧格勒戰役的勝利

二戰開始時，希特勒表面上和蘇聯裝作好朋友，背地裡卻調動大軍，時時準備著攻擊蘇聯。而史達林不作戰鬥準備。就這樣，希特勒突然調集大軍進攻蘇聯，揚言要在一個月時間占領列寧格勒。

列寧格勒是蘇聯第二大城市，十月革命就在這裡發源，有著古老的戰鬥精神，希特勒想要一個月拿下這裡，恐怕不是那麼容易。

希特勒進攻的時候，全城的男女老少齊上陣，修戰壕、挖堡壘、關鍵時刻，每個人都成了戰士。結果，德軍一連進攻了幾次，都被英勇的蘇聯人民打退。一個月後，希特勒依然沒有占據列寧格勒。

接著，希特勒拋棄了人道主義原則，開始像野獸一樣發起進攻，他先從各方面封鎖列寧格勒，然後讓飛機二十四小時作業，決心炸平這個惱人的城市。

剛開始，飛機來時人們都躲進防空洞，這裡有吃、有喝、有玩，並不覺得缺少什麼，也不覺得寂寞。然而時間一久，現有的糧食吃完了，人們就覺得不那麼舒服，他們不得不把餵馬的飼料拿出來吃。漸漸地，一點能

吃的東西都沒有了，人們開始感到飢餓，並成批的死去。

蘇聯政府也看到這個問題，組織了大批的服務隊伍，深入基層幫助群眾，給他們送去食物，而群眾也知道自己和政府在同一條船上，要相互幫助，相互團結，發揚大無畏的精神。

又過了一段時間，列寧格勒糧食局也空了。就在這時，列寧格勒人民發揚艱苦奮鬥、不怕困難的精神，在萬里冰封的拉多加湖上弄出一條運輸線，和外界取得了聯繫。不久，60輛大卡車沿著這條冰上運輸線開過來，他們衝破敵人的圍堵追截，躲過漫天的槍林彈雨，歷盡千難萬險，終於把日常生活用品送到了列寧格勒。

最終，蘇聯取得列寧格勒戰役的勝利。

餓死被侵略地的人

打仗可不是件容易的事，就算有不怕死衝鋒陷陣的將士們在前方跟敵人拼得你死我活，後方的糧食供給若是跟不上，那麼這仗打起來也困難得很。因此，打仗靠的不僅是部隊的水準，更要有充足的物資保障。

二戰時德國軍隊就遇到了這樣的物資問題，尤其是到了戰事僵持階段的時候，吃飯成了大問題。不過隨著德國人盡情地發揮「聰明才智」，最終前方士兵的肚子還是被填飽了。

不過德國人保障物資的辦法，卻不是其他人都能辦得到的，因為他們的方法簡直可以用慘無人道來形容。為了讓自己的士兵吃飽喝足好打勝仗，德國人每殺到一個地方，那個地方的老百姓都要遭殃。老百姓需要把自己的糧食統統交給德國士兵，自己卻要餓著肚子等死。

等到殺進蘇聯的時候，德國人甚至還有著這樣的文件：「絕不能讓這塊土地上的人活著，一定要消滅他們，這樣才能支持我們戰時配給經濟。

所以，蘇聯人的工業要荒廢了，蘇聯人也要餓死了，他們有兩條路可走：一是死，二是去西伯利亞。」

BC

— 0　耶穌基督出生

— 100

— 200

— 300　君士坦丁統一羅馬

羅馬帝國分成兩部
— 400

— 500　波斯帝國

— 600　回教建立

— 700

— 800

凡爾登條約
— 900

神聖羅馬帝國建立
— 1000

— 1100　十字軍東征

— 1200
蒙古第一次西征

— 1300
英法百年戰爭開始

— 1400

哥倫布發現新大陸
— 1500

英國大破無敵艦隊
— 1600

— 1700　發明蒸汽機

美國獨立
— 1800

美國南北戰爭開始
— 1900
第一次世界大戰
第二次世界大戰

— 2000

上古時期　BC

漢

— 0

100 —

三國
晉　　200 —

300 —

南北朝　400 —

500 —

隋朝　600 —
唐朝

700 —

800 —

五代十國　900 —

宋

1000 —

1100 —

1200 —

元朝　1300 —

明朝　1400 —

1500 —

1600 —

清朝

1700 —

1800 —

1900 —

中華民國

2000 —

　　不僅如此，德國人為了不給自己國家帶來負擔，高層領導還呼籲士兵們搶占蘇聯人的物資，把這些物資寄回德國。為了讓士兵們對寄包裹這件事產生更大的積極性，德國統帥還下令說每個士兵可以免費郵寄一件20斤的包裹到自己家裡。

　　德國士兵們聽到這好消息以後都樂瘋了，以至於他們在蘇聯當地搶來的燻肉實在太多了，自己都吃不了。但是，德國士兵們都爭先恐後地再搶來一些燻肉，然後打包成20斤的包裹，將其寄回了自家。

　　部隊高層的領導見到此景以後興奮不已，說德國兵都是有素質的兵，都是有家庭責任感和國家使命感的兵，因為他們郵寄包裹的行動不僅為軍隊減輕了負重，而且還為家鄉的人民做出了貢獻。

　　經過德國人這麼一番折騰，被侵略國家的人民可是遭了大殃。就拿塞爾維亞來說，那麼小的國家，竟然被德國人搶去了十萬噸的小麥和玉米。當地的百姓因此沒吃沒喝，很多都餓死街頭。還有大批大批的當地人被送進了集中營和毒氣室。

　　由於蘇聯大城市的人口比較多，如果德國軍隊占領了這些大城市，那就意味著他們需要供養的人口就更多了。為了最大程度減低供養負擔，德軍統帥決定不去大城市了，轉而去列寧格勒禍害百姓。結果可想而之，列寧格勒有一百多萬人在兩年半的時間裡都被活活餓死了。

史達林格勒保衛戰

　　史達林格勒在伏爾加河下游，不僅是重要的海河港口，而且是蘇聯南方的鐵路樞紐和工業城市。這個城市很被德軍看好，他們在圍攻列寧格勒不久，就調動大軍前來，想要拿下史達林格勒，以便更好掌控蘇聯。

　　幾次攻打失敗後，德軍出去40個師，幾千架飛機，再次發起猛烈攻勢。很快，史達林格勒跟大地震過後一樣，整個城市幾乎找不到沒被破壞的建築物。

1942年9月13日，德國又派出17萬人，500輛坦克進駐史達林格勒。

這時候，蘇聯領導人發表了重要談話，鼓勵人民打擊德國人。眼看自己的家園被德國人踏得粉碎，史達林格勒的人民也很憤怒。他們拿起平常工作的工具，奮不顧身地衝向德軍。9月14日，德軍為了爭奪市中心的陣地，發起了無數次的衝鋒。而據守史達林格勒的蘇軍戰士也不肯服輸，他們向上帝發誓，說只要有一個人在，史達林格勒就不會白白讓給希特勒。於是，德軍要占領火車站，蘇軍就在火車站打擊敵人；德軍要爭奪某一片高地，蘇軍就跑到那裡和他們硬拼。

在這場戰鬥中，有許多英雄的事蹟。其中有一個護士，別看她平常溫柔可愛，關鍵時刻，她竟然端起機槍打死三十多個德軍。同時，大約有七萬多名蘇聯女孩，她們紛紛走上前線，成為炮手、通訊兵、衛生員和護士，可以說，她們的青春全被貢獻在史達林格勒的戰場上。

希特勒本來想快速擺平史達林格勒，沒想到戰爭打了幾個月還沒有結束，德軍這時也損失嚴重。有的兵想到家裡的老婆孩子，就不想再打，還產生了想回家的情緒。這種思鄉的情緒很容易在軍隊裡蔓延。於是，德軍的戰鬥力和意志力開始日漸消沉。

後來，冬天來了，德軍沒有過冬的保暖衣服，很多人都被凍死，活著的也不想摸那冰冷的槍炮。就這樣，德軍漸漸沒了戰鬥力，沒等到冬季過完，戰爭形勢開始有利於蘇聯。11月9日，史達林看到德軍凍得差不多了，就命蘇聯紅軍開始反攻。

很快，蘇聯紅軍就把他們打敗了。

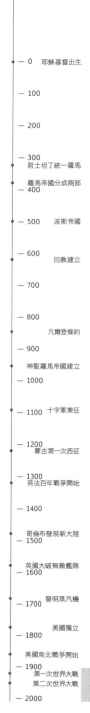

BC

— 0　耶穌基督出生

— 100

— 200

— 300　君士坦丁統一羅馬
　　　　羅馬帝國分成兩部
— 400

— 500　波斯帝國

— 600　回教建立

— 700

— 800
　　　　凡爾登條約
— 900
　　　　神聖羅馬帝國建立
— 1000

— 1100　十字軍東征

— 1200
　　　　蒙古第一次西征
— 1300　英法百年戰爭開始

— 1400

　　　　哥倫布發現新大陸
— 1500

　　　　英國大破無敵艦隊
— 1600

　　　　發明蒸汽機
— 1700

　　　　美國獨立
— 1800

　　　　美國南北戰爭開始
— 1900
　　　　第一次世界大戰
　　　　第二次世界大戰

— 2000

上古時期　BC

漢

－ 0

100 －

三國

晉 200 －

300 －

南北朝 400 －

500 －

隋朝
唐朝 600 －

700 －

800 －

五代十國 900 －

宋 1000 －

1100 －

1200 －

元朝 1300 －

明朝 1400 －

1500 －

清朝 1600 －

1700 －

1800 －

1900 －

中華民國 2000 －

｜第四十四章｜戰爭期的民族抵抗運動

尼加拉瓜民族解放運動

桑地諾出身在尼加拉瓜貧苦的農民家庭，從小吃苦受累磨練了他的意志，並給了他強健的體魄。還是個年輕小夥子時，他就背井離鄉來到國外做工。雖然自己過著悲慘的生活，但是他心裡依然裝著偉大的理想，見到美國仗著自己強大欺壓小國，他發誓要使尼加拉瓜解放出來。

不久，桑地諾來到金礦工作。他和這裡的工人成為了好朋友。「工人兄弟們，這些帝國主義喝的是我們的血，然而，他們不但不過來感謝，還反過來打我們，不拿我們當人看。如此，我們只有一條路可走，那就是，站起來，爭取自由和尊嚴。」

「你說得太對了，我們現在過的簡直不是人的日子，只要你不拋棄、不放棄，我們願意跟著你。」

於是，工人們就回去自製了槍枝彈藥，又找來幾塊破布做了旗子，決定要起義。一切都準備好時，他們全都把手舉過頭頂，指著上帝發誓說：「為了家人，為了能過上好日子，我們要一戰到底，決不後退。」

同時，桑地諾還制定了一些對起義有利的方案，得到了社會各界的支持。很快，他就組織起一支敢死騎兵隊，和強大的美軍進行對抗。美軍的裝備精良，他們調過來七十多架飛機，想要把尼加拉瓜轟成平地。那時候，尼加拉瓜的起義軍有的還沒見過飛機，就在這種情況下，他們只能在山上東奔西跑，等待時機反攻美軍。結果，取得了局部性的全面勝利。

1931年，桑地諾領導的軍隊已經控制了八個省的農村地區，鑑於桑地諾取得這樣的優異戰果，父老鄉親們都稱他為「自由人的將軍」。這時

候，看到美國這麼欺負人，國際社會上一些人看不下去了，他們紛紛來幫忙，有的捐錢，有的出力。就連美國的工人也組織了罷工，以表示對尼加拉瓜的支持。

由於各方面的反對，美軍這時處處被動，不得不於1933年撤軍。可是，美國早在這裡找到好的「代理人」，時刻監視尼加拉瓜。另一方面，美國決心要除掉桑地諾。

1934年2月1日，尼加拉瓜政府陸軍首腦索摩查給桑地諾發電報，說要商量國事，請桑地諾務必親自到場。這天晚上，索摩查在總統府大擺宴席，看到這麼好的待遇，桑地諾高興極了，他還從來沒有享受過如此美味。

桑地諾在宴會上光顧著吃菜喝酒，忘了時間，等到他看錶時，已經是半夜了。這時，他就起身準備回去。

桑地諾搖晃地走到了門外，忽然，成群的子彈朝桑地諾打來。很快，桑地諾一命嗚呼了。緊接著，索摩查就取代了桑地諾，做了尼加拉瓜的統領。

捷克斯洛伐克的反納粹活動

這一天，伏契克被綁在廣場的一根柱子上，在他的旁邊站著幾個人拿著棍子。只見一個領頭的揮揮手，拿棍子的人就開始狠命地抽打伏契克。可是伏契克一點也不感覺到疼，好像棍子打在了別人身上似的。

「伏契克，我勸你還是識實務點好，告訴我誰是中央委員，你就不會再挨打。」

「契克兒，只要你說出你的組織成員有誰，我就會讓你過上好日子，怎麼樣？」

聽到這些的人在旁邊叫，伏契克卻像沒事的人一樣，他只在心裡默念有多少棍子打在自己身上，「一下，一百下，一千下……」，等到那幾個

BC

— 0　耶穌基督出生

— 100

— 200

— 300
　　君士坦丁統一羅馬

　　羅馬帝國分成兩部
— 400

— 500　波斯帝國

— 600　回教建立

— 700

— 800

　　凡爾登條約
— 900

　　神聖羅馬帝國建立
— 1000

— 1100　十字軍東征

— 1200
　　蒙古第一次西征

— 1300
英法百年戰爭開始

— 1400

　　哥倫布發現新大陸
— 1500

英國大破無敵艦隊
— 1600

— 1700　發明蒸汽機

　　美國獨立
— 1800

美國南北戰爭開始
— 1900
第一次世界大戰
第二次世界大戰

— 2000

上古時期　BC

漢

— 0

100 —

三國
晉
200 —

300 —

南北朝
400 —

500 —

隋朝
600 —
唐朝

700 —

800 —

五代十國
900 —
宋

1000 —

1100 —

1200 —

元朝
1300 —

明朝
1400 —

1500 —

1600 —
清朝

1700 —

1800 —

1900 —
中華民國

2000 —

人打累時，伏契克身上已經被打遍了，見到他的人無不心疼得落淚。

原來，伏契克是捷克斯洛伐克的共產黨員，是這裡地下抵抗組織的領導者。二戰開始後，納粹德國把魔爪伸向了捷克斯洛伐克，嚴重破壞了這裡的和平和人民的美好生活。這時，伏契克和另一些相當愛國的有為青年決心予以反抗。於是，他們就寫了許多文章，號召人民起來打倒希特勒。之後，由於地面上不安全，伏契克和他的就轉移到地下進行戰鬥，然而，組織出了內奸，伏契克被敵人捉住了。

抓到伏契克，納粹分子很高興，以為能得到有價值的情報。伏契克寧願死也決不出賣。然而，納粹分子有的是陰險的手段，他們把伏契克的妻子抓來，讓她在伏契克面前飽受折磨。可是伏契克的妻子也是寧死不屈的。最後，納粹分子實在沒有辦法從他口中得到情報。

可以說，在納粹分子手裡，伏契克受到了非人的折磨，承受著身體和心靈的重重打擊。但是，鋼鐵就是這樣煉成的，伏契克以超人的意志克服了一切痛苦。同時，他還寫出享譽世界的大作——《絞刑架下的報告》。

《絞刑架下的報告》是伏契克用鮮血和生命著成的書，裡面講述了們在法西斯手裡受刑的全部過程，表達了共產黨人不屈的精神。同時，他也挑明了自己熱愛生活、熱愛祖國的態度。

果然，納粹德國在1945年徹底戰敗，希特勒也一命嗚呼了。這時，伏契克的妻子從監獄出來，開始整理後來的《絞刑架下的報告》。不幸的是，伏契克卻沒能活到解放這天，1943年9月8日這天，納粹分子對伏契克失去了耐心，就把他殺死了。然而，納粹分子沒想到的是，直到今天，伏契克和他的事蹟仍然在人們心中流傳著。

拯救猶太人的地下組織

第二次世界大戰時，希特勒首先拿猶太人開刀，對他們施行滅絕種族政策，以至成千上萬的猶太人成了刀下亡魂。在國內，希特勒把所有的猶

太人都捉住，先把他們關起來，然而再殺掉。在國外德軍占領的地方，只要是猶太人，不管男女老少，希特勒都會把他們丟進毒氣室。

在希特勒大批地殺猶太人時，有人看不下去了，他們組織了一個營救小分隊，專門拯救猶太兒童。這個組織分佈在德國的各個地方，分別由夏里特神父、杜瓦克神父和保爾‧維格拉牧師指揮。別看這幾個領導者都面黃肌瘦，但是他們都很能幹，真是「人不可貌相，海水不可斗量」。

1942年，一些納粹分子捉到幾千名猶太人，並決定用把他們用船運到德國，這個消息被夏里特神父知道後，就千方百計地尋找兒童。皇天不負有心人，夏里特找到了一百二十多名猶太小孩。為了不被納粹分子發現，他決定把他們送到鄉村去。於是，他叫助手去農村走訪尋找願意收留猶太兒童的好心人。就這樣，這批孩子得到了妥善的安排。

在這之後，納粹分子好像有所察覺似的，他們開始給每個地方分配任務，要他們定時定量地交出猶太人，以供宰殺。當地政府為了完成任務，就派出大批員警去捉猶太人。這時，員警找到夏里特，想弄些兒童湊數，夏里特當然沒有答應，員警很生氣，就把他送到集中營，揚言要弄死他。

可是，夏里特神父在集中營裡更發奮圖強，他寫信給天主教和新教，指責希特勒，要大家一定不拋棄、不放棄，團結一致打倒希特勒。夏里特的言語激勵了自己，也感染了許多人，在出獄後，他放棄了教會，專門做起了地下工作。從此，夏里特神父以自己超聰明的大腦，建立了一個藏匿猶太孩子的複雜機構，並取得可喜成就。

杜瓦克神父也是一個熱心腸，不過他因反對殺害猶太人而被監視。雖這樣，他仍然成功地救出一千多名猶太兒。那時候，納粹黨在巴黎捉了一萬多名成年猶太人，並強行把他們的孩子帶走。這時候，杜瓦克神父來了，他冒著生命危險，領回成群的猶太兒童，並使他們成功脫險。然而，納粹分子還是把許多孩子帶到了集中營，並把他們關進冰冷的庫房裡，給這些純潔的孩子留下不可磨滅的陰影。

最後，保爾‧維格拉牧師也是一個老好人，聽到這些孩子受苦，他心疼極了，決心要把他們救出來。這天，他把自己的老婆叫過來，又找了

BC

— 0　耶穌基督出生

— 100

— 200

— 300　君士坦丁統一羅馬

　　　羅馬帝國分成兩部
— 400

— 500　波斯帝國

— 600　回教建立

— 700

— 800

　　　凡爾登條約
— 900

　　　神聖羅馬帝國建立
— 1000

— 1100　十字軍東征

— 1200
　　　蒙古第一次西征

— 1300
　　　英法百年戰爭開始

— 1400

　　　哥倫布發現新大陸
— 1500

　　　英國大破無敵艦隊
— 1600

　　　發明蒸汽機
— 1700

　　　美國獨立
— 1800

　　　美國南北戰爭開始
— 1900
　　　第一次世界大戰
　　　第二次世界大戰
— 2000

上古時期　BC

漢

　— 0

100 —

三國

晉　200 —

　300 —

南北朝　400 —

　500 —

隋朝　600 —

唐朝

　700 —

　800 —

五代十國　900 —

宋

　1000 —

　1100 —

　1200 —

元朝　1300 —

明朝

　1400 —

　1500 —

清朝　1600 —

　1700 —

　1800 —

　1900 —

中華民國

　2000 —

十二個婦女，讓她們組成婦聯營救小組。考慮了幾天，他想出一個妙招，就用德語寫了一份命令，假裝是納粹總部發過來的，說打仗是大人的事，跟這些孩子沒有關係，把他們全放掉。果然，好人自有上帝幫助，納粹分子沒有發現維格拉牧師的計畫。第二天，成千的孩子走出了集中營，來到了安全地帶。

夏里特神父、杜瓦克神父和保爾‧維格拉牧師，不得不讓人稱讚，真的是人們心中的英雄。

逃離戰俘營的隧道

這一天，「哈里」隧道伸到了德國薩崗戰俘營，關押在這裡的人們悄悄地動起來，他們開始收拾行李，準備離開這個吃人的地方。夜來了，周圍寂靜一片，被選出的二百多名戰俘換上了平民服裝，心裡開始有些激動，然而，不能表達出來。

到了晚上八點半，人們終於開始行動，只見他們有的裝作行人，有的打扮成工人，有的化裝成生意人……一個接一個地出戰俘營。其中，羅傑‧布謝爾化妝成了商人老闆，擔當這次逃亡的領導角色。他們坐著自製的滑板車，從狹長的隧道呼嘯而過，很快就來到隧道這頭。就在這時，新的問題困住了這群興奮的人。原來，由於沒有專業的施工圖紙，他們隧道的出口離敵人的崗樓太近，想從這裡跑出去不容易。

這下怎麼辦才好呢？難道要退回去，再花點時間挖開更長的隧道，再作打算。於是他們就商量著，說已經走到這裡了，再退回去也沒有用處，他們就冒死前進。就這樣，這批人鑽出了隧道，在德國兵的眼皮子底下逃了出來，成了自由人。

1943年春天，外號為「大X」的羅傑‧布謝爾在薩崗北院的戰俘營裡貼了一張海報，要組織板球和壘球運動，這個消息一傳開，大家都高興起來，心中充滿無限希望，都前來報名參加。原來這是羅傑‧布謝爾搞的暗

語，他們要在這裡挖隧道。

羅傑‧布謝爾是在敦克爾克戰役中被俘的，在這之前他曾經兩次逃跑，可是都沒有取得徹底成功。這一次，他經過認真的考慮，決心挖出「湯姆」、「迪克」和「哈里」三條隧道，營救困在這裡的兄弟們。

商量好後，他們找出當過礦工的人畫圖施工，又選出一批有力氣的大塊頭挖掘。同時，他們還要做好保密工作，以防止德國兵發現。他們把小煤爐和燒飯爐改製的鐵刮刀，床板製成骨架支撐四周和頂梁，用紅十字會發的奶粉罐和德國人發的宣傳畫報製成了空氣泵，再偷接上電路照明，就這樣挖了起來。此外，他們還弄了個簡易的洗澡間，不僅可以沖澡，而且還能處理挖出來的泥土。

然而，雖然有這樣嚴密的組織，還是被德國兵發現了。萬幸的是，天無絕人之路，德國兵只發現了「湯姆」。於是，他們就把「湯姆」炸平了。真是失了一隻馬，可能帶來大幸福。自此炸了「湯姆」後，德國人以為一勞永逸了，開始放鬆了警備。

這之後，戰俘們更加倍努力地挖起來，因為在他們心裡，自由這個詞實在太有吸引力了。1944年冬天時，北國萬里冰封，土地被凍住，「哈里」工程受到阻礙，好在戰士們發揚不怕苦的精神，終於在三個月後挖通了「哈里」。

於是，開頭的一幕出現了。然而，在天亮的時候，逃跑的人被德國哨兵發現了，他們把大部分逃跑的人都捉了回來，只有極少數人逃到了安全地點。而在營裡的工人並沒有被德國人嚇住，他們仍然挖著最後一條「喬治」隧道，沒過多久，這條隧道也挖通了。就在這時，喜訊傳來，德國投降了，他們不用再鑽隧道，可以光明正大地走出來了。

伏擊納粹殺人魔王

在布拉格，兩名德國軍官大搖大擺地走進馬克希姆餐廳，看樣子是有

BC

— 0　耶穌基督出生

— 100

— 200

— 300
君士坦丁統一羅馬
羅馬帝國分成兩部
— 400

— 500　波斯帝國

— 600　回教建立

— 700

— 800
凡爾登條約
— 900
神聖羅馬帝國建立
— 1000

— 1100　十字軍東征

— 1200
蒙古第一次西征
— 1300
英法百年戰爭開始
— 1400
哥倫布發現新大陸
— 1500
英國大破無敵艦隊
— 1600
發明蒸汽機
— 1700
美國獨立
— 1800
美國南北戰爭開始
— 1900
第一次世界大戰
第二次世界大戰
— 2000

上古時期　　BC

漢

— 0

100 —

三國　　　200 —
晉
　　　　　300 —

　　　　　400 —
南北朝

　　　　　500 —

隋朝　　　600 —
唐朝
　　　　　700 —

　　　　　800 —

五代十國　900 —

宋
　　　　　1000 —

　　　　　1100 —

　　　　　1200 —

元朝
　　　　　1300 —

明朝
　　　　　1400 —

　　　　　1500 —

　　　　　1600 —
清朝

　　　　　1700 —

　　　　　1800 —

　　　　　1900 —
中華民國
　　　　　2000 —

事情。見到來了當官的，馬克希姆餐廳的老闆跑上來歡迎。

　　這兩位客人好像並不領情，他們其中一個摘下帽子，不懷好意地看著餐廳老闆。

　　「老闆，你看我的帽子漂亮吧？說實話，拿到拍賣會上肯定能換一大把鈔票。」

　　聽到這樣的話，站在一旁的服務生笑了，這兩個原來是來賣帽子的。然而，還是老闆見過世面，他知道軍官不好惹，就小心翼翼地把他們帶到裡面的包廂，並把一樣東西遞給他們。

　　「官大爺，我這裡有一支金筆，如果你們覺得行，可以拿帽子跟我換。」

　　「哈哈，不錯，是真金的，上面還刻著字，成交了，給你帽子。」

　　這時候，老闆笑起來，好像自己在這筆生意上發財了似的。

　　「兩位軍官，我叫包曼，早就看出你們不是一般人，原來你們就是倫敦派來的，辛苦了，人民感謝你們。」

　　原來，這兩個人是英國派來的敢死隊員，要刺殺德國黨衛軍的頭子海德里希。這個海德里希是人民的大敵，他原是慕尼黑警察局長，後來成了希特勒眼中的紅人，被提拔為納粹德國安全局局長，兼任占領區特務專員。可以說，這個人是個十足的魔鬼，他沒有良知，殺人無數。

　　在捷克，海德里希制定了消滅捷克人民的計畫，開始了他殘暴的統治。當時，捷克在倫敦的流亡政府就決心除掉海德里希，在英國人的幫助下，特工庫比斯和加布錫克安全地來到捷克，成功地與馬克希姆餐廳老闆接上頭。在包曼的餐廳裡，他們三個祕密地商量著怎樣除掉海德里希。

　　海德里希知道自己仇人不少，心裡也怕別人找他麻煩，就神出鬼沒，不讓其他人摸到他的行動軌跡。這時期曾有幾個刺客都被海德里希發現，並被他殺死。因此，加布錫克和庫比斯一時很難找到下手的機會，只好待在屋裡。

　　直到1942年的一天，一個特工混進了海德里希家裡，弄到了海德里希5月27日的行程。加布錫克和庫比斯興奮起來，決定在這天殺死海德里

希。27日這天，庫比斯、加布錫克他們一夥做好了一切準備。很快，有人發信號過來，說海德里希出現了。但是在這關鍵的時候，手槍卡彈了。

這時，庫比斯見有意外情況，就趕緊點燃炸彈朝轎車扔去，這下沒有出錯，炸彈在車子底下開了花。這時候，海德里希的司機嚇傻了，忘記了開車，就這樣，海德里希被炸成了重傷，沒過幾天就死了。

聽說自己的手下被殺，希特勒氣瘋了，他馬上下命令要捉住這幾個刺客。最後，由於叛徒的出賣，加布錫克、庫比斯等人被敵人包圍了，全部死在敵人的槍下。

炸毀德國核原料工廠

二戰的時候，有人得到消息，說德國人正大規模地研製核武器，這下可急壞了英國人，他們清楚，如果讓希特勒擁有了核武器，那後果就會很嚴重，地球上再也別想過太平日子了。於是，英國特別行動委員會決定，要炸毀德國在挪威南部尤坎鎮的原料工廠。

經過了嚴格的挑選，英國人找到一個叫艾納的人去完成爆破任務，他是個工程師，頭腦聰明，強壯如牛，並且他家就住在尤坎鎮，有幾個朋友就在那個原料工廠上班，這些對他完成任務都很有利。同時，總部還對艾納進行訓練，讓他學會了操作收發報機和跳傘。

這一天夜裡，艾納從英國皇家空軍飛機上跳下來，落在了離他家不遠的小山上，他拍了拍身上的雪，然後愉快地回到家裡。見他消失了這麼長時間，家裡人問他去做什麼了，他笑笑說去山上玩而已。從此，艾納開始蒐集有關原料工廠的資料，並把它們傳到倫敦總部。

這個工廠在一千多英尺高的山峽邊緣，進出口都有德國兵把守。根據艾納的資訊，倫敦方面做好工廠的模型，並制定出代號為「燕子」的爆炸計畫。但是有好幾次由於雲層太厚，英國的「燕子」都不能從飛機上跳傘下來。1942年10月的一天夜裡，這些「燕子」再度起飛，終於成功落到了

BC

— 0　耶穌基督出生

— 100

— 200

— 300
君士坦丁統一羅馬

羅馬帝國分成兩部
— 400

— 500　波斯帝國

— 600　回教建立

— 700

— 800
凡爾登條約
— 900
神聖羅馬帝國建立
— 1000

— 1100　十字軍東征

— 1200
蒙古第一次西征
— 1300
英法百年戰爭開始

— 1400

哥倫布發現新大陸
— 1500
英國大破無敵艦隊
— 1600

發明蒸汽機
— 1700
美國獨立
— 1800
美國南北戰爭開始
— 1900
第一次世界大戰
第二次世界大戰
— 2000

上古時期　BC

漢

— 0

100 —

三國

晉　　200 —

300 —

南北朝　400 —

500 —

隋朝　600 —
唐朝

700 —

800 —

五代十國　900 —

宋

1000 —

1100 —

1200 —

元朝

1300 —

明朝

1400 —

1500 —

1600 —

清朝

1700 —

1800 —

1900 —

中華民國

2000 —

挪威的地面上。可是等到天亮，他們發現跳得有點早了，沒有到達預定地點，又費了好大的功夫才找回失落的東西。

1942年10月9日，倫敦的這些「燕子」總算到達指定地點。

然而，當再給這些「燕子」們空投裝備時，飛機意外地墜毀了。這樣，一切都得從頭開始。這一次，英國人用聲東擊西的方法，把德國人吸引到剛建成的水電站去，只有少數人守在工廠。然後，6名挪威人降在了白雪茫茫的山地上，這次離「燕子」們隱蔽的地方雖然不遠。可是這6個人沒能找到「燕子」，只好在冰天雪地裡暫時住下，等待時機。

幸運的是，這些人都和艾納取得了聯繫。於是他們11個人就商量計策，看看怎麼樣才能炸了希特勒的原料工廠。他們決定穿過峽谷，渡過冰冷的大河，再登上300公尺高的哨壁，最後把炸藥扔到工廠裡。經過努力，這些人到達了工廠大門邊。

這時，一個隊員把大剪刀拿出來，「卡嚓」一聲就把原料工廠大門的掛鎖弄斷了。根據艾納的模型資訊，「燕子」們很快找到了工廠的濃縮室，他們把二十包炸藥放在這裡，拉著導火線後跑了出來。隨著轟的一聲巨響，德國人製造核武器的原料全都流到了下水道裡。

然而，1943年底，艾納又得到情報，說德國人已經重建工廠，又在那裡生產原料。艾納馬上向倫敦報告了這一情況，倫敦方面決定再把它炸毀。於是，英國人又成功地爆炸了一次，德國核原料工廠再次被毀。

德國人很無奈，就想著把原料運回本土再作打算。艾納這時又主動向倫敦請求，要在路上炸了德國人的輪船。就這樣，經過細心的安排，艾納和一些「燕子」成功地混進了德國的輪船上。三天後，又是一聲巨響，德國人運送原料的輪船沉到了海底。這時候，德國真是一點原料也沒了，希特勒不得不停止核武器的研發，人類也倖免一場可怕的核戰爭。

| 第四十五章 | 正規戰場之外的較量

「紅色間諜」佐爾格

　　隨著時代的發展，人類社會進入資訊時代，誰掌握了資訊，誰就把握住了世界。在戰場上，資訊更顯得重要，它是生死存活的關鍵，所以，各國都大量訓練間諜，滲透到對手內部，獲取重要情報。

　　1941年的一天，日本人破獲了一個間諜網絡，發現內部人員間諜層出不窮，於是天皇很生氣，就把當時的近衛內閣撤銷了，這件事讓日本人，甚至全球人吃了一驚。相反，這批間諜的重要人物卻因此出名，成為全世界公認的「間諜巨星」，他就是佐爾格。

　　佐爾格的爸爸是德國人，母親是俄國人，可以說，他是很流行的跨國戀愛的結晶。1895年佐爾格在蘇聯出生，三年後，他跟著父母來到柏林居住，第一次世界大戰時，他放下中學課本，參加了德國陸軍，在這時期他迷戀上了政治。

　　一戰結束後，佐爾格加入了德國共產黨，並得到共產國際的信任，1924年他受共產國際的委託，來到莫斯科建立間諜情報局。到了莫斯科，他沒有被俄羅斯姑娘迷倒，而是深深地愛上了蘇聯共產黨。於是，他就改了黨籍、國籍，決心替蘇共效勞。這時蘇聯的一些專家看他是個人才，就給他上了系統的間諜情報課程，希望有朝一日他能成把間諜功夫練到爐火純青，好好為祖國效力。

　　沒過幾年，日本光天化日下為所欲為，竟然出兵西伯利亞，干涉蘇俄革命。蘇聯這方面就想，日本科技資訊很發達，只有掌握他們的重要情報，才能搞垮日本人的陰謀。否則，別看日本這個小的地方，要想擺平它

BC

— 0　　耶穌基督出生

— 100

— 200

— 300　　君士坦丁統一羅馬
　　　　　羅馬帝國分成兩部
— 400

— 500　　波斯帝國

— 600　　回教建立

— 700

— 800

　　　　　凡爾登條約
— 900

　　　　　神聖羅馬帝國建立
— 1000

— 1100　十字軍東征

— 1200
　　　　　蒙古第一次西征

— 1300
　　　　　英法百年戰爭開始

— 1400

　　　　　哥倫布發現新大陸
— 1500

　　　　　英國大破無敵艦隊
— 1600

　　　　　發明蒸汽機
— 1700

　　　　　美國獨立
— 1800

　　　　　美國南北戰爭開始
— 1900
　　　　　第一次世界大戰
　　　　　第二次世界大戰

— 2000

上古時期　BC

漢

― 0

100 ―

三國
晉　　200 ―

300 ―

400 ―

南北朝

500 ―

隋朝　600 ―
唐朝

700 ―

800 ―

五代十國
900 ―
宋

1000 ―

1100 ―

1200 ―

元朝
1300 ―
明朝

1400 ―

1500 ―

1600 ―
清朝

1700 ―

1800 ―

1900 ―
中華民國

2000 ―

可不那麼容易。蘇聯人於是就把一個間諜網鋪到了日本。

　　佐爾格就是蘇聯間諜網中的重量級人物，他從上海回到法國，開始在《法蘭克福報》做記者，這時他花很大精力背誦納粹文件，並寫了「入納粹黨申請書」。納粹黨政治部一看，覺得還可以，就讓他跟著納粹黨。

　　1933年9月，佐爾格以德國記者的身分來到日本，並在這裡交了好多朋友。表面上佐爾格領著納粹黨的工資，也為他們提供情報。然而，他給德國的都是一些無關緊要的東西。暗地裡，佐爾格受著蘇聯的指揮，祕密地成立了一個間諜網路，把許多重要的資訊弄到莫斯科。

　　這時候，日本國的一些重要情報，還有一些醜事，都被蘇聯人知道了。這讓日本人百思不得其解，以為是上帝幫助了蘇聯，誰能想到，間諜能深入到他們的高級部門。有一次，蘇聯的一個高級官員投降，因為事關重大，莫斯科總部發生危機，好在佐爾格探聽到了重要資訊，才化險為夷。

　　由於消息一次又一次的走漏，日本人開始懷疑起來，他們搜查了佐爾格的房間，卻什麼也沒有搜查到。接著，日本人又來到了佐爾格女朋友的房間，在這裡，他們找到了一個微型照相機。從此，佐爾格行動不自由了，處處都有人看著他。就在這時，由於偶然的原因，佐爾格的整個間諜網被發現了，其中的成員都被捉住，受到了非人的折磨。

　　最後，日本人知道佐爾格是貨真價實的間諜，就把他關進了監獄。

　　1941年10月4日，年僅46歲的佐爾格被日本人絞殺了，就這樣，一代間諜巨星消失在茫茫宇宙中。此後，蘇聯政府給予佐爾格高度評價，他也成了人們傳說中的「紅色間諜」。

「第三戰場」的無名勇士

　　在法國瓦洛基斯旁邊，有一片樹林，樹林裡站著一塊潔淨的墓碑，墓碑上刻著：「美國空軍五烈士的墳。」這五個烈士在1944年4月28日，隨

著中彈的飛機而墜落。他們當時在為法國的祕密軍空投武器。

在第二次世界大戰中，有這樣一些人，專門給被法西斯占領的地方的地下工作者從天上扔物資。這是件非常危險的工作，每次他們執行任務前都要寫好遺囑。所以，很多人再也沒回來過。

1942年的一個晚上，英國倫敦廣播公司在播完新聞後，突然說了句莫名的「亨利已找到兩法郎」，然後就開始播廣告。很多人以為是播音員念錯稿子，也沒有追問下去。

然而，在捷克斯洛伐克的一個小鎮上，一群人開始鬼祟地忙起來。他們穿上一身潔白的衣服，外面又套個黑色風衣，急忙向野外狂奔，然後又安靜地潛伏下來。

過了一會，一群穿著白衣服的人舉著火炬排成隊出現在這裡，飛機的引擎聲從遠處穿雲踏霧而來，飛機兩點整出現在上空。緊接著，一朵朵黑色的「蘑菇雲」慢慢綻開，最後一朵飄下時，飛機掉頭就隱身了。

「蘑菇雲」掉到地上時，地上多了一些空降人員，火炬被迅速地都滅了，然後他們分頭消失在夜色裡，留下一片寂靜。

第二天，在捷克斯洛伐克殺人如麻的海德里希，在經過底亞村時被殺掉了。這個消息，很快傳播到德、英、法、美和捷克斯洛伐克，人們非常高興。

其實，暗殺海德里希的是空降兵，他們提前從英國起飛，那條消息就是一個命令，意思是凌晨兩點在亨利動手。捷克的地下工作者聽到暗號，就立刻而來迎接空投。

英國空軍從1945年2月開始執行這個任務，他們投擲內容多樣，包括間諜、特工、地下工作者、抵抗戰士，也有武器、彈藥、無線設備，當然也有食物。並且投的範圍也非常廣，從北極圈到非洲。著名的挪威英雄麥克·馬納斯，就是被他們從空中扔回挪威。在二戰期間，很多物資和特工都是這樣在空中被扔到歐洲的。更厲害的是，他們還把吉普車、反坦克火箭、自行車等大件武器投向了法國的「馬基」游擊隊。最有挑戰性的是，他們在納粹分子的眼皮子底下，把大量工作者空投到德國。

BC

— 0　耶穌基督出生

— 100

— 200

— 300
　　君士坦丁統一羅馬
　　羅馬帝國分成兩部
— 400

— 500　波斯帝國

— 600　回教建立

— 700

— 800

　　　凡爾登條約
— 900
　　神聖羅馬帝國建立
— 1000

— 1100　十字軍東征

— 1200
　　蒙古第一次西征
— 1300
　英法百年戰爭開始

— 1400

　哥倫布發現新大陸
— 1500

　英國大破無敵艦隊
— 1600

— 1700　發明蒸汽機

　　　美國獨立
— 1800
　美國南北戰爭開始
— 1900
　　第一次世界大戰
　　第二次世界大戰
— 2000

上古時期　BC

漢

— 0

100 —

三國

晉　200 —

300 —

南北朝　400 —

500 —

隋朝　600 —

唐朝　700 —

800 —

五代十國　900 —

宋

1000 —

1100 —

1200 —

元朝　1300 —

明朝　1400 —

1500 —

清朝　1600 —

1700 —

1800 —

1900 —

中華民國

2000 —

這些空投軍一般選擇在夜間行動，並且大都根據經驗和飛機的指示器飛行。萬一不小心被德國的雷達發現了，飛機的機身就會變成蜂窩。但是，他們即使犧牲了也是被保密的，家人也得不到死因。

他們拿命換回的是被占領區的復活，還提供了很多情報，為消滅希特勒算是添不少功勞。

所以，空投被稱為「第三戰場」，在這個戰場上，很多敢打敢鬥者都立下了不朽之功。唯沒留下自己的姓名，但人們會永遠記得他們的。

麥克的祕密行動

那是1943年的冬天，天氣特別得冷。挪威奧斯陸港口照常運作，碼頭被鐵絲網環抱著，貌似使這個港口不太冷。突然，一輛車開了過來，車上坐著兩個人，一個是麥克，另一個是格雷戈斯。他們穿著舊工裝，提著兩隻大箱子，一歪一扭地往裡走。

「站住！你們幹什麼呢，請接收檢查。」

麥克說：「我們是你們的老總請來修理船塢下面的電纜的。」說著他拿出通行證給士兵看，一邊還嘟囔著，「大冷的天，我們難道不想在家喝喝酒啊。真討厭，還得跑來給你們修電纜。」士兵聽而不聞，檢查完通行證，又要檢查他們的工具箱。這時，麥克和格雷戈斯神情緊張了一下。不過，這時後面來了一輛貨車，拼命地按著喇叭，叫嚷著要趕路，「能不能快點啊，人快凍死了。」士兵被他們吵鬧得也煩了，想著自己還得繼續在這裡受凍，就氣呼呼地朝他們擺了一下手，然後去檢查後面的貨車去了。

當然，麥克和格雷戈斯絕不是來修理電纜的，他們是挪威的抵抗戰士。他們的工具箱裡當然也不只是工具，還有十二個水雷呢，他們此行的目的就是要炸毀一艘叫作「蒙特麗莎」的德國兵船。

麥克和他的朋友卸下工具箱，把它們拖到船塢旁邊，船塢上的哨兵也前來湊熱鬧，問他們幹什麼的，麥克沉著地說：「長官，我們是修電纜

的，您能不能幫個忙啊，這箱子太重了。」

那個哨兵看了他們兩眼，就過來幫他們抬箱子，然後送他倆走下了船塢。當然，他們一到船塢就開始假裝著瞎忙起來。等哨兵一走，他們兩個就溜到了船塢下面的一個能通到另一頭的橫樑裡，「蒙特麗莎」將在那裡停靠。

但是，橫樑太低了，只能一次爬過一個人，他們就一手推著箱子，一手扶著沒有阻力的洞壁。後來，他們又冒險回去拿了一只橡皮艇，門衛看著他們挺面熟的，也沒盤問。就這樣，兩個人在船塢最深處的洞中蜷縮了下來，冬天的寒風嗖嗖地刮著，洞中潮濕的黴味讓兩個人幾乎窒息。更可惡的是，還有一群小老鼠在他們身邊跑來跑去。麥克和格雷戈斯睏得要命，也不敢一起睡，倆人輪流防著小老鼠來偷襲。

第二天，「蒙特麗莎」伴隨著一陣歡呼聲來到了這裡，他們現在要做的是跳進水裡，把十二個水雷裝到船體上。等他們裝完最後一個時，「蒙特麗莎」已緩緩開動駛離港口，巨大的吸力差點把他倆的橡皮艇帶走。幸好，他們伸手矯捷，一把抓住了橫樑上的釘子，才逃了一劫。

幾天後，「蒙特麗莎」就在哥本哈根港口爆炸了，當然這已不足為奇。後來，麥克和另一個朋友又用類似的手段幹掉「蒙特麗莎」的姊妹船「多瑙河」號。

其實，麥克的傑作還不止這些。他還炸掉了許多的飛機製造廠、化工廠、煉油廠、機車廠，甚至包括挪威國家鐵路局的行政大樓。他的赫赫威名，讓納粹黨聽見都害怕。於是，納粹黨開始搜捕他，通緝他，但都被他機靈地甩掉了。

1945年5月，德國在挪威的納粹黨舉起了雙手投降，麥克才得以浮出水面來。不久，挪威的國王和女王還接見他，並喊他為「挪威的英雄」。這時，麥克終於不用潛伏著度日了。

BC

— 0　　耶穌基督出生

— 100

— 200

— 300　　君士坦丁統一羅馬

羅馬帝國分成兩部
— 400

— 500　　波斯帝國

— 600　　回教建立

— 700

— 800

凡爾登條約
— 900

神聖羅馬帝國建立
— 1000

— 1100　十字軍東征

— 1200
蒙古第一次西征

— 1300
英法百年戰爭開始

— 1400

哥倫布發現新大陸
— 1500

英國大破無敵艦隊
— 1600

— 1700　發明蒸汽機

美國獨立
— 1800

美國南北戰爭開始
— 1900
第一次世界大戰
第二次世界大戰

— 2000

密碼破譯者的貢獻

　　羅徹福特被分到國務院密碼室，如願以償做上了與密碼有關的工作。由於他骨子裡對密碼有種難解難分的摯愛，所以，很快破譯成名，一個不知道密碼的保險櫃經他一敲打就開了。所以，被人們稱為「魔術師」。

　　1936年，為了研究日本的密碼破譯問題，已經成名的羅徹福特被派到日本大使館當翻譯。他在日本的所學，很快就得到了實戰練習。當時，美、日之間正有戰事，羅徹福特回到美國，在珍珠港太平洋艦隊效力。

　　1942年，羅徹福特所在的情報團隊收到了日本艦隊發出的密報。密報裡顯示「AE」是日本準備攻打的下一個目標。到底「AE」代表什麼地方呢？

　　所有的人都調動起腦細胞也沒有找出其中的奧秘。羅徹福特也因此輾轉難眠。他張著眼睛在那裡搜索關於這兩個字母的記憶，這時，突然有個想起了，日本在偷襲珍珠港時曾用過「AE」。於是，他們馬不停蹄地翻找電文。羅徹福特分析後咬定「AE」指的是中途島。

　　但是，這可是決定著美、日決戰的關鍵，很多人還是對羅徹福特的猜測報以懷疑的態度。為了證實自己的猜測，他與太平洋艦隊司令尼米茲通話，要求中途島守軍司令部用明碼發份密報：請求供應淡水。

　　尼米茲同意幫這個忙，很快羅徹福特和他的搭檔們收到並破譯了來自日本的密電，內容是：「聽說，AE缺少淡水，請供應。」這樣，羅徹福特的猜測得到了證實。

　　5月中旬，他們已經掌握了日本關於「AE」的詳細計畫。所以，日本發出的中途島海戰全在美國的視野之內。他們的一舉一動都被監視了。所以，在1942年6月，日本滿懷信心地發起戰爭時，美國軍艦從高空向日本投放了炸彈。後來，美國海戰史專家和尼米茲都說，中途島的勝利是情報的勝利。這頭等功當然就歸羅徹福特了。

　　1943年4月13日，羅徹福特小組又收到一份來自日本的密報。他們精

誠合作，破譯出內容為：日本聯合艦隊的司令長官山本將在下週從臘包爾到布干維爾視察。

他就是1941年偷襲珍珠港的領頭的，看到山本這兩個字，美國人都惱恨得不得了。4月18日，山本乘坐的飛機6點準時起飛。不久，美國的「仙人掌」航空部隊開著18架閃電式戰鬥機，於9點35分時和山本碰頭打了起來，三分鐘後殺掉了山本。

山本死了，這件事在日本被稱為「甲級事件」。當然這很大程度是羅徹福特的功勞。

羅徹福特在破譯上的天賦為美國爭足了面子。但是那時國會一直忙著和別國戰爭，竟然忘記了給羅徹福特以鼓勵。直到1986年美國國防部授予了羅徹福特國會功勳勳章。可惜的是，羅徹福特沒有親自去領獎，領獎的是他的兒子。因為，1983年羅徹福特就永遠地告別了人世。

英國的「反潛偵察兵」

在第二次世界大戰開戰期間，由於德國的潛艇總不請自來，英軍很是被動，當時的司令心情特煩惱。突然，一群海鷗映入他漂亮的眼球裡，他定神一看，原來那些海鷗正跟著航行艦隊找食物吃。這位司令官看著想著，想從海鷗身上尋找些對付德國潛艇的祕密。

自從大戰開始以來，德國的潛艇神出鬼沒，一會現身，一會又隱身，就這樣一隱一現地到處擊打各個同盟國的船隻，目前已經擊沉了30萬噸。僅這一點，就把美國和英國的船隊弄得苦不堪言。德國人總是制定好了作戰計畫後再開展，德國艦隊早制定了對付英國的海上戰略，就是狠打英國海上補給線。為了達到這一目的，德國還制定了「狼群戰術」，就是利用多艘潛艇像狼群一樣猛撲敵人的船隻，這一高明的戰術讓德國連連得勝。

眼看著自己的船隻一艘艘地沉了底，英國也著急了，於是想盡各種措施對付德國的潛艇，不過也都是被動地挨打或逃跑之類的措施。比如：加

BC

— 0　耶穌基督出生

— 100

— 200

— 300
君士坦丁統一羅馬

羅馬帝國分成兩部
— 400

— 500　波斯帝國

— 600　回教建立

— 700

— 800
凡爾登條約
— 900
神聖羅馬帝國建立
— 1000

— 1100　十字軍東征

— 1200
蒙古第一次西征
— 1300
英法百年戰爭開始

— 1400

哥倫布發現新大陸
— 1500
英國大破無敵艦隊
— 1600
發明蒸汽機
— 1700
美國獨立
— 1800
美國南北戰爭開始
— 1900
第一次世界大戰
第二次世界大戰
— 2000

上古時期　BC

漢

— 0

100 —

三國
晉　　200 —

300 —

南北朝　400 —

500 —

隋朝　600 —
唐朝

700 —

800 —

五代十國　900 —

宋

1000 —

1100 —

1200 —

元朝

1300 —

明朝

1400 —

1500 —

1600 —

清朝

1700 —

1800 —

1900 —

中華民國

2000 —

強護航，繞道而行，或者在努力研製聲納方面等等。這些措施都沒有為英國的船隻帶來安全。

這位司令突然在腦袋裡畫了個問號，能不能利用海鷗來對付德國的潛艇呢？

如果海鷗能報信就好了，就可以提前做好準備，也不至於等打到自己了才發現敵方的存在。

於是，這位司令開始往敵方經常潛水的地方扔海鷗喜歡吃的東西，認真觀察牠們。他一邊扔一邊觀察，只見他一扔食物海鷗就聚集過來，這樣反反覆覆了很多次，海鷗便形成了「條件反射」，有時扔的不是食物牠也跑過來，反正只要看到有黑影在水下牠們就據集過來，然後貼著水面打轉，尋找好吃的。

於是，這位司令突然找出了規律所在。因為德國的潛艇在水下時就會顯出黑影來，那時海鷗一定會認為是食物來了，就會一股腦地飛過去，貼著水面盤旋。這樣一來這就等於給英軍報信了。

司令把這一想法告訴了各個守護船隻相關的人員，大家開始一起訓練海鷗，讓牠們形成永久性的條件反射。日復一日，經過反覆地訓練，他之後開始信心百倍地等著德軍軍艦的到來，甚至還迫不及待呢。

後來，德軍的潛艇終於來了，只見訓練有素的海鷗窮追不捨地為英軍反潛部隊指示目標的所在地。當德國的「餓狼」剛要浮上水面時，英國的反潛部隊早往這邊開來了，這樣一下子反被動為主動，打了德國潛艇個猝不及防。英國反潛部隊在得到了海鷗「偵察兵」的指示後，效率大大地提上去了。他們又將這一寶貴的經驗告訴了盟國，從此，盟國運輸艦船的損失也大大減少了。

奇襲日軍港口

1947年3月7日晚上，日本占領了新幾內亞灣東北岸的戰略要地萊城，

萊城和它南邊的薩拉莫阿都分佈著機場和海港。所以，萊城是新幾內亞東北部的大門，控制新幾內亞就必須先扼住萊城的海港和機場。然後，還可以踏著萊城作為跳板跳到澳洲去。

日本和美國都認識到了萊城是重要的軍事地理位置。日本也知道美國對日本占領萊城不聞不問絕不是美國的風格。但是，日本竟然錯誤地認為，美國要進攻萊城只會走海路，就是從莫爾斯貝港開路，繞過新幾內亞的東南端，然後跑到西北轉一圈，再來打萊城。如果走這條路，就得走1500海浬的路，所以，他們認為美國人不會這麼做。

日本推斷美國走海路的根據是，萊城背靠新幾內亞高原，內陸中部是連綿起伏的山脈，維多利亞山還杵個6000公尺的岩石壁壘在那裡。而偏北面是陡崖峭壁，這樣內陸的攻擊過不來，後面也沒法子進攻。這樣，日本就放心地在正面部署機場和泊港。於是，日本大膽而放心地把軍艦、遊船和運輸艦停在港口裡，然後在那悠閒地等待著美軍踏浪而來。對於背後，日軍覺得防範是沒有必要的，高山峭壁自然為他們豎起了屏障。

可是，戰爭怎能這樣放鬆警惕，美國軍可不是傻子，他們也知道最危險的地方往往最安全。你不防範並不代表著他不進攻，日本就此吃了虧。

美軍非常利索地在莫爾茲比集合了「列克星敦」號和「約克敦」號航空母艦兩個艦隊，合二為一帶著200多架飛機，跑去堵住了日軍南下的路，保衛南太平洋各島。

1942年3月10日，布朗海軍中將指揮著100多架艦載機告別了航空母艦；此外，還有10多架飛機從莫爾斯貝港起飛。一群群飛機穿梭在新幾內亞高原6000公尺高的山峰間，從新幾內亞林的頭上直接給日本人送去了炸彈和1750磅的魚雷。過了一陣子，大概飛了125海浬，突然從萊城背後峭壁的上空，對著萊城的港口和機場開始炸起來，一口氣炸了20多分鐘。這時日軍還在幻想著美軍從海上出現時的樣子，心想1500海浬的路會把美軍累壞。

美軍在偷襲中扔下的炸彈，相當於幾艘戰鬥艦20分鐘發射炮彈的總和。他們讓魚雷在前面開路，進行輪番攻擊，日軍的巡航洋艦掉頭想跑，

上古時期　BC

漢

─ 0

100 ─

三國
晉　　200 ─

300 ─

南北朝　400 ─

500 ─

隋朝　600 ─
唐朝

700 ─

800 ─

五代十國　900 ─

宋

1000 ─

1100 ─

1200 ─

元朝　1300 ─

明朝
1400 ─

1500 ─

清朝　1600 ─

1700 ─

1800 ─

1900 ─
中華民國

2000 ─

卻一下子就被炸到了海底。一陣痛擊後，美國以一架轟炸機的代價就擊毀了日本的3艘巡洋艦、1艘驅逐艦、5艘運輸艦及被擊得殘破不堪的1艘水上飛機母艦、1艘炮艦和7艘艦船。

「誘餌」馬丁少校

　　1943年4月30日，一具屍體吸引了西班牙人的眼球，此後這具屍體為反法西斯做出了很大的貢獻。屍體是在西班牙南部韋爾發的海灘上發現，屍體被海浪拍擊著一起一伏地靠了岸。

　　西班牙當局從屍體上獲得他的身分證和一些文件的副本，發現這意外的收穫價值連城，因為屍體身上有一封英帝國參謀部副總參謀長阿奇博爾德‧奈寫給亞歷山大將軍的信。死者的身分證上寫著：威廉‧馬丁，他是聯合作戰司令部參謀、皇家海軍代理少校。

　　西班牙得到這些資訊後，想著這是巴結德國的好機會，趕緊將文件副本作為禮物送給了德國。納粹分子得到這些情報後，認為這種最高軍事機密能給德國帶來空前的勝利。

　　但是，他們欣喜若狂得忘了這也可能是「誘餌」，也可能會讓納粹慘敗。事實上，這就是盟國設計的「誘餌」。1943年，德、義在北非的大勢已去，同盟國把視線轉向了奪取西西里島，藉此占領義大利。但是，讓人頭疼的是，誰知道同盟國的下一個目標是西西里島。所以，怎樣才能聲東擊西，蒙蔽軸心國呢？

　　其實，這個「誘餌」是英國海軍情報處早在1942年就著手策劃的反情報計畫。這個計畫沒有在意識停留幾天就變成了實際的計畫。該計畫的細節是這樣的：用一名無名的屍體，將他打扮一下，穿戴一身英國海軍陸戰隊軍官的行頭，再把盟軍進攻薩丁島和希臘的作戰計畫塞到他的背包裡，最後用潛艇把屍體送到西班牙的韋爾發附近海域。西班牙怕德國打自己，一定會藉機討好，並把屍體背包裡的假情報告訴德國。這樣，德國的最高

將領就會作出錯誤的判斷。

這個計畫出爐後，他們立即著手行動。從醫院裡無人認領的屍體裡找出一具，然後送給死者一個聯合行動司令部參謀，皇家海軍少校威廉·馬丁的身分，編號09560，給他帶上巴頓勳爵給英國地中海艦隊總司令坎寧安寫一封信，和一個和透支的銀行卡上路了。為了讓德軍徹底信服，還在背包裡塞了「馬丁」的幾封情書。1943年4月29日傍晚，「馬丁」的屍體乘坐英國潛艇到韋爾發附近的海域。

這種種情報都交給了一具屍體，為了幫助屍體完成任務，倫敦海軍部公證司傷亡處公布了在1943年4月29～30日陣亡將士的名單，馬丁」當然也上了這張光榮榜。

希特勒得到這一「情報」後，召集德國情報局的人對其進行了再三的分析，最後作出了重大的決定，讓駐義大利的德軍在1943年5月12日「先著重應付薩丁島和伯羅奔尼薩斯的安全」。英軍策劃的誘餌，掩蓋了盟軍要進攻西西里島的真實目的。由於德國上了「誘餌」的當，作出了錯誤的戰略判斷，盟軍開向了西西里島，並一舉成功。

刺殺希特勒

第二次世界大戰一連打了幾年，希特勒早已經打得筋疲力盡。這一天，他把手下全叫到列斯登堡的簡易木板房裡，要和他們商量後事。這時候天氣很熱，會議室的窗子全被打開來通風，每個前來開會的人臉上都大汗淋漓的，然而他們不敢叫熱，只低頭聽陸軍總司令作戰處處長彙報蘇德戰場的情況。

這時候，一個年輕帥氣的軍官站了起來，看樣子想要出去，只見他小聲地叮囑旁邊的人要把機密文件看好。突然，會議室裡「轟」的一聲巨響，有個炸彈在這裡引爆，一時間煙霧四起，火光亂竄，有幾個人被炸得半死不活，躺在地板上發出慘叫⋯⋯在附近守衛的士兵聞訊趕了過來。

BC

— 0　耶穌基督出生

— 100

— 200

— 300
　　　君士坦丁統一羅馬
　　　羅馬帝國分成兩部
— 400

— 500　波斯帝國

— 600　回教建立

— 700

— 800
　　　凡爾登條約
— 900
　　　神聖羅馬帝國建立
— 1000

— 1100　十字軍東征

— 1200
　　　蒙古第一次西征
— 1300
英法百年戰爭開始
— 1400
　　　哥倫布發現新大陸
— 1500
　　　英國大破無敵艦隊
— 1600
— 1700　發明蒸汽機
　　　　美國獨立
— 1800
美國南北戰爭開始
— 1900
第一次世界大戰
第二次世界大戰
— 2000

上古時期　BC

漢

－0

100－

三國
晉　　200－

300－

南北朝　400－

500－

隋朝
唐朝　600－

700－

800－

五代十國　900－

宋

1000－

1100－

1200－

元朝
1300－

明朝
1400－

1500－

清朝　1600－

1700－

1800－

1900－

中華民國

2000－

這時候，人們才想起史陶芬貝格，他出身貴族，曾經在德軍參謀部和陸軍總司令部任職，他為什麼會刺殺希特勒呢？

原來，那時候德國的陸軍軍官表面上擁護希特勒的帝國政策，暗地裡卻對希特勒的冒進很反感。後來，德軍在各大戰場上失利，一時間陷入不可自拔的困境，然而希特勒沒有意識到這一點，仍然一意孤行，叫德軍拼死往前衝。就這樣，陸軍的一些高級軍官決定除掉希特勒，成立一個以貝克將軍和格德勒博士為首的政府，然後和盟軍談和。

沒過多久，這批陸軍軍官就選出史陶芬貝格執行爆炸計畫，用炸彈把希特勒消滅掉。這一天，史陶芬貝格引爆炸彈後趕緊跳上汽車，猛踩油門衝出大本營，徑直來到飛機場，逃到了這次行動的柏林總部。不久，就有消息傳出來，說希特勒已經上西天，群龍不能沒有首領，陸軍要接管政府，主持德國大局。

這時候，柏林警衛營營長雷麥爾少校得到希特勒死亡的消息，奉命過來逮捕宣傳部長戈培爾。不過，當他推開戈培爾房門時，聽到戈培爾正在打電話，他愣住了。

原來希特勒沒有死。

雷麥爾還得到提拔和表揚，他受寵若驚，立刻安排人逮捕了史陶芬貝格、奧爾布里希特、哈斯和貝克等人，然後就以「刺殺希特勒」的罪名把他們全都處死了。第二天，等一切都處理好後，德國的廣播裡傳來了希特勒嘶啞的聲音。

「德國的父老鄉親，很抱歉讓你們這麼擔心，今天我講話的目的是告訴大家，我活得好好的，請大家放心。同時告訴大家一個好消息，想刺殺我的那些人已經被繩之以法，現在天下依然太平。」

| 第四十六章 | 絕地大反擊

世界反法西斯統一戰線的形成

反對法西斯侵略的共同利益推動了反法西斯國家的聯合。

還在歐洲大戰之時，美國羅斯福政府就認定德國法西斯是最大的威脅，並開始幫助英、法抗擊德國。1939年底，美國修改「中立法」，允許出售軍火，但要買方現款自運。這就為海軍和海運力量優於德國的英、法購買軍火開了綠燈。

1940年西歐陷落不久，美國緊急向英國調運了50萬枝步槍，8萬挺機槍和900門大炮，邁出了援英的關鍵一步。9月，美國與英國達成以驅逐艦換取英國基地的協定，有條件地向英國提供了50艘舊驅逐艦，以加強英國的海軍力量。

美國又於1941年3月11日通過了「租借法案」，授權總統向他認為其防務對美國國防至關重要的任何國家出售、轉讓、交換、租借或其他方法處理任何國防物資。羅斯福立即請求國會撥款70億美元，也得到同意。租借法的實施，實質上使美國由中立國變成交戰國。

1941年1月29日到3月27日，英、美參謀人員在華盛頓舉行了祕密會議，協調兩國的全球戰略，最後確定了對法西斯作戰的「先歐後亞」戰略方針：「雙方同意德國是軸心國的主要成員，因而大西洋和歐洲戰區是決定性戰場」；「如果日本參戰，遠東的軍事戰略將是防禦性的。」羅斯福總統默許了這一戰略，等待正式批准的時機。同年5月，美國海軍開始為英國商船護航，在此期間，美國還增加了對華援助。

1941年6月22日，德蘇戰爭爆發後，英國首相邱吉爾當晚就在廣播演

BC

— 0　耶穌基督出生

— 100

— 200

— 300
君士坦丁統一羅馬

羅馬帝國分成兩部
— 400

— 500　波斯帝國

— 600　回教建立

— 700

— 800

凡爾登條約
— 900

神聖羅馬帝國建立
— 1000

— 1100　十字軍東征

— 1200
蒙古第一次西征

— 1300
英法百年戰爭開始

— 1400

哥倫布發現新大陸
— 1500

英國大破無敵艦隊
— 1600

發明蒸汽機
— 1700

美國獨立
— 1800

美國南北戰爭開始
— 1900
第一次世界大戰
第二次世界大戰
— 2000

上古時期　BC

漢

—— 0

100 —

三國

晉　200 —

300 —

南北朝　400 —

500 —

隋朝　600 —
唐朝

700 —

800 —

五代十國　900 —

宋

1000 —

1100 —

1200 —

元朝

1300 —
明朝

1400 —

1500 —

1600 —

清朝

1700 —

1800 —

1900 —

中華民國

2000 —

說中表示，希特勒「進攻俄國，只不過是企圖進攻不列顛群島的前奏」，因此，「俄國的危難就是我們的危難，也是美國的危難」。他宣佈英國將給蘇聯以「我們力所能及的、對蘇聯有益的一切經濟和技術援助」。24日，美國總統羅斯福也在記者招待會上宣佈將盡力給蘇聯一切援助。

1941年7月3日，史達林也公開表示願與英、美聯合，共同反對德國法西斯。12日，蘇、英兩國在莫斯科簽訂了《蘇英關於對德作戰中聯合行動的協定》，雙方保證在戰爭中互相援助和支持，決不單獨對德停戰或媾和。8月16日，蘇、英又達成貿易、貸款和支付協定，英國向蘇聯提供1000萬英鎊的貸款。

美國宣佈援蘇後，最初只向蘇聯提供少量的非作戰物資，這是因為美國軍方認為俄國人不出3個月就會垮臺。為瞭解蘇聯抵抗的實情，羅斯福派他的親密顧問霍普金斯於7月底訪蘇。霍普金斯在同史達林進行多次會談和實地考察以後，堅信蘇聯有信心、有力量抵抗德國的進攻，並隨後向羅斯福和邱吉爾作了詳細彙報，強調援蘇對擊敗德國的重要性。霍普金斯訪蘇之行，成了美、英與蘇聯戰時關係的轉捩點。

1941年8月9日至12日，羅斯福和邱吉爾在大西洋北部紐芬蘭的阿根夏灣的軍艦上祕密會晤。會後於8月14日的發表了美、英聯合聲明，即有名的《大西洋憲章》。憲章的主要內容有：英、美兩國決不謀求領土擴張；反對強加於人的或不民主的領土易手；各國人民都應有主權和自治權；尊重現有義務，努力促使世界貿易和取得原料的機會均等；促進國際經濟合作；待納粹暴政消滅後，保障國際和平與安全；公海自由；放棄使用武力和解除侵略國武裝。

《大西洋憲章》提出的對德作戰目標和一些進步、民主的原則，體現了反對法西斯、維護和平與民主的時代精神，因此它不僅成為英、美兩國政治聯盟的標誌，成為世界反法西斯統一戰線形成的基礎，也為後來的聯合國憲章奠定了基石。9月24日，蘇聯政府宣佈同意憲章的基本原則。後來又有14個國家先後表示贊同該憲章。

隨後，美、英兩國商定援助蘇聯抗擊德國。1941年9月29日至10月1

日，蘇、美、英三國在莫斯科舉行會議，簽訂了援蘇協定。從1941年10月1日到1942年6月30日，美、英向蘇聯提供了價值大約10億美元的各種物資150萬噸，蘇聯方面則向英、美提供軍工生產原料。莫斯科會議是第二次世界大戰前期同盟國方面的一次重要會議，英、美與蘇聯超越社會制度和意識形態的差異，摒棄前嫌，達成協議，為建立廣泛的國際反法西斯聯盟奠定了基礎。

太平洋戰爭爆發後，美國正式參戰。1941年底，美國倡議並起草了《聯合國家宣言》草案。次年元旦，美、英、蘇、中等26個國家的代表在華盛頓舉行會議，簽署了《聯合國家宣言》。簽字國保證使用自己的全部軍事和經濟資源，對德、義、日及其僕從國作戰；相互合作，不單獨與敵人締結停戰協定或和約。以後又有11個國家加入宣言。《宣言》的發表，象徵著國際反法西斯統一戰線的形成。

至此，世界反法西斯國家形成了一個大聯盟，在聯盟內部，儘管存在社會制度的不同、意識形態和作戰目的的不同，但消滅法西斯暴政，維護和平和民主自由的共同目標使它們聯合起來。

世界反法西斯統一戰線團結了可能團結的力量，最大限度地孤立了法西斯侵略勢力，對於最後戰勝法西斯國家發揮了決定性作用。反法西斯防衛牆是柏林牆的正式名稱，是第二次世界大戰和東西方冷戰關係的產物。

蘇聯反攻德軍的坦克大戰

1943年1月，蘇聯紅軍開始反攻德軍，並連連告捷。這下子德國急了，派大批兵力到庫爾斯克要和蘇聯決鬥。但是仍被蘇軍深入到防線內，讓庫爾斯克突出一大塊。

德軍決定全力扭轉戰爭的劣勢，趁著夏季要發動大規模的攻勢，所以，庫爾斯克突出部就成了他們的首選目標。

4月15日，希特勒命令攻打庫爾斯克，還給這場進攻戰起了名叫「堡

BC

— 0　耶穌基督出生

— 100

— 200

— 300
君士坦丁統一羅馬

羅馬帝國分成兩部
— 400

— 500　波斯帝國

— 600

回教建立

— 700

— 800

凡爾登條約
— 900

神聖羅馬帝國建立
— 1000

— 1100　十字軍東征

— 1200
蒙古第一次西征

— 1300
英法百年戰爭開始

— 1400

哥倫布發現新大陸
— 1500

英國大破無敵艦隊
— 1600

發明蒸汽機
— 1700

美國獨立
— 1800

美國南北戰爭開始
— 1900
第一次世界大戰
第二次世界大戰

— 2000

上古時期　BC

漢

　— 0

100 —

三國
晉

200 —

300 —

南北朝

400 —

500 —

隋朝
唐朝

600 —

700 —

800 —

五代十國

900 —

宋

1000 —

1100 —

1200 —

元朝

1300 —

明朝

1400 —

1500 —

清朝

1600 —

1700 —

1800 —

中華民國

1900 —

2000 —

壘」。

　　7月15日就開始在庫爾斯克打蘇軍，剛開始時主攻奧利霍瓦特，但初戰就被弄得混亂不堪，接著趕緊換到了普羅霍夫卡方向。他們把「帝國坦克師」、「骷髏坦克師」和「阿道夫·希特勒坦克師」及坦克第三軍的主要兵力都集中到一起，準備突破蘇軍的防線。德軍還是很有自信的，因為坦克集團裡有非常屬害的新式重型坦克和「斐迪南」式強擊火炮。

　　蘇軍得知德軍下如此大的決心，也開始調兵遣將。7月12日，兩軍邂逅在普羅霍夫卡，開始了坦克比拼，這是第二次世界大戰中最大的坦克戰。

　　8點30分時，蘇聯近衛第五集團軍和近衛坦克第五集團軍出來做了15分鐘的準備活動，熱好身後開始準備狠狠地阻止德軍的反突擊。他們知己知彼，瞭解德軍的「虎」式坦克在直射射程方面很屬害，自己的T-34坦克是比不上的。但他們也知道自己比德軍跑得快。所以，得拿自己的長處把敵人的短處比下去。於是，蘇軍開著坦克大膽地往前走，要和德軍進行戰鬥。

　　剛打起來時，雙方都憤怒地直撲向敵方。蘇軍開足馬力直往前衝，要往「虎」式坦克靠近，以便把敵軍納入射程，所以，很快就突入了德軍的戰鬥佇列裡。德軍還沒反應過來陣型就被衝散了，一下子陷入了手忙腳亂的狀態。

　　於是，在普羅霍夫卡地區，坦克和自行火炮彙集，1200輛坦克在那裡亂撞，肉搏戰正式開始，空中還有飛機支援！要知道，坦克的優勢於遠距離戰鬥，沒想到這次打得像玩遊戲似的，撞來撞去之下坦克損壞400多輛，人也死傷1萬多。就這樣雙方撞了一天，普羅霍夫卡草原上到處是坦克的殘骸。德軍的計畫被打破。

　　第二次大戰中，蘇軍在這場超大的坦克戰裡對敵軍瞭若指掌，採用了「揚長避短，近戰肉搏」的戰術，打擊了德軍，取得了勝利。這次坦克戰大捷也為蘇軍在庫爾斯克會戰中大獲全勝奠定了基礎。

雷達干擾導致漢堡防空戰慘敗

第二次世界大戰期間，同盟國和軸心國之間互相攻擊，特別是德國，轟炸了英國幾個月，英國決定報仇，也開始還手轟炸德國的城市。

於是，任命空軍上將哈里斯為英國轟炸機部隊的司令官，開始還擊德國。哈里斯比較狠，他主張大規模地炸德國的城市，遂進行「面積轟炸」。這樣，就可以破壞德國的各種軍用、民用設施。

1943年7月，英軍端出了轟炸漢堡的「罪惡城作戰」計畫。之所以把漢堡作為首選目標，是因為它位於易北河上，是重要的港口，又是最大的城市。漢堡由此在劫難逃。

面對漢堡強大的防空兵力和具有較高效率的雷達系統，英國研製出了對付德國雷達的妙法。他們坐在飛機上往下扔鋁箔紙，藉助鋁箔紙使德軍夜間戰鬥機及其引導系統發出的搜索電波按原路返回，進而造成很多小回波出現在螢光屏上，這樣雷達無法找到目標。

其實，這種技術，德國的工程師也做過同樣的實驗，並且結論和英國人得出的不謀而合。只是，英國人稱之為「反射體」，德國人稱之為「騙子」。可惜的是，德國空軍總司令戈林把這種技術的研製扼殺了，並下令把有關文件鎖在保險櫃裡，怕被英國盜取了，不允許再打開。但英軍卻研製成功了。

這次，要報德軍的轟炸之仇，所以英國首相邱吉爾決定不再保密自家的成果，拿到英德戰場上去試試。

於是，7月24日晚上，英國轟炸機群飛向漢堡的同時，電子干擾機一路播撒鋁箔紙，鋁箔紙飛飛揚揚地飄著，這些鋁箔紙以飛機的樣子出現在德軍的雷達螢幕上。

當時，德國設防在漢堡的兵力有80個高炮中隊、22個探照燈中隊和3個煙幕施放中隊。他們嚴正以待，準備和英軍開戰了。可是，這時在螢幕上看到敵軍浩浩蕩蕩地開來時，德國立即陷入一片混亂。空中的電臺說：

BC

— 0　耶穌基督出生

— 100

— 200

— 300
君士坦丁統一羅馬
羅馬帝國分成兩部
— 400

— 500　波斯帝國

— 600　回教建立

— 700

— 800
凡爾登條約
— 900
神聖羅馬帝國建立
— 1000

— 1100　十字軍東征

— 1200
蒙古第一次西征

— 1300
英法百年戰爭開始

— 1400

哥倫布發現新大陸
— 1500

英國大破無敵艦隊
— 1600

— 1700　發明蒸汽機

美國獨立
— 1800
美國南北戰爭開始
— 1900
第一次世界大戰
第二次世界大戰

— 2000

上古時期　　BC

漢

— 0

100 —

三國
晉　　　200 —

300 —

南北朝　　400 —

500 —

隋朝
唐朝　　　600 —

700 —

800 —

五代十國　900 —

宋
1000 —

1100 —

1200 —

元朝
1300 —

明朝
1400 —

1500 —

1600 —

清朝
1700 —

1800 —

1900 —

中華民國

2000 —

「敵軍在複製！雷達受到了干擾。」高炮要靠雷達指揮，所以，也只能胡言亂語，最後實在沒辦法時就撒手不管，說：「我這邊愛莫能助了，你自己在沒有指揮的情況下見機行事吧。」

這時，英軍飛來了728架飛機直抵漢堡，高炮彈、燃燒彈從天上下雨似的落到地面，大量建築物都被燃著了，漢堡立刻成了「火堡」。

等英軍炸得差不多時，美軍又來了替補隊員，用335架轟炸機掃蕩了一番。英軍休息了幾天，在27、28和8月2日又恢復了精力，接連對德國進行了三次破壞性轟炸。由於德國當時對「騙子」不重視，所以才導致了這次漢堡防空戰的慘敗。看來科技不但是生產力，在關鍵的時候還抵得過千軍萬馬。

轟炸德國祕密武器研究基地

1943年8月18日，英國皇家軍對外公告說：德國設在佩內明德的研究和發展機構已近歸西。這條簡潔的公告背後有著怎樣激動人心的故事呢？事情是這樣的，這條公告是第二次大戰中戰勝法西斯的重要一環，公告的內容也是意料之中的。就在公告的前一天晚上，英國皇家軍駕著571架轟炸機對準了佩內明德，佩內明德瞬間化為廢墟。

話說炸掉佩內明德的意義在於，它是德國「祕密武器」的研究基地。炸掉了佩內明德是會讓希特勒憤怒的事。英軍何樂而不為呢？所以，皇家軍當仁不讓，一炮下去將德國科學家的臥室給毀了，裝配工廠和實驗室變成了廢墟。更厲害的是：佩內明德死亡和迷路回不來的人有735人，其中科學家和技術人員高達178名，就連帶隊的科學家也被炸死了。

1943年，德國遭受盟軍很嚴重的轟炸，而德國飛機因無法穿越英國的空防地帶，只能眼睜睜看著敵軍的炸彈一個一個地墜落。希特勒氣憤之極，下決心要研究出自己的「祕密武器」，以報轟炸之仇。

於是，佩內明德被選為最佳研究中心，然後用鐵絲網圈起來，專家們

就在此開始廢寢忘食地研究，希望在1944年冬完成任務，拯救第三帝國的小命。德國把賭注壓在了「祕密武器」上，想著「祕密武器」即使不能讓德國戰無不勝，至少也能拿出去轟炸幾下，報復英國。

這個情報被英國情報部門弄到了手，他們認為如果不把佩內明德給毀掉，等到德國研究出「祕密武器」後，首先遭殃的就是英國的各個交通樞紐、首都倫敦和重要軍事設施。這樣，盟軍的反攻也無法按預期進行。英國內閣特別委員會建議炸掉佩內明德，並把這個立功的機會給了英國皇家軍。

亞瑟‧哈里斯爵士是英國皇家軍的空軍元帥、轟炸總指揮官，這個傢伙特有頭腦，他一拍腦袋就決定了要在8月中旬執行行動。

在轟炸前，德國的飛機經常會在佩內明德的上空飛來飛去，但從沒扔過炸彈，自信的德國人誤以為這樣一來英國不知道佩內明德是他們的研究基地，也就放鬆了警惕。英國的飛機會到德國地盤。其實，他們在看似悠閒的飛行中，早給佩內明德從各個角度拍了靚照，已經決定首先轟炸科學家和技術人員的居住區，然後是飛機庫和試驗導彈的小窩；最後就是藏有圖紙和技術材料的行政區。

於是，8月17日，趁著皎潔的明月，英國指揮員給大家做了動員工作：「你們要認識到此次轟炸的重要性，如果今晚炸不了的話就別回來了，等著明晚不惜一切代價完成任務。」

於是，571架四引擎重型轟炸機起飛，像往常一樣在空中悠哉地飛著，然後飛向佩內明德，德軍還以為英軍和平時一樣只是個過客，也就沒在意。

領隊的飛機突然飛下來，對準五顏六色的照明彈就轟炸。接著，一批轟炸機來到了目標的上空。於是，全面轟炸開始，他們對準主要目標傾瀉大量高爆炸彈和燃燒彈，佩內明德頓時火光閃閃。等到快炸完時，德國的夜航機才撞出來，英軍只損失了41架飛機。

翌日，英國的偵察機前去偵察，回來後交了一份詳細的報告。此後，盟軍接連不斷地炸德國的製造廠和液氧工廠，一炸就炸了一年多。在這一

BC

— 0　耶穌基督出生

— 100

— 200

— 300
君士坦丁統一羅馬

羅馬帝國分成兩部
— 400

— 500　波斯帝國

— 600　回教建立

— 700

— 800
凡爾登條約
— 900

神聖羅馬帝國建立
— 1000

— 1100　十字軍東征

— 1200
蒙古第一次西征

— 1300
英法百年戰爭開始

— 1400

哥倫布發現新大陸
— 1500

英國大破無敵艦隊
— 1600

— 1700　發明蒸汽機

美國獨立
— 1800

美國南北戰爭開始
— 1900
第一次世界大戰
第二次世界大戰

— 2000

上古時期　BC

漢

— 0

100 —

三國
晉
300 —

南北朝　400 —

500 —

隋朝
唐朝　600 —

700 —

800 —

五代十國　900 —

宋
1000 —

1100 —

1200 —

元朝
1300 —

明朝
1400 —

1500 —

清朝　1600 —

1700 —

1800 —

1900 —
中華民國
2000 —

年多期間，盟軍共給德國控制區送去了10萬噸炸彈。

這讓德國感到難堪，甚至懷疑自己內部出了叛徒。後來，由黨內軍華爾脫・施根巴將軍擔任佩內明德的導彈試製工作。但是，由於盟軍不斷轟炸搞亂，待盟軍諾曼地登陸後，德國才成功研製四枚V-1導彈。

諾曼地登陸

美國的艾森豪被任命為盟軍總司令，新官上任決定開始一個「霸王」行動。於是，他下令讓盟軍300萬海、陸、空士兵都到英倫之島上去集合，然後，大家一起橫渡英吉利海峽，登上歐洲大陸板塊，要打出一個第二戰場，以便日後和東線的蘇聯聯手夾擊德軍。

艾森豪這把火燒起來後就立即付諸了實施。盟軍的參謀部仔細考察了法國游擊隊的情況，再配以情報員獲得的德軍在西海岸的設防情況加以考慮，最後決定在法國北部的諾曼地登陸。

但是德軍也是非常機智的，明目張膽地登陸顯然不可取，該怎樣才能迷惑布下重陣的德軍，摸不清自己的登陸地點呢？

盟軍集思廣益，決定擺個「迷魂陣」牽著敵軍的鼻子走。於是，動用電影製片廠的佈景道具師，讓他們設計出一套「登陸艇」、「彈藥庫」、「醫院」、「兵營」和「飛機、大炮」，最後把這些道具佈置在英國東南沿海一帶。諜報人員蒐集了法國加萊海岸的詳細地圖，建築師又在海岸建造了一套輔助設施，100萬的大隊都來到了東南沿海，鎖定目標加萊。

德軍的情報員也很迅速，西線防禦元帥隆美爾很快就得到了這一消息。於是，他非常自信地做出了判斷：盟軍確定要從加萊登陸了。

於是，隆美爾把防禦重心都放在了加萊，在海灘底部佈下地雷，海岸上築起非常結實的炮臺，挖了反坦克陷阱和溝壕堡壘，更向希特勒要了最厲害的15集團軍。至此，加萊算是安全了。隆美爾信心十足地等待著盟軍的到來。

盟軍這邊已經準備在6月6日從諾曼地登陸了。過分自信的隆美爾覺得防線是「大西洋鐵壁」中最牢不可摧的一環，便放心地回德國給心愛的妻子送漂亮的皮鞋去了。路上，他聽到關於近幾日英吉利海峽的天氣預報，就更堅信盟軍不會在此時動兵了。如果時間充足的話，他還想找希特勒聊天。

6月6日，天還沒亮，英國的20個機場就熱鬧起來，3000多架英、美運輸機、滑翔機騰空而起，直奔法國諾曼第海岸。南海岸的4000艘艦船和大量的登陸艇也無需再偽裝打加萊了，也直奔「諾曼第」而去，「諾曼地登陸」正式開始了。

此時，德軍西線司令倫斯特還在酣睡，有人送來緊急報告說「有大量的英、美空軍在諾曼第著陸，倫斯特卻說「那是英、美軍在聲東擊西」。

天亮了，英國皇家軍早將選定的10個堡壘炸得千瘡百孔。德軍海岸的防禦工事也被美軍第八航空隊的1083架轟炸機炸得稀巴爛。其他的各種飛機輪流上陣炸海岸目標和內陸炮兵陣地。

太陽露出臉後，盟軍的海軍戰艦朝沿海德軍陣地開了火，諾曼第海灘一片胭脂色。6點多時，盟軍第四師成功登上諾曼第灘頭陣地。不久，蒙哥馬利指揮的英國第二集團軍也登上海岸。其他部隊和裝備接連上岸。

正在家裡幫老婆過生日的隆美爾接到了消息，決定立刻返回。但是，車子到下午才把他載到德軍西線司令部。

倫斯特打了電話給希特勒，但希特勒正在睡午覺，慵懶地應付了幾句，說坦克師不能動用，然後就午睡去了。西線的緊急電話接連不斷，但沒人敢驚醒希特勒的美夢。

下午3點多時，希特勒睜開惺忪的眼睛，聽到：盟軍在諾曼第成功登陸並開始深入腹地了。希特勒才警覺起來，下令裝甲師前去支援。

登陸的盟軍已經在諾曼第登陸成功了，10個師的部隊和坦克、大炮等武器也都登陸了，並且井井有條地在諾曼第海灘排好了隊，等候德軍的到來。此時，希特勒引以為豪的「大西洋鐵壁」已經告吹。英、美盟軍和蘇聯開始夾擊德國法西斯。

阿登山林激戰

1944年12月16日，快要天亮的時候，美國兵在阿登地區的陣地上睡得正香，除了幾個說夢話的人有一點聲音外，整個陣地一片寂靜。忽然，一陣轟隆隆的炮聲打擾了美國兵的好夢，他們都坐起來，揉著睡眼，不耐煩地互相詢問，到底是出了什麼事情，讓他們覺都睡不好。

就在這時，幾顆炮彈忽然落到陣地上，這下美國兵才知道是德軍打過來了，所有人一下子爬了起來，從夢鄉來到阿登戰役的戰場。

原來，1944年12月，希特勒看見盟軍打到了比利時、盧森堡與德國西部交界的阿登地區，他很憤怒，想要在這裡發起反攻，進而阻止盟軍前進。沒過幾天，希特勒就祕密地把大批精銳部隊調到這裡。看樣子，這次希特勒是下定決心要打擊他們。他調過來了25個師，其中包括7個坦克師，近3000門火炮和800架飛機，部隊規模非常之大。

而在盟軍這方面，雖然總體實力遠遠超過德軍，但是盟軍統帥太驕傲，並據此以為德軍很快就會投降，進而放鬆了警惕。另一方面，盟軍認為阿登地區山高路險，想要在這裡打大規模的戰爭很不容易，德國人也不會在這裡發動反攻。這樣反覆考慮後，盟軍統帥決定留5個師在阿登地區看守門戶，並沒有讓他們作好戰鬥準備，僅僅是看守而已。

就這樣，阿登戰役打響後，美軍猝不及防，整個陣地亂得像馬蜂窩一般。這時候，德軍趁亂輕而易舉地就突破了美軍陣地。很快，德軍的2個坦克集團軍就衝了過來，美軍7000多人被迫投降，成了德軍的俘虜。

看到這次戰役取得了初步勝利，希特勒高興極了，他一邊表揚前線戰士，一邊命令他們乘勝追擊，要徹底擺平美軍。受到希特勒的表揚，全體德國士兵都很興奮，他們就不顧一切地往前衝，爭著為希特勒賣命，很快就包圍了巴斯托尼，並在這裡捉住了25000名美國大兵。後來，德軍又一路取得勝利，每個德國人臉上都露出笑容，以為帝國之夢近在眼前。

慢慢地，德軍把美軍逼到了北阿爾薩斯，並在這裡對他們進行了絞

上古時期　BC

漢

— 0

100 —

三國
晉　200 —

300 —

南北朝　400 —

500 —

隋朝　600 —
唐朝

700 —

800 —

五代十國
900 —
宋
1000 —

1100 —

1200 —

元朝　1300 —

明朝
1400 —

1500 —

清朝　1600 —

1700 —

1800 —

1900 —
中華民國
2000 —

殺。這一天，德軍的1000多架飛機起動了，它們要去突襲法國、比利時、荷蘭境內的盟軍機場。果然，沒過多久盟軍的數百架飛機就成了一堆廢鐵。然而，可笑的是，這次突襲是祕密進行的，德軍內部少有人知道，以至於這批飛機在返航時被自己的高射炮打落了200架，德軍為此也懊惱不已。

最後，由於一直打仗，德軍把炮彈和石油都用完了。如果沒有戰略物資運來的話，德軍就會成為紙老虎，完全喪失戰鬥力。然而，希特勒在國際社會人緣不好，除了幾個酒肉朋友外，大家都不願意幫助他，他只能眼睜睜地看著自己的坦克因為缺油而停在那裡。

一個月後，盟軍開始反攻，經過幾天的爭鬥，終於打退了德軍。這之後，蘇聯紅軍也開始在東線打擊德軍，希特勒很無奈，只得從西線調出人馬來對付蘇聯紅軍。這時，盟軍趁勢在西線加緊進攻，很快又奪得了被德軍占領的阿登地區，到此，德軍在阿登地區的反攻計畫徹底破產。

在德國總指揮部，聽說阿登戰役最後慘遭失敗，希特勒氣得幾天不吃不喝，他感覺到這次戰役後德國好像就要毀滅了。果然，阿登戰役之後，德軍缺糧少炮，再也提不起精神進行反攻，同時也沒有心思進行防禦，只在那乾睜著眼等著滅亡的一天到來。

飛奪雷馬根橋

第二次世界大戰打到最後，盟軍開始掌握戰爭的主動權，納粹德國節節敗退，漸漸沒了底氣。這時候，盟軍準備強渡萊茵河，先占領德國重要的工業基地魯爾區，然後再直接進攻希特勒的所在地，直到取得戰爭的最後勝利。

萊茵河是德國西部的一條大河，這裡水急河寬，要想強渡真不是件容易的事。當時。在萊茵河上所有的橋樑和渡口中，防守較鬆的雷馬根橋很不好走。這座橋西面的公路很破爛，根本沒辦法通行；而它的東面又有百

BC

— 0　耶穌基督出生

— 100

— 200

— 300
　　君士坦丁統一羅馬
　　羅馬帝國分成兩部
— 400

— 500　波斯帝國

— 600　回教建立

— 700

— 800
　　　凡爾登條約
— 900
　　神聖羅馬帝國建立
— 1000

— 1100　十字軍東征

— 1200
　　　蒙古第一次西征
— 1300
　　英法百年戰爭開始

— 1400

　　哥倫布發現新大陸
— 1500
　　英國大破無敵艦隊
— 1600
　　　發明蒸汽機
— 1700
　　　　美國獨立
— 1800
　　美國南北戰爭開始
— 1900
　　　第一次世界大戰
　　　第二次世界大戰

— 2000

上古時期　BC

漢

— 0

100 —

三國
晉　200 —

300 —

南北朝　400 —

500 —

隋朝
唐朝　600 —

700 —

800 —

五代十國　900 —

宋

1000 —

1100 —

1200 —

元朝

1300 —

明朝

1400 —

1500 —

1600 —

清朝

1700 —

1800 —

1900 —

中華民國

2000 —

公尺高的雷伊山擋路，也不容易翻過去。因此，美軍的高級軍官就沒有把雷馬根橋放在眼裡，也沒想著從這裡通行。

在德軍這方面，他們也深知雷馬根橋不好走，便沒有布下重兵防禦，只派了幾個人在這裡防守。就這樣，集團軍總司令莫德爾還高興地說：「我敢拿腦袋擔保，美國人決不會從雷馬根橋過⋯⋯」

1945年3月7日，美軍倫納德的第九坦克師和霍格的獨立坦克團來到離雷馬根橋只有十八公里的地方，看樣子想要從這裡通過。這時候，德軍慌了手腳，他們趕緊在橋上裝上大量炸藥，想炸毀橋，使他們不得從這裡通過。

在雷馬根橋頭，倫納德就和霍格商量了起來。此時卻接到了美軍總司令部發來的急電，兩個打開一看都錯愕了。原來，司令部要他們南下與巴頓將軍會師。這下使得他們兩個進退兩難，如果接受命令南下，就會喪失戰機；如果不南下，就是違抗軍令，這也是件後果嚴重的事。

「霍格兄弟，機不可失，失了就不再回來，現在你還敢和我一起搶渡萊茵河嗎？」

「有什麼不敢的，不就是一條軍令嗎，看它能拿我怎麼樣，大不了一死。」

接下來，倫納德和霍格的坦克師就開了過來。經過一輪攻擊，他們很快就拿下了雷馬根橋，並使8000多名美軍渡過了萊茵河。這時，總司令艾森豪聽說他們渡過了萊茵河非常高興，趕緊請祕書發電報對他們進行表揚。

「年輕人，你們幹得不錯，比我艾森豪有頭腦多了。那時候我還想讓你們南下和巴頓將軍會師，這簡直就是錯誤的想法，幸好你們沒有聽我的話，現在我們就是需要你們這樣的人才。」

這下倫納德和霍格成了美國的名人。然而倫納德和霍格的走紅招來了其他人的嫉妒，他們紛紛給艾森豪施加壓力，說現在渡河不是進機，迫使他下令不讓雷馬根橋頭的軍隊前進。聽到盟軍內鬥的消息，德國人趁機派出蛙人部隊炸掉了雷馬根橋，這樣一來，已渡過萊茵河的8000多名美軍成

了甕中之鱉，美軍只好投降。

偷襲珍珠港

這是個美麗的週末，夏威夷的珍珠港上也是跳動著歡快的旋律。駐紮在這裡的美國太平洋艦隊的官兵們老早就起床了，他們梳洗、吃飯，有的也上岸去過週末了。這樣的日子，祈禱都帶著陽光的味道。

艦艇也有序地停在港內，飛機也在歐胡島的機場上停了下來。不幸值班的新兵在雷達監視器前無聊地盯著儀器。他們看到螢屏上東北方向130海浬的地方，有飛機飛了過來，他們趕緊拿起電話回報給陸軍基地。

值班的軍官卻不予理睬。這兩個新兵也想起在早晨曾接到美國空軍的B-17飛機將飛過來的訊息。於是，他們又放心地欣賞其音樂來。

此時，港灣裡的升旗典禮馬上要開始，氣氛安詳得讓人感到了暖流。其實在災難來臨前，往往是這樣撲朔迷離。

那兩個值班的新兵看到的其實是日軍183架飛機，他們是來偷襲珍珠港的。日本這個陰謀蓄意已久了，為了占領印度支那和南太平洋上的國家，然後搶人家的石油資源。所以，偷襲珍珠港是日本天皇授予山本的職責和權力。

當然，日本還是做了一些其他的準備，比如假裝到華盛頓談判，讓美國放鬆了警惕。一邊談判著，一邊用49架水平轟炸機、40架魚雷轟炸機、51架俯衝轟炸機和43架制空戰鬥機，在珍珠港的上空尋找著目標。

指揮官淵田美津中佐親自飛到珍珠港的上空指揮作戰。珍珠港正被濃雲遮掩，他正煩惱時，突然聽到了檀香山地區的天氣預報：「天空半晴半陰，雲層高3500英尺的地方能見度良好……」淵田非常高興。

淵田望向飛機窗外，看到珍珠港就在下方，於是他大喊了聲「給我開炮」。一聲令下，日本的飛機一個俯衝落了下去，然後就見炸彈像下雨一樣落向了平靜的珍珠港。

BC

— 0　耶穌基督出生

— 100

— 200

— 300　君士坦丁統一羅馬

羅馬帝國分成兩部
— 400

— 500　波斯帝國

— 600　回教建立

— 700

— 800

凡爾登條約
— 900

神聖羅馬帝國建立
— 1000

— 1100　十字軍東征

— 1200
蒙古第一次西征

— 1300
英法百年戰爭開始

— 1400

哥倫布發現新大陸
— 1500

英國大破無敵艦隊
— 1600

— 1700　發明蒸汽機

美國獨立
— 1800

美國南北戰爭開始
— 1900
第一次世界大戰
第二次世界大戰

— 2000

上古時期　BC

漢

－ 0

100 —

三國
晉　　200 —

300 —

南北朝　400 —

500 —

隋朝　600 —
唐朝

700 —

800 —

五代十國　900 —

宋

1000 —

1100 —

1200 —

元朝　1300 —

明朝　1400 —

1500 —

清朝　1600 —

1700 —

1800 —

1900 —
中華民國

2000 —

這時候，美國兵震驚了，發現是日本打過來的。於是，有人拉響了空襲的警報，大喊著「日本來偷襲了，大家趕緊就位，日本人打來了。」

然而，珍珠港的士兵們全都沉醉在週末的快樂氣氛中，根本沒想到日本人會來，一點戰鬥準備都沒有。一時間，日本的飛機無論飛到哪裡都是風雨無阻，只見珍珠港煙火四起，頓時被炸得傷痕累累。

這時，日本總部得到第一次轟炸成功的消息，都異常興奮。接著他們又命令發起第二次進攻，直到炸沉美軍主力艦4艘，重創1艘，炸傷3艘；炸沉、炸傷驅逐艦、巡洋艦等各類輔助艦10餘艘，擊毀飛機100多架，機場全部炸毀，美軍官兵死傷近五千多名。

一個小時後，日本偷襲珍珠港的事傳到了羅斯福總統那裡，把他給氣壞了。

其他國家聽到美國和日本開戰的消息，都在心裡盤算著，美國都和他們打起來了，我們說什麼也不能袖手旁觀，於是，中國、澳大利亞、荷蘭等20多個國家也對日宣戰，第二次世界大戰終於在全球打響了。

太平洋戰場上的蛙跳戰略

1944年6月，美國在太平洋戰場上改變了戰略。由原來的「逐島進攻」改為「蛙跳戰略」，決定繞過加略群島去攻取馬利安納群島，奪取太平洋上最關鍵的據點，扼住日本的海空交通線，建立自己的海空戰略基地，然後打進塞班島和提尼安島，奪回關島，把日本的內防禦圈給摧毀。

這次行動被叫作「奇襲行動」，由太平洋艦隊的總司令尼米茲指揮。為了確保奇襲成功，尼米茲調動了12.8萬人加入這次行動，主要是美國第5艦隊和第58航母特混艦隊的640餘艘軍艦、620架陸基飛機、1000多架艦載機，3個陸戰師、2個步兵師、1個陸戰旅。

6月11日，米切爾讓美國第58特混艦隊上225架艦載機起飛突襲塞班島上的機場，日本的許多飛機被炸毀或炸成了廢鋼。

第二天，塞班島迎來了美國的500架艦載機。13日，塞班島承受了1.5萬發16英寸的炮彈。15日，美軍登上塞班島，3.5萬日軍和2.2萬居民捨不得塞班島，寧死不屈。

19日和20日，美國第5艦隊又打敗了日本的聯合艦隊，日本400多架飛機和2艘航母、1架巡洋艦宣佈報廢。此外，還有3艘航母失去作用。塞班島被推到了淪陷邊緣。

20日，500號高地成了美軍的。21日，日軍的「綠色1號海灘彈藥庫」在美軍的歡呼中灰飛煙滅，日軍損失慘重。23日，日軍逃跑躲到塔波喬山以東只有1000碼寬的狹小山谷。齋藤義次中將的第43師團被打得一敗塗地的，殘兵疲將蜷縮在「死亡谷」裡。

「死亡谷」之戰進行著，雖沒給日軍帶來一點希望，但美軍的大本營卻著急於進展緩慢，一怒之下撤了美國陸軍第27師師長拉夫爾少將的職。而撤職也沒有促進「死亡谷」之戰的進展。最終，塔波喬山終於被左翼的美國海軍陸戰隊第2師攻占。30日，哈里·施米特少將帶著海軍陸戰隊第4師英勇闖過「死亡谷」。

剩下的殘兵敗將決定在7月3日冒死殺出去，但迎來的卻是美國第27步兵師。日軍見狀，開始了陸軍有史以來規模最大、最兇猛的一次「切腹谷」大戰，他們揮著軍刀，冒著子彈雨，向美軍衝去。最後，終於肉搏著衝破了美軍的陣地。

7月5日，可憐的日軍已被逼到塞班島北邊的一個小小角落裡。6日，第43師團長齋藤義次中將、第31軍參謀長井桁敬治少將、太平洋中部艦隊司令南雲中一大將在山洞裡結束了自己的生命。

8日，日軍的屍體太多，擋住了去路，美軍不得不派來挖土機，將「切腹谷」的小溪改造成了日本烈士的公墓。

藏身在塞班島上北邊的山洞裡的大量日本百姓和散兵，在9日舉行了轟轟烈烈的自殺。8000多個婦女和兒童跳下了800英尺的懸崖，士兵們則拉開了自己手中的手榴彈。就這樣，日本在塞班島上共損失了4.5萬人。

美軍成功占領了塞班島，奇襲行動繼續往下進行。8月3日，又殲滅了

BC

— 0　耶穌基督出生

— 100

— 200

— 300　君士坦丁統一羅馬

　　　 羅馬帝國分成兩部
— 400

— 500　波斯帝國

— 600　回教建立

— 700

— 800

　　　 凡爾登條約
— 900

　　　 神聖羅馬帝國建立
— 1000

— 1100　十字軍東征

— 1200
　　　 蒙古第一次西征

— 1300
　　　 英法百年戰爭開始

— 1400

　　　 哥倫布發現新大陸
— 1500

　　　 英國大破無敵艦隊
— 1600

　　　 發明蒸汽機
— 1700

　　　 美國獨立
— 1800

　　　 美國南北戰爭開始
— 1900
　　　 第一次世界大戰
　　　 第二次世界大戰
— 2000

上古時期 BC

漢

— 0

100 —

三國
晉

200 —

300 —

南北朝

400 —

500 —

隋朝
唐朝

600 —

700 —

800 —

五代十國

900 —

宋

1000 —

1100 —

1200 —

元朝

1300 —

明朝

1400 —

1500 —

清朝

1600 —

1700 —

1800 —

1000 —

中華民國

2000 —

提尼安島的近萬日軍，第一艦隊的司令長官角田覺治也身首異處。11日，關島上的1.8萬日軍被消滅，最高指揮官小畑英良中將無顏見父老鄉親，也自殺了。

美國的「奇襲行動」取得全勝，日本內部則亂了局，首相東條英機被迫辭職。

中途島海戰

日本偷偷打了珍珠港一次，嘗到了勝利的甜頭。但是，美國雖然因珍珠港一戰陷於被動，但是由於航空母艦開出去了，不在港內停著，所以，一艘也沒有被炸毀。這個結果未免讓日本感到有點失望，於是決定集中優勢兵力，想徹底毀掉美國的航空母艦。

美國夏威夷群島東北部的航空基地——中途島是取得勝利必得的戰略基地。曾指揮珍珠港戰役的山本五十六英姿風發，繼續指揮中途島海戰。

山本五十六組織了八個特遣隊，第一支交給南雲中將指揮，作為主力，從西北方向攻打中途島。第二到第七特遣隊負責輔助，負責掩護、偵察、警戒等，於空閒時再幫忙打中途島。山本五十六自己率領第八特遣隊在中途島的北面，運籌帷幄。

但是，山本五十六怎麼也沒想到美國的情報機關早破譯了日軍電報的密碼，不動聲色地做好了埋伏，等著日本軍自己跳進來。

6月4日，天還沒亮，日本軍老早就起來開始執行命令了。南雲中將拿著特大號的擴音喇叭喊著「戰鬥機飛起來！」，於是，「赤誠」、「加賀」、「飛龍」和「蒼龍」4艘特大航空母艦燈火通明，過了一會兒，108架飛機便陸續地飛離了甲板，唱著凱歌向中途島飛去。

不久，南雲中將又發出了第二次進攻的口號，只見升降機把一架架飛機拽到甲板上候著。

這時，中途島的美軍在日軍離中途島還有30英里的地方，用25架「野

貓式」攔在日軍機前，日軍的「零式」戰鬥機趕緊來護戰，兩軍就這樣糾纏起來。日軍硬著頭皮衝出了美軍的炮火網，喜出望外地掏出了一個25公斤的炸彈作見面禮，接著12架水平轟炸機又用800公斤的炸彈投向機場和跑道，但是發現扔下去的炸彈沒產生作用，因為機場和跑道上空蕩蕩的，美軍早做好了準備，該起飛還擊的起飛了，該躲起來的躲起來了。

　　南雲中將聽到的消息和預想的不太一樣，就命令海軍把裝好的魚雷換成炸彈。於是甲板開始忙碌起來。還沒有忙完，突然有人報告說在東北200英里的地方發現了美軍軍艦。南雲中將準備下令，這時第一批執行任務的飛機回來了，南雲不得不讓大家騰出甲板讓辛苦的戰士降落。

　　不久，南雲中將還沒準備好時就錯過了戰機。美國的3架「無畏式」轟炸機已經飛來對著「赤誠」開打。日軍也開始還手，但為時晚矣。一顆顆黑色的特大號炸彈襲擊「赤誠」，「赤誠」跟著就炸毀了。

　　南雲中將嚇得立刻離開了「赤誠」。

　　山本五十六威風地坐在「大和」號的戰艦上，滿懷信心，卻等來了南雲中將慘敗的消息。山本五十六知道很難取勝了，但是仍決定拿士兵的命再拼鬥一次。於是，他命令艦隊向自己集中，想誘使美國的軍艦進入可猛烈轟擊的火圈內。但，聰明的美國識破了日軍的詭計。

　　打到中午，日軍的航母只剩下「飛龍」號了，上面有18架轟炸機，對著美國的航母「約克敦」號進行猛烈的攻擊，「約克敦」不久就被擊沉了。於是，美國軍隊開始集中兵力攻打「飛龍」號，「飛龍」號躲過了美軍的26條魚雷和大約70顆炸彈，卻被自己的魚雷擊沉。

　　5號凌晨，日本艦隊開始撤退。這仗打得非常失敗，用4艘航空母艦、1艘巡洋艦、330架飛機和幾百名經驗豐富的飛行員及幾千名艦員，卻只擊毀美軍的1艘航空母艦、1艘驅逐艦和147架飛機。

　　可笑的是，當日本海軍回到駐地時，電臺還播放海軍曲歡迎他們，東京還大肆慶祝這次偉大的勝利。

　　美軍海軍統領說：中途島戰役是日本海軍350年來的一大慘敗！孰是孰非，歷史最清楚。

BC

— 0　耶穌基督出生

— 100

— 200

— 300　君士坦丁統一羅馬

羅馬帝國分成兩部
— 400

— 500　波斯帝國

— 600　回教建立

— 700

— 800

凡爾登條約
— 900

神聖羅馬帝國建立
— 1000

— 1100　十字軍東征

— 1200
蒙古第一次西征

— 1300
英法百年戰爭開始

— 1400

哥倫布發現新大陸
— 1500

英國大破無敵艦隊
— 1600

— 1700　發明蒸汽機

美國獨立
— 1800

美國南北戰爭開始
— 1900
第一次世界大戰
第二次世界大戰

— 2000

瓜達康納爾島爭奪戰

在太平洋南部所羅門群島中，有一個較大的島嶼叫作瓜達康納爾島（簡稱瓜島）。中途島戰役日本被打得灰頭土臉，憤怒之餘，又開始懷念偷襲珍珠港的感覺，於是決心奪回主動權，打到美國的反攻後方澳大利亞去。於是，日軍開始做起「善事」，在瓜島修起機場。

但是美軍也很精明，他們覺得日本如此的做法，直接威脅到美澳交通線，所以不能看著日軍在那裡這樣胡搞下去，決定奪取瓜島和其附近的圖拉吉島，攪亂日本的計畫。

美軍8月7日抵達到了瓜島二號圖拉吉島。第二天，就占領了這兩個島嶼。美日兩軍碰了頭，就拉開了海空大戰。當然，日軍利用海軍的優勢，而美軍則喜歡用飛機進攻。

日本的田中賴三領著6艘驅逐艦、4艘運輸艦，將一木清直大佐指揮的千餘官兵送上瓜島。但一木上來就兵敗自殺了。日本對此很不服氣，於是，又以高達40節的航速，趁著夜色，送了900人到島上來，後來有人稱這次夜間的行動為「老鼠特快」。

8月28日夜裡，田中又把川口清健少將的第35旅團往瓜島上運，但在途中遭到了美機的襲擊。31日夜，川口援軍運送8艘驅逐艦上了瓜島，並在9天後把失敗的消息告訴了日本本部。

於是，丸山政男中將的日本第2師團和百武晴吉中將的第17軍，先後乘「老鼠特快」到瓜島來報仇。可惜的是，「老鼠特快」只能運人，無法運糧食，日本軍只能靠平民活命。眼看著士兵們都快餓死了，戰鬥力下降也是在所難免。日方慌了，田中趕緊在11月13日指揮著11艘運輸艦、12艘驅逐艦強行運送糧食，場面非常壯觀，美軍也在高空欣賞著這種壯觀場面，接著就扔了炸彈。

「老鼠特快」速度超人，看著自己的糧食被炸了，便趕緊想運輸物資的辦法。抓耳撓腮了幾天，終於決定把藥品、糧食裝到鐵桶裡，待鐵桶裝

到和水的浮力大小差不多的時候，桶就漂在了水面。之後，又把桶和「老鼠特快」用繩子綁到一起，掛在艦艇上拽著跑，並且美其名曰「項鍊運物資」，想著等「項鍊」快把物資拉到瓜島時，將鐵桶和船艦隔開，卸下「項鍊」，「老鼠特快」就可以立即返航。

於是，11月29日夜，田中帶著8艘驅逐艦打著「高波」號的旗幟飛奔至瓜島。每艘驅逐艦都帶著優雅的「項鍊」，「項鍊」連著240只鐵桶。日軍在瓜島焦急地等待著物資的到來。但是，不幸的是，美軍早就發現了日軍的詭計，在半路對日軍扔了幾顆炸彈，結果「高波」號沉水了，鐵桶也炸得七零八落的。

日軍不甘心，於12月3日又舊技重演，用7艘驅逐艦帶上1500只鐵桶「項鍊」，連夜航去瓜島。「老鼠特快」終於成功了，總算將300只鐵桶送到了瓜島的海灘上。但是，缺衣少食的時間太久了，士兵們已經等不及了，再加上苦戰，一下子損失了3.5萬人。眼看著敗局無法扭轉了，「老鼠特快」又發揮其優勢，迅速撤回了13094人。

恩帕爾之戰

離緬甸只有50英里的恩帕爾是印度東北的戰略重鎮。當年，盟軍就在恩帕爾等印度、緬甸接壤的地方，和閃電般前來進犯的日本的三個師打了起來，經過激烈的戰役，還取得了勝利。

那是1944年的3月8日，印度犯了糊塗，竟然把日軍的第15、第31、第33等三個師團引到自家門口，還資助一個師的兵力，來一起破壞盟軍從印度向緬甸發動的進攻。他們一起渡過欽敦江閃電般攻打恩帕爾。日本軍非常自信地發出狂言：「一個月內拿下恩帕爾」。為此，他們只帶了為數不多的馬、牛、羊、大象和20天糧食，就冒然渡過欽敦江撲向恩帕爾。

剛開始時，日軍的氣勢很盛，4月5日，日軍第31師團長佐藤幸德中將只帶著主力部隊已殺進科希馬。日軍閃電式的襲擊初戰告捷，但後來慢慢

BC

— 0　耶穌基督出生

— 100

— 200

— 300　君士坦丁統一羅馬
　　　羅馬帝國分成兩部
— 400

— 500　波斯帝國

— 600　回教建立

— 700

— 800

　　　凡爾登條約
— 900

　　　神聖羅馬帝國建立
— 1000

— 1100　十字軍東征

— 1200
　　　蒙古第一次西征
— 1300
　　　英法百年戰爭開始

— 1400

　　　哥倫布發現新大陸
— 1500

　　　英國大破無敵艦隊
— 1600

　　　發明蒸汽機
— 1700

　　　美國獨立
— 1800
　　　美國南北戰爭開始
— 1900
　　　第一次世界大戰
　　　第二次世界大戰

— 2000

上古時期　BC

漢

　　　　　— 0

　　　100 —

三國
晉　　　200 —

　　　300 —

南北朝　400 —

　　　500 —

隋朝　　600 —
唐朝

　　　700 —

　　　800 —

五代十國　900 —
宋

　　　1000 —

　　　1100 —

　　　1200 —

元朝　　1300 —

明朝

　　　1400 —

　　　1500 —

　　　1600 —
清朝

　　　1700 —

　　　1800 —

　　　1900 —
中華民國

　　　2000 —

地顯露出他們急就章進攻的不足，那就是士兵們沒食物吃了。

　　英軍的第14軍軍長斯利姆看出了日軍的問題，決定抓住這一有利戰機，趕緊為自己的主力部隊進行物資支援，大批大批的軍需運到科希馬。於是，英軍的1.2萬軍人得到了1.8萬噸的物資補充。他們吃飽喝足後，就在那裡結成防線，擋住日軍奔襲迪馬普爾的通路，讓日軍無力突襲。同時，還派大量的空降兵切斷日軍路上的補給線，然後呼籲美國和中國用空軍轟炸日本。日本的補給線被切斷，上空又有大軍的地毯式轟炸，很快陷入了絕境。

　　形勢和預定的差距太遠了，日軍在心理上有點承受不了。若是此時，日軍不計較損失，不奢求再扭轉戰局，退兵回家，也許盟軍會放他們一馬。但是，日軍指揮官牟田口廉也就像頭倔驢，他才不管師團長贊成還是反對，一直下令繼續進攻恩帕爾。這樣，日本的小兵兵們不得不冒著彈雨前進，在再次的進攻中徹底喪失了戰鬥力。於是，只好在6月26日撤退。

　　但，正好趕上雨季，可憐的日軍在血戰64天後，還要面對英軍的四處圍剿。這時的日軍所要面對的情況是：天上有美國和中國的空軍在不停地催命；地上他們向通過緬甸逃走的羊腸小徑已經被雨水和山石阻塞；士兵們餓著肚子，偶爾靠路邊的野草、蝸牛、蜥蜴、蛇、猴子來救一下命。

　　直到7月16日，日軍才撤退到欽敦江，他們冒著暴雨，翻山越嶺，還要時時小心著頭上的美、中的空炸。再堅韌的日本人也難以承受這樣的艱苦，於是，很多傷患直接用炸盟軍的手榴彈自殺了。於是，幾萬名日本官兵留在樹林裡，做了養樹的肥料。

　　8月20日，經歷過九死一生退回欽敦江的日軍，又在渡江時餵了魚蝦。8月30日，回到明京山的日軍已所剩無幾。

　　日軍老巢裡的高層指揮，原本指望著經過恩帕爾之戰，能給大家鼓鼓士氣呢，沒想到，結果是另一番景象，日軍陷入了更艱苦的境地。

血戰硫黃島

硫黃島在太平洋上，它北離東京1000多公里，南距塞班島1000多公里，這裡南北長不足4公里，東西只有8公里，不過是一個巴掌大的小島。但可別小瞧這座硫黃島，它可是重要軍事據點，日本人就是靠著它在太平洋上和美軍抗衡。

1945年2月，美軍決定進攻硫黃島，要先拿下這裡再打到日本的東京。在800艘戰艦、2000多架飛機的掩護下，美國二十二萬大軍迅速地朝硫黃島奔來。美軍是鐵了心要在硫黃島打一個勝仗。

那時候，日本人在菲律賓戰役中剛剛受到慘重的損失，已經沒有能力再派空軍支援硫黃島。可是島上的陸軍中將栗林忠道卻不放棄，在他的指揮下，三萬多名日本官兵在島上修築了大量地道和地下堡壘，組成了一條長達28公里的防線。

別看美軍的陣勢這麼大，但他們不敢跟日本人硬碰硬，先躲得遠遠的，對硫黃島進行了六個月的轟炸。可是這方面島上的日軍早有準備，他們一見美國的炮彈發射過來，就趕緊鑽進地下道。幾個月下來，美國人消耗了兩萬多噸炸彈，卻沒有擊垮日軍的工事。

這時候，美軍想再派人登陸硫黃島。於是，一聲令下，第一批美軍就來到了硫黃島。可是美軍一露頭，日軍就從地下道裡鑽出來，又是放槍又是開炮，給到來的美軍一陣痛擊，一陣猛攻過後，美軍就喪失了兩千多人。

後來，美軍派了更多的人過來，費了九牛二虎之力才奪得了南部的一個機場。然而在折缽山戰役中，美軍在這裡碰到了一千八百多名日軍，他們每個都不怕死，個個瘋狂地朝美軍撲來。美軍趕緊調來坦克師對付，最後美軍也沒能夠占住折缽山陣地。

看這情況，要想取勝非得另想辦法不可。於是，美軍就圍住熱岩，把火焰噴進日軍的地道和暗堡中，像烤地瓜一樣把裡面的日軍燒死了；同

BC
— 0　耶穌基督出生
— 100
— 200
— 300　君士坦丁統一羅馬
　　羅馬帝國分成兩部
— 400
— 500　波斯帝國
— 600　回教建立
— 700
— 800
　　凡爾登條約
— 900
　　神聖羅馬帝國建立
— 1000
— 1100　十字軍東征
— 1200　蒙古第一次西征
— 1300　英法百年戰爭開始
— 1400
　　哥倫布發現新大陸
— 1500
　　英國大破無敵艦隊
— 1600
— 1700　發明蒸汽機
　　美國獨立
— 1800　美國南北戰爭開始
— 1900　第一次世界大戰
　　第二次世界大戰
— 2000

上古時期　BC

漢

－ 0

100 —

三國

晉　200 —

300 —

南北朝　400 —

500 —

隋朝

唐朝　600 —

700 —

800 —

五代十國　900 —

宋

1000 —

1100 —

1200 —

元朝

明朝　1300 —

1400 —

1500 —

清朝　1600 —

1700 —

1800 —

1900 —

中華民國

2000 —

時，美軍還用水泥封住日軍堡壘的洞口，把日軍活活地悶死在裡面。可是，儘管如此，美軍還是沒能控制住硫黃島，付出了很大的代價才占據了其中的三分之一。

在日本人這邊，他們知道美國人多勢眾，不拼死一戰就只有死路一條。於是個個瘋狂往前衝。這時，栗林忠道也過來給士兵打氣。

在栗林忠道的鼓勵下，日軍在硫黃島上打起了游擊戰，這可讓美軍吃了不少苦頭，僅幾天的時間裡，美軍就死了幾千人。直到後來美軍源源不斷地趕來，才逼得栗林忠道自殺了，也是在此時，美軍才占了上風。

硫黃島一戰，由於美軍低估了對手，造成了不可挽回的損失。

沖繩之戰

1945年春天，美國人費了九牛二虎的力量，終於拿下了硫黃島。這之後，美軍又不安份起來，開始打沖繩島的主意。然而在硫黃島失守後，日本人就把希望寄託在沖繩島上，把大批的軍隊調到這裡，進行重點防禦，以防止太平洋防線被美軍徹底攻破。

3月25日，美國總部放出話來，說鑑於在硫黃島一戰吃虧不少，這次攻打沖繩島一定不可大意，要派重兵出擊，讓日本人沒有還手的機會。美國人這次竟然派來28萬地面部隊和34艘航空母艦，同時又有一大批戰鬥艦和輔助艦船出動。看看這陣勢，要是膽子小一點的早就投降了，可是日本卻不服氣，定要跟美國人戰鬥一番。

3月26日，美軍開始對沖繩島發起進攻。剛開始的時候，美國只偶爾地發幾個炮彈想嚇嚇日本，可誰知日本也和美軍打了起來。31日，美軍開始大規模地炮擊，不多久，他們用近30000枚重型炮彈轟炸沖繩島。

經過一番轟炸後，6萬美軍在4月1日登上了沖繩島，這一次，登陸的美軍沒有碰到一個日本人前來抵抗。這時候，美軍得意起來，以為日本人被炸得畏懼了。令美軍沒想到的是，這是日本人的誘敵深入計，為了不作

美軍大炮的炮灰，日軍早已經放棄了灘頭的陣地，撤到了內地的防禦工事裡，在這裡等美軍中計。

三天後，美軍漸漸地深入到沖繩島內部。這時，早就準備好的日軍突然殺了出來，放眼看去整個島上煙霧四起，嗖嗖的全是槍林彈雨。美軍一看都愣住了，原來日本軍隊都在這裡。接下來，美軍和日軍展開了激烈的戰鬥，他們打得直到雙方都死傷得差不多時才罷手。

而在首里地區，日軍早早便鑽進天然的山洞裡，在這裡守洞待美國人。等美國人大搖大擺地走到這裡時，洞裡的日軍一齊大喊著殺出來，嚇得美軍以為是天降奇兵，不得不另外採取其他方法和日軍較量。於是，美軍的指揮官霍奇少將就對上級報告說：「不知道沖繩島的山洞裡有多少日本精兵，現在我們只有用炸藥把他們弄出來，否則，我們只有被他們毀掉，死路一條。」就這樣，美軍調過來大批的火炮，在沖繩島上胡亂地炸了一氣，想把日本人全炸死在洞裡。然而，這種打法卻沒有收到多大的效果，日本根本沒有受到多大傷害。後來，美軍又登陸了18萬人，在這裡和日本人打起了消耗戰，這下日本不得不退到珊瑚山一帶。

不知道不覺兩個月已經過去，日軍終於招架不住美軍的攻勢，節節敗退。這時候，美國人把炸彈和毒氣搬過來，把它們全放進日本人藏身的地方，這下島上的日本軍被殺得一個不剩。

這次戰役，日、美兩國都受到了慘重的損失。最後，沖繩島被美軍占領，日本本土的最後一道防線也喪失了，接下來等著他們的就是法西斯的徹底毀滅。然而，這次戰役中，美國雖然看似站在正義的一邊，卻使用了毒氣等沒有人性的武器，以至到現在還有9000多名毒死的日本人的屍骨留在山洞裡。

超級戰鬥艦的覆滅

1944年10月24日，日本把自己的超級戰鬥艦「武藏號」及其姐妹艦

BC

— 0　耶穌基督出生

— 100

— 200

— 300　君士坦丁統一羅馬
　　　羅馬帝國分成兩部
— 400

— 500　波斯帝國

— 600　回教建立

— 700

— 800
　　　凡爾登條約
— 900
　　　神聖羅馬帝國建立
— 1000

— 1100　十字軍東征

— 1200　蒙古第一次西征

— 1300　英法百年戰爭開始

— 1400
　　　哥倫布發現新大陸
— 1500
　　　英國大破無敵艦隊
— 1600

— 1700　發明蒸汽機

　　　美國獨立
— 1800
　　　美國南北戰爭開始
— 1900　第一次世界大戰
　　　第二次世界大戰
— 2000

上古時期
漢
三國
晉
南北朝
隋朝
唐朝
五代十國
宋
元朝
明朝
清朝
中華民國

BC
— 0
100 —
200 —
300 —
400 —
500 —
600 —
700 —
800 —
900 —
1000 —
1100 —
1200 —
1300 —
1400 —
1500 —
1600 —
1700 —
1800 —
1900 —
2000 —

「大和號」開出家門，風風火火地朝菲律賓呂宋島南面的錫布延海上開去。看看這兩艘戰鬥艦，巨大無比，火炮林立，在當時的國際社會上，可以說沒有哪個國家有這樣貨真價實的戰艦，就連一些大國家也因此讓日本三分，不敢輕易向日本人發動戰爭。

這時候，美軍登陸菲律賓，在這裡打起了反攻戰，把日本打得一敗塗地。見到這種情況，日本人很惱火，他們把「武藏」號戰鬥艦開過來，決定和美國人開戰。

1944年10月的一天，「武藏」號隨著粟田艦隊來參加菲律賓海戰，可是走到半路的時候，它便中了美國潛艇和飛機的埋伏，不得不退出戰鬥。第二天清晨，這支日本艦隊又被美軍發現了，由於武藏號的撤退使這支粟田艦隊失去了空中掩護，大大降低了戰鬥力，這下美軍得意了，決定起用大批飛機打日本個措手不及。

美國第三艦隊司令哈爾西海軍上將下令：「日本現在沒有空中掩護，兄弟們，給我開炮，讓這支艦隊沉到海底去。」

聽到命令，美國「卡伯特」號和「無畏」號航母上的24架飛機起飛了，它們成功突破防空火網，把2顆炸彈和1枚魚雷扔進了「武藏」號的前艙。然而，這一次攻擊只僅僅使「武藏」號抖了一下，並沒有傷著它的要害。這個時候日本人也得意起來，仍以為「武藏」號是大日本帝國的驕傲，是永遠不落的太陽，不可戰勝，所向無敵。

到了中午，美國人看到「武藏」號還安然無恙，心裡著急，就準備發起第二進攻。這一次美國人就動用24架魚雷機，猛地向「武藏」號衝來。可是，這些魚雷並沒有全部發揮作用，僅有3枚擊中了「武藏」號。而這3枚魚雷對「武藏」號來說，簡直跟螞蟻咬幾下差不多，「武藏」號依然大搖大擺地航行在海上。

但是，這時候日本艦隊司令粟田健男海軍中將卻有種不祥的預感，覺得沒有空中掩護的話，這支艦隊遲早都會被摧毀。於是，他趕緊跟日本海軍總部聯繫，請求一批飛機增援。而在這時，美國人也想趁現在日本人的救兵還沒來，趕緊把粟田健男的艦隊擺平，這可是機不可失，失不再來。

於是，美軍的第三次進攻開始了，他們知道這是最後一次進攻的好時機，如果這次不能成功，那日軍的增援就會趕到，到時候就不容易戰勝了。說著說著，美軍的29架飛機從「列克星敦」號和「埃塞克斯」號航空母艦上飛上藍天，氣勢十足地朝「武藏」號飛去。沒過多久，就見「武藏」號中4顆炸彈和1枚魚雷。

這時，栗田健男忍不住了，他混身發抖，再次致電總部，請求增援。

「總部，現在我們大日本帝國的『武藏』號受到美國攻擊，快要不行了，馬上派航空部隊過來，要不然美國就大獲全勝了。」

就在這時，美國人又起動60多架飛機發起進攻，只見一陣炮彈響過之後，「武藏」號的司令塔被炸壞，船上電力也被中斷，船體傾斜竟然達到15度。後來，見「武藏」號還不下沉，美國人又組織了幾次進攻，他們把1000公斤的炸彈和2000磅的魚雷扔向了「武藏」號。這一次，「武藏」號連同上面的一千多名官兵沉到了海底。

擊沉大和號

日本聯合希特勒發動了第二次世界大戰，想著稱霸世界、獨步武林，到時候就可以在別人的地盤上作威作福。可二戰打到最後，盟國的軍隊占據了上風，日本等法西斯國家逐漸失利，只得做最後的垂死掙扎。

那時候，日本憑著太平洋上的防線，公然和美國打起了太平洋戰爭。剛開始，由於日本早有準備，再加上美國沒有把日本人放在心上，日本一度占了不少便宜。然而，沒過多長時間，美軍就攻下了日本太平洋防線上的重要據點——硫黃島，大大地挫傷了日本人的銳氣。

1945年4月1日，美國幾十萬大軍開始在日本太平洋防線的另一重要據點登陸，這就是和硫黃島相互照應的沖繩島。這時候日本人害怕了，他們知道，如果讓美國人占領了沖繩島，那日本本土就徹底為美國所掌控。為此，日本人制定了保衛沖繩島的「天號作戰」計畫，決定派「大和」號戰

BC

— 0　耶穌基督出生

— 100

— 200

— 300
　　君士坦丁統一羅馬

羅馬帝國分成兩部
— 400

— 500　波斯帝國

— 600　回教建立

— 700

— 800

凡爾登條約
— 900

神聖羅馬帝國建立
— 1000

— 1100　十字軍東征

— 1200
　　蒙古第一次西征

— 1300
英法百年戰爭開始

— 1400

哥倫布發現新大陸
— 1500

英國大破無敵艦隊
— 1600

— 1700　發明蒸汽機

美國獨立
— 1800

美國南北戰爭開始
— 1900
　　第一次世界大戰
　　第二次世界大戰

— 2000

上古時期　BC

漢

－ 0

100 —

三國
晉　　200 —

300 —

南北朝　400 —

500 —

隋朝　　600 —
唐朝

700 —

800 —

五代十國　900 —

宋　　1000 —

1100 —

1200 —

元朝
1300 —

明朝
1400 —

1500 —

1600 —
清朝

1700 —

1800 —

1900 —
中華民國

2000 —

鬥艦前去打擊美國。

　　4月6日這天，日本聯合特攻艦隊在「大和」號的帶領下駛出豐後水道，大搖大擺地朝太平洋方向推進。然而，令人沒想到的是，這支日本的艦隊剛走到九州海岸，就被埋伏在這裡的美國潛艇發現了。這時候的美軍作法是讓它們先過去，等時機成熟再把它們一網打盡。

　　這支日本的艦隊航行得很快，4月7日天還沒亮的時候，它們就到了九州以南的公海領域。在這裡，美軍的巡邏機盯住了它們，並把它們的行蹤報告給了第五艦隊司令斯普魯恩斯。斯普魯恩斯接到這個消息很興奮，就趕緊發訊息給米切爾，要他的艦隊發起進攻。

　　中午時分，「大和」號上的全體官兵正在開心地吃著日本料理，突然，米切爾的40架飛機猛地飛過來。這讓日本艦隊上的官兵一陣手忙腳亂，趕緊放下手裡沒吃完的料理，匆忙地朝自己的工作崗位跑去。原來，這「大和」號是日本人祕密製造的超級海上霸王，在當時是最厲害的海上戰艦，被認為是永遠打不敗的，如果一對一單挑的話，世界上任何一個國家的戰艦都不是它的對手。因此，這次出海作戰，「大和」號的官兵都想著美國的飛機不敢過來挑戰。

　　然而，擺在日本人眼前的事實卻並不如他們想像的那樣，美國人的飛機真的飛來了，這確實讓日本人大吃一驚。「大和」號上的官兵很快就發射了高射炮，想摧毀美國空軍。可是，這40多架飛機也是很難對付的。結果，經過一番較量，日本以「大和」中了2顆炸彈和1枚魚雷的結局收場。

　　美軍一看「大和」號中了彈，就越發猛烈地進攻，不讓日本艦隊有喘息的機會。這次，美軍起動了250架轟炸機，漫天遍海地朝日本艦隊飛來。不多久，就有一艘日本的巡洋艦被擊中。接下來，美軍咬住日本艦隊不放鬆，又派了100多架飛機對它們進行輪番轟炸。到最後，「大和」號被打到喪失了戰鬥力。直到下午兩點多鐘，幾百架美國飛機緊追著「大和」亂炸一氣。「大和」號上的一個彈藥庫被引爆了大火，發生了連鎖爆炸反應。這一艘被日本人認為不會沉沒的大船終於要沉了，只見它上面濃煙滾滾，最後慢慢地沉到了大洋底部。

| 第四十七章 | 世界新秩序的建立

處死墨索里尼

1945年4月的一天夜裡，在人們都沉醉在美夢中時，一隊30多輛汽車載著一群法西斯分子正在公路上飛馳，他們要開往義大利邊界穆索。這時候，義大利的游擊隊早已經埋伏在路邊，專等著這支車隊駛來。

「停車，停車……」等這車隊靠近的時候，義大利的游擊隊員們就跳出來，圍住這支車隊。

這支車隊被突然攔在面前的人嚇到了，後面幾輛車裡坐的義大利人發現情勢不對，有的掉頭逃跑，有的往穆索方向衝去。游擊隊員也很機靈，他們趕緊開槍，分頭堵截要逃的車輛。沒多久，這些想逃跑的人全部被游擊隊捉住，他們開始逐一地對每輛車進行檢查。

游擊隊員奈里大尉爬進車裡，看見裡面坐的還有德國兵，他們正說著悄悄話。奈里又仔細地掃視了一下車中，發現角落裡有一個人，在那蜷縮著，穿著件破爛的軍大衣，下身著一條金色條紋褲。奈里心裡想，納粹黨對服裝和形象很注意，這個人怎麼如此邋邊。

「他是不是希特勒的親戚？」奈里懷疑地問。

「不不不，他只是個酒鬼，希特勒哪有什麼親戚，不要吵他，他會發酒瘋的。」德國兵回答道。

奈里並不相信德國兵的話，他慢慢地走下車，安排了幾個人看緊這輛車，然後就跑到指揮部報告，說發現了可疑人物。接下來，游擊隊員全都向這輛車圍攏過來，把裡面的德國人全弄下車，經過審問，這個可疑人物正是義大利法西斯頭子墨索里尼。

BC

— 0　耶穌基督出生

— 100

— 200

— 300
君士坦丁統一羅馬

羅馬帝國分成兩部
— 400

— 500　波斯帝國

— 600　回教建立

— 700

— 800

凡爾登條約
— 900

神聖羅馬帝國建立
— 1000

— 1100　十字軍東征

— 1200
蒙古第一次西征

— 1300
英法百年戰爭開始

— 1400

哥倫布發現新大陸
— 1500

英國大破無敵艦隊
— 1600

發明蒸汽機
— 1700

美國獨立
— 1800

美國南北戰爭開始
— 1900
第一次世界大
第二次世界

— 2000

墨索里尼既然是義大利人，為什麼又被義大利遊隊捉住呢？這說來就話長了，早在1943年時，英、美盟軍在西西里島登陸，義大利法西斯快完蛋時，墨索里尼就失去了人心，一大群官員這時候就發動政變，把他趕下臺，將他軟禁在一座山頂上。後來，義大利就投降了盟軍，退出二戰的舞臺。

隨後，希特勒得知墨索里尼在一個山頂上受苦，心裡很不是滋味，就派人用滑翔機把墨索里尼接到德軍占領下的義大利北部。這之後，墨索里尼就宣佈成立新的義大利共和國，揚言要進行報復，把發動政變的人趕盡殺絕。

1945年，盟軍徹底扭轉二戰的局勢，德軍的防線被一一搞垮，其中包括德軍在義大利北部的防線。此時，墨索里尼急了，他趕緊收拾行李，帶著自己的情人，化妝成德軍，想要逃出邊境到瑞士過平常人的生活。然而，上帝從來都是站在人民的一邊，墨索里尼的陰謀沒有得逞，他在半路上被游擊隊捉住了。

這時候，義大利的人民正歡慶解放，人們又唱歌又跳舞，沉醉在祥和的節日氣氛裡。一天下午，義大利民族解放委員會下了命令，要處死墨索里尼，給慘死在他刀下的人民報仇。等到晚上時，游擊隊總參謀部派瓦萊尼奧上校來到東戈，把墨索里尼和他的情人一齊押上了車。為了確保萬無一失，瓦萊尼奧上校一直保持著高度的警惕。沒過多久，汽車開到了貝爾蒙特別墅附近的一塊高地上，這裡早有荷槍實彈的游擊隊員在這裡作好了準備。

看見有人拿著槍，墨索里尼知道自己的好日子就要完了，他知道自己的末日來了，發瘋似地哭喊著拼命的和希特勒劃清界限。

可是游擊隊員並不信他的胡言亂語，一陣槍聲過後，墨索里尼就和這個世界告別了。

希特勒的末日

　　1945年4月，盟軍開始對德國實施大規模的反攻，這時蘇聯紅軍和英、美聯軍匯師，瘋狂地朝柏林市區打來，在這裡和德國人短兵相接，打響了熱情四溢的巷戰。沒過多久，整個柏林全是戰火，希特勒這時不甘心受死，急忙躲到離地面很深的地下室，在這裡哭喊著回憶自己失去的江山。

　　「看到我遇到麻煩了，一個個都跑得比誰都快，空軍司令、陸軍元帥、黨衛軍閥目……都不是好東西，一個個離我而去。世道變了，我沒有可以相信的人，全世界都辜負了我。」

　　等到哭累了，希特勒就抽支菸歇歇，不過他仍然不能平靜，一會就又拿起了無線電。

　　「海因里希，你跑哪去了？溫克呢，你又鑽進哪裡了？我正被蘇聯紅軍圍在柏林，他們想要我的命，你們趕快把軍隊調過來，教訓教訓蘇軍，給柏林解圍。」

　　然而，希特勒沒想到的是，海因裡希和溫克的部隊早已經潰不成軍，哪裡還有能力過來營救柏林。

　　希特勒左等右等不見人來，就嚇得兩眼發綠，混身亂抖。在他腦子裡出現了可怕的一幕，他被人活活打死，頭朝下丟在廣場上，人們紛紛過來圍觀，全都指著他的鼻子大罵「希特勒死得好、死得妙」。想到這，希特勒心裡冰涼冰涼的，他覺得一個人混到這地步，還不如早早死了清淨。

　　他命令格林去找汽油和毛毯，打算萬一實在是沒辦法的時候，就裹上毛毯，澆上汽油一死了之算了。

　　然後，他還吩咐格林，說等他死了以後就將軍權交給鄧尼茨。然後，他在臨死前，還要和最愛的人愛娃舉行一次婚禮。

　　場地就選在了地下室，格林是他們的證婚人。只見格林站在婚禮主持人的位置上，手裡拿著稿子用顫抖的聲音說。

BC

— 0　耶穌基督出生

— 100

— 200

— 300
君士坦丁統一羅馬
羅馬帝國分成兩部
— 400

— 500　波斯帝國

— 600
回教建立
— 700

— 800
凡爾登條約
— 900
神聖羅馬帝國建立
— 1000

— 1100　十字軍東征

— 1200
蒙古第一次西征
— 1300
英法百年戰爭開始
— 1400

哥倫布發現新大陸
— 1500

英國大破無敵艦隊
— 1600

— 1700　發明蒸汽機

美國獨立
— 1800
美國南北戰爭開始
— 1900
第一次世界大戰
第二次世界大戰
— 2000

上古時期　BC

漢

— 0

100 —

三國

晉

200 —

300 —

南北朝

400 —

500 —

隋朝

600 —

唐朝

700 —

800 —

五代十國

900 —

宋

1000 —

1100 —

1200 —

元朝

1300 —

明朝

1400 —

1500 —

清朝

1600 —

1700 —

1800 —

1900 —

中華民國

2000 —

「女士們、先生們，今天是個大喜的日子，我們的老大希特勒和愛娃喜結良緣，讓我們衷心地祝福他們夫妻恩愛、幸福永遠……幸福永遠。」

第二天上午，蘇聯紅軍馬上就要打到總統府時，希特勒絕望了，吃過午飯後，他來到自己的房間，望著自己剛娶到手的新娘淚流滿面，不一會，他拿出手槍，對準自己的腦袋就扣動了扳機。

愛娃的如意郎君希特勒死了，她覺得活著再沒什麼意義，也趕緊吃下劇毒氰化鉀隨希特勒而去。這時候，格林和幾個衛兵走過來，用事先準備好的毯子裹起希特勒和愛娃的屍體，抬到外面的花園裡燒掉。

在希特勒自殺後，他的手下也紛紛仿效他的手法，先毒死自己的老婆、孩子，然後再拿槍對準腦門自殺了。這下，納粹德國群龍無首，蘇聯紅軍很快占領柏林，三十萬德軍不戰而降，乖乖地向盟軍放下了武器。

再看看希特勒，也不是什麼金剛不壞之身，他早被大火燒成了灰，隨著他的帝國夢一起滅亡了。到此，第二次世界大戰全面結束，盟軍取得了完美的勝利。

盟國對德國的處理

盟國對戰敗的德國的處理計畫，經歷了從分割德國到分區占領德國的變化。

1945年2月的雅爾達會議，正式決定了戰後由美、英、蘇分區占領德國，並同意如果法國願意也可參與占領行動。

德國投降後，美、英、蘇、法四國公布了它們在占領和管制德國方面已經達成的協議，並對德國實行分區占領：西北區由英國占領，西南區由美國占領，東區由蘇聯占領，從英國和美國占領區劃出的西區由法國占領；同時在蘇占區中的大柏林市也被分區占領。另外，根據《雅爾達協定》和《波茨坦議定書》，四國駐德國占領軍的總司令組成中央管制委員會，即盟國管制委員會，其任務是接管德國的最高權力，協調與監督各占

領區的行政管理工作，並共同處置有關全德國的一般事件。

　　盟國管制委員會雖為全德最高權力機構，但由於四大國都在自己的占領區內實行軍事管制，並只根據本國政府的指令行事，對本國政府負責，使各占領區實際成為彼此獨立的「國中之國」；再加上各國代表均擁有否決權，在重大問題上很難達成一致協議，因此盟國管制委員會形同虛設。例如，在1945年7月30日～1948年3月20日蘇聯宣佈退出的兩年多時間裡，該委員會雖然先後通過了100多項法令和公告，但因無法在各占領區內得到有效貫徹，而成為廢紙。當時的美國國務卿貝爾納斯承認：「就有關許多重大問題而論，管制委員會對德國既未進行管理，也未讓德國人管理自己。」因此，四國對德國的分區占領，實際上使德國已經顯露出將被分割的端倪。

　　但是在對待納粹主要戰爭罪犯的審判問題上，盟國進行了最重要的合作。

　　1943年11月2日，美、英、蘇三國首腦在莫斯科發表《嚴懲戰犯宣言》，正式宣佈：凡曾經負責或同意參加各種暴行、屠殺或集體執行死刑的德國軍官和納粹黨員，都將受到審判並治罪。《波茨坦協定》再次聲明應迅速與公正地審判戰犯。1945年8月8日，美、英、蘇、法四國代表在倫敦簽訂了設立紐倫堡國際軍事法庭的協定。11月20日，紐堡國際軍事法庭開庭。

　　該法庭對包括戈林、赫斯、里賓特洛夫在內的24名首要戰犯進行了審理，還對德國內閣、納粹黨政治領袖集團、黨衛隊、祕密員警、衝鋒隊以及參謀總部和國防軍最高統帥部等6個集團進行了審判。法庭起訴書從四個方面對被告提出起訴：（一）共同策劃和密謀破壞和平罪；（二）破壞和平罪；（三）戰爭罪；（四）違反人道罪。法庭對3000多份原始資料進行了認真的核查，並透過一個專門授權的委員會，對200多個證人和其他數百人進行了傳訊，有22名德國律師可以為被告進行辯護，並提交任何數量的書面文件。他們提交的材料不少於30萬份。在10個多月的審判中，法庭共舉行了403次公審，英文審判記錄長達77萬頁，最後宣讀的判決書

BC

— 0　耶穌基督出生

— 100

— 200

— 300　君士坦丁統一羅馬

羅馬帝國分成兩部
— 400

— 500　波斯帝國

— 600　回教建立

— 700

— 800

凡爾登條約
— 900

神聖羅馬帝國建立
— 1000

— 1100　十字軍東征

— 1200
蒙古第一次西征

— 1300
英法百年戰爭開始

— 1400

哥倫布發現新大陸
— 1500

英國大破無敵艦隊
— 1600

發明蒸汽機
— 1700

美國獨立
— 1800

美國南北戰爭開始
— 1900
第一次世界大戰
第二次世界大戰

— 2000

上古時期　BC

漢

－ 0

100 －

三國

晉　　200 －

300 －

南北朝　400 －

500 －

隋朝　600 －
唐朝

700 －

800 －

五代十國　900 －

宋

1000 －

1100 －

1200 －

元朝
1300 －

明朝
1400 －

1500 －

1600 －
清朝

1700 －

1800 －

1900 －
中華民國

2000 －

長達250頁。1946年9月30日，法庭判處戈林、里賓特洛夫、凱特爾等12人絞刑；赫斯等7人無期徒刑或10～20年徒刑；沙赫特、巴本和弗里切無罪（對此蘇聯法官提出不同意見）。另外，法庭宣判納粹黨政治領袖集團、黨衛隊、祕密員警等為犯罪組織；衝鋒隊、德國內閣、參謀總部和國防軍最高統帥部為非犯罪組織（對此蘇聯法官提出不同意見）。

　　1946年10月1日紐倫堡審判結束。10月16日除下落不明的鮑曼和服毒自盡的戈林外，其餘10名罪大惡極的戰犯在紐倫堡監獄被處決。另外，四國在各自的占領區內，還分別對其他犯有戰爭和違反人道罪的人進行了審判。

　　根據《波茨坦協定》，盟國占領德國後的主要任務是，對德國實施非納粹化、非軍事化、非工業化和民主化政策，但並無統一規定。由於蘇聯與美、英等國在社會、政治、經濟制度和意識形態方面根本不同，因此除了非軍事化在戰爭結束時已經成為既成事實之外，在執行上述其他政策的過程中，雙方必然是根據自己的理解和政治、經濟、安全等利益的需要而行動。

　　蘇聯將「非納粹化」稱為「根除法西斯殘餘」，並認為必須透過這一行動對德國社會進行根本的改造，以防止軍國主義和法西斯主義捲土重來。因此在蘇占區，非納粹化過程是改革社會結構進程的一部分，與非工業化和民主化密切結合，透過逐步限制和消滅生產資料私有制，使法西斯主義失去社會經濟基礎。1946年2月末，蘇占區的共產黨中央委員會和社會民主黨中央委員會達成決定兩黨合併的協議。同年4月，兩黨合併為統一社會黨，其黨綱主張透過民主道路走向社會主義，以後統一社會黨逐步按照蘇聯共產黨的模式建黨。另外，蘇聯以受德國的戰爭侵略損失嚴重為理由，堅持對德國採取嚴厲賠償政策。

　　在三個西占區，非納粹化是一個寬嚴不等的人事清洗過程，美占區涉及面最廣。總的說來，從1945年到1950年末，可分為大規模逮捕、實施判刑或賠償的解脫法、將非納粹化任務交給聯邦共和國、西德各州頒佈結束法四個階段。在此期間，各個軍政府於1945年9～12月發佈命令，允許成

立按西方模式建立的政黨。因此，共產黨從一開始就遇到社會民主黨的競爭，西占區的社會民主黨反對與共產黨合併。另外，1945年9月組成的新黨基督教民主同盟，逐漸擁有較大影響。由於戰後美、英視蘇聯為主要對手，並把德國的前途與歐洲的發展聯繫起來，所以放棄了對德國的非工業化政策，它們不僅對任何一個大壟斷企業進行非卡特爾化，而且採取措施扶植德國西部的經濟。法國也不想拆卸工廠設備，而是使之恢復生產，並把產品運往法國作為賠償。

由此可見，盟國在各自占領區內實行的不同政策，使德國的統一已經存在極大障礙，而蘇聯和美、英等國對德國統一的不同看法和做法，也使德國日益朝著分裂的方向走下去。

日本投降與美國單獨占領日本

1945年7月，中、美、英三國發表《波茨坦宣言》要日本無條件投降，否則將對日本不客氣。然而，日本人並不拿忠告當回事，繼續垂死掙扎。為了教訓一下這不知天高地厚的日本，美國人在8月6日向廣島投下了一顆原子彈。8月8日，蘇聯紅軍又宣佈對日作戰，出兵中國東北，跟那裡的日軍刀槍相見。

1945年8月9日，在日本東京，一群日本軍政要人鑽到皇宮防空洞裡，在這裡品評當前局勢，尋找救國之道。

「從當前形勢看，要想維護國體、保住天皇制度，只有一個辦法，那就是投降。我勸各位要有自知之明，仗都打到這個地步了，別再毒害老百姓了。」外相東鄉茂德無奈地說出了自己的想法。

「投降？投降後我們有什麼好的結果，到時候盟軍肯定不會手下留情，給我們找一些莫須有的罪名，然後把我們全幹掉。」

「我們大日本帝國只能戰死，不能投降。想要投降的這些人聽好了，你們不配當大和民族的子民……」

BC

— 0　耶穌基督出生

— 100

— 200

— 300
君士坦丁統一羅馬
羅馬帝國分成兩部
— 400

— 500　波斯帝國

— 600　回教建立

— 700

— 800
凡爾登條約
— 900
神聖羅馬帝國建立
— 1000

— 1100　十字軍東征

— 1200
蒙古第一次西征
— 1300
英法百年戰爭開始
— 1400
哥倫布發現新大陸
— 1500
英國大破無敵艦隊
— 1600
發明蒸汽機
— 1700
美國獨立
— 1800
美國南北戰爭開始
— 1900
第一次世界大戰
第二次世界大戰
— 2000

上古時期　BC

漢

　　　－ 0

　　　100 －

三國
晉　　200 －

　　　300 －

南北朝　400 －

　　　500 －

隋朝　600 －
唐朝

　　　700 －

　　　800 －

五代十國
　　　900 －
宋

　　　1000 －

　　　1100 －

　　　1200 －

元朝
　　　1300 －

明朝

　　　1400 －

　　　1500 －

清朝　1600 －

　　　1700 －

　　　1800 －

　　　1900 －
中華民國

　　　2000 －

經過一番爭論過後，大家還是不知道怎麼辦才好。到了下午，日本首相鈴木如開內閣會議，再次商量是否投降的事，結果還是沒有拿定主意，看樣子只有請天皇來決定了。隨後，鈴木向天皇報告了《波茨坦宣言》，然後又有一些人說了自己的想法。

「我們大日本帝國準備接受盟國的條件，宣佈投降。不過天皇請放心，我們不會讓你丟臉，我們會極力保護你的權威和尊嚴。」

「天皇，我們知道接受《波茨坦宣言》不是多光榮的事，可是沒有辦法，美國的原子彈太厲害了，如果再不投降，大和民族恐怕會絕種的。所以請天皇保住龍體，日後我們東山再起。」

天皇默默地聽著眾人的話，不禁覺得有些悲傷。不過事已如此，他不得不痛下決心，好使大和民族不至於斷子絕孫。

8月10日，日本向盟軍表態說願意接受《波茨坦宣言》，一時間，日本無條件投降的消息成了全世界新聞的焦點。8月14日，日本天皇再次召開會議，會上一些主戰派泣不成聲，想感動天皇再戰，可是天皇這次是下定了決心，不為這些眼淚所動容。

哭戲不行，主戰派就闖進皇宮，想阻止天皇向全國廣播投降，可日本天皇對此早有準備，警衛連很快就鎮壓了主戰派的叛亂。8月28日，美國的飛機在東京降落，盟軍開始占領日本。9月2日，在美國的戰鬥艦「密蘇里號」上，日本政府正式簽訂了投降書。到此，日本帝國主義歷時十五年的侵略戰爭宣告結束，盟軍取得了第二次世界大戰的最後勝利。

美國認為，戰後在日本要達到的基本目標，是使日本不再成為對美國和太平洋地區各國的威脅，並建立一個尊重別國權利和履行國際義務的政府。為此，日本從其他國家掠奪的領土應當歸還。但日本基本上應被視為一個整體，不應進行分割，美國要負起提供占領軍的主要責任，不讓蘇聯染指。

日本投降後，美國以「盟軍」的名義，陸續派遣40多萬美軍進駐，並單獨占領了日本。1945年11月，美、英、蘇在莫斯科三國外長會議上通過了《關於建立遠東委員會及盟國對日委員會的決議》，作為對日管制機

構，並得到了中國的同意。遠東委員會的總部設在華盛頓，由美、英、蘇、中、印、澳、紐、法、荷、菲、加11國組成；盟國對日委員會設於東京，由盟軍最高統帥任主席，美、蘇、中各派1名代表，英、澳、紐、印各派1名代表組成。前者在名義上是對日管制的最高決策機構，負責制定管制日本的政策，有權審查盟軍最高統帥的各項政策和行動。但由於美、英、蘇、中四國擁有否決權，而美國又是所有政策的唯一執行者，因此，在形式上位於盟軍最高統帥之上的遠東委員會，並不能真正履行自己的職權。至於後者，則僅僅是一個最高統帥的諮詢機構。因此，這兩個委員會的成立並沒有改變美國在日本的支配地位。

根據美國政府在戰爭末期和戰後初期對日本實行打擊和限制為主的政策，美國占領當局對日本進行了自上而下的民主化改革，其核心內容是：解散軍隊，逮捕戰犯，整肅軍國主義勢力；廢除專制政治，保障基本人權和政治自由，制定新憲法；解散財閥並進行農地改革；教育改革等等。這場改革使整個日本社會發生了巨大變化，為戰後日本經濟的迅速發展，和民主的加強奠定了基礎。

但是，隨著冷戰的全面展開和不斷加劇，美國的對日政策也從打擊和限制，轉為扶植和支持。

與處置德國戰犯一樣，同盟國對日本戰犯也進行了國際審判，其規模比紐倫堡審判更大。1946年5月3日，由美、中、英、蘇、澳、加、法、荷、紐、印、菲11國組成的遠東國際軍事法庭，在東京陸軍省大廈會堂正式開庭，對包括東條英機、土肥原賢二在內的18名甲級戰犯（即犯有破壞和平罪）進行審判。最後，法庭判處土肥原賢二、東條英機、廣田弘毅等7人絞刑，其餘18人為無期或有期徒刑，另有三人因病或發瘋而中止審判。1948年11月12日審判結束。12月13日，7名罪大惡極的法西斯分子被處死。

BC

— 0 　耶穌基督出生

— 100

— 200

— 300 　君士坦丁統一羅馬
　　　　羅馬帝國分成兩部
— 400

— 500 　波斯帝國

— 600 　回教建立

— 700

— 800

　　　　凡爾登條約
— 900

　　　　神聖羅馬帝國建立
— 1000

— 1100 　十字軍東征

— 1200
　　　　蒙古第一次西征

— 1300
　　　　英法百年戰爭開始

— 1400

　　　　哥倫布發現新大陸
— 1500

　　　　英國大破無敵艦隊
— 1600

　　　　發明蒸汽機
— 1700

　　　　美國獨立
— 1800

　　　　美國南北戰爭開始
— 1900
　　　　第一次世界大戰
　　　　第二次世界大戰

— 2000

朝鮮問題的起源

　　現在朝韓問題一直是國際上的焦點。朝韓問題由來已久，其根源是二戰後盟軍對朝鮮的分區占領。

　　二戰即將勝利的時刻，美、蘇、英三國首腦在雅爾達簽定祕密協議，美、英以出讓中國東北利益，換取了蘇聯對日宣戰，並指出了朝鮮半島因高麗人沒有自治能力，故決定應該由美國、蘇聯、中國和英國實行國際託管。在雅爾達會議上，史達林曾經問羅斯福，有什麼外國軍隊要進入朝鮮，羅斯福回答沒有。

　　1945年8月下旬，因蘇聯對日作戰出兵中國東北後前鋒迅速抵達朝鮮半島中部的開城附近，美國的海軍和陸戰隊仍然在數千公里以外的沖繩，遂提出以北緯38度線為界，劃分受降範圍（這就是38度線的來源）。史達林由於既得利益（雅爾達協議保證東北的利益和大連－旅順軍港）並未受損，故答應了美國的要求。1945年9月美軍得以順利登上朝鮮半島。

　　1945年12月29日，美軍政府公布了12月27日，由美、英、蘇三國外長會議簽署的，關於對朝鮮半島進行託管，和建立臨時朝鮮半島民主政府的莫斯科協定。1946年3月組成了美、蘇、英託管委員會（中國因處在內戰邊緣未參與），形式上完成了雅爾達協議中的約定。儘管該委員會的目標是在這個委員會監督下，儘快使朝鮮半島選出自己的合法民主政府，但與此同時，美國和蘇聯均在自己軍隊的占領範圍內，分別扶持了服從於自己的政權。

　　處在冷戰邊緣的美、蘇兩國均吸收了在歐洲的教訓，在作為雅爾達協定中真空區的朝鮮半島問題上，都開始大膽地設立「鐵幕」。此時，無論是南方的還是北方的朝鮮民眾，都掀起了民族主義運動（包括「反託管」運動在內），主張成立全半島統一的朝鮮人自己的政權。美、蘇兩國出於冷戰需要，也同時放膽對自己勢力範圍內的反對派進行了清理。

　　在北方（北朝鮮），民族主義領袖曹晚植因反對託管而被蘇軍軟禁，

1950年被殺害；蘇軍在朝鮮平北龍岩浦鎮壓了右翼學生運動，在新義州鎮壓了「反託管」學生運動；北朝鮮民族主義分子和右翼分子被掃除乾淨，在北方的政黨幾乎都是清一色的共產黨或左翼團體，右派基本消除。不但是右派，在共產黨內部也有清洗，玄俊赫的關西共產主義者以及朱寧河、吳琪燮關北派，不是被暗殺就是被驅逐出黨，他們的消亡正是由於反對金日成路線所致。

在南方（南韓），1947年7月左翼民主派呂運亨被暗殺，該派作為一支政治力量便不復存在了。朝鮮半島的共產黨各派解放後一度聯合重建，但在美國占領軍和右翼勢力打擊下，活動空間越來越小，1946年年5月8日，美占領當局以「精版社偽幣事件」為藉口，取消南韓共產黨等左翼政黨合法性。1947年，南韓共產黨主要領導人逃往北方，它在南韓影響也就消失了。右翼民主黨領袖人物宋鎮禹，因為他宣稱配合政府軍的託管行為，於1945年12月被暗殺的金九「臨政派」雖然一度得到廣泛支持，但他密謀奪取南韓警察權，遭到了失敗，於是美國政府把他作為民族主義分子，排除在外；於是美國要想扶植一位傾向於美國政府的代言人，只能是李承晚集團了。

由於兩國不斷培植自己的勢力，美、蘇聯合委員會無法就朝鮮半島如何組織統一選舉達成協議。美國指責蘇聯在北方鎮壓右翼黨派和反對派，而蘇聯則指責美國在選舉問題上弄虛作假。有鑑於此，1947年9月17日，美國將朝鮮半島問題提交聯合國。主張聯合國設立聯合國朝鮮半島問題臨時委員會，負責觀察、監督分別在南北韓舉行的大選，組成全朝鮮半島的國民議會，由國民議會再召集會議建立國民政府。10月31日，美國避開安理會直接將方案提交聯合國大會，儘管考慮到美國當時在聯合國的「號召力」，蘇聯仍持反對意見，但聯大政治委員會仍以投票方式通過了美方的提議。

由不包括美、蘇在內的九國組成「聯合國韓國臨時委員會」（UNTCOK），監督建立全韓國議會並選舉統一的政府。

1948年1月，印度代表梅農率聯合國委員會赴韓，安排統一選舉事

— 0　耶穌基督出生

— 100

— 200

— 300
君士坦丁統一羅馬

羅馬帝國分成兩部
— 400

— 500　波斯帝國

— 600　回教建立

— 700

— 800
凡爾登條約
— 900
神聖羅馬帝國建立
— 1000

— 1100　十字軍東征

— 1200
蒙古第一次西征

— 1300
英法百年戰爭開始

— 1400

哥倫布發現新大陸
— 1500

英國大破無敵艦隊
— 1600

發明蒸汽機
— 1700

美國獨立
— 1800
美國南北戰爭開始

— 1900
第一次世界大戰
第二次世界大戰

— 2000

上古時期　BC

漢

－ 0

100 －

三國　　200 －
晉　　　300 －

南北朝　400 －

500 －

隋朝　　600 －
唐朝
700 －

800 －

五代十國　900 －
宋　　　1000 －

1100 －

1200 －

元朝　　1300 －

明朝　　1400 －

1500 －

清朝　　1600 －

1700 －

1800 －

1900 －
中華民國
2000 －

務。蘇聯禁止在北朝鮮進行此種選舉，不允許聯合國人員入境，他們只得在首爾考察後返回。1948年2月26日，聯大臨時委員會通過決議：「允許韓人在盡可能到達的地方繼續選舉。」1948年5月10日，在軍警的嚴密戒備和監督下，南韓舉行了單獨選舉。據10日夜各投票點關閉後的統計，南韓800萬選民中，大約85％以上的人參加了選舉。選舉的結果是李承晚以略優的優勢，坐上南韓總統寶座。8月15日，大韓民國政府正式宣告成立，而北方在沒有中立國的監督下，則採取了自己單獨選舉的措施。據蘇聯稱，在北朝鮮參加這次選舉的選民占99.98％，金日成當選北朝鮮的最高領導人。1948年9月成立了最高人民會議，它宣佈了朝鮮民主主義人民共和國的成立。

國際軍事法庭的審判

　　第二次世界大戰結束了，有人統計了一下希特勒等法西斯軍隊的戰績，才吃驚地發現，這場吃人的戰爭總共奪去了五千萬人的生命，造成了約12000兆美元的直接損失。這時候人們十分關注發動這次戰爭的罪魁禍首。

　　納粹德國投降以後，盟國在這裡抓到了二十萬名戰犯，其中有好多都是罪大惡極的法西斯頭目。這時候，盟軍就精選了二十二名主犯，把他們運到德國的紐倫堡和日本東京進行審判，以達到殺雞儆猴的效果。

　　在紐倫堡軍事法庭，盟軍審查了這些希特勒的幫兇，決定把一些沒有人性的戰犯處死。就在這時，一些納粹要犯嚇壞了，他們不想死，於是就向柏林的盟軍管制委員會上訴，要求盟軍開恩，免除他們的極刑。同時，這些人還託關係，找到英國陸軍元帥蒙哥馬利、美國總統杜魯門和英國首相艾德禮說情。最後，令這些人想不到的是，不論什麼樣的大牌親戚也救不了他們，法庭仍然維持原判。

　　就這樣，有個叫戈林傢伙被捕時很不服氣，見到前來捉他的美軍時，

他仍厚著臉皮大罵；接著，他就吞下毒藥死了。

　　還有一些人，他們在受審時裝糊塗，說自己生活不如意，大腦受到刺激，當時殺害猶太人的情形一點也記不起了。然而，在大量事實面前，這些人不得不低下了頭，承認一樁又一樁醜事。最後，盟軍把這些戰犯一個個地送上了刑場，並把他們的骨灰撒到了德國的一條小河裡。

　　1946年5月3日，在亞洲，經過半年的準備，中、英、美、蘇等十一國代表組成遠東國際軍事法庭，對東條英機等一批戰犯正式進行審判。東條英機是日本法西斯的頭號人物，他在「九一八」事變後大規模地入侵中國，在中國犯下了滔天的罪行；除此這外，東條英機還發動太平洋戰爭，跟全世界人民對抗。這次東京受審，東條英機可以說是罪有應得。

　　然而，東條英機並不準備聽從法庭的判決，他找來自己的醫生，叫醫生用墨水在他胸部作上標記，然後朝這個地方一槍打來，想要痛快地結束他的一生。可是，上帝不會輕易放過這個壞蛋，東條英機的子彈打偏了，被盟軍救了回來，只得來到法庭和人民對質。

　　這時，東條英機就裝瘋賣傻，說什麼對中國的戰爭是友好的訪問，中國人民還曾對他表示過熱烈的歡迎；又說全世界人民都參加了戰爭，自己卻在這裡受審，自己是無罪的，日本只是在進行自衛。當然，沒有人相信東條英機的話，在鐵證面前東條英機再也無話可說。

　　此後，遠東國際軍事法庭再次開庭，判決東條英機、板垣征四郎、土肥原賢二、廣田弘毅、木林兵太郎、松井石根、武滕章等一批重要戰犯死刑。12月23日，東條英機一夥人被送上了絞刑架，了結他們可恥的一生。

德黑蘭會議

　　1943年11月28日，伊朗首都德黑蘭的天氣真是特別的好，陽光明媚，萬里無雲。可是這麼好的天氣，德黑蘭的大街上卻沒有逛街的人潮，而是三步一崗，全站著荷槍實彈的士兵。這裡到底出了什麼亂子，怎麼一下子

BC

— 0　　耶穌基督出生

— 100

— 200

— 300　君士坦丁統一羅馬
　　　　羅馬帝國分成兩部
— 400

— 500　　波斯帝國

— 600　　回教建立

— 700

— 800
　　　　凡爾登條約
— 900
　　　　神聖羅馬帝國建立
— 1000

— 1100　十字軍東征

— 1200
　　　　蒙古第一次西征
— 1300
　　　英法百年戰爭開始
— 1400

　　　　哥倫布發現新大陸
— 1500
　　　　英國大破無敵艦隊
— 1600

— 1700　發明蒸汽機

　　　　美國獨立
— 1800
　　　　美國南北戰爭開始
— 1900
　　　　第一次世界大戰
　　　　第二次世界大戰

— 2000

上古時期　　BC

漢

　　　　　－ 0

　　　　　100 －

三國
晉　　　　200 －

　　　　　300 －

　　　　　400 －

南北朝

　　　　　500 －

隋朝　　　600 －
唐朝

　　　　　700 －

　　　　　800 －

五代十國
　　　　　900 －
宋

　　　　　1000 －

　　　　　1100 －

　　　　　1200 －

元朝
　　　　　1300 －

明朝

　　　　　1400 －

　　　　　1500 －

　　　　　1600 －
清朝

　　　　　1700 －

　　　　　1800 －

　　　　　1900 －
中華民國

　　　　　2000 －

跑出來這麼多軍人？

　　經過打聽才知道，這天要來三個厲害人物，他們要在德黑蘭商量二戰的許多重大事情，伊朗政府為了保證他們的安全，才把老百姓都圈在家裡，戒嚴了整個城市。

　　下午三點鐘，一輛超級豪車停在一所灰色小樓旁，從裡面鑽出一個帥氣十足的軍人，這就是蘇聯的史達林，只見緩緩地走進了小樓裡。這時候，早已經等候在此的美國總統羅斯福站起來，一把握住了史達林的手就開始寒暄起來了。

　　羅斯福和史達林相互說著客套話，討論著一些當下的國際形勢等等，他們還在等著別人的到來。在史達林和羅斯福聊得正熱絡時，英國首相邱吉爾推門進來了，他身上還帶了一把寶劍，不知道是幹什麼用的。

　　三個人再次的相互問好之後，就坐定準備開始會議。下午4時，三國領導人會議正式開始了。羅斯福主持了第一次會議，他首先進行了一番演說，大體的意思是，這次會議的主要內容就是商討如何贏得這次戰爭，保衛世界人民的和平和穩定。

　　幾句客氣話說完後，他們三個就實質問題進行了探討，這時史達林強調說：「你們兩個別光說那些話，交通只是個小問題。現在我們蘇聯紅軍跟德國打得正熱，你們兩國倒好，都站在一邊看，想讓我史達林出醜嗎？我告訴你們，趕緊開闢第二戰場，儘早結果法西斯這一群王八蛋，否則，你們今天誰也別想走出這個屋子半步。」

　　這時候，邱吉爾和羅斯福坐不住了，他們朝史達林嚷起來。

　　「你說話文明一點行不行，我們英國也是忙前忙後地跟法西斯打仗，可是你想一下子打敗希特勒，哪有那麼容易的事。家家都有本難念的經，我們英國也損失慘重，軍隊也快揭不開鍋了。」

　　「是啊，我們美國怎麼會看你的笑話，世界戰爭是大家的事，我們絕不會不管的，第二戰場馬上就給你開闢出來，我們很快就會實行『霸王計畫』和『地中海戰略』，你就安心吧。」

　　聽到他們這樣說，史達林再也不能平靜了，他啪地一拳打在桌子上，

會場頓時一片沉寂。沒過多久，史達林的聲音又響了起來。

「你們兩個光靠嘴皮子說，就是不行動。現在，我們蘇聯人民每天都在流血，我們的孩子沒有麵包和牛奶，而你們卻在爭搶中歐的地盤，在這裡白白的浪費時間，這就是你們對我的承諾嗎？你們還有沒有一點良心？……」

羅斯福總統終於聽不下去了，他打斷了史達林的話。

「不要激動，你的心情我完全可以理解，不過你放心。邱吉爾首相，我們現在就會去實行霸王計畫，不能讓蘇聯人民把我們看扁了。」

就這樣，經過幾天的爭吵，這三個大國領導人終於達成了一致意見，很快成功聯合，一起消滅了法西斯，給全世界人民送來和平與安寧。

雅爾達會議

眼看著二戰就要結束了，明眼人都看得出來，蘇聯和美國是戰後瓜分勝利果實的兩個大贏家。雖然史達林和羅斯福內心裡都緊緊地盯著這盤「大餐」，可是史達林卻比羅斯福沉得住氣，儼然一副沒事人的樣子，這可把羅斯福急壞了。

羅斯福已經開始琢磨著戰後瓜分果實的會議在哪裡開了，他還攛掇著美國駐蘇聯大使在莫斯科那邊放風，說是地址要選在和平、寧靜又安全的蘇格蘭北部。羅斯福在白宮裡坐也不是站也不是，急躁地等待著史達林的回音，可史達林就是不愛搭理他。

羅斯福煩惱極了。其實，史達林說自己身體不好只不過是個藉口，他的腦子裡還有別的想法，就是要跟羅斯福周旋，看誰能沉得住氣。顯然，第一回合以史達林的勝利而告終。

在蘇聯，史達林這個國家領袖的位置毋庸置疑，沒有誰會有疑問。並且，蘇聯人民還寧死捍衛史達林的領導權。可是羅斯福在美國就沒那麼幸運了，因為美國的總統是透過民眾選舉而推選出來的。這不，又到了大選

BC

— 0　耶穌基督出生

— 100

— 200

— 300　君士坦丁統一羅馬
　　　羅馬帝國分成兩部
— 400

— 500　波斯帝國

— 600　回教建立

— 700

— 800
　　　凡爾登條約
— 900
　神聖羅馬帝國建立
— 1000

— 1100　十字軍東征

— 1200　蒙古第一次西征

— 1300　英法百年戰爭開始

— 1400

　　　哥倫布發現新大陸
— 1500
　英國大破無敵艦隊
— 1600

— 1700　發明蒸汽機

　　　美國獨立
— 1800
　美國南北戰爭開始
— 1900　第一次世界大戰
　　　第二次世界大戰

— 2000

上古時期　BC

漢

— 0

100 —

三國
晉　　200 —

300 —

南北朝　400 —

500 —

隋朝　600 —
唐朝

700 —

800 —

五代十國　900 —

宋
1000 —

1100 —

1200 —

元朝
1300 —

明朝
1400 —

1500 —

1600 —
清朝

1700 —

1800 —

中華民國　1900 —

2000 —

的時刻，羅斯福是否能繼續連任總統還是個問題。

　　史達林等的也是這個，他就是要看看羅斯福究竟能否連任，若是敗下陣，那就再好不過了。畢竟參與二戰的是他羅斯福本人，在戰後會議中他是完全有發言權的；不過如果新任的總統不是他，而是另一個人，這個人很可能因為沒有親自參與二戰，而變得沒有什麼實際的發言權。

　　史達林的心思就在這，期盼著羅斯福被別人趕下臺，那麼蘇聯就能張開血盆大口，樂哉樂哉地享用戰後果實了。可是選舉的結果真的是讓史達林失望極了，羅斯福居然又連任了！

　　經過兩位的討價還價，最終會議的地點選定在克里米亞半島上的雅爾達。羅斯福不得不佩服史達林，因為雅爾達離美國的白宮實在是有點遠，離莫斯科的克里姆林宮倒是近的很。羅斯福氣不打一處來，可是也沒辦法，得了，雅爾達就雅爾達吧，出發！

　　輪船加飛機，經過幾天的奔波，羅斯福的雙腳終於安穩地踩在了雅爾達的土地上。在到達雅爾達之前，羅斯福和心腹先去馬爾他視察了一下，為的是跟英國首相邱吉爾先照個面，心想著能跟英國聯合起來對抗俄國。可是羅斯福這心思又白費了，因為他把自己弱不禁風的病體暴露在邱吉爾面前，邱吉爾也打起了自己的如意算盤。

　　會議開始了，蘇聯、美國和英國都使出了招數，為自己國家謀取儘量多的利益。

聯合國成立

　　1945年，成千上萬的美國市民來到舊金山的歌劇院門前，只見他們人人臉上都充滿了期待。後來一打聽才知道，全世界反法西斯國家代表都來到這裡，要商量成立聯合國的大事。

　　1943年10月，中、美、蘇、英四個國家代表在莫斯科發表《普遍安全宣言》，主張成立國際性安全機構。很快，這些大國召開了開羅會議和德

黑蘭會議，共同討論戰勝法西斯的對策。在德黑蘭會議上，史達林和羅斯福會面，他們倆很熱心成立聯合國的事。後來，反法西斯戰爭取得全面勝利，全世界善良的人們迫切要求大國一起商討，成立一個世界性的組織，以維護世界和平，防止第三次世界大戰再打起來，讓人們過上幸福安定的生活。

1944年，蘇、美、英、中四大國來到華盛頓，開始起草聯合國章程。然而，這一坐下來後，盟國之間也問題百出，他們各人打各人的如意算盤，都想著怎麼占便宜，誰也不願意吃虧。特別是美國和蘇聯，他們都想做聯合國的老大，為了一點利益，誰也不願意妥協。

蘇聯方面說，聯合國安全理事會的常任理事國應該有否決權，它們五國中，只要有一個國家反對某事，某事就不能做。旁人看來蘇聯的說法挺有道理，原來，當時只有蘇聯一個國家是社會主義，在很多問題上都沒有人和他站在一塊，這個方案一提出，保證了蘇聯在以後的事務中不至於被動。可是英、美等資本主義國家不同意這樣做，他們堅決主張少數服從多數，說只有這樣才是真正的民主。

就這樣，因為這幾個國家間的明爭暗鬥，成立聯合國的事一直沒有定下來。

1945年2月，在雅爾達會議上，為了爭取蘇聯一同對日作戰，邱吉爾和羅斯福被迫同意了蘇聯關於聯合國的提議。同年4月，這幾個大國又來到美國，重新商定成立聯合國的問題，全世界盼望的這一天真的到來了，人們無不為此而高興。

這一天下午，46個國家代表的豪華房車組成長隊，在濛濛的細雨中開到了舊金山市歌劇院。一時間，人們都圍觀過來，他們歡欣鼓舞，等待著聯合國的成立。緊接著，各國的代表都下了車，徑直地來到歌劇院，他們要在這裡商議全世界人民的大事。放眼看去，會場上人山人海，前來的國家代表有一千五百人。除此之外，還有一千八百多名國際記者，他們的任務是隨時向全世界人民傳達整個會議的進程。

第二天，根據原先的計畫，聯合國的四個發起國的外交部長要發表感

BC

— 0　　耶穌基督出生

— 100

— 200

— 300
　　　　君士坦丁統一羅馬
　　　　羅馬帝國分成兩部
— 400

— 500　　波斯帝國

— 600　　回教建立

— 700

— 800
　　　　凡爾登條約
— 900
　　　　神聖羅馬帝國建立
— 1000

— 1100　十字軍東征

— 1200
　　　　蒙古第一次西征
— 1300
　　　　英法百年戰爭開始
— 1400

— 1500　哥倫布發現新大陸

　　　　英國大破無敵艦隊
— 1600

— 1700　發明蒸汽機

　　　　美國獨立
— 1800

　　　　美國南北戰爭開始
— 1900
　　　　第一次世界大戰
　　　　第二次世界大戰

— 2000

言。這時候，只見美國、中國、蘇聯、英國的外交部長已經準備好上臺大
講一番。就在其他國家的外長不注意的瞬間，只見蘇聯外交部長莫洛托夫
搶先上了臺。

　　他激動的演講，代表蘇聯人民向世界問好，然後闡述了和平的意義，
最後宣佈，代表和平的聯合國正式成立了。

　　聽到莫洛托夫的聲音，全世界人民沸騰了。兩個月後，根據舊金山會
議的決定，聯合國終於在1945年10月24日成立了。

　　　　　　　─ 0

　　　　　　　100 ─

三國

晉　　　　　　　200 ─

　　　　　　　300 ─

南北朝　　　　400 ─

　　　　　　　500 ─

隋朝　　　　　600 ─

唐朝

　　　　　　　700 ─

　　　　　　　800 ─

五代十國　　　900 ─

宋

　　　　　　　1000 ─

　　　　　　　1100 ─

　　　　　　　1200 ─

元朝　　　　　1300 ─

明朝　　　　　1400 ─

　　　　　　　1500 ─

清朝　　　　　1600 ─

　　　　　　　1700 ─

　　　　　　　1800 ─

　　　　　　　1900 ─

中華民國

　　　　　　　2000 ─

第九篇：全球新格局的到來

（1945年～21世紀）

　　冷戰的開啟，造就了二戰後全球新的政治與經濟格局，隨著蘇聯的解體，冷戰的大幕也隨之落下，但是其所產生的影響仍舊存在。可以說，進入21世紀，在各個地區發生的各類衝突和人道主義災難，也是這種意識形態領域冷戰的延續。但也要看到進入新世紀的人類社會，正在竭盡全力創造一個全新的文明，伴隨而來的是新科技和新創造的層出不窮。

上古時期　BC

漢

　　— 0

100 —

三國　200 —
晉
　300 —

南北朝　400 —

　500 —

隋朝　600 —
唐朝
　700 —

　800 —

五代十國　900 —
宋
　1000 —

　1100 —

　1200 —

元朝　1300 —
明朝
　1400 —

　1500 —

清朝　1600 —

　1700 —

　1800 —

　1900 —
中華民國
　2000 —

｜第四十八章｜戰後各國的修復與衝突

冷戰的興起

　　所謂冷戰，是指20世紀40年代中後期至80年代末90年代初，以美、蘇兩大強國以及分別以它們為首的兩大集團之間，在政治、經濟、軍事、外交、意識形態、文化乃至科學技術等一切方面的既非戰爭又非和平的對峙與競爭狀態。冷戰不僅具有傳統的大國利益衝突的實在內容，具有明顯的地緣政治與戰略特點，更以其強烈的意識形態色彩為主要特徵；另外，冷戰雙方在進行激烈的軍備競賽，特別是核競賽的同時，又具有使美、蘇兩國之間始終避免兵戎相見的自我控制機制。這場冷戰持續了40多年，構成了二戰後近半個世紀的國際關係的主旋律。

　　當第二次世界大戰結束後，人們在歡慶勝利之時，看到的是這樣一幅歷史畫面：作為戰爭主要戰場的歐洲、亞洲和北非地區慘遭破壞，政局動盪不安，經濟恢復工作舉步維艱；美國和蘇聯這兩個在地理位置上無直接關係的，但社會制度完全不同的兩大強國，由於它們各自所控制的勢力範圍，而實際形成了在中東歐、巴爾幹、中近東和遠東直接面對面的軍事對峙；反法西斯戰爭的勝利和世界和平的到來，使昔日大同盟建立的基礎不復存在，同盟內部原有的衝突也日益突顯出來。這一切，為美、蘇之間的衝突和對抗提供了條件，並成為冷戰產生的國際溫床。然而，更為重要的是，戰後美國全球擴張的大戰略，與蘇聯保障國家安全的大戰略針鋒相對，迎頭相撞。

　　戰後美國軍事、經濟實力的空前強大，使它認為自己有能力領導世界。與美國綜合國力的巨大增長相聯繫，美國不僅在其主導下建立了聯合

國，和布列敦森林體系這樣的世界政治經濟秩序，而且在戰後歐洲經濟普遍拮据，廣大殖民地半殖民地國家與地區空前動盪的情況下，更將追求海外市場視為保持國內的繁榮與穩定，避免危機發生的重要手段。美國力圖以自己的經濟力量，打開全球門戶，使世界經濟自由化。不僅如此，美國政府為了樹立世界霸權，還認為再也不能允許其潛在的敵手透過經濟上的閉關自守、政治上的顛覆活動，以及軍事上進行侵略等手段，來取得對歐亞大陸的資源控制，否則將會危及美國的安全。這裡所說的「潛在的敵手」顯然主要是指蘇聯。

與此同時，美國自俄國十月革命以來便形成的反共意識，以及其歷史所孕育的自認為美國集西方文明之大成的天生優越感，和由此而產生的美國有責任將其民主制度和自由的價值觀念，向全世界移植的天定使命觀，則成為其向全球擴張的又一內在動力。另外，美國自認為只有美國式的民主政體，才能創造一個和平與安全的世界，美國將法西斯國家和共產主義國家都視為專制政體，並具有侵略性，認為它們都在海外搞敵對擴張，因此必須受到約束。

上述這一切，便形成了美國在第二次世界大戰後全球擴張的大戰略。但是這一大戰略的實施，卻在地緣政治、經濟利益及意識形態等方面，全面與蘇聯的大戰略相抵觸。

戰後的蘇聯，以保衛西部邊界的安全作為第一要務。鑑於蘇聯西部邊界缺乏天然的安全屏障，而且其歷史上遭受的幾次大規模入侵又都來自西部，因此蘇聯在堅決反對德國的軍國主義和納粹主義復活的同時，將其西部邊界的安全，視為關係民族和國家生死存亡的重大問題。蘇聯還堅決要在其軍事力量所能控制的東歐的勢力範圍內，建立對蘇聯友好的政府，進而把東歐這條入侵蘇聯的危險走廊，變成保衛蘇聯的安全地帶。

另外，史達林堅持認為戰爭是資本主義的必然產物，資本主義國家一有機會就會發動第三次世界大戰以消滅蘇聯，即使原子武器的出現也未能使他改變這種看法。因此作為資本主義政治、軍事和經濟綜合實力最強的美國，自然也是蘇聯潛在的防禦對象。於是，為了在未來的戰爭中儘量少

BC

— 0　耶穌基督出生

— 100

— 200

— 300
君士坦丁統一羅馬

羅馬帝國分成兩部
— 400

— 500　波斯帝國

— 600　回教建立

— 700

— 800

凡爾登條約
— 900

神聖羅馬帝國建立
— 1000

— 1100　十字軍東征

— 1200

蒙古第一次西征
— 1300
英法百年戰爭開始

— 1400

哥倫布發現新大陸
— 1500

英國大破無敵艦隊
— 1600

— 1700　發明蒸汽機

美國獨立
— 1800
美國南北戰爭開始

— 1900
第一次世界大戰
第二次世界大戰
— 2000

古時期　　BC

漢

　　　　　— 0

　　　　100 —

三國
晉　　　200 —

　　　　300 —

南北朝
　　　　400 —

　　　　500 —

隋朝
唐朝　　600 —

　　　　700 —

　　　　800 —

五代十國
　　　　900 —
宋
　　　1000 —

　　　1100 —

　　　1200 —

元朝
　　　1300 —

明朝
　　　1400 —

　　　1500 —

清朝　　1600 —

　　　1700 —

　　　1800 —

　　　1900 —
中華民國

　　　2000 —

受損失，並立於不敗之地，建立「安全帶」就格外重要。

　　因此，在二戰結束後的國際形勢下，美、蘇兩國在國家大戰略方面的相互對立，在社會制度和意識形態上存在著巨大差異，便形成了冷戰爆發的最深刻根源。也因此，雙方在具體實施雅爾達體系各項協定的過程中，就必然會在許多重要問題上產生重大的分歧與對抗。於是，冷戰就在美蘇之間不斷的逐漸強硬的敵對互動之中爆發了。

　　一般認為，鐵幕演說是冷戰開始的標誌。1946年3月5日，在杜魯門的家鄉密蘇里州的小鎮富爾敦的威斯敏斯特學院，邱吉爾在杜魯門的陪同下發表了題為《和平砥柱》的演說。他說：「從波羅的海的斯德丁（什切青）到亞得里亞海邊的的里亞斯特，一幅橫貫歐洲大陸的鐵幕已經降落下來。」在「鐵幕」後面的中東歐國家，無一不處在蘇聯的勢力範圍之內，並受到蘇聯「日益增強的高壓控制」。他號召英、美結成同盟，英語民族聯合起來，運用各種力量和手段，對付共產主義「對基督教文明的日益嚴重的挑釁和危險」。這篇在事先的精心策劃下以「鐵幕」一詞而聞名的演說，符合美國在戰後遏制蘇聯、稱霸世界的戰略需要，進而拉開了冷戰的序幕。

兩極格局的形成

　　第二次世界大戰結束後，隨著國際政治格局雅爾達體系的確立，以蘇聯為首的社會主義陣營與美國為首的西方資本主義陣營，在全球範圍內進行展開爭奪霸權的競爭，由此進入冷戰時期。

　　冷戰爆發後，美國不僅要幫助西歐恢復經濟，促進西歐聯合，而且形成了以美國為首的大西洋聯盟政策，以抗衡蘇聯和控制西歐。美國的這一政策適合當時西歐國家發展的需要。這個時候西歐國家十分虛弱，它們既對蘇聯的力量恐懼不已，又擔心德國東山再起。它們對於自身力量毫無信心，希望美國能以其強大的軍事力量，特別是其核武器力量，對歐洲安全

承擔義務，保證既能防蘇，又能制衡德國。

　　為了實現與主要資本主義國家的軍事合作，強化歐洲的防務體系，1949年4月4日，以美國為首的西方資本主義國家，包括加拿大、比利時、法國、荷蘭、英國、盧森堡、丹麥、挪威、冰島、葡萄牙、義大利共12個國家，在美國首都華盛頓簽署了《北大西洋公約》。該條約規定，締約國個別或集體地以「有效的自助和互助」辦法，維持並發展防衛能力；任何一個締約國受到威脅，則各國應共同協商；任何一個締約國受到攻擊，則各締約國將單獨或會同其他締約國，採取包括武力在內的必要行動，幫助受到攻擊的國家。條約於同年8月24日生效，標誌著北大西洋公約組織的正式成立。這樣美國就實現了建立西方軍事集團的目標，同時使西歐國家納入了它的戰略軌道。北大西洋聯盟戰略此後成為美國歐洲戰略最重要的基礎，和全球戰略最重要的環節。

　　正當歐洲冷戰方酣的時候，遠東發生了翻天覆地的變化。1949年，中華人民共和國成立。中華人民共和國成立後一個重要的外交決策是與蘇聯結盟。1949年底，中、蘇領導人經過談判，於次年2月簽訂了《中蘇友好同盟互助條約》。

　　中、蘇同盟加強了以蘇聯為首的社會主義陣營的力量，鼓動亞洲的革命運動，此後的韓戰和越戰，使得兩大陣營的對抗從歐洲蔓延到了東亞。在此前後，美國還透過提供援助等方式，控制亞、非、拉廣大地區，以遏制蘇聯的力量和反對革命運動，構築起全球冷戰同盟體系。

　　韓戰爆發後，美國於1950年提出使西德重新武裝，加入西方軍事集團。1954年9月～10月，美、英、法等西方9國先後在倫敦和巴黎召開會議，達成了《倫敦—巴黎協定》。根據協定，布魯塞爾條約組織改組為西方聯盟，吸收德國和義大利參加；決定讓西德加入北大西洋公約組織，在北約軍事一體化體系內重新武裝；西方三國結束對西德的占領，西德重新獲得主權。

　　消息傳出後，蘇聯政府對於此事保持高度警覺，認為《倫敦-巴黎協定》的簽訂很可能導致「德國軍國主義再起」。為此，蘇聯政府曾積極照

— 0　　耶穌基督出生

— 100

— 200

— 300　君士坦丁統一羅馬
　　　　羅馬帝國分成兩部
— 400

— 500　　波斯帝國

— 600　　回教建立

— 700

— 800

　　　　凡爾登條約
— 900
　　　神聖羅馬帝國建立
— 1000

— 1100　十字軍東征

— 1200
　　　蒙古第一次西征
— 1300
　　英法百年戰爭開始

— 1400

　　哥倫布發現新大陸
— 1500

　　英國大破無敵艦隊
— 1600

　　　發明蒸汽機
— 1700

　　　美國獨立
— 1800
　　美國南北戰爭開始
— 1900
　　第一次世界大戰
　　第二次世界大戰
— 2000

會23個歐洲國家和美國政府，並建議召開歐洲集體安全會議，締結《歐洲集體安全條約》，以保證歐洲地區的和平和安定。但是，西方國家卻認為蘇聯反應過激，並未接受其建議。

1954年11月29日至12月2日，在莫斯科舉行了歐洲國家保障歐洲和平和安全會議，與會國家除蘇聯外，還包括阿爾巴尼亞、保加利亞、波蘭、東德、捷克斯洛伐克、羅馬尼亞、匈牙利等7國。會議對西方國家的《倫敦—巴黎協定》表示了強烈不滿，同時透過宣言聲稱：如西方國家批准《倫敦—巴黎協定》，蘇聯和東歐國家將在組織武裝力量和聯合司令部方面採取共同措施。

1955年3月，參與歐洲國家保障歐洲和平和安全會議的8國，又針對締結集體友好互助條約的原則、組建聯合武裝力量及其統帥等問題進行了全面協商和交換意見，最後與會國家就所討論問題達成共識。5月5日，西方國家不顧蘇聯等國的反對批准了《倫敦—巴黎協定》。這一事件促使蘇聯等8國的軍事合作進程。於是，5月14日，蘇、阿、保、匈、東德、波、羅、捷8國在華沙簽署了《阿爾巴尼亞人民共和國、保加利亞人民共和國、匈牙利人民共和國、德意志民主共和國、波蘭人民共和國、羅馬尼亞人民共和國、蘇維埃社會主義共和國聯盟、捷克斯洛伐克共和國友好合作互助條約》，簡稱《華沙公約》。該條約規定華沙公約組織的宗旨為：「如果在歐洲發生了任何國家或國家集團對一個或幾個締約國的進攻，每一締約國應根據聯合國憲章第五十一條行使單獨或集體自衛的權利，個別地或透過同其他締約國的協議，以一切它認為必要的方式，包括使用武裝部隊，立即對遭受這種進攻的某一個國家或幾個國家給予援助」。同年6月4日，華沙公約組織正式成立，總部設在莫斯科。

北大西洋公約組織、華沙公約組織兩大國際組織的成立，象徵著雙方以冷戰形式的軍事對抗正式開始。其後，由於華約力量於1968年武裝入侵捷克斯洛伐克，招致人們的普遍反感。而後來阿爾巴尼亞和東德又先後退出華約。因此，華約組織名存實亡，於1991年7月1日正式解散。

馬歇爾計畫

馬歇爾計畫（The Marshall Plan），官方名稱為歐洲復興計畫（European Recovery Program），是指二戰後美國對被戰爭破壞的西歐國家提供經濟援助，幫助其進行重建，恢復經濟水準的計畫。該計畫始於1947年7月，持續了4年之久。透過接受美國提供的金融、技術、設備等方面的援助，西歐各國經濟水準基本上恢復到二戰前狀態，而美國在這個計畫中共投入了130億美元。

作為二戰的主要戰場，歐洲國家受到嚴重的經濟損失，甚至在二戰結束六年後，仍無法從戰爭的陰影中走出，主要表現在工業生產全面崩潰。昔日繁華的城市受到嚴重破壞，幾乎成為荒場，戰爭造成數百萬人流離失所，無家可歸。同時，戰爭對於農業的破壞，讓歐洲大陸出現一次又一次的飢荒，糧食的減產造成大量貧民的死亡，悲慘的社會現實讓人不忍目睹。在這種情況下，如果沒有其他國家的經濟援助，單靠歐洲國家的力量，將很難解決自己的問題，度過經濟難關，因為大多數國家的財力在二戰中都已消耗殆盡了。因此，出於人道主義考慮，是馬歇爾計畫的重要動機。

然而，美國國會對於對歐洲國家的經濟援助計畫卻並不贊同，很多人認為英、法等國根本不需要美國的援助，靠他們自己就可以恢復其經濟。只是，在接連不斷的飢荒狀況下，歐洲憑藉自己的力量恢復經濟，根本是天方夜譚。

另外，考慮到美國在戰後國際舞臺上的位置以及與蘇聯的敵對情況，馬歇爾計畫更有實施的價值。雖然，此時的美、蘇兩國仍然保持戰時同盟國的關係，然而，美國國內對於蘇聯的緊張情緒不斷增強，一些歷史學家已經預言到美、蘇冷戰關係的開始。又加上在法國和義大利，戰後的普遍貧窮為共產黨勢力的增長提供有利條件。為了防止共產主義勢力在歐洲的蔓延與擴張，美國決定透過馬歇爾計畫實現對蘇聯的遏制。

BC

— 0　耶穌基督出生

— 100

— 200

— 300　君士坦丁統一羅馬
　　　羅馬帝國分成兩部
— 400

— 500　波斯帝國

— 600　回教建立

— 700

— 800

　　　凡爾登條約
— 900

　　　神聖羅馬帝國建立
— 1000

— 1100　十字軍東征

— 1200　蒙古第一次西征

— 1300　英法百年戰爭開始

— 1400

　　　哥倫布發現新大陸
— 1500

　　　英國大破無敵艦隊
— 1600

— 1700　發明蒸汽機

　　　美國獨立
— 1800　美國南北戰爭開始
— 1900　第一次世界大戰
　　　第二次世界大戰
— 2000

於是，美國正式提出憑藉其雄厚的經濟實力，幫助其歐洲盟國恢復在二戰中被毀壞的經濟體系。該計畫因時任美國國務卿喬治‧馬歇爾而得名，但事實上美國國務院的眾多官員，如威廉‧克萊頓和喬治‧肯南才是該項計畫的真正提出者和策劃者。

馬歇爾計畫也曾考慮給予蘇聯和東歐一些國家支援，實際上，美國擔心蘇聯會在這項計畫的幫助下迅速恢復經濟實力，因此，提出了許多苛刻的條件，如蘇聯必須進行政治改革，允許西方勢力進入蘇聯的勢力範圍等。不用說，這些條件都是蘇聯無法接受的，最終，因為雙方無法達成共識，因此蘇聯和東歐一些國家被排除在馬歇爾計畫之外。

當歷時4年的馬歇爾計畫結束時，被援助的西歐國家中除了德國（包括西德和東德）之外，國民經濟都恢復到戰前水準，經濟援助計畫獲得成功。馬歇爾計畫耗費了美國130億美元，因此引起一些美國民眾的指責，認為這項計畫使用本國納稅人金錢援助他國，是不明智的做法。

然而，在隨後的幾年中，整個西歐的經濟獲得了快速發展，一改二戰後的悲慘景象呈現出一派繁榮，這無疑是馬歇爾計畫產生的重要影響。另外，馬歇爾計畫消除和減弱了歐洲各國間的關稅貿易壁壘，使得歐洲各國的經濟聯繫更加緊密，也無意中促成了歐洲一體化，為歐盟的成立奠定了基礎。總的來說，馬歇爾計畫對歐洲國家的發展，和世界政治格局產生了深遠的影響。

蘇聯出兵占領捷克斯洛伐克

冷戰期間，在美、蘇兩個超級大國的領導下，世界政治局勢出現兩極分化和對峙。一旦統一陣營中出現不同的聲音，領導國就會以「救世主」的形象出現，幫助跟隨自己的兄弟國走回正道。1968年蘇聯對於捷克斯洛伐克的做法就是這樣。

1968年8月20日晚，一架蘇聯民用客機突然向捷克斯洛伐克地面發出

申請，聲稱因飛機出現故障，需要暫時降落在布拉格國際機場，作為華沙公約組織成員的捷克斯洛伐克接受了這一請求。然而，出乎意料的，這竟然是蘇聯軍隊的一個圈套。飛機降落在捷克斯洛伐克地面後，荷槍實彈的蘇聯突擊隊員便走出機艙，迅速占領了機場。接著，不斷有蘇軍的巨型運輸機在機場降落，蘇聯軍隊很快占領了布拉格等重要地點，並且侵占總統府，逮捕了捷共第一書記杜布切克等人。另外，同屬華沙公約組織成員國的波蘭、西德、匈牙利、保加利亞等國也向捷克斯洛伐克派兵，一時間竟有50多萬兵力進入其中。第二天清晨，當捷克斯洛伐克的人民從睡夢中醒來時，大街上已滿是外國軍隊的坦克和裝甲車——捷克斯洛伐克被兄弟國占領了。

說到蘇聯出兵捷克斯洛伐克的原因，就不得不提起「布拉格之春」，它是由捷共第一書記亞歷山大・杜布切克領導下的一場政治民主化運動。與東歐其它國家一樣，捷克斯洛伐克在發展過程中，全盤接納了蘇聯的社會主義模式，包括政治和經濟模式。然而，在恢復本國經濟的同時，高度集中的政治和經濟制度也日益暴露出弊端。到了1967年，捷克斯洛伐克國內問題全面爆發，導致了嚴重的社會經濟危機。然而捷共在如何克服經濟危機方面卻找不出良好的對策，這激起人民的不滿，在捷共內部也出現了不同的思想傾向。

1968年1月初，亞歷山大・杜布切克被選舉為捷共中央第一書記，同年3月，親蘇的諾沃提尼被迫辭去共和國總統的職務，並於5月時被捷共開除出黨，此時的國內局勢為捷共帶領人民進行經濟改革提供了良好條件。杜布切克決定順應人民的改革呼聲，採取大刀闊斧的改革行動，並提出了「帶有人性面孔的社會主義」口號。這一主張得到了廣大黨員、知識份子和人民群眾的廣泛歡迎，全國人民以高漲的熱情參與捷共領導的改革運動。另外，捷共還通過了《行動綱領》，強調捷克斯洛伐克正處於新的歷史轉折期，提出「必須建立一種十分民主、適合捷克斯洛伐克條件的社會主義社會新模式」。同時還認為，為了捷克斯洛伐克的快速發展，在與蘇聯等社會主義國家的聯盟搞好合作關係時，也要注意發展同一切國家的互

BC
— 0　耶穌基督出生
— 100
— 200
— 300　君士坦丁統一羅馬
　　　羅馬帝國分成兩部
— 400
— 500　波斯帝國
— 600　回教建立
— 700
— 800
　　　凡爾登條約
— 900
　　　神聖羅馬帝國建立
— 1000
— 1100　十字軍東征
— 1200
　　　蒙古第一次西征
— 1300
　　　英法百年戰爭開始
— 1400
　　　哥倫布發現新大陸
— 1500
　　　英國大破無敵艦隊
— 1600
— 1700　發明蒸汽機
　　　美國獨立
— 1800
　　　美國南北戰爭開始
— 1900　第一次世界大戰
　　　第二次世界大戰
— 2000

利關係等。

　　正當捷共的改革活動開展得如火如荼之時，在蘇聯的勃列日涅夫則嚴屬指責了捷克斯洛伐克這一行為，認為其已經背叛了國際社會主義革命事業，成了為帝國主義服務的奴僕。為了進一步證明自己的觀點，勃列日涅夫還引用了捷克斯洛伐克報刊上的各種言論來加以證明，指出新聞自由是共產黨領導捷克斯洛伐克的頭號敵人，將會使其脫離華沙公約組織和經互會。受到捷共的批評和指正後，蘇聯與其他華約五國已在莫斯科祕密謀劃入侵捷克斯洛伐克的計畫。

　　蘇聯的入侵粗暴地干涉了捷克斯洛伐克的內政，使其改革計畫流產，同時造成捷克斯洛伐克大量的知識份子流亡海外，成為其歷史上充滿傷痕的一頁。

蘇聯入侵阿富汗戰爭

　　阿富汗位於西亞的伊朗高原東部，是一個內陸國家。然而，由於其地理位置的重要性，阿富汗一直是蘇聯「南方戰區」的一枚重要棋子。透過阿富汗，實現在印度洋尋求暖水港和出海口，同時切斷歐洲和遠東聯繫是蘇聯的戰略計畫。因此，雖然阿富汗是一個獨立國家，但它的內政卻時常受到蘇聯的干涉。

　　1979年3月，阿富汗新總理阿明上臺，蘇聯方面卻不怎麼喜歡這個新人，因此，計畫假總統塔拉基之手除掉這顆眼中釘。然而，阿明意識到形勢對自己不利後，先發制人，剷除了蘇聯的傀儡塔拉基。當時，阿富汗國內局勢十分動盪，蘇聯在阿富汗苦心經營的一切眼看就要毀於一旦。於是1979年12月27日晚，蘇聯悍然入侵阿富汗，企圖重新控制阿富汗局勢。

　　此次入侵，蘇聯共派出8個師的兵力，採用大量現代化武器，在特種部隊和空降部隊的合作下，迅速占領了阿富汗首都喀布爾及其他大城市，擊斃了總統阿明。隨後，蘇聯為了自己在阿富汗的利益，又馬上扶植起傀

— 0

100 —

200 —

300 —

400 —

500 —

600 —

700 —

800 —

900 —

1000 —

1100 —

1200 —

1300 —

1400 —

1500 —

1600 —

1700 —

1800 —

1900 —

2000 —

偽政權，穩定阿富汗國內政治環境。然而，蘇聯卻並沒有立即從阿富汗撤軍，而是派出大量兵力，占領阿富汗的主要交通要道，甚至控制了阿富汗與巴基斯坦、伊朗邊境上的主要通道。隨後，蘇聯又不斷向阿富汗派兵，至1980年蘇聯在阿富汗兵力已到達10萬餘人。

蘇聯對阿富汗的入侵及其在阿富汗境內的駐軍，引起國際社會的普遍反對和嚴厲譴責。聯合國曾6次通過決議，要求蘇聯從阿富汗撤軍。然而，蘇聯卻置若罔聞，繼續侵犯阿富汗的國家主權。蘇聯的這一粗暴行徑，遭到了阿富汗人民的全面反對和抵制。一些反政府的穆斯林游擊隊在國家危難關頭站了出來，迅速壯大為反蘇軍隊，在喀布爾市郊、坎大哈、赫拉特和全國的山區要塞與蘇聯軍隊展開殊死搏鬥。1981年，一些主要的伊斯蘭抵抗組織聯合還成立了阿富汗聖戰者伊斯蘭聯盟，並接受包括美國、巴基斯坦、沙烏地阿拉伯和埃及在內等多國的軍事援助，在全國開展抵抗蘇軍入侵的鬥爭。

據統計，在此期間出現的游擊隊組織有300個左右，人數達到10萬左右。在與蘇戰爭期間，這些游擊隊共消滅蘇軍2萬餘人，同時破壞蘇軍大量的武器，包括飛機和坦克。然而，阿富汗國內的情況也不樂觀，據統計，這次戰爭造成了130多萬人死亡，500多萬人淪為難民，流亡國外。另外，在這個過程中，阿富汗黨派林立，國內局勢動盪，為其後來的國內政治鬥爭埋下伏線。

1986年2月，在阿富汗駐軍7年，為本國發展帶來嚴重阻礙的蘇聯終於同意，以政治手段解決阿富汗問題。1988年，在聯合國的敦促下，蘇聯、美國、阿富汗喀布爾政權和巴基斯坦四國外長在日內瓦簽署了政治解決阿富汗問題協議。協議規定四國要分別承擔自己相應的義務，以早日恢復阿富汗的和平穩定。而協議中最重要的一項，便是規定蘇軍從1988年5月15日起，9個月內全部撤出阿富汗。蘇聯的撤軍象徵著阿富汗戰爭的結束。然而，戰爭的陰影卻一直徘徊在蘇、阿兩國人民的心頭，揮之不去。

— 0　耶穌基督出生

— 100

— 200

— 300　君士坦丁統一羅馬
　　　　羅馬帝國分成兩部
— 400

— 500　波斯帝國

— 600　回教建立

— 700

— 800
　　　　凡爾登條約
— 900
　　　　神聖羅馬帝國建立
— 1000

— 1100　十字軍東征

— 1200
　　　　蒙古第一次西征
— 1300　英法百年戰爭開始

— 1400

　　　　哥倫布發現新大陸
— 1500

　　　　英國大破無敵艦隊
— 1600

— 1700　發明蒸汽機

　　　　美國獨立
— 1800
　　　　美國南北戰爭開始
— 1900
　　　　第一次世界大戰
　　　　第二次世界大戰
— 2000

越戰

1945年日本投降以後，胡志明領導的越南獨立聯盟宣佈越南獨立，建立了越南民主共和國。然而，昔日的殖民者法國卻不甘心失去這塊殖民地，於是重新展開了對越南的侵占。由此，越南開始了長達10年的抗法救國戰爭。1954年，在日內瓦會議上，法國承認印度支那三國民族權利，決定恢復印度支那和平。然而，越南的和平卻並未像想像中那樣如期到來。

法國軍隊從越南撤離後，越南的治理權回到越南人手中。然而，由於歷史遺留問題，以北緯17°為界，越南被分為越南民主共和國（北越）和越南共和國（南越）。美國政府支持越南共和國（南越）吳庭豔政權政府，並向其提供軍事援助，幫其組建軍隊等。而吳庭豔政權在南越境內也推行美式民主和法治，這與越南民主共和國的執政方針完全對立。

1961年5月，美國以「代理戰爭」的方式介入越南。所謂「代理戰爭」就是由美國政府提供資金和武器，同時對越南派出「顧問」，由當地政府派出軍隊配合，打擊越南人民的游擊戰。在戰爭之初，南越軍隊採取「戰略村」的方法，將民眾趕到四面圍著鐵絲網、周圍有壕溝和碉堡的「戰略村」，以便集中精力打擊游擊隊。然而，北越採用多種方式與敵人周旋，頑強反擊。終於吳庭豔政權被推翻，美國在越南的「代理戰爭」慘遭滑鐵盧。

在接下來的1964年8月，美國在北部灣對越南北部進行海上襲擊，隨後，美國國會通過《東京灣決議案》，授權總統在東南亞使用武裝力量，將戰火擴展到越南北方，這也標誌著美國在韓戰中推行逐步升級戰略。1965年3月，美國軍隊在峴港登陸，開始了其在越南的「局部戰爭」。在此期間，美軍不斷增加兵力，一度達到50萬人，對越南重要地帶展開猛烈進攻。然而，越南人民使美國軍隊陷入了戰爭困境。終於，美國政府被迫宣佈停止對北越的轟炸。「局部戰爭」被越南人民打垮。

到了1969年，美國再次展開對越戰爭，採取「戰爭越南化」政策，這

三國
晉
南北朝
隋朝
唐朝
五代十國
宋
元朝
明朝
清朝
中華民國

— 0
100 —
200 —
300 —
400 —
500 —
600 —
700 —
800 —
900 —
1000 —
1100 —
1200 —
1300 —
1400 —
1500 —
1600 —
1700 —
1800 —
1900 —
2000 —

個政策的主要方法是「用越南人打越南人」。然而，南越在戰場卻接連敗退，最後不得不於1973年1月27日在巴黎簽訂《關於越南結束戰爭、恢復和平的協定》（簡稱《巴黎協定》）。與此同時，美國陸續撤軍。美軍撤離後，南越政權孤立無援，最終在1975年被推翻，歷經常年戰亂的越南獲得了統一。

越戰給美、越兩國都帶來了巨大的損失，據統計，美國在這場戰爭中向越南投下了800萬噸炸藥，進而造成越南160多萬人死亡，以及整個印度支那1000多萬個難民流離失所，無家可歸。而美國軍隊在戰爭中也有58000餘人喪生，耗費財力4000多億美元。

萬隆會議

萬隆會議又稱第一次亞非會議，是指1955年4月18日至24日在印尼萬隆召開的反對殖民主義，推動亞、非各國民族獨立的會議。這次會議主要是由新獨立的亞、非國家參加，會議議題涉及到民族主權和反對殖民主義、保衛世界和平及與各國經濟文化合作等。

萬隆會議是二戰後國際政治形勢變化，和亞、非民族獨立運動蓬勃發展的產物。亞、非、拉一些殖民地或半殖民地國家在二戰期間受到革命洗禮，精神面貌發生很大變化，他們的民族獨立意識不斷覺醒。一時間，很多老牌殖民主義者被趕出殖民地，越來越多的國家贏得了獨立和主權。據統計，到20世紀50年代中期，已有30多新的獨立國家出現在亞非大陸。

這些新獨立的國家急需發展壯大自己，於是在外交上紛紛選擇和平、中立和不結盟政策。同時為了避免戰爭，他們拒絕參加侵略性軍事集團，也拒絕大國在自己國家領土上建立軍事基地。然而，戰後的政治局勢卻讓這些政策的實行舉步維艱。一方面，一些老牌殖民主義國家不甘心失去自己的利益，不斷捲土重來，鎮壓殖民地人民的反抗；另一方面，戰後政治形勢朝著兩極化方向發展，美、蘇兩國對於亞、非、拉中間地帶的爭奪嚴

BC

— 0　　耶穌基督出生

— 100

— 200

— 300
　　　君士坦丁統一羅馬

　　　羅馬帝國分成兩部
— 400

— 500　　波斯帝國

— 600　　回教建立

— 700

— 800

　　　凡爾登條約
— 900

　　　神聖羅馬帝國建立
— 1000

— 1100　十字軍東征

— 1200
　　　蒙古第一次西征

— 1300
　　　英法百年戰爭開始

— 1400

　　　哥倫布發現新大陸
— 1500

　　　英國大破無敵艦隊
— 1600

— 1700　發明蒸汽機

　　　美國獨立
— 1800

　　　美國南北戰爭開始
— 1900
　　　第一次世界大戰
　　　第二次世界大戰

— 2000

上古時期　BC

漢

　　— 0

100 —

三國
晉　　200 —

300 —

南北朝　400 —

500 —

隋朝　600 —
唐朝

700 —

800 —

五代十國　900 —
宋

1000 —

1100 —

1200 —

元朝　1300 —

明朝　1400 —

1500 —

清朝　1600 —

1700 —

1800 —

1900 —
中華民國

2000 —

重影響著亞、非國家的安全和獨立。因此，嚴酷的國際形勢使亞非國家認識到要想獲得自己的發展空間，必須要加強和其他國家的合作，特別是開展與第三世界的新獨立國家之間的交流與合作。

　　1954年，在時機成熟的情況下，印尼政府提議在印尼召開一次亞、非國家的國際會議來討論世界局勢，參與國可以藉此機會就一些重大問題交流意見，同時制定一個團結一致共同反帝反殖的共同綱領。這個倡議一經提出，立刻受到亞、非各國的熱烈歡迎。

　　1955年4月18～24日，萬隆會議排除重重困難，終於如期隆重舉行。此次會議共有29個亞、非國家的340名代表出席，並有5個國家派代表團列席會議。會議代表了世界上將近四分之一的土地和三分之二的人口，同時也是首個有色人種的洲際會議，因此意義特別重大。

　　在會議期間，一些老牌殖民主義和帝國主義國家不甘心放棄分裂計畫，繼續製造國家衝突和紛爭，妄圖使與會各國無功而返。在與會國家的共同努力下，經過反覆討論，萬隆會議一致通過了《亞非會議最後公報》，內容涉及經濟合作、文化合作、人權和自決、附屬地人民問題和關於促進世界和平與合作宣言等方面，同時確定了有關國際關係指導的10項原則，這10項原則是在和平共處5項原則基礎上的進一步延申，得到與會國家的普遍認同。

中東戰爭

　　歷史上前後共有五次中東戰爭。

　　在以色列建國的第二天，即1948年5月15日，阿拉伯聯盟宣佈對以色列進行「聖戰」，派兵越過以色列邊界，第一次中東戰爭爆發。由埃及、伊拉克、敘利亞、黎巴嫩和約旦等國組成的阿拉伯聯軍，總兵力4萬人，在武器裝備上占優勢。另一方是以色列軍隊，只有3萬人，基本上處於被包圍態勢。戰爭一開始，阿拉伯聯軍在巴勒斯坦從南到北的各條戰線上

迅速推進，以色列處於守勢。但在戰爭的關鍵時刻，美國插手，支持以色列，戰局迅速改變。阿拉伯聯軍被擊退，以色列軍占據更多的領土。次年，埃及在軍事失利的情況下，於2月24日在希臘的羅德島簽定停戰協定。根據協定，埃及承認除加沙地帶外，以色列占有整個內格夫地區；邊界重鎮奧賈非軍事化，埃及在離奧賈14至17英里內不得設立陣地。外約旦和以色列的停戰談判於3月2日也在羅德島開始。4月3日，以色列、外約旦正式簽訂停戰協定，「阿拉伯軍團」在中部55英里長的戰線上平均後退2英里，以色列承認外約旦與約旦河西部的巴勒斯坦合併。透過協定，以色列得以控制越過卡梅爾山脈到埃斯雷德郎和加利利山谷的戰略公路，解除了阿拉伯人對特拉維夫和哈德臘東部沿海平原的軍事威脅。之後，黎巴嫩等國家先後與以色列簽訂停戰協定。

巴勒斯坦戰爭從阿拉伯出兵開始，到以色列、敘利亞簽訂停戰協定為止，共歷時15個月，戰爭以阿拉伯國家的失敗，以色列獲勝而告終。戰爭中，阿拉伯國家軍隊死亡1.5萬人，以色列軍隊死亡約6000人。除加沙和約旦河西岸部分地區外，以色列占領了巴勒斯坦4/5的土地，計2萬多平方公里，比聯合國分治決議規定的面積多了6700多平方公里。戰爭後，以色列將6萬名巴勒斯坦人趕出家園，淪為難民。聯合國所規定的阿拉伯國家未能建立。戰爭激化了阿拉伯國家和以色列及阿拉伯國家和美、英的衝突。從此，阿拉伯難民問題和阿以邊界問題，長期以來一直是困擾阿以關係的主要爭端，中東戰亂不斷。

1956年7月26日，埃及政府宣佈將蘇伊士運河公司收歸國有，公司全部財產移交埃及政府。英、法為奪得蘇伊士運河的控制權，與以色列聯合，於1956年10月29日對埃及發動了突然襲擊，第二次中東戰爭爆發。在埃及的頑強抵抗和世界輿論的壓力下，加上美、蘇的強烈反對，英、法、以三國被迫於11月6日宣佈停火。1957年3月，以色列軍隊撤出西奈半島和加沙地帶。第二次中東戰爭以埃及的勝利告終。

第三次中東戰爭又稱為「六五戰爭」。第二次中東戰爭以後，英、法在中東的勢力大為削弱，美、蘇乘機向中東滲透。蘇聯支持巴勒斯坦民族

BC

— 0　耶穌基督出生

— 100

— 200

— 300
君士坦丁統一羅馬
羅馬帝國分成兩部
— 400

— 500　波斯帝國

— 600　回教建立

— 700

— 800

凡爾登條約
— 900
神聖羅馬帝國建立
— 1000

— 1100　十字軍東征

— 1200
蒙古第一次西征
— 1300
英法百年戰爭開始

— 1400

哥倫布發現新大陸
— 1500

英國大破無敵艦隊
— 1600

發明蒸汽機
— 1700

美國獨立
— 1800

美國南北戰爭開始
— 1900
第一次世界大戰
第二次世界大戰
— 2000

上古時期　BC

漢

— 0

100 —

三國
晉　　200 —

300 —

南北朝　400 —

500 —

隋朝　600 —
唐朝

700 —

800 —

五代十國　900 —
宋

1000 —

1100 —

1200 —

元朝
1300 —

明朝

1400 —

1500 —

1600 —
清朝

1700 —

1800 —

中華民國　1900 —

2000 —

解放運動，反對以色列的武裝鬥爭；美國則進一步強化以色列軍備，以抑制蘇聯在中東勢力的發展。在此背景下爆發了第三次中東戰爭。1967年5月，埃及政府宣佈封鎖埃及領海範圍的蒂郎海峽，禁止以色列運送戰爭物資的船隻通過。以色列宣稱埃及此舉是對以色列的侵略，於6月5日發動了為期6天的閃電戰，占領了約旦河西岸、耶路撒冷舊城、加沙地帶、埃及的西奈半島和敘利亞的戈蘭高地。1967年，聯合國安理會通過第242號決議，要求以軍從其所占領的地區撤走。

　　到20世紀70年代以後，中東地帶仍然是問題重重，衝突頻發。又相繼爆發了第四次中東戰爭和第五次中東戰爭。

　　第四次中東戰爭又稱為十月戰爭。為了收復在第三次中東戰爭中失去的土地，埃及、敘利亞於1973年10月6日聯合發起第四次中東戰爭。22日，聯合國安理會通過第338號決議，要求雙方立即停火。26日，國際和平部隊到達運河區。埃及、敘利亞各收復了一些失地，以色列仍然占據第三次中東戰爭中占領的大部分領土。第四次中東戰爭結束。這次戰爭的最大影響是，在戰爭結束時簽署的和平協定是自1948年的戰爭以來，阿拉伯國家與以色列首次公開進行的對話。

　　為了報復美國支援以色列，阿拉伯石油輸出國掀起了一場以石油禁運為武器的規模浩大的石油鬥爭，直接引發了西方各國自二戰以來最嚴重的一次經濟危機，並在政治上分化了西歐、日本和美國的關係，改變了世界政治經濟格局。

　　1982年6月，以色列藉口其駐英國大使被巴勒斯坦游擊隊刺殺，出動陸海空軍10萬人對黎巴嫩境內的巴勒斯坦解放組織游擊隊和敘利亞駐軍發動了大規模的進攻，只用了幾天時間，就占領了黎巴嫩的半壁江山。這是自第四次中東戰爭以來，以色列和阿拉伯國家之間最大的一次戰爭，被稱為「第五次中東戰爭」。戰爭開始時，以色列一度占領了巴勒斯坦解放組織所在地貝魯特西區，製造了殺害2000多名巴勒斯坦難民的貝魯特大屠殺事件。直到1985年6月，以色列才在國內外壓力下從黎巴嫩南部撤軍。第五次中東戰爭結束。

古巴革命

古巴革命是指上世紀50年代古巴人民反對親美統治的民主革命，由於此次革命的勝利，古巴進行了一些重大的社會政治和經濟改革，建立了「社會主義國家」。

古巴位於加勒比海西北部，由古巴島和青年島（原松鼠島）組成，面積約11萬平方公里，是西印度群島中最大的島國，北臨美國，南靠牙買加，東與海地相望。在歷史上，古巴一直是個災難深重的國家。

1492年，由於環球航海技術的發展，義大利航海家哥倫布在第四次航行時發現了古巴島。對於哥倫布的發現，葡萄牙和西班牙國內一片譁然。1510年，為了擴大自己的對外發展空間，西班牙派出遠征軍到達古巴，鎮壓當地居民，並開始了對古巴的殖民統治。其後，隨著古巴國家獨立意識的覺醒，在1868年和1895年先後兩次爆發獨立戰爭，然而，由於與殖民者力量懸殊，獨立戰爭未能使古巴真正成為一個擁有獨立主權的國家。1898年，隨著美國對西班牙戰爭的勝利，古巴的統治權被移交到美國手上，開始了美國占領古巴的歷史。隨後，在1901年的古巴新憲法接受「普拉特修正案」，該項修正案允許美國保留干預古巴內政的權利。1902年5月20日，成立「古巴共和國」。

1934年初，古巴軍人巴蒂斯塔發動政變上臺，對古巴進行軍事獨裁統治，人民生命受到嚴重威脅。而到了1952年3月，早已下臺的巴蒂斯塔卻又再次發動政變上臺，開始對古巴人民噩夢般的統治。這一現實激起古巴人民強烈的反抗，不再甘心受殘暴統治者的迫害，開始尋求解放之路。

於是，1953年7月26日，在民主思想的激勵下，菲德爾·卡斯楚率領一批進步青年發動反對巴蒂斯塔獨裁政權的武裝起義，攻打蒙卡達兵營。然而，由於缺乏戰鬥經驗以及力量懸殊，這次起義慘遭失敗，卡斯楚也因此被捕入獄。但是卡斯楚不屈服的精神卻影響了同時代的大部分愛國志士，為其以後領導的解放戰爭奠定了群眾基礎。1955年5月獲釋後，卡

BC

— 0　耶穌基督出生

— 100

— 200

— 300
君士坦丁統一羅馬

羅馬帝國分成兩部
— 400

— 500　波斯帝國

— 600　回教建立

— 700

— 800

凡爾登條約
— 900

神聖羅馬帝國建立
— 1000

— 1100　十字軍東征

— 1200
蒙古第一次西征

— 1300
英法百年戰爭開始

— 1400

哥倫布發現新大陸
— 1500

英國大破無敵艦隊
— 1600

— 1700　發明蒸汽機

美國獨立
— 1800

美國南北戰爭開始
— 1900
第一次世界大戰
第二次世界大戰

— 2000

斯楚流亡美國、墨西哥，並在墨西哥期間創建了革命組織「七‧二六運動」。

　　1956年12月，卡斯楚又率領一批青年乘「格拉瑪號」遊艇從墨西哥回到古巴，隨即在馬埃斯特臘山區創建起義軍和根據地，開展與政府的游擊戰，得到廣大農民、工人和學生的支持。1957年3月13日，安東尼奧‧埃切瓦里亞帶領一批青年學生攻打總統府，遇挫後，建立「三‧一三革命指導委員會」，進入拉斯維利亞斯省山區打游擊。1958年，國內反政府呼聲越來越高漲，多個社會團體發表聯合宣言，要求巴蒂斯塔下臺。不久，人民社會黨同七‧二六運動領導的游擊隊主力匯合，形成一支較大的起義軍。在革命形勢推動下，起義力量迅速進入聖地牙哥，消滅了政府軍主力。接著，起義軍又占領哈瓦那，巴蒂斯塔無力回天，只好於1959年1月1日逃亡國外，古巴革命以起義軍的勝利宣告結束。

非洲獨立年

　　歷史上，非洲一直是塊災難深重的土地。早在15世紀，為了尋求新的發展空間，西班牙和葡萄牙兩國統治者便全力支援航海技術，希望能透過海上航行發現人們所未知的世界。於是，在國家的贊助下，兩國冒險家們沿著非洲西海岸南下，尋找通往東方的海上道路。

　　皇天不負有心人，1487年，葡萄牙航海家迪亞士在沿著非洲海岸向南航行的過程中，到達了非洲最南部的好望角。這一發現讓葡萄牙的冒險家們欣喜不已，人們紛紛認為有可能發現了未知大陸。於是1497年7月8日，葡萄牙另一位航海家達‧伽馬率領更多的冒險者，領導更大的船隊，由葡萄牙首都里斯本出發，沿著迪亞士發現的航路，一路到達好望角。然而，達‧伽馬的探險並沒有到此為止，接著他率領船隊折向北方航行，經過數月的海上漂泊，於1498年3月到達了莫三比克，並且在嚮導的幫助下，建

立了屬於自己的據點。然而,這群葡萄牙人的貿然來訪並未受到當地人的歡迎,排外情緒非常嚴重。於是,達·伽馬未在據點停留很長時間,而是匆匆購買了當地的大批香料、絲綢、寶石等物品,隨即返航。雖然達·伽馬等人在非洲土地上只是稍作歇息,但是他們卻感受到了非洲的無限魅力,因為他們此次從非洲帶回的貨物純利潤,便是全部航行費用的60倍。

這次航行使葡萄牙人認識到非洲的可貴之處,於是,在其後的歲月裡,他們帶來了武器和兵力,開始了暴力占領非洲的行動。雖然非洲當地人民進行殊死抵抗,但落後的經濟和軍事實力,讓各種反抗勢力均告失敗。於是,葡萄牙人在非洲土地上為所欲為,建立起許多自己的商業和軍事基地。透過對非洲人民的剝削和壓榨,歐洲國家完成了自己的財富累積。

隨著「新大陸」的發現,美洲地區的開發和經濟發展需要大量的勞動力。一些歐洲殖民者如葡萄牙、西班牙、荷蘭、法國和英國等,看準了這個謀求暴利的機會,將大量的非洲黑人販賣到美洲去。據統計,在1502年至1808年期間,透過黑奴買賣被賣去美國的黑奴達到600萬之多。這種殘酷而罪惡的黑奴貿易,給非洲人民帶來了深重的災難,而這段歷史也成為非洲黑人心中最深的傷痕,

到了19世紀中後期,西方各國為了搶占大量的工業原料和廣闊市場,又加緊了對非洲的侵略。1884年11月至1885年2月,為了協調各國的利益,英、法、德、比、葡、義等15個國家在柏林召開會議,以協議形式完成了對非洲的瓜分。這個大陸的大部分國家和地區,都淪為西方列強的殖民地或半殖民地。

二戰後,非洲大陸的獨立浪潮越來越高漲。1952年,納賽爾領導埃及自由軍官組織發動政變,推翻英國支持下的傀儡政權,建立了埃及共和國,這一行動激勵了非洲大多數國家。在隨後的1960年,非洲大陸就有17個國家獲得獨立,它們分別是:喀麥隆、多哥、馬達加斯加、剛果、索馬利亞、達荷美、尼日、上優塔、象牙海岸、查德、烏班基沙立、剛果、加彭、塞內加爾、馬利、茅利塔尼亞和奈及利亞。因此,這一年被稱為「非

BC

— 0　耶穌基督出生

— 100

— 200

— 300　君士坦丁統一羅馬
　　　　羅馬帝國分成兩部
— 400

— 500　波斯帝國

— 600　回教建立

— 700

— 800

　　　　凡爾登條約
— 900
　　　　神聖羅馬帝國建立
— 1000

— 1100　十字軍東征

— 1200　蒙古第一次西征

— 1300　英法百年戰爭開始

— 1400

　　　　哥倫布發現新大陸
— 1500
　　　　英國大破無敵艦隊
— 1600

— 1700　發明蒸汽機

　　　　美國獨立
— 1800
　　　　美國南北戰爭開始
— 1900　第一次世界大戰
　　　　第二次世界大戰
— 2000

洲獨立年」。其後撒哈拉沙漠以南非洲的獨立運動也逐漸高漲，1990年非洲最後一個殖民主義國家奈米比亞宣佈獨立，象徵著非洲殖民主義時代的徹底結束。

| 第四十九章 | 世界格局的變化

東歐劇變

　　東歐劇變是世界歷史上不可忽視的一頁，它又被稱作蘇東劇變、東歐大革命、東歐民主化等，主要是指20世紀80年代末到90年代初，發生在東歐多個社會主義國家的政治、經濟制度的根本改變，1991年的蘇聯解體，象徵著東歐劇變的結束。

　　這段歷史的背景還要從第二次世界大戰的結束說起。二戰後，國際政治格局發生了新變化，雅爾達體系由此產生，美國和蘇聯開始了在全世界爭奪霸權的冷戰。1949年，以美國主的西方國家，在西歐及大西洋兩岸成立了北約組織。為了對抗北約，1955年，以蘇聯為首的華沙公約組織成立，除南斯拉夫外，所有的東歐國家都作為追隨者加入其中，由此開始了蘇聯對東歐國家更嚴格的控制。

　　然而，照搬蘇聯的政治、經濟模式卻未能使東歐各國獲得更快速的發展，反而是困難重重。人民生活水準低下，物質生活單調，而執政黨則貪污受賄，日益腐化，出現各種醜聞。此時，蘇聯領導人戈巴契夫提出了「民主社會主義」的口號，同時也減輕了對東歐各國的控制。在「民主社會主義」政策的影響下，再加上國內的政治、經濟問題，許多東歐國家紛紛發生變化。

　　從最初執政黨內部出現民主派，到共產黨統治的瓦解，實行多黨制，再到民主黨派取得執政權，實行新的政治經濟政策，東歐各國在形勢的推動下逐漸完成了各自的變化：即改變史達林模式的社會主義制度為西方歐美資本主義制度，這就是所謂的東歐劇變。

BC

— 0　耶穌基督出生

— 100

— 200

— 300　君士坦丁統一羅馬

羅馬帝國分成兩部
— 400

— 500　波斯帝國

— 600　回教建立

— 700

— 800

凡爾登條約
— 900

神聖羅馬帝國建立
— 1000

— 1100　十字軍東征

— 1200
蒙古第一次西征

— 1300
英法百年戰爭開始

— 1400

哥倫布發現新大陸
— 1500

英國大破無敵艦隊
— 1600

發明蒸汽機
— 1700

美國獨立
— 1800

美國南北戰爭開始
— 1900
第一次世界大戰
第二次世界大戰

— 2000

上古時期　BC

漢

— 0

100 —

三國　200 —

晉
300 —

南北朝　400 —

500 —

隋朝　600 —
唐朝
700 —

800 —

五代十國　900 —

宋
1000 —

1100 —

1200 —

元朝
1300 —

明朝
1400 —

1500 —

1600 —
清朝
1700 —

1800 —

1900 —
中華民國
2000 —

　　東歐劇變最先在波蘭出現。上世紀80年代，波蘭出現經濟困難，政府為了穩定經濟環境，不斷提高肉類價格，由此引發了城市工人罷工。雖然政府採取果斷措施，加以平復；然而，縱使在西方國家的支援下，波蘭局勢仍未得到好轉，波蘭執政黨的形象一落千丈。終於，在一片呼籲聲中，波黨失利，領導罷工運動的團結工會上臺，波蘭完成了政治、經濟制度的變化。

　　隨後，劇變形式擴展到東德。由於東德日益困難的物質生活，不少東德公民逃往國外，這直接影響了東德的政局穩定。隨著，東德黨政方針的改變，一些反對派開始合法化，開始實行多黨制，拆除「柏林圍牆」，將東德併入西德，完成了兩德的統一。

　　局勢進一步惡化，捷克斯洛伐克、匈牙利、保加利亞、羅馬尼亞等華沙公約組織的成員也被捲入其中。這是東歐各國衝突集中爆發的時期，其中羅馬尼亞是流血革命：1989年12月，在羅馬尼亞西部城市蒂米什瓦拉，為抗議政府解除一名持不同政見的神父職務，人民群眾紛紛走上街頭遊行示威，後來示威演變成騷亂。不久，在布加勒斯特也發生了群眾騷亂，軍隊倒戈，黨和國家領導人齊奧塞斯庫被捕，並被祕密處決。接著，救國陣線委員會在一片呼聲中取代羅馬尼亞共產黨的執政權，開始了對羅馬尼亞的領導。另外，其他國家的革命則是用自由選舉的方式和平地推翻執政黨政權——各國以迅雷不及掩耳之勢完成了自己的變革。

　　東歐劇變象徵著冷戰的結束。從此之後，美、蘇的敵對狀態不再存在，世界政治格局朝著多極化方向發展，一些主權國家贏得了在國際政治舞臺上發揮作用的空間和機會。

亞太經濟合作組織建立

　　亞太經濟合作組織（Asia-Pacific Economic Cooperation，APEC），簡稱亞太經合組織，是目前世界上最大的區域經濟合作組織。它在亞太地區

的經濟發展和在推動區域貿易投資自由化，加強成員間經濟技術合作等方面發揮了不可替代的作用。然而，在成立之初，它卻是一個區域性經濟論壇和磋商機構。

上世紀80年代，隨著全球經濟的發展，世界各國為了謀求自己在全球經濟發展中的重要地位，紛紛開展與周邊國家的合作活動，如北美自由貿易區、歐洲聯盟都是在全球化經濟浪潮中的產物。在這種形勢下，亞洲地區的經濟發展與合作就成了亞洲國家共同關注的問題。

1989年1月，澳大利亞前總理霍克提出召開亞太地區部長級會議，討論加強亞太國家之間經濟合作，他的這一提議得到美國、加拿大、日本和東盟的積極回應。同年11月6日至7日，在澳大利亞首都坎培拉舉辦了第一屆亞太經合組織部長級會議，亞太經合組織由此產生。然而，該組織的成員國之間聯繫卻較為鬆散，需要進一步完善其結構和機制。於是，在1991年11月舉行的亞太經合組織第三屆部長級會議上，參與國一致通過了《漢城宣言》，將該組織的宗旨與目標確立為：相互依存，共同利益，堅持開放的多邊貿易體制和減少區域貿易壁壘，這標誌著亞太經合組織的進一步正規化。

亞太經合組織成立後，吸引了越來越多的國家參與，到目前為止它已成為擁有21個成員國的大家庭，包括：澳大利亞、汶萊、加拿大、智利、中國、香港、印尼、日本、韓國、馬來西亞、墨西哥、紐西蘭、巴布亞新幾內亞、秘魯、菲律賓、俄羅斯、新加坡、臺灣、泰國、美國和越南，總人口達25億，占世界人口的45％。亞太經合組織的通用語言是英語，經過多年來的發展與完善，目前亞太經合組織已具備合理的工作機制，包括領導人非正式會議、部長級會議、高官會、委員會和專題工作組、秘書處等，在每次的領導人非正式會議上，都可以看到這些機構籌備忙碌的身影。自亞太經合組織成立以來，有效地促進了亞洲國家之間貿易投資自由化、經濟技術合作等的發展。

亞太經合組織會標為綠、藍、白三色的地球狀，於1991年起開始啟用。它不僅代表著亞太經合組織這一重要的地區經濟合作組織，也代表著

BC

— 0　耶穌基督出生

— 100

— 200

— 300
君士坦丁統一羅馬

羅馬帝國分成兩部
— 400

— 500　波斯帝國

— 600　回教建立

— 700

— 800

凡爾登條約
— 900

神聖羅馬帝國建立
— 1000

— 1100　十字軍東征

— 1200
蒙古第一次西征

— 1300
英法百年戰爭開始

— 1400

哥倫布發現新大陸
— 1500

英國大破無敵艦隊
— 1600

— 1700　發明蒸汽機

美國獨立
— 1800

美國南北戰爭開始
— 1900
第一次世界大戰
第二次世界大戰

— 2000

上古時期　BC

漢

　　— 0

100 —

三國

晉　　200 —

300 —

南北朝　400 —

500 —

隋朝　600 —
唐朝

700 —

800 —

五代十國　900 —

宋

1000 —

1100 —

1200 —

元朝
1300 —

明朝
1400 —

1500 —

清朝　1600 —

1700 —

1800 —

1900 —
中華民國

2000 —

亞太地區的希望和期待。會標的含義可以理解為：用太平洋代表亞太經合組織經濟體，白色代表著和平與穩定，綠色和藍色代表亞太人民期待著繁榮、健康和福利的生活，邊緣陰影部分代表亞太地區發展和增長富有活力的前景，而中間白色的APEC四個字母則是亞太經合組織的英文縮寫。

波斯灣戰爭

　　在第一次世界大戰期間，伊拉克還是隸屬於鄂圖曼土耳其的一個國家，而科威特則是伊拉克的一個自治省，伊拉克擁有對科威特的管轄權。一戰後，由於科威特被英國占領，並在後來宣佈了科威特的獨立，然而伊拉克對於科威特的獨立始終沒有承認，這就為後來的波斯灣戰爭埋下了很大的一個伏筆。

　　在西亞的中部地區，有一個非常著名的海灣，名為波斯灣。由於波斯灣海域周邊的國家都擁有極為豐富的石油資源，因此不少國家都爭相搶占這個天然的資源優勢。波斯灣地區也因此成了一個擁有非常高戰略地位的區域。

　　伊拉克於1990年8月2日派軍隊入侵科威特境內，並很快宣佈占領科威特。這一舉動讓美國等國家十分不滿，在得到聯合國的授權允許後，美國等三十多個國家分別派軍趕往沙烏地阿拉伯，對伊拉克首都巴格達進行了長達42天的空襲，並且在沙烏地阿拉伯、伊拉克和科威特境內發起了地面戰爭。這就是著名的波斯灣戰爭，也是兩次世界大戰以後規模最大的一次局部戰爭。

　　絕大多數的戰爭絕不是因為簡單的一個原因就引起，而是由多方面的原因綜合誘導而發。波斯灣戰爭也不例外，如果說伊拉克對科威特的入侵是導致波斯灣戰爭的主要原因的話，在這以外還有諸多的因素促使了波斯灣戰爭的爆發。

　　早在上世紀80年代初，波斯灣地區就爆發過一場規模不小的兩伊戰

爭，也就是第一次波斯灣戰爭。這場戰爭發生在伊拉克和伊朗之間，是一場由邊境爭端引發的長達八年的局部戰爭。兩伊戰爭的時間之久，讓伊拉克無法承受如此的消耗，為了能夠跟伊朗繼續耗下去，伊拉克不得不向科威特等阿拉伯國家借下了巨額的債務，其中欠下科威特高達140億美元。

兩伊戰爭幾乎拖垮了伊拉克，戰後的伊拉克根本沒有能力償還債權國的債務。再加上科威特大幅地提高了石油的產量，這讓原本想要藉助提高石油價格來償還債務的伊拉克，更加無能為力，也更加激起了入侵科威特的欲望。對於這樣的結果，伊拉克方面表示阿拉伯國家應該免除伊拉克的債務，因為伊拉克充當了伊朗與其他阿拉伯國家之間的緩衝地帶，為阿拉伯地區的安定做出了很大的犧牲。

對於科威特，伊拉克始終認為它是屬於伊拉克的一部分領土，只不過是因為西方列強的入侵，而將其暫時地分離了伊拉克。如今，應該是統一的時候了。同時，伊拉克還宣稱占領科威特是促進阿拉伯地區實現大一統的重要一步。由於科威特等一些阿拉伯國家依附於美國等西方大國，因此對於伊拉克來說，入侵科威特也是他反抗西方國家干預中東的有力證明。由於伊拉克的入侵太過迅速，此前科威特毫無預知和準備，因此伊拉克很快就掌控了科威特境內的局勢。稍後伊拉克便宣稱，科威特正式被納入伊拉克的領土，成為其第十九個省份。

伊拉克入侵科威特的行為，深深地觸及了波斯灣地區的利益爭奪，更讓美國為首的西方國家緊張起來，波斯灣戰爭也就一觸即發。美國在攻打伊拉克期間動用了高科技的戰略裝備，讓世界為之震驚，與此同時，也更向世人彰顯了美國的軍事威力和強大的經濟後盾。第一次波斯灣戰爭也讓美國對波斯灣地區國家的軍事掌控進一步加強。

蘇聯解體

關於蘇聯解體的原因分析有很多，羅列起來，大致有四個方向：蘇聯

BC

— 0　耶穌基督出生

— 100

— 200

— 300
君士坦丁統一羅馬
羅馬帝國分成兩部
— 400

— 500　波斯帝國

— 600　回教建立

— 700

— 800

凡爾登條約
— 900

神聖羅馬帝國建立
— 1000

— 1100　十字軍東征

— 1200
蒙古第一次西征

— 1300
英法百年戰爭開始

— 1400

哥倫布發現新大陸
— 1500

英國大破無敵艦隊
— 1600

發明蒸汽機
— 1700

美國獨立
— 1800

美國南北戰爭開始
— 1900
第一次世界大戰
第二次世界大戰

— 2000

— 0

100 —

三國

晉

200 —

300 —

南北朝

400 —

500 —

隋朝

唐朝

600 —

700 —

800 —

五代十國

900 —

宋

1000 —

1100 —

1200 —

元朝

1300 —

明朝

1400 —

1500 —

1600 —

清朝

1700 —

1800 —

1900 —

中華民國

2000 —

共產黨內部的腐敗、來自美國等外部的和平演變、戈巴契夫執政的失敗以及體制上的根本性阻礙。事實上，導致蘇聯最終解體的原因，決不僅僅是這四種原因中的其中一個，而是綜合性的，且有主有次。

首先來說蘇聯共產黨內部的腐敗。幹部擁有特權，這在當時的蘇聯政治中已經是個很顯然的現象，他們透過各種方式獲得了或多或少的利益，並且由此形成了一些官僚聯盟，勢力越來越大。到了上個世紀80年代末的時候，這些蘇共幹部已經為自身搜羅了不少的財富，然而蘇共的體制讓他們無法合法享有財富的所有權，因此一些研究者認為，蘇共幹部為了讓自己搜刮的財富合法化，便極希望蘇聯的社會體制得到徹底的改變，希望共產黨儘快垮臺。

其實這種原因推導不是沒有道理，蘇共內部的腐敗也確實加快了蘇聯共產黨的倒臺，但是這一切都必須基於當時的社會歷史根源。也就是說，如果脫離了當時的社會歷史環境，那麼僅有蘇聯共產黨的腐敗，還不至於讓一個碩大的國家迅速解體。再加上這些共產黨幹部早已在熟悉的體制下聚集了足夠的權勢，等到國家體制發生巨變的時候，也能夠快速地作出反應，最終獲得更多的利益。

其次，有人認為導致蘇聯解體的最主要因素是戈巴契夫的錯誤領導。戈巴契夫作為一個國家領導人，他的管理方式的確顯露出各種各樣的漏洞和失誤，有些失誤甚至是災難性的。例如，他沒有從根本上考慮整個國家和社會主義體制所面臨的危險，沒有為挽救和維護社會主義制度而積極地努力。相反，他更加關注的是自身的得失，以至於在關鍵時刻未能堅守，竟然辭去了蘇共中央總書記的職務，為蘇聯解體埋下了巨大的伏筆。

戈巴契夫絕對不是一個合格的國家領導人，然而也不能將蘇聯解體的原因全部歸咎到他的頭上。畢竟，一個人在歷史的環境中，無論是有大的作為還是有了破壞性的作用，都應該放在大的環境背景下來看，因為是時勢造就英雄，而不是英雄造就歷史。

還有一部分人認為，美國等西方國家對蘇聯實行的和平演變是讓蘇聯解體的最重要因素。所謂和平演變，就是西方國家以自身的武力為優勢和

後盾，從政治、經濟和文化等多方面對社會主義國家的發展進行遏制，並將西方的價值觀滲透到社會主義國家中去，從多方面實現對社會主義國家的顛覆。很顯然，和平演變是導致蘇聯解體的外部原因。那麼既然是外部原因，就不能把其歸之為主要因素，因為外部因素只有在內部原因的基礎上才能發揮作用。也就是說，如果當時的蘇聯是一個各方面都強大的國家的話，外部原因是根本產生不了大的顛覆作用。

綜上來看，前三個因素都不是導致蘇聯解體的根本性原因。其實，蘇聯解體的根本性原因，還是蘇聯體制在當時的歷史環境下存在著嚴重的傾斜和弊端。史達林所主張並嚴格實行的國家管理模式，不過是中央集權制度的另一種表現形式，這種制度如果放在戰爭或是局勢緊張的環境下，的確能夠發揮出巨大的作用。然而當蘇聯從動盪中走出來之後，這種高度集權的模式反倒極大地阻礙了經濟的發展。再加上這種體制在思想上對人的禁錮，讓整個國家都陷入了困境，經濟發展嚴重失衡，絲毫滿足不了人民的物質生活需要和精神生活需要。

歐洲聯盟建立

歐洲聯盟（European Unio），簡稱歐盟（EU），是由歐洲共同體（European Community）發展而來，總部設立在比利時首都布魯塞爾。1991年12月，歐洲共同體馬斯特里赫特首腦會議通過《歐洲聯盟條約》，通稱《馬斯特里赫特條約》。1993年11月1日，條約正式生效，歐盟正式誕生。

歐洲各國因地域關係，在經濟、政治上有著天然的聯繫。因此，從中世紀起實現歐洲統一就是一些統治者的夢想。1453年，為了對抗鄂圖曼帝國的入侵，波西米亞國王就曾建議歐洲基督教國家應該組成聯盟；而在19世紀初，為了應對大陸封鎖，拿破崙也曾主張實行關稅同盟；二戰後，曾經對抗過共同敵人，政治制度和經濟發展水準相近的歐洲各國，在歐洲統

BC

— 0　　耶穌基督出生

— 100

— 200

— 300
　　　　君士坦丁統一羅馬
　　　　羅馬帝國分成兩部
— 400

— 500　　波斯帝國

— 600　　回教建立

— 700

— 800

　　　　凡爾登條約
— 900
　　　　神聖羅馬帝國建立
— 1000

— 1100　十字軍東征

— 1200
　　　　蒙古第一次西征
— 1300
　　　　英法百年戰爭開始
— 1400

　　　　哥倫布發現新大陸
— 1500
　　　　英國大破無敵艦隊
— 1600

— 1700　發明蒸汽機

　　　　美國獨立
— 1800
　　　　美國南北戰爭開始
— 1900
　　　　第一次世界大戰
　　　　第二次世界大戰

— 2000

上古時期　　BC

漢

－0

100 －

三國
晉　　　　200 －

300 －

400 －
南北朝

500 －

隋朝　　600 －
唐朝

700 －

800 －

五代十國　900 －

宋
1000 －

1100 －

1200 －

元朝　　1300 －

明朝

1400 －

1500 －

1600 －
清朝

1700 －

1800 －

1900 －
中華民國

2000 －

一方面的思想更加明確，1946年9月，英國首相邱吉爾就曾提議建立「歐洲合眾國」。事實證明，歐洲人在歷史上不斷達成的這些共識，有效地促進了歐盟的形成。

　　然而，歐盟的形成也是一個緩慢的過程，它的前身是歐洲共同體，而歐共體的由來則需要回溯1951年4月18日。當時，法國、西德、義大利、荷蘭、比利時和盧森堡等六國在法國首都巴黎簽署《巴黎條約》，這是一項關於歐洲煤鋼共同體的條約，1952年7月25日條約生效，歐洲煤鋼共同體正式成立。

　　其後，六國又通過簽署《羅馬條約》，進而組建了歐洲經濟共同體和歐洲原子能共同體。接著，六國又在比利時首都布魯塞爾簽署了《布魯塞爾條約》，將歐洲煤鋼共同體、歐洲經濟共同體和歐洲原子能共同體合併，統稱「歐洲共同體」。

　　歐洲共同體成立後，不斷有國家加入這個組織，截至到1986年，歐共體成員國已增至12個。為了發展的需要，1993年11月1日，歐共體正式易名為歐洲聯盟。歐盟建立後，吸引了更多的國家加入。2002年11月18日，在歐盟15國外長會議上，經過表決同意邀請賽普勒斯、匈牙利、捷克、愛沙尼亞、拉脫維亞、立陶宛、馬爾他、波蘭、斯洛伐克和斯洛維尼亞10個中東歐國家加入其中。隨後，2003年4月16日，歐盟首腦會議在希臘首都雅典舉行，上述10國正式簽署了加入歐盟的協定。2004年5月1日，這些協議正式生效，而這10個國家也真正成為歐盟的成員國。這一次的入盟是歐盟歷史上的第五次擴大，也是規模最大的一次擴大。目前，歐盟已是擁有27個成員的大家庭，成為覆蓋4.8億人口的當今世界上經濟實力最強、一體化程度最高的國家聯合體。

　　1999年1月1日，歐盟統一貨幣歐元在奧地利、比利時、法國、德國、芬蘭、荷蘭、盧森堡、愛爾蘭、義大利、葡萄牙和西班牙等11個國家開始正式使用，並於2002年1月1日取代上述11國的貨幣，這成為歐盟歷史上的重大事件。

　　根據建立歐洲共同體的基礎文件《羅馬條約》，歐盟成立後始以「在

歐洲各國人民之間建立不斷的、愈益密切的、聯合的基礎，清除分裂歐洲的壁壘，保證各國經濟和社會的進步，不斷改善人民生活和就業的條件，並通過共同貿易政策促進國際交換。」為宗旨，而在後來的修改文件中，又加入了「歐共體及歐洲合作旨在共同切實促進歐洲團結的發展，共同為維護世界和平與安全作出應有的貢獻。」進而謀求歐盟在國際政治舞臺上的地位。

北美自由貿易區正式形成

說到北美自由貿易區（North American Free Trade Area，NAFTA），它是由美國、加拿大和墨西哥三國組成。為了促進三國的經濟合作和相互往來，1992年8月12日，三國就《北美自由貿易協定》達成一致意見，並於同年12月17日由三國領導人分別在各自國家正式簽署。1994年1月1日，協定正式生效，宣告著北美自由貿易區的正式成立。

事實上，在北美自由貿易區成立之前的1985年，加拿大總理瑪律羅尼就曾向美國提出過加強加、美兩國經濟合作、實行自由貿易的主張。後來，經過雙方的多次談判和協定，於1988年正式簽署了《美加自由貿易協定》，實現了美、加貿易的自由暢通。由於世界經濟形勢的發展以及區域經濟一體化所帶來的巨大便利，與美國相鄰的墨西哥也於1986年提出雙邊的框架協定計畫，並據此簽訂了一些框架原則和程序的協定。

在雙方的共同努力下，經過多次談判，終於在1990年7月達成了美、墨貿易與投資協定。這項協定又吸引了加拿大的加入，於是，三國經過數年的磋商和談判，終於在1992年8月12日達成了《北美自由貿易協定》，這就是北美自由貿易區得以形成的基礎。

北美自由貿易區本著貿易自由化、投資自由化、進行廣泛合作的原則，同時根據參與國的不同經濟現實，協定內容涉及到：紡織品關稅、汽車產品關稅、農產品關稅、運輸業、通信業、汽車保險業、能源工業多個

BC

—0 耶穌基督出生

—100

—200

—300 君士坦丁統一羅馬
羅馬帝國分成兩部
—400

—500 波斯帝國

—600 回教建立

—700

—800

凡爾登條約
—900

神聖羅馬帝國建立
—1000

—1100 十字軍東征

—1200
蒙古第一次西征

—1300
英法百年戰爭開始

—1400

哥倫布發現新大陸
—1500

英國大破無敵艦隊
—1600

—1700 發明蒸汽機

美國獨立
—1800
美國南北戰爭開始
—1900
第一次世界大戰
第二次世界大戰

—2000

上古時期　BC

漢

— 0

100 —

三國
晉　200 —

300 —

南北朝　400 —

500 —

隋朝　600 —
唐朝

700 —

800 —

五代十國　900 —
宋

1000 —

1100 —

1200 —

元朝　1300 —
明朝

1400 —

1500 —

清朝　1600 —

1700 —

1800 —

1900 —
中華民國

2000 —

方面，有效地促進了三國經濟往來的暢通無阻。北美自由貿易區成立後，它始終抱著「取消貿易壁壘，創造公平競爭的條件，增加投資機會，對智慧財產權提供適當保護，建立執行協定、解決爭端的有效程序以及促進三邊的、地區的和多邊的合作。」的宗旨，希望能實現三國經濟上的互惠共贏。

北美自由貿易區可以說是史以來規模最大、措施最大膽的自由貿易區，它的三個成員國之間有著不同的歷史背景和經濟現實。其中最引人注目的是墨西哥，它作為一個典型的發展中國家，與兩個經濟發達國家合作雖然能為自己贏得不少機遇，然而卻也帶有很大的風險性，經濟合作將對其政治、經濟和社會生活方面產生深遠影響。

不過，事實證明墨西哥抓住了屬於自己的機會，成為北美自由貿易區中最大受益者。加入NAFTA後，墨西哥對美貿易比重不斷增長。另外，由於關稅大幅度下降，墨西哥對外國金融實行全面開放政策，又加上其擁有大量廉價勞動力，因此大量外國資本流入墨西哥，有效地促進了其國內經濟的發展。

總的來說，墨西哥的成功成為其他發展中國家的榜樣，許多發展中國也越來越認識到區域經濟合作的重要性，開始勇於迎接挑戰，尋找自己在國際經濟舞臺上的位置。

NAFTA成立後，透過發達國家與發展中國家區域間的垂直分工，突破了以水準分工為基礎的一體化模式，在經濟發展水準差異很大，經濟結構不同、互補性強的貿易區取得令人矚目的成功。同時，它在促進進美、加、墨三國的貿易發展、改善投資環境、提高國際競爭力等方面，取得了顯著成效。

亞洲金融危機

談到1997年發生於亞洲的金融危機，恐怕很多人還是記憶猶新。幾乎

一夜之間，亞洲國家如泰國、馬來西亞、菲律賓、新加坡、印尼等國家的人民明顯意識到自己成了窮人。在這場金融風暴中，大量的公司、企業倒閉，工人失業、被解僱，辛辛苦苦儲存起來的錢卻不再有價值。

這段噩夢一般的歷史開始於泰銖貶值。1997年7月2日，被泰銖拋售風潮拖得筋疲力盡的泰國，被迫宣佈泰銖與美元脫鉤，實行浮動匯率制度，這一政策導致泰銖匯率狂跌20％。與此同時，實行與美元掛鉤的聯繫匯率制的亞洲其他國家，如菲律賓、印尼、馬來西亞迅速受到泰銖貶值的影響。7月11日，菲律賓的披索貶值11.5％，一波又一波的金融危機浪潮還在持續，印尼則在其後被迫放棄本國貨幣與美元的比價。然而，災難才剛剛開始。

10月17日，金融危機擴展到了臺灣。臺幣在這天貶值0.98元，達到1美元兌換29.5元臺幣，造成股市狂跌。不過，這還不是最壞的結果。10月20日，臺幣與美元的兌換竟然達到30.45元兌1美元，這種局面無疑使亞洲金融危機雪上加霜，危機範圍進一步擴展。10月28日，日本、新加坡、韓國、香港等一些發達國家和地區的股市也受到這股浪潮的影響，跌幅嚴重。

11月份，韓元匯率持續下降，股市持續低迷。韓國一些知名企業在這次危機中備受打擊，終於支撐不住，紛紛宣告破產。在日本，日元與美元的兌換竟跌至1美元兌換130日元，銀行和證券公司在苦撐數月後，紛紛倒閉。

1998年年初，金融危機的重心到達印尼。隨著在印尼從事巨額投資業務的香港百富勤投資公司的清盤，金融危機再次達到高潮，香港、臺灣、新加坡、日本等地股市暴跌。

在多國合作和努力下，此次金融危機終於在2月份有所緩和，多國政府也終於舒了一口氣。

然而，這次金融危機卻給亞洲國家帶來了嚴重的經濟損失：各國貨幣迅速貶值，造成嚴重的股市動盪。大批企業、金融機構破產和倒閉，工人失業，物價飛漲。而深受其害的泰國、印尼、馬來西亞、菲律賓、韓國、

BC

— 0　耶穌基督出生

— 100

— 200

— 300　君士坦丁統一羅馬

　　　羅馬帝國分成兩部
— 400

— 500　波斯帝國

— 600　回教建立

— 700

— 800

　　　凡爾登條約
— 900

　　　神聖羅馬帝國建立
— 1000

— 1100　十字軍東征

— 1200
　　　蒙古第一次西征

— 1300
　　　英法百年戰爭開始

— 1400

　　　哥倫布發現新大陸
— 1500

　　　英國大破無敵艦隊
— 1600

— 1700　發明蒸汽機

　　　美國獨立
— 1800

　　　美國南北戰爭開始
— 1900
　　　第一次世界大戰
　　　第二次世界大戰

— 2000

上古時期　BC

漢

— 0

100 —

三國
晉　　　200 —

300 —

南北朝　　400 —

500 —

隋朝　　600 —
唐朝

700 —

800 —

五代十國　900 —

宋
1000 —

1100 —

1200 —

元朝
1300 —

明朝
1400 —

1500 —

清朝　　1600 —

1700 —

1800 —

1900 —
中華民國

2000 —

日本、香港等國家，在1998年的經濟均為負成長。同時，這場金融危機也影響到俄羅斯、巴西、哥倫比亞等國，甚至蔓延到全球金融市場，導致美國等地股市波動，經濟成長緩慢。

考察這場驚心動魄的亞洲金融危機，人們不禁要認真思考亞洲各國採取的外債結構和外匯政策等引起金融危機的關鍵因素。在這些國家，外債結構不合理。在中期、短期債務較多的情況下，一旦外資流出超過外資流入，而本國的外匯儲備又不足以彌補其不足，這個國家的貨幣貶值便是不可避免的了。而發生在泰國的事件即證明了這一點。在泰國，外匯儲備少且能與美元自由兌換，投機者索羅斯就是看準了這種情況而向泰國銀行大量舉債，接著在國際市場上低價拋售泰銖，而此時泰國政府卻無力買回泰銖，最後只能眼看著泰銖貶值並釀成更深重的災難。

北約轟炸南斯拉夫

1999年3月24日，北約對南聯盟展開了軍事打擊。這次軍事行動以空襲為主，美國派遣各類飛機1000多架，徘徊在南聯盟上空。

講到北約轟炸南聯盟的原因，就不得不提到一個叫作科索沃的地方，它位於歐洲東南巴爾幹半島上，當時屬於塞爾維亞的一個自治省。因為科索沃的主要民族是阿爾巴尼亞族，而塞爾維亞共和國則主要為塞族人。

兩個民族的衝突由來已久並日益尖銳，科索沃民族主義運動也越發高漲，與塞爾維亞的敵對事件不斷發生。1989年2月27日，為了削弱這種民族運動，塞爾維亞領導人下令取消科索沃的自治省地位，結果反而激起了阿爾巴尼亞族人更強烈的反對；1992年5月，科索沃自行組織了議會和行政機構，建立了屬於本民族的政權；1996年，阿族部分激進分子又組織了「科索沃解放軍」，企圖用暴力手段脫離塞爾維亞。面對嚴峻的形勢，南聯盟及塞爾維亞當局決定採取強硬手段，打擊科索沃，試圖剿滅「科索沃解放軍」。於是，科索沃地區劍拔弩張，戰火越演越烈，不斷有流血事件

發生，人民流離失所，成為無家可歸的難民。

1999年3月24日，北約打著維護人權，制止「種族清洗」的旗號，介入科索沃危機，開始對南聯盟進行轟炸，由此拉開了科索沃戰爭的序幕。

事實上，在持續78天的對南聯盟空襲中，北約軍隊利用高空優勢，不遺餘力地以高科技武器對南聯盟的軍事目標和基礎設施進行轟炸，南聯盟儼然成了其新武器的試驗場。相較而言，南聯盟在這次戰爭中所用的武器，則是60、70年代從蘇聯引進的，非常傳統與落後，根本不能與之抗衡。因此，南聯盟軍隊只能在地面對其進行很有限的還擊。在這次特殊的戰爭中，北約軍隊在高科技武器的掩護下，死傷人數為零，而南聯盟卻有大量平民傷亡，無家可歸，他們的人權遭到更為嚴重的踐踏。

6月20日，經受不住長期被打擊的南聯盟從科索沃撤軍，與此同時，北約也作出讓步，停止了對南聯盟的轟炸，阿爾巴尼亞族掌控了科索沃地區，開始走上其獨立道路。

美國911事件

美國「911」事件是指發生於2001年9月11日，美國世貿大廈和五角大廈遭受恐怖分子襲擊事件，該事件的發生成為國際反恐戰爭的導火線，人們在譴責恐怖分子的同時，更加期盼世界和平，人與人之間的相互理解與溝通。

時間回到2001年9月11日早晨8：40，4架美國國內民航班機差不多在同一時間被恐怖分子劫獲，機上乘客試圖奪回飛機控制權，卻均以失敗告終。其中的2架飛機被恐怖分子駕駛，衝向紐約曼哈頓的世界貿易中心，一架衝向首都華盛頓美國國防部所在地五角大廈，最後一架則在飛行過程中墜落於賓夕法尼亞州。

上午9時許，其中一架飛機以近乎45°的角度撞上世貿中心南樓，多次爆炸聲引起正在工作的人員恐慌，頓時火光四起，濃煙彌漫，大樓被撞

BC

— 0　耶穌基督出生

— 100

— 200

— 300　君士坦丁統一羅馬
　　　羅馬帝國分成兩部
— 400

— 500　波斯帝國

— 600　回教建立

— 700

— 800

　　　凡爾登條約
— 900

　　　神聖羅馬帝國建立
— 1000

— 1100　十字軍東征

— 1200　蒙古第一次西征

— 1300　英法百年戰爭開始

— 1400

　　　哥倫布發現新大陸
— 1500

　　　英國大破無敵艦隊
— 1600

— 1700　發明蒸汽機

　　　美國獨立
— 1800　美國南北戰爭開始
— 1900　第一次世界大戰
　　　第二次世界大戰
— 2000

上古時期　BC

漢

— 0

100 —

三國

晉　200 —

300 —

南北朝　400 —

500 —

隋朝　600 —

唐朝

700 —

800 —

五代十國　900 —

宋

1000 —

1100 —

1200 —

元朝

1300 —

明朝

1400 —

1500 —

1600 —

清朝

1700 —

1800 —

1900 —

中華民國

2000 —

擊的部位立刻坍塌，有些人為了逃命竟從高空跳下。與此同時，另一架飛機則撞上了北樓，兩座大樓處於大火中，救援工作因受到濃煙的影響進行緩慢。9時37分，前往華盛頓的飛機撞入五角大廈西翼並引起大火，所幸的是被襲擊的位置剛剛經過翻新，還未投入使用，但這次襲擊仍然造成百餘人喪生。

9時59分04秒，電視臺透過現場直播讓全球觀眾目睹了世界貿易中心南樓倒塌的過程。10時10分，五角大廈部分位置坍塌。10時28分31秒，世界貿易中心北樓從上到下坍塌，撞擊點以上的樓層無一人倖存。在將近兩個小時的時間內，曾經是世界上最高建築的「雙子大廈」紛紛倒塌，造成2000多人的死亡，慘況令人不忍目睹，這可以說是人類歷史上最嚴重的恐怖襲擊事件。

襲擊事件發生後，紐約市消防隊員在第一時間趕到現場進行救援，很多消防員奮不顧身衝進樓內進行救援。由於無線電通訊故障，343名消防人員無法及時接到大廈將要倒塌的撤離命令，葬身火海。而紐約市員警直升機也在事發後迅速到達現場，紐約員警進行12小時的輪班救援。一些工程師也進入現場，負責檢查周圍建築的損壞程度，設計事後處理廢墟的方法等。

911事件的影響深遠，其中之一是造成了人們對美國的信心大幅下降，隨之而來的是信貸危機的迅速擴張，終於導致了21世紀上半葉最為嚴重、影響最為廣泛的世界金融危機。

在這場金融危機中，最先受到衝擊的當然是一些直接涉足建屋及次級貸款業務的銀行或公司，英國的北岩銀行就是其中之一。該行因為沒有持續的現金注入，又加上借不到額外資金來償還2007年9月中旬的到期債務，因此其所經營的主要業務無法維持下去，最終以被政府接管的結局收場。在接下來的時間裡，這種金融災難以「骨牌效應」迅速降臨其它銀行和金融機構。

作為美國第五大投資銀行的貝爾斯登銀行，因為持有大量有毒資產，同時面對巨大的金融衝擊，投資者喪失了支撐下去的信心，進行大量的現

金兌換，終於導致其現金儲備基本為0，以致被摩根大通低價收購；2008年9月7日，美國政府以高達2000億美元的代價，接管瀕臨破產的房利美和房地美兩家非銀行住房抵押貸款公司。然而，全球金融危機仍然繼續加劇：2008年10月6日，冰島總理吉爾‧哈爾德發表電視談話，表示冰島正面臨著全國性破產的風險。

接下來，金融危機開始涉及到一些與房地產無關的普通信貸，進而影響到那些與抵押貸款沒有直接關係的大型金融機構。2008年9月15日，擁有150年歷史的雷曼兄弟公司申請破產，輝煌的過往成為歷史；同一時間，全球最大的金融管理諮詢公司之一的美林證券公司，同意以大約440億美元的價格將自己出售給美國銀行。面對如此嚴峻的現實，其他的公司也都感到壓力，憂慮自己的生存問題。

這場金融危機的範圍之廣、危害之大，不得不引起人們的關注與思考。以美國為例，造成這場危機的原因是多方面的，主要包括：美國人民借貸消費的生活習慣、美國人的儲蓄率歷來很低。消費是驅動其經濟增長的重要因素，這在無形中促成了「泡沫經濟」。另外，美國的經濟管制也存在一些問題，「國家干預」政策遭到擯棄，政府傾向於「經濟自由、私有化、減少管制」的新古典自由主義政策。美聯準會為了促進經濟成長，連續13次大幅消減聯邦基準利率，強行向市場注入流動性資金，進而製造出大量的經濟泡沫，成為次貸危機乃至金融危機爆發的直接導火線。

BC

— 0　耶穌基督出生

— 100

— 200

— 300
君士坦丁統一羅馬

羅馬帝國分成兩部
— 400

— 500　波斯帝國

— 600　回教建立

— 700

— 800

凡爾登條約
— 900

神聖羅馬帝國建立
— 1000

— 1100　十字軍東征

— 1200
蒙古第一次西征

— 1300
英法百年戰爭開始

— 1400

哥倫布發現新大陸
— 1500

英國大破無敵艦隊
— 1600

— 1700　發明蒸汽機

美國獨立
— 1800

美國南北戰爭開始
— 1900
第一次世界大戰
第二次世界大戰

— 2000

附錄：世界歷史年表

史前時代

約300～400萬年前：人類在地球上出現。

約200、300萬前～1萬年前：人類舊石器時代。打製石器流行，已使用火，晚期大量使用骨、角器。狩獵和採集業發展，血緣家族及母系氏族公社產生。

約西元前3萬年～前1萬年：原始宗教出現。

約西元前1.2萬年～前4000年：人類中石器時代。發明並使用弓箭，細石器廣泛應用，狩獵業發展。

約西元前8000年～前2000年：人類先後進入新石器時代。磨光加工的石器流行，出現了原始農業和畜牧業。母系氏族公社繁榮。

西元前6000年：小亞細亞地區出現亞麻和羊毛織物。

約西元前6000年～前1000年：古代兩河流域、小亞細亞、希臘、羅馬、印度和波斯等地原始宗教和古代宗教盛行。

約西元前5000年：亞洲西南部和中亞地區開始用冷鍛法加工天然銅。古埃及已使用等臂天平秤，為已知最早的衡器。

約西元前5000年～前4000年：古埃及出現以太陽和月亮為規律的日曆。

西元前4000年～前3000年：古埃及、西南亞、南歐、中歐和中國等地先後開始用礦石煉銅。

前3760年：古代猶太人日曆的首年。

西元前3500年～前3100年：古代兩河流域烏魯克時期。出現陶輪制陶和塔廟建築，創造了楔形文字。古埃及國家（諾姆）形成。出現了象形文字。

西元前3500年～前3000年：古代兩河流域居民開始使用輪式運輸工具。古代埃及人已在農業中使用犁、耙和施肥。

西元前3100年：古代埃及上埃及統治者美尼斯征服下埃及，初步形成統一國家。埃及早王朝時期開始。

西元前3000年：古代兩河流域蘇美地區出現奴隸制城市國家。

約西元前3000年：古代埃及出現有槳和帆的船。古埃及人已使用銅鏡。古印度人發明了印章文字。

西元前3000年～前2300年：愛琴海地區克里特文明出現。

西元前2686年～前2181年：埃及古王國時期。國家統一完成，大規模興建金字塔。

西元前26世紀：古埃及著名的獅身人面像落成。

西元前2500年：古代蘇美人已使用燃油燈，學會烤製麵包和釀製啤酒。歐洲出現編織機。

約西元前2500～前1500年：西亞古亞述時期。

西元前25世紀～前23世紀：古代兩河流域古巴比倫人在陶片上刻劃地圖。

西元前2378年～前2371年：古代蘇美拉格什國王烏魯卡基那在位，進行世界最早的改革。

西元前2371年～前2154年：古代兩河流域阿卡德王國時期。國王薩爾貢統一兩河流域南部。

約西元前2300年–前1750年：古印度哈拉帕文化時期。

西元前2181年～前2040年：古埃及第一中間期。

約西元前2113年～前2096年：古代兩河流域烏爾第三王朝創立者烏爾納姆在位，頒佈《烏爾納姆法典》。

西元前2040年～前1786年：古埃及中王國時期。青銅器廣泛應用，開發法雍湖地區，修建卡爾納克神廟。

西元前2017年～前1595年：古代兩河流域古巴比倫時代。

西元前2000年：愛琴海地區邁錫尼文明出現。古代埃及出現圖書館，製作木乃伊。

西元前1900年～前1600年：古希臘出現線形文字，青銅器廣泛使用。

西元前1792年～前1750年：古代兩河流域古巴比倫第六代國王漢摩拉比在位，定《漢摩拉比法典》。

西元前1786年～前1567年：古埃及第二中間期。

西元前18世紀：古巴比倫出現農人曆書，為已知最早的農人曆書。

約西元前17世紀前14世紀：小亞細亞赫梯古王國時期。

西元前1567年～前1085年：古埃及新王國時期。

約西元前1500年：古代埃及人已使用24個字母符號。

西元前1500年-前1000年：古印度早期吠陀時代。瓦爾那制度萌芽。

西元前1379年～前1362年：古代埃及實施阿肯那頓改革。

約西元前1300年：古代埃及和美索不達米亞地區已有日晷。

約西元前14世紀～前12世紀：古代西亞赫梯帝國時期。

西元前14世紀中葉～前11世紀末：古代西亞古亞述帝國時期。

古希臘羅馬時代

西元前11世紀～前9世紀：古希臘荷馬時代。

西元前1000年：古代埃及和印度出現痲瘋病。

西元前1000年-前600年：古印度後吠陀時期。婆羅門教流傳。

西元前10世紀～前612年：古代西亞新亞述帝國時期。鐵器出現。

西元前10～前5世紀：古印度最早的哲學著作、婆羅門教經典《奧義書》。

西元前9世紀末：古希臘斯巴達國家形成。

西元前8世紀：古希臘史詩《伊利亞特》、《奧德賽》形成，傳為荷馬所作。中東地區的帕加馬人發明羊皮紙製成的書籍，稱「羊皮書卷」。

西元前8～前6世紀：古羅馬王政時代。

西元前626年～前539：古代兩河流域新巴比倫王國時期。

西元前621年：古雅典頒佈《德拉古法典》。

西元前610年～前546年：古希臘哲學家阿那克西曼德在世。

約西元前7世紀：巴比倫人發現日食和月食重複出現的沙羅週期。

西元前604年～前561年：古代兩河流域新巴比倫國王尼布甲尼撒二世在位，修建空中花園，滅猶太國。

約西元前580～前500年：古希臘數學家、哲學家畢達哥拉斯在世，創立畢

達哥拉斯學派，提出畢達哥拉斯定理、數和諧說和靈魂輪迴說。

約西元前563年～前483年：佛教創始人釋迦牟尼在世。

西元前558年～前330年：古代西亞波斯帝國時期。

約西元前540年～前468年：耆那教創始人筏馱摩那在世。

約西元前525年～前456年：古希臘劇作家埃斯庫羅斯在世。

約西元前500～前449年：希波戰爭。

西元前485年～前425年：古希臘歷史學家希羅多德在世。

西元前469年～前399年：古希臘哲學家蘇格拉底在世。

約西元前460～前370年：古希臘哲學家德謨克利特在世。

西元前432年：古希臘建成帕提農神廟，由雕刻家菲迪亞斯裝飾設計。

西元前431～前404年：發生伯羅奔尼薩斯戰爭

西元前427年～前348年／前347年：古希臘哲學家柏拉圖在世。

西元前384年～前322年：古希臘哲學家亞里斯多德在世。

西元前341年～前270年：古希臘哲學家伊壁鳩魯在世。

西元前334年～前324年：馬其頓國王亞歷山大大帝率軍東征波斯、中亞和印度，行程萬里，為世界古代史上著名的軍事遠征。

西元前330年～前275年：古希臘數學家歐幾里得在世，著《幾何原本》。

西元前323年～前187年：古印度摩揭陀王國孔雀王朝時期。

西元前312年～前64年：中西亞塞琉西王國時期。

西元前305年～前30年：古埃及托勒密王朝時期。

西元前4世紀～西元3、4世紀：古印度史詩《摩訶婆羅多》形成。

西元前4、前3世紀～2世紀：古印度史詩《羅摩衍那》形成。

西元前287年～前212年：古希臘數學家、物理學家阿基米德在世。

約西元前280年：古埃及亞歷山大城港口建成法羅斯燈塔，為世界古代七大奇蹟之一。

西元前264年～前241年：第一次布匿戰爭發生。

西元前247年～226年：伊朗帕提亞帝國時期。

西元前234年～前149年：羅馬共和時期農學家加圖在世。

西元前218年～前201年：第二次布匿戰爭發生。

西元前215年～前204年：第一次馬其頓戰爭發生。

西元前200年～前197年：第二次馬其頓戰爭發生。

西元前3世紀：埃及托勒密王朝在亞歷山大城建成規模巨大的亞歷山大圖書館，古希臘艾拉托色尼首創「地理學」一詞。

西元前194年～前108年：衛滿朝鮮時期。

西元前171年～前168年：第三次馬其頓戰爭發生。

西元前149年～前146年：第三次布匿戰爭發生。

西元前2世紀：古希臘人建成宙斯祭壇。

西元前99年～前55年：古羅馬哲學家盧克萊修在世。

西元前73年～前71年：古羅馬斯巴達克起義

約西元前57年：朝鮮古國新羅建立。

約西元前37年：朝鮮古國高句麗建國。

西元前18年：朝鮮古國百濟建國。

西元前7年或前4年：相傳基督教創始人耶穌誕生。

西元1世紀：羅馬帝國開始。

395年：基督教產生。

476年：羅馬帝國分裂。

中世紀

5世紀未：西羅馬帝國滅亡。

7世紀初：法蘭克王國建立。

622年：伊斯蘭教興起。

646年：穆罕默德從麥加出走麥迪那。

676年：日本大化革新開始。

8世紀中期：新羅統一朝鮮半島大部分地區。

9世紀中早期：阿拉伯國家成為大帝國。

843年：英吉利王國形成。

12世紀未：查理帝國分裂，法蘭西、德意志、義大利三國雛形產生。

14～16世紀：日本進入幕府統治時期。

1453年：歐洲文藝復興運動。

1453年：拜占廷帝國滅亡。

1492年：迪亞士遠航非洲南部沿海。

1497～1498年：哥倫布到達美洲。

1519～1522年：達·伽馬遠航印度。

1640年：麥哲倫船隊作環球航行。

1688年：英國資產階級革命開始。

近代

18世紀60年代：英國政變，資產階級和新貴州的統治確立。

1775～1783年：英國工業革命開始。

1776年7月4日：北美獨立戰爭；北美大陸會議發表《獨立宣言》，宣佈美利堅合眾國獨立。

1785年：瓦特製成改良蒸汽機，開始用作紡織機的動力。

1789年7月14日：巴黎人民攻占巴士底獄，法國資產階級革命開始。

1799年11月：拿破崙發動「霧月政變」。

1804年：海地成為拉丁美洲第一個獨立國家。

1810～1826年：西屬拉丁美洲反對西班牙殖民統治的獨立運動。

1848年2月：《共產黨宣言》發表。

1848～1849年：歐洲革命。

1861年：俄國農奴制改革。

1861～1865年：美國內戰。

1868年：日本明治維新開始。

1870年：義大利統一最終完成。

1871年：德意志統一全部完成，德意志帝國成立。

現代與當代

1917年11月7日：俄國十月社主義革命發。

1918年11月：德國十一月革命爆發。

1918～1922年：印度民族解放運動高漲。

1919～1922年：土耳其凱末爾革命。

1919年1月～6月：巴黎和會。

1921年11月～1922年2月：華盛頓會議。

1922年12月：蘇聯成立。

1929～1933年：資本主義世界經濟危機。

1933年1月：希特勒在德國上臺。

1933年3月：羅斯福就任美國總統，實施「新政」。

1935年3月：共產國際第七次代表大會。

1939年9月：第二次世界大戰全面爆發。

1941年12月：太平洋戰爭爆發。

1943年9月：義大利投降。

1943年12月1日：中、美、英發表《開羅宣言》。

1945年2月：蘇、美、英舉行雅爾達會議。

1945年5月8日：德國簽署無條件投降書。

1945年7～8月：蘇、美、英舉行波茨坦會議。

1945年9月2日：日本簽署無條件投降書。

20世紀40年代：第三次科技革命開始。

1945年10月：聯合國建立。

1947年8月：印巴分治，印度、巴基斯坦獨立。

1948年：以色列建立，第一次中東戰爭；美國開始實施「馬歇爾計畫。

1949年：北大西洋公約組織成立。

1950～1953年：韓戰。

1954年7月：《關於恢復印度支那和平的日內瓦協議》簽字。

1955年4月：亞非國家召開的萬隆會議。

1955年：華沙公約組織成立。

1956年：波蘭波茲南事件，匈牙利事件。

1956年10月：第二次中東戰爭。

1959年：古巴革命取得勝利。

1960年：非洲有17個國家獨立，這一年被稱為「非洲獨立年」。

20世紀60年代初：不結盟運動形成。

20世紀60年代初～1973年：越戰。

20世紀70年代：亞洲出現經濟發展迅速的國家和地區。

1967年：歐洲共同體成立。

1968年：蘇聯出兵占領捷克斯洛伐克。

1973年：美國在《關於結束越戰，恢復和平的協定》上簽字；第四次中東戰爭。

1979～1989年：蘇聯入侵阿富汗戰爭。

20世紀80年代末：東歐劇變。

1989年：亞太經濟合作組織建立。

1991年：波斯灣戰爭。同年底，蘇聯解體。

1993年：歐洲聯盟建立。

1994年：北美自由貿易區正式形成。

1997年：亞洲爆發金融危機。

1999年：北約轟炸南斯拉夫聯盟共和國。

2001年9月11日：美國911恐怖襲擊事件。

2001年10月7日：阿富汗戰爭。

2003年3月20日：伊拉克戰爭（美伊戰爭）。

2005年1月12日：歐洲議會通過歐盟憲法條約。

2008年：世界金融危機爆發。

2010年8月31日：駐伊美軍撤出全部戰鬥部隊，伊拉克戰爭結束。

海鴿文化出版圖書有限公司
Seadove Publishing Company Ltd.

作者	王亦偉
美術構成	驛賴耙工作室
封面設計	ivy_design
發行人	羅清維
企畫執行	林義傑、張緯倫
責任行政	陳淑貞

古學今用 171

世界大歷史

出版	海鴿文化出版圖書有限公司
出版登記	行政院新聞局局版北市業字第780號
發行部	台北市信義區林口街54-4號1樓
電話	02-27273008
傳真	02-27270603
e‐mail	seadove.book@msa.hinet.net

總經銷	創智文化有限公司
住址	新北市土城區忠承路89號6樓
電話	02-22683489
傳真	02-22696560
網址	www.booknews.com.tw

香港總經銷	和平圖書有限公司
住址	香港柴灣嘉業街12號百樂門大廈17樓
電話	（852）2804-6687
傳真	（852）2804-6409

CVS總代理	美璟文化有限公司
電話	02-27239968 e‐mail：net@uth.com.tw

出版日期	2024年03月01日 二版一刷
	2024年03月10日 二版五刷
特價	599元
郵政劃撥	18989626戶名：海鴿文化出版圖書有限公司

國家圖書館出版品預行編目資料

世界大歷史／王亦偉著--
二版，--臺北市 ： 海鴿文化，2024.03
面 ； 公分. －－（古學今用；171）
ISBN 978-986-392-514-9（平裝）

1. 世界史 2. 通俗史話

711　　　　　　　　　　　　　113000577